Briesemeister/Feldmann/Santiago
**Brasilianische Literatur
der Zeit der Militärherrschaft
(1964 - 1984)**

BIBLIOTHECA IBERO-AMERICANA

Veröffentlichungen des Ibero-Amerikanischen Instituts
Preußischer Kulturbesitz
Herausgegeben von Dietrich Briesemeister
Band 47

BIBLIOTHECA IBERO-AMERICANA

Dietrich Briesemeister, Helmut Feldmann,
Silviano Santiago (Hrsg.)

**Brasilianische Literatur
der Zeit der Militärherrschaft
(1964 - 1984)**

VERVUERT VERLAG 1992

Die Deutsche Bibliothek - CIP-Einheitsaufnahme

Brasilianische Literatur der Zeit der Militärherrschaft (1964 - 1984) / Dietrich Briesemeister; Helmut Feldmann; Silviano Santiago (Hrsg.). -
Frankfurt am Main: Vervuert, 1992
   (Bibliotheca Ibero-Americana; Bd. 47)
   ISBN 3-89354-547-6
NE: Briesemeister, Dietrich [Hrsg.]; GT

© Vervuert Verlag, Frankfurt am Main 1992
Satz: à la ligne
Alle Rechte vorbehalten
Printed in Germany

INHALT

                                                            Seite

Vorwort 7

Horst Bahro/Jürgen Zepp (Köln):
Politischer Wandel und regionale Entwicklungspolitik
in Brasilien seit 1964 9

Silviano Santiago (Rio de Janeiro):
Lebensfreude und Macht (Übers.: E. Jorißen) 47

Thomas M. Scheerer (Augsburg):
Politische Memoiren 73

Ray-Güde Mertin (Frankfurt):
Alibi und Autopsie.
Anmerkungen zum politischen Roman der siebziger Jahre 97

Roberto Ventura (Bochum/São Paulo):
Prosa Experimental no Brasil 119

Erhard Engler (Berlin):
Von der Prähistorie in die Zukunft. Die Herausforderung gilt 129

Helmut Feldmann (Köln):
Der Indianer im Roman von 1964 bis 1984 151

Wolfgang Roth (Bochum):
Die Amazonasthematik
in der gegenwärtigen brasilianischen Literatur 173

Horst Nitschack (Köln/Lima):
Der neue Regionalismus: Der Nordosten 191

Horst Nitschack (Köln/Lima):
Der neue Regionalismus: Der Süden 217

Winfried Kreutzer (Würzburg):
Die phantastische Erzählung 237

Ingrid Schwamborn (Köln):
Frauenliteratur in Brasilien 253

Henry Thorau (Berlin):
Theater im Widerstand 279

Moema Parente Augel (Bielefeld):
Leid, Protest und Suche nach Identität.
Poesia Negra. Die Dichtung der Schwarzen in Brasilien 309

Thomas Sträter (Köln):
Tendenzen der Crônica in der Zeit der Militärdiktatur 339

Marta Campos Hein (Köln/Fortaleza):
O ensaísmo literário no Brasil 355

Dietrich Briesemeister (Berlin):
Die Rezeption brasilianischer Literatur
im deutschen Sprachraum (1964 - 1988) 367

Die Verfasser 389

VORWORT

Das Portugiesisch-Brasilianische Institut der Universität zu Köln hat in den Jahren 1984 und 1985 seinen Studenten eine Reihe von Begegnungen mit brasilianischen Schriftstellern ermöglichen können. Diskussionsveranstaltungen mit Ignácio de Loyola Brandão, Antônio Callado, Haroldo de Campos, Rubem Fonseca, Ivan Ángelo, João Antônio, João Ubaldo Ribeiro, Silviano Santiago, Moacyr Scliar, Márcio Souza, Lygia Fagundes Telles, Antônio Torres u.a. waren Anlaß zur Beschäftigung mit ihren Werken in Seminaren und Arbeitsgemeinschaften. Es entstand der Plan, mit einer Publikation, in der die Autoren im Rahmen von Aufsätzen einzeln vorgestellt werden sollten, einen Beitrag zum deutsch-brasilianischen Kulturdialog zu leisten. Literaturwissenschaftler anderer deutscher Universitäten - die Autoren waren in mehreren Universitäten aufgetreten - konnten zur Mitarbeit gewonnen werden. Die ursprüngliche Idee - sie ist noch in einigen Beiträgen erkennbar - wurde jedoch bald aufgegeben zugunsten einer "systematischeren", nach Gattungen und Themen gegliederten Vorstellung der brasilianischen Literatur der Jahre 1964 bis 1984. Als Berater und Mitherausgeber konnten wir Silviano Santiago gewinnen. Aber auch der "Überblick", wie er nun vorliegt, kann und will seinen eklektischen Charakter nicht verleugnen: Namhafte Autoren wurden nicht angemessen berücksichtigt oder nicht einmal genannt, und ein so wichtiger Bereich wie die Lyrik ist - abgesehen von der "Poesia Negra" - überhaupt nicht vertreten. Trotz der offensichtlichen Mängel hoffen die Herausgeber, daß das Buch als Ergebnis der Begegnung von Dozenten und Doktoranden deutscher Universitäten mit brasilianischen Schriftstellern auf Interesse stoßen kann.

Der größte Teil der Artikel lag 1988 abgeschlossen vor. Nur in Ausnahmefällen konnte darum die neueste Forschung Berücksichtigung finden. Die Herausgeber bitten in diesem Punkte um Nachsicht. Der Beitrag von Silviano

Vorwort

Santiago ist eine Übersetzung seines Essays "Alegria e Poder" aus *Nas malhas da Letra*.[1]

Unser Dank gilt Herrn Dr. Winfried Gellner (Kulturamt der Stadt Köln) und Herrn Dr. Gerhard Kutzner (Bundespresseamt), die mit großem Engagement den Dialog mit brasilianischen Schriftstellern finanziert haben. Das Buch mögen sie als eines der Ergebnisse ihres Einsatzes ansehen. Dank gebührt auch Frau Dr. Ray-Güde Mertin, ohne deren unermüdlichen Einsatz für die Verbreitung der brasilianischen Literatur im deutschsprachigem Raum es wohl nie zu den zahlreichen eindrucksvollen Begegnungen mit brasilianischen Schriftstellern gekommen wäre. In diesem Zusammenhang gilt unser Dank auch Frau Prof. Dr. Heidrun Krieger (Pontifícia Universidade Católica, Rio de Janeiro), die Herrn Santiago bei der Lektüre der deutschsprachigen Artikel zur Seite gestanden hat.

Dietrich Briesemeister
Helmut Feldmann

---

1 São Paulo: Editora Schwarz, 1989.

Horst Bahro/Jürgen Zepp

POLITISCHER WANDEL UND REGIONALE ENTWICKLUNGSPOLITIK IN BRASILIEN SEIT 1964

1. Der Staatsstreich von 1964. Ursachen und Folgen

Wirtschaftliche und soziale Veränderungen verursachen politische Spannungen.[1] Die Entwicklung Brasiliens vom monokulturell geprägten Agrarstaat zum teilindustrialisierten Schwellenland[2] leitete einen Prozeß schwerwiegender gesellschaftlicher Spaltungen ein, der seinen Höhepunkt in der Zerstörung des demokratischen Systems fand. Am 1. April 1964 fiel die Regierung des Präsidenten João Belchior Marques Goulart; sie wurde von den Militärs zerstört. Diese hatten in enger Zusammenarbeit mit den Vertretern des Großkapitals, die im Instituto de Pesquisa e Estudos Sociais (IPES) organisiert waren, und mit Unterstützung der USA, Pläne für die Ersetzung der brasilianischen Demokratie durch einen kapitalistischen Autoritarismus erarbeitet, um die Vorherrschaft der besitzenden Schichten zurückzugewinnen[3] und dennoch eine "modernisierende" Entwicklung zu gewährleisten.[4] Als

---

1 Samuel P. Huntington: *Political Order in Changing Societies*; New Haven/London: Yale University Press, 1975, 9th printing, S. 140 ff. und passim, zu Brasilien s. S. 219 ff.

2 S. z. B. Manfred Wöhlcke: *Brasilien. Anatomie eines Riesen*, München: Verlag C. H. Beck, 1985, bes. S. 28 ff.

3 René Armand Dreifuss, 1964: *A conquista do estado - Ação política, poder e golpe de classe*, Petrópolis, Editora Vozes Ltda., 1981, S. 170 ff., 396 f. und passim.

4 Vgl. Schneider, Ronald M.: *The Political System of Brazil - Emergence of a "Modernizing" Authoritarian Regime*, 1964 - 1970, New York/London: Columbia University Press, 1971, S. 10, der zwischen "Entwicklung" und "Modernisierung" unterscheidet.

Folge des Staatsstreichs wurde die zivile Regierung abgesetzt, die demokratischen Politiker für nicht wählbar erklärt, Schlüsselpositionen in politischen Institutionen (Gewerkschaften, Banken, Berufs- und Wirtschaftsverbänden) unter die Kontrolle des Staates gebracht - die Militärs übernahmen zum ersten Mal in der Geschichte Brasiliens selbst die Macht.

Die Gründe für den Putsch lagen in der - unbegründeten - Furcht der besitzenden Schichten vor dem Kommunismus, die von den rechtsextremen Militärs geschürt wurde, in der damaligen Wirtschaftskrise mit progressiver Inflation, einem außerordentlichen Haushaltsdefizit und in hoher Auslandsverschuldung[5] - Mißstände, die der demokratischen Regierung angelastet wurden. Anlaß zum Staatsstreich gaben schließlich die von Goulart geplanten grundlegenden Reformen ("reformas básicas"), zu deren Einleitung er am 13. März 1964 öffentlich demonstrativ ein Dekret über eine Landreform ohne sofortige Entschädigung und ein weiteres über die Verstaatlichung privater Erdölraffinerien unterzeichnete.[6] Das Militär war jedoch in sich gespalten: Der "harten Linie" ("linha dura"), die eine breite und rücksichtslose Unterdrückung jeder abweichenden Handlung und Meinung anstrebte,[7] stand die gemäßigte Gruppe der "sorbonistas"[8] (später: "castelistas") gegenüber, die zwar diktatorisch, aber gezielter und mit schonenderen Maßnahmen bei der Einschränkung politischer und persönlicher Rechte vorgehen wollte.[9] Aus dieser letzten Gruppe kam der erste Militärpräsident Brasiliens, der Marschall Humberto de Alencar Castelo Branco. Unter seiner Regierung, in der Zivilisten wichtige Schlüsselstellungen einnahmen, gelang es zwar, die Inflation zu mäßigen; wesentliche Impulse für das Wirtschaftswachstum blieben jedoch aus.[10]

---

5   Thomas E. Skidmore: "Politics and Economic Policy Making in Authoritarian Brazil, 1937 - 71", in: Alfred Stephan (Hg.): *Authoritarian Brazil. Origins, Policies, and Future*, New Haven/London: Yale University Press, 1973, S. 41 f.

6   Im einzelnen s. Thomas E. Skidmore: *Politics in Brazil 1930 - 1964. An Experiment in Democracy*, London/Oxford/New York: Oxford University Press, 1967, S. 284 ff. Vgl. auch Alfred Stephan: *The Military in Politics - Changing Patterns in Brazil*, Princeton, N. J., Princeton University Press, 1971, S. 195 f.; Schneider, a.a.O. (Anm. 4), S. 93 f.

7   S. Skidmore, a.a.O. (Anm. 5), S. 16 ff.

8   Nach der Escola Superior de Guerra, s. Abschn. 3, dem "think-thank" des Militärs, die mit der Sorbonne gleichgesetzt wurde.

9   Vgl. besonders Sebastião C. Velasco e Cruz und Carlos Estevam Martins: "De Castelo a Figueiredo: uma incursão na pré-história da 'abertura'", in: *Sociedade e Política no Brasil Pós-64*, São Paulo: 1983, S. 16.

10 Skidmore, a.a.O. (Anm. 5), S. 9 ff.

1967 übernahm Arthur Costa e Silva die Präsidentschaft. Auch er wurde den "sorbonistas" zugerechnet, stand aber auch in Kontakt mit führenden Offizieren der "harten Linie".[11] Unter seiner Regierung gab es die ersten Erfolge des "brasilianischen Wirtschaftswunders" ("milagre brasileiro") mit Wirtschaftswachstum und Außenhandelsüberschüssen;[12] jedoch gelang es ihm nicht, die Politik der "Nationalen Sicherheit" durchzusetzen. Unter seinem Nachfolger General Emílio Garrastazú Médici (1969 - 1974) herrschte die Diktatur mit voller Härte; gleichzeitig aber wurden erstaunliche Erfolge im Wirtschaftswachstum erreicht.

Die Militärs regierten auf einer scheinbar rechtsstaatlichen Grundlage: Durch einen "Institutionellen Akt" vom 9. April 1964 wurde dem Präsidenten für den Zeitraum von 90 Tagen die Vollmacht gegeben, mit Wirkung von bis zu zehn Jahren die politischen Rechte aufzuheben und Parlamentsmandate aller Ebenen zu kassieren.[13] Mit dem zweiten Institutionellen Akt vom 27. Oktober 1965 wurden die Sondervollmachten des Präsidenten bis zum Ende seiner Amtsperiode am 15. März 1967 verlängert, die Militärgerichtsbarkeit auf Verbrechen gegen die Nationale Sicherheit erstreckt, die indirekte Wahl von Präsident und Vizepräsident eingeführt (später auch für die Gouverneure der Bundesstaaten) und die politischen Parteien verboten. An deren Stelle wurden zwei Parteien von Staats wegen künstlich geschaffen: Die ARENA (Aliança Renovadora Nacional) als ständige Regierungspartei, der MDB (Movimento Democrático Brasileiro) als Oppositionspartei. 1967 wurde durch einen weiteren Institutionellen Akt eine neue Verfassung in Kraft gesetzt, die eine Zentralisierung auf Unionsebene vornahm und die Macht in den Händen der Militärs konzentrierte.[14]

Im Dezember 1968 verweigerte der mehrheitlich von der Regierungspartei ARENA geführte Nationalkongreß dem Präsidenten die Zustimmung zur Entziehung der Immunität eines Abgeordneten des MDB, obwohl dies als Frage der Nationalen Sicherheit bezeichnet worden war.[15] Darauf vertagte der Präsident den Kongreß auf unbestimmte Zeit und erließ den Institutionellen Akt Nr. 5 ("AI-5"), der dem Präsidenten absolut unumschränkte Gewalt für Eingriffe jeglicher Art in alle Rechte gab. Auf seiner Grundlage wurden hunderte von politischen Mandaten entzogen und das Oberste Ge-

---

11 Skidmore, a.a.O. (Anm. 5), S. 11.
12 Skidmore, a.a.O. (Anm. 5), S. 12 f.
13 Hélio Pereira Bicudo: *O direito e a justiça no Brasil (uma análise crítica de cem anos)*; São Paulo, Símbolo S. A. Indústrias Gráficas, 1978, S. 34, S. auch Cruz-Martins, a.a.O. (Anm. 8), S. 18 f.
14 Bicudo, a.a.O. (Anm. 13), S. 37.
15 Skidmore, a.a.O. (Anm. 5), S. 14, Bicudo, a.a.O. (Anm. 13), S. 37 f.

richt "gesäubert".[16] Mit einer Verfassungsänderung gab sich das Militärregime 1969 einen neuen Rahmen für seine unumschränkte Herrschaft.

2. Auf dem Wege zur "politischen Öffnung"

Mit der Wahl des Generals Ernesto Geisel zum Staatspräsidenten für die Amtszeit von März 1974 bis März 1979 im November 1973 hatte sich die Gruppe der "castelistas" gegen die harte Linie durchgesetzt. Gleich zu Beginn seiner Amtszeit verkündet Geisel das, was später als "abertura", als politische Öffnung bekannt werden sollte:[17] Langsamer und allmählicher Übergang zur "demokratischen Vervollkommnung" mit der Möglichkeit von Rückschlägen und Ablösung der Ausnahmegesetze durch wirksame "verfassungsmäßige Schutzmaßnahmen".

Die Amtsführung Geisels war von Beginn an vom Ölpreisschock des Jahres 1973 belastet, der für das von Erdöleinfuhren fast völlig abhängige Brasilien das Ende seines Wirtschaftswunders bedeutete. Damit verlor das Militärregime das Vertrauen der es bis dahin stützenden Ober- und Mittelschichten.[18] Dies wurde mit den Wahlen zum Nationalkongreß und zu den Gesetzgebenden Versammlungen der Staaten am 15. November 1974 deutlich, die der ARENA schwere Verluste brachten.[19] Dem ihr damit drohenden Legitimationsschwund, der die Militärherrschaft hätte gänzlich zusammenbrechen lassen, versuchte die Regierung Geisel durch Manipulation des Wahlrechts entgegenzutreten: Im Juni 1976 wurde Fernsehwerbung für Parteien zu Lasten der Oppositionspartei drastisch eingeschränkt ("Lei Falcão"[20]); außer-

---

16 Skidmore, a.a.O. (Anm. 5), S. 14 f.
17 Kucinski, Bernardo: *Abertura, história de uma crise,* São Paulo, Editora Brasil Debates Ltda., 1982, S. 20.
    Zu den möglichen Gründen der Öffnung s. auch Manfred Wöhlcke: *Brasilien 1983. Ambivalenzen seiner politischen und wirtschaftlichen Orientierung;* Baden-Baden, Nomos Verlagsgesellschaft, 1983, S. 23 ff. Nach Walder de Góes: "A gênese da abertura", in: Walder de Góes und Aspásia Camargo: *O drama da sucessão e a crise do regime,* Rio de Janeiro, Editora Nova Fronteira, 1984, S. 125 ff., entstand die Idee zur "descompressão" mit Hilfe des amerikanischen Professors Samuel Huntington schon unter der Regierung Médici.
18 Kucinski, a.a.O. (Anm. 17), S. 27 ff.
19 Kucinski, a.a.O. (Anm. 17), S. 37.
20 Ausführlich dazu Celina Rebello Duarte, "A Lei Falcão: antecedentes e impacto", in: Bolívar Lamounier (Hg.), *Voto de desconfiança - eleições e mudança*

dem wurde eine Reihe von Mandaten von Abgeordneten kassiert, die das Heer der Verletzung der Menschenrechte beschuldigt hatten. Neben den Ansätzen zu einer Veränderung des Regierungssystems hatten nämlich Militär und Polizei, vor allem von der "harten Linie" in São Paulo und Rio de Janeiro, wieder verstärkt zu Folter und Mord an Kommunisten und liberalen Systemkritikern gegriffen.

Nachdem der MDB in den Gemeindewahlen vom 15. November 1976 trotz ungünstiger Vorbedingungen wider Erwarten einen großen Sieg erringen konnte, waren die Grundlagen des Systems bedroht. Geisel nahm das Scheitern eines Gesetzes über die Justizreform zum Anlaß, den Kongreß am 2. April 1977 aufzulösen. Noch im selben Monat setzte er das "April-Paket" mit 14 Verfassungsänderungen und sechs Dekretgesetzen in Kraft: Es enthielt vor allem die Herabsetzung der für Verfassungsänderungen erforderlichen Kongreßmehrheit, die Schaffung der Figur eines praktisch von der Regierung eingesetzten Senators ("biônico"), die Verlängerung der Amtsperiode des künftigen Präsidenten auf sechs Jahre und die Veränderung der Zahl der aus den einzelnen Bundesstaaten zu wählenden Abgeordneten des Nationalkongresses zugunsten der Staaten und Territorien, bei denen die Regierung für sie günstige Wahlergebnisse erwartete.[21]

Die politischen Veränderungen hatten Rückwirkungen auch auf das Militär. Einerseits verstärkte sich der Druck der "harten Linie" auf den Präsidenten; andererseits erhoben sich im Militär selbst Stimmen, die für eine "Rückkehr in die Kasernen" ("volta aos quartéis") eintraten. Geisel benannte Ende Dezember 1977 den Chef des Geheimdienstes ("Serviço Nacional de Informações" - SNI), General João Baptista Figueiredo, als seinen Nachfolger[22]). Im Juni 1978 erließ Geisel neue Verfassungsänderungen ("Juni-Paket"), mit denen er den AI-5 und die auf diesem beruhende Suspendierung von politischen Rechten aufhob, das Recht des Präsidenten zur Schließung des Kongresses und andere Sondervollmachten beseitigte, die Todesstrafe, die Verbannung und die lebenslange Gefängnisstrafe verbot und die Rechtsgarantien bei Freiheitsentziehung wieder einführte.[23] Es blieben jedoch das

---

política no Brasil: 1970 - 1979; São Paulo, Editora Vozes Lda., 1980, S. 173 - 216.

21 Kucinski, a.a.O. (Anm. 17), S. 60 ff. S. auch Cruz/Martins, a.a.O. (Anm. 9), S. 55.

22 Kucinski, a.a.O. (Anm. 17), S. 73 f., Cruz/Martins, a.a.O. (Anm. 9), S. 58.
    Zu den Hintergründen s. "Frota conta em livro crise que fez de Figueirede presidente", Folha de S. Paulo, 12. 7. 1987.

23 Kucinski, a.a.O. (Anm. 17), S. 89, Cruz/Martins, a.a.O. (Anm. 9), S. 60.

Gesetz über die Nationale Sicherheit,[24] die von der Regierung kontrollierten Senatoren und die "Lei Falcão"; auch erließ Geisel nicht die geforderte Amnestie.[25] In die Verfassung wurde zusätzlich die Möglichkeit der Ausrufung des "Notstandes" ("estado de emergência") durch den Präsidenten eingeführt. Damit waren die Grundlagen der politischen Öffnung aus der Sicht der Militärs so gelegt, daß ihre herrschende Position erhalten bleiben konnte.

3. Die Unterdrückung der Menschenrechte und die Zensur

Legitimationsgrundlage der Militärherrschaft war - wie in ganz Südamerika[26] - die Ideologie der "Nationalen Sicherheit" ("Segurança Nacional"). In Brasilien wurde diese von der Kriegshochschule ("Escola Superior de Guerra" - ESG), und deren "Vater",[27] der "grauen Eminenz" der Militärpräsidenten, den General Golbery do Couto e Silva, konkretisiert. "Nationale Sicherheit" umfaßt alles - innen- und außenpolitisch - was das nationale Leben angeht.[28] Sie bedeutet den "relativen Grad der Garantie, den der Staat durch politische, wirtschaftliche, militärische und psychosoziale Mittel der Nation in einer bestimmten Epoche in soweit geben kann, als seine Zuständigkeit reicht, um die nationalen Ziele trotz der bestehenden Antagonismen zu verfolgen und zu sichern".[29] Dahinter steht ein undifferenzierter Antikommunismus, der beliebig zum Feind Erklärte als Agenten Moskaus aus-

---

24 Ein neues Gesetz über den Schutz des demokratischen Staates soll dieses Gesetz ersetzen, s. "Anteprojeto propõe garantias para liberdades políticas", Folha de São Paulo, 22. 1. 1986 und "Lyra entrega a Sarney "pacote de leis"", Folha de São Paulo, 14. 2. 1986.

25 Kucinski, a.a.O. (Anm. 17), S. 89 ff. Die "Lei Falcão" wurde erst im Oktober 1984 aufgehoben, s. "Adeus à Lei Falcão", Folha de São Paulo, 19. 10. 1984.

26 S. z. B. Nohlen, Dieter: "Militärregime und Redemokratisierung in Lateinamerika", *aus politik und zeitgeschichte*, B 9/86, 1. März 1986, S. 8.

27 S. Stephan, a.a.O. (Anm. 6), S. 185. Ausführlich dazu Eliézer Rizzo de Oliveira: *As forças armadas. Política e ideologia no Brasil (1964 - 1969)*, 2ª edição, Petrópolis, Vozes 1978, bes. S. 19 ff.

28 S. Golbery do Couto e Silva: *Conjuntura política nacional, O Poder Executivo & geopolítica do Brasil*, 3ª edição, Rio de Janeiro, Livraria José Olympio Editora, 1980, besonders S. 25 ff. Vgl. dazu auch Schneider, a.a.O. (Anm. 4), S. 245 ff.

29 Nach Schneider, a.a.O. (Anm. 4), S. 246; s. dazu die Materialzusammenstellung von Guido Fidelis: *Lei de Segurança Nacional e censura (comentários)*, São Paulo, Sugestões Literárias S/A, 1979, S. 42.

weist.³⁰ Auf dieser Grundlage wurden 1969 Verbrechen gegen die Nationale Sicherheit festgelegt.³¹ In der Verfassung von 1969 wurde die Verantwortung jedes Bürgers für die Nationale Sicherheit aufgenommen und ein "Rat der Nationalen Sicherheit" mit weitgehenden Vollmachten errichtet.³² Mit dem Geheimdienst wurde ein umfassendes Spitzelsystem aufgebaut, das mit seinen "Referaten für Sicherheit und Information" ("Divisões de Segurança e Informação" - DSI) in allen Ministerien und Staatsunternehmen vertreten war.³³ Die Gesetze über die Nationale Sicherheit³⁴ zeichneten sich durch Unbestimmtheit der Tatbestände aus, die der Willkür Tür und Tor öffneten.³⁵ Damit waren im Gewande des Rechts die Grundlagen für polizeistaatliche Willkürherrschaft gelegt.

Verletzungen der politischen Rechte, die Entziehung von Ämtern und Mandaten sowie die Verbannung mißliebiger Politiker fingen mit dem Beginn der Militärdiktatur auf Grund des (ersten) Institutionellen Aktes an. Von 1968 an ging das Militär dazu über, offene Feinde des Regimes oder der Feindschaft bloß Verdächtigte ohne jegliche Rechtsgrundlage festzunehmen, zu foltern, zu verstümmeln und zu ermorden. Die damit beauftragte und besonders ausgebildete Einheit war das DOI-CODI ("Destacamento de Operações de Informações - Centro de Operações de Defesa Interna"), der Nachrichtendienst des Heeres.³⁶ Aber auch Polizeiangehörige waren an Folterungen und Morden beteiligt, so der berüchtigte Kommissar ("Delegado") Sergio

---

30   Vgl. z. B. Paulo Marconi, *A censura política na imprensa brasileira (1968 - 1978)*, 2ª edição revista, São Paulo, Global Editora e Distribuidora Ltda. 1980, S. 16 ff.
31   Mit dem Dekret-Gesetz Nr. 898 vom 29. September 1969, s. Fidelis, a.a.O. (Anm. 29), S. 49 f.
32   Fidelis, a.a.O. (Anm. 29), S. 44 f.
33   Kucinski, a.a.O. (Anm. 17), S. 18.
34   S. die Zusammenstellung bei Fidelis, a.a.O. (Anm. 29), S. 50 ff., zuletzt das Gesetz Nr. 6.620 über die Nationale Sicherheit vom 17. Dezember 1976, geändert durch Gesetz Nr. 7.710 vom 15. 12. 1983.
35   S. auch Kucinski, a.a.O. (Anm. 17), S. 91. Allerdings gibt es auch in grundsätzlich rechtsstaatlichen Ländern Verstöße gegen den Grundsatz "nullum crimen sine lege", wie z. B. in der Bundesrepublik Deutschland, s. die Rechtsprechung des Bundesverfassungsgerichts zur Nötigung, in: *Neue Juristische Wochenschrift*, 1969, p. 1771 (1772).
36   S. dazu die wichtigste brasilianische Darstellung über die Folter. *Brasil: nunca mais. Um relato para a história*, 5ª. edição, Petrópolis, Editora Vozes Ltda., 1985, S. 73 f., und die Darstellung im Brief der politischen Gefangenen in Rio de Janeiro an den Präsidenten der Rechtsanwaltskammer, in: *Brasilien Dokumente*, Materialien Nr. 5, "Zur Situation der Menschenrechte - Juristen klagen an", amnesty international, Köln 1977, S. 102.

Fleury von der Kriminalpolizei ("Departamento de Ordem Política e Social" - DOPS) aus São Paulo.[37] Sie übernahmen damit die Methoden der Todesschwadronen ("esquadrões da morte"), die die Bekämpfung der Kleinkriminalität in die eigenen Hände genommen hatten.[38]

Opfer waren neben den besonders 1968/69 auftretenden Stadtguerillas - bekannt vor allem die von Carlos Marighela und Carlos Lamarca -, liberale Journalisten und katholische Geistliche, die sich für die Interessen der Armen einsetzten, aber auch völlig Unbeteiligte.[39] Die in Brasilien bei der Polizei ohnehin übliche Folter[40] war bestialisch und führte oft zu Verstümmelungen oder in den Wahnsinn. Die Menschen - Männer, Frauen und auch Kinder - wurden auf eine Weise gequält, die an die Grausamkeiten der entmenschten Aufseher in den deutschen KZ der Nazizeit erinnert. Die bevorzugten Foltermethoden,[41] die möglicherweise von den Geheimdiensten der USA entwickelt[42] und in andere südamerikanische Gewaltregime übertragen wurden, waren die folgenden: "Papageien-Schaukel" ("pau-de-arara"), bei denen der an Händen und Füßen gefesselte Gefangene an einer unter seine Knie gesteckten Stange mit dem Kopf nach unten hing und weiteren Foltern ausgesetzt war; Elektroschocks, vornehmlich an Kopf oder Geschlechtsteilen, simuliertes Ersticken, "Telephon" (gleichzeitiges Schlagen auf beide Ohren); "Dosen" (der Gefangene muß mit nackten Füßen auf zwei leeren geöffneten Konservendosen mit scharfen Rändern stehen) und "Kühlschrank" ("geladeira" - Zelle mit Eiseskälte oder unerträglicher Hitze, in der der/die nackte und stets beobachtete Gefangene mit unerträglichen Geräuschen gequält wird).[43]

---

37   Brasilien, a.a.O. (Anm. 36), S. 22.
38   Paulo Sérgio Pinheiro: "Polícia e crise política: O caso das Polícias Militares", in: *A violência brasileira*, São Paulo, Editora Brasiliense, 1982, S. 70.
39   Fernando Gabeira: "A entrevista do Pasquim", in: Fernando Gabeira, *Carta sobre a anistia - entrevista do Pasquim. Conversação sobre 1968*, Rio de Janeiro, Editora CODECRI Ltda., 1979, S. 37. S. auch allgemein *Brasil: nunca mais*, a.a.O. (Anm. 36), S. 93 ff.
40   Gabeira, a.a.O. (Anm. 39), S. 67; s. auch Pinheiro, a.a.O. (Anm. 38), S. 71.
41   Zur Dokumentation der unvorstellbaren Grausamkeiten für die Zeit um 1977 s. *Brasil: nunca mais*, a.a.O. (Anm. 36), S. 34 - 42.; und *Brasilien*, a.a.O. (Anm. 36), passim.
42   Gabeira, a.a.O. (Anm. 39), S. 29; die Bücher von Schneider, a.a.O. (4), und Stephan, a.a.O. (Anm. 6), gehen auf das Problem der Folter als ein das Militärregime stabilisierendes Element nicht ein.
43   S. Brasilien, a.a.O. (Anm. 36), S. 41 ff., 101. Gerüchte, nach denen die Gefangenen und Entführten von DOI-CODI, besonders auch von dem erwähnten Kommissar Fleury, an entlegenen Orten des Staates São Paulo über längere

Die Bilanz der brutalen Unterdrückung der Menschenrechte und der politischen Freiheit waren am Ende der Amtszeit Geisel 4.682 entzogene Positionen, darunter 300 Professoren, 500 Politiker, 50 ehemalige Gouverneure und Bürgermeister, viele Diplomaten, Gewerkschaftsführer und öffentliche Bedienstete.[44] Die Zahl der Ermordeten und Gefolterten ist nicht genau feststellbar. Für die Zeit von September 1973 bis September 1975 nennt Kucinski[45] mindestens 32 Verschwundene. Es muß angenommen werden, daß alle Verschwundenen - wie in Argentinien - ermordet worden sind. In der Zeit vom Inkrafttreten des Gesetzes über die Nationale Sicherheit bis zum Ende des Jahres 1978 sind rd. 2.000 Verurteilungen nach ihm ergangen, jedoch keine Todesurteile.[46] In einer zwölfbändigen Dokumentation der brasilianischen Kirche sollen die Namen von 17.420 Opfern des Militärregimes, darunter die von 1.843 Gefolterten, veröffentlicht werden.[47]

Die Zensur gehört stets zu den Unterdrückungsmethoden autoritärer Regimes. In Brasilien wurde sie in ein System nationalistischer Indoktrination eingebaut, das von der Ideologie der "Nationale Sicherheit" ausging. Dies kam besonders in der Schule zum Ausdruck, wo Werte wie 'Ordnung', 'Gehorsam', 'Verantwortung', 'Achtung der Hierarchie', 'Patriotismus', 'Familie', 'Gemeinschaft' und 'Solidarität' im Unterrichtsfach "soziale und politische Ordnung" ("ordem social e política brasileira" - OSPB) vermittelt werden sollten,[48] in die damals auch das Alphabetisierungsprogramm MOBRAL einbezogen war.[49] Die Zensur[50] sollte dagegen die Propagierung unerwünschter Werte, wie Egoismus, Rebellion, Ungehorsam gegenüber der

---

Zeiträume hinweg bei lebendigem Leibe bis zum Tode zerstückelt worden sein sollen, können mit der uns vorliegenden Literatur nicht bestätigt werden. Es könnte sich hier um die "Schreckenshäuser" gehandelt haben, die in *Brasil: nunca mais*, a.a.O. (Anm. 36), S. 260, erwähnt werden.

44 Kucinski, a.a.O. (Anm. 17), S. 110.
45 Kucinski, a.a.O. (Anm. 17), S. 91. In *Brasil: nunca mais*, a.a.O. (Anm. 36), S. 291 - 293, sind für die Zeit von 1964 bis 1974 insgesamt 125 Verschwundene namentlich aufgeführt. Gilberto Nascimento und Miguel Biazzo: "Desaparecidos: história a ser esquecida?", *O São Paulo*, 5. 11. 1985, geben 144 Verschwundene für die Zeit von 1964 - 1979 an.
46 Kucinski, a.a.O. (Anm. 17), S. 91
47 "Bericht über Folterungen in Brasilien", *Süddeutsche Zeitung*, 3. 3. 1987; "Acusados estão nos arquivos da Cúria SP", *Folha de São Paulo* 19. 3. 1987.
48 Vgl. Philippe E. Schmitter, "The "Portugalization" of Brazil?", in: Stephan, a.a.O. (Anm. 5), S. 215 f.
49 Schmitter, a.a.O. (Anm. 48), S. 217.
50 Beginnend mit dem Dekret-Gesetz Nr. 869/69 vom 19. September 1969; vgl. Schmitter, a.a.O. (Anm. 48), S. 215 f.

Obrigkeit[51] oder auch nur die Mitteilung über ihr Vorhandensein, unterbinden. Damit erhielt die Militärregierung die Tendenz eines faschistischen Herrschaftssystems.

Die Zensur betraf in erster Linie die (in Brasilien privaten) Rundfunk- und Fernsehsendungen,[52] umfaßte aber auch Zeitungen und Zeitschriften sowie Bücher, Theaterstücke, Musiktexte und Werke der darstellenden Kunst. Bereits 1967 wurde Propaganda für Kriege sowie für den Umsturz der politischen und gesellschaftlichen Ordnung verboten.[53] Auf der Grundlage des AI-5 waren im Dezember 1968 die Herausgeber zweier Tageszeitungen vorübergehend inhaftiert worden.[54] Ohnehin gab diese "Rechtsgrundlage" dem Regime die Möglichkeit, Journalisten, die gegen die Ideen der "Nationale Sicherheit" verstoßen hatten, auch strafrechtlich zu belangen. Mit der Verfassung von 1969 wurde die Zensur dadurch begründet, daß die Veröffentlichung von Büchern, Zeitungen und Zeitschriften zwar als von der behördlichen Zulassung unabhängig, ihr "Mißbrauch" jedoch für unzuverlässig erklärt wurde.[55] Dazu wurde eine Reihe von einzelnen Rechtsvorschriften erlassen.[56]

Eine Richtung der Zensur zielte auf Pornographie, die mit den dem Militärregime positiv erscheinenden Werten nicht zu vereinbaren war. Von dieser wurden auch Romane wie 'Madame Bovary', 'Lady Chatterly's Liebhaber', 'Fanny Hill', 'Wendekreis des Krebses' und 'Wendekreis des Steinbocks' betroffen.[57] Die politische Zensur war insofern wirksam, als sie die Information über die Schrecken des Regimes verhinderte. Die Kriterien dieser Zensur waren nicht eindeutig. Von der zweiten Hälfte des Jahres 1973 bis zum Ende des Jahres 1974, als die Zensur am schärfsten war,[58] war es untersagt, Berichte ausländischer Zeitungen über Diktaturen wie Griechenland

---

51   Schmitter, a.a.O. (Anm. 47), S. 217.
52   Wir haben darüber jedoch keine Angaben im einzelnen finden können; unsere Vermutungen insoweit stützen sich darauf, daß Fernseh- und Rundfunksendungen weiter verbreitet sind als die anderen Medien, sowie auf eigene Beobachtungen.
53   Mit dem Gesetz über die Presse Nr. 5.250 vom 9. September 1967, s. Fidelis, a.a.O. (Anm. 28), S. 122.
54   S. Stephan, a.a.O. (Anm. 6), S. 221.
55   Fidelis, a.a.O. (Anm. 29), S. 122 ff.
56   S. die Zusammenstellung von Fidelis, a.a.O. (Anm. 29), S. 129 ff. S. auch "Zensur in Brasilien. Eine Dokumentation", in: *Brasilien Rundschau*, No. 3, amnesty international - Brasilien Koordinationsgruppe Köln, September 1976.
57   Fidelis, a.a.O. (Anm. 29), S. 150.
58   José António Pinheiro Machado: *Opinião x Censura. Momentos da luta de um jornal pela liberdade*, Porto Alegre, L & PM Editores Ltda., 1978, S. 134.

oder Paraguay, abzudrucken. Ebensowenig durften bestimmte, in Brasilien unerwünschte Namen genannt werden. Die Themen der Zensur selbst, der Folter und der politischen Gefangenen waren tabuisiert. Auch kritische Berichte über Symbole des brasilianischen Nationalismus wie z. B. Fußballspieler, waren zu vermeiden. Negative Berichte über die Wirtschaftslage waren verpönt. In den Jahren der "abertura" waren die Kriterien der Zensur offenbar nicht mehr zu durchschauen.[59] Im Bereich der Literatur wurden von den brasilianischen Autoren am meisten Cassandra Rios, Adelaide Carraro und Rubem Fonseca zensiert; bekannt wurde auch die Zensur der Romane 'Zero' von Ignácio de Loyola Brandão, und 'Aracelli, meu Amor' von José Louzeiro.[60] Im Jahre 1976 wurden 6 Filme, 29 Theaterstücke, 74 Bücher und 292 Chansons verboten.[61]

Im Zuge der "abertura" änderten sich die Methoden der Zensur. Ihre formale Aufhebung durch Geisel im Jahre 1978 ging einher mit der Einführung diskreterer Verfahren, die der Öffentlichkeit, manchmal auch den mittelbar Betroffenen verborgen blieben. Es wurden nicht nur politische Pressionen sowie ökonomischer und administrativer Druck, sondern auch die innerbetriebliche Zensur angewandt.[62]

4. Wirtschaftspolitik

Die in der zweiten Hälfte der 50er Jahre einsetzende stürmische Wirtschaftsentwicklung Brasiliens war vollständig von außen induziert. Sie hatte zwei unmittelbare Auswirkungen: rasches Wachstum vor allem der Industrie für langlebige Konsumgüter sowie den Anstieg des Staatsanteils am Bruttoinlandsprodukt. In dieser Periode wurden die entscheidenden Weichen für die Struktur und die räumliche Verteilung der brasilianischen Wachstumsindustrien gestellt.[63]

---

59 Pinheiro Machado, a.a.O. (Anm. 57), S. 135.
60 Fidelis, a.a.O. (Anm. 29), S. 150.
61 S. Dokumentation, a.a.O. (Anm. 36), S. 47.
62 S. dazu besonders Marconi, a.a.O. (Anm. 30), S. 115 ff., 126 ff., 137 ff. Die endgültige Aufhebung jeder Zensur ist vorgesehen in dem Entwurf eines Gesetzes zum Schutz der Meinungsfreiheit in Lustbarkeiten und öffentlichen Vorstellungen, s. "Governo quer modificar o projeto de Álvaro Valle", *Folha de São Paulo*, 21. 12. 1985.
63 Vgl. John P. Dickenson, *Brazil*, Folkestone, Dawson & Sons Ltd, 1978, S. 17.

Neben der zunehmenden Außenabhängigkeit der brasilianischen Wirtschaft übernahmen die Nachfolger des damaligen Präsidenten Juscelino Kubitschek ein verstärktes internes Ungleichgewicht der Entwicklung Brasiliens. Daran änderte auch die erstmalige Erwähnung der Bedeutung der Regionalplanung für eine ausgewogene Entwicklung des Staates im Plano Trienal 1963 - 1965 nichts.[64] Der Bau Brasilias in der Nähe des geographischen Mittelpunktes Brasiliens durch Kubitschek in den Jahren 1957 - 1960 und die Verlegung der Hauptstadt dorthin wurden im Jahre 1972 abgeschlossen.[65] Dies ist ein typisches Beispiel für die Versuche, die interne Entwicklung außerhalb des übermächtigen Südostens um São Paulo und Rio de Janeiro zu stimulieren, die sich durch hohen Aufwand, vorwiegend symbolischen Charakter und propagandistischen Wert für die brasilianische Regionalpolitik auszeichnen. Auch die heutige Regierung setzt diese Politik fort, wie das starre Festhalten an der Nord-Süd-Eisenbahnverbindung Açailândia (Maranhão) - Brasilia zeigt.[66] Die Eigendynamik der industriellen Entwicklung sorgte jedoch dafür, daß sich der Anteil der Region Sudeste zwischen 1955 und 1964 von 75,4 % auf 83,2 % der gesamten Industrieproduktion erhöhte, während die Bedeutung der übrigen Regionen sank.[67] Erst im Verlauf der siebziger Jahre ging dieser Anteil allmählich wieder zurück und sank 1975 mit 76,0 % und 1980 72,1 % wieder auf Werte wie vor dem Boom zurück.[68]

Zu Beginn der Militärdikatur waren die bisherigen Mittel der Wirtschaftspolitik erschöpft. Die Regierung Castelo Branco entschied sich seit 1965 und verstärkt seit 1968 mit einem ganzen Bündel von Maßnahmen für die Strategie der "Diversifizierung der Exporte durch die Ausfuhr industrieller Güter".[69] Die damit verbundene Verschlechterung der Situation der be-

---

64 Vgl. Wöhlcke, a.a.O. (Anm. 2), S. 32 - 34; Adriano B. do Amaral, *Industrialisierung in Brasilien. Zur Politik der Importsubstitution*, Tübingen-Basel, Horst Erdmann Verlag, 1977, S. 20 - 25; Dickenson, a.a.O. (Anm. 62) S. 17.

65 Der 7. 9. 1972 war das Enddatum für die Übersiedlung der Botschaften nach Brasilia und damit der Abschluß der Umsiedlung der Hauptstadt. Vgl. Janet D. Henshall/R. P. Momsen, *A Geography of Brazilian Development*, London, G. Bell & Sons Ltd, 1976, S. 245; Ernst Gerhard Jacob, *Grundzüge der Geschichte Brasiliens*, Darmstadt, Wissenschaftliche Buchgemeinschaft, 1974, S. 57 ff.

66 "Trilhos suspeitos", *Veja*, 6. 5. 1987.

67 Vgl. Dickenson, a.a.O. (Anm. 63), S. 18.

68 Errechnet aus *Anuário estatístico do Brasil 1984*, Rio de Janeiro 1985, S. 507.

69 Vgl. Amaral, a.a.O. (Anm. 64), S. 38, 39.

nachteiligten Bevölkerung war Bestandteil dieser Politik.[70] Allerdings versprach sie eine Verbesserung der außenwirtschaftlichen Bedingungen des Landes[71] und damit eine Entwicklung Brasiliens im Rahmen der Staatsdoktrin der "segurança nacional", die als "segurança e desenvolvimento" auch Grundlage der Wirtschaftspolitik wurde. Dieses massive Eingreifen des Militärs fällt zeitlich mit dem durch den AI-5 markierten Übergang im Rollenverständnis des Militärs von der vorübergehenden Ordnungsmacht zu einer "poder dirigente" zusammen.[72] Zu diesem Zeitpunkt sahen die Streitkräfte in der engen Verbindung mit den dominanten Wirtschaftskreisen die beste Möglichkeit, ihre Vorherrschaft zu sichern. Aufgabe dieser Verbindung von Kapital und Militär war vor allem ein verstärktes Wirtschaftswachstum, welches nach den Plänen die Absorption der hohen Arbeitskräfteüberschüsse sichern sollte. Der 1965 veröffentlichte "plano decanal" sah eine Steigerung der Wachstumsrate auf 6 % p. a. vor, die u. a. mit Hilfe von Fünfjahres- Investitionsprogrammen erreicht werden sollte. Auch nachdem diese Langzeitplanung wieder aufgegeben worden war, behielt z. B. das "Programa estratégico de desenvolvimento 1968 - 1970" diese Eckwerte bei. Weiter lag das Schwergewicht staatlicher Investitionen im Südosten.[73]

Die tatsächliche Entwicklung der brasilianischen Wirtschaft übertraf die Planungen in den Jahren 1968 - 1973 mit durchschnittlich 11,5 % Wachstum erheblich. Gleichzeitig gelang es, die Inflationsrate von 47,4 % im Jahr 1964 auf 19,5 % in dieser Periode zu senken.[74] Übereinstimmend wird diese Entwicklung auf die massiven Eingriffe des Staates in die Wirtschaftspolitik und die eindeutige Bevorzugung der bereits in der vorigen Periode am stärksten sich entfaltenden Industrien der gehobenen Konsumgüter zurückgeführt. Diese auf einen eng begrenzten Sektor des produzierenden Gewerbes beschränkte Entwicklung führte zu den erstaunlichen Wachstumsraten, ohne an den grundsätzlichen Brüchen der brasilianischen Wirtschaft etwas zu verän-

---

70 Amaral, a.a.O. (Anm. 64) S. 47 f. Daß der Militärregierung dies bewußt war, zeigt gerade die zitierte Quelle, ein Buch, dessen Verfasser zu diesem Zeitpunkt Leiter der Wirtschafts- und Handelsabteilung der Brasilianischen Botschaft war und damit genauen Einblick in die Entscheidungshintergründe gehabt haben dürfte.

71 Vgl. Amaral, a.a.O. (Anm. 64) S. 40.

72 Vgl. René Armand Dreifuss/Otávio Dulci: "As forças armadas e a política", in: *Sociedade e política no Brasil Pós-64*, São Paulo 1983, S. 94 - 97.

73 Vgl. Dickenson, a.a.O. (Anm. 63), S. 19.

74 Vgl. Marco Antônio de Souza Aguiar/Marcos Arruda/Parsifal Flores: "Economic Dictatorship Versus Democracy in Brazil", in: *Latin American Perspectives*, issue 40, vol. 11, No. 1, Winter 1984, S. 15.

dern.[75] Sie entsprach damit zwar den Planungen der Militärregierung, verschärfte gleichzeitig aber die sozialen Spannungen innerhalb der brasilianischen Gesellschaft, da sie nur auf den Wohlstand der wohlhabendsten Schichten gerichtet war. Die Arbeitskosten blieben weiter niedrig, da die Industriearbeiter und vor allem die Marginalisierten nicht von der Entwicklung profitierten. Die Märkte für die produzierten Waren wurden nicht von diesen für die unterentwickelten kapitalistischen Staaten typischen Prozeß tangiert.[76] Das Ergebnis dieser Politik war, daß
- die großindustrielle brasilianische Wirtschaft voll in den Weltmarkt integriert wurde (dies gilt auch für die aufstrebende, häufig durch multinationale Konzerne bestimmte Agroindustrie);[77]
- Modernisierung, Beschränkung auf spitzentechnologische Entwicklung und Bevorzugung multinationaler Unternehmen eine zunehmende Auslandsverschuldung Brasiliens auslöste;
- die interne Desintegration sich verschärfte.

Die soziale Einheit des Staates konnte im Verständnis der Militärs mit den Mitteln der Unterdrückung hinreichend gesichert werden. Diese Strategie hatte Erfolg, bis 1973/74 durch die Folgen der Ölpreiskrise die Loyalität der städtischen Mittel- und Oberschichten, deren Lebensstandard nun bedroht wurde, zu wanken begann. Das Militär war inzwischen auch bis weit in die Leitungsfunktionen des Staates und der Wirtschaft vorgedrungen. Es konnte jedoch nicht mit der verstärkten Bemühung um die multinationalen Konzerne eine Trendumkehr erreichen, so daß trotz der staatlichen Zwangsmaßnahmen eine neue, nicht institutionalisierte Opposition erstarkte.

Die vom Militär geprägte Durchdringung von Wirtschaft und Staat wird besonders deutlich am Erstarken der brasilianischen Rüstungsindustrie, deren Wachstum bereits 1974 nachhaltig gefördert wurde.[78] Einen weiteren Schub erhielt die Rüstungsindustrie durch die Kündigung des Militärvertrages zwischen den USA und Brasilien 1977, was die Unabhängigkeit Brasiliens im Sinne der Nationalen Sicherheitsdoktrin demonstrieren sollte und dazu führte, daß Brasilien 1984 bereits der sechstgrößte Waffenexporteur der Welt ist und unter den Entwicklungsländern einen Weltmarktanteil an den Waffenlieferungen von 45,6 % hält. Neben dieser Funktion zur Stützung des Ex-

---

75 Vgl. Celso Furtado, *O mito do desenvolvimento econômico*, Rio de Janeiro, Editora Paz e Terra S/A, 3ª edição 1974, S. 106 f.
76 Vgl. Furtado, a.a.O. (Anm. 75), S. 107; Aguiar et al, a.a.O. (Anm. 72), S. 15 ff.
77 Vgl. Hartmut Sangmeister: "Brasilien: Internationale Integration und nationale Desintegration", in: *aus politik und zeitgeschichte*, B. 46/82, 20. 11. 1982, S. 29.
78 Vgl. Osmar E. Gogolok, "Brasilien. Waffenschmiede der Dritten Welt", in: *Brasilien Dialog*, 4/84, Mettingen, 1984, S. 27.

ports dient die Rüstungsindustrie auch dem Hegemonialbestreben Brasiliens auf dem südamerikanischen Kontinent, so daß auch die Nichtunterzeichnung des Atomwaffensperrvertrages voll in diese Politik paßt.[79] Dies dient auch der Sicherung des Erdölimports; denn Brasilien liefert Waffen auch in Krisengebiete. Die für die Verbesserung der Wirtschaftsstruktur nutzlose Rüstungsindustrie steht hier nur als Beispiel für die Einflußnahme des Militärs. Der Aufwärtsentwicklung dieses Industriezweigs stand eine Stagnation und Rezession bei weiter steigender Außenabhängigkeit der übrigen Wirtschaft gegenüber, die auch durch die im "II Plano Nacional de Desenvolvimento" vorgesehenen Maßnahmen nicht aufgefangen werden konnten.

Weder das wirtschaftliche und soziale Auseinanderdriften der Regionen noch die immer höhere Auslandsverschuldung konnten gestoppt werden, obwohl gewaltige Investitionen in das Jahr 1975 begonnene Programm "Proalcool" den Import von Rohöl und Erdölprodukten bremsten.[80] Das Programm, das auf der Ausdehnung des agroindustriellen Anbaus von Zuckerrohr zur Gewinnung von Alkohol als Ersatz für Benzin im gesamten Land abzielte, führte zu einer weiteren Verelendung großer Teile der unter Subsistenzbedingungen lebenden ländlichen Bevölkerung, der die Nahrungsgrundlage entzogen wurde. Die Großgrundbesitzer vertrieben die Kleinbauern und Landarbeiter, die überwiegend in die Großstädte gingen. Besonders im Staat São Paulo, wo die Produktionsfläche für Zuckerrohr sich innerhalb von zehn Jahren verdoppelte, waren unterbezahlte Arbeitsplätze für Tagelöhner entstanden, die in den Städten wegen der Rezession keine Arbeit fanden. Ihre nur während der Ernte gezahlten Löhne lagen sogar noch unter dem gesetzlichen Mindestlohn. Erst im Mai 1984 waren sich die Tagelöhner ("bóias-frias") ihrer Schlüsselstellung in der brasilianischen Treibstoffindustrie bewußt geworden, und es kam in der Region São Paulo zu einem Streik, der bald auch auf die Hauptzuckerregionen im Nordosten übergriff. Trotz teilweise brutalen Vorgehens der Bereitschaftspolizei ("polícia militar") konnten die "bóias-frias" durchsetzen, daß die Löhne um 300 % erhöht wurden.[81] Heute ist auch die im engeren Sinne volkswirtschaftliche Verschwendung dieses Programms erwiesen. Dadurch, daß die brasilianische Automobilindustrie voll auf Alkoholmotoren setzte, stiegen die staatlichen Subven-

---

79 Vgl. zur brasilianischen Rüstungspolitik insgesamt: Gogolok, a.a.O. (Anm. 78), S. 27 - 31; Dreifuss/Dulci, a.a.O. (Anm. 70), S. 104 - 109.

80 Vgl. zu den Auswirkungen des Programms auf die ländlichen Strukturen im brasilianischen Nordosten Robert Linhart: *Der Zucker und der Hunger*, Berlin, Verlag Klaus Wagenbach, 1980.

81 Vgl. "Sie machen aus Rohrzucker Benzin", in: *Frankfurter Allgemeine Zeitung* 7. 8. 1984; "Os canaviais da ira" *Veja* 23. Mai 1984.

tionen für "Proálcool" sehr stark an. Wäre dieses Geld in die Erschließung der ergiebigen Ölfelder des Festlandschelfs geflossen, hätte der Effekt auf die Zahlungsbilanz bei viel geringeren sozialen Kosten größer sein können. Die seit 1980 stark gesteigerte Erdölförderung, die 1985 bereits die Hälfte des Verbrauchs gedeckt haben dürfte, trug zur Stabilisierung der außenwirtschaftlichen Lage Brasiliens bei. 1981 wurden noch 50 % der Ausfuhrerlöse für Erdöl- (Produkte), 1984 nur noch 18 % ausgegeben.[82] Im Juli 1988 eröffnet sich nach der Bekanntgabe weiterer reicher Funde vor der Küste Paranas und im Amazonasbecken bereits die Möglichkeit, das Brasilien in den neunziger Jahren zu den erdölexportierenden Staaten gehören kann.[83] Die dadurch vermeintlich gebremste Auslandsverschuldung wurde in den Folgejahren mit der Aufnahme von in Dollar lautenden Anleihen sowohl auf dem internationalen als auch auf dem nationalen Kapitalmarkt mehr als kompensiert.[84] Damit wurde die Inflation bei gleichzeitig sinkenden Einkommen in Cruzeiro stark angeheizt, so daß die Modernisierungspolitik der brasilianischen Militärs spätestens 1978 als gescheitert angesehen werden muß.

Der Prozeß der "abertura" muß auch als Eingeständnis des Scheiterns der ehrgeizigen Wirtschaftspolitik der Militärs gesehen werden. Anstatt zu einer Modernisierung und Integration Brasiliens führte sie zu einer Verschärfung der wirtschaftlichen und noch mehr der sozialen Situation des Landes. Dies wird zunehmend auch von Seiten des Militärs so gesehen.[85] Mit der vorsichtigen Öffnung des Regierungs- und Verwaltungssystems sollte auf wirtschaftspolitischem Gebiet vor allem zweierlei erreicht werden:
- die Verantwortung für das Scheitern der Wirtschaftspolitik, die aufgrund der absoluten Vorherrschaft der Exekutive in der Politik eindeutig beim Militär lag, sollte verschleiert werden;
- der zunehmende Druck, den die kirchlichen Basisgemeinden auf dem Land, in den Arbeitervorstädten und die sozialen Bewegungen ausübten, mußte kanalisiert werden.

---

82 Vgl. "Fortschritte der brasilianischen Erdölwirtschaft", *Neue Züricher Zeitung* 8. 7. 1985.
83 "Brasilien will in den 90er Jahren erdölexportierendes Land werden", Rádio Brasília, 13. 7. 1988, 12.00 GMT.
84 Um überhaupt dringend benötigtes Kapital zu erhalten, war es notwendig, auch auf Cruzeiros lautende Titel mit geldwert- und außenwertabhängigen Indexierungen zu versehen. Ende 1984 waren fast 48 Prozent der ORTN's (obrigações reajustáveis do tesouro nacional = Staatsschuldverschreibungen) an den Außenwert des Cruzeiro gekoppelt. Vgl. Aguiar u. a., a.a.O. (Anm. 72), S. 18, 19.
85 Vgl z. B. die Aussage des Generals Serpa, in Dreifuss/Dulci, a.a.O. (Anm. 72), S. 114.

Die katholische Kirche spielte zunächst die wichtigste Rolle im Kampf des brasilianischen Volkes um die Wiederherstellung der Demokratie und um die Rechte der Landlosen sowie der marginalisierten Bevölkerung der Städte. Sie hatte als einzige Organisation neben den Staatsorganen die Möglichkeit, im ganzen Land tätig zu sein. Wichtigstes Instrument wurden die nach dem 2. Vatikanischen Konzil entstehenden Basisgemeinden, deren Zahl ab 1965 stark anstieg und für 1978 auf 50.000 bis 80.000 geschätzt wird.[86] Dort treffen sich die Mitglieder regelmäßig mit 'ihren' Priestern oder Laienpastoralhelfern ("agentes de pastoral"), um ihre Probleme zu diskutieren und gemeinsam Lösungen zu finden. Auch im brasilianischen Episkopat gewann diese Linie mit der zunehmenden Unterdrückung der Befreiungstheologie mehr Anhänger, an ihrer Spitze der Erzbischof von Recife und Olinda, Kardinal Helder Câmara und Kardinal Paulo Evaristo Arns, Erzbischof von São Paulo. In der brasilianischen Bischofskonferenz ("Conselho Nacional dos Bispos Brasileiros" CNBB) stellt diese Gruppe 60 Vertreter, während der konservative Flügel des Klerus 40 Bischöfe umfaßt. Die gemäßigte Mehrheit von weiteren 200 Bischöfen stimmt eher mit den Progressiven. Mit dieser Konstellation konnte der CNBB durch die Veröffentlichung und Anprangerung der Menschenrechtsverletzungen des Regimes starken Druck auf die Regierung ausüben. Kucinski vergleicht die Kirche Ende der siebziger Jahre mit dem brasilianischen Heer und nennt sie das Oberkommando des Kampfes gegen das Regime.[87] Bis 1979 wurden im Kampf um die Rechte des Volkes acht Geistliche ermordet, elf verbrannt, 122 in Gefängnisse gebracht und zum Teil gefoltert. Außerdem wurden 131 Laien gefangen genommen.[88] Die Ausrichtung des CNBB an den Bedürfnissen der Bevölkerung änderte sich auch durch die Wahl des Erzbischofs von Fortaleza, Kardinal Aloisio Lorscheider, zum Vorsitzenden des CNBB nicht. Er galt zwar als Kandidat der gemäßigt Konservativen, nimmt aber z. B. zur Landreform eine eindeutig progressive Haltung ein.[89] Im Mai 1987 wurde Dom Luciano Mendes de Almeida mit 196 der 256 Stimmen zum neuen Vorsitzenden des CNBB gewählt. Es ist nicht zu erwarten, daß sich durch diese Wahl die Haltung des CNBB ändern wird. Da er innerkirchlich konservativ ist, erhofft man sich jedoch von ihm einen Ausgleich innerhalb des CNBB.[90]

Aus den Basisgemeinden ging auch die erste Massenbewegung, "Movimento Custo da Vida" hervor, mit der Tausende von Armen der Fave-

---

86   Vgl. Kucinski, a.a.O. (Anm. 17), S. 101.
87   Vgl. Kucinski, a.a.O. (Anm. 17), S. 102.
88   Vgl. Kucinski, a.a.O. (Anm. 17), S. 102, 103.
89   Vgl. "Geschwätz der Weißen", in: *Der Spiegel* 16. 12. 1985.
90   Vgl. "Choque de dinastias", *Veja* 5. 6. 1987.

las, der Vorstädte, aus den Basisgemeinden heraus am Vorabend der Wahlen von 1978 mit Forderungen nach einem Stopp der Steigerung der Lebensmittelpreise, der Mieten und der Preise der öffentlichen Verkehrsmittel auf die Straße gingen. Hier, wie auch in Aktionen der Kampagne für eine Amnestie, die vom "Movimento Feminino pela Anistia" angeregt und vorbereitet worden war, arbeitete die Kirche eng mit marxistischen Gruppen zusammen.[91]

1978 gab es in der Region São Paulo die ersten Streiks der Automobilarbeiter seit zehn Jahren. Diese Streiks zeigten, daß es den Militärs nicht gelungen war, die autonome Gewerkschaftsbewegung vollständig zu zerschlagen. Auch hier wirkte sich die Hilfe der kirchlichen Basisgemeinden aus, unter deren relativem Schutz sich die Bewegung bilden konnte.[92] Die Streiks setzten sich auch 1979, als die Reallöhne sich drastisch verringerten,[93] fort. Sie griffen bald auch auf andere Industriezweige und auf den Sektor des öffentlichen Transportwesens über. Der Vorsitzende der Gewerkschaft der Automobilarbeiter, Luís Inácio Loula da Silva wurde, nachdem die Gewerkschaftsbewegung 1979 in einen von der PCB gesteuerten und einen von Lula geführten Flügel auseinandergefallen war, einer der Gründer der PT, deren Mitglieder häufig aus den Basisgemeinden stammten.[94]

Besonders gewaltsam verläuft verstärkt seit 1975 der Versuch, der kleinen Landwirte ("posseiros"), sich dem Vordringen der Großgrundbesitzer zu widersetzen, die sie immer wieder von ihren Flächen vertreiben und dabei nicht vor Mord zurückschrecken. Allein zwischen 1972 und 1978 verloren nach Angaben des "Instituto Nacional de Colonização e Reforma Agrária" (INCRA) 200.000 Betriebe ihr Land. Die dadurch Verdrängten vergrößerten das Heer der unter dem Existenzminimum lebenden "bóias-frias". Ähnlich schlecht ist die Lage der Pächter. Diese Situation veranlaßte den CNBB dazu, im Jahre 1975 die "Commissão Pastoral da Terra" (CPT) (Landpastoralkommission) zu gründen. Das Militär reagierte darauf genauso militant wie die Landbesitzer, und es kam zu Mord und Folter.[95] Die Verschärfung der Repression und die ersten Streiks ab 1978 führten zur Gründung der "Confede-

---

91 Vgl. Kucinski, a.a.O. (Anm. 17), S. 108 - 112.
92 Zum Zusammenhang zwischen den verschiedenen sozialen Bewegungen s. auch Paul Singer: "Movimentos social em São Paulo: traços comuns e perspectivas", in: *São Paulo: o povo em movimento*, Paul Singer e Vinícius Caldeira Brant (Hg.), Petrópolis, Editora Vozes Ltda. em co-edição com CEBRAP, 1980, S. 207 ff.
93 Vgl. dazu Kucinski, a.a.O. (Anm. 17), S. 118, 125.
94 Zur Entwicklung der PT und der Rolle der kirchlichen Basisgemeinden s. Kucinski, a.a.O. (Anm. 17), S. 126 ff.
95 Vgl. Kucinski, a.a.O. (Anm. 17), S. 142 ff.

ração Nacional dos Trabalhadores da Agricultura" (CONTAG), in der 21 Vereinigungen von 2.500 Einzelgewerkschaften zusammengeschlossen sind.[96]

Neben diese sozialen Massenbewegungen traten einige andere wichtige Organisationen, die für die Beachtung der Menschenrechte kämpften. Zu nennen sind hier besonders die brasilianische Rechtsanwaltskammer ("Ordem dos Advogados do Brasil" - OAB)[97] und das 1979 gegründete brasilianische Institut für Verfassungsrecht ("Instituto Brasileiro de Direito Constitucional"). Dieses führte seit 1979 die bedeutendsten Verfassungsrechtler des Landes zu Kongressen zusammen, auf denen die Sicherung der Menschenrechte und die Verankerung einer demokratischen Grundordnung in der neuen brasilianischen Verfassung diskutiert wurden.[98]

Als Bewegung im akademischen Bereich ist auch die "União Nacional dos Estudantes" (UNE) zu erwähnen, die mit Streiks und anderen Protestmaßnahmen, die sich bis heute fortsetzen, viel zur demokratischen Öffnung und Aufdeckung der Tätigkeit des Geheimdienstes DSI beitrug.[99]

Die zunehmende Auslandsverschuldung (bereits Ende 1982 verschlangen allein die Zinsen 17 % der brasilianischen Exporte)[100] konnte nur noch durch eine vom IWF (Internationaler Währungsfonds) erzwungene Austeritätspolitik mühsam unter Kontrolle gehalten werden. Die Höhe der Auslandsschuld steigt zwar seit 1984 nicht mehr so schnell wie in den Jahren zuvor, liegt aber inzwischen über 121,3[101] Mrd. US$. Zusammen mit einer weiter galoppierenden Inflation von 246,3 % im Sommer 1985[102] sowie halbjährliche An-

---

96 Die Auseinandersetzungen haben häufig die Form von Bürgerkriegen angenommen, und die Zahl der Toten ist sehr hoch; so nennt Kucinski, a.a.O. (Anm. 17), S. 148, allein 15 in den Jahren 1980/81 ermordete Führer von Landarbeitergewerkschaften und Anwälte, die für diese tätig waren. Einer Studie der CPT ist zu entnehmen, daß es allein im ersten Halbjahr 1984 56 Morde im Zusammenhang mit Landkonflikten gegeben hat und die Gewaltsamkeit der Zusammenstöße weiter zunimmt, vgl. *Brasilien Dialog*, 4/83, "Materialien: Landkonflikte im ersten Halbjahr 1983 nach Arten und Staaten".
97 Vgl. auch Kucinski, a.a.O. (Anm. 17), S. 88, 110. Für den Hinweis auf die Rolle des OAB danken wir Prof. Paulo Bonavides, Fortaleza.
98 Über die Arbeit dieses Institutes unterrichtete uns der Gründungspräsident Prof. Dr. Paulo Bonavides, vgl. auch die dort herausgegebene *Revista brasileira de direito constitucional*.
99 Vgl. u. a. Kucinski, a.a.O. (Anm. 17), S. 105 ff.
100 Aguiar u. a., a.a.O. (Anm. 72), S. 19.
101 "Balança de pagamentos de 87 fecha com um déficit de US$ 1,8 bilhao", *Folha de São Paulo* 20. 4. 1988
102 Vgl. *Veja*, 26. 6. 1985

passung der höheren Löhne und Gehälter von nur 80 % der Inflationsrate[103] führte dies zu weiterem Druck auf die Wirtschaftspolitik.

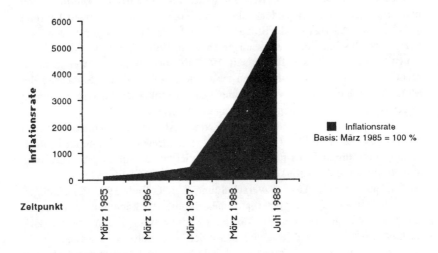

Abb. 1: Inflationsentwicklung während der Amtszeit Sarneys
(nach *Estado de São Paulo*, 29.7.88)

Ein erster Versuch, diese Entwicklung zu stoppen war der Plano Cruzado I im Februar 1986, durch den die Preise und Löhne vollständig eingefroren wurden und der zunächst zu einer Verbesserung der Reallöhne und fast stabilen Preisen führte. Wie sich bei der Aufhebung der Kontrollen zeigte, war der Inflationsdruck nicht nur nicht abgeflaut, sondern die Inflation erreichte in der Folge (ab November 1986) neue Rekordhöhen, die nur noch einmal zwischen Juli und September 1987 durch einen neuen Anlauf kurz unterbrochen wurden. Während dieser drei Monate sanken die monatlichen Inflationsraten noch einmal von der Rekordhöhe von 26,06 % knapp unter 10 %. Im Juli 1988 waren mit 24,04 % Monatsinflation neue Rekorde zu erwarten.

---

103 Vgl. "Mindestlohn-Materialien", in: *Brasilien Dialog* 3/84, Mettingen, 1984.
Es gab auch den Versuch des Arbeitsministers Macedo, die Inflationsanpassung zumindest in der untersten Lohngruppe (1 Mindestlohn) auf 110 Prozent des Verbraucherpreisindices festzulegen.

Bleibt die monatliche Inflation auf diesem Stand, erreicht die Jahresinflation 1988 1.000 %. Bei einem Sinken auf 20 %/Monat würde die Jahresrate immer noch 751 % betragen. Erwartet wurden 600 % für 1988.

Diese Werte ergeben sich aus dem extremen Sockeleffekt, den die jetzt schon Jahre anhaltende Inflation hat. Die Gesamtinflation während der Amtszeit Sarneys beträgt nun bereits 5.761 %.[104]

5. Regionale Entwicklungspolitik und Sozialer Wandel

Brasilien ist für statistische Zwecke in fünf Großregionen ("grandes regiões") eingeteilt, die sich auch für die Darstellung aussagekräftiger Daten über die extreme Ungleichheit innerhalb Brasiliens eignen. Neben dieser Einteilung gibt es vier obere Entwicklungsbehörden, deren Aufgabe in der Planung, Koordination und finanziellen Förderung der regionalen Entwicklung des Landes liegt. Einige Grunddaten zur wirtschaftlichen Entwicklung zeigt die folgende Tabelle.:

	Fläche	Bevölkerung				Industriebetriebe		Beschäftigte		Produktion	
		1950	1960	1970	1980	1975	1980	1975	1980	1975	1980
Norte	42 %	3 %	3 %	3 %	4 %	2 %	3 %	2 %	3 %	1 %	2 %
Nordeste	18 %	35 %	32 %	39 %	29 %	17 %	20 %	10 %	11 %	7 %	8 %
Sudeste	11 %	43 %	44 %	43 %	43 %	52 %	49 %	67 %	65 %	76 %	72 %
Sul	7 %	15 %	17 %	18 %	16 %	23 %	21 %	19 %	19 %	15 %	16 %
Centro-Oeste	22 %	4 %	4 %	6 %	6 %	6 %	7 %	2 %	2 %	1 %	1 %

Tab. 1: Anteil der Regionen Brasiliens an der Fläche, der Bevölkerung und der Industrie des Landes
(Quelle: eigene Berechnungen aus *Anuário Estatístico do Brasil 1986 und 1984*, S. 28, 78, 507).

---

104 Vgl. "Inflação já chega a 232,1 % este ano", *Estado de São Paulo*, 29. 7. 1988.

Der Südosten des Landes hat nicht nur auf dem Sektor des Bergbaus und der verarbeitenden Industrie ein eindeutiges Übergewicht, sondern seine relative Bedeutung ist auch gemessen an der Bevölkerungszahl, vor allem im Vergleich mit dem sinkenden Gewicht der Nordostregion, überragend. Das Wachstum der Zahl der Industriebetriebe im Nordosten spricht nicht dagegen; denn ein Vergleich der Betriebsgrößenstruktur und des Produktionswertes/Betrieb zeigt, daß die industriellen Betriebe sich im Südosten konzentrieren.

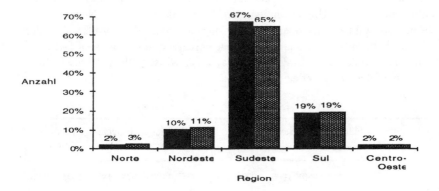

Abb. 2: Verteilung der Industriebeschäftigten auf die Regionen 1975 und 1980
(eigene Berechnungen aus Tab. 1).

Die durchschnittliche Beschäftigtenzahl der Betriebe stieg zwischen 1975 und 1980 in allen Regionen an, während sie im Nordosten praktisch konstant blieb. Die Betriebsgrößenstruktur ganz Brasiliens ist sehr stark vom Südosten geprägt, da hier die Hälfte aller Industriebetriebe angesiedelt ist. Diese liegen mit der durchschnittlichen Beschäftigtenzahl fast konstant um 30 % über dem Landesdurchschnitt. Im hochindustrialisierten Südosten wurden die sich aus der internationalen Rezession sowie aus der Verschuldung und der durch den IWF erzwungenen restriktiven Wirtschaftspolitik ergebenden Krisen voll wirksam. So konnten sich die davon weniger betroffenen Entwicklungsregionen Norte und Sul um 10 Prozentpunkte verbessern. Der Süden liegt mit 92,3 % nahe am Bundesdurchschnitt, während die westlichen Randgebiete stagnierten. Für den Nordosten gab es einen weiteren Rückschlag; hier erreicht die Kennziffer nur 54,3 %.

Ähnlich, aber noch krasser ist die Entwicklung der industriellen Produktionswerte/Betrieb in den verschiedenen Regionen verlaufen. Wegen der bis zur Währungsumstellung am 28. Februar 1986 extrem hohen Inflationsraten Brasiliens sind die absoluten Zahlen nicht aussagekräftig. Der Vergleich der relativen Ergebnisse zeigt auch hier wieder die überragende Stellung des Südostens, dessen industrielle Betriebe im Schnitt fast das Eineinhalbfache des brasilianischen Durchschnitts mit leicht wachsender Tendenz erzeugen. Fortschritte machten der Norden, der von 1975 41,1 % auf 1980 60,8 % des brasilianischen Durchschnitts kam und der Süden des Landes mit jetzt 76,6 % nach 64,5 % dieses Wertes.

Demgegenüber ist der Produktionswert der Betriebe im Nordosten, die 1975 immerhin noch 38,3 % des Durchschnitts erreichten, 1980 auf weniger als ein Viertel Gesamtbrasiliens gesunken, obwohl der Abfall dieser einstigen Zentralregion bei der Betriebsgröße noch mehr als die Hälfte ausmacht. Auch von einer positiven Wirkung der SUDECO-Aktivitäten in den westlichen Teilen Brasiliens ist - zumindest bei diesen Kennziffern der industriellen Produktion - nichts zu spüren. Stagnation mit leicht sinkender Tendenz bei ca. einem Fünftel der brasilianischen Werte bezeichnet eindeutig die Lage der Region "Westliches Zentrum".[105]

Diesen aus den amtlichen Statistiken berechneten Ergebnissen widerspricht allerdings eine Untersuchung der SUDENE aus dem Jahre 1987, nach der der Nordosten, mit Ausnahme der Boomjahre 1968 - 1973, immer ein stärkeres Wachstum als Gesamtbrasilien aufweist. Lediglich der Agrarsektor hatte in den Jahren der Dürre 1980 - 1983 starke Verluste, die aber in der folgenden Periode 1984 - 1986 überkompensiert wurden. Besonders stark war der Anstieg des BSP nach dieser Untersuchung im tertiären Sektor. Dieser letzte Wert bestätigt allerdings, daß es sich hier weniger um substantielles Wachstum als vielmehr um Aufblähung des häufig unproduktiven Wirtschaftsbereichs handelt.[106]

---

105 Die hier verwandten Daten wurden aus der Tabelle: "Estabelecimentos recenseados, pessoal ocupado, salários, despesas, valor da produção e da transformação industrial segundo as grandes Regiões da Federação 1975 - 1980", in: *Anuário estatístico*, a.a.O. (Anm. 68), S. 507 errechnet.
106 Vgl. "É necessário reverter o quadro recessivo", *Folha de São Paulo*, 13. 7. 1987.

Die Zahlen zur Entwicklung des sekundären Wirtschaftssektors zeigen bereits, daß es den Militärregimes trotz der weitgehenden Vollmachten des Präsidenten genausowenig wie den vorherigen Regierungen gelungen ist, die verhängnisvolle Tendenz zur Ballung der wirtschaftlichen Entwicklung im Südosten zu stoppen. Auch die Errichtung von gewaltigen Entwicklungsprojekten wie den Kraftwerken von Itaipú und Tucuruí, den Atomkraftwerken in Angra dos Reis oder der Bau der Transamazônica und der Verbindung zwischen Brasília und dem Amazonasgebiet gaben keine dauerhaften Impulse für eine Entwicklung außerhalb der Region Sudeste. Sie hatten vielmehr zwei gewichtige Nachteile:
- Sie banden gewaltige Mittel, die sonst der Entwicklung Brasiliens zugunsten der gesamten Bevölkerung zugeflossen wären. Allein die beiden Wasserkraftwerke, die am 25.10.1984 und am 22.11.1984 in Betrieb genommen wurden, kosteten 21 Mrd. US$, das entspricht 1/6 der gesamten Auslandsschuld Brasiliens.[107]
- Die Erschließung des Nordens führte, zusammen mit den angesprochenen Kämpfen der Posseiros gegen die Agroindustrie und die Interessen der im Amazonasgebiet tätigen Bergbaubetriebe zu einer erheblichen Wanderung zunächst von den zusätzlich durch die Wirkung der fünf Jahre andauernden Trockenheit in weiten Teilen des Nordostens Vertriebenen an die neuen Trassen und von dort, weil sich die Versprechungen oft nicht erfüllten, in die Ballungszentren des Südens.

Diese Bevölkerungsverschiebungen gingen einher mit der Wandlung Brasiliens von einer ländlichen zu einer städtischen Gesellschaft mit gleichzeitiger rapider Abnahme des Anteils der in der Landwirtschaft Beschäftigten an der gesamten wirtschaftlich aktiven Bevölkerung und einem weiteren, erst in der letzten Dekade etwas abgebremsten Wachstum der Gesamtbevölkerung von 1960 70.191.370 auf 1980 119.002.706 und mit Mitte 1985 135,5 Millionen Einwohnern bei einer Steigerungsrate von zuletzt 2,2 %/Jahr.[108]

---

107 Vgl. *Brasilien Dialog*, 4/84, a.a.O. (Anm. 78), "Materialien".
108 *Anuário Estatístico*, a.a.O. (Anm. 68), S. 74, 77; "Brasil terá 180 mil no ano 2000", in: *O Estado de São Paulo*, 1. 1. 1985; "População urbana brasileira já atinge os 90 milhões", *Jornal do Brasil*, 18. 7. 1985; nach Berechnungen des IBGE sank die Fruchtbarkeit der Brasilianerinnen zwischen 1980 und 1986 um 19 Prozent. Die Bevölkerungszahl wird heute auf 140 Mio geschätzt. Vgl. "Fecundidade da brasileira", *Folha de S. Paulo*, 21.7.1988.

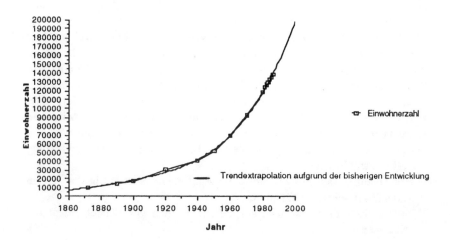

Abb. 3: Bevölkerungsentwicklung Brasiliens seit 1860 (in 1000 EW) und Projektion bis zum Jahr 2000;
Quelle: *Anuário Estatístico do Brasil 1985*, Rio de Janeiro 1986, S. 64, und eigene Berechnungen.

Abb. 3, in der auch die Entwicklung der brasilianischen Bevölkerung bis zum Jahr 2000 in einer einfachen Trendextrapolation ohne evtl. zu erwartende Veränderungen in der Geburtenrate dargestellt ist, macht das rapide Bevölkerungswachstum deutlich.

Der Anteil der städtischen Bevölkerung verdoppelte sich zwischen 1950 und 1984 nach der amtlichen Statistik von 36,2 % auf 72,4 %.[109] Allein die Städte mit mehr als 250.000 Einwohnern hatte Mitte 1985 mehr als 47,5 Millionen Einwohner,[110] mehr als viermal so viele wie 1950 in allen Städten

---

109 Errechnet aus *Anuário estatístico do Brasil 1985*, Rio de Janeiro 1986, S. 89.
110 Errechnet aus *Anuário estatístico*, a.a.O. (Anm. 109), S. 69 - 89.

wohnten.[111] Insgesamt stieg damit die städtische Bevölkerung doppelt so schnell wie die Gesamtbevölkerung, wobei es allerdings Unterschiede nach Gemeindegrößenklassen gibt - so wachsen die Städte über 500.000 Einwohner schon seit 1960 langsamer als die nächst kleinere Gruppe zwischen 100.000 und 500.000 Einwohnern.[112] Genaueren Aufschluß über diesen Prozeß des Wachstums der städtischen Agglomerationen bei gleichzeitiger Dekonzentration innerhalb der metropolitanen Regionen gibt eine Studie im Auftrag der Weltbank, die dieses Ergebnis bestätigt.[113] Die Bedeutung São Paulos für Brasilien ist allerdings, bedingt durch die Größe des Landes und die Existenz mehrerer Regionalzentren, wie Rio de Janeiro, Belo Horizonte, Porto Alegre und Recife (Stadtregionen mit jeweils mehr als 2 Millionen Einwohnern) weniger ausgeprägt, als in anderen Staaten der Dritten Welt und enstpricht etwa dem japanischen Wert.[114] Faria sieht in dieser Entwicklung vor allem zwei Probleme:
- die absolute Zahl großer städtischer Agglomerationen hat in den letzten dreißig Jahren stark zugenommen;
- die stärkste Zunahme der Zahl solcher Zentren verzeichnet erneut der Südosten.[115]

Dies wird auch in den Wanderungsbilanzen der amtlichen Statistik deutlich, nach denen die brasilianischen Nordostregion zwischen 1960 und 1980 einen Nettowanderungsverlust von 11.347.434 Emigranten, davon fast die Hälfte zwischen 1970 und 1980, aufweist. Demgegenüber sind Norden, Südosten und Centro-Oeste für alle Perioden Wachstumsgebiete. Auffällig ist, daß der Südosten und der Westen besonders stark in der Periode von 1970 bis 1980 zugenommen haben (Sudeste mit mehr als 3 Millionen Zuwanderern fünfmal soviel wie in der Periode davor, Centro Oeste fast zwei Millionen Zuwanderer). Auch der Süden, der bis 1970 noch einen Wanderungsgewinn aufwies, verlor im letzten Jahrzehnt Bewohner.[116]

---

111 Vgl. Vilmar Faria, "Desenvolvimento, urbanização e mudanças na estrutura do emprego: a experiência brasileira dos últimos trinta anos", in: *Sociedade e Política no Brasil Pós-64*, São Paulo 1983, S. 121.
112 Vgl Faria, a.a.O. (Anm. 111), S. 124, 128 ff.
113 Yoon Joo Lee, "The Spatial Structure of the Metropolitan Regions of Brazil", *World Bank Staff Working Papers* N° 722, Washington, The World Bank, 1985.
114 Vgl. Faria, a.a.O. (Anm. 111), S. 135.
115 Vgl. Faria, a.a.O. (Anm. 111), S. 142.
116 Die hier verwendeten Daten wurden der Tabelle "Movimento migratório, segundo as grandes Regiões e Unidades da Federação 1940 - 1980", in: *Anuário Estatístico*, a.a.O. (Anm. 66), S. 140, entnommen.

Politischer Wandel und regionale Entwicklungspolitik in Brasilien seit 1964

Es ist schwierig festzustellen, inwieweit diese Entwicklung der Arbeit der direkt dem Innenminister unterstellten Entwicklungsplanungsbehörden zuzuschreiben ist. Zu ihrer Verteidigung wird oft angeführt, daß ohne deren Tätigkeit die Lage wahrscheinlich noch schlechter aussähe. Die Fläche, die von den Entwicklungsbehörden SUDAM, SUDENE, SUDESUL und SUDECO betreut wird, umfaßt den weitaus größten Teil des brasilianischen Staatsgebietes, so daß für wirksame Maßnahmen schon von daher nicht genügend Geld bereitgestellt werden kann. Daneben gibt es weitere staatliche Entwicklung- und Hilfsprogramme, wie das Programm DNOCS ("Departamento Nacional de Obras contra as Secas"). Neben der Sogwirkung, die die wirtschaftliche Dynamik des Südostens, aber auch Entwicklungsprojekte im Westen (Acre, Rondônia) und die Erschließung Amazoniens haben, ist die Politik dieser Organisation, Irrigationsprojekte zu fördern, von denen anschließend vor allem Großgrundbesitzer profitieren, nicht geeignet, die ländliche Bevölkerung dort zu halten, sondern fördert die Landflucht weiter.[117]

Ergebnis von 20 Jahren regionaler Entwicklungspolitik seit 1984 ist
- die weitere Verschärfung der Gegensätze zwischen Stadt und Land sowie Nord- und Südosten Brasiliens;
- das Vordringen industrieller Produktionsformen auch in der Landwirtschaft;[118]
- daraus resultierend die Entwurzelung von Millionen Menschen auf der Suche nach einem Arbeitsplatz.

Diese Umschichtungen haben dazu geführt, daß um die städtischen Agglomerationen riesige Favelas gewuchert sind, in denen diese marginalisierte Bevölkerung lebt, zu der noch die durch die Rezession in den Jahren 1979 bis 1983 arbeitslos gewordenen Angehörigen des städtischen Proletariats zu rechnen sind. Die Pauperisierung verdeutlicht auch die Tatsache, daß die Reallöhne 1979 bis 1983 der arbeitslos gewordenen Angehörigen des städtischen Proletariats um 22,4 % sanken. Allein von 1982 auf 1983 betrug der Kaufkraftverlust 20,4 %. Von dieser Einkommenseinbuße waren die Ärmsten am stärksten betroffen: Die 40 % mit den niedrigsten Einkommen verloren 27,4 % während die 5 % Reichsten nur ein um 19,1 % niedrigeres Realeinkommen hatten.[119]

---

117 Vgl. Sangmeister, a.a.O. (Anm. 77), S. 25 f.
118 Vgl. dazu Bernard Sori/John Wilkinson, "Processos sociais e formas de produção na agricultura brasileira", in: *Sociedade e Política no Brasil Pós-64*, São Paulo 1983, S. 164 - 183.
119 Teodoro G. Meissner, "Recessão provocou empobrecimento de 20,4 %", *Folha de São Paulo*, 6. 11. 1984.

Auch nach 1983 setzt sich die Tendenz zur Einkommenskonzentration fort. Auf das eine Prozent der Bevölkerung mit dem höchsten Einkommen entfielen 1984 13,4 %, 1984 bereits 14,4 % des Nationaleinkommens. 42 % der Arbeiter hatten lediglich einen gesetzlichen Mindestlohn ("salário mínimo") zur Verfügung. Die langfristige Entwicklung der Einkommenskonzentration zeigt auch die Entwicklung des Einkommensanteils der 90 % mit den niedrigeren Einkommen; auf diese entfielen 1960 60,4 %. 1972 erreichte ihr Anteil mit 47,4 % seinen Tiefststand. In den Jahren bis 1984 stieg der Anteil wieder auf 53,4 %, sank im Folgejahr 1985 jedoch wieder auf 52,3 %.[120]

6. Redemokratisierung: Tendenzen und Wirklichkeit

In den Wahlen zum Nationalkongreß im November 1978 hatte der MDB seine Stellung weiter ausbauen können,[121] wobei mehr 'linke' Kandidaten gewählt wurden. Im März 1979 trat der neue Präsident General João Baptista Figueiredo sein Amt an. Er verkündete eine Amnestie für politische Verbrechen, mit Ausnahme von Akten des Terrorismus, Raubüberfällen, Entführung und Mordanschlägen; eingeschlossen waren aber auch die dienstlich begangenen Straftaten der Folterer und Mörder im Militär und Polizei.[122] Mit einem ebenfalls vom Präsidenten initiierten Gesetz Nr. 6.767 vom 20. Dezember 1979 wurden die Parteien ARENA und MDB aufgelöst,[123] und neue Parteien, mit Ausnahme kommunistischer, konnten gebildet werden. Die Senatoren und Abgeordneten im Nationalkongreß mußten sich einer der neuen Parteien anschließen. Aber auch die Regierung Figueiredo griff zur Wahlmanipulation. Das Verbot der Parteienwerbung im Fernsehen ("Lei Falcão") wurde aufrecht erhalten. Die Parteien wurden gezwungen, auf allen Ebenen und für alle zu besetzenden Ämter Kandidaten zu benennen, so daß die kleineren in Schwierigkeiten kamen und keine Wahlkoalitionen bilden

---

120 Vgl. "IBGE diz que a concentração de renda é alta", *Folha de São Paulo*, 17. 9. 1987.
121 Kucinski, a.a.O. (Anm. 17), S. 98.
122 Das Amnestiegesetz Nr. 6.683 v. 28. 8. 1979 blieb in Kraft bis zur Verfassungsänderung N.° 26/85, die denselben Täterkreis umfaßt, aber keine Ausnahmen mehr vorsieht.
123 *Diário Oficial da União* 20. 12. 1979, Vgl. Kucinski, a.a.O. (Anm. 17), S. 137, Wöhlcke, a.a.O. (Anm. 2), S. 43.

konnten.[124] Hinzu kam, daß jeder Wähler für die verschiedenen zu besetzenden Mandate nur die Kandidaten *einer* Partei wählen durfte ("voto vinculado").

Mehrere Parteien waren von Parlamentariern und Nichtparlamentariern gebildet worden:
- die Sozialdemokratische Partei ("Partido Democrático Social" - PDS), der die Mehrzahl der Abgeordneten und Senatoren der ARENA beitrat;
- die Partei der Demokratischen Bewegung Brasiliens ("Partido do Movimento Democrático Brasileiro" - PMDB), die aus einem erheblichen Teil der ehemaligen MDB-Mitglieder entstand;
- die Demokratische Arbeiterpartei ("Partido Democrático dos Trabalhadores" - PDT); die Brasilianische Arbeiterpartei ("Partido Trabalhista Brasileiro" - PTB) - Parteien, die hauptsächlich Resonanz bei Industriearbeitern und Intellektuellen der Mittelschichten fanden, und die Partei der Arbeiter ("Partido dos Trabalhadores" - PT) aus dem Raum São Paulo, die aus dem traditionellen brasilianischen Parteienspektrum herausfällt.[125]

Kommunistische Parteien blieben einstweilen verboten. In den Wahlen zum Nationalkongreß und der Gouverneure am 15. November 1982, die - mit vielen Einschränkungen - als die ersten demokratischen seit 1964 bezeichnet werden können, erhielten PDS 235, PMDB 200, PDT 23, PTB 13 und PT 8 Sitze. In den Bundesstaaten, wo die Gouverneure (zum ersten Male seit 1966 vom Volk) gewählt wurden, gewann die PMDB 9 Positionen und die PDT eine, die im Staate Rio de Janeiro; elf Gouverneursämter, vorwiegend in den unterentwickelten Bundesstaaten des Nordosten gingen, wie auch die von der Unionsregierung zu besetzenden Posten der Gouverneure der Territorien, an PDS-Kandidaten.[126] Damit waren den "linken" Parteien die Staaten zugefallen, die die größte wirtschaftliche Potenz des Landes hatten.

Auch durch dieses Wahlergebnis ermutigt, entstand eine Volksbewegung für die Einführung von Direktwahlen des Präsidenten ("diretas já!"). Gleichzeitig wurde die Einberufung einer Verfassungsgebenden Versammlung ("Constituinte") gefordert, die die auf die Militärdiktatur zugeschnittene Verfassung von 1969 (mit ihren vielen Änderungen) ersetzen sollte. Beide Forderungen scheiterten. Der neue Staatspräsident Tancredo de Almeida Neves,

---

124 Maria Helena Moreira Alves: "Grassroot Organizations, Trade Unions, and the Church - Challenges to the Controlled Abertura in Brazil", *Latin American Perspectives*, issue 40, vol. 11, No. 1, Winter 1984, S. 96.
125 Anuário estatístico, a.a.O. (Anm. 68), S. 372, Wöhlcke, a.a.O. (Anm. 2), S. 43 ff; Moreira Alves, a.a.O. (Anm. 114), S. 94 ff.
126 Moreira Alves, a.a.O. (Anm. 124), S. 96 ff.

der erste zivile seit 1964, wurde noch am 15. Januar 1985 durch Wahlmänner gewählt.[127] Dieser, auf den eine breite Masse der Bevölkerung große Hoffnungen gesetzt hatte, konnte jedoch sein Amt nicht antreten und starb am 21. April 1985. An seiner Stelle wurde der Vizepräsident José Sarney Staatspräsident. Damit war auch formell die Zeit der Militärdiktatur beendet und die "Neue Republik" ("Nova República") entstanden.

Im Vorfeld dieser Präsidentschaftswahlen hatte sich unter der Führung José Sarneys der "liberale" Flügel der PDS abgespalten und bildete Anfang 1985 die Partei der Liberalen Front ("Partido da Frente Liberal"). Durch Parteiübertritte und die Zulassung kommunistischer Parteien, deren Mitglieder zuvor hauptsächlich für die PMDB kandidiert hatten, ergab sich nach der Änderung des Parteiengesetzes im Jahre 1985[128] Mitte Mai 1986 im Nationalkongreß folgende Sitzverteilung: PMDB 239, PFL 149, PDS 86, PDT 28, PTB 14, PT 6, PL 5, PSB 5, PDC 4, PSC 4, PCB 3, PSdoB 2, PMB 2 und PPB 1.[129]

7. Ergebnisse: Verschärfung der Disparitäten

Gegen Sarney, der zur PMDB übergetreten war, bestanden zunächst erhebliche Vorbehalte, weil er aus der ARENA-PDS hervorgegangen war und kaum progressive Positionen vertreten hatte. Er gewann jedoch in den ersten Monaten seiner Amtszeit Ansehen, weil er sich in seinen Äußerungen für die

---

127 Zur Vorgeschichte dieser Wahlen s. Osmar E. Gogolok/Stefan Bergman/Lorenz Karg-Dierkes: "Präsidentenwahl 1985 und Demokratisierungsprozeß", *Brasilien Dialog*, 2/84, Mettingen, 1984, S. 3 - 16; über die Hintergründe s. Dimenstein, Gilberto/Negreiros, José/Noblat, Ricardo/Lopez, Roberto/Fernandes, Roberto: *O complô que elegeu Tancredo*, Rio de Janeiro, Editora JB, 5ª edição, 1985. Zur indirekten Wahl s. die sehr übersichtliche Darstellung in "Materialien", *Brasilien Dialog*, Nr. 2/84.

128 Durch Gesetz Nr. 7.332 vom 1. 7. 1985, s. "Emendão propõe reformas políticas na Constituição", *Folha de São Paulo*, 14. 6. 1985.

129 Die PCB wurde am 8. Mai 1985 zugelassen, s. "Fora da catacumba", *Folha de São Paulo*, 15. 5. 1985. "Troca partidária redivide quadro político no Congresso", *Folha de São Paulo*, 17. 5. 1986. Die kommunstischen Parteien PCB (Partido Comunista Brasileiro) und PCdoB (Partido Comunista do Brasil) sind leninistisch und maoistisch ausgerichtet; PSB (Partido Socialista Brasileiro) ist dem linken, PMB (Partido Municipalista Brasileiro), PPB (Partido do Povo Brasileiro), PL (Partido Liberal), PDC (Partido Democrata Cristão) und PSC (Partido Social Cristão) sind eher dem rechten Spektrum zuzurechnen.

Interessen der im Elend lebenden Volksmassen einsetzte.[130] Die Kämpfe um die Vertreibung der "posseiros" hielten auch weiterhin an.[131] Sarney kündigte als erste Maßnahme nach dem Amtsantritt bereits im Mai 1985 den Plan einer Landreform an, mit der er versuchen wollte, die extrem ungleiche Verteilung des Bodens zu ändern.[132] Der Plan der Agrarreform ("1° Plano Nacional de Reforma Agrária da "Nova República" - PNRA") wurde am 27. Mai 1985 vorgestellt. Er sollte seinen Schwerpunkt in den Brennpunkten der Landkonflikte haben, wo die Verteilung des Bodens besonders ungerecht ist, und sah die Enteignung unproduktiver Flächen der Großgrundbesitzer und den Zukauf aus Mitteln der Regierung vor.[133] Der von den Landarbeitergewerkschaften immer mit Mißtrauen begegneten Reformplan wurde unter dem starken Druck der sich bewaffnenden Grundbesitzer immer weiter verwässert: Das endgültige Projekt vom Oktober 1985 wurde von allen gemäßigten und linken Kräften abgelehnt, nur die Großgrundbesitzervereinigung stimmte ihm zu.[134]

In den Jahren 1986 bis 1988 setzte sich der Druck auf die Kräfte, die die Landreform wollten, weiter fort. Es kam laufend zu Angriffen der von den Großgrundbesitzern gedungenen Mörder und der Militärpolizei auf die sich in der Bewegung der "Trabalhadores Rurais sem Terra" zusammenschließenden Landarbeiter und Vertreter der Kirche. Schwerpunkte der Übergriffe lagen in den Staaten São Paulo, Maranhão und Piauí. So spricht der Bericht der UN-Menschenrechtskommission von 386 getöteten Landarbeitern im Jahre 1986. Erst auf ex- und internen Druck bequemte sich die Regierung zu einer

---

130 S. hierzu auch Kardinal Evaristo Arns im Interview "Hunderte von Märtyrern", *Deutsches Allgemeines Sonntagsblatt*, 16. 12. 1985, mit Kritik an der Landreform. Die Popularität des Präsidenten stieg noch nach den ersten Erfolgen des Antiinflationsprogramms, s. "Sarney Capitalises on Popularity", *Latin American Weekly Report*, 28. 3. 1986.

131 Vgl. *Monitordienst* 1. 2. 1985. Zwischen 1982 und 1984 sollen 500 Personen in den Landkämpfen getötet worden sein, wie auf dem ersten Kongreß der besitzlosen Landarbeiter bekanntgegeben wurde.

132 Nach einer Untersuchung des Instituto de Análises Sociais e Econômicas (IBASE) besaßen Großgrundbesitzer 85 Prozent der landwirtschaftlich genutzten Fläche, während die Hälfte aller landwirtschaftlichen Betriebe (d. h. solche mit weniger als 10 ha) nur 2,4 Prozent des Landes besaßen. Vgl. "Latifúndios ocupam 85 % da área registrada como rural", *Jornal do País*, semana de 14 a 20 de março 1985.

133 Der Text ist abgedruckt in *Folha de São Paulo*, 28. 5. 1985.

134 Vgl. den Text des Dokuments in *Folha de São Paulo*, 11. 10. 1985; und Kommentare in ebd., 19. 10. 1985, "Sarney Approves the Final Draft", in: *Latin America Weekly Report*, 25. 10. 1985, und Siegfried Niebuhr: "Agrarreform in Brasilien", in: *Frankfurter Rundschau*, 23. 10. 1985.

Antwort zu den Vorwürfen. In 27 von 261 Mordfällen des Jahres 1986 wurden Verfahren eröffnet, von denen erst eines abgeschlossen wurde.[135] Sarney wechselte die Minister für die Agrarreform mehrfach aus und löste im Oktober 1987 auch das Institut für die Agrarreform auf.[136]

Die Gegner der Agrarreform aus dem ländlichen Raum organisierten sich in der União Democrática Ruralista, die ihrerseits Druck auf Regierung und "Constituinte" ausübte.[137] Das Ergebnis von drei Jahren Landreform ist, das nur 3 % der Ziele, die Sarney seiner Regierung gesetzt hat, erfüllt worden sind. Statt der für diesen Zeitraum avisierten 450.000 Ansiedlungen wurden nur 15.000 durchgeführt. Weitere 100.000 Landlose konnten auf andere Weise angesiedelt werden.[138]

Auch im industriellen Bereich setzte die Unruhe sich fort, neue Streiks erschütterten Anfang Mai die städtischen Zentren. Insgesamt schlossen sich 43 Gewerkschaften den Streiks an, so daß diese Streikwelle eine der größten in den letzten 21 Jahren genannt wurde. Grund für die Streiks war wiederum, daß der Minimallohn nicht zum Überleben ausreichte.[139]

Sarney bildete am 14. Februar 1986 seine ursprünglich von Tancredo Neves aufgestellte Regierung zu Lasten der PMDB um, obwohl diese bei den Kommunalwahlen am 15. November 1985 einen großen Erfolg errungen hatte.[140] Am 28. Februar 1986 konnte die galoppierende Inflation, die im Februar 1986 auf 14,36 % im Monat angestiegen war, durch eine Währungsreform ("Plano Cruzado") - Umstellung von der Währungseinheit Cruzeiro auf Cruzado - und strenge Preiskontrollen angehalten werden.[141] Dieser innenpolitische Erfolg schlug jedoch in sein Gegenteil um, nachdem die Regierung Sarney kurz nach den Wahlen vom 15. November 1986 im "Plano Cruzado II" massive Preiserhöhungen und eine Abwertung des Cruzado verkündet

---

135 Vgl. z. B. "Ungeklärte Menschenrechtsfragen in Brasilien", *Neue Züricher Zeitung*, 11. 3. 1987; "PM tortura lavradores em Conceição do Araguia", *AGEN*, 11. 1. 1988.
136 Vgl. "Sarney extingue a INCRA e troca quatro ministros", *Folha de São Paulo*, 22. 10. 1987.
137 Vgl. z. B. "UDR fará mobilização para derrubar texto da reforma agrária, diz Caiado", *Folha de São Paulo*, 12. 11. 1987.
138 Vgl. "Cresce Movimento dos sem terra", *AGEN* 21. 1. 1988.
139 Vgl. "Unions Pose First Test for Sarney", *Latin America Weekly Report*, 10. 5. 1985.
140 "New Cabinet is Conservative", *Latin America Weekly Report*, 21. 2. 1986.
141 "Governo adota choque para tentar derrubar inflação", *Folha de São Paulo*, 28. 2. 1986.

hatte.[142] Auch ein weiterer Cruzadoplan vom Juni 1987, der neben Preiskontrollen eine Begrenzung der Staatsverschuldung vorsah,[143] ist praktisch fehlgeschlagen. Inzwischen (Juni 1988) ist die Inflation auf 24,04 % monatlich angestiegen[144]).

Sarney hatte zugesagt, eine Verfassungsgebende Versammlung einzuberufen, setzte aber - gegen zum Teil heftige Kritik - durch, daß der am 15. November 1986 zu wählende Nationalkongreß mit der Erarbeitung einer Verfassung beauftragt wurde.[145] Die Volkswahl des nächsten Präsidenten war bereits durch eine Verfassungsänderung im Mai 1985 festgelegt worden;[146] für die Vorarbeiten an der Verfassung wurde die "Kommission der 50" vom Präsidenten eingesetzt, die am 18. September 1986 einen Vorentwurf vorlegte.[147] Die Wahlen am 15. November 1986 zum Nationalkongreß der Gouverneure und zu den Gesetzgebenden Versammlungen der Staaten brachten der PMDB einen überwältigenden Erfolg.[148] Er zeigte sich im Verfassungsgebenden Nationalkongreß - nach mehreren Parteiübertritten - bei dessen konstituierender Sitzung im Februar 1987 in folgender Sitzverteilung:

---

142 Über Gründe für das Scheitern s. "Brasiliens Finanzminister analysiert Scheitern des Cruzado-Plans", *Monitor-Dienst*, 2. 7. 1987.
143 "Ein neuer Cruzado-Plan für Brasiliens Wirtschaft", *Neue Züricher Zeitung*, 26. 6. 1987.
144 "Inflação atinge 24.04 %", *Gazeta Mercantil*, 26. 7. 1988.
145 S. z. B. Dalmo de Abreu Dallari: "Constituinte e presidência", *O São Paulo*, 12. 12. 1985, mit dem Vorwurf an PMDB, PFL und PDS, diese nicht unmittelbar vom Volk gewählte Verfassungsgebende Versammlung sei mit den Interessen der nationalen und multinationalen Wirtschaftsgruppen verbunden. Vgl. auch Alberto Goldmann: "Em questão a legitimidade da Constituinte", *Folha de São Paulo*, 12. 7. 1985; "Constituinte: caravanas irão a Brasília reclamar nova emenda", *Nas Bancas*, 25. 9. 1985, PDS, PMDB und PFL haben am 23. 10. 1985 einer Verfassungsänderung zugestimmt, nach der der Nationalkongreß die Aufgaben einer Verfassungsgebenden Versammlung wahrzunehmen hat: "Aprovada Constituinte à la Sarney", *O São Paulo*, 25./31. 10. 1985.
146 *Folha de São Paulo*, 8. 5. 1985, a.a.O. (Anm. 15).
147 *Folha de São Paulo*, Edição Especial, 19. 9. 1986.
148 "PMDB conquista 22 Estados com vitória no RN e Piauí", in: *Folha de São Paulo*, 25. 11. 1986.

Par-teien	PMDB	PFL	PDS	PDT	PTB	PT	PCB	PC doB	PSC	PSB	PDC	PMB	PL	ins-ges.
Sena-toren	45	15	5	2	1	0	0	0	0	1	1	1	1	487
Abge-ordnete	257	120	35	23	17	16	3	3	1	1	5	0	6	72
Insge-samt	302	135	40	25	18	16	3	3	1	2	6	1	7	559

Tab. 2: Sitzverteilung in der Constituinte im Februar 1987 nach David Fleischer: *From Non-Competitive to Competitive Elections to the 1987/88 Constituent Assembly: Attempt to Finalize the Political Transition*; Paper, March 1988, mimeo, p. 27, table 15.

Von den am selben Tage gewählten Gouverneuren gehören 22 der PMDB und einer (Sergipe) der PFL an. Diese parteipolitische Einheitlichkeit täuscht jedoch. Vor allem die PMDB trägt in sich sehr stark auseinanderstrebende Interessen und ist in sich heillos zerstritten. Es wird für unvermeidlich gehalten, daß sich nach der Verabschiedung der neuen Verfassung das Parteiensystem umbilden wird.[149]

Die Verfassungsgebende Versammlung (Assembléia Nacional Constituinte), der alle Abgeordneten und Senatoren des parallel zu ihr weiterbestehenden Kongresses, einschließlich 23 bereits vor dem 15. November 1986 amtierender Senatoren angehören, trat am 1. Februar 1987 zusammen.[150] Zu ihrem Präsidenten wurde der Vorsitzende der PMDB, der siebzigjährige Ulysses Guimarães gewählt, der auch Präsident des Abgeordnetenhauses ist, und damit eine erhebliche Machtposition errungen zu haben schien.[151] Die Versammlung setzte acht Kommissionen zur Erarbeitung des Verfassungs-

---

149 Vgl. "Esquerda aguarda Carta para fundar um partido", *Gazeta mercantil*, 12. 10. 1987; "Machtspiele unter Brasiliens Politikern", *Süddeutsche Zeitung*, 28. 9. 1987.
150 "Constituinte começa hoje a discussão da nova Carta", *Folha de São Paulo*, 22. 4. 1987.
151 "O presidente da Constituinte, presidente da Câmara e presidente do PMDB, Ulysses Guimarães, enfim decide o que quer", *Nacional* 5./11. 2. 1987.

textes ein,[152] von denen sich die Sytematisierungskommission (Commissão de Sistematização) als die wichtigste erwies. Ihre Zusammensetzung, wie auch die der Berichterstatter der Unterkommissionen, spiegelten jedoch nicht das politische Spektrum der Versammlung insgesamt wider, bei der die 'Linke' lediglich 178 der 559 Mitglieder für sich in Anspruch nehmen kann.[153] Bedeutsam ist hierbei, daß die Parteien nicht geschlossen abstimmen, sondern - vor allem in der breit angelegten PMDB - sehr unterschiedliche Tendenzen auftreten. Die damit vorbestimmten Auseinandersetzungen konzentrierten sich auf
- die Stellung des Präsidenten im Regierungssystem - "starker" Präsident, der seine Regierung selbst einsetzt, oder "schwacher" Präsident, dessen Ministerpräsident der Bestätigung durch das Parlament bedarf.
- die Amtsdauer des künftigen Präsidenten - vier oder fünf Jahre -; eine Entscheidung, die in einem engen Zusammenhang mit der Fortdauer der Amtszeit des gegenwärtigen Amtsinhabers gesehen wurde, und
- die Verankerung der Agrarreform in der künftigen Verfassung.

Die Arbeit der Versammlung fand in der Öffentlichkeit vor allem Kritik wegen höchst mangelhafter Disziplin ihrer Mitglieder, unsinniger Debatten und Unfähigkeit der Zusammenarbeit. In ihrem Verfahren spielt das Militär eine wichtige Rolle im Hintergrund, deren Tendenzen nur gelegentlich offenbar werden.

Die Verfassungsgebung beschränkt sich überdies nicht darauf, einen Rahmen für die politische Entwicklung zu setzen: Kasuistische Regelungen (z. B. 44-Stunden-Woche, 12 % Zinshöchstsatz) versuchen, entsprechend brasilianischer Tradition, wirtschaftliche, soziale und politische Probleme der Zukunft im eigenen Sinne zu lösen: So werden politische Konflikte in den Verfassungsprozeß hineingetragen, ohne daß ihre Urheber sicher sein können, ob die so gefundenen Regelungen je verwirklicht werden können. Dies ist ein Zeichen mangelnden Vertrauens in die eigene politische Zukunft, der Unsicherheit über die künftigen Entwicklungen und der Illusion über die Geltungsstärke der Verfassungsregelungen.

Im September hatte sich die Aliança Democrática, die die Wahl des Präsidenten 1984 getragen hatte, aufgelöst. Zur Verhinderung der Festschreibung der Agrarreform in der Verfassung bildete sich Anfang November 1987 in der Versammlung ein 308 Mitglieder umfassender, parteiübergreifender Rechtsblock der "Großen Mitte" ("Centrão"), dem auch 131 der 309 Abge-

---

152 "Os membros das subcomissões da Constituinte", *Folha de São Paulo*, 12. 4. 1987.
153 "A esquerda e centro-esquerda dominam as subcomissões", *Folha de São Paulo*, 12. 4. 1987.

ordneten und Senatoren des PMDB angehören.[154] Von diesem wurde eine "Agrarreform" beschlossen, die noch hinter die Bestimmungen der Verfassung aus dem Jahre 1969 zurückfällt: Es kann nur noch solches Land enteignet werden, von dem nachgewiesen wird, daß es unproduktiv ist, wodurch eine Enteignung praktisch unmöglich ist. Der UDR ist es also gelungen, in der Constituinte voll ihre Ziele durchzusetzen.[155]

Wesentlich mit der Hilfe des "Centrão", aber auch unter starkem Druck, Drohungen und Versprechungen des Präsidenten und der Gouverneure, wohl aber auch des meist im Hintergrund wirkenden Militärs hat sich die Versammlung am 22. März 1988 für die Beibehaltung des Präsidentialsystems ausgesprochen; konsequenterweise hat sie am 2. Juni 1988 die von der Mehrheit der Bevölkerung gewünschte Verkürzung der Amtszeit auf vier Jahre des gegenwärtigen Präsidenten abgelehnt.[156] Diese Entscheidung ist nicht nur im Ergebnis bedenklich,[157] sondern noch mehr das Verfahren, das zeigt, daß die Vertreter des brasilianischen Volkes in ihrer Mehrheit manipulierbar sind. Die heftigen Angriffe, die Präsident Sarney - wohl nicht unbegründet - am 26. Juli 1988 gegen den Verfassungsentwurf und die Versammlung richtete, um den Durchgang in erster Lesung zu verhindern,[158] führten zum gegenteiligen Effekt: Drei Minister traten zurück und die "Constituinte" stimmte dem Entwurf und einer Reihe von zum Teil überspannten Änderungsvorschlägen zu.[159] Schließlich wurde die neue Verfassung am 2. September 1988 vom Verfassungsgebenden Kongreß verabschiedet; sie trat am 5. Oktober 1988 in Kraft. Damit ist die Demokratisierung Brasiliens formell abgeschlossen.

Eine Lösung der brennenden sozialen Probleme Brasiliens ist damit noch nicht in Sicht, weil sich das Militär mit den wenigen Reichen gegen die große, verelendete Masse der Armen verbündet. Die Reichen - und das Mili-

---

154 "'Centrão' consegue maioria mas nega tese de defender teses do Planalto", *Folha de São Paulo*, 8. 11. 1987; "Reação Conservadora", *Veja*, 11. 11. 1987; "Covas perde aliados depois da derrota para o Centrão", *Folha de São Paulo*, 7. 12. 1987.

155 Vgl. "UDR Lobby Ensured Clause Favourable to Landowners", *Latin American Weekly Report*, 26. 5. 1988.

156 "Sarney derrota Ulysses e aprova o presidencialismo", *Folha de São Paulo*, 22. 3. 1988; "Streit um Brasiliens künftige Regierungsform", *Neue Züricher Zeitung*, 18. 3. 1988; Bob Fernandes: "328 constituintes dão o mandato de 5 anos a Sarney", *Folha de São Paulo*, 3. 6. 1988.

157 Paulo Bonavides, "Retrocesso político", *O Povo*, 23. 3. 1988.

158 "Pronunciamento de Sarney à Nação divide parlamentares", *A União*, 28. 7. 1988.

159 "Ulysses", *O Estado de São Paulo*, 29. 7. 1988.

tär - sind mit Blindheit geschlagen und werden letztlich nicht nur schweren Schaden für das Land, sondern auch eine Katastrophe für ihre eigenen Interessen zuwege bringen, gleichgültig, ob eine Revolution kommt oder die große Mehrheit der Menschen in einem Massensterben endet. Auch wenn neuerdings die Escola Superior de Guerra "soziale Gerechtigkeit" in die Lehre von der "nationalen Sicherheit" aufgenommen hat,[160] stellt sich die Frage, ob die "Neue Republik" nicht nur die Form einer Scheindemokratisierung darstellt, bei der schon die vor und während der Militärdiktatur bestimmenden Schichten unter anderem Vorzeichen (Demokratie!) das Heft in der Hand behalten haben. Jedenfalls herrschen mehr als fünf Jahre nach der "Demokratisierung" fast immer noch die gleichen Eliten in Politik, Wirtschaft, Bürokratie und Militär, die in vielfacher Weise mit einander verflochten sind.

Brasilien als Schwellenland hätte bessere Chancen, die Demokratie zu entwickeln und die sozialen Disparitäten zu überwinden, als die meisten Entwicklungsländer. Die Enttäuschung über die Unfähigkeit der Politiker in einem quasi-demokratischen Staat, die sozialen und ökonomischen Probleme zu lösen, hat seit Ende des Jahres 1986 schon weit um sich gegriffen. Während in der Zeit der Militärdiktatur die Chance in der Demokratisierung gesehen wurde, fehlt heute jegliche Alternative. Vermutlich beabsichtigen die Militärs nicht, sich wieder der Herrschaft im Staat offen zu bemächtigen: Ihre Erfolgschancen sind gering, und auch bei den Rechtskonservativen können sie kaum auf Unterstützung rechnen. In den zentralen Fragen haben sie ohnehin das Heft in der Hand. Andererseits fehlt jeder Ansatz einer revolutionären Lösung durch von links geführte Massen. So bleibt diesem gepeinigten Land wohl nur die Fortsetzung seines Weges in das Elend.

Beendet im Oktober 1988

---

160 "ESG inclui justiça social em doutrina de segurança", *Jornal do Brasil*, 23. 8. 1987.

Silviano Santiago

LEBENSFREUDE UND MACHT

I. Die Literatur Brasiliens nach '64 - einige Überlegungen

Wir müssen Brasilien geben, was es nicht besitzt, was deshalb bis heute nicht gelebt wurde, wir müssen Brasilien eine Seele geben, und dafür ist jedes Opfer großartig, erhaben. Und uns gibt dies Glück. [...] Aber was bedeuten Ewigkeit oder Berühmtheit unter Sterblichen? Ich jag' sie zur Hölle. Geistig liebe ich Brasilien nicht mehr als Frankreich oder Cochinchina. Aber ich lebe nun mal in Brasilien, und für Brasilien habe ich alles geopfert. (Mário de Andrade, 1924)

Beginnen wir mit einer grundsätzlichen Unterscheidung zur thematischen Kennzeichnung der Literatur Brasiliens nach '64. Für diese Literatur ist die Ausbeutung des Menschen durch den Menschen nicht mehr erstes und beherrschendes Thema. Dieses Thema wurde im allgemeinen im Rahmen eines Bewußtseinsprozesses von Personen gestaltet, die der Arbeiter- und Landbevölkerung angehörten, und wurde von verdeckter (mitfühlender) oder offener (radikaler) Kritik an der Landoligarchie und dem städtischen Unternehmertum begleitet. Das Spiel zwischen den gegensätzlichen gesellschaftlichen Kräften ließ bisweilen die mittleren ländlichen und städtischen Schichten der Gesellschaft unbeachtet und schien im Medium literarischer Gestaltung eine optimistische, geradlinige Entwicklung vom Kapitalismus zum Kommunismus in Brasilien vorwegnehmen zu wollen. Optimismus und Utopie verbündeten sich, den definitiven Sieg der Linken anzukündigen.

Die Literatur nach '64 unterscheidet sich von der engagierten Literatur, die ihr vorausging, in der schrittweisen Abkehr von diesem Thema und findet so zu ihrer thematischen Originalität. Der Verzicht auf dieses Thema bedeutet nicht, daß wirtschaftliche und gesellschaftliche Gleichheit erreicht wäre, daß die Utopie zur Alltagswirklichkeit geworden wäre. Das Gegenteil trifft zu. Die Ungleichheit in Lateinamerika wurde auf derartige Weise und durch so unvorhersehbare Gewalt verschärft, daß es naiv wäre, der von den Modernisten gestalteten politischen Überwindung der Ausbeutung des Menschen durch den Menschen nach '64 noch Gültigkeit beizumessen.

Zaghaft, doch dann wie unter Zwang, begann man in der brasilianischen Literatur seit dem Sturz des Goulart-Regimes und dem Militärputsch von '64 darüber nachzudenken, wie Macht in Ländern arbeitet, deren Regierungen sich für den uneingeschränkten Kapitalismus als Norm für den Fortschritt der Nation und des Wohlstands der Bürger entschieden haben.

Mit der Reflexion darüber, wie Macht ausgeübt wird, fand die Literatur Brasiliens nach '64 zu einer radikalen und vernichtenden Kritik an jeder Form von Autoritarismus, vor allem aber jener Form, die für die Militärs in Lateinamerika bezeichnend ist, wenn sie bei der Machtergreifung Gesetze zur nationalen Sicherheit erlassen.

Parallel zur thematischen Verschiebung kommt es zu einer wichtigen Kursänderung im linearen Entwicklungsprozeß des Modernismus, die sich als Bruch zeigt. Dieser Bruch bestimmt den Beginn einer neuen Epoche unserer Literaturgeschichte: der postmodernen. Sie verdient eine Untersuchung im breiteren ideengeschichtlichen Zusammenhang, den man heute allgemein als postmodern bezeichnet.

Stilistisch konnte die brasilianische Literatur nach '64 einerseits an die Vergangenheit anknüpfen, insofern sie - nach dem genialen Werk von Guimarães Rosa und dem universalistischen Bemühen der unterschiedlichen Konkretismen - ästhetischen Prinzipien folgte, die der Realismus der dreißiger Jahre begründet hatte, andererseits konnte sie sich auch der zeitgenössischen hispanoamerikanischen Literatur annähern, wenn sie sich von einer naturalistischen Darstellung wegen großer Probleme mit der politischen Zensur lösen mußte. Im zweiten Fall erreicht der literarische Text eine metaphorische oder phantastische Ausdrucksform, die es bei uns bis dahin praktisch nicht gegeben hat. Die Literatur nach '64 knüpft also entweder an eine Stiltradition an, die den dreißiger Jahren verpflichtet ist, oder an einen den Lateinamerikanern gemeinsamen Stil, immer unter Beibehaltung der thematischen Obsession, von der wir sprachen.

In der Kritik an Autoritarismus und Militärherrschaft weicht die Literatur Brasiliens nach '64 von den dreißiger Jahren auch ideologisch ab. Damals verbrüderten sich Schriftsteller der unterschiedlichsten politischen Schattierungen widersprüchlicherweise in einer radikalen Absage an den klassischen Liberalismus. Man wies das allgemeine Wahlrecht zurück und plädierte für die Machtübernahme durch einen charismatischen Führer, dem man die Geschicke des Landes anvertrauen wollte. Getúlio Vargas' Projekt eines totalitären Regimes war eines von vielen. Er siegte, weil er es geschickt verstand, die vorhandenen unterschiedlichen konservativen Kräfte in Brasilien und im Ausland zu einen. Nach '64 begannen sich die unterschiedlichen Linksgruppierungen zu einer breiten Front zusammenzuschließen, die jede Form der Diktatur, selbst die des Proletariats, zurückwies. Als Vertreter des Autoritarismus blieben allein die alten "compagnons de route" zurück, die sich weigerten, die eigene Vergangenheit als Militärs zu überdenken, wie im Fall von Luiz Carlos Prestes.

Die Selbstkritik auf ideologischer Ebene macht für sich allein schon die bedeutsame thematische Neuorientierung verständlich, von der wir im künstlerischen Bereich sprachen. Es handelt sich um eine allgemeine Veränderung, die das gesamte Kräftespiel auf der politischen Bühne des Landes betrifft und die zuerst den Ausbruch des Verlangens nach Demokratie ermöglichte, wobei der Begriff in der Folge an semantischer Unklarheit leiden sollte - und noch immer leidet. Den Begriff der Demokratie findet man heute in Reden sowohl der Rechten, die sich durch Straßendemonstrationen des Volkes verletzt fühlt, wie der Linken, die wieder Sitze im Nationalparlament erhält. Diese Unbestimmtheit und politische Ungenauigkeit wiegt schwer. Sie symbolisiert einmal mehr die Trägheit der brasilianischen Sozialgeschichte, symbolisiert die Zweideutigkeit und Feigheit, die rhetorischen Strategien und die Verschlagenheit jener Phasen der Geschichte, die man gewöhnlich Übergangsphasen nennt, die es aber letztlich doch nicht sind.

Das Hervortreten der Arbeiterpartei (Partido dos Trabalhadores) in den siebziger Jahren, ihr Bündnis mit den sozialen Bewegungen der Minderheiten und die mögliche Einbindung von ökologisch orientierten Gruppierungen sind nicht nur Zeichen einer weiteren internen Uneinigkeit der sogenannten "partidão", wie viele andere in der Vergangenheit. Hier wird vielmehr die Notwendigkeit eines neuen Programms zur politischen Beteiligung der Landbevölkerung und der Arbeiterschaft in den Städten sichtbar, ein Programm, das auf die neuen dunklen Zeiten hiesiger Machtauswüchse eingestellt ist. Es handelt sich nicht nur um einen Kampf gegen die bürgerliche Macht in Gestalt eines bürokratischen, gesetzgebenden und rechtsprechenden Zentralismus. Der Kampf ist breiter und muß breiter angelegt sein, denn die Macht nimmt im täglichen Leben des Staatsbürgers die ungewöhnlichsten Formen an und schafft auf Schleichwegen - beginnend mit der Leugnung der Verschiedenheit - repressive Kräfte zur Uniformierung in rassischer, sexueller, verhaltensmäßiger, intellektueller und anderer Hinsicht.

Die Verschiebung der Fragen von und über die Unterdrückten zur breitangelegten Infragestellung des Unterdrückers (der Stellung, aus welcher er spricht, Anweisungen gibt, Gesetze diktiert; der Art und Weise, in der er, selbst wenn er revolutionär ist, doch konservativ sein kann, etc.), diese Verschiebung ist keine bloß rhetorische Wende nach dem Geschmack militärstrategisch kalkulierender Politiker. Die Verschiebung ist im Zentrum der Jugendrevolten zu suchen, die sich in den sechziger und siebziger Jahren vervielfachten, und in ihren nach Freiheit drängenden Ausbrüchen, die, wie wir wissen, zunächst durch das "Free Speech Movement" an der Universität Berkeley und durch die Ereignisse vom Mai '68 in Paris inspiriert wurden. Die jungen Menschen der Ersten Welt waren einander durch eine universitäre Erziehung verbunden, die letztlich dazu führte, der Großbourgeoisie das alleinige Anrecht auf Hochschulausbildung abzusprechen. Sie wollten der gesamten Gesellschaft ihre authentischen Werte weitergeben und traten für ein ethisches (und nicht pragmatisches, wie es in den traditionellen politischen Parteien Praxis ist) Verständnis der menschlichen Beziehungen innerhalb der sozioökonomischen und politischen Ordnung des Kapitalismus ein. Dazu erklärten sie die unterschiedlichen repressiven Kräfte, die auf dem Status quo beharren, zu ihrem grundsätzlichen Feind, und zwar sowohl auf der Ebene der Mikro- wie auch der Makrostrukturen.

In der Folge kam es in der lateinamerikanischen Studentenpolitik zu einer überraschenden Wende. Die in den fünfziger Jahren typische Haltung der Brasilianischen Studentenvereinigung (União Brasileira de Estudantes), die in dem 'Slogan' "Yankee, go home" zum Ausdruck kommt, rückt in den Hintergrund. Das Bild bestimmen nun die jungen freiheitsbesessenen Amerikaner und Europäer, die mit den Stimmen von Joan Baez oder Bob Dylan, Jim Morrison oder Jimi Hendrix, von John Lennon oder Mick Jagger, von Chico Buarque oder Caetano Veloso Ausdruck finden.

Die Studenten der Länder der Ersten Welt beschäftigten sich vor allem mit den Mikrostrukturen der Repression durch die Macht (von hier rührt das Aufkommen eines befreiten Neo-Individualismus in den siebziger Jahren, der zuerst in Anarchie einmündete und danach in einen Narzißmus, der der Konsumgesellschaft zugute kam). Eben diese Studenten überdachten aber auch die weltweite Rolle der führenden westlichen Länder. Sie entdeckten sowohl die Gefahren des Rüstungswettlaufs, der die Verantwortung für eine drohende nukleare Apokalypse trägt, wie sie der Film *Zabriskie Point* zeigt, wie auch die großen Opfer der Gegenwartsgeschichte, die Länder der Dritten Welt. Die Studentenrebellion begründet ihre Suche nach dem "neuen Menschen" nicht in den politischen Parteien der Linken, die durch die russische Revolution inspiriert wurden, sondern in Che Guevara und Kuba. Zugleich reagiert sie auf radikale Weise gegen die militärischen Interventionen der Großmächte zugunsten des europäischen Kolonialismus (in den afrikanischen Ländern) oder zugunsten des amerikanischen Kolonialismus (in den asiatischen Ländern) und gegen die wirtschaftlichen Interventionen der Multis zugunsten des amerikanischen Neo-Kolonialismus (in den lateinamerikanischen Ländern). Die Bewegungen gegen den Vietnamkrieg, von den Sit-ins in

Rektoraten oder auf öffentlichen Plätzen bis hin zur Verbrennung von Reservistenausweisen, machen das deutlich.

Die Landguerilla der Dritten Welt ist Modell für die Stadtguerilla der Ersten Welt, und wenige Monate später gibt es keinen Unterschied mehr. Wichtig wird die Theorie der Brennpunkte, die 1001 Vietnams, von denen Che Guevara spricht. Hier ist das gemeinsame Moment, das die Befreiung des vietnamesischen Volkes mit den Black Panthers verband, das den Expansionismus Kubas nach Lateinamerika und den bewaffneten Kampf gegen die Militärdiktatur in Brasilien rechtfertigte, und das die Jugend der achtundsechziger Generation in Paris mit den mexikanischen Studenten, die Tlatelolco überfielen, zusammenbrachte.

Das Schlimmste der geschichtlichen Entwicklung sollte mit der Reorganisation der Rechten in den Ländern der Dritten Welt noch kommen. Hier und dort wurden in nationalem Rahmen (wenn auch beschlossen durch die amerikanische Regierung) repressive und totalitäre Regime eingesetzt. Sie verfügten über eine organisierte und bürokratisierte Gewalt, wie es sie seit den Unabhängigkeitsbewegungen gegen den europäischen Kolonialismus im 18. Jahrhundert nicht gegeben hatte, die aber von fern an die Ausrottung der Indios und an die Foltern der Sklaverei erinnerte.

Mit den "siegreichen" Ereignissen der siebziger Jahre fügte man nun nach und nach dem Bruch der sechziger Jahre Korrekturen an. Wo 'Befreiungsbewegung' stand, mußte man 'Unterdrückungsregime' lesen; wo 'Phantasie an die Macht' stand, mußte man 'Folter durch das Militär' lesen, und so weiter. Da solche Korrekturen unklug und entmutigend für die Massenmedien gewesen wären, mußte man sie notwendigerweise hinter einer Fassade verstecken. Diese Fassade kennen wir, und eben die achtziger Jahre machten es sich zur Aufgabe, sie aufzudecken. Es ging darum, die Wirtschaft der verschiedenen lateinamerikanischen Länder den Normen des technologischen Kapitalismus anzupassen. Man etablierte die autoritäre Herrschaft einer bürokratisierten Technokratie, die durch Rationalisierung des Fortschritts und mit Hilfe der außer Zweifel stehenden Kompetenz der Techniker für die Modernisierung der verschiedenen Staaten der südlichen Hemisphäre verantwortlich sein sollte. In diesem Sinne befürwortete man den massiven Einfluß von ausländischem Kapital. Hinter der Fassade des Wirtschaftswunders, hinter Autoritarismus und Unterdrückung sieht man heute die Realität einer Auslandsverschuldung, die für den in unseren Ländern uneingeschränkt herrschenden Kapitalismus kennzeichnend ist.

In diesem größeren Zusammenhang läßt sich die revolutionäre Reaktion der brasilianischen Intelligenz auf den Militärputsch von '64 und seine Verschärfung ab '68 besser verstehen.

Zum "Hand in Hand gehen", das uns Carlos Drummond de Andrade in den dreißiger Jahren nahelegte, kam es nicht. Der revolutionäre und hoffnungsvolle Gemeinschaftsgeist, von dem in den dreißiger und vierziger Jahren alle in utopischer und chaplinesker Weise redeten, hat seine Daseinsberechtigung als Voraussetzung des Kampfs durch die unerwartet gewaltsame Auflösung der Kräfte der Linken verloren. Gewalt fand man auf der Straße, in der fortschreitenden Militarisierung des Staates, in der Art und Weise, in der sich die führende Schicht das Recht bewilligte, den Bürger im Namen der nationalen Sicherheit zu unterdrücken. Mit den Ausweisen und Namensschildern, die man beim Eintritt in ein öffentliches Gebäude oder Büro verlangte, wurde sie auf beinahe unsichtbare Weise sichtbar. Mit den Karteikarten, die von den Bewohnern eines Hauses für den Fall einer späteren Polizeikontrolle auszufüllen waren, zeigte sie sich auf unsichtbare Weise. Die Gewalt konnte praktisch vollständig unsichtbar werden, wenn man an die Massenmedien denkt - insbesondere an das Fernsehen -, die staatlich geleitet wurden und unterschwellig die Gesellschaft kontrollierten. Sichtbare wie unsichtbare Gewalt reduzierten die Gedankenwelt und das Aktionsfeld der nicht angepaßten Bürger (darunter auch die des Künstlers) auf ein Minimum.

Halten wir fest: Die erschrockene und entrüstete Entdeckung der Gewalttätigkeit der Macht ist das wichtigste thematische Kennzeichen der Literatur in Brasilien nach '64. Sie thematisiert die unterschiedlichen Ursprünge der Macht, sei es in der abendländischen Gesellschaft und der kolonialen Zeit Brasiliens oder im "Tenentismo" in den dreißiger Jahren und im "Estado novo", wie auch in unserer Zeit, die den politischen Apparat durch die Zensur auf gefällige Weise vor der Presse schützt. Man reflektiert über die umfassenden und zentralisierten Formen der Macht wie auch über ihre überall auftretenden unzähligen Kleinstformen im Alltag. Die Reichweite der unterdrückenden und rachsüchtigen Macht kann allumfassend oder örtlich begrenzt sein. Es gelingt ihr so auf wirksame Weise, die Angriffe, die von der kritischen Vernunft und den großen Anliegen des Jahrhunderts gegen sie geführt werden, zu neutralisieren. So behandelt der brasilianische Schriftsteller nach '64 die wichtigen universellen und utopischen Themen der modernen Zeit nur am Rande, wie er auch Abstand von den klassischen nationalen Themen hält, und diskutiert weiterhin erbarmungslos die 1922 aufgekommenen Themen von der unabdinglichen industriellen Modernisierung des Landes.

Man entscheidet sich im allgemeinen für Themen aus den Bereichen des Privaten und des Alltäglichen, die Hautfarbe, den Körper, die Sexualität, die zum Hebel werden können, um ein Gegengewicht gegen die starren und unzerstörbaren Zwänge im militarisierten Staat und die Einkerkerung der Bevölkerung in "natürliche" Grenzen des Landes zu schaffen.

Lebensfreude und Macht

Muß man nach dieser Skizzierung der Situation annehmen, daß der Ansatz der neuen Literatur im Vergleich etwa zu dem der dreißiger Jahre rückständig ist? Kann man sagen, daß die brasilianische Literatur nach '64 eine Literatur der Entfremdung ist und selbst zur Entfremdung beiträgt?

Die besten Werke der literarischen Produktion nach '64 zeigten weder künstlerische Rückständigkeit noch politische Entfremdung. Man hatte vielmehr gründlich begriffen, daß die so sehr geforderte Modernisierung und Industrialisierung Brasiliens (die, offen gesagt, der Kern der modernistischen Idee war und in den politischen Programmen sowohl der Rechten wie auch der Linken der dreißiger Jahre stand) letztlich mit Maschinengewehrsalven, Gummiknüppeln und Totschlägern in einer Eskalation militärischer und politischer Gewalt betrieben worden war, die beispiellos ist in der Geschichte dieses Landes, das sich schon durch eine europäische Kolonisation, die sich heute anerkanntermaßen fragwürdiger Mittel bediente, außerhalb der allgemein geltenden Leitvorstellungen von Gerechtigkeit befindet.

Die Frage nach der Macht korrekt stellen (und das tat der beste Teil der literarischen Produktion), heißt bereits, die Mauern angreifen, die errichtet wurden, um zu verhindern, daß der Bürger nachdenkt, seinen Handlungsraum absteckt und deutlich hörbar seine Stimme erhebt. Es heißt, das Land auf eine notwendige Demokratisierung hin ausrichten, auch wenn diese bisher nur institutionelle Form erreicht hat. Es bedeutet weiter, gegen das Schweigen anzurennen, zu dem der bereits wirtschaftlich Unterdrückte verurteilt wurde, als er seine gesetzlich verankerten Rechte als Arbeiter verlor. Und es bedeutet, allen und jedem Stimme zu verleihen, damit sie politisches Wünschen und Wollen auf nationaler, gemeinschaftlicher und beruflicher Ebene zum Ausdruck bringen können, so daß nach und nach ihres Namens würdige Regierungen und gewerkschaftliche Organisationen entstehen können.

Man kann zwar sagen, daß die Problematisierung zeitgenössischer Fragen von weltweiter Bedeutung im Verzug war, aber man kann nicht behaupten, daß die von der Literatur aufgeworfenen Fragen rückständig waren. Festzuhalten ist, daß es sicherlich Rückständigkeiten gab, allerdings in der sozialen Geschichte des Landes, bei den Versuchen, die Gesellschaft gerechter und egalitärer zu gestalten. Und etwas wurde offenkundig. In den zwanzig Jahren, die auf '64 folgten, entschlossen sich die Machthaber, die Masken abzulegen und offen für das einzutreten, was in den Tropen seit jeher offenkundig war: die konservative Macht.

Man wußte, daß die Macht dort draußen existierte, aber wie von ihr sprechen, ohne an ihr teilzuhaben, ohne ihr Gesicht noch ihre Hände zu kennen. Nach '64 zeigte die Literatur, daß die Machthaber in Brasilien tatsächlich Augen und Ohren, Mund und Nase haben wie jeder andere, ungerechte Hände und vor allem Intelligenz, um sich auf unbestimmte Zeit an der Spitze des Landes zu halten. Heute bleibt man der konservativen Macht entweder fern, oder man ist nicht unschuldig. Mit einem Mal gibt es nicht mehr die zahllosen frommen Bilder der nationalen Pontius Pilatus, Zuckerrohr -und Kaffeeplantagenbesitzer und Industriemagnaten. Nach und nach verschwinden, in einem höchst begrüßenswerten Lichtungsprozeß, die grotesken, primitiven und tierischen Karikaturen der Inhaber der reaktionären Macht (die eben als Karikaturen Erkennen verhinderten). Ich denke hier an die zahlreichen bekannten Karikaturen von Affen oder anderen Vierfüßlern aus populistischen Zeiten.

Zur Beschreibung der reaktionären Macht als ein konkretes Wesen mit Körper und Verstand mußte der brasilianische Künstler (und der streitbare Intellektuelle überhaupt) sich von ihr distanzieren. Deshalb ist die politische Haltung in der Literatur nach '64 die der völligen Ablehnung aller und jeder entwicklungspolitischen Maßnahmen für das Land und aller Programme der nationalen Integration und Planung. Die gute Literatur nach '64 übernahm sicher aus diesem Grund nicht mehr den erbaulichen Sozialoptimismus von einst, der in der gesamten ihr vorausgehenden politischen Literatur zu finden ist. Aus eben diesem Grund verzichtet der literarische Text auch auf pathetische Töne und rhetorische Kunststücke. Die gute Literatur nach '64 zieht es vor, harmlos wie Risse im Beton zu scheinen und sich mit leiser, unterhaltsamer Stimme in gedämpftem Gesprächston einzuschmeicheln.

Was früher als großes Geheimnis des Zauberers Machado de Assis gegolten hatte, wird nun zur Erkenntnis aller. In einem Land rhetorischer und jesuitischer Tradition weiß man endlich, was Optimismus und Rhetorik verdecken. Inzwischen versteht man, Rhetorik des Optimismus und Optimismus der Rhetorik zu unterscheiden. Es ist nie zu spät!

Da die Literatur nach '64 ihren erbaulichen und konstruktiven sozialen Optimismus verliert, kann sie auch nicht in einem Zusammenhang mit der unmittelbar vorausgehenden literarischen Produktion der sogenannten demokratischen Jahre von 1945 bis 1964 gebracht werden. Beim Aufbau Brasilias aus dem Nichts - Traum jedes Architekten und ideale Metapher für den avantgardistischen Künstler -, bei der massiven Verpflanzung einer ausländischen Automobilindustrie ins Land, in den Worten eines Theoretikers der konkreten Poesie, der Gleichgesinnte dazu aufforderte, "Gedichte auf der Ebene der rational durchdachten und produzierten Dinge" zu schaffen, dort überall wehte der Wind eines Gründeroptimismus internationalen Typs, demzufolge das Wohl und das Gute in der Kapitalisierung lagen, in der Kapitalisierung der menschlichen Arbeitskräfte und der ausländischen und nationalen wirtschaftlichen Mittel. Dabei ging es auch um die 'Kapitalisierung' eines brasilianischen Wissens, das zugunsten eines starken und mächtigen, eines wagemutigen und zukunftsgläubigen nationalen Staates arbeiten würde, der international eine nie dagewesene Explosivkraft erlangen würde.

Das alte Brasilien verjüngte sich damals mit dem Serum der Industrialisierung und des ausländischen Kapitals. Die Erkenntnis der Unterentwicklung, die in den dreißiger Jahren den eitlen Traum von einem paradiesischen Land zerstörte, schuf seit den fünfziger Jahren die historische Grundlage für eine auf ein Entwicklungsland zugeschnittene Politik. Die Grundlegung eines Denkens der Linken in den dreißiger Jahren war die Gewähr für die Einrichtung des ISEB (Instituto Superior de Estudos Brasileiros). Die SUDENE (Superintendência do Desenvolvimento do Nordeste) war der Roman des Nordostens in Form von Projekten, die für die progressive ländliche Oligarchie annehmbar waren. Und so ging es weiter.

In den neunzehn Jahren, die '64 vorangehen, war die brasilianische politische Ethik eine Ethik des Handelns, aber des blinden Handelns, zumal die national gesonnenen Staatsideologen glaubten, ethische Prinzipien, die sich aus der Reflexion über das Handeln ergeben, könnten nur auf schon Geschehenes folgen. Zur Erhellung der Ethik des optimistischen brasilianischen Konstruktivismus, den wir hier zu umschreiben versuchen, seien nur zwei halbisolierte Beispiele erwähnt. Symptomatisch für die Texte der Zeit ist die Abwesenheit des Arbeiters - man kann erst über ihn sprechen, wenn er zu existieren begonnen hat. Bei uns gibt es ihn aber noch nicht, und deshalb ist er auch im Universum unserer Überlegungen "kein Thema". Vielleicht ist dies der Grund, warum die Gewerkschaftsbewegung während jener neunzehn Jahre nur wenig erreichte, und warum sie - im Gegensatz dazu - seit Mitte der siebziger Jahre eine starke Belebung erfuhr. Symptomatisch ist weiterhin das Ausbleiben jeglicher Reflexion über das Publikum in den metaliterarischen Texten jener Zeit. Die Literaturproduzenten und -theoretiker sollten sich dann mit dem Publikum auseinandersetzen, wenn das ganze Land alphabetisiert wäre. Bis dahin sollte unsere Literatur im Vakuum des kulturellen Marktes produziert werden. So wenig man das Thema der sozialen Revolution aufgreift, so wenig diskutiert man auch die Wirksamkeit des künstlerischen Textes. Wenn man in den Jahren unmittelbar vor '64 darüber diskutiert, dann spricht man vom Publikum nur als amorpher, passiver und leicht manipulierbarer Masse.

In den hier beispielhaft zitierten Fällen bleibt die Frage nach den Machtverhältnissen ungestellt, statt dessen gewinnt immer mehr eine Ideologie an Bedeutung, die sich der Xenophobie bedient, um ihre Blindheit zu verbergen, und die, wie wir auch schon sahen, im Slogan "Yankee go home" ihren Ausdruck findet. Der wenn auch gerechte Kampf gegen den amerikanischen Imperialismus verdeckte die tief liegenden internen sozialen Probleme und verstellte den Blick auf die Problematik der Macht im eigenen Lande.

Diese schwebte wie eine - goldene, aber durchsichtige - Aura um die wenigen privilegierten Häupter, und ermöglichte so vorhersehbare wechselseitige Ablösungen der Führungskräfte in Wirtschaft, Politik, Gesellschaft, Kunst etc.

Die Jahre vor '64 geben sich als demokratische aus. Treffender sind sie vielleicht als weniger zentralistisch zu charakterisieren. Da das Charisma des Oberhaupts die Form abgab, in der die Massenmedien die Stimme und das Bild des höchsten Meisters und der Landes- und Gemeindemeister vermittelten, ohne an ihre Aura zu rühren, denn sie waren auf deren Gelder angewiesen, bedienten sie sich des Charismas, um die öffentliche Neugier anzustacheln und die Wahlspektakel an den verschiedenen Orten der Macht vorzubereiten. Damit wird verständlich, wie das Fernsehmodell von Assis Chateaubriand, ein zugleich dezentrales und allmächtiges Fernsehnetz, entstehen konnte. (Die Fernsehanstalt Rede Globo kehrt geschickterweise das Programm von Chateaubriand in sein Gegenteil um und paßt sich so den Gegebenheiten von '64 an. Um die Rivalen aus ihrem Herrschaftsbereich zu verdrängen, zentralisiert die Rede Globo und entmündigt die verschiedenen Fernsehstationen mit Sitz in den Hauptstädten der Bundesstaaten. Mit anderen Worten, man geht dazu über, von den Regionalstationen Sendezeiten "zu kaufen", und verhindert so die bisherige Produktionstätigkeit vor Ort.) Verständlich wird auch die große Bedeutung von Zeitschriften mit nationaler Verbreitung, wie *O Cruzeiro* und *Manchete*, deren Basis die Photographie war (die Photographie von Personen und ihren Taten). Das Charisma ist also die Form, in der der Politiker (und selbst der Künstler, sofern Intellektueller) ständig als "nationales Gewissen" auftrat, ohne daß in seiner Stimme das zentralistische Befehlsgehabe oder das geheime Streben nach der Macht durchschienen. Das Befehlsgehabe war nicht deutlich erkennbar, weil die Machthaber es durch eine dezentralistische Attitüde zu überspielen suchten, was letztlich zur optimistischen Rhetorik in bestem populistischen Stil führte. Die endgültige Verlegung der Hauptstadt der Republik nach Brasilia und die mangelnde Flexibilität der Programme zur nationalen Integration, die beim Putsch von '64 aufgestellt wurden, bereiten dieser wohltuenden politisch-ideologischen Auflösung des Nationalen ein tragisches Ende.

Die Generation, die vor '64 herrschte, verwaltete Ämter zugunsten des eigenen Namens. Die eigene Person im richtigen Amt. Der Verlust des Amtes in der Verwaltung der öffentlichen und nationalen Angelegenheiten war sicherlich nicht so verhängnisvoll, wie man denken und vermuten mag, und wie uns die Ex-Isebianer glauben machen wollen. Im Gegenteil ermöglichte der Verlust zum ersten Mal allen und unterschiedslos, die Aura der Macht wahrzunehmen. Man konnte ihr Gesicht erkennen. Das Gesicht des Charismas. Das Gesicht der populistischen Rhetorik. Da es nicht die Stärke der brasilianischen Intellektuellen ist, auf den narzißtischen Spiegel zu verzichten (möge Mário de Andrade mir verzeihen), durchschaute man die Aura der reaktionären Macht erst, als sie das Haupt des anderen schmückte; oder besser, das des Usurpatoren. Viele der Ehemaligen, die die Macht verloren haben, suchen immer noch blind das einstige, ihnen angemessene Amt, den verlorenen eigenen Namen, als könnten Amt und Name in den achtziger Jahren noch dieselben sein. Ihnen blieb die Treibhauspflege des eigenen Namens an unangemessenem Ort.

Wenn der Literatur nach '64, wie oben gesagt, der erbauende Sozialutopismus fehlt, so denke man nicht, daß der beste Teil der literarischen Produktion der letzten Jahre hinfällig sei, am Boden liege, von düsterem Pessimismus durchdrungen sei, und angesichts der politischen Übergriffe der Diktatur eine rein negative Haltung verinnerlicht habe. So wie die Frage nach der Macht im Staat das Thema der Ausbeutung (die man selbstverständlich als Horizont nicht aus den Augen verlor) in den Hintergrund drängte zugunsten der Reflexion darüber, wer und was sich hinter ihr verbirgt und die ersehnte soziale Gleichheit unmöglich macht oder erschwert, so verschwand der manichäische Gegensatz von Optimismus und Pessimismus, der uns und unserer Presse seit der Veröffentlichung des *Retrato do Brasil* durch Paulo Prado (1927) so sehr gefiel. Man gibt den manichäischen Gegensatz nicht auf, um festzustellen, wir alle seien Optimisten und Pessimisten, je nach Gelegenheit. Dies gäbe den Begriffen keine neue Bedeutung und zeigte lediglich eine gewisse komplizenhafte Toleranz, im Sinne der Opportunisten der ersten und letzten Stunde. Schauen wir uns im Alltagsleben um, finden wir nach '64 weder das Lächeln noch die Niedergeschlagenheit, weder den Sambinha Bossa-Nova noch den Samba-Canção von Dolores Duran. Tonangebend ist die Stimme von Caetano Veloso, in der Tropicália: Lebensfreude, Lebensfreude ("alegria, alegria")!

Die Sensibilität für das Unbestimmte in den manichäischen Gegensätzen findet sich zwar schon in den zwanziger Jahren bei Mário de Andrade, verharrt aber bis in die sechziger Jahre im Schweigen. Um deskriptives Instrumentarium zur Wissensfindung zu werden, müssen die manichäischen Gegensätze einem Prozeß der sprachlichen Bearbeitung unterzogen werden, den Mário selbst "Desassoziierung von Wörtern" ("desassociação de palavras") nennt. Er empfiehlt zum Beispiel die Trennung des Wortes Glücklichsein (felicidade) von seinem Korrelat Genuß (prazer), und öffnet so einen Weg, der es erlauben soll, die klassische Bedeutung des Begriffs aufzulösen und zu einer exakteren Verbindung zu finden, die erklären hilft, was man tatsächlich erfahren hat. Die Definition "Der Schmerz selbst ist eine Art Glücklichsein" ("A própria dor é uma felicidade") findet sich unzählige Male in seinem Werk, als ob er ihre Legitimität und Zeitlosigkeit bezeugen wolle. Das

Glück, in der unerwarteten Verbindung mit dem Schmerz als Korrelat bei Mário, scheint mir dem dionysischen und nietzscheanischen Schrei der Lebensfreude in der brasilianischen Kultur nach '64 nahe zu sein, einem Schrei, der in eben dem Moment ausgestoßen wurde, als der Körper des Künstlers durch Repression und Zensur gefoltert wurde.

Für Mário de Andrade besaß die Auflösung des klassischen Begriffs "Glücklichsein" zumindest zweifache Funktion: 1) sein intellektuelles Handeln vom Bravsein eines Graça Aranha zu distanzieren, der eine oberflächliche Lebensfreude, Vorbote des Siegeroptimismus nach dem Geschmack der künftigen Faschisten, verkündete. 2) die jungen Genossen vor den Schäden zu bewahren, die der Anatolismus bei den jungen Brasilianern zu Beginn des Jahrhunderts angerichtet hatte. Den jungen Carlos Drummond, eines der Opfer des Meisters Anatole France, belehrt Mário: Anatole

> machte die armen Jungen kaputt, machte aus ihnen verbrauchte Schlappschwänze ohne Haltung und ohne Mut, die daran zweifeln, ob sich überhaupt etwas lohne, die am Glücklichsein zweifeln, die an der Liebe zweifeln [...]. Das ist es, was dieser Scheißkerl tat.

Wie wir gerade sahen, sollte die Auflösung des Begriffs 'Lebensfreude' ("alegria") in den Jahren nach '64 die künstlerische Produktion vor einer bloß negativen Haltung bewahren, sie darüber hinaus aber auch von Ressentiments befreien. Ressentiments waren die einleuchtendste Antwort der traditionellen Linken auf den repressiven Autoritarismus und auf den Verlust des Amtes in der öffentlichen Administration gewesen.

Das Ressentiment hätte den Intellektuellen dazu geführt, sich - widersprüchlicherweise - erneut durch ein systematisches Nein zu behaupten. Es war die Lebensfreude, die dem Künstler die Möglichkeit gab, sich mit einem Ja - immer in Opposition zu den Kräften des Terrors, der Zerfleischung und des Schmerzes - zu behaupten, auch wenn er dafür den Weg der "sinnlichen Ausschweifung" ("dérèglement de tous les sens") gehen oder "die Tore der Wahrnehmung" ("as portas da percepção") öffnen mußte. Befreit von der Macht, verstand der Künstler die korrumpierende Rolle einer Befehlsgewalt bar jeder ethischen Reflexion. Zur politischen Inexistenz verurteilt, verlor er weder sein Talent noch seine Kraft. Ohne Amt in der öffentlichen Verwaltung nahm der Intellektuelle einen günstigeren Standort ein, von dem aus er die prekäre Konstruktion des Militärputsches von '64 (die als unüberwindlich ausgegeben wurde) angreifen konnte, ohne sich dabei zu kompromittieren.

Die Lebensfreude zeigte sich in Ausschweifung und Gelächter, in Parodie und Zirkus oder im menschlichen Körper, der ein Höchstmaß an Genuß und Lust im eigenen Schmerz suchte.

Die heitere Selbstbehauptung des Individuums in einer Gesellschaft, die zugleich autoritär und repressiv war, bildete vielleicht den Grundgedanken der guten Literatur nach '64. In Verbindung mit Analyse und radikaler Kritik der Macht bekräftigte diese Idee die Notwendigkeit einer demokratischen Gesellschaft in Lateinamerika. Und dank der Distanz zu den regierenden Militärs bewahrte sie darüber hinaus das oppositionelle Denken und Handeln vor der Verstrickung in Ressentiments und in den Totalitarismus.

Widersprüchlicherweise waren die Repräsentanten der Macht optimistisch und traurig, während die Regimegegner als Opfer sich heiter behaupteten. Die Militärdiktatur zerrieb sich in diesem Kräftespiel, während sich die brasilianische Gesellschaft wie nie zuvor auf eine legitime Regierung vorbereitete. Möge sie nicht enttäuscht werden.

II. Fiktionale Prosa nach '64

Was zu Beginn der '60er Jahre in Brasilien ein Roman ist und was nicht, ist schwer zu klassifizieren. Man steht vor einem Aufbrechen der traditionellen Regeln der Gattung - übrigens ein Kennzeichen von Augenblicken literarischen Übergangs -, wenn die Muster, die die Ästhetik einer Gattung in einer bestimmten historischen Phase festlegen, sich als unzureichend erweisen (oder als repressiv oder als widersprüchlich) und nicht mehr den Ausdruck neuer Ängste und ursprünglich dramatischer Situationen ermöglichen. Es scheint, daß der Roman nur dann zu neuer Meisterschaft gelangen kann, wenn er vorübergehend steuerlos ist und Konventionen aufgibt. Wer hätte es am Ende der zwanziger Jahre gewagt, die *Memórias sentimentais de João Miramar* oder *Macunaíma* als Roman zu bezeichnen? Wäre ohne sie *Grande Sertão: Veredas* möglich gewesen? James Joyce hatte das Glück, T. S. Eliot als Rezensenten seines Romans zu finden (s. den Artikel "Ulysses, Order and Myth"), aber eine Romanautorin vom Rang einer Virginia Woolf rümpfte angesichts des beunruhigenden *Ulysses* in ihrem Tagebuch bestürzt die Nase. Wenn es auch heute noch irgendwelche Einwände gibt, diese Werke zur Gattung Roman zu zählen, so kommen sie aus einem äußerst konservativen intellektuellen Lager. Eine solche konservative Haltung stellt eine sinnlose Verteidigung von vergangenen Werten einer Gesellschaft dar, die sich in Veränderung befindet. Verhielte es sich anders, so wäre dies keine konservative Haltung und verdiente die Achtung aller.

Rein gattungsspezifisch gesehen gibt es wenig Gemeinsames zwischen *Sempreviva* von Antônio Callado und *Zero* von Ignácio de Loyola Brandão, zwischen *Os sinos de agonia* von Autran Dourado und *Ordem do dia* von Márcio Souza, zwischen *Tebas do meu coração* von Nélida Piñon und *Com licença eu vou à luta* von Eliane Maciel, zwischen *A festa* von Ivan Angelo und *Maíra* von Darcy Ribeiro, *Essa terra* von Antônio Torres und *As parceiras* von Lya Luft, zwischen *Lucio Flavio, o passageiro da agonia* von José Louzeiro und *Confissões de Ralfo* von Sérgio Sant'Anna. Wenn wir dieser (notwendigerweise unvollständigen) Aufzählung die verschiedenen Titel von Prosawerken mit deutlich autobiographischer Anlage von Fernando Gabeira bis Marcello Paiva hinzufügten, kämen wir zu dem Schluß, daß die formale Anarchie ein wesentliches Faktum der Gattung Roman ist.

In den dreißiger Jahren, nur um den Kontrast aufzuzeigen, war die Situation anders. Es gab größere Übereinstimmung unter den Prosaautoren über die Regeln zur Abfassung eines Romans.

Die formale Anarchie darf bei der Beurteilung der zeitgenössischen Prosaliteratur nicht a priori als negativer Tatbestand verstanden werden. Sie beweist im Gegenteil die Vitalität einer Gattung, die fähig ist, aus der eigenen Asche neu zu erstehen. Sie zeigt die Geschmeidigkeit einer Form, die sich in idealer Weise neuen und unterschiedlichen dramatischen Situationen anzupassen vermag. Und sie ist Ausdruck der Kreativität des Romanciers, der stets eine eigene Sprache und einen eigenen Weg sucht. Aus diesem Grunde entsteht der Roman - im Gegensatz zu den anderen größeren Gattungen - eben dann, wenn man an der 'Imitatio' als Antrieb zu Neuem zu zweifeln beginnt. Von allen Gattungen ist der Roman, wie die Angelsachsen sagen, die eigentlich gesetzlose (lawless). Als unabhängige Gattung, als moderne Gattung, da frei von den Vorschriften der klassischen Dichtkunst, entsteht der Roman als Konsequenz einer Suche nach Selbsterkenntnis rationaler Subjektivität. Ian Watt untersucht in seinem großartigen Buch *The Rise of the Novel* die engen Beziehungen zwischen dem englischen Roman des 18. Jahrhunderts und dem kartesianischen Denken.

Auch wenn die formale Anarchie die Landschaft der brasilianischen Prosa der letzten Jahre zu beherrschen scheint, deutet dennoch alles darauf hin, daß unsere Romanautoren, die zu den Wurzeln der Gattung zurückfinden möchten, um sie der zeitgenössischen brasilianischen Wirklichkeit anzupassen, sich gleichermassen vom Bestreben nach Selbsterkenntnis im Akt des Schreibens leiten lassen. Wenn es eine Übereinstimmung zwischen der Mehrheit unserer heutigen Prosaschriftsteller gibt, dann ist es die Vorliebe für Memoiren (Geschichten eines Clans) oder für die Autobiographie mit dem Ziel der politischen Bewußtseinsbildung des Lesers. Selbstverständlich ist diese Tendenz im brasilianischen Schrifttum nicht neu. Wir möchten aber sagen, daß sie nie so explizit in der Prosa präsent war und daß damit die Grenzen zwischen dem Diskurs der 'mémoire affective' und der Rhetorik dichterischer Fiktion, zwischen den Gattungen Memoiren und Roman, wie sie die traditionelle Literaturwissenschaft definiert hat, noch fließender werden. Wir wissen zum Beispiel, daß das Bedürfnis, Erinnerungen niederzuschreiben, eine starke und durchgängige Komponente unserer besten modernistischen Prosa ist. Aber die Art und Weise, in der dieses Bedürfnis in der fiktionalen Literatur zum Tragen kam, war weniger deutlich als bei Rachel Jardim, Paulo Francis oder Eliane Maciel, um nur einige wenige Namen zu nennen. Wenn Lins do Rêgo am Ende seines Lebens nicht *Meus verdes anos* geschrieben hätte, dann besäßen wir nicht die volle Gewißheit, daß die "Fiktion" von *O menino de engenho* so weitgehend autobiographisch ist. Das gleiche trifft auf Oswald de Andrade und sein spätes Werk *Sob as ordens de mamãe* zu, das auf *João Miramar* folgt.

Diese Vorliebe für Erinnerungen in der Prosa stellt nicht nur die traditionelle Definition des Romans als Fiktion in Frage, sondern wirft darüber hinaus ein schwerwiegendes Problem für den Kritiker oder Wissenschaftler auf, der sich an die neuen Tendenzen theoretischer Reflexion über Literatur hält, Tendenzen, die alle auf alleiniger Beachtung des Textes bei der literarischen Analyse bestehen. Nachdem sich das Rückgrat der (fiktionalen oder vielleicht auch nicht fiktionalen) Prosa einmal von der Fingierung zur "mémoire affective" des Autors oder gar bis hin zu seiner persönlichen Erfahrung verschoben hatte, verfielen wir in eine Art Neoromantik, die in unserer Zeit tonangebend ist. Aus gutem Grund können wir heute sagen, daß der Interpret ein Werk verfälscht, wenn er es nicht auch als eine Zeugenaussage sieht, wenn er nicht die verbürgte Erfahrung am eigenen Körper hinter dem Geschriebenen berücksichtigt.

Es ist hier nicht unsere Aufgabe, einen Ausweg aus diesem methodologischen Engpaß zu finden. Wir haben es an anderer Stelle versucht und dabei, ohne wissenschaftliche Strenge und ohne Beachtung der herrschenden Vorstellungen vom Roman, die Möglichkeiten der fiktionalen Imagination bis ins letzte ausgeschöpft in dem Bemühen, Fiktion und persönliche Erfahrung des Autors einander anzunähern (s. *Em liberdade*). Es ist jedoch angebracht, ständig die Aufmerksamkeit auf diese Probleme zu lenken, sie für andere, kompetentere Wissenschaftler offenzulegen, um nicht auf voreilige und ausschließende Definitionen des heutigen "Romans" zu verfallen, und um Mißverständnisse in der wissenschaftlichen Literatur zu vermeiden, die mit Sicherheit eine bessere Kenntnis der uns interessierenden Epoche und ihrer literarischen Produktion beeinträchtigen würden. Ein Zeitgenosse muß mit weitfassenden und großzügigen Kategorien arbeiten. Die nachfolgende Zeit und ihre Kritiker werden die Möglichkeit und die Bereitschaft zu ihrer Vervollkommnung und Verfeinerung haben, ohne die Gefahr unbewußter Ausklammerungen, die das Erbe einer repressiven Tradition sind.

Im Gegensatz zu Christopher Lasch, der bei der Analyse der siebziger Jahre in den Vereinigten Staaten den narzißtischen Aspekt der kulturellen Produktion von heute betonte (s. *The Culture of Narcissism*), glauben wir nicht, daß das Problem bei uns so einfach ist. Die persönliche Erfahrung des Schriftstellers, erzählt oder dramatisiert, bringt als Hintergrund für die Lektüre und Diskussion philosophische, soziale und politische Probleme in das Werk ein. Es ist keine Frage, daß der Körper des Autors auf der Bühne des Lebens oder der des Papierbogens auf narzißtische Weise ausgestellt ist, aber die Fragen, die er stellt, erschöpfen sich nicht in bloßer Nabelschau, wie eine neokonservative Kritikerin der Kulturproduktion Brasiliens es sehen will, jedenfalls nicht in den besten Werken. Die autobiographische Erzählung katalysiert eine Reihe von allgemeinen theoretischen Fragen, die nur durch ihre Vermittlung korrekt gestellt werden können. Diente Sartre das Theater nicht als ein wirkungsvolles Mittel, um theoretische Fragen seines philosophischen Werkes zu verdeutlichen?

Worum geht es in unserem Falle? Zunächst um ein gewisses Mißtrauen gegenüber einem Geschichtsverständnis, das zur Globalisierung und zur Indifferenz gegenüber dem Individuum im sozialen und politischen Gewebe neigt, wie man es bei Hegel findet und bei anderen bedeutenden revolutionären Philosophen, die an ihn anknüpfen. Dann um den Mißkredit einer totalitären und diktatorischen Regierung und um den Intellektuellen von heute, der auf eine politische Lösung setzt, die sich an revolutionären demokratischen Prozessen inspiriert, aber ohne sich dabei erneut dem klassischen wirtschaftlichen Liberalismus anzunähern. Weiterhin um eine Lebenskraft, die das Begehren bejaht, Freiheit und Genuß pflegt und einen Menschen schafft, der das Gefallen am Märtyrertum und am Schmerz im Zivilisationsprozess verachtet. Schließlich noch, aber weniger dringend, um die nationale Frage.

Kommen wir zu diesem Fragekomplex. Auf die von Zensur und Repression des Militärregimes ausgeübten Zwänge gab die Literatur eine erste, verdeckte Antwort im Medium eines phantastischen Handlungsgeschehens und eines von Traumelementen durchsetzten Stils. Das verwickelte Spiel der Metaphern und Symbole vermittelte eine radikale Kritik sowohl an den diktatorischen Makrostrukturen des Machtapparats in Brasilia wie auch an den Mikrostrukturen, die den Autoritarismus des zentralen Modells im Alltag reproduzierten. Es gab weiterhin den Reportageroman (mit deutlichem Einfluß der 'faction' von Truman Capote und anderer, einer Mischung aus 'fact' und 'fiction'), in dem die Willkürakte der militärischen und politischen Gewalt während der harten Jahre des Ermächtigungsgesetzes Nr. 5 (Ato Institucional Nr. 5) enthüllt wurden, Willkürakte, die vor der Bevölkerung durch die Presse- und Fernsehzensur geheimgehalten worden waren.

Dies waren die beiden beherrschenden Linien in den ersten Jahren der sogenannten "Öffnung". Mit der Rückkehr der politisch Exilierten setzt sich dann das Erzählen in autobiographischer Form durch. Stellen wir einige geschichtliche Überlegungen an, um bei der Analyse und Beurteilung des neuen Materials Mißverständnisse zu vermeiden. Das autobiographische Erzählen war schon seit Beginn der sechziger Jahre das Hauptvermächtnis der älteren Modernisten an die jüngere Generation, und zwar von Carlos Drummond de Andrade bis zu Murilo Mendes, von Maria Helena Cardoso bis zu Pedro Nava. Wenn andererseits die autobiographische Form nun mit der Rückkehr der Exilierten an Einfluß gewinnt und sich durchsetzt, dann überschreitet sie, wie wir sehen werden, die Grenzen des bloßen Guerillaberichts.

Es lassen sich einige grundlegende Unterschiede zwischen den späten Texten der Modernisten und denen der Ex-Exilierten feststellen: Die Modernisten waren bestrebt, nicht allein die persönliche Erfahrung einzufangen, sondern auch die des herrschaftlichen Clans, dem sie angehörten. Bei den jungen politischen Autoren finden die familiären Bindungen des Erzählers/der Romanfigur keine Beachtung; das ganze Interesse ist stattdessen auf die politische Entwicklung der kleinen Randgruppe gerichtet. Diese unterschiedliche Perspektive erklärt das übertriebene Interesse an der Zeit der Kindheit bei den Modernisten und die geringe Aufmerksamkeit, die die Exilierten dieser Lebensphase schenken. Will man klassifizieren, so kann man den Text der Modernisten den Memoiren zuordnen (Berücksichtigung des Clans, der Familie), während der Text der jungen politischen Autoren mit Recht mehr autobiographisch ist (zentriert auf das Individuum).

Diese erste Unterscheidung hat auch eine politische Dimension. Der Text der Modernisten neigt mit einer Haltung, die man als "proustianisch" bezeichnen kann, zu einer konservativen Sicht der brasilianischen patriarchalischen Gesellschaft. Sie wird durch die Untätigkeit des Protagonisten vermittelt (der Prototyp ist der Staatsdiener, Sohn der ländlichen Oligarchie). Bei den ehemaligen Exilierten erscheint der Abstand zwischen dem gestern Gelebten und der heutigen Erzählung als beinahe inexistent. Erzählt werden eigene leidvolle Erfahrungen, in denen die Befreiung Brasiliens durch den bewaffneten Kampf auf dem Spiel stand. Wenn aber die Hauptfigur in der Zeit, in der die Handlung spielt (in der Vergangenheit) heroische Züge annimmt, so kann man dasselbe nicht mehr von ihr als Erzähler (in der Gegenwart) behaupten; denn hier muß sie das Scheitern der Unternehmung und die Unzulänglichkeiten des Handelns, das jugendliche und idealistische Ungestüm des politischen Entwurfs der Guerilleros erklären und rechtfertigen. Hinzu kommt, daß das Scheitern des politischen Helden in der Gegenwart der Erzählung nicht die (erwarteten) dunklen und traurigen Züge der Katastrophe annimmt. Der Held predigt im Gegenteil den Heroismus, er versucht, aus dem Schmerz der Vergangenheit eine Lehre für die Zukunft zu gewinnen, ohne die Freude an den großen Handlungen zu verlieren. Er ist zu der Überzeugung gelangt, daß der Revolution, wenn sie kommen sollte, zunächst die sinnliche Befreiung des Individuums vorausgehen muß. Demgegenüber verbündet sich der modernistische Erzähler im Alter mehr und mehr mit den einstigen Patriarchen der Familien und mit der stoischen Haltung jener, die sich, schon im Besitz einer langen Lebenserfahrung, vor existenziellen Unbilden hüten.

Eine weitere Bedeutung der autobiographischen Berichte der jungen politischen Autoren besteht in ihrem möglichen Beitrag zur besseren Kenntnis unserer Geschichte in der Phase der Ermächtigungsgesetze. In der Regel würde der zukünftige Historiker als Quelle zu den vorgefallenen Ereignissen nur die Version des Militärs (in den verschiedenen IPM-Berichten und in weiteren Dokumenten der Informationsdienste) kennen. Die hier angesprochenen autobiographischen Berichte müssen als Quelle für Interpretationen dienen, die weniger Nachsicht mit der repressiven Lage üben. Die Memoiren der Modernisten hingegen, die fast ausschießlich Lebenserinnerungen aus dem Umkreis der großen Familien der Alten Republik erzählen, interessieren nur bedingt die politische Geschichtsschreibung und mehr die Literaturgeschichte.

Für eine weniger befangene Sehweise der sozioökonomischen Werte der Landoligarchie in der Alten Republik ist die Lektüre von Interviews mit Arbeitern, die Ecléa Bosi in ihrem Buch *Lembranças de velhos* in persönliche Erzählungen umformte, unverzichtbar. (Die Erzählungen sind nicht ohne "literarisches" Interesse für alle, die zugestehen, daß es zu bestimmten Zeiten, in denen sich das fiktionale Erzählen verbietet, zu einem Prozeß der Entsakralisierung von Figur und von Methoden des "Schriftstellers" kommt. Die Verantwortung fällt auf die Figur des "Erzählers", der Bescheid weiß und darum die Gabe des Erzählens besitzt.) Sowohl in den memoirenhaften Erzählungen als auch in denen der Ex-Exilierten oder in den Arbeiterberichten ist die autobiographische Ader deutlich an der Textoberfläche sichtbar. Wenn man von der offensichtlichen Unangemessenheit des Vergleichs absieht, kann man sogar behaupten, daß die Texte der ehemaligen Exilierten und die Erinnerungen der alten Arbeiter mit eben dem Schlüssel gelesen werden müssen, den uns Ecléa gibt:

> Die Glaubwürdigkeit des Erzählers hat uns nicht beschäftigt. Mit Sicherheit wiegen seine Irrtümer und Versehen letztlich weniger als die Lücken der Geschichtsschreibung. Wir waren an dem interessiert, *was erinnert wurde* (Hervorhebung durch die Autorin), an dem, was ausgewählt wurde, um sich in der Geschichte seines Lebens zu verewigen.

Diese Unbekümmertheit gegenüber der "Glaubhaftigkeit" des Berichts, die selbst der an einer Geschichte der Besiegten interessierte Historiker gestatten konnte, wird erst recht vom Literaturkritiker verziehen. Gerade durch die enge Gasse der Mißachtung der Glaubhaftigkeit kommunizieren Fiktion und Autobiographie, Erfindung und persönlicher Bericht, Geschichten und Geschichte.

Vergleicht man die Berichte der ehemaligen Exilierten und die Erinnerungen der alten Arbeiter miteinander, so findet man das gleiche Bemühen um Gruppen, die von der offiziellen Geschichte an den Rand gedrängt werden. Wenn ich mich nicht irre, fand der autobiographische oder memoirenhafte Bericht (aus nicht konservativer Sicht) in den Jahren, die auf die Rückkehr der Exilierten folgten, gerade deswegen fruchttragende Verbreitung. Allerdings wird die Marginalisierung als eine Art inneren Exils verstanden: Es handelt sich um bestimmte soziale Gruppen, die innerhalb der brasilianischen Gesellschaft ohne Stimme waren und sind, deren Stimme unterdrückt wurde und es heute noch ist.

Das Aufkommen der Frage der sozialen Minderheiten in Brasilien ist nicht leicht zu erklären, aber ohne Zweifel erwächst sie einer antihegelianischen Bewegung des wuchernden Ego. Man kann zwei Haltungen unterscheiden: Die erste Haltung besteht im Unglauben an revolutionäre Prozesse, in denen allein der Intellektuelle die Ideen liefert und den Hoffnungen des Volkes Ausdruck verleiht. Der Intellektuelle, der nicht den Anderen zu Wort kommen läßt, nicht dessen Stimme sucht, sondern stellvertretend, in Übereinstimmung mit seinen eigenen Werten und also ebenso autoritär wie die zentrale Macht spricht. Die zweite Haltung resultiert aus der Entdeckung, daß das soziale Gefüge aus leidenschaftlichen Unterschieden besteht, und daß Negierung der Unterschiede (im Sinne totaler Vereinnahmung) auch das Massaker der individuellen Freiheit bedeutet, die Unterdrückung der authentischen Möglichkeiten des Menschseins. Bleiben wir zunächst hier stehen, in der Hoffnung, die unabdingbaren Faktoren für die folgenden Überlegungen genannt zu haben.

Die Minderheitenfrage durchzieht die Geschichte (des Abendlandes, insbesondere Brasiliens und ist aktuell in der Forderung gesellschaftlicher Gruppen nach Rechten und Freiheit im Sinne zeitgenössischer Überlegungen in den Humanwissenschaften). Die Frage ist historisch, sobald die Kräfte, die die weiße und patriarchalische Gesellschaft Brasiliens neutralisiert oder verdrängt hat, aktiv werden. Sie ist aktuell, sobald die Mikrostrukturen moderner Repression zur Sprache kommen. Kurz: Die Minderheitenfrage ist die Kehrseite der Medaille des Autoritarismus. Im ersten Fall geht es wesentlich um die Problematik der Indios und der Negersklaven in der abendländischen Zivilisation, wie auch um die Problematik der Frau in der machistischen Gesellschaft. Im zweiten Fall geht es um die Homosexuellen, die Geisteskranken, die Ökologen und jede andere Gruppe, die sich in ihren Bestrebungen nach wirtschaftlicher, sozialer oder politischer Gerechtigkeit gehemmt oder unterdrückt fühlt. Wenn die Minderheitenfrage Eingang in die zeitgenössische brasilianische Prosa (fiktional oder vielleicht auch nicht) gefunden hat, so nicht zuletzt, weil sie sich den revolutionären Subjektivismus der Prosa der Modernisten und der Rückkehrer aus dem Exil zunutze machen wußte.

Die Prosa, die die historische Minderheitenfrage behandelt, präsentiert sich in memoirenhafter Form und kommt damit dem modernistischen Text nahe, bewahrt aber zugleich Distanz durch die unterschiedliche historische Perspektive. Als Beispiel denke ich an den Roman *Maíra* von Darcy Ribeiro, der mit einer Genealogie der Indianer beginnt, oder weiter an *As parceiras* von Lya Luft, wo die Erzählerin/Protagonistin bekennt: "Dies ist, was ich von der Geschichte meiner Herkunft weiß. Eine Frauenfamilie". Ich denke auch an die Romane von Nélida Piñon (insbesondere an *A república dos sonhos*) und an Erzählungen und Romane von Lygia Fagundes Telles. Ich bedauere nur, daß es bis heute kein überzeugendes Beispiel eines Negerromans gibt.

Die Prosa, die die aktuelle Minderheitenfrage behandelt, bedient sich einer Form, die der Autobiographie verwandt ist, und rückt damit in die Nähe der Berichte von zurückgekehrten Exilierten. Als Beispiel denke ich an *Sempreviva* von Antônio Callado, ein Prosatext, in dem sich die Guerilla und der Kampf um die Erhaltung der Umwelt auf harmonische Weise verbinden; ich denke an den Roman *Em nome do desejo* von João Silvério Trevisan oder weiter an die Berichte von Maura Lopes Cançado.

Im ersten Fall handelt es sich darum, die Geschichte der Nation neu zu schreiben und Licht in das Halbdunkel von individuellen oder geschichtlich-gesellschaftlichen Situationen zu bringen, die durch einen selektiven zivilisatorischen Prozeß im Sinne der weißen, patriarchalischen Herrschaft in den Hintergrund gedrängt worden waren. Im zweiten Fall geht es darum, einer Subjektivität Stimme zu verleihen (z. B. der der Homosexuellen und der Geisteskranken), die durch die verschiedenen Formen eines kastrierenden Autoritarismus bedroht ist.

Der Intellektuelle ist nicht länger der anmaßende Alleininhaber allen Wissens und wird in der Prosa der letzten Jahre zur fragwürdigsten Figur. Ebenso wie die Dezentralisation der Macht ist auch eine einschneidende Dezentralisation der Sprache des Wissens unabdingbare Voraussetzung für die Lösung der Minderheitenprobleme. Der Intellektuelle in den besten neueren Romanen und Memoiren darf sich nicht damit begnügen zu wissen, was er weiß, sondern er muß erkennen, was er mit seinem Wissen verdrängt. Oft bietet das Schreiben die Gelegenheit, gerade mit dem Wissen Wissenslücken zu artikulieren und so für das Wort des Anderen aufmerksam zu sein. Paulo Francis formuliert es - wohl mit dem Gedanken an die vergangenen, sogenannten "festlichen" Jahre - folgendermaßen:

> Der Kopf befreite sich von den Vereinfachungen und Palliativen. Ständig analysiert er und betreibt Selbstanalyse. Er ist meine Hölle und mein Ergötzen, der einzige plausible Beweis, daß ich mich vom Affen weiterentwickelt habe. Ich akzeptiere die Risiken und die Unsicherheit dieser *durch und durch bescheidenen* Freiheit ["liberdade essencialmente modesta"], denn ich finde mich bereit, *von allem und jedem* zu lernen, sofern es mich überzeugt ["do que ou de quem me persuadir"] (Hervorhebungen durch den Autor).

Wissen und Macht sind herausragende Themen der Romane *Cabeça de papel* und *Cabeça de negro* von Paulo Francis und mehr noch in *O afeto que se encerra*, im Roman *A festa* von Ivan Francis und mehr noch in *A serviço del rei* von Autran Dorado, der den Pygmalion-Mythos auf den Zusammenstoß zwischen einem Intellektuellen und einem Regierungschef in der Zeit von Juscelino Kubitschek überträgt.

Parallel zur Hinterfragung der autoritären Vorgehensweisen von zentralisierter Macht gibt es eine begrüßenswerte Wiederkehr der Prosa regionalistischer Prägung, in der Ungerechtigkeiten zur Sprache kommen, die im Namen eines Projekts der nationalen Integration begangen werden, das Ausdruck der Interessen des Südens, oder besser der Achse Rio - São Paulo ist. Diese Romane verkaufen sich gut und finden Anklang bei der Kritik. Als Beispiele seien genannt die Romane von Antônio Torres, Márcio Souza, Benedicto Monteiro und der Roman *Sargento Getúlio* von João Ubaldo Ribeiro. Ich denke auch an die verschiedenen regionalen Bewegungen, denen die Idee der separaten Unabhängigkeit von Europa vorausgeht, und die ihre Streitbanner in den ungerechten Vorgehensweisen der sogenannten inneren Kolonisation finden. Große Werke und große Namen finden sich glücklicherweise außerhalb der Achse Rio - São Paulo.

III. Die Situation des Romanciers

Was ich von der Kritik erbitte, ist Wohlwollen, zugleich aber eine freimütige und gerechte Beurteilung. Applaus, den nicht Verdienst begründet, schmeichelt sicherlich dem Geist und verleiht einen Glanz der Berühmtheit. Wer aber bereit zum Lernen ist und etwas schaffen will, zieht dem Lärm, der schmeichelt, die Belehrung, die weiterhilft, vor. (Machado de Assis, 1872)

Alles weist darauf hin, daß der junge Schriftsteller im heutigen Stadium einer verspäteten kapitalistischen Modernisierung der brasilianischen Gesellschaft das Schreiben nicht mehr als Nebentätigkeit, als nächtlichen Zeitvertreib oder als Wochenendbeschäftigung auszuüben braucht, sondern daß er sich seinem Beruf als Full-time-Job widmen kann wie der verdienstvolle europäische, amerikanische und in neuerer Zeit auch der hispanoamerikanische Schriftsteller. Der Verlag seinerseits wird zum kapitalistischen Unternehmen, sagt man dort doch schon offen, daß man, wie in jedem anderen Industriezweig des Landes, auf den Gewinn schaut. Mehr noch, man erkennt bereits an, daß nicht nur die Drucker oder die Büroangestellten durch das Arbeitsrecht geschützt sind, sondern auch diejenigen, die die Verleger liebevoll "Hausautoren" nannten. Die Modernisierung bewirkt, daß der Verleger die Sprache und die Maske des Mäzenaten am Schreibtisch seines Unternehmens verliert, so wie der Autor die Aura des begabten Dilettanten, die über seinem Haupte schwebte.

Der Vertrag zwischen Autor und Verleger (mit seinen Bedingungen, Forderungen, Rechten, etc.) ersetzt das persönliche Gespräch beim "cafezinho" und regelt die Beziehungen zwischen den Vertragspartnern nach dem geltenden Recht. Zur Ware in der Konsumgesellschaft geworden, hat das Buch nun einen furchteinflößenden (weil unvorhersehbaren) und bestechlichen (weil manipulierbaren) Richter: das Publikum. Das Publikum ist es, das für den Verlag anonym, ökonomisch und autoritär über den "Wert" des Werkes als Ware befindet, so etwa in Meinungsumfragen oder in Verkaufszahlen. Gute Schriftsteller sind die, deren Werke sich gut verkaufen lassen - sagt die Stimme des Gewinns.

Da die Beziehungen zwischen Verleger und Autor angesichts der Tatsache, daß die eine Seite, statt Konzessionen zu machen, um ein vertragliches Gleichgewicht kämpft, nicht mehr so freundschaftlich wie in alten Zeiten sein können, wird die Beteiligung eines ungewöhnlichen Partners zur Erleichterung von Konflikten notwendig: der Literaturagent. Im Spiel von Angebot und Nachfrage versteigert der Agent die künftige Ware und überläßt sie dem Meistbietenden. Dabei nimmt er der Beziehung Verleger/Autor den Zauber persönlicher Begeisterung und Verführung. Dieses dritte Element wird in dem Maße eine überzeugendere Rolle spielen, als es die Tore der Industrie und des ausländischen Marktes für unsere Bücher öffnet. (Unter diesem Gesichtspunkt erhalten Literaturagenten wie Carmen Balcels in Spanien, Ray-Güde Mertin in Deutschland, Alice Raillard in Frankreich oder Thomas

Colchie in den Vereinigten Staaten, um nur einige Namen zu nennen, eine enorme Wichtigkeit.) Über die Ausweitung des brasilianischen und des ausländischen Marktes wird der brasilianische Schriftsteller ökonomisch gesehen (dies ist der positive Aspekt) zur Vollzeitarbeit gelangen können. Schließlich sind diejenigen gute Schriftsteller, die sich hier wie im Ausland verkaufen lassen - sagt der gesunde Kaufmannsverstand.

Es besteht kein Zweifel, daß die Substituierung des paternalistischen Verlegers, der jovial auf die Schultern klopft und regelmäßig Schuldscheine über unzureichende Vorauszahlungen in der Kasse deponiert, durch die vertraglich geregelte Beziehung der an der Herstellung und Kommerzialisierung beteiligten Parteien ein wichtiger Schritt ist, um das im Halbdunkel lebende Wesen, das sich brasilianischer Romanschriftsteller nennt, in ökonomisch, soziale und politische Verantwortung zu führen. Ein Schritt, der auch für die künstlerische Gestaltung des Produkts, den Roman, entscheidend sein wird. Wenn der brasilianische Romancier dieser sich abzeichnenden ökonomischen Realität, den Einmischungen der Verlegerindustrie und den Interferenzen des Marktes bei seiner Arbeit auch nicht entrinnen kann, bedeutet dies nicht, daß er gute Miene zum bösen Spiel machen und sich mit der Rolle eines passiven Statisten in dieser Komödie unterschiedlichster Täuschungen im heutigen Brasilien abfinden muß. Setzen wir noch einmal an und verzichten dabei auf die marktorientierte Perspektive.

Der heutige brasilianische Romancier muß sich professionalisieren, bevor er ein professioneller Schriftsteller wird. Das Paradoxe dieses Satzes ist nur vordergründig, wie wir zeigen werden, ist es doch im Kern Ausdruck der Ambiguität einer Phase unseres ökonomischen Lebens (des literarischen Lebens im engeren Sinne). In dieser Phase ist die ökonomische Versuchung des Marktes stärker als der heilige Literaturproduzent. Der Romancier möge hellsichtig auf der Hut sein, bevor es zu spät ist.

Es besteht die Gefahr, daß der Schriftsteller seine Identität und seine soziale Rolle, wie sie von der abendländischen Tradition überliefert wurden, verliert, und daß er stattdessen von den frenetischen Produzenten der Massenmedien eine modern wirkende Maske erhält, die jedoch nur eine Karikatur des Schriftstellers ist. Es ist zu befürchten, daß die Ware eines Romanautors, der das Bedürfnis nach Perfektion und die kommerzielle Unentgeltlichkeit der kunsthandwerklichen Produktion eines Dilettanten nicht mehr kennt, aus Rücksicht auf die Gesetze des unersättlichen Marktes übereilt entsteht, keinen Zusammenhalt hat und fade wirkt. Schließlich bietet der Markt dem Anwärter die Möglichkeit, den Berufsausweis des Schriftstellers zu erwerben, auch ohne das Handwerk zu kennen, und, um eine alte Formulierung von Andre Gide zu gebrauchen, ein "faux-monnayeur" zu werden.

Noch bevor die professionellen Kritiker mit Schiedsrichtergebaren auftreten, sollte der Romanschriftsteller selbst in aller Stille sich und sein Werk analysieren. Die Schriftstellerkarriere kennt weder Aufnahmeprüfung noch Universitätsdiplom oder Begutachtung durch einen Professor, und gerade deswegen ist tägliche Selbstkritik vonnöten, die ihn davor bewahrt, unecht zu sein oder Unechtes als echt auszugeben. Die Kritiker - wenn sie nicht von Neid, Rachsucht oder journalistischer Boshaftigkeit angetrieben werden - die Kritiker sagen nur, was der Autor, hellsichtig und aufmerksam, schon von vornherein ahnt.

Die Kritik an der Kritik, in den siebziger und achtziger Jahren so oft im Mund einiger Sänger populärer Musik und ungerechterweise auf das Feld der Künste im allgemeinen ausgeweitet, ist ein deutliches Signal für die kulturelle Krise, die das Land durchmacht. Wenn man das ernste Nachdenken über die Kunst als unnütz und unangebracht zurückweist, bleibt die Bewertung entweder dem sich selbst fördernden Autoritarismus des Künstlers oder dem Publikumserfolg überlassen. Die Kritik an der Kritik ist nur dann gerechtfertigt, wenn letztere - wie Machado de Assis bereits vor mehr als hundert Jahren betonte, als er seinen ersten Roman, *Ressurreição*, veröffentlichte - keine "wohlwollende Absicht" verfolgt, sondern, wie wir gerade sagten, aus Neid, Rachsucht oder Boshaftigkeit ausgeübt wird. Auf diesen gewundenen (wenn auch verständlichen) Wegen der menschlichen Verderbtheit irrt die Kritik selbst in kompetenten Händen. Und dagegen muß der Künstler kämpfen, nicht gegen die Kritik an sich.

Mit dem einleitenden scheinbaren Paradox wollen wir sagen: bevor der Romancier sich aus Naivität oder aus ethischer Zügellosigkeit von der Logik der Marktgesetze vereinnahmen läßt, das heißt, bevor er von den Scheinwerferlichtern der Bühne der Kunst im heutigen Brasilien geblendet wird, soll er versuchen, einen erhöhten Standpunkt einzunehmen und zum schärfsten und dringlichsten Kritiker der gegenwärtigen Konsumgesellschaft zu werden. Anstatt internationale Pop-Idole nachzuahmen oder nationale Sternchen wie die Platin-Venus nachzuäffen, wird er dann, dank seiner ethischen und professionellen Rechtschaffenheit sowie der konterideologischen Wirksamkeit seiner dramatischen Prosa, die Werte einer Gesellschaft mitbestimmen, die sich heute gerne als postmoderne bezeichnet.

Bei der verständlichen Euphorie der Literaturproduzenten in den letzten Jahren heißt es, auf viele Mißverständnisse zu achten. Übergehen wir übermäßiges Lob der Presse, und konzentrieren wir uns auf einen Punkt, der sehr delikat ist, da er nicht nur die Kommerzialisierung betrifft.

Ich beziehe mich auf einen Slogan, der von einem erfolgversprechenden Schriftsteller der siebziger Jahre verkündet wurde, dessen Werk es übrigens nicht nötig hatte, sich mit dem Slogan zu rechtfertigen: Das Buch ist eine

Ware wie jede andere, es verkauft sich wie Seife. Das hier angesprochene Mißverständnis besteht in der Tatsache, daß eine solche Formel das Vorhandensein qualitativer Unterschiede zwischen den verschiedenen Produkten, die zum Verkauf stehen, leugnet. Schwerwiegender noch, sie erübrigt ebenfalls das Bemühen, die Qualität von Produkten zu unterscheiden, die in der Vitrine des Buchhändlers scheinbar identisch sind. Wo bleibt da das Unterscheidungsvermögen des Verbrauchers/Lesers? Die marktorientierte Formel 'Alles gilt' geht von der Annahme aus - und verleiht ihr enormes Gewicht - der Käufer urteile nicht. Er kaufe ein Buch, weil es angepriesen wurde, und setze voraus, daß es angepriesen werde, weil es gut sei. Das ist nicht wahr, und wenn es wahr wäre, sind wir alle verloren. Ich erinnere mich an einen alten Film mit Frank Tashlin, in dem eine alte Frau vor dem Fernseher die Produkte der Werbung wahllos konsumierte.

Hinter dem erwähnten Slogan liegt ein noch größeres Mißverständnis: Alles Originelle (Produkt, Thema, Idee, etc.), das einzig und allein die Gesetze des Marktes bewegt und lenkt, wird banal. In diesem Sinne unterscheidet sich die Banalisierung des Buches, die sich hinter der radikal marktorientierten Betrachtungsweise verbirgt, wenig von der vergleichbaren Banalisierung des Körpers in Softpornos. Als bewegendes Thema der letzten Jahre wird der Körper zum Ort der Entdeckung des Seins, zum Quell dionysischer Kraft in Opposition zur appolinischen Kraft. Und die Erotik ist die Energie, die den Körper zu einem nicht-rationalen und nicht-unterdrückten Verhalten treibt. Der Körper ist der Ort der Freiheit, von dem der Schrei des Individuums gegen die repressiven Gesellschaften ausgeht.

Banalisiert in den Softpornos, ist der Körper nur der Ort fleischlicher Vereinigung, wobei selbst die Mannigfaltigkeit sexueller Erfahrungen auf den physischen Genuß reduziert wird.

Eine solche Routine des Sexualgenusses hat nichts mit der Leidenschaft als einer menschlichen Kraft zu tun, die zu Lust und Erkenntnis führt. Es besteht ein Unterschied zwischen der massakrierenden Routine von Muskelübungen (Bodybuilding oder Gymnastikademie) und dem freien Körper des Negers, der verzückt vor einem Schallplattengeschäft tanzt. Zwischen dem einen und dem anderen gibt es den gleichen Unterschied wie zwischen der Seife, die im Fernsehen angepriesen wird, und dem Buch, welches mit Geschmack und Kritikvermögen gekauft wird. Es ist der Unterschied zwischen der Banalisierung des Körpers und der Erotik als Macht des Wissens. Das eine unterscheidet sich von dem anderen wie der Zwang zur Wiederholung von dem vergnüglichen und dem ungehemmten Spiel der individuellen Freiheit.

Gehen wir davon aus, daß der Roman in einer Konsumgesellschaft wie die Seife banalisiert wird, daß der Romanschriftsteller gezwungen wird, die

Kleidung des Pop-Idols zu tragen, daß das schriftstellerische Können aus Trägheit und Karrieresucht gar nicht erst erworben wird, dann läßt all dies vermuten, daß die neuere Ernte der brasilianischen Literatur nicht gut gewesen sein kann. Aber der Ertrag war gut. Mißverständnisse aufdecken und sie in die Arena der Diskussion tragen, kann noch ein Mittel sein, lieber "die Belehrung, die weiterhilft" zu suchen, als "den Lärm, der schmeichelt", wie uns Machado mahnt, und den Romancier dazu bewegen, sich vor dem vergänglichen "Glanz der Berühmtheit" zu hüten.

Aus dem Brasilianischen von Engelbert Jorißen

Thomas M. Scheerer

POLITISCHE MEMOIREN

Als eine Gattungsform, die nicht oder nur teilweise der fiktionalen Literatur angehört, berühren die politischen Memoiren eine Vielzahl unterschiedlicher Sachbereiche. Sie sind für ein im weitesten Sinne gesellschaftswissenschaftlich interessiertes Publikum von unmittelbarem Wert, während die Literaturwissenschaft sich ihrer als zusätzlicher Dokumente unter speziell historischen und soziologischen oder psychologischen Gesichtspunkten bedient. Zwei grundsätzliche Aspekte sind dabei voranzustellen.
1. Es ist eine allgemeine Erfahrung, daß in Phasen der politischen Öffnung oder nach dem Ende von Diktaturen die ehemals Verfolgten und die am Widerstand Beteiligten sich in großer Zahl publizistisch zu Wort melden. Die unterdrückte Meinungsfreiheit hat einen Nachholbedarf an Informationen, an Rechtfertigungen, Anklagen, Positionsbestimmungen erzeugt, der in allen Medien schnell befriedigt zu werden verlangt. Das zuvor mißachtete Informationsrecht der Öffentlichkeit erzeugt ein entsprechend großes Informationsbedürfnis. Die Schreibenden befriedigen dieses im Bewußtsein der besonderen Aufnahmefähigkeit des Publikums, in der Absicht sachlicher Aufklärung und auch im Streben nach wirkungsvollem Eingreifen in den wieder möglichen freiheitlichen Meinungsbildungsprozeß. Das Erscheinen gleich mehrerer Bestseller ist ebenso typisch wie die Koexistenz vieler Werke von partikulärem Interesse und nur in der Menge symptomatischem Wert. Die Produktion nimmt Züge einer Konjunktur, einer literarischen Mode an, die - bei aller sozialpsychologischen Notwendigkeit - auch der Vergänglichkeit solcher Erscheinungen unterliegt. Manchmal nach Monaten, gewiß nach Jahren, in denen eine pluralistische Öffentlichkeit wieder zur Normalität geworden ist, pflegt das Interesse abzuflachen und nehmen die Werke den Charakter historisch-relativer Momentaufnahmen an. Es ist auch Aufgabe der Literaturgeschichte, die Bedingungen und Erscheinungsformen derartiger Erfolgsphasen über das Tagesinteresse hinaus zu dokumentieren.

In Brasilien war eine solche Situation mit der Redemokratisierung seit 1978/79 und vor allem seit den Wahlen von 1982 gegeben. Die progressive Öffnung durch Amnestie und Aufhebung der Zensur stellte eine - mit Einschränkungen - freiheitliche Struktur der Öffentlichkeit wieder her, in der die literarische Bewältigung von Repressions- und Widerstandserfahrungen möglich wurde. Der Erfolg mancher politischer Memoiren erklärt sich vornehmlich aus dieser politischen Lage und nicht aus ihrer immanenten Qualität als literarischen Werken. So muß man zwar zugestehen, daß ein Großteil auch der Kunstliteratur "amaneirado e apenas narcisista, nos piores casos"[1] ist, doch gilt im Bereich der politischen Memoiren, daß solche Qualitätskriterien hinter Funktionsbestimmungen zurücktreten müssen.

2. Man pflegt in der Literaturwissenschaft "Autobiographie" und "Memoiren" nach inhaltlichen und strukturellen Gesichtspunkten zu unterscheiden. In der Autobiographie steht die Lebensgeschichte des Ich im Vordergrund. Ihr Motiv ist ein "Konfessionsbedürfnis" des Individuums und ihre Aufgabe die retrospektive Ermittlung eines Lebenssinns, die vom Erzähler selber erforschte "unité profonde d'une vie"[2], wobei das erzählende Ich sich als Metapher für die Lebensverhältnisse seiner Zeit setzt. Ein hoher Anteil an souveräner Verfügung über diesen Ich-Entwurf nähert das autobiographische Schreiben dem fiktional-literarischen an. Das gilt in besonderem Maße für die moderne "existentielle Autobiographie",[3] in der dem Ich eine endgültige Deutung des eigenen Lebens versagt bleibt und der Lebenssinn sich als notwendig unabgeschlossener Versuch der Deutung als Prozeß der Sinnsuche selbst manifestiert.

"In der echten Autobiographie konzentriert sich die Aufmerksamkeit des Autors auf die eigene Person. In Memoiren und Erinnerungen auf andere."[4] Memoiren stellen also den Bericht von erfahrenen Tatsachen, von der Umwelt und ihrer Beschaffenheit in den Vordergrund. Ihr Motiv ist das "Vermittlungsbedürfnis" einer Person und ihre Aufgabe die Rekonstruktion eines historisch-gesellschaftlichen Ausschnitts, den der Erzähler (oft in pri-

---

1   Silviano Santiago: *Vale quanto pesa. Ensaios sobre questões político-culturais*, Rio de Janeiro, Editora Paz e Terra, 1982, S. 29.
2   Philippe Lejeune: *L'autobiographie en France*, Paris 1971, S. 212.
3   Hans Rudolf Picard: *Autobiographie im zeitgenössischen Frankreich*, München 1978, S. 17 u. S. 45.
4   Roy Pascal: *Die Autobiographie. Gehalt und Gestalt*, Stuttgart 1965, S. 16. Zum Thema sonst Bernd Neumann: *Identität und Rollenzwang. Zur Theorie der Autobiographie*, Frankfurt/Main 1970.
    Die folgende Begriffsskizze wurde ad hoc aus den vorstehenden Bemerkungen hergeleitet, ohne daß die einschlägigen Begriffsunterscheidungen (bei Lejeune, Pascal, Picard) jeweils eigens zitiert würden.

vilegierter Position) erlebt hat und den er für überliefernswert hält. Eine gewisse Unterordnung des Ich unter die zu vermittelnden Fakten nähert Memoiren dem Chronikalischen und Dokumentarischen an. Fiktionale Elemente sind ihrem Wesen fremder (wenn sie auch faktisch angetroffen werden).

Wie im folgenden deutlich wird, haben die brasilianischen "memórias políticas" an beiden idealtypisch unterschiedenen Gattungsformen teil: Sie sind "autobiographisch", wo die Autoren aus Gründen der Rechtfertigung oder der Selbstaffirmation ein Ich entwerfen, das nicht unbedingt dem authentischen entspricht, sondern auf retrospektiven Projektionen beruht. Sie sind "memoirenhaft", wo sie Umstände des Lebens unter den Bedingungen der Dikaturzeit protokollieren und dokumentarisch höchst wertvolle Informationen aus der Insiderperspektive vermitteln. Gemeinsam ist ihnen die zeitliche Beschränkung: Nirgends wird ein ganzes Leben erschlossen; mit einer Ausnahme (Paulo Francis) handelt es sich um den Bericht noch relativ junger Autoren über wenige, entscheidende und dramatische Jahre. Gering ist der Anteil an künstlerischem Gestaltungswillen, gering auch der Anteil an fiktionalem Ich- und Weltentwurf. Im Vordergrund steht der journalistische und politisch-theoretische Diskurs. Damit tritt das Kriterium der jeweiligen Gattungszugehörigkeit hinter die Ermittlung der von den berichteten Ereignissen, den aktuellen Interessen des Autors und den Publikumserwartungen geprägten Schreibweise zurück. Die im folgenden behandelten Texte wurden u.a. ausgewählt, um generationsbedingte Unterschiede und Wandlungen im politischen Bewußtsein aufzeigen zu können und um die spezielle Konfiguration der Eigenschaften "autobiographisch", "memoirenhaft", "fiktional" und "dokumentarisch" in ihrer Funktion zu beschreiben. Nicht nur Rückbesinnung ist jedoch das Motiv der Verfasser politischer Erinnerungen. Im Falle der "Bewältigungsliteratur" in Brasilien wirkt (wie anderwärts) die Notwendigkeit, unter den Bedingungen einer sich neu formierenden Öffentlichkeit die eigenen Position zu definieren, durch das publizistische Bekenntnis eine neue Identität zu fixieren. "Narrar passa a ser sinônimo de autoexpressar-se, funcionando à maneira de uma carteira de identidade para quem escreve."[5]

---

5   Flora Sussekind: *Literatura e vida literária. Polêmicas, diários e retratos*, Rio de Janeiro, Jorge Zahar Editora 1985, S. 55.

I

Im Rückblick die Einheit des eigenen Lebens zu definieren, ist der typische autobiographische Akt. Paulo Francis formuliert in wünschenswerter Klarheit, von wo aus er zurückdenkt und das Bedürfnis nach Konfession empfindet. Es ist die Position eines abgeklärten, zu festen Überzeugungen gelangten und von früheren Kämpfen nicht mehr in Anspruch genommenen Linksintellektuellen. Diese Selbsteinschätzung betrifft beispielsweise den persönlichen Umgang mit anderen Menschen: "Sublimei quase totalmente a hostilidade e, pior, o esnobismo intelectual que exibi durante tanto tempo."[6] Aber auch die philosophischen Überzeugungen entsprechen der genannten Selbstempfindung. Der Autor sagt von sich selber, er habe sich einen unabhängigen Rationalismus zu eigen gemacht, "hoje, que ninguém me convence, ou nenhum conjunto de idéias, que exista uma *verdade*".[7] Hieran hält er auch um den Preis fest, daß ehemalige marxistische Weggefährten ihm "moralismo subjetivo"[8] vorwerfen und ihn verachten als "um pequeno burguês que tornou às origens".[9] Die durch beruflichen Erfolg gewonnene materielle Unabhängigkeit korrespondiert mit der politischen (und mag deren Voraussetzung sein). Jedenfalls ist dies des politischen Denkers Selbstentwurf, über dessen Wirklichkeitsgehalt wir hier nicht zu urteilen brauchen:

> Ninguém me nega independência. Os americanos me acham inimigo do sistema deles, gratuito e grosseiro. Os soviéticos, não me podendo chamar de agente da CIA [...], fabricaram que sirvo a Bonn, que se queixou formalmente ao jornal do meu tratamento ao método "administrativo" que dispensaram à Baader-Meinhof. E por aí vai. Citem um artigo anti-humanista que tenha minha assinatura, ou em que adule poderosos. A minha assinatura é essa.[10]

Das eigentliche Motiv für die Niederschrift eines Buches, das Francis selber "memória seletiva"[11] nennt, ergibt sich aus der Notwendigkeit, die ge-

---

6 Paulo Francis: *O afeto que se encerra. Memórias*, Rio de Janeiro, Civilização Brasileira, 1980.
7 Francis, a.a.O., S. 147
8 Ebd.
9 Ebd.
10 Francis, a.a.O., S. 163.
11 Francis, a.a.O., S. 11: "Este livro não é uma autobiografia. Contém passagens autobiográficas. Não é o estudo, ou reminiscência, de um período histórico. É memória seletiva."

schilderte Haltung in ihrer Genese und ihren Inhalten zu erklären. Ein zusätzlicher Schreibanlaß mögen die beiden anderen öffentlichen Rollen des Paulo Francis sein. Als Romanautor (*Cabeça de papel, Cabeça de negro*) und Essayist setzt er sich mit den Aporien linksintellektuellen Denkens und Handelns im Konflikt zwischen Kultur und Macht, zwischen privaten Bedürfnissen und gesellschaftlichen Überzeugungen auseinander.[12] Den Gegenpol dieses literarisch synthetisierenden Schreibens stellt die journalistische Tätigkeit dar:

> Jornalista político e cultural, opino sobre isso e aquilo o tempo todo. Mas jornalismo [...] é dispersão de energia na vida do próximo, em coisas exteriores à ilha em que vivo.[13]

Die Identität des denkenden Ich droht, zwischen beiden Polen verlorenzugehen und bedarf deswegen ebenfalls der schriftlichen Fixierung: "Tanto falo do resto, que não me sobra tempo para saber o que penso de mim [...]. E só sei o que penso quando passo para o papel".[14]

Die private Geschichte des Paulo Francis, der 1930 als Franz Paulo Trannin Heilborn in einer deutsch-französischstämmigen Familie zur Welt kam, der 1951 durch Zufall das von ihm begeistert akzeptierte Pseudonym erhielt, vom Studententheater zur Theaterkritik und von dort zum politischen Journalismus ging, um schließlich zum einflußreichsten Auslandskorrespondenten Brasiliens zu werden, kann für uns akzessorisch bleiben, wo es um äußere Lebensumstände und vor allem auch um die zahllosen Einzelmitteilungen über Personen des öffentlichen Lebens geht. Hier ist der Text gewiss Quelle für spezielle Nachforschungen, nicht aber Gegenstand für resümierende Analysen. Es seien also jene gedanklichen Linien nachgezogen, die die Genese der heutigen Haltung erklären und ihre Inhalte zu verstehen erlauben.

Zunächst muß man das Streben des Autobiographen nach Unabhängigkeit zur Kenntnis nehmen. Ob er als Journalist wirklich immer unabhängig war, ist dabei weniger wichtig als die Tatsache, daß er sich zum Rebellen geradezu stilisiert. Seit der Kindheit sieht Francis sich als einen Außenseiter, dessen hervorstechender Charakterzug das Mißtrauen gegen alles Vorbestimmte, gegen das fest Geregelte, gegen jede Art von Fanatismus und Akademismus

---

12 Das Buch enthält ausführliche Selbstinterpretationen zu den genannten Romanen (vgl. S. 147 ff.) Sie wären - ebenso wie die kritischen Äußerungen zur brasilianischen Literaturgeschichte - eine eigene kleine Studie wert, die den Rahmen unseres Themas jedoch sprengen würde.
13 Francis, a.a.O., S. 12
14 Ebd.

war. Wiederholt gefällt er sich in der Rolle des "estrangeiro nato"[15] oder des "subversivo nato".[16] Jedes Thema ist ihm Anlaß, diese Widerspenstigkeit zu kultivieren: Herkunft der Familie, Bruch mit dem einer religiösen Sekte verfallenen Vater, langjähriger Auslandsaufenthalt, Zugehörigkeit zur politischen Linken.

Greifen wir zwei Bereiche heraus: Daß Francis für mehrere Jahre freiwillig zu Studien in die USA gegangen ist (1953 - 1956), daß er seit 1970 für ein Jahrzehnt als Auslandskorrespondent in Washington lebte, bringt ihn in Konflikt mit dem brasilianischen Nationalbewußtsein und stellt ihn vor die Frage, inwiefern er überhaupt noch in Kenntnis der Verhältnisse seines Landes schreiben könne. Die "brasilidade" kann er zwar nicht leugnen: "Considero um *given, donnée*, a brasilidade. E a língua mãe, a impregnação inconsciente de costumes, hábitos, o mergulhar profundo num ambiente cultural."[17] Doch wo sie Anlaß für nationalistisches Denken wird, ist die Ablehnung total: "Não acredito em nacionalismo e em nação como valor de qualquer espécie".[18] Gegen solche Bindungen hat der Autobiograph seine apodiktischen, scharf trennenden und in der Wiederholung geradezu besessen klingenden Selbstdefinitionen: "Sou apátrida de cabeça e na prática".[19] Als zweites Beispiel kann der Bericht über die Hinwendung zur trotzkistischen Linken gelten. Es ist bezeichnend, daß der Autor seinen öffentlichen Beitritt zu dieser Bewegung (im Jahre 1960) mit einem einzigen Satz erklärt, um ihn dann aber in einem langen Essay über die Theorielosigkeit und Handlungsunfähigkeit der brasilianischen Linken zu problematisieren.

Keine Anhängerschaft kann den geborenen Rebellen zum Innehalten beim kritischen Überdenken der eigenen Position veranlassen. Jede feste Situation birgt schon wieder die Aufforderung, sie zu überwinden. So führt die Kritik am bürgerlichen Elternhaus in die fortschrittliche Literaturszene; so wird das anfänglich für aufklärerisch gehaltene Theaterspiel durch die Erfahrung der verarmten Provinzen als funktionslos durchschaut, so daß Francis ihm den Rücken kehrt; so bedarf zwar der Theaterjournalismus neuer Impulse, die das gegenseitige Hochloben guter Freunde durch demonstrierten Sachverstand ersetzen, doch nach kurzer Zeit führt der Weg zu den eigentlichen, politischen Problemen aller publizistischen Tätigkeit und daher zum politischen Journalismus; dieser wieder wird als wirkungslos durchschaut, so lange er das Spiel der Mächtigen im Lande (und sei es durch geduldete Kri-

---

15 Francis, a.a.O., S. 30.
16 Francis, a.a.O., S. 49.
17 Francis, a.a.O., S. 67.
18 Francis, a.a.O., S. 70.
19 Francis, a.a.O., S. 52.

tik) mitspielt, so daß die Auflehnung den Weg ins Ausland mit logischer Konsequenz nahelegt. Der kritische Rationalist ist nun nur noch seiner eigenen Analyse verpflichtet. Die immer wieder im Gestus der Rebellion verlassenen Bindungen sind für ihn keine gültigen Werte mehr, sondern geben allenfalls das Material für ein logisch sehr klares, intellektuell hochmütiges,[20] in der Haltung insgesamt resignatives Nachdenken ab.

Fast ein halbes Jahrhundert brasilianischer Geschichte erfahren zu haben, bedeutet für Francis die Erkenntnis eines historischen Verfallsprozesses. Allerdings hängt er nicht dem nostalgischen Blick in eine bessere Vergangenheit an. Die Geschichte verläuft für ihn in einem stetig zunehmenden Verfall. War es in den 30er Jahren das Ende der feudalen Dependenz und der Beginn einer quasi-nationalen Entwicklung, so verfiel letztere aufgrund des internationalen (besonders nordamerikanischen) Einflusses wieder, um zum Zustand einer aktuellen Dekadenz zu führen, in dem ökonomische Instabilität und politische Ohnmacht ihre Korrelate in privatem Egoismus, narzistischem Gehabe und multimedialem Hedonismus finden. Hatte der junge Francis noch das Gefühl der Teilhabe an einer Revolte gegen tatsächliche Strukturen haben können,[21] so sieht er heute Protest gegen die Leere und in eine politische Leere hinein; war seine Jugend eine die bürgerliche Wertordnung zerstörende "vanguarda da permissividade",[22] so findet sich heute ein funktionsloser "narcisismo pseudo-liberacionista".[23] Daß Francis in den großen Entwicklungslinien der Gesellschaft nur "sintomas de desagregação"[24] zu sehen vermag, würde es nahelegen, ihm eine Neigung zu unfruchtbaren Lamentationen zu unterstellen. Von dieser Haltung unterscheidet er sich jedoch in einem entscheidenden Punkt. Seine negative Diagnose beruht auf extremen Ansprüchen an eine ideale Entwicklung; seine Bitterkeit ist die eines völlig unabhängigen Denkers, dessen Gesellschaftsanalyse keinerlei Aussicht auf Verwirklichung hat.

---

20 Nach eigenem Bekunden (S. 96) respektiert der Autor nur die Meinung von 13 Intellektuellen in Brasilien. Überhaupt nimmt er Positionsbestimmungen mit Vorliebe im Gestus der Abwehr vor. So, wenn er Sentenzen beschreibt wie: "O idealismo, por ser estúpido, não perde a credibilidade psicológica" (S. 81). Oder: "Futurologia é coisa de gente menor, de astrólogos a tecnocratas" (S. 83). Oder: "caprichos e narcisismo frustrados não são literatura" (S. 86). Nähme Francis alle diese mißgelaunten bon-mots ernst: er hätte einen großen Teil von *O afeto que se encerra* nicht schreiben dürfen.
21 Francis, a.a.O., S. 23.
22 Francis, a.a.O., S. 79.
23 Francis, a.a.O., S. 15.
24 Francis, a.a.O., S. 80.

Der Kerngedanke seiner historisch-sozialen Bestandsaufnahme ergibt sich aus der Erkenntnis, daß nur internationale Perspektiven die brasilianischen Gegenwartsverhältnisse zu verstehen erlauben. Schon die Kolonisierung bedeutete ja Abhängigkeit von überkontinentalen politischen Kräften. Die Auslieferung an derart weiträumig wirksame Entwicklungen hat für Brasilien nach Francis' Analyse nie ein Ende gefunden. Was einst die kolonisierenden Jesuiten waren,[25] findet seine Entsprechung heute in den nicht minder kolonisierenden Technologien und den ökonomischen Aktivitäten der Weltkonzerne wie des Währungsfonds. Während die "brasilidade" angesichts solcher Kräfte weder als Inhalt noch als Struktur tragfähig sein kann, bewahren die großen internationalen Organisationen ihre Wirksamkeit auch dann, wenn sie (für Francis) ihre inhaltliche Berechtigung verloren haben. Es verwundert also nicht, daß er neben der kapitalistischen Technologie zwei weitere Bewegungskräfte in der brasilianischen Geschichte sieht: die katholische Kirche und den Marxismus. In beiden erkennt er gesellschaftliche Faktoren; beiden wird er jedoch aufgrund seiner skeptischen Distanz nicht voll gerecht.

Die Kirche ist für Francis als historische Tatsache und als Organisationsform ein beständiger Gegenstand des Vergleichens und Nachdenkens. Er geht soweit, den Einfluß der Gegenreformation noch für die Lebensverhältnisse des heutigen Brasiliens verantwortlich zu machen:

> A influência da contra-reforma não pode ser subestimada na criação do Brasil. Promoveu a indiferença da classe dirigente à emergência do capitalismo e industrialização [...]. Perdemos literalmente um século de História, sob o feudalismo contra-reformista imperial. [...] A maioria do povo pagava e continua pagando todas as contas, enquanto a classe 'compradora' permanece na sela do burro manso que é o Brasil.[26]

Solche, für den Autor charakteristische und hier nur als Beispiel ausgewählte, historisch weitreichende Argumentationsbögen mögen die Faszination der angestrebten These für sich haben, sie mögen den Willen zum nonchalanten großen Wurf der Geschichtsdeutung verraten. Doch zur Gegenwartsanalyse tragen sie nur bedingt bei. Wer von den heutigen Kräfteverhältnissen ausginge, müßte das neue Schisma zwischen Amtskirche und Theologie der Befreiung thematisieren. Das jedoch ist ein Bereich, der Francis' Aufmerksamkeit völlig entgeht. Ähnlich problematisch erscheint das Verhältnis zur zweiten starken Entwicklungskraft in seinem Geschichtsmodell. Er zeichnet zunächst seinen persönlichen Weg zum Trotzkismus genau und überzeugend nach. Es hatte gegolten, eine materialistische Theorie zu finden,

---

25 Francis, a.a.O., S. 140.
26 Francis, a.a.O., S. 141.

die auch in der Lage wäre, das (spät-)bürgerliche Kulturleben als Wert zu akzeptieren, für die eine künstlerisch freie Tätigkeit keinen Widerspruch zur ökonomisch-politischen Analyse und zum parteilichen Handeln wäre. Francis kommt eher zufällig, aus Widerwillen gegen den Stalinismus, zu trotzkistischen Ideen und entdeckt in ihnen die Lösung seiner vorgenannten Probleme. Seine Analyse des Zwiespalts zwischen Stalinismus und Trotzkismus[27] und der Anwendung auf brasilianische Verhältnisse hat geradezu Lehrbuchcharakter. Auch die doppelte Kritik an der Linken mag zutreffend sein: Einerseits war es falsch, im Brasilien der 60er und 70er Jahre überhaupt von einer revolutionsfähigen und -bereiten Arbeiter- und Bauernklasse auszugehen,[28] andererseits verarbeitete die Linke diesen Fehler bis heute nicht, sondern isolierte sich im städtischen Wohlleben und degenerierte zur "esquerda festiva".[29] Dennoch wird Francis - der selbsternannte Rebell - von seinem Widerspruchsgeist eingeholt, denn wie schon im Zusammenhang mit der Kirche vergißt er auch beim Thema der politischen Linken die Frage nach der gegenwärtigen Situation und künftigen Möglichkeiten.

Es mag ein allgemeines Charakteristikum autobiographischen Schreibens sein, daß der Zeitpunkt des Schreibens weniger Gewicht hat als die beschriebene Vergangenheit. Das ist legitim, wenn es um die Selbstdarstellung eines Individuum und seines Werdegangs geht; es ist fatal, wenn diese Selbstreflexion auch politische Ansprüche erhebt. Francis' Engagement leidet insofern unter der Abgeklärtheit des unabhängigen Rationalisten, als dieser die Schlachten von gestern zu schlagen scheint. Immerhin jedoch haben wir es mit der Skizze eines in vieler Weise exemplarischen Lebenslaufs zu tun. Francis' Buch ist weit mehr Autobiographie im herkömmlichen Sinne als die im folgenden zu besprechenden Werke.

II

Ein Autor, der im Alter von 29 Jahren politische Memoiren veröffentlicht, kann die Chance wahrnehmen, vor allem die Genese seines politischen Bewußtseins zu erklären. Ein wichtiger thematischer Strang von *Os carbonários* ist in diesem Sinne autobiographisch. Der Autor skizziert in vielen De-

---

27 Francis, a.a.O., S. 55 ff. et passim.
28 Francis' Analyse (pp. 56 - 88) stimmt hier mit derjenigen der folgenden Memoirenverfasser überein.
29 Francis, a.a.O., S. 141.

tails seinen Werdegang von der kleinbürgerlichen familiären Ausgangssituation bis hin zur ersten eigenen und gleich tiefgreifenden Entscheidung politischer Art: bis zum Abbruch des Guerrillakampfes und zur Entscheidung für die Flucht ins Exil.

Die erste Phase dieses dreistufigen Selbstfindungsprozesses kann man als unbewußte Politisierung bezeichnen. Ausgangspunkt ist ein kleinbürgerliches und antikommunistisches Elternhaus, das dem Jungen "os sentimentos da pequena-burguesia conservadora, moralista e temerosa de tudo e de todos"[30] mitgegeben hat. Man liest als gelungene sozialpsychologische Studie, wie aus dem ursprünglich antikommunistischen Affekt eine selbsterworbene, zunächst noch diffus "linke" Überzeugung wird. Ausschlaggebend sind frühe Erfahrungen im meinungsbildenden Milieu des Colégio: die Zensur der Schülerzeitung, das Spitzel- und Repressionssystem unter Lehrern und Schülern, die langsam wachsende Einsicht, daß die Verhältnisse im Erziehungswesen nur Teil der gesamtgesellschaftlichen Situation sind. Sirkis' Bericht kann verständlich machen, warum die Widerstandsbewegung gegen die Militärdiktatur vor allem vom Schüler- und Studentenmilieu ausging. Er läßt sogleich erkennen, daß weniger allgemeine politische Überzeugungen als praktische Solidarität bei Einzelprotesten die Bewegung ermöglichte. Schülerhafte Abenteuerlust, Eitelkeit und Machismo sind die ersten Antriebe: "misturadas sensações de medo e gozo antecipado da admiração dos amigos."[31] Die Erfahrung von Demonstrationen hat anfangs abenteuerlichen Unterhaltungswert ("toque carnavalesco"[32]) und das Vorweisen von Blessuren durch die Polizei stärkt das Ansehen in der Gruppe: "A fama de macho fica intacta."[33]

Der Weg zur Politisierung öffnet sich langsam und wird nicht durch gesellschaftstheoretische Einsichten, sondern durch Akte der Repression aufgezeigt. Der Tod eines protestierenden Studenten ist der entscheidende Anlaß. Im Alter von 14 Jahren wird Sirkis zum Koordinator vieler kleiner Widerstandsgruppen: bar jeder theoretischen Vorbereitung, ohne organisatorische Erfahrung. Die Theorie folgt danach: Er liest Isaac Deutschers Trotzki-Buch und weitere marxistische Literatur. Allerdings kommt es nie zu einer festgefügten ideologischen Überzeugung, denn einerseits stellten sich Zweifel am Wissenschaftscharakter des Marxismus ein (wogegen die Praxis eines Che Guevara als überzeugend erscheint), andererseits muß sich schon der

---

30   Alfredo Sirkis (auch: Syrkis): *Os carbonários. Memórias da guerrilha perdida*, São Paulo, Global Editora, 1980, S. 24. Wir zitieren die 6. Aufl. vom Juli 1981.
31   Sirkis, a.a.O., S. 17.
32   Sirkis, a.a.O., S. 20
33   Sirkis, a.a.O., S. 17.

Schüler mit Fraktionskämpfen auseinandersetzen, die ihm als irrelevant erscheinen: "As divergências entre uns e outros, eu também não pescava bem."[34] Von der jugendlichen Unverbindlichkeit einzelner Handlungen bis zu den bereits politisch durchdachten Mobilisierungsversuchen verläuft ein ungenau konturierter, von Zufällen und symbolischen Ereignissen charakterisierter Weg, der hier nicht in Einzelheiten nachvollzogen werden kann.

Die zweite Phase des politischen Werdegangs beginnt mit dem Eintritt in den geheimen Widerstand. Unmittelbarer Anlaß ist die Verkündung des *Ato Institucional* Nr. 5 (AI-5) im Dezember 1968. Sirkis steigt in der Gruppenhierarchie auf (was er selbst erst daran bemerkt, daß ihm ein Leibwächter zugeteilt wird[35]), bleibt aber bis zum Schluß von Führungsfunktionen ausgeschlossen. Von Umfang und Wert seiner Mitteilungen aus dieser Zeit sei weiter unten berichtet.

Eine dritte Phase der autobiographischen Selbstdarstellung beginnt mit der unausgesprochenen Anerkenntnis, daß das persönliche Identitätsproblem den eigentlichen Handlungsantrieb darstellte. Der beständige Vorwurf, sich nicht aus kleinbürgerlichen Denkweisen lösen zu können, führt ihn im Augenblick des fortschreitenden Verfalls der Guerrilla und der immer konkreter drohenden Verhaftung zu dem Entschluß, die Gruppe hintanzustellen und die eigene Person nicht zu opfern. Als die Genossen ihm in einem internen "Prozeß" zahlreiche Fehler vorwerfen, akzeptiert er die Konsequenzen nicht im Sinne einer neuen Unterwerfung unter Gruppenzwänge. Seine - sachlich zutreffende - Analyse, daß die Bewegung zerfalle und handlungsunfähig werde, wird von der Gruppe gegen ihn gewendet. Er habe zu wenig Vertrauen in die Revolution, sei unzuverlässig und bleibe im Grunde "um humanista pequeno-burguês, não um revolucionário com a ideologia da classe operária."[36] Daß es Sirkis gelungen ist, die gruppendynamisch verselbständigten, unrealistischen Ansprüche abzuwehren, sich vor der Selbstaufgabe zu bewahren, den Entschluß zur Emigration zu fassen, einen Paß zu erlangen und schließlich nach Chile und Portugal zu gehen, prägt wie kein anderer Umstand seine Erzählhaltung.

Weniger ein Werben um Verständnis bei den ehemaligen Gefährten als vielmehr die Gewißheit, für die eigene Person den auch im Rückblick richtigen Entschluß gefaßt zu haben, lassen seine Darstellungsweise als beinahe neutral erscheinen. Die Kritik an unrealistischen Aspekten des Widerstands hat er schon als Angehöriger desselben formuliert, hier besteht kein Nachholbedarf an Rechtfertigung. Die Distanz zum Geschehen braucht nicht erst

---

34 Sirkis, a.a.O., S. 55.
35 Sirkis, a.a.O., S. 87.
36 Sirkis, a.a.O., S. 297.

hergestellt zu werden. So bleibt als zentrales Thema das Psychogramm eines gegen kleinbürgerliche Bedingtheit rebellierenden, zur konkreten politischen Aktion gerade deswegen nur bedingt fähigen und schließlich das persönliche Interesse gegen die Selbstaufgabe im politischen Kampf bewahrenden Studenten.

Symptomatisch ist ein solcher autobiographischer Versuch in zweierlei Hinsicht: Sirkis ist der Typ des in den 60er Jahren politisierten jungen Intellektuellen. Insofern stehen seine Erfahrungen für die einer Generation. Zum zweiten steht er für jene, die nach Widerstand und Exil gerade durch den veröffentlichten Rückblick die Möglichkeit bewahren, nicht als Renegat zu erscheinen, sondern bei Wahrung der allgemeinen Überzeugungen eine integre Rolle in der neuen Meinungsbildung nach der Diktatur zu spielen. Sirkis, der heute einen freiheitlichen Sozialismus mit ökologischen Ideen vertritt und dem Ideal der Gewaltfreiheit folgt, schreibt seine Erinnerungen nicht allein, um den chronikalischen Pflichten zu genügen, sondern ausdrücklich aufgrund der politischen Argumentation in der Zeit nach der Diktatur. Es gilt, Wiederholungen der Fehler zu vermeiden, das Ideal aber intakt zu lassen: "a validade do gesto moral não atenua a dimensão daquela derrota."[37]

Der dokumentarisch-memoirenhafte Wert von Sirkis' Bericht ist geprägt von seiner Stellung innerhalb der Widerstandsbewegung. Seine Innensicht erlaubt ihm die Mitteilung vieler sonst unerreichbarer Details, begrenzt deren Umfang jedoch auf das Wissen eines mittleren Aktivisten, dessen Beteiligung an den spektakulären Aktionen (Entführung von Botschaftern[38]) dem Umstand zu verdanken ist, daß er als einziger Englisch sprach und deswegen mit den Opfern reden konnte.

Aber gerade Sirkis' eingeschränktes Wissen ist symptomatisch für die Innenregulierung von Widerstandsorganisationen. Man wechselt rasch die Aufenthaltsorte, um nicht identifiziert zu werden, man hält Kontakte über regelmäßige, wie zufällig arrangierte Treffs mit wenigen Vertrauenspersonen. Man befolgt mündlich gegebene Anweisungen, deren Herkunft unbekannt bleibt. Man opfert der einmal eingegangenen Solidarität private Beziehungen und persönliche Ansprüche. Diesen spezifischen Lebensbedingungen des

---

37 Sirkis, a.a.O., S. 4.
38 Die Botschafterentführungen waren ein bevorzugtes Kampfmittel der Guerrilla, um gefangene Genossen freizupressen. Es ginge zu weit, hier die Details aufzuzählen, die für eine historische und politologische Forschung von höchstem Interesse sind. Bei Sirkis findet man Darstellungen über die Entführung des amerikanischen Botschafters Elbrick (S. 112 ff.), des deutschen Botschafters von Holleben (S. 149 ff.), des japanischen Botschafters (S. 227 ff.). Im erstgenannten Fall kann man außerdem die Darstellung von Gabeira (s. u.) heranziehen.

Untergrundes widmet Sirkis' Bericht ein genaues Protokoll. So ist seine Angabe plausibel, daß er erst am Ende der Widerstandszeit den eigentlichen Leiter der Operationen - Carlos Lamarca - erkennt. So ist es auch überzeugend, wenn er die Lösung von der Gruppe aus Einsichten in das Scheitern dreier Grundvoraussetzungen des Widerstands herleitet. Die Botschafterentführungen, so lernt der an ihnen denkbar nahe Beteiligte, haben ihren Sinn (die Freipressung politischer Gefangenen) in dem Moment eingebüßt, als die staatlichen Stellen gelernt haben, sie durch Desinformation zu verzerren und die Motive der Guerrilla zu unterlaufen.[39] Zweitens ging die Widerstandsbewegung von der notwendigen Einheit der studentischen mit der Arbeiter- und Landarbeiterbewegung aus, verkannte jedoch, daß sie hierin einem theoretischen Mythos verfallen waren. Die rührenden Versuche, vor Fabriktoren zu agitieren (und festzustellen, daß eine der auserwählten Fabriken schon vor Jahren geschlossen worden war[40]), eine Waffenschulung auf dem Lande durchzuführen (ohne je Kontakt mit der Landbevölkerung zu bekommen) oder Protestaktionen leiten zu wollen (ohne ein Mandat der beteiligten Gruppen zu haben) - sind ausreichend illustrativ für die Realitätsferne einer Bewegung, die für das ganze Volk zu sprechen glaubte. Ein dritter wesentlicher Punkt trägt zur schließlichen Abwendung bei: Das Repressionsinstrument der Folter wird so wirkungsvoll, daß nicht nur die unter ihr zusammengebrochenen Kameraden, sondern die bloße Angst vor ihr weiteres kontrolliertes Handeln unmöglich macht. Sirkis' Analyse zeigt, wie die Folter durch die bloße Information über ihre Existenz, durch ihre Erfahrung einzelner Opfer und schließlich durch die wachsende reale Möglichkeit bei Angehörigen des Widerstand demoralisierend wirkte.[41] Da die Widerstandsgruppen in "minúsculas organizações"[42] zerfallen waren, verringerte sich die Hoffnung, als potentielles Folteropfer auf den Schutz einer starken Untergrundmacht zählen zu können. Es ist nicht das geringste Verdienst von Sirkis' Bericht, die enge Wechselbeziehung zwischen ideologischer Überzeugung, tatsächlicher Lebensbedrohung und politischer Handlungsfähigkeit bestätigt zu haben. Seine Analyse der politischen Theorie, der Formen und der Fehler des Widerstands geht hierin über autobiographisches Interesse hinaus und weitet sich zur psychosozialen Auseinandersetzung mit den Bedingungen einer Guerrillabewegung der 60er und frühen 70er Jahre.

---

39   Sirkis, a.a.O., S. 278 f.
40   Sirkis, a.a.O., S. 90.
41   Sirkis, a.a.O., S. 304 f.
42   Sirkis, a.a.O., S. 296.

III

Während Sirkis also den auf dokumentarische Augenzeugenberichte zielenden Publikumserwartungen nachkommt, beobachtet man bei dem ungleich erfolgreicheren Fernando Gabeira[43] eine kompliziert aufgebaute, aber im Resultat nicht minder eingängige Gestaltungsstrategie. Sein Bestseller partizipiert auf kalkulierter Weise an den charakteristischen Eigenarten von Reportage, Autobiographie, Fiktion und theoretischem Traktat.

Auch auf die Gefahr hin, unhistorisch zu erscheinen, sollte man die besondere Leistung seiner Abrechnung mit der Widerstandszeit in den Zusammenhang der damals schon eingeleiteten, aber noch nicht vollständig in der Öffentlichkeit erkennbaren *späteren* Entwicklung seines politischen Denkens stellen. In den nachfolgenden Werken[44] legt er Zeugnis von einem tiefgreifenden Wandel der Überzeugungen ab, die ihn wegen der für brasilianische Verhältnisse zunächst als europäisch-exotisch und höchst kurios einzuschätzenden Hinwendung zur "alternativen" Kultur Westeuropas zur aufsehenerregenden und belächelten Kultfigur werden ließ.

Während des Exils in Europa (vornehmlich in Schweden) hat Gabeira die von traditionellen linksrevolutionären Denkweisen und Organisationsformen fortführenden alternativen Bewegungen kennengelernt und sich deren Ziele zu eigen gemacht. Als die eigentlich erneuerungsfähigen politischen Entwicklungen sieht er nun die ökologischen Tendenzen, den Feminismus, die Anti-Atomkraft-Bewegung und das wachsende Selbstbewußtsein von Randgruppen. Die ökologischen Fragen "eram o ponto de partida para a revisão de todas as minhas posições anteriores";[45] und die vom Feminismus wie der Homosexuellen-Bewegung angeregte Auseinandersetzung mit dem brasilianischen Machismo führt den Autor zu bewußt provozierenden Verhaltensweisen, die aus der persönlichen Befreiung nach dem Maß ihrer Schockwirkung auch politisches Kapital schlagen. So macht Gabeira sich

---

43 Fernando Gabeira: *O que é isso, companheiro?* Rio de Janeiro: Editora CODECRI, 1979. Wir zitieren die 12. Aufl. 1979. Eine gekürzte und redaktionell bearbeitete dt. Übersetzung erschien unter dem Titel *Die Guerilleros sind müde*, Frankfurt/Main: Suhrkamp Verlag 1982.

44 Von Gabeira erschienen neben zahllosen Presseartikeln und Interviews die folgenden, in hohen Auflagen verkauften Bücher: *O que é isso, companheiro?* (1979), *O crepúsculo do macho* (1980), *Entradas e bandeiras* (1981), *Hóspede da Utopia* (1982), *Sinais de vida no Planeta Minas* (1982), *Diário da crise* (1984), *Vida alternativa* (1985), *Nós que amávamos tanto a revolução. Diálogo Gabeira - Cohn Bendit* (1985). Alle mit Verlagsort Rio de Janeiro.

45 Gabeira, *Entradas e bandeiras*, 12. Aufl. 1981, S. 78.

durch öffentliche Selbstinszenierung zur politischen Figur, wenn er beispielsweise demonstrativ im Tanga-Slip zum Baden geht, sich dabei photographieren läßt, damit Aufruhr in den Zeitungen verursacht und diese Möglichkeit nutzt, um gegen die Kultur des Machismo anzugehen: "Um dos grandes avanços da minha vida foi não temer a amizade masculina".[46] Art und Thematik der öffentlichen Selbstinszenierung sind politisch um so aussagekräftiger, als die Beurteilungsmaßstäbe der brasilianischen Öffentlichkeit gegenüber diesem und anderen Rückkehrern aus den alten ideologischen Gegensätzen stammten (Diktatur vs. Guerrilla, Kapitalismus vs. revolutionäre Bewegung) und die Erwartungen sich auf Bewältigungsversuche richteten, die in diesen gedanklichen Bezügen unternommen würden. Gabeira nimmt den Kontrast wahr und weiß ihn für sich zu nutzen. Er versteht einerseits die anfangs ironische Haltung der Presse, die er so paraphrasiert:

> Havíamos chegado ao Brasil com uma aura de sofrimento em torno de nossas cabeças. Anos de luta contra a ditadura, prisões, tortura e exílio. Agora, um jovem autor apresentava-se-nos quase como uma moda de verão.[47]

Andererseits besteht er auf der Kontinuität des politischen Handelns, das zwar nicht mehr marxistisch-leninistisch oder trotzkistisch definiert ist, aber dennoch "uma revolução cultural"[48] und "uma verdadeira democracia"[49] anstrebt. Sein Ziel ist nun nicht länger die Wiederholung oder Perpetuierung der alten Formen des Klassenkampfes, sondern die Befreiung aller in den fünfzehn Diktaturjahren unterdrückten gesellschaftlichen Bedürfnisse. Der erste Schritt hierzu ist die Herstellung von Öffentlichkeit für bisher tabuisierte Themen, um kleine Bewußtseinsfortschritte zu erreichen. "Drogas, sexo, cultura negra, machismo"[50] sind für Gabeira "temas que não podem esperar por uma incerta e longínqua revolução proletária para serem examinados".[51] Auch die Organisationsform des politischen Handelns hat sich daher geändert. Parteien gelten Gabeira für ebenso ungeeignet wie die ehemals in geradezu bürokratisch perfektionierten Fraktionskämpfen zersplitterten linksrevolutionären Widerstandsgruppen. Daß an die Stelle solcher Organisation die Hinwendung zu den Möglichkeiten der Massenkommunikation tritt, ist eine bestimmten europäischen Erfahrungen parallel laufende Ent-

---

46 Gabeira, *Entradas*, S. 99.
47 Gabeira, *Entradas*, S. 104.
48 Gabeira, *Nós que amávamos tanto a revolução*, 1. Aufl. 1985, S. 75.
49 Gabeira, *Entradas*, S. 93.
50 Gabeira, *Entradas*, S. 157.
51 Gabeira, *Entradas*, S. 165.

scheidung: "Deixamos a revolução pela atuação nos meios de comunicação".[52]

Zwar erscheint dies angesichts der danach erfolgten Gründung des *Partido Verde* als Übergangsstadium, doch wird die zugrunde liegende politische Lehre nicht wieder vergessen. Massenkommunikation erst ermöglicht die erhoffte Politisierung des Proletariats, die vorherige Theorie von der Führungsfunktion der Intellektuellen (die sich kraft besserer Einsicht auch um die Zustimmung der Arbeiterschaft bemühen, ansonsten aber den bewaffneten Kampf selbst in die Hand nehmen) gilt durch die Erfahrung des Widerstands als widerlegt.[53]

Es ist angesichts der so klaren Neuorientierung keine gewagte These, wenn man betont, daß die Schilderung der Widerstandserfahrungen in *O que é isso, companheiro?* schon im Zeichen der späteren Interessen steht und funktionsgerecht auf diese hin angelegt ist. Man liest diesen gattungsmäßig so schwer definierbaren Text zweifellos auch als Dokumentation des Untergrundgeschehens aus der Innensicht. Herausragende Episode ist dabei die Entführung des amerikanischen Botschafters am 4. September 1969. Die Details über Logistik und politischen Sinn eines solchen Unternehmens - des ersten dieser Art in Brasilien - sind für die zeitgeschichtliche Forschung schon deswegen nützlich, weil Dokumente über Guerrillaaktivitäten aus Gründen des Schutzes vor Verfolgung vernichtet oder nie erstellt wurden. Ebenso nützlich mag es sein, die Charakteristik des Opfers zur Kenntnis zu nehmen: Der diplomatische Vertreter einer Weltmacht erscheint als persönlich integrer Mann, der aber über die gesellschaftlichen Verhältnisse Brasiliens höchst unzulänglich informiert gewesen sein soll. Gleiche Aufmerksamkeit des Zeithistorikers verdienen die Schilderung der Haftsituation, insbesondere unter der Drohung und Erfahrung der Folter,[54] wobei Gabeira es versteht, die Bewältigung über den Ausdruck persönlichen Schmerzes hinaus zu verallgemeinern - ein Verfahren, daß angesichts der Unaussprechlichkeit des Leidens unter der Folter typisch für viele ähnliche Berichte ist. Schließlich wird man die Kritik an den Guerrillaoperationen, an der ihnen zugrunde liegenden Lehre, an der Fehleinschätzung der vermeintlich revolutionären Situation als Aussagen von zeitgeschichtlichem Wert registrieren.

---

52 Gabeira, *Nós que amávamos tanto a revolução*, S. 15.
53 Ähnlich resümiert Gabeira in einem Interview: "[...] o povo não precisa mais de quem fale em nome dele. Foram os erros de um período sem mobilização popular" (in Belém, 5. 4. 1984).
54 "Falo da tortura como um artista, pois não tenho direito de falar dela como um grande torturado" (*O que é isso*, a.a.O., S. 155)

Doch darüber hinaus wird deutlich, daß weit mehr als ein Dokumentarbericht intendiert ist. Greifen wir als Beispiel für Gabeiras Darstellungsweise einen längeren Abschnitt (den Beginn des Kapitels über die Botschafterentführung) heraus:[55]

> Chega um momento em que o narrador precisa ajustar melhor suas linhas, tensionar melhor o seu arco, tirar alguns efeitos técnicos. Todos esperam isto dele, sobretudo na hora da emoção. Mas o narrador já aprendeu, com o tempo, que um livro, um longo relato, não é apenas uma sucessão de histórias que se contam num punhado de páginas brancas. Um livro não se controla. A notícia mais simples sobre o assunto foi esta:
>
> *Ap 161*
> *Urgente*
> *Rio de Janeiro, 4 (AP) - o embaixador dos estados unidos no brasil, charles burke elbrick, foi sequestrado hoje no rio de janeiro.*
> *um porta-voz da embaixada confirmou a noticia à associated press.*
>
> Era uma quinta feira, princípio de primavera. Não me lembro se o verde era mais intenso, se havia algum cheiro especial no ar. Não me lembro de nada, exceto de que era um dia nublado, desses milhares de dias que entram na gaveta da memória e de lá não saem jamais. É uma vergonha: uma coisa de tanta gravidade, tão importante na vida de todos nós que fazíamos a luta armada, e o narrador sempre que pensa no episódio, só se lembra de uma frase. A frase de Richard Nixon para William Rogers, ao ser informado, de madrugada, que o Embaixador americano fora seqüestrado numa rua da Zona Sul do Rio de Janeiro: - Rogers, que merda é essa?

Man hat es mit einem selbstironischen Erzähler zu tun, der sich nur in gespielter Widerwilligkeit auf die Fakten einläßt. Im Gegensatz zur vorgeblichen Auslieferung an das Geschehen ("um livro não se controla") verfügt Gabeira tatsächlich geschickt über den Umfang der Mitteilungen: die Abschweifung zum Frühlingswetter als retardierendes Moment, die gespielte Zerstreutheit ("é uma vergonha ...") und die Volte hin zum Kommentar des amerikanischen Präsidenten schaffen in dichter Verquickung eher ein evoziertes Klima als eine analytische Darstellung. Gabeira verdichtet die Instanzen und Umstände (den schon nicht mehr innerlich beteiligten Erzähler, die Fakten, die heutige Belanglosigkeit derselben, die damalige weltpolitische Überraschung) zu einem Stimmungsbild, das bewußte Literarisierung verrät. Fragt man nach dem Sinn der nachträglichen Stilisierung, so findet man Erklärungen erst in der vollständigen Geschichte des Ich-Erzählers. Es läßt sich

---

55   *O que é isso*, Kap. XV, S. 105.

erkennen, daß Gabeira in der Auswahl der Episoden seinem erzählten Ich eine quasi-mythische Erfahrung mitgibt.[56] Es entsteht die Figur des kämpfenden, verwundeten, gefangenen, vom Tode bedrohten und endlich befreiten Helden. Dessen Geschichte entwickelt sich zu der eines zunehmenden Realitätsverlustes. In das Guerrillamilieu zu gehen, bedeutet eine progressive Isolation zunächst von der gewohnten materiellen Sicherheit, von dem sozialen Umgang und schließlich von der Kontrolle über die eigene Unversehrtheit. Die Einsamkeit der Haft, die Reduzierung des Gefangenen auf kaum mehr als seinen Körper erscheint als der Preis für die bewußt herbeigeführte Frontstellung zu zwar menschenfeindlichen, aber übermächtigen gesellschaftlichen Verhältnissen. Es kann kein Zweifel sein, daß Gabeira diese sozusagen ins Politische säkularisierte tragische Rolle seinem Ich bewußt mitgibt. Die geschichtsdeutende Funktion ergibt sich nicht aus der schließlichen Befreiung und der lebensrettenden Ausweisung. Diese ist banale faktische Voraussetzung der Möglichkeit, eine Erfahrung wie die skizzierte überhaupt vermitteln zu können. Daß Berichte aus Repressionsepochen der Perspektive der Überlebenden zu verdanken sind, ist eine allgemeine Bedingung, der kein Text ähnlicher Art entgeht. Bei Gabeira beruht das ideologische Fazit jedoch gerade nicht auf der endlich möglichen Selbstaffirmation dessen, der damals unterdrückt war und sich nun frei äußern kann. Vielmehr werden Unterdrückung und Rebellion zu zwei Haltungen in einem schon nicht mehr für relevant gehaltenen, historisch obsoleten Prozeß: Wenn der Preis der Rebellion die zunehmende Fragmentarisierung des Individuums ist, wenn der Einsatz für den Widerstand zur "auto-repressão em nome dos fins"[57] führt, dann war die politische Aktion *deswegen* verfehlt und darf nur noch in selbstkritischer Reflexion mitgeteilt werden. Die Frage des Titels *O que é isso, comphanheiro?* evoziert diese verwunderte und durch die Verwunderung zum produktiven Neubeginn anregende Distanz.

Unter dieser Voraussetzung erst kann man die nonchalanten Züge in Gabeiras Erzählstil als funktionsgerecht begreifen, ohne sie als frivol verwerfen zu müssen. Auf den ersten Blick nämlich mag man schwer akzeptieren, daß hier ein Beteiligter den einstmals ernsthaften Kampf mit clownesken Aspekten versieht. Bei einem Autor, für den die frühere Gesellschaftsanalyse noch Gültigkeit hätte, bedeutete das eine verantwortungslose Spielerei mit Unterhaltungsbedürfnissen; gegenüber den früheren Mitkämpfern wäre es Verrat. Man läse dann mit bitterem Vergnügen seine komisch zugespitzten Episoden,

---

56 Das Folgende ist eine stark verkürzende Zusammenfassung der Beobachtungen von Davi Arrigucci Jr. ("Recompor um rosto", in: *Discurso*, São Paulo, 17, 1° sem. 1980 [1981], S. 69 - 87).
57 Arrigucci, a.a.O., S. 80.

die immer wieder aufblitzende Lust an der einstigen Unzulänglichkeit. Auch als psychologisch verständliche "explosão de alegria" des Davongekommenen wären diese Stellen des Buches nur oberflächlich gedeutet. Gabeiras Humor soll vielmehr die ganze damalige Aktion als von vornherein sinnlos kennzeichnen. Ein Beispiel nur: Er wird zum Zeitpunkt der Botschafterentführung aus der geheimen Wohnung zum Einkaufen einer Pizza geschickt. Als er zurückkehrt, erzählt man ihm von einem gerade noch vermiedenen Fehlschlag:

> Uma vez feito o sinal, nada mais interromperia o curso das coisas. O olheiro viu, entretanto, que o carro negro que se aproximava tinha uma bandeira. E no carro do americano já não usavam mais bandeira. [...] O olheiro se intrigou e decidiu esperar um segundo mais. Foi o bastante para perceber que o carro era o do Embaixador de Portugal. Ufa, deixei praticamente a pizza cair na mesa. Íamos nos enganar de século.[58]

Unzählige solcher Episoden führen zusammen mit der politisch-theoretischen Analyse (die wir hier nicht im einzelnen nachvollziehen können) zu dem Fazit, daß der gesamte Widerstandskampf grotesk sinnlos gewesen sei und sein Scheitern im Nachhinein begrüßt werden muß:

> Num certo sentido, foi bom não termos tido uma grande faixa de poder ao nosso alcance, pois os erros iriam liquidar nossas esperanças por muitos anos.[59]

IV

Nach dem Maßstab des autobiographischen Ich-Entwurfs wie nach dem der inskribierten politischen Erfahrung stellt Marcelo Rubens Paivas *Feliz ano velho* einen weiteren Schritt der Distanznahme zu den vorhergehenden Erfahrungsberichten dar. Die dokumentarische Substanz bleibt gering, weil aus der Repressionsphase lediglich *ein*, allerdings existenziell prägendes Ereignis in die Erlebniswelt Rubens Paivas hineinwirkt. Der Autor gehört einer Generation an, die für selbständige Aktivität während der Diktaturzeit zu jung war, die dennoch - und in seinem Falle sehr konkret - betroffen wurde und heute mit diesseits tieferer Analyse den mittelbaren Folgen der histori-

---

58   Gabeira, *O que é isso*, a.a.O., S. 117.
59   Gabeira, *O que é isso*, a.a.O., S. 139.

schen Episode ausgesetzt ist. Die persönliche Geschichte des Marcelo Rubens Paiva ist so außerordentlich schmerzhaft, daß der politische Zusammenhang zunächst als akzessorisch erscheinen muß. Der Autor schreibt aus der Perspektive des 1979 bei einem Badeunfall querschnittsgelähmten, monatelang ans Krankenbett gefesselten Zwanzigjährigen, der aus seinem Lebenskontext gerissen wurde, Verzweiflung und Todessehnsucht ausgesetzt ist, mit überaus geschärfter Beobachtung seine zukünftige Situation als Behinderter erkennen lernt und in beständiger Selbstreflexion seine bisherigen Erfahrungen sowie seine intellektuellen und musischen Neigungen bedenkt. Im Focus dieses buchstäblich in der Existenz bedrohten Ich laufen Erinnerungsperspektiven zusammen, die aufgrund eines weiteren Umstands eine politische Dimension gewinnen: Der Vater des Autors, prominenter Unternehmer und vor 1964 Abgeordneter des PTB war 1971 gewaltsam entführt worden, "verschwand" und wurde ermordet.[60]

Einführung und Entwicklung dieses thematischen Strangs stehen vollständig unter den Bedingungen der oben skizzierten Lage. Die Müdigkeit der Mutter beim Besuch am Krankenbett ist der Anlaß für die Rekapitulation ihrer Situation, wobei die gewählte Sprecherperspektive (Leseranrede in Frageform) einen im folgenden Text immer wieder verfügbaren Raum des Nachdenkens öffnet:

> Estava cansado. Minha mãe é dessas figuras fortíssimas, que transmite uma segurança incrível. Sabia que ela estava sofrendo pra burro por ver o filho todo estourado. [...] Você já imaginou uma mãe de cinco crianças ter a sua casa invadida por soldados armados com metralhadoras, levarem seu marido sem nenhuma explicação e desaparecerem com ele? Já imaginou essa mãe também ser presa no dia seguinte, com sua filha de quinze anos, sem nenhuma explicação? Ser torturada psicologicamente e depois ser solta sem nenhuma acusação? Já imaginou essa mãe, depois, pedir explicações aos militares e eles afirmarem que ela nunca fora presa e que seu marido não estava preso? Procurar por dois anos, sem saber se ele estava vivo ou morto. Ter que, aos quarenta anos de idade, trabalhar para dar de comer a seus filhos, sem saber se ainda era casada ou viúva? É duro, né? Nem Kafka teria pensado em tamanho absurdo.[61]

---

60 Zum Stand der Erkenntnisse über den bis heute nicht völlig geklärten Fall vgl. Veja, 10. 9. 1986, S. 36 - 41: "A hora da verdade. Quinze anos depois novas luzes na morte de Rubens Paiva."
61 Marcelo Rubens Paiva: *Feliz ano velho*, São Paulo, Brasiliense, 1982, S. 31. Wir zitieren die 13. Auflage 1983.

Schrittweise und keineswegs mit mehr Gewicht als die anderen Gegenstände der Reflexionen des Patienten wird das Geschehen um den Vater mitgeteilt, und im Erinnern verarbeitet. In der Hoffnungslosigkeit des anfänglich ausbleibenden Heilerfolges entsteht die Sehnsucht nach dem fehlenden Vater. Was in anderem Kontext als sentimentale Überfrachtung erschiene, wird hier als psychologisch erklärbare Kompensation verständlich, so daß mögliche Idealisierungen nicht nur akzeptiert, sondern als symptomatisch bewertet werden können. In fragmentarische Erinnungen an die Schul- und Jugendzeit mischt sich das Bewußtsein vom Stolz des Vaters auf den Sohn. Die Betonung entscheidender Situationen läßt eine exklusive Vater-Sohn-Beziehung erscheinen, innerhalb derer der politische Aspekt sich eher beiläufig ergibt. Der Junge hat durch seinen Vater Umgang mit "toda a nata do Partido Socialista Brasileiro"[62] und beginnt, ein soziales Bewußtsein auszubilden.

Sohn des prominenten Rubens Paiva zu sein, ist zur Zeit der Erinnerung und der Niederschrift allerdings nur noch ein marginal bedeutsamer Umstand. Besuche ehemaliger politischer Weggefährten des Vaters werden zum Anlaß für Verunsicherung, Selbstzweifel und ausweichende Verlegenheit:

> Chegou um telegrama do Leonel Brizola dizendo que iria me visitar. Que coisa. Nunca vira o Brizola na minha vida. Ele tinha acabado de chegar no País, beneficiado pela anistia, e devia estar fazendo contatos políticos. Mas quem sou eu para ser um contato político? Ah, sim, me lembrei, sou filho do Rubens Paiva, e meu pai tinha sido deputado pelo PTB, partido de Brizola.[63]

Und:

> Não veio o Brizola, mas sim sua mulher. Uma simpática e bonita senhora: loira (não sabia que existiam gaúchos loiros).[64]

So wie hier eine ironische Volte die Reflexion abbricht, so bewältigt eine quasi-lyrische Passage den schmerzlichen Teil der erinnernd wiedergefundenen Vater-Sohn-Beziehung:

> Meu pai me ensinou a andar a cavalo
> Meu pai me ensinou a nadar
> Me incentivou a ser moleque de rua.

---

62 Rubens Paiva, a.a.O., S. 58
63 Rubens Paiva, a.a.O., S. 109.
64 Ebd.

> Me ensinou a guiar avião [...]
> Mas meu pai não pode me ensinar mais.[65]

Erst nach solch sentimentaler Annäherung wird Objektivierung und Verallgemeinerung auf die Generationserfahrung hin möglich.

Die Macht der Erinnerung bildet das einzige Gegengewicht zur weiterbestehenden Situation, zu den in Ländern mit ähnlicher staatlicher Repression typischen Tatsache, daß die Täter unbekannt und unbehelligt geblieben sind. Bezeichnend für Marcelos Art der politischen Stellungnahme bleibt die personalisierende Perspektive auch bei der Anspielung auf diesen Umstand, der weder mit seinen juristisch-politischen noch mit seinen sozialpsychologischen Zusammenhängen in den Blick rückt, sondern als sentimentale Überlegung erscheint:

> Imagine as noites da pessoa que um dia colocou um senhor de quarenta anos e pai de cinco crianças num pau-de-arara, dando uma descarga elétrica naquele corpo ...[66].

Unpolitischen Sentimentalismus muß man solchen Überlegungen insofern vorwerfen, als die ideologische Überzeugung der Täter und die aus ihr resultierende Befriedigung in der Folterpraxis nicht in den Blick kommen. Ausgeschlossen wird so die Frage, ob Folterer nicht vielmehr stolz auf ihr Tun waren und sind, daß die ihnen unterstellten Gewissensbisse deswegen nur dem Wunsch des mittelbaren Opfers entsprängen. Die Bewertung der Diktaturzeit insgesamt mag subjektiv verständlich und auch sympathisch sein. Aber ist es auch angemessen, "O sadismo de alguns imbecis"[67] für die politischen Geschehnisse verantwortlich zu machen? Vergessen wird dabei, daß nicht Sadismus als persönliche Neigung, sondern herrschaftsimmanente Mechanismen der Repression die eigentlichen Motive des Geschehens waren. Wenn die Mächtigen denn, wie der Autor sagt, "Pelo ideal egoísta de se manter no poder"[68] gehandelt haben, dann liegen die bedingenden Ursachen in den Umständen des Machterhalts, also in den sozioökonomischen Gegebenheiten und der internationalen Lage, nicht jedoch im individuellen Antrieb (oder gar im partikulären Willen) des einzelnen Herrschenden. Zusammenhänge dieser Art bleiben dem Erzählenden fremd und sein Versuch, ein politisches Fazit zu ziehen, klingt dagegen hilflos:

---

65 Rubens Paiva, a.a.O., S. 60.
66 Rubens Paiva, a.a.O., S. 65.
67 Ebd.
68 Ebd.

Politische Memoiren

O que posso fazer? Justiça neste país é uma palavra sem muita importância. As pessoas de farda ainda são os donos do Brasil, e eles têm um código de ética para se protegerem mutuamente.[69]

Zwar ist nicht die Bewegungsunfähigkeit des Kranken das einzige Motiv der Resignation. Letztere erklärt sich zweifellos aus der Weiterexistenz der gesellschaftlichen Bedingungen. Dennoch wird aus vorangenommener Ohnmacht heraus politisches Handeln nicht in Erwägung gezogen. In diesem Zusammenhang ist bezeichnend, wie Rubens Paivas Erzählung das prominenteste Beispiel der vorher erschienenen Bewältigungsliteratur erfaßt. Die Aufnahme von Gabeiras *O que é isso, companheiro?* am Krankenbett - wo Angehörige dem Gelähmten das Buch vorlesen - absorbiert seine Aufmerksamkeit besonders dort, wo dieser sich verstecken muß und eingeschlossen bleibt: "Era uma situação muito parecida com a minha".[70] Ansonsten wird die politische Darstellung allenfalls nach dem Maß ihrer Qualität als spannende Lektüre rezipiert:

Não estava a fim de visitas, principalmente agora que o Gabeira acabava de seqüestrar um cônsul.[71]

Was schon ein Charakteristikum des politischen Diskurses von Gabeira war (Unterhaltungswert in seiner zwiespältigen Funktion zwischen interesseweckendem Appell und politischer Analyse), bestätigt sich in der Rezeption durch den einerseits sehr speziellen, andererseits generationstypischen Erzähler. Natürlich kann er sich der Faszination nicht entziehen: "Acabei o livro do Gabeira. Um tesão de livro. Fiquei fã do cara."[72] Doch alles, auch die angeschlossenen Erinnerungen an die parteipolitische Geschichte der Familie, bleibt Funktion der verzweifelten persönlichen Lage. Insofern aus ihr die Kriterien für die Bewertung des politischen Diskurses gezogen werden, gehören diese dem Allgemein-Menschlichen an (dem im Falle des Kranken persönliche Sympathie zusteht, das aber zur Fundierung einer wirklich tragfähigen Analyse nicht ausreicht). Sobald der Patient sich wieder aufrichten kann, beginnt er seine Umgebung mit gierigen Augen zu erforschen: "Como é bom ver, muito melhor que o livro de Gabeira".[73] So wird beispielsweise der eigene politische Werdegang (Beitritt zum PT "roxo"[74]) zwar

---

69   Ebd.
70   Rubens Paiva, a.a.O., S. 38.
71   Rubens Paiva, a.a.O., S. 81.
72   Rubens Paiva, a.a.O., S. 98.
73   Rubens Paiva, a.a.O., S. 111.
74   Rubens Paiva, a.a.O., S. 142.

knapp skizziert, endet aber in ironisch gebrochener Distanz zur eigenen Rolle: "Quem diria, eu que nunca trabalhara na vida, convencendo um deputado a ir pro Partido dos Trabalhadores."[75]

An die Stelle des vermiedenen politischen Einsatzes treten humanitätspathetische Floskeln, die dem Bereich der Religion und der Musik entstammen. Abwehr des konkret Politischen, Aneignung allgemeinster humanitärer Vorstellungen machen das Fazit der sich politisch gebenden, im Resultat aber evasionsverdächtigen Gedankengänge aus. So sei Jesus im Grunde dadurch verraten worden, daß man ihn zum Sohn Gottes erklärte.[76] Ähnlich die Überlegungen zur Musik und ihrer Bedeutung als Mittel zur Solidarisierung außerhalb des Rationalen.[77] Das literarische Selbstverständnis des Marcelo Rubens Paiva wird man aufgrund dieser Bezüge ähnlich einschätzen müssen. Verzicht auf gesellschaftliche Analyse, auf eine Handlungskonsens anstrebende Argumentationsweise zugunsten einer unspezifischen, aus wohlgemeintem Humanitätsgefühl genährten Suggestionsstruktur. Daß diese Haltung über die bei Sirkis und Gabeira zu beobachtende Distanz hinausgeht und den Verlust aufklärerischer Möglichkeiten bedeutet, mag man aus der besonderen Lage des Erzählenden verstehen; man kann aber - gerade wegen des außergewöhnlichen Erfolgs dieses Buches - nicht umhin, darin eine generationstypische Erscheinung zu sehen. Narzistisches Selbstgefallen, unbeholfene lyrische Bewältigungsversuche (man beachte die gutgemeint politisierende Lyrik mancher Textpassagen) und der intellektuellen Beliebigkeit nahe Lamentationen erscheinen als Surrogate politischer Bewußtseinsbildung und materialistisch-hedonistischen Befriedigungsstrebens des Einzelnen, der im Gefühl einer unspezifischen Solidarität bereits seine politische Handlungsmöglichkeiten erschöpft sieht.

Augsburg 1987

---

75 Rubens Paiva, a.a.O., S. 144.
76 Rubens Paiva, a.a.O., S. 43.
77 Rubens Paiva, a.a.O., S. 136.

Ray-Güde Mertin

ALIBI UND AUTOPSIE.
ANMERKUNGEN ZUM POLITISCHEN ROMAN
DER SIEBZIGER JAHRE

Streitbare Schriftsteller, "escritores de briga" nannte der Kritiker Geraldo Galvão Ferraz jene Gruppe von Autoren, die sich 1975 im Teatro Casa Grande zu einer Diskussion mit Studenten traf. Er zog sieben Jahre später rückblickend literarische Bilanz, erinnerte an die damalige Veranstaltung und zeichnete den Weg der Beteiligten nach.[1] Zu ihnen gehörten Ignácio de Loyola Brandão, Wander Piroli, Antônio Torres, João Antônio und Márcio Souza, Schriftsteller, die in den folgenden Jahren auch im Ausland bekannt werden sollten. Auf das Treffen in Rio folgten Reisen durch das ganze Land und unzählige Diskussionen mit den Lesern. "Viramos um jornal falado", sagte Loyola Brandão. "Daí a identificação desta turma jovem com a nossa literatura. Éramos escritores, mas não estávamos no Olimpo."[2] Schriftsteller, nicht auf dem Olymp, sondern auf das engste mit dem Tagesgeschehen verbunden. Viele unter ihnen kamen vom Journalismus.[3] Sie gehörten zu jenen Autoren, die die soziale und politische Situation der unmittelbaren Gegenwart ausdrücklich zum Thema ihrer Romane und Erzählungen machten.

Die denkwürdige Veranstaltung lag zwischen zwei Daten, die unsere zeitliche Eingrenzung auf die siebziger Jahre erklären: im Dezember 1968 wurde der berüchtigte AI-5 erlassen, zehn Jahre später, im Dezember 1978,

---

1   Geraldo Galvão Ferraz, "Escritores de briga", in *ISTO É*, 12. 5. 1982, pp. 58 - 64. 1985 lud Justizminister Fernando Lyra in eben dieses Theater ein, um mit den Gästen, unter ihnen einige Schrifsteller, deren Werke zensiert worden waren, die Aufhebung der Zensur zu feiern.

2   Ebd., p. 58.

3   Zum Verhältnis Literatur und Journalismus, vgl. Antonio Hohlfeldt, "Diferenças entre jornalismo e literatura. Existem?" in *Cotidiano da escrita (Política cultural e Nova República)*, Porto Alegre, Edipaz, 1985, pp. 111 - 136.

die *censura prévia* aufgehoben. Kurz darauf ermöglichte die Amnestie vielen Exilierten die Rückkehr nach Brasilien. Die zögerlich begonnene und mittlerweile ermüdend oft zitierte *abertura* zeigte erste Auswirkungen. Als politischer Begriff fand sie 1986 Eingang in die zweite Auflage des *Novo Aurélio*, des großen brasilianischen Wörterbuchs der Gegenwartssprache.

Ab 1969 wurden die Zensurbestimmungen verschärft und machten sich besonders in Film, Funk, Fernsehen, Theater und in der Presse bemerkbar. Das Buch - ohnehin ein Medium, das vielen nicht zugänglich war und damit nur einen beschränkten Wirkungskreis hatte - blieb, im Gegensatz zum immer allmächtiger werdenden Fernsehen, bis auf wenige Ausnahmen von Verboten durch die Zensur verschont. Konsequent bediente sich die Regierung denn auch vor allem des Mediums Film und Fernsehen, um ihre Größe in ufanistischer Manier zu propagieren. An den Straßenrändern war, ärgerlich unübersehbar, in Großlettern zu lesen: BRASIL, ONTEM, HOJE, SEMPRE oder: NINGUÉM SEGURA ESTE PAÍS.

In Anlehnung an Loyolas eingangs zitierten Satz, "viramos um jornal falado", könnte man von den Romanen jener Autoren sagen, sie seien zum "jornal escrito" geworden. Was der Leser in der Presse zwischen den Zeilen suchen mußte, fand er in vielen Fällen unvermittelt, kaum verhüllt, unter einem "fiktionalen" Mantel in der Literatur wieder. Es ist erstaunlich, wie offen und detailliert sich die "streitbaren Autoren" in ihren Werken zu politischen und sozialen Themen der Zeit äußern konnten. Die Literatur übernahm die Aufgabe der Presse. Sie wollte registrieren, dokumentieren, protestieren und aufrütteln.

Nun hat der Roman mit zeitkritischer, politischer Thematik in Brasilien bereits eine lange Tradition. Betrachtet man seine Entwicklung im ausgehenden neunzehnten, beginnenden zwanzigsten Jahrhundert, mit der thematischen Ausrichtung auf den *Sertanismo* und *Urbanismo*, so zeigt sich die herausragende Bedeutung von Werken mit dokumentarischem Charakter.[4]

> Entre nós, predominava a literatura que luta corpo a corpo, com as circunstâncias nacionais e regionais, que freqüentemente entra em *clinch* com a terra e os costumes locais.[5]

Einen Höhepunkt hatte diese *luta corpo a corpo* vorläufig mit dem sozialkritischen Nordostroman der dreißiger Jahre erreicht, der sich aller-

---

[4] Vgl. Adonias Filho, "Aspectos sociais do romance brasileiro", in *Revista brasileira de cultura*, II, 1970, n° 3, pp. 147 - 160.

[5] Rodolfo Konder, *Cadeia para os mortos. (Histórias de ficção política)*, São Paulo, Alfa-Omega, 1977, p. 99.

dings die sprachlichen Neuerungen der Modernisten kaum zu eigen gemacht hatte.[6]

Zu Beginn der siebziger Jahre schrieb J. M. Parker in einem Aufsatz über den brasilianischen Roman der Gegenwart zwischen 1950 und 1970, es gebe in der erzählenden Literatur Brasiliens kaum Werke mit eindeutig politischer Thematik. Für die sechziger Jahre nannte er Antônio Callados großen Roman *Quarup* und *Pessach: A travessia*, von Carlos Heitor Cony. In beiden Büchern macht der zunächst unpolitische Protagonist eine Wandlung zum engagierten, politisch aktiven Menschen seiner Zeit durch.[7]

Die Veröffentlichung dieser beiden Titel im Jahr 1967 steht am Beginn einer Reihe von Werken, die als "romance político" bezeichnet worden sind. Ein Blick auf die im Anhang zu diesem Aufsatz angeführten Romane - eine Auswahl, die nicht auf Vollständigkeit bedacht war und sein kann - zeigt deutlich eine Zunahme von Titeln in der zweiten Hälfte der siebziger Jahre. Eine Erklärung dafür ist nicht nur die vorsichtig beginnende politische Öffnung, sondern sicher auch der Aufschwung im brasilianischen Verlagswesen, der geradezu zu einem Boom von Veröffentlichungen führte. Hinzu kam eine engere Verbindung zwischen Autor und Leser. Die "streitbaren Schriftsteller" erreichten mit Vorträgen und Diskussionen auf ihren Reisen durch Brasilien Tausende von Menschen. AutorInnen nahmen ihre Bücher unter den Arm und fuhren, gewissermaßen als ihr eigenes "Vertriebssystem", in die entferntesten Orte, die oft keine eigene Buchhandlung besaßen.

Zur gleichen Zeit wehrten die SchriftstellerInnen sich gegen die paternalistische Haltung mancher Verleger und forderten die Professionalisierung des Autors, der sein Metier ausüben sollte, ohne von den Gnaden eines Amtes im öffentlichen Dienst leben zu müssen. Silviano Santiago läßt in seinem denkwürdigen Roman, *Em liberdade*, einem fiktiven Tagebuch des Graciliano Ramos, den aus dem Gefängnis entlassenen Autor, der sich mühevoll im Großstadtalltag von Rio de Janeiro zurechtzufinden versucht und sich eindringlich mit den Bedingungen des Schreibens auf dem politischen Hintergrund seiner Zeit auseinandersetzt, sagen:

> A vida para o intelectual no Brasil é a de ser funcionário público, vivendo a realidade em duas metades, só podendo enxergar a verdade se fechar

---

6 Vgl. Wolfgang Roth, "Zum Verhältnis von Kulturideologie und Literaturwissenschaft in Brasilien", in *Ibero-Romania* 12, N.F., 1980, pp. 140 ff.

7 John M. Parker, "Rumos de la novela brasileña contemporánea: 1950 - 1970", in *Revista de cultura brasileña*, 1974, núm. 38, p. 19.

um olho. Essa condição é das mais castradoras e trágicas, porque o leva a ser mais e mais conivente com os poderosos do dia.[8]

Ein Zwiespalt, den Autor und Leser zu Beginn der achtziger Jahre, als dieser Roman erschien, noch auf die eigene Situation beziehen konnten.

In den vergangenen Jahren ist viel über die Zeit der Militärdiktatur geschrieben worden. Wie SchriftstellerInnen sich damals mit dem Regime auseinandersetzten, kann hier nur angerissen werden.[9] Sie tun es auf sehr unterschiedliche Weise.

João Antônio, einer der Begründer der alternativen Presse unter dem Militärregime, für die er den Begriff "imprensa nanica" prägte, schrieb 1977 ein programmatisches Vorwort zu der von ihm herausgegebenen Anthologie *Malditos escritores!*.[10] Auf 66 Seiten stellte er neben einer eigenen Erzählung acht KollegInnen mit Kurzgeschichten vor, Tânia Faillace, Chico Buarque, Antônio Torres, Marcos Rey, Wander Piroli, Plínio Marcos, Márcio Souza und Aguinaldo Silva. Er bekannte sich zu einer realitätsbezogenen, sozialkritischen Literatur aus der Sicht der Betroffenen, einer Literatur von innen nach außen. Das Vorwort beginnt mit dem Satz: "O povo parece haver tomado chá de sumiço das letras nacionais".[11] Er forderte, radikaler als viele

---

8   Silviano Santiago, *Em liberdade, uma ficção*, Rio de Janeiro, Paz e Terra, 1981, p. 36.

9   Da viele der hier in Frage kommenden AutorInnen in anderem Zusammenhang in diesem Band behandelt werden, wird sich dieser Aufsatz auf einige Namen beschränken und versteht sich als ein Hinweis auf ein äußerst komplexes Thema, das keineswegs abgeschlossen ist, wie zahlreiche, in den letzten Jahren in Brasilien erschienene Zeitungsartikel, Aufsätze und Bücher beweisen, s. a. Bibliographie im Anhang; die zitierten Romane sind im Anhang aufgeführt, an der Liste läßt sich die Bedeutung des engagierten Verlegers Ênio Silveira von der Civilização Brasileira ablesen.

10 João Antônio (ed.), *Malditos escritores!* São Paulo, Símbolo, 1977 (Extra-realidade brasileira, Livro-Reportagem 4); kurz nach dem Erscheinen wurde die Anthologie, die in wenigen Tagen in einer Auflage von 50.000 Exemplaren über Zeitungskioske verkauft worden war, von der Zensur verboten.

11 Ebd., Vorwort "O buraco é mais embaixo", p. 4, vgl. dazu Sérgio Sant'Anna, *Um romance de geração.* (*Comédia dramática em um ato*), Rio de Janeiro, Civilização Brasileira, 1980, p. 64: Wenn man von der Generation von 64 spreche, die unter der Militärdiktatur geschrieben habe, dann seien immer Angehörige der Mittel- und Oberschicht gemeint. Wenn von einer "Generation" die Rede sei, dann spreche man nicht von Arbeitern. Auch sie habe es natürlich als "Generation von 64" gegeben, aber ohne daß sie sich in der Literatur artikuliert hätten, sie kamen nicht vor, ihnen war die Kultur nicht zugänglich; vgl. Davi Arrigucci Jr., "Jornal, realismo, alegoria: o romance brasileiro recente", in *Achados e perdidos. Ensaios de crítica*, São Paulo, Polis, 1979, pp. 82 f. über die Romane von Paulo Francis und A. Callado, ihren Anspruch, die Zeit zu

seiner Kollegen, ein "corpo-a-corpo com a vida [...]" und lehnte jede Ästhetisierung der Wirklichkeit ab. "O estético por si só, nunca."[12]

Andere SchriftstellerInnen reagieren mit dem Rückzug ins Private, wählen das in Zeiten der Repression klassische Mittel der Verschlüsselung oder verarbeiten die Gegenwart in sogenannten Reportage- und Dokumentar-Romanen. Reportage und Dokument im Roman wurden denn auch in einigen wenigen Fällen von der Zensurbehörde mit einem Verbot belegt. José Louzeiro und Renato Tapajós traf das Verbot der Zensur, weil sie mit ihren Büchern Fakten weitergaben, die in der Presse nicht mitgeteilt werden konnten. "A vantagem da literatura é que você pode dizer exatamente o que você quer dizer."[13] Die Romane *Aracelli, meu amor* und *Em câmara lenta* enthielten derart viele Informationen, daß der Leser hier ein parajournalistisches Medium fand. Beide Autoren suchten mit ihrem Buch ein wirksames Mittel der Veröffentlichung, da ihnen der Weg in die Zeitung versperrt blieb.[14] Der Justizminister hielt es für angebracht, den Autor des Buches über die Stadtguerilla, die in *Câmara lenta* so detailliert geschildert wurde, gleich mit zu beschlagnahmen und ließ ihn verhaften.[15]

Daß ein Verbot im nachhinein den Erfolg eines Buches nur unterstützen kann, ist ein nicht nur aus Brasilien bekanntes Phänomen. Eines der meistangeführten Beispiele hierfür ist der Großstadtroman *Zero* von Ignácio de Loyola Brandão. Der editorische Umweg dieses Werkes - ähnlich erging es Artur José Poerner, dessen Roman *Nas profundas do inferno* erst in Italien und Spanien erschien - ist hinreichend bekannt und trug ohne Zweifel zu seinem Erfolg in Brasilien und im Ausland bei, wie überhaupt ein Verbot oder das Gerücht eines Verbotes oftmals die Nachfrage nach Büchern, Platten oder Filmen nur verstärkte. So gab Chico Buarque de Holanda, einer der

---

porträtieren; in Wahrheit aber zeigten sie nur einen kleinen Ausschnitt aus der Gesellschaft: "[...] levantei a hipótese de que é uma história que não passa pelo povo." D. A. bezieht sich auf seinen Aufsatz über Callados Roman *Reflexos do baile*: "O baile das trevas e das águas", in *Opinião*, 25. 2. 1977, p. 21; vgl.zur Diskussion um die Demokratisierung der Kultur: Carlos Nelson Coutinho, "Cultura e democracia no Brasil", in *Encontros com a civilização brasileira*, Rio de Janeiro, vol.17,1979, pp. 37 ff.

12 João Antônio, op. cit., p. 4.
13 Plínio Marcos, zit. von A. Hohlfeldt, op. cit.,p. 115, dazu I. de Loyola Brandão, "Depois, mais tarde, é que eu descobri que as coisas que eu não podia dizer em jornal, de jeito nenhum, eu talvez pudesse dizer em livro", ebd.
14 Vgl. Davi Arrigucci Jr., op.cit, pp. 105 ff.; Dionísio da Silva, *O caso Rubem Fonseca. Violência e erotismo em "Feliz ano novo"*, São Paulo, Alfa-Omega, 1983, p. 16; der Autor geht in dieser hervorragenden Arbeit ausführlich auf die Gründe für das Verbot der Erzählungen von Rubem Fonseca ein.
15 D. Arrigucci Jr., op. cit., ebd.

meist Betroffenen, unumwunden zu, die Nachricht von Streichungen oder Verboten seiner Lieder habe den Verkauf seiner Platten nur noch gesteigert.[16] Die oft autobiographisch konzipierten politischen Romane - wie z. B. *Operação Silêncio* von Márcio Souza oder *Nas profundas do inferno* von Artur José Poerner - boten dem Leser eine unmittelbare, leicht zugängliche Auseinandersetzung mit der Gegenwart. Er las die Bücher als Faktum, Dokument und Bestandsaufnahme, jedoch nicht im Sinne eines sich objektiv gebenden Berichts, sondern vielfach emotional geprägt von der Autobiographie, die ihm eine Identifikation mit dem Erzähler erleichterte.[17]

Neben Romanen, die Erlebnisse und Erfahrungen aus der Zeit des Militärregimes zum Gegenstand hatten, beschäftigten sich andere Werke mit den Jahren unmittelbar vor 1964 wie Sinval Medina, der in *Liberdade condicional* die Zeit der Präsidentschaft von Janio Quadros und João Goulart als zeitgeschichtlichen Hintergrund wählt und erst mit dem 1982 erschienenen Roman *Cara, coroa, coragem* das politische Geschehen der siebziger Jahre reflektiert. Ebenso siedelt ein anderer Autor aus dem Süden, Moacyr Scliar, in *Mês de cães danados* die Handlung vor 1964 an.

Von jeher war gerade in Zeiten der Repression die Darstellung absurder, fantastischer Begebenheiten ein Mittel literarischer Verarbeitung von Zeitgeschehen. Jose J. Veiga tut dies z. B. in der linear erzählten Geschichte seines Romans *Sombras de reis barbudos*. Josué Guimarães beschreibt in der ebenfalls traditionell aufgebauten Handlung seines Romans *Os tambores silenciosos* die Kleinstadt Lagoa Branca, in Südbrasilien. Der selbstherrliche Bürgermeister "Oberst" João Cândido regiert den Ort mit striktem Verbot von Zeitung und Rundfunkgeräten, zum Wohl der Bevölkerung, wie er behauptet. Es ist eine Parodie auf große und kleine Despoten, eine Geschichte auch über den Widerstand der Schwachen, angesiedelt auf dem Hintergrund der dreißiger Jahre, eine pikareske Variation über die ewige Wiederkehr des Diktators. Welcher Leser wird 1976, als der Roman erschien, nicht vertraute Verhältnisse erkannt haben. Nicht von ungefähr gewinnen auch die Erzählungen von Murilo Rubião, dessen komplexe fantastische Geschichten bereits Ende der vierziger Jahre erschienen waren, nun neue Leser, die gelernt haben, zwischen den Zeilen zu lesen, die die Welt des Feuerwerkers Zacharias oder des Ex-Zauberers für sich zu entschlüsseln verstehen.

---

16 Silviano Santiago, "Repressão e censura no campo da literatura e das artes na década de 70" in *Encontros com a civilização brasileira*, Rio de Janeiro, vol. 17, 1979, p. 190.

17 Vgl. Nelson H. Vieira, *The Autobiographical Spirit in Modern Brazilian Literature*, Vortrag, Brown University, Oktober 1982; D. Arrigucci, op. cit., pp. 81 f.

Fantastisch und absurd muten auch die Erlebnisse von Ralfo an, dessen "imaginäre Autobiographie", *Confissões de Ralfo, uma autobiografia imaginária*, von Sérgio Sant'Anna, zu den bemerkenswertesten Büchern der Dekade gehört.

> Quando, nos anos 70, metade dos escritores brasileiros se acovardavam diante da ditadura e silenciavam, contemplando o próprio umbigo, e a outra metade se enchia de falsa coragem e se atolava numa literatura populista e demagógica, macaqueando o surrealismo pastoral dos "hermanos" hispanoamericanos, um jovem escritor lançava um livro absolutamente inovador - *Confissões de Ralfo, uma autobiografia imaginária* - reinaugurando a tradição do folhetim sardônico, abrindo caminhos para a ficção urbana e condenando-se a falar sozinho num ambiente hostil.[18]

Mehr als nur eine Transposition von Ereignissen in fantastische Dimensionen ist der Roman ein komplexes Spiel mit Rollen und Erzählformen. Im Vorspann zum Roman heißt es:

> Insatisfeito com a minha história pessoal até então e também insatisfeito com o meu provável e mediano futuro, resolvi transformar-me em outro homem, tornar-me personagem. Alguém que, embora não desprezando as sortes e azares do acaso, escolhesse e se incorporasse a um destino imaginário, para então documentá-lo. [...] Resumindo, digamos que este livro trata da vida real.[19]

Neun Bücher stellen neun in sich geschlossene Geschichten dar. Der imaginäre Ralfo flüchtet sich nach einem kurzen ménage a trois mit den dicken Zwillingen Sofia und Rosangela, nicht ohne die beiden einsamen Herzen noch um ein wenig Geld zu erleichtern, auf ein Schiff. Dort gewinnt er mit dem bescheidenen Startkapital ein Vermögen im Kasino, vermacht es der Bordhure für eine Liebesnacht, in einem theatralisch inszenierten "acte gratuit" und verläßt das Schiff, befreit vom plötzlichen Reichtum, nur mit dem Notwendigsten versehen, auf der Suche nach Eldorado. In der "seltsamen Irrealität eines Kriegsfilms"[20] findet Ralfo sich auf einer Insel wieder, Seite an Seite mit Rebellen, die den Sturm auf Eldorado vorbereiten und nach der Eroberung ein neues Regime einführen. Als provisorischer Führer entwirft Ralfo seine Vorstellung von der neuen Gesellschaft auf Eldorado. Noch ehe

---

18 Luis Fernando Emediato, "O 1970 brasileiro", in *Jornal do Brasil*, Caderno B, 23. 6. 1976.
19 Sérgio Sant'Anna, *Confissões de Ralfo: uma autobiografia imaginária*, Rio de Janeiro, Civilização Brasileira, 1975, p. 2.
20 Ebd., p. 41.

der fiktive Führer auf einer nicht existierenden Insel seine Ideen in die Tat umsetzen kann, wird er das Opfer eines Attentats und wacht in einem Hospital wieder auf. Vom Revolutionsrat der neuen sozialmilitaristischen Regierung von Eldorado wegen eines nicht definierten Verbrechens zum Tode verurteilt, wird Ralfo, noch nicht ganz genesen, begnadigt und in einem Militärflugzeug deportiert. Man zwingt ihn, mit einem Fallschirm über der Megalopolis Goddamm City, der größten Stadt der Welt im Norden des amerikanischen Kontinents, abzuspringen. Die monströse Großstadt im wohlhabenden Land gibt genügend Anlaß zu sarkastischen Beobachtungen. Nach seiner Verhaftung muß Ralfo in stundenlangen Verhören, einer der Höhepunkte der *Confissões*, unter brutalster Mißhandlung unsinnigste Fragen, vor allem das sogenannte Bildungsgut betreffend, beantworten. Das groteske Verfahren verweist derlei Methoden in den Bereich des Sinnlosen und Absurden und macht zugleich deutlich, daß der Autor-Erzähler eine realistische Darstellung solcher Erlebnisse ablehnt. Der Protagonist wird als illegal im Land lebendes Subjekt nach Spanien deportiert, in eine wie sich herausstellt höchst suspekte, psychiatrische Anstalt, aus der er, wiederum dank schauspielerischer Fähigkeiten, entkommt. Auf dem Weg durch Frankreich trifft Ralfo Alice-Lolita und reist mit ihr nach Paris. Unterwegs schließt sich ihnen "Pancho Sança" an. Der Lebensunterhalt muß auf etwas unehrenhafte Weise mit kleinen Diebstählen und Einbrüchen bestritten werden. Die beiden Gefährten werden entdeckt, wieder kann Ralfo entkommen und geht nun zum Theater, ein Metier, das ihm, dem fortwährend seine Rollen inszenierenden Protagonisten, besonders zusagt, schaut er sich doch selbst im ständigen Wechsel der Erzählperspektive aus der dritten in die erste Person oder in das unpersönliche "man" über die Schulter. Nach einer fantastischen Theatervorstellung muß er sich im letzten, "Literatur" überschriebenen Teil einer "Internationalen Literaturkommission" stellen. Ihr erklärt er sein Werk, ein Werk, das alle herkömmlichen Regeln des Erzählens auf den Kopf stelle. Er empfiehlt schließlich, die Seiten zu zerreißen und mit ihnen den endlich von allen Rollen befreiten Akteur. Am Ende stellt der Anwalt vor der Internationalen Literaturkommission fest:

> Ralfo é apenas um ser vagabundo e solitário, carregando uma alma ferida que se refugia nos gracejos e nos sonhos. Os gracejos que são o paroxismo da dor; a dor que sente vergonha de si mesma.

Worauf Ralfo selbst antwortet: "Sim, um ser incomunicável e solitário, porém solidário com as dores do mundo."[21] Das knappe Eingeständnis von einem, der auszog, die imaginäre Biographie in einer durchaus unimaginären Welt zu erfahren und hinter den vielen Rollenmasken seine Auseinandersetzung mit dieser realen Welt verbirgt.

Fragmentarisch erfaßte Wirklichkeit, aneinandergereihte Geschichten, die sich im Verlauf des Romans gegenseitig erhellen, Überlegungen des Autors zu Thematik und Erzähltechnik, all das reflektiert auch der 1976 veröffentlichte Roman *A festa*, mit dem Untertitel *romance: contos*. Ivan Ángelo hatte 1961 zusammen mit Silviano Santiago die Erzählungen *Duas faces* veröffentlicht. Auf die Frage, warum erst 1976 der Roman *A festa* erschienen sei, erklärte der Autor, alle größeren Verlage hätten sich damals geweigert, das Buch zu veröffentlichen. Das Risiko sei zu groß gewesen. Eine Beschlagnahme der Ausgabe hätte einen zu großen finanziellen Verlust für den Verlag bedeutet. In diesem Sinne seien die Verleger "sócios involuntários da censura" gewesen. Bereits vor 1964 hatte Ivan Ángelo den Plan gehabt, verschiedene Romanfiguren auf einem Fest zusammenzuführen. Das Fest war als Mittelpunkt des Romans vorgesehen. Jede Figur hätte sich, die Erzähltechnik des Films nutzend, selbst darstellen sollen. Die politischen Gegebenheiten hinderten den Autor, diesen Plan weiterzuverfolgen. Als er die Arbeit an dem Buch wieder aufnahm, bemerkte Ivan Ángelo, habe es einfach zu vieles gegeben, was habe gesagt werden müssen. Es habe Menschen gegeben, die sich verweigert, Menschen, die geschwiegen und Menschen, die gesprochen hätten und dafür bestraft worden seien. So wurde das Buch zu einem Roman über die Unmöglichkeit, jenes Fest zu beschreiben, ein Roman über den Konflikt eines Schriftstellers zwischen Intention und Möglichkeiten seines Schreibens. Einem Freund gesteht der Erzähler/Autor: "Este livro [...] é o resultado de um fracasso."[22] Im Roman findet das Fest schließlich nicht statt. *A festa* besteht aus neun Abschnitten bzw. Erzählungen. Sieben aufeinanderfolgende Geschichten, die zunächst als in sich geschlossene Kapitel für sich zu stehen scheinen, werden ergänzt durch ein Kapitel "Antes da festa" und ein letztes "Depois da festa". Die eingangs kommentarlos aneinandergereihten Zitate sind historischen Reiseberichten, Zeitungen und Werken über

---

21 Ebd., p. 226; vgl. Flora Süssekind, *Literatura e vida literária. Polêmicas, diários e retratos*, Rio de Janeiro, Jorge Zahar, 1985 (Brasil: os anos de autoritarismo), pp. 49 ff.

22 Ivan Ângelo, *A festa. Romance: contos*, São Paulo, Vertente, 1976, p. 167; den Anmerkungen zum Roman liegen verschiedene Gespräche mit dem Autor aus den vergangenen Jahren zugrunde.

den Nordosten, darunter auch *Os sertões*, entnommen. Aus den Zitaten kann der Leser schließen, daß sich die Probleme der Region im Verlauf eines Jahrhunderts kaum geändert haben. Zunächst könnte der Eindruck entstehen, es gehe um einen Dokumentar-Roman. Ein Zug mit Migranten aus dem Nordosten ist auf dem Bahnhof in Belo Horizonte eingetroffen, die Stadt will die Nordestinos umgehend zurückschicken, man kann sie nicht gebrauchen. Sie weigern sich jedoch und erhalten Unterstützung von einem Journalisten und einem Studenten, der im Sozialamt der Stadt arbeitet. In den folgenden Erzählungen werden Menschen verschiedenen Alters und verschiedener sozialer Herkunft geschildert. Man schreibt das Jahr 1970. Angehörige der Gesellschaft von Belo Horizonte sind zu einem Fest geladen. Obwohl die Ereignisse auf dem Bahnhof - der Zug wird in Brand gesetzt, die Migranten verstreuen sich über die Stadt - in den Hintergrund treten und vom Text her wenig Raum einnehmen, bleiben sie doch gegenwärtig. Der Autor entwickelt ein Bild von der Gesellschaft der sechziger und siebziger Jahre, indem er Personen und Handlungsebenen zunehmend miteinander verschränkt. Das Netz der Erzählstränge verdichtet sich, bis er selbst im vorletzten Kapitel mehrmals als Erzähler auftritt und seine Überlegungen zur Entstehung des Romans einfügt. Die Erzählweise wechselt mit den Personen, vom inneren Monolog zum "small talk", von ausschweifenden Gedankengängen zu lakonisch knapp nebeneinandergesetzten Textzeilen. Mit dem der Schnittechnik des Films verwandten Wechsel der Perspektiven entfällt der allwissende Erzähler. Hier ist es vielmehr einer, der seine Zweifel über das, was er tut, offenlegt. Im letzten Teil, der in der Originalausgabe durch blaues Papier gekennzeichnet ist, sind mit Hinweisen auf vorangegangene Seiten und Namen ergänzende Abschnitte zusammengestellt. Der Autor-Erzähler und ein Freund sprechen über das Fest, das im Roman nicht stattgefunden hat und diskutieren den Aufbau des Buches. Als seien die zensierten Passagen in diesem letzten Teil gesammelt worden, kann der Leser nun die Bevormundung durch die Zensur, auch die Bevormundung durch den Autor durchbrechen und selbst die "Episoden", auf diesen Begriff einigen sich die Freunde, zu einer Geschichte zusammenlesen. Der Autor überträgt seine eigene Ratlosigkeit im Umgang mit dem Stoff damit auf den Leser. Die dialektische Beziehung von Zensur und Selbstzensur, die in den meisten politischen Romanen verdeckt bleibt, wird hier thematisiert und so Teil der Erzählstruktur.[23]

---

23 Vgl. dazu zwei interessante Aufsätze im *Heine-Jahrbuch*, 26. Jg., Hamburg, Hoffmann und Campe, 1987: Michael G. Levine, "Heines Ghost Writer. Zum Problem der Selbstzensur im *Schnabelewopski*", pp. 9 - 28, und Michael Werner, "*Der politische Schriftsteller und die (Selbst-)Zensur. Zur Dialektik von Zensur und Selbstzensur in Heines Berichten aus Paris 1840 - 1844 ("Lutezia")*,

Alibi und Autopsie

Er habe, so Ivan Ángelo, mit dem Abschnitt vor und nach dem Fest diese Gesellschaft, eine Gesellschaft von Denunzianten, darstellen wollen, die der Leser durch die ergänzenden Texte im letzten Teil gewissermaßen wie in einem Polizeibericht entlarvt, indem sie sich selbst entlarvt. Damals habe die Situation ihn gezwungen, das Buch in dieser Art zu schreiben. Heute jedoch sei es notwendig, sich von der unmittelbaren Wirklichkeit etwas zu distanzieren, um sie kritisch sehen zu können.[24]

Fast schien es verfrüht, als Sérgio Sant'Anna über die Generation von '64 oder, wie sie auch genannt wurde, die Generation des AI-5, 1980 *Um romance de geração* veröffentlichte. Ein Schriftsteller versucht vergebens, den Roman seiner Generation zu schreiben. Als eine Journalistin ihn zu einem Interview aufsucht, spricht er, in einer bitteren Bilanz, über die Rolle der SchriftstellerInnen während der Diktatur. Statt auf ihre Fragen einzugehen, diktiert er aufgebracht und sarkastisch:

> Nós estávamos ali para denunciar isso tudo, ponto. Nós, os quixotes da literatura, com nossos rocinantes de papel, ponto. Nós, os escritores, fazendo a nossa boa ação do dia, espumando indignados o nosso ódio impotente, unindo-se aos nossos "irmãos", entre aspas, trabalhadores, aos sofridos, aos miseráveis, aos perseguidos de todo o país, ponto de exclamação! Tínhamos algo contra o que lutar, sem muito risco, e os melhores motivos, ponto. [...] Não, garota, era preciso que, suicida ou homicidamente, despedaçássemos este próprio conceito de literatura, ponto. Que abandonássemos o circuito viciado e rarefeito dentro do qual parecemos girar eternamente, ponto.[25]

Wie war es doch chic, bestimmte Themen literarisch zu verarbeiten, aber das Schlimme daran war, da draußen, da geschah all das wirklich. Und jeder behauptete, er habe Waldimir Herzog gekannt.

> Este último era apenas o personagem que nós, os escritores, precisávamos para manter acesa a "nossa chama", a "nossa fogueira", O JOGO, em maiúsculas, ponto de exclamação! E talvez esta "geração de 64", entre aspas, no íntimo esteja triste agora que o fim da festa se aproxima, ponto. Porque não teremos em quem botar as nossas culpas, teremos de olhar um

---

pp. 29 - 53; zur Auseinandersetzung mit der Erzählperspektive vgl. J. A. Poerner, op. cit., der 1. und der 2. Teil werden jeweils von zwei verschiedenen Erzählern übernommen.

24 Interview der Autorin mit Henrique Gnypek im September 1986 für die Deutsche Welle, Köln.

25 Op. cit., pp. 66 ff.

pouco para nós mesmos, ponto e vírgula; para a nossa BABAQUICE, maiúsculas, ponto de exclamação e parágrafo!²⁶

Nach dem Übergang von einer Diktatur zur Demokratie taucht immer wieder die Frage nach der "Schubladenliteratur" auf. In Spanien, Portugal und in Ländern Lateinamerikas, wo sich ein solcher Wechsel vollzogen hatte, stellte sich diese Frage in den vergangenen Jahren mehrfach. Und die Antwort war meistens negativ. Es zeigte sich, daß es die großen Werke, die angeblich nicht hatten veröffentlicht werden können, nicht gab. Hatte es sie nie gegeben? Oder fiel es den SchriftstellerInnen nun schwer, nachdem sie gelernt hatten, auf vielfältige Weise, wie z. B. mit dem Rückgriff auf Historisches oder dem Ausflug in das Phantastische, zwischen den Zeilen zu schreiben? Heinrich Heine klagte nach Aufhebung der Zensur im Deutschen Bund 1848:

> [...] ach! ich kann nicht mehr schreiben, ich kann nicht, denn wir haben keine Censur! Wie soll ein Mensch ohne Censur schreiben, der immer unter Censur gelebt hat? Aller Styl wird aufhören, die ganze Grammatik, die guten Sitten!²⁷

Fernando Gabeira sagte 1986, die Diktatur sei zu einem ungeheuren Alibi geworden. Sie war Entschuldigung für Unterlassenes, war jedoch auch, trotz der gerade in den siebziger Jahren harschen Zensurbestimmungen hinreichend Thema von Romanen und Erzählungen.

1986 erschien ein schmaler Band mit dem Titel *Autópsia*, von Álvaro Alves de Faria, ein stark autobiographisch geprägter Roman. Auf dem Umschlag warb der Verlag mit eben jenem Begriff der Schubladenliteratur: "Escrito há dez anos, este romance de Álvaro Alves de Faria salta da gaveta como um dilacerante grito de dor."²⁸ Zu Recht weist Renato Pompeu, selbst Autor eines wichtigen Romans der siebziger Jahre, *Quatro-Olhos*, im Vorwort zu *Autópsia* darauf hin, daß es wichtig wäre zu wissen, unter welchen Bedingungen geschrieben wurde, wie die Möglichkeiten des Veröffentlichens waren.²⁹

---

26 Ebd., p. 69.
27 *Heine-Jahrbuch*, M. Werner, op. cit.,p. 44.
28 Álvaro Alves de Faria, *Autópsia. Romance*, São Paulo, Traço, 1986.
29 "Uma análise emocionada de um momento no Brasil", pp. 7 - 10; in einen ausführlichen Brief vom 29. September 1987 an die Verfasserin dieses Aufsatzes erklärte der Autor, auch er Schriftsteller und Journalist, das Buch sei damals von allen größeren Verlagen abgelehnt worden, da es sich u. a. äußerst kritisch mit dem Verhalten der Presse auseinandersetzte und zahlreiche zensierte Passagen aus Zeitungsredaktionen enthielt. Die Verlage fürchteten Repressalien, vor

Alibi und Autopsie

Eine Autopsie jener Jahre wird erst mit einem gewissen Abstand möglich sein. Noch ist die Zensur nicht totgesagt, wie die skeptischen Äußerungen von KünstlerInnen und SchriftstellerInnen beweisen. Eine ganze Nummer der Zeitschrift *Escritor* der Brasilianischen Schriftstellervereinigung (UBE - União Brasileira dos Escritores) war kürzlich dem Thema Zensur gewidmet. Ricardo Ramos, der Präsident der UBE, forderte die Aufnahme einer eindeutigen Formulierung gegen jegliche Zensur in die neue Verfassung seines Landes, die seit Monaten von der Verfassunggebenden Versammlung diskutiert wird.[30]

Der politische Roman der siebziger Jahre wurde in Rezensionen und Aufsätzen vielfach harscher Kritik unterworfen. Er stelle literarisch keine Neuerungen dar, sei zu vordergründig, in vielen Fällen zu sehr Konfessionsliteratur.[31] Mit zunehmender Distanz werden erst die kommenden Jahre ein klares Bild ergeben von der literarischen Produktion der vergangenen zwei Jahrzehnte. Manches wird in Vergessenheit geraten. Als Bestandsaufnahme, als Dokument, sind schon einige der damals veröffentlichten Werke eingeholt worden von den unzähligen, in jüngster Zeit erschienenen Sachbüchern, angefangen bei der memorialistischen Literatur der zurückgekehrten Exilanten bis hin zu Büchern wie *Brasil, nunca mais*.[32]

> São muitos os que, como Paolo Marconi, escrevem agora uma espécie de diário comum, que aos poucos, livro a livro, vai ocupando toda a área da repressão. E da nossa amnésia. Não vamos mais escapar aos nossos próprios erros e omissões. Ou aos nossos remorsos. Livros de advertência e de expiação hão de nos tirar o sono e o sossego, retratando e documentando com afinco, com detalhes, o martírio dos desaparecidos, como Rubens Paiva; dos assassinados no cárcere, como Mário Alves; dos "suicidados" na prisão, como Vladimir Herzog!

---

allem die Reaktion der betroffenen Zeitungen. Erst unter Präsident Figueiredo nahm der Autor die Arbeit an dem Roman wieder auf und konnte ihn in stark reduzierter Form veröffentlichen. Da diese Anmerkungen sich auf die siebziger Jahre beschränken, muß eine detailliertere Analyse des Romans in diesem Zusammenhang zurückstehen und wird an anderer Stelle erfolgen.

30 Ricardo Ramos, "Nenhuma forma de censura", in *O escritor*, 45. Jornal da UBE - União Brasileira de Escritores, Julho/agosto 1987, p. 1.

31 Vgl. Flora Süssekind, op. cit.; Davi Arrigucci, op. cit.

32 Die ungewöhnliche Entstehungsgeschichte wurde in der brasilianischen Presse nach dem Erscheinen des Buches mehrfach kommentiert; sie liest sich wie ein Kriminalroman; vgl.die detaillierte Darstellung von Lawrence Weschler, "A Reporter at Large. A Miracle, A Universe" in *The New Yorker*, May 25, 1987, pp. 69 - 86; June 1, 1987, pp. 72 - 93.

Das schreibt ein wegen seines langjährigen, politischen Engagements in seinem Land geachteter Schriftsteller wie Antônio Callado im Vorwort zu einem Buch über die politische Zensur in der brasilianischen Presse bereits 1980.[33]

Die Literatur der Reportage-Romane, der fiktiven und fiktionalen Dokumente wird verdrängt vom wirklichen Dokument. Presse und Sachbuch treten wieder in die ihnen angestammte Funktion ein.

August 1987

---

33 Paolo Marconi, *A censura política na imprensa brasileira* (1968 - 1978) 2ª ed. revista, São Paulo, Global, 1980, s. n.

Politische Romane der Zeit (Auswahl)

1967 - Antônio Callado:	*Quarup*, romance, Rio de Janeiro: Civilização Brasileira.
1967 - Carlos Heitor Cony:	*Pessach. A travessia.*
1968 - Oswaldo França Júnior:	*Um dia no Rio*, Rio de Janeiro: José Olympio/Sabiá.
1971 - Antônio Callado:	*Bar Don Juan*, Rio de Janeiro: Civilização Brasileira.
1972 - Antônio Torres:	*Um cão uivando para a lua*, romance, São Paulo: Ática.
1973 - Lygia Fagundes Telles:	*As meninas*, Rio de Janeiro: José Olympio.
1973 - José J. Veiga:	*Sombras de reis barbudos*, Rio de Janeiro: Civilização Brasileira.
1975 - Assis Brasil:	*Os que bebem como cães*, São Paulo: Círculo do Livro.
1975 - Sérgio Sant'Anna:	*As confissões de Ralfo. Uma autobiografia imaginária.* Rio de Janeiro: Civilização Brasileira.
1975 - José Louzeiro:	*Lúcio Flávio, o passageiro da agonia*, Rio de Janeiro: Record.
1976 - Ivan Ângelo:	*A festa*, romance: contos, São Paulo: Vertente.
1976 - José Louzeiro:	*Aracelli, meu amor*, Rio de Janeiro: Record.
1976 - Josué Guimarães:	*Os tambores silenciosos*, Porto Alegre: Globo.
1976 - Renato Pompeu:	*Quatro-Olhos*, romance, São Paulo: Alfa-Omega.
1977 - Moacyr Scliar:	*Mês de cães danados*, Porto Alegre: L & PM.

1977 - Renato Tapajós: *Em câmara lenta*, São Paulo: Alfa-Omega.

1977 - Antônio Callado: *Reflexos do baile*; Rio de Janeiro: Paz e terra.

1978 - Paulo Francis: *Cabeça de papel*, Rio de Janeiro: Civilização Brasileira.

1979 - Márcio Souza: *Operação silêncio*, romance, Rio de Janeiro: Civilização Brasileira.

1979 - Artur José Poerner: *Nas profundas do inferno*, Rio de Janeiro: Codecri.

1979 - Paulo Francis: *Cabeça de negro*, Rio de Janeiro: Nova Fronteira.

1980 - Sinval Medina: *Liberdade condicional*, Rio de Janeiro: Codecri.

1980 - Sérgio Sant'Anna: *Um romance de geração. Comédia dramática em um ato*, Rio de Janeiro: Civilização Brasileira.

1981 - Antônio Callado: *Sempreviva*, Rio de Janeiro: Nova Fronteira.

1981 - Silviano Santiago: *Em liberdade, uma ficção*, Rio de Janeiro: Paz e Terra.

1982 - Sinval Medina: *Cara, coroa, coragem*, romance, Rio de Janeiro: Nova Fronteira.

1986 - Álvaro Alves de Faria: *Autópsia*, romance, São Paulo: Traço.

Konsultierte Bibliographie (Auswahl)

Adonias Filho:
"Aspectos sociais do romance brasileiro", in: *Revista brasileira de cultura*, II, 1970, nº 3, pp. 147 - 160.

Modernos ficcionistas brasileiros, 2ª série, Rio de Janeiro, Tempo Brasileiro, 1965 [Estudos literários 4].

Alves, Maria Helena Moreira:
Estado e oposição no Brasil (1964 - 1984), Petrópolis: Vozes 1984.

Antônio, João (Hg.):
Malditos escritores! São Paulo, Símbolo, 1977 [Extra-realidade brasileira, Livro reportagem, 4].

Arrigucci Jr., Davi:
"Jornal, realismo, alegoria: o romance brasileiro recente", in: *Achados e perdidos. Ensaios de crítica*, São Paulo: Polis 1979, pp. 79 - 115.

"O baile das trevas e das águas" in: *Opinião*, 25. 2. 1977, pp. 19 - 21.

Brasil, Assis:
"A festa de Ivan Ângelo", in: *Última Hora/Revista*, 3. 9. 1976.

Brasil: nunca mais.
Prefácio de Dom Paulo Evaristo Arns, Petrópolis: Vozes 1985.

César, Ana Cristina:
"Um livro cinematográfico e um filme literário", in: *Opinião*, 22. 10. 1976.

Costa, Flávio Moreira da:
"A boa ficção brasileira de 1975", in: *Escrita*, I, núm. 4, 1976.

Coutinho, Carlos Nelson:
"Cultura e democracia no Brasil", in: *Encontros com a civilização brasileira*, Rio de Janeiro, vol. 17, 1979, pp. 19 - 48.

Coutinho, Carlos Nelson et al.:
Realismo e anti-realismo na literatura brasileira, Rio de Janeiro: Paz e Terra, 1974 [Estudos sobre o Brasil e a América Latina 24].

Cunha, Fausto:
Situações da ficção brasileira, Rio de Janeiro: Paz e Terra, 1970 [Estudos sobre o Brasil e a América Latina 16].

Emediato, Luís Fernando:
"O 1970 brasileiro", in *Jornal do Brasil*, Caderno B, 23. 6. 1976.

O escritor.
45º Jornal da UBE - União Brasileira de Escritores, Julho/Agosto 1987.

Ferraz, Geraldo:
"Escritores de briga", in *Isto É*, 12. 5. 1982.

Gorender, Jacob:
Combate nas trevas. A esquerda brasileira: das ilusões perdidas à luta armada, São Paulo: Ática 1987.

Heine-Jahrbuch 1987.
26. Jahrgang, Hamburg: Hoffmann und Campe 1987: Michael G. Levine, "Heines Ghost Writer. Zum Problem der Selbstzensur im *Schnabelewopski*", pp. 9 - 28; Michael Werner, "Der politische Schriftsteller und die (Selbst-)Zensur. Zur Dialektik von Zensur und Selbstzensur in Heines Berichten aus Paris 1840 - 1844 ('Lutezia')". pp. 29 - 53.

Hohlfeldt, Antônio:
"Diferenças entre jornalismo e literatura. Existem?", in *Cotidiano da escrita (Política cultural e Nova República)*, Porto Alegre: Edipaz, 1985, pp. 111 - 136.

Jaguaribe, Hélio et al.:
Brasil, sociedade democrática, Rio de Janeiro: José Olympio, 1985 [Documentos brasileiros, 196].

José, Elias:
"Anotações sobre *A festa* de Ivan Ângelo", in *Correio do Povo*, 5. 2. 1977.

Konder, Rodolfo:
Cadeia para os mortos. (Histórias de ficção política), São Paulo: Alfa-Omega 1977.

Kuck, Claudio:
"A censura está errada". Entrevista com Coriolano Fagundes, in *Veja*, 25. 12. 1985.

Lidmilová, Pavla:
"Sociedade, terra e homem no romance brasileiro contemporâneo (1946 - 1976)" in *Ibero-americana pragensia*, XII, 1978, pp. 19 - 38.

Louzada Filho, O. C.:
"La ficción en crisis: Problemas del autor brasileño", in *Revista de cultura brasileña*, VII, 1968, núm. 25, pp. 152 - 165.

Lucas, Fábio:
O caráter social da ficção do Brasil, São Paulo: Atica 1985.

O caráter social da literatura brasileira, São Paulo: Quíron, 2ª ed., 1976.

Crítica sem dogma, Belo Horizonte: Imprensa Oficial do Estado de Minas Gerais, 1983.

Machado, Janete Gaspar:
Constantes ficcionais em romances brasileiros dos anos 70, Florianópolis: Ed. da UFSC, 1981.

Marconi, Paolo:
A censura política na imprensa brasileira (1968 - 1978), 2ª ed. revista, São Paulo: Global, 1980.

Martins, Wilson:
"Repensar a censura", in *Veja*, 20. 9. 1978.

Medina, Cremilda:
"La censura en el Brasil atañe ahora a la cultura universal", in *Chasqui*, núm. 18, 1977, pp. 9 - 15.

Memórias do Brasil.
Brasil 1964 - 19??. I: De muitos caminhos, Pedro Celso Uchoa Cavalcanti et al. (ed.), São Paulo: Livramento 1978.

Memórias das mulheres do exílio.
II: Albertina de Oliveira Costa et al., Rio de Janeiro: Paz e Terra 1980.

Monegal, Emir Rodríguez:
"Writing Fiction under the Censor's Eye", in *World Literature Today*, Winter 1979, pp. 19 ff.

Mota, Carlos Guilherme:
Ideologia da cultura brasileira (1933 - 1974). Pontos de partida para uma revisão histórica, São Paulo: Ática, 4ª ed. 1980, [Ensaios, 30].

Onofre, José:
"Os romances de Paulo Francis", in: *Revista Oitenta*, pp. 253 - 265.

Parker, John. M.:
"Rumbos de la novela brasileña contemporánea: 1950 - 1970", in: *Revista de cultura brasileña*, 1974, núm. 38, pp. 5 - 28.

Pereira, Moacir:
"Política e censura", in *Encontros com a civilização brasileira*, Rio de Janeiro, vol. 17, 1979, pp. 151 - 167.

Poerner, Artur José:
O poder jovem. História da participação política dos estudantes brasileiros; pref. do Gen. Pery Constant Beviláqua; apres. de Antônio Houaiss, 2ª ed. ilustr., revisada e ampliada, Rio de Janeiro: Civilização Brasileira, 1979, [Retratos do Brasil 68], 1ª ed. 1968.

Ribeiro, Darcy:
"Nosotros Latino-Americanos", in: *Encontros com a civilização brasileira*, Rio de Janeiro, vol. 29, 1982, pp. 33 - 55.

Roth, Wolfgang:
"Zum Verhältnis von Kulturideologie und Literaturwissenschaft in Brasilien", in: *Ibero-Romania*, 12, N. F. 1980, pp. 130 - 144.

Santiago, Silviano:
"Prosa literária atual no Brasil", in: *Revista do Brasil*, I, núm. 1, 1984, pp. 46 - 53.

"Repressão e censura no campo da literatura e das artes na década de 70", in: *Encontros com a civilização brasileira*, Rio de Janeiro, vol. 17, 1979, pp. 187 - 194.

Vale quanto pesa, Rio de Janeiro: Paz e Terra 1982.

Schwartz, Ester:
"Entre a broa e a 'madeleine'", in: *Jornal do Brasil*, 22. 12. 1985.

Schwarz, Roberto:
"Criando o romance brasileiro", in: *Argumento*, I, núm. 4, 1974, pp. 19 - 74.

Silva, Aguinaldo:
"A festa acabou. Seis anos depois, os restos", in: *O Globo* (o. Dat.).

Silva, Deonísio da:
O caso Rubem Fonseca, Violência e erotismo em "Feliz ano novo", São Paulo: Alfa-Omega 1983.

Nos bastidores da censura: sexualidade, literatura e repressão pós-64, São Paulo: Estação Liberdade 1989.

Silveira, Homero:
Aspectos do romance brasileiro contemporâneo, São Paulo: Convívio-MEC-INL 1977.

Slater, Candace:
"A Triple Vision of Brazil", in *Review, Latin American Literature and Arts*, New York, January/May 1984, pp. 13 - 15.

Sodré, Nelson Werneck:
História da história nova, Petrópolis: Vozes 1986.

"Posição e responsabilidade dos intelectuais", in: *Encontros com a civilização brasileira*, Rio de Janeiro, vol. 18, 1979, pp. 99 - 122.

Vida e morte da ditadura. Vinte anos de autoritarismo no Brasil, Petrópolis: Vozes 2ª ed., 1984.

Steen, Edla van:
Viver e escrever, Porto Alegre, L & PM, vol. 1, 1981; vol. 2, 1982.

Stepan, Alfred C.:
Os militares: da abertura à nova república, Rio de Janeiro: Paz e Terra 1986 [Estudos brasileiros, 92].

Süssekind, Flora:
Tal Brasil, qual romance? Uma ideologia estética e sua história: o naturalismo, Rio de Janeiro: Achiamé 1984.

Literatura e vida literária. Polêmicas, diários e retratos, Rio de Janeiro: Jorge Zahar 1985 [Brasil: os anos de autoritarismo].

Ventura, Zuenir:
1968: O ano que não terminou, Rio de Janeiro: Nova Fronteira 1988.

Vieira, Nelson H.:
"The Autobiographical Spirit in Modern Brazilian Literature", Vortrag, Brown University, October 1982, 12 p. Ms.

Weschler, Lawrence:
"A Reporter at Large. A Miracle, A Universe", in: *The New Yorker*, May 25, 1987, pp. 69 - 86; June 1, 1987, pp. 72 - 93.

Zilberman, Regina:
"Vanguarda e temática nacional", in: *Ibero-Romania*, 12, N.F., 1980, pp. 145 - 154.

"Vida nacional e experimentação na literatura brasileira", in: *Encontros com a civilização brasileira*, Rio de Janeiro, vol. 20, 1980, pp. 125 - 138.

Roberto Ventura

PROSA EXPERIMENTAL NO BRASIL

1. A prosa de ficção pós-64

Em artigo de 1980, pergunta-se Haroldo de Campos acerca da possibilidade de existência de uma literatura experimental, de vanguarda, em um país subdesenvolvido. Partindo da reflexão de Oswald de Andrade nos anos 1920, propõe-se Campos a pensar o nacional em relação dialógica e dialética com o universal, recorrendo à "antropofagia" oswaldiana como "pensamento da devoração crítica do legado cultural universal".[1] Ao enfocar o nacional como "movimento dialógico da diferença", procura Campos descentrar a questão da origem da literatura brasileira e latino-americana a partir de uma "razão antropofágica ", a partir da qual escritores de culturas supostamente periféricas se apropriariam da tradição ocidental, provocando uma redefinição da relação cultural entre a Europa e a América Latina.

Os anos 1970 foram caracterizados, em termos de produção literária no Brasil, por um "boom editorial", correspondente sobretudo à prosa de ficção.[2] O "boom" da ficção traz um predomínio de obras de tendência mimética, próximas do realismo, em que se procura denunciar as contradições da sociedade brasileira no período posterior ao golpe militar de 1964. Surge uma prosa de ficção próxima da verossimilhança realista, em uma espécie de neo-naturalismo ou neo-realismo, relacionado às formas de representação do jornal, seja pela adoção do molde do romance-reportagem ou pela imitação de

---

[1] H. de Campos, "Da razão antropofágica: diálogo e diferença na cultura brasileira", in: *Boletim Bibliográfico. Biblioteca Mário de Andrade* (São Paulo), v. 44, n. 1/4, jan. - dez. 1983: 107 - 127, p. 109.

[2] H. Buarque de Holanda/M. A. Goncalves, "Política e literatura: a ficção da realidade brasileira", in: *Anos 70*. Rio de Janeiro, Europa, 1979 - 1980, v. 2.

técnicas jornalísticas, como a montagem.[3] Configura-se a opção por uma literatura orientada pela referencialidade e marcada pela vontade de representar, através da alegoria, a realidade política do país. Essa opção por uma "literatura-verdade" se faz em detrimento de uma linguagem menos figurada e mais ficcional.[4]

Ao lado dessa literatura de tendência mimética, desponta uma outra vertente, em que se enfatiza a construção literária e ficcional que chega, por vezes, à adoção de uma escrita *experimental*. Essa literatura experimental se encontra menos comprometida com o mercado editorial e com as exigências do público de romances, cuja expansão se relaciona ao processo de modernização econômica e de expansão urbana do Brasil nas décadas de 1960 e 1970. A literatura experimental se afasta do padrão realista, recorrendo à estética do fragmento, à dissolução de gêneros, à contaminação entre prosa de ficção e escrita ensaística, à tensão dos limites entre prosa e poesia, à incorporação da linguagem e das técnicas do cinema e dos mídias eletrônicos, como a televisão e o rádio.

Serão abordados alguns textos que se destacam pela escrita experimental: *Galáxias*, de Haroldo de Campos, *Três mulheres de três pppês*, de Paulo Emílio Salles Gomes, *Catatau*, de Paulo Leminski e *Em liberdade*, de Silviano Santiago. Neles aparecem com certa frequência os temas de "viagem" e "prisão". Em *Galáxias* e *Catatau*, constitui a viagem princípio organizador da escrita, em que o deslocamento geográfico-cultural se articula ao experimentalismo. Em contraparte à viagem, irrompe o tema da prisão, confinamento espacial, pelo qual se exercem a violência e a repressão, como no *Em liberdade, Me segura qu'eu vou dar um troço*, de Waly Salomão, *Zero* (1975), de Ignácio Loyola Brandão, *A Festa* (1976), de Ivan Ângelo, *Quatro-olhos* (1976), de Renato Pompeu, *Em câmara lenta* (1977), de Renato Tapajós. Outra variante da prisão são as instituições psiquiátricas em *Armadilha para Lamartine* (1976), de Carlos & Carlos Sussekind, *Quatro-olhos*, de Renato Pompeu e *Confissões de Ralfo*, de Sérgio Sant'Anna, em que a loucura se apresenta como forma de resistência contra o autoritarismo.

---

3   D. Arrigucci Jr., "Jornal, realismo, alegoria: o romance brasileiro recente", in: id., *Achados e perdidos. Ensaios de crítica*. São Paulo: Pólis 1979.
4   F. Süssekind, *Literatura e vida literária. Polêmicas, diários & relatos*. Rio de Janeiro: Zahar 1985, p. 10.

2. A viagem textual de Galáxias

Em *Galáxias*, de Haroldo de Campos, realiza-se uma viagem no território da linguagem e da escrita:"e começo aqui e meço aqui este começo e recomeço e arremesso e aqui me meço quando se vive sob a espécie da viagem".[5] Afirma-se uma literatura com estatuto metalinguístico, em que se abolem as distinções entre ficção e ensaísmo, tornando a reflexão sobre o fazer literário parte do processo criativo: "por isso começo a escrever mil páginas escrever miluma páginas para acabar com a escritura para começar com a escritura para acabar-começar com a escritura ".

Dissolve-se distinção entre poesia e prosa em uma escrita não linear, que coloca em questão a trama e a verossimilhança realistas. O livro se aproxima do *ensaio* no duplo sentido de ensaísmo e de tentativa, tateio, recomeço do livro: "todo livro é um livro de ensaio de ensaios do livro". Esse caráter de "ensaio" explica o traço circular e recorrente de *Galáxias*. O projeto do *livro* de Mallarmé, com sua escrita circular, ao mesmo tempo fragmento e totalidade, aqui se manifesta: "um livro onde tudo seja não esteja seja um umbigodomundo-livro um umbigodolivromundo".

Caracteriza H. de Campos *Galáxias* como "livro-viagem" concebido enquanto "epifania":

> texto imaginado no extremar dos limites da poesia e da prosa, pulsão bioescritural em expansão galática entre esses dois formantes cambiáveis ou cambiantes (tendo por ímã temático a viagem como livro ou o livro como viagem, e por isso mesmo entendido também como um 'livro de ensaios'), hoje, retrospectivamente, eu tenderia a vê-lo como uma insinuação épica que se resolveu numa epifânica.

O projeto épico teria levado o autor a uma solução epifânica. *Epifania* designa, na concepção de Joyce, uma súbita manifestação espiritual, captada pelo escritor e concebida enquanto *imagem estética*. A respeito da noção joyceana de "epifania", observa Umberto Eco: "Para Joyce, o que caracteriza a epifania é a sensação que o artista experimenta quando sua imaginação começa a conceber uma aparição enquanto imagem estética".[6]

As "galáxias" se referem ao conjunto e multiplicidade de espaços urbanos em que se desenrola o percurso do turista intertextual: Granada, Stuttgart, Genebra, João Pessoa, Roma, San Sebastián, Paris, Colônia, Madrid, Toledo,

---

5　H. de Campos, *Galáxias*. São Paulo: Ex Libris 1984, sem referências de página.
6　U. Eco, "Sobre uma noção joyceana", in: *Joyce e o estudo do romance moderno*. São Paulo: Mayo 1974, p. 55 - 56.

Tübingen, Nova Iorque, Cidade do México, San Francisco, Veneza, Washington, Mariana, são alguns dos referentes urbanos dos ensaios textuais de *Galáxias*. As "galáxias" designam ainda os ensaios textuais, em que essas marcas urbanas aparecem de forma multifacetada, colocando em xeque a idéia de referencialidade. O caráter galático e multiespacial do livro-viagem se manifesta na pluralidade linguística do texto, com interferências do espanhol, alemão, japonês, inglês, italiano, latim, grego.

Em *Ruptura dos gêneros na literatura latino-americana* (1977), observa H. de Campos que a irrupção da temática metalinguística produziu, na literatura latino-americana, a contaminação da prosa de ficção pelo ensaio crítico, abalando a "pureza" dos gêneros. Considera que a poesia concreta teria surgido de uma meditação crítica de formas, realizando um "entrecruzamento de media" pela incorporação das técnicas de montagem do cinema, da teoria ideogramática de Eisenstein, de princípios da música e da pintura e de recursos do jornal, do cartaz e da propaganda.[7]

A orientação modernizante do projeto literário de H. de Campos se relaciona à ênfase entre os teóricos e praticantes do concretismo na "poesia de exportação". A "redução estética" e a "síntese" de formas da poesia internacional e nacional teriam permitido, segundo Campos, superar a *dependência* cultural, substituindo uma "poesia de importação" por uma de "exportação" e eliminando a defasagem entre os movimentos literários brasileiros e os europeus. Localiza-se *Galáxias* nos limites de uma concepção moderna de literatura. A poesia concreta defende uma modernidade cultural, recorrendo ao discurso da modernização social no programa de uma "poesia de exportação": "O movimento de poesia concreta alterou profundamente o contexto da poesia brasileira. [...] No plano internacional, exportou idéias e formas".[8]

A obra textual de Haroldo de Campos, englobando poesia, prosa, crítica e tradução, enfatiza o caráter experimental e construtivo da linguagem. Destaca assim obras como as de Mallarmé, Joyce, Pound e Cummings como "eixos radiais" do "campo vetorial da arte poética" contemporânea.[9] O *paideuma* concreto se orienta por um critério valorativo, que determina a seleção de autores marcados pelo experimentalismo. A partir dessa ênfase empreende Campos uma "revisão" da literatura brasileira, redescobrindo escritores,

---

7   H. de Campos, *Ruptura dos gêneros na literatura latino-americana*. São Paulo: Perspectiva 1977, p. 46.
8   A. de Campos/D. Pignatari/H. de Campos, *Teoria da poesia concreta*. São Paulo: Duas Cidades 1975, p. 7.
9   H de Campos, "A obra de arte aberta", in: A. de Campos/D. Pignatari/H. de Campos, *Teoria da poesia concreta*, op. cit., p.30.

como Gregório de Matos, Qorpo Santo, Sousândrade ou Oswald de Andrade, não privilegiados pela história literária tradicional.[10] Estabelece a partir da poesia de Oswald de Andrade uma "linha de poética substantiva", "de poesia contida, reduzida ao essencial do processo de signos", que passaria por Drummond na década de 1930 e enformaria a obra de J. Cabral de Melo Neto, projetando-se na poesia concreta.[11]

3. A viagem aos trópicos e a escrita barroca

Catatau (1975), de Paulo Leminski, constrói-se a partir da possibilidade imaginária de que Descartes, freqüentador da Corte de Maurício de Nassau em Haia, tivesse vindo ao Brasil na expedição holandesa do século XVII. O livro mostra as reflexões de "Renato Cartesius", "tropicalizado" em termos de pensamento e linguagem pelo meio brasileiro. Como resultado do abalo do seu sistema perceptivo ante uma realidade que desafia o método científico, confundem-se e se embaralham seus pensamentos, o que se manifesta na escrita barroca do filósofo: "Meus pensamentos leva-os e me deixa com calor. Nada me lembra nada. Eloqüência, e ninguém comigo".[12]

Se Descartes, no *Discours de la méthode* (1637), trata da busca do conhecimento pelo indivíduo, enfatizando a universalidade do espírito humano e a importância da utilização do "método para reconhecer a verdade", a realidade encontrada pelo Cartesius de *Catatau* se afasta da "geometria", configurando um mundo "torto": "ah! Brasília, foras exata e não foras! [...] o mundo saiu da cabeça de Deus geometria vista sob a água, começou a ficar tonto".[13]

Cartesius se exercita na busca do conhecimento observando a natureza brasileira: "Do parque do príncipe, a lentes de luneta, *contemplo a considerar o cais, o mar, as nuvens, os enigmas e prodigios de Brasília*". Detém-se nas estranhas fauna e flora locais, que passam a povoar seus sonhos e pensamentos: "Palmilho os dias entre essas bestas estranhas, meus sonhos se populam da estranha fauna e flora: o estalo de coisas, o estalido dos bichos, o estar interessante: a flora fagulha e a fauna floresce ... Singulares exces-

---

10 H. de Campos, "Da razão antropofágica: diálogo e diferença na cultura brasileira", art. cit.
11 H. de Campos, "Uma poética da radicalidade", in: O. de Andrade, *Poesias reunidas*. Rio de Janeiro: Civilização Brasileira, p. xi.
12 P. Lemiski, *Catatau*. Curitiba, 1975, p. 50.
13 Id., ebd., p. 14

sos ...".¹⁴ Os naturalistas da expedição holandesa colecionam bichos e flores, em esforço classificatório de redução da realidade local à nomenclatura científica latina: "Viveiro? Isso está tudo morto. Por eles, as árvores já nasciam com o nome em latim na casca, os animais com o nome na testa".¹⁵

Assim como em *Galáxias*, reflete-se em *Catatau* sobre a escrita. Trata P. Leminski da transplantação do livro e do letrado da Europa para o Brasil através da figura de Cartesius, cujo espírto lógico e geométrico se desarticula ante o contato com uma realidade estranha. O deslocamento físico-espacial instaura uma *diferença* em termos de escrita, fazendo com que o tratado filosófico ou científico dê lugar ao "catatau", em que se reúnem reflexões díspares através de uma linguagem barroca.

Catatau pode ser aproximado de outro texto ficcional que trata da transposição do método cartesiano à América Latina, *El recurso del método* (1974), de Alejo Carpentier. No romance de Carpentier, é discutida a passagem do cartesianismo enquanto modelo filosofíco-político à realidade política de um país imaginário, espécie de suma dos regimes ditatoriais do continente. A transplantação do "método" e de modelos, como o liberalismo e a Ilustração, se daria por deslocamento e inversão.

A adaptação do "método" cartesiano é personificada pelo "Primer Magistrado", tirano ilustrado que recorre à repressão violenta contra seus oponentes políticos. A ausência de "espírito cartesiano" nos países latino-americanos explicaria, na opinião do Ilustrado Acadêmico visitado pelo Primeiro Magistrado em Paris, o gosto pela eloquência e pompa românticas: "por carecer de espíritu cartesiano [...] somos harto aficionados a la elocuencia desbordada, al *pathos*, a la pompa tribunicia con resonancia de fanfarria romántica [...]".¹⁶

Haveria, na América Latina imaginária de Carpentier, lugar não para o "espírito cartesiano" e o "discurso do método", mas antes para o "recurso ao método" da repressão e violência, através dos quais se teria imposto o lado obscuro da razão no continente. Quanto ao Cartesius de P. Leminski, a desarticulação de sua lógica se revela ao nível de uma escrita fortemente marcada por um experimentalismo barroco.

Em outro texto próximo do experimentalismo, *Três mulheres de três pppês* (1977), adota Paulo Emílio Salles Gomes uma prosa de ficção próxima do ensaísmo. A partir da imitação e do pastiche da prosa solene sob a pena de personagens com traços grotescos, produz-se, na observação de R. Schwarz, um desacordo total entre a limitação dessas figuras e a inteligência da

---

14 Id., ebd., p. 1 - 2.
15 Id., ebd., p. 21 - 23.
16 A. Carpentier, *El recurso del método*. México: Siglo XXI 1984, p. 22.

escrita.[17] As três novelas conjugais que compõem o livro se baseiam na revisão dos acontecimentos a partir de revelações posteriores que tudo modificam. O experimentalismo de *Três Mulheres* ... se manifesta menos ao nível da escrita, mas na falsidade encoberta pela seriedade aparente, construindo-se um enredo em que as certezas conjugais de Polydoro são colocadas em questão por descobertas que lançam luz grotesca sobre sua vida afetiva. Na primeira novela, o adultério cometido com a mulher de seu antigo professor deixa Polydoro com remorso, ao descobrir, após vinte e cinco anos, ter sido parte de plano do casal para gerar um filho. Em outra novela, a relação com a mulher é reconsiderada a partir da leitura de duas versões conflitantes do diário, deixado por esta após sua morte acidental.

Viaja Polydoro com bolsa de estudos à Europa, seguindo uma metódica "lista de visitas indispensáveis": "a quadra do cemitério de Montparnasse onde está enterrado Baudelaire, o número exato da Rue Monsieur Le Prince onde morou Auguste Comte e o endereço da Biblioteca Vaticana de Milão que conserva desenhos pouco conhecidos de Leonardo".[18] Seu roteiro cultural tem um caráter caricato, relacionando-se à fluência ensaística de sua escrita, marcada pela "permanente disposição de tudo relacionar e explicar, com os meios próprios da *cultura geral*" (Schwarz). Recorre assim a um amálgama de conhecimentos amadorísticos, esquemas científicos, convicções ocultistas e formação humanística, cuja modernidade está precisamente na nota falsa.[19]

4. A prisão vista por dentro e por fora

Me segura que eu vou dar um troço (1972), de Waly Salomão (ou Sailormoon) se insere em uma linha de literatura *pop*, em que se fazem presentes o cinema e a música. É adotada uma escrita de traços cinematográficos, com cortes rápidos, através dos quais se juntam elementos díspares. Esse estilo se manifesta no "Roteiro turístico do Rio", em que se descortina a cidade do Rio de Janeiro, através de *takes up* planos. Revela Salomão sua opção experimental: "Morte às linguagens existentes morte às linguagens exigentes. Ex-

---

17 R. Schwarz, "Sobre as três mulheres de três pppês", in: id., *O pai de família e outros estudos*. Rio de Janeiro: Paz e Terra 1978, p. 130.
18 P. E. Salles Gomes, *Três mulheres de três pppês*. São Paulo, Perspectiva, 1977, p. 10.
19 R. Schwarz, art. cit., p. 137.

perimento livremente".[20] Essa opção se mescla a um tom confessional, que não exclui a auto-ironia, ao comentar o estilo pouco tradicional do livro: "A pontuação delirante e a construção atomizante (por certo procedimentos suspeitamente 'vanguardistas', atrasados e repetidos) não escondem que o autor derrapa no mito colonialienador do grande artista".[21]

Em *Maciste no inferno* (1983), utiliza Valêncio Xavier recursos do cinema mudo, alternando a narrativa com imagens de cenas, letreiros dos diálogos, partituras de música. Assiste o narrador à película "Maciste no inferno", da qual são reproduzidas imagens, letreiros e partitura. Enquanto na tela se assiste à luta de Maciste contra o demônio que corrompera sua irmã, procura o espectador seduzir mulher sentada ao seu lado.[22]

Em *Me segura que eu vou dar um troço*, encontra-se presente a experiência da prisão e do confinamento, tema recorrente na literatura da dácada de 1970, como em *Zero*, de Ignácio Loyola Brandão. *Zero* (1975) se passa em um "país da América Latíndia", que se encontra unificado pelos mídias eletrônicos, transmitindo mensagens oficiais grotescas e arbitrárias: são proibidos beijos e abraços em público e músicas profanas, determina-se o tipo de sapato a ser usado ou se ordena o suicídio coletivo da população. Recorre Loyola Brandão à montagem e ao aproveitamento do espaço tipográfico, incorporando a linguagem do jornalismo, dos relatórios secretos e interrogatórios policiais, dos comunicados governamentais e da publicidade.[23]

Em meio à literatura que trata da prisão, surge a imagem da prisão vista "de fora" de *Em liberdade* (1981), de Silviano Santiago. O romance-ensaio de Santiago é um diário fictício de Graciliano Ramos, após sua saída da prisão em 1937, constituindo uma suposta continuação das *Memórias do cárcere*. Nesse jogo de espelhos, aparece Santiago como "editor" do diário de Graciliano, construindo uma narrativa em três planos: o escritor Graciliano, "em liberdade" no Rio de Janeiro; o "suicídio" do poeta Cláudio Manuel da Costa em Minas Gerais, em fins do século XVII e a morte do jornalista Wladimir Herzog em uma prisão de São Paulo, na década de 1970.

Em liberdade faz pouca alusão à experiência da prisão, voltando-se para os dilemas políticos e existenciais do G. Ramos ficcional e à sua posição quanto ao papel do escritor e do intelectual. O pouco destaque da experiência da prisão no romance de Santiago se deve à crítica do *martírio* enquanto base

---

20 W. Sailormoon, *Me segura que eu vou dar um troço*. Rio de Janeiro, José Alvaro, 1972, p. 45. Republicação em W. Salomão: *Gigolô de bibelôs*. São Paulo: Brasiliense 1983, p. 11.
21 W. Sailormoon, *Me segura que eu vou dar um troço*, op. cit, p. 100.
22 V. Xavier, *Maciste no inferno*. Curitiba: Criar 1983.
23 I. Loyola Brandão, *Zero* (1975). Rio de Janeiro: Ed. Brasília 1976, p. 147.

Prosa experimental no Brasil

de sustentação da luta política. Rebela-se o personagem Graciliano contra aqueles que querem transformar a sua condição de perseguido político em fator de mobilização contra o regime de Getúlio Vargas:

> Receio [...] é que queiram - no fundo - reduzir-me à condição de eterno enjaulado, de vítima para todo o sempre. [...] Toda e qualquer luta política que se repousa sobre a prisão e o ressentimento conduz ao nada, no máximo a uma ideologia de crucificados e mártires, que terminaram por serem os fracassados heróis da causa.[24]

Na recusa a converter a experiência da prisão em bandeira política, irrompe o ficcional no interior de *Em liberdade*, levando à interpretação dos fatos históricos via ficção. Em viagem a São Paulo, sonha Graciliano, de acordo com seu "diário", com o suicídio do poeta Cláudio Manoel da Costa em Vila Rica, cidade das minas de ouro. Segundo a versão oficial das autoridades portuguesas, teria C. M. da Costa se suicidado na cela em que se encontrava detido após o fracasso da rebelião contra o regime colonial em 1789. No sonho de Graciliano, o poeta é asfixiado por alta figura da administração portuguesa, que a seguir simula o seu "suicídio". Procura G. Ramos reunir a partir daí informações sobre a rebelião de Vila Rica, de modo a repensar em termos ficcionais a morte de C.M. da Costa:

> Não quero uma ficção que seja por demais desgarrada do dia-a-dia dos rebeldes e poderosos. Quero repensar, sem preconceitos, toda a trama urdida por isso a que chamamos tradição histórica.[25]

Essa "ficção dentro da ficção" apresenta uma significação alegórica, ao traçar paralelos entre C.M. da Costa e o "suicídio" no Brasil recente do jornalista Wladimir Herzog. Discute assim Santiago a posição do intelectual no processo de abertura política e transição democrática dos últimos anos. A partir de uma composição complexa, o romance constrói-se em três movimentos históricos, apresentados através de diversos tipos de discursos: o autobiográfico, correspondente ao diário fictício de G. Ramos; o onírico, o sonho em que se encena o "suicídio" de C.M. da Costa; o alegórico, sugerindo paralelos entre essa morte e a de W. Herzog; o ficcional, que funda a "falsa verossimilhança" de *Em Liberdade* e a abordagem da Inconfidência Mineira pelo personagem G. Ramos.

Em "Pierre Menard, autor del Quijote", analisa J. L. Borges a obra de um escritor fictício, cujo feito mais singular teria sido a tentativa de reescrever *El Quijote*, de Cervantes. O Quixote fragmentário de Menard, cujo texto coin-

---

24 S. Santiago, *Em liberdade*. Rio de Janeiro: Paz e Terra 1981, p. 59.
25 Id., ebd., p. 206.

cide linha por linha com o de Cervantes, é elogiado por Borges como obra mais rica e sutil do que a sua fonte de inspiração pela tarefa quase impossível de recriar, em pleno século XX, o tema.[26]

A "técnica do anacronismo" do Menard de Borges pressupõe uma história literária como jogo de espelhos, em que as relações entre autores e obras ultrapassem as regras da cronologia ou os mecanismos das fontes e influências. A ficção de Silviano Santiago parte, em uma possível filiação borgiana, de um anacronismo deliberado, que busca iluminar o presente pelo cruzamento de referentes históricos e formas de enunciação. Se os temas de "prisão" são freqüentes na literatura brasileira da década de 1970, *Em Liberdade* realiza um interessante deslocamento no romance político, dando ao diário confessional um tom falso e construindo uma narrativa que vai além da lógica histórica.

---

26 J. L. Borges, "Pierre Menard, autor del Quijote", in: id., *Obras completas*. Buenos Aires: Emecê 1974, p. 448.

Erhard Engler

VON DER PRÄHISTORIE IN DIE ZUKUNFT. DIE HERAUSFORDERUNG GILT

Es gibt nicht wenige Autoren der Weltliteratur, deren Namen untrennbar mit ihrem erfolgreichsten Buch verbunden sind. Solche Identifizierung kann das Interesse der Leser am Gesamtwerk vermindern und dem Verfasser zu Lebzeiten einen Maßstab aufzwingen, den er zwar selbst gesetzt hat, der sich aber gegen seinen Willen verselbständigt. Dann verwandelt sich der erstrebte Bestseller-Erfolg in eine Bestseller-Falle, in die auch Ignácio de Loyola Brandão unversehens geraten ist.

Quando falam de mim, logo lembram do *Zero*. É injusto. Por ter sofrido acidentes extraliterários. *Zero* tornou-se um livro muito mitificado pois foi o primeiro a falar da tortura no Brasil. Só que, entre *Zero* e *Não verás país nenhum*, escrevi cinco obras: *Pega ele, silêncio, Dentes ao sol, Cães danados, Cuba de Fidel* e *Cadeiras proibidas*.[1]

Die Assoziation mag ungerecht sein, geschadet hat sie dem Autor nicht, wie der Welterfolg von *Não verás país nenhum* inzwischen gezeigt hat. Seit *Zero* hat die Stimme Loyolas Gewicht, die Zahl seiner Leser hat sich vervielfacht, die implizite Herausforderung, ja Provokation dieses Buches wirken fort, nicht nur in der Literaturszene. Loyola verweist bedauernd auf den außerliterarischen Aspekt der Auseinandersetzungen um *Zero*, der sich jedoch im Kontext der brasilianischen Literaturentwicklung folgerichtig und geradezu zwangsläufig ergibt. In seinen "Soziologischen Betrachtungen über die moderne Literatur Brasiliens" schreibt Antônio Cândido:

---

1   Ignácio de Loyola Brandão, "Entrevista", in: *Revista do livro*, N° 47, 1982, S. 52.

Abweichend von den Traditionen anderer Länder ist die Literatur in Brasilien, in höherem Grade als die Philosophie und die Kulturwissenschaften, das zentrale Phänomen unseres Geisteslebens.[2]

Diese historisch bedingte Hypertrophie der Literatur im Ensemble der brasilianischen Geisteswissenschaften - ursprünglich ein Merkmal gesellschaftlicher Unterentwicklung auch im Sinne fehlender Arbeitsteilung innerhalb der Gesellschafts- und Kunstwissenschaften und des Fortbestehens verschiedenster Synkretismen - hat sich während der Zeit der Militärdiktatur gezwungenermaßen verstärkt. Bedingt durch die unterschiedliche Handhabung der Zensur konnte und mußte die Literatur Funktionen mit übernehmen, die normalerweise der Publizistik obliegen. Dafür ist *Zero* ein herausragendes Beispiel.

Die gesteigerten Erwartungshaltungen der Leserschaft bargen die Gefahr inhaltlicher Überfrachtung und der Beeinträchtigung des ästhetischen Wertes literarischer Schöpfungen in sich, wie sie zum Beispiel in der *literatura marginal* zutage traten. Loyola ist dieser Gefahr weitgehend entgangen, indem er Fiktionales und Dokumentarisches durch eine genialische Montagetechnik miteinander verband. Mit *Zero* hat er nicht nur die Vermutung widerlegt, dem brasilianischen Roman sei während der sechziger Jahre der Atem ausgegangen[3], sondern er hat unzweifelhaft auch einen Beitrag zur Weiterentwicklung des immer wieder totgesagten Genres geleistet. Das ist um so bedeutsamer, als nach seinen eigenen Worten

> os escritores brasileiros não estão escravizados ao colonialismo cultural europeu, que mostram toda uma energia, inexistente no Velho Continente. Na Europa pantanosa, o novo está surgindo do Terceiro Mundo.[4]

In Loyolas Werk - und diese Feststellung schließt alle seine Arbeiten ein - vereinigen sich paradigmatisch Entwicklungslinien moderner brasilianischer Prosa in ihrer ganzen Widersprüchlichkeit und innovatorischen Kraft und bilden einen der Umschlagpunkte, die den Impetus und die Differenziertheit der brasilianischen Pós-Abertura-Literatur erhellen.

Der Werdegang Loyolas und das Bedingungsgefüge für sein Heranreifen repräsentieren in besonderer Weise einen Ausschnitt brasilianischer Geschichte und Literaturgeschichte. Ignácio de Loyola Brandão wurde 1936 in der Kleinstadt Araraquara im Bundesstaat São Paulo geboren. Die Span-

---

2 Antônio Cândido, "Soziologische Betrachtungen über die moderne Literatur Brasiliens", in: *Staden-Jahrbuch*, Band 3, São Paulo 1955, S. 99.

3 Vgl. Mario Carelli, "Der brasilianische Roman von 1964 bis heute", in: *Brasilianische Literatur*, Hg.: Mechthild Strausfeld, Frankfurt/Main 1984, S. 351.

4 Cremilda de Araújo Medina, *A posse da terra*, São Paulo 1985, S. 451-452.

nungsfelder, in denen er aufwuchs, drängten ihn früh zu intensiver Auseinandersetzung mit seiner Umwelt. Da ist zunächst das ungleiche Elternpaar. Die Mutter, "católica ao extremo, acostumada a colocar nos filhos o nome do santo do dia"[5], belastete ihn mit dem Namen des Gründers des Jesuitenordens, so daß er sich ständig der spöttischen Vergleiche mit dem heiligen Ordensgeneral erwehren mußte. Durch das Studium der Quellen hat er später einige Grundsätze seines Namenspatrons entdeckt, die unwissentlich zu Maximen seines Lebens und Handelns geworden waren.

Descobri que Loyola, o santo, não era uma figura tão execrável como eu imaginara. Inclusive, dentro de seu tempo, foi homem que lutou contra a inquisição e sofreu perseguições. Uma característica me impressionou nele: disciplina. E vontade. Com isso construiu sua obra. Tenho dito sempre que disciplina e vontade são qualidades que devem estar muito fortes dentro do autor brasileiro. Porque num país onde tudo conspira contra a gente, só vontade e disciplina tornam o escritor indestrutível.[6]

Der Vater, der zweifellos den entscheidenden Einfluß auf ihn ausgeübt hat, war einfacher Angestellter in der Contadoria da Estrada de Ferro Araraquara. Er las und schrieb mit Leidenschaft. Unter großen Opfern vervollständigte er seine für die damalige Zeit und für die ärmlichen Lebensumstände beachtliche Bibliothek, die dem Jungen früh die Welt der Bücher eröffnete und ihn in seinem Wunsch bestärkte, sich schreibend mit sich selbst und seinen Problemen auseinanderzusetzen. Loyolas Vater war trotz seiner Verwurzelung im Katholizismus ein weltoffener ideenreicher Mann, der das kulturelle Leben der Stadt mitbestimmte. In der Gemeinde und bei öffentlichen Veranstaltungen hielt er Vorträge, die die Zuhörer begeisterten. Einige seiner Erzählungen erschienen in der Lokalpresse und entzündeten die Gemüter.

Talvez em outro contexto ele tivesse se tornado um escritor e esmagador, uma vida menos sacrificada, gente para estimular.[7]

Das Beispiel von Loyolas Vater vermittelt eine Vorstellung davon, wie viele Talente immer noch verlorengehen und welche schöpferischen Potenzen in der brasilianischen Bevölkerung brachliegen. Die Erkenntnis, zu der ihm sein Vater in jungen Jahren verhalf, wurde richtungsweisend für sein ganzes Leben: "[...] a gente pode provocar reações pelo que escreve."[8] Die litera-

---

5   Edla van Steen, *Viver e escrever*, Volume 1, Porto Alegre 1981, S. 39.
6   Ebd., S. 40.
7   Ebd., S. 41.
8   *Revista do livro*, a.a.O., S. 52.

rischen Ambitionen seines Onkels motivierten ihn zusätzlich, so daß er sich bereits mit zwölf Jahren an das Verfassen eines Romans heranwagte.

Aufschlußreich sind die Reflexionen Loyolas über die Verinnerlichung kleinbürgerlicher Haltungen, Bestrebungen und Hoffnungen, deren Erfüllung letztendlich in Abhängigkeiten und Zwänge umschlägt, denen die Betroffenen gerade zu entfliehen versuchten. Der Autor exemplifiziert diesen Vorgang am Erwerb eines eigenen Hauses.

Minha família era remediada. Não pobre, porém remediada. Nossa casa era modesta e o orgulho de meu pai era esse: ter casa própria. Foi para ele uma vida infernal rolar entre hipotecas, prestações na Caixa e outras. Mas a casa era dele.[9]

Vielleicht hat der Vater seine eigene literarische Entfaltung diesem Besitzstreben geopfert. Loyola war innerlich dem gleichen Zwang ausgesetzt, von dem er sich erst nach dem Erkennen dieser Vorprägung befreien konnte.

Penso se não houve algum atavismo, algum simbolismo na necessidade que encontrei, depois de muitos anos de casado, já aos 38 anos, de comprar uma casa. E será que posso encontrar também algum simbolismo no fato de, subitamente, eu me ver sufocado por esta casa, pela sua posse, ansiando por uma libertação? A necessidade de ter a casa sufocou meu pai anos e anos. E, de repente, me liberei da casa. Me separei. Me coloquei de novo em disponibilidade.[10]

Dieses Unterworfensein unter atavistische Verhaltensmuster sowie deren Bewußtwerdung und Überwindung versinnbildlichen Loyolas Persönlichkeitsentwicklung und finden auch in seinem Werk ihren Niederschlag. So läßt sich zum Beispiel José, der Held des Romans *Zero*, durch die Verabsolutierung dieses Anspruchs bei seiner Ehefrau Rosa dazu drängen, ein Haus zu erwerben und sich hoffnungslos zu verschulden. Es handelt sich dabei um eine Schlüsselszene des Romans, denn José muß nun durch Raubüberfälle das nötige Geld heranschaffen, was seinen sozialen Abstieg und sein tragisches Ende zur Folge hat.

Sinnbildcharakter hat Loyolas Erkenntnisprozeß aber auch für die Besonderheiten der Entwicklung jener Teile der brasilianischen Bevölkerung, die dem Elend im Landesinneren entkommen wollen, ihre vertraute Lebenssphäre verlassen, sich den endlosen Migrationsströmen anschließen und in die Großstädte ziehen. Geprägt durch zum Teil halbfeudalistische Gesellschaftsstrukturen müssen sie beim Übergang in die hoch entwickelte kapitalistische

---

9 *Viver e escrever*, a.a.O., S. 40.
10 Ebd., S. 40.

Industriegesellschaft eine Kluft überwinden, die Antônio Torres so beschreibt: "Era como se fossem nações diferentes. E eram."[11] Sie sind gezwungen, die Untauglichkeit ihrer angestammten Wertsysteme und Verhaltensnormen zu begreifen und zu überwinden. Gleichzeitig geraten sie in den Sog der alles umfassenden Materialisierung, erleben und erleiden die Zwänge, die die konsumorientierte Gesellschaft (sofern sie überhaupt daran Anteil haben können) ihnen auferlegt, und dürften in den seltensten Fällen in der Lage sein, sich wie Loyola daraus zu befreien. Literarisch ist diese Soziogenese - die der Autor später durch seinen Umzug nach São Paulo an sich selbst erfuhr - u. a. in *Essa terra* von Antônio Torres (geb. 1940) eindrucksvoll gestaltet worden.

Trotz der Enge des katholischen Elternhauses hatte Loyola ausreichend Gelegenheit, Kontakte mit Gleichaltrigen zu pflegen, Erfahrungen zu sammeln, Anregungen zu empfangen und sich in Konfliktsituationen zu behaupten. Viele von ihnen teilten seine Kinobesessenheit, durch die er erstmals mit der Zensur konfrontiert wurde.

Podia sair pelas ruas, mas se quisesse ir à matinê, ou ao cinema, tinha que passar pela igreja e consultar a *Orientação moral dos espetáculos* [...] Era a censura católica. Foi dos meus primeiros contatos com a censura.[12]

Der staatlichen Zensur sollte er später als Schriftsteller u. a. in *Cadeiras proibidas* (1977), besonders aber in *Zero* (1974) mutig die Stirn bieten. Loyola war und blieb indessen ein fanatischer Leser. Zusammen mit Gleichgesinnten verschlang er Werke der klassischen brasilianischen und der Weltliteratur. "E lia, lia, lia. Éramos os donos da biblioteca municipal."[13]

Loyola gibt auch seine seelische Konstitution und die inneren Antriebe für sein Schreiben preis.

Hoje vejo com lucidez aquele adolescente problemático. Como todos, talvez um pouco mais, marcado pela solidão e por um complexo de rejeição do qual só me libertei muito depois. Angustiado, querendo fazer, ser alguma coisa, para se superar e ser admirado e amado e respeitado. No momento em que, ainda no ginásio, o adolescente descobriu que sabia escrever melhor do que os outros, foi um barco salva-vidas.[14]

---

11 Antônio Torres, *Essa terra*, Rio de Janeiro 1976, S. 113.
12 *Viver e escrever*, a.a.O., S. 41.
13 Ebd., S. 43.
14 Ebd., S. 42.

Schreiben als Lebenshilfe, als Trost und Rettung vor der Einsamkeit. "Os amigos com suas namoradas. E eu só."[15] Das Motiv der Einsamkeit durchzieht sein gesamtes Werk. Bernardo, einer der Helden seiner ersten drei Bücher, José in *Zero* und auch Breno, der Protagonist seines letzten Romans *O beijo não vem da boca* (1985) ringen um Liebe und Anerkennung, immer auf der Flucht vor der Einsamkeit.

Prägend für Loyolas Entwicklung war das Erlebnis des Kulturgefälles zwischen dem Interior und der Großstadt São Paulo.

Araraquara, na década de 50, oferecia pouco para um adolescente. Não havia televisão. Rádio era uma coisa de velhos. E jornais só chegavam para alguns privilegiados. Por causa disso, íamos em bando à biblioteca, todos os dias [...] Da biblioteca a gente se enfiava no cinema, todas as tardes.[16]

Die Anziehungskraft São Paulos auf ihn und seine Freunde wuchs ständig. Dort gab es im Übermaß, was sie in der Kleinstadt entbehrten. Für Loyola war es aber gerade diese provinzielle Einengung, die ihn vorantrieb, die dem Habbaren seinen immensen Wert verlieh und die ihn zwang, sich auf das Wenige zu konzentrieren und es voll auszuschöpfen.

Normalmente, o mesmo filme passava três dias seguidos, e eu não me importava de revê-lo. Até tirava proveito disso. Tinha descoberto, num livro, o cinema por trás, então procurava destrinchar como a fita fora construída e montada, como eram desenvolvidos os personagens. Eu tentava tirar o máximo do filme.[17]

Vor allem in *Zero* ist der Einfluß des Mediums Film auf seine literarische Arbeit zu spüren. Der Leser glaubt streckenweise hinter der Kamera zu stehen, er reproduziert und ordnet die Sequenzen, überblickt die Totale, verweilt beim Detail, aus dem er durch den abrupten Schnitt zu einer gänzlich anderen Szene herausgerissen wird. Das stellt erhöhte Anforderungen an die Rezeption, verschreckt manchen Leser oder stößt ihn sogar ab. Wer hingegen bereit ist, dem Autor auf diesem ungewöhnlichen Weg zu folgen, für den erhöht sich der Genuß der Lektüre.

Wie viele seiner Schriftstellerkollegen begann Loyola mit journalistischen Arbeiten. Er war gerade sechzehn, als er seine erste Filmkritik veröffentlichte, und in den folgenden fünf Jahren verfaßte er neben einigen Reportagen vor allem crônicas cinematográficas. Dann konnte er der Versu-

---

15 Ebd., S. 43.
16 *Revista di Livro*, a.a.O., S. 52.
17 Ebd., S. 52.

chung nicht länger widerstehen. Seine "Universitäten" in der Provinz hatte er absolviert; jetzt wagte er den Sprung in den "rasenden Zug ohne Bremsen", in die "Summe aller ungelösten Probleme Brasiliens", in die "cidade dos homens que acordam mais cedo no mundo",[18] in das "Chicago Südamerikas": São Paulo. Wie er diese Stadt empfunden hat, ist in *Zero* nachzulesen:

> Selva de asfalto - cidade desumana - metrópole voraz - comedora de gente - antro de neuróticos - túmulo de vidro - floresta de cimento armado - cidade que mais cresce no mundo - locomotiva puxando vinte vagões - o maior centro da América Latíndia.[19]

Auf diesen Schock hat er sich gründlich vorbereitet. In Aararaquara hatte er alles begierig aufgenommen, was aus São Paulo gekommen war. Entschieden hatte er sich der Kleinstadt-Lethargie und verführerischen Scheinlösungen (seine Mutter hatte ihm geraten: "Vá para o Banco do Brasil, meu filho, que é mais seguro."[20]) widersetzt.

> Como não queríamos ser envolvidos por aquele círculo provinciano, não queríamos nos deixar matar por aquela monotonia, como não queríamos ser funcionário do Banco do Brasil ou da Estrada de Ferro, inventávamos sempre alguma coisa.[21]

Trotzdem fiel Loyola der Übergang schwer. São Paulo erschien ihm fremd und bedrohlich. Ständig mußte er sich Zwang antun, seine Schüchternheit und Furchtsamkeit überwinden, um als Reporter arbeiten zu können. "Lutei o tempo inteiro para ser aceito [...]"[22] Das machte ihn - dem klassischen Beispiel von Euclides da Cunha folgend - zum Schriftsteller. Die Konfrontation mit dem auswuchernden Koloß São Paulo, dieser Stadt, aus der über die Hälfte aller produzierten Güter Brasiliens stammt, diesem größten Industriezentrum Lateinamerikas mit seiner formierten Arbeiterklasse und ihren mächtigen Gewerkschaften, mit seinem unendlich verzweigten Geflecht von ökonomischen, sozialen, politischen und kulturellen Korrelationen, ihren vielfältigen Hierarchien und Gegensätzen zwischen den Klassen und Schichten verlangte nicht nur Selbstüberwindung, sondern die Selbst-Akkulturation eines Menschen, der aus dem Sozialgefüge des vorigen Jahrhunderts

---

18 Cassiano Ricardo, in: Gustav Faber, *Brasilien*, Tübingen und Basel 1977, S. 150.
19 Ignácio de Loyola Brandão, *Zero*, Livraria Bertrand (Imprensa Portugal-Brasil), 1976, S. 215.
20 *A posse da terra*, a.a.O., S. 449.
21 *Viver e escrever*, a.a.O., S. 47.
22 Ebd., S. 48.

in das Industriezeitalter monopolistischer Prägung geschleudert wurde. In der Regel muß dafür der Preis der Entwurzelung, Orientierungslosigkeit, des Ausgeliefertseins und der Selbstaufgabe gezahlt werden. Er wird gezahlt von fast einem Fünftel der Bewohner São Paulos, die in Favelas dahinvegetieren, von den minderjährigen Mädchen und jungen Frauen, die mit der schändlichen Überlebens-Nothilfe der Prostitution ihr Lebensglück opfern müssen, von den Arbeitslosen, Hungernden und Verzweifelten, die den letzten Ausweg in Kriminalität, Alkohol, Drogen oder im Selbstmord suchen. Loyola hat den ihm gemäßen Preis gezahlt. Daß er als Mensch überlebte, verdankt er seiner bewährten Waffe: der Literatur. Und er verdankt es seiner in Araraquara erworbenen und durch den Zwang der Umstände gewachsenen Fähigkeit, Herausforderungen anzunehmen, Zerreißproben zu überstehen, konsequent und diszipliniert zu lernen und zu arbeiten.

São Paulo wird zum alles entscheidenden Grunderlebnis, zur Schmiede für einen Schriftsteller, der sich aussetzt, ohne sich zu verlieren, der beobachtet, ohne sich täuschen zu lassen, der Partei ergreift, ohne Sektierer zu werden, der Erfolg hat, ohne die Kraft zu kritischer Selbstüberprüfung einzubüßen.

São Paulo rückt in das Zentrum seiner sozialen Erfahrungen und seiner literarischen Arbeit. Mehr noch: "São Paulo é o personagem principal."[23] Dabei erfüllt er die Forderung, die João Antônio für diese Schriftstellergeneration erhoben hat: "O que carecemos, em essência, é o levantamento de realidades brasileiras, vistas de dentro para fora."[24] Als Journalist verschafft er sich Zugang und Einblicke in die unüberschaubare Vielfalt der Realität São Paulos.

> Vi de perto grandes problemas. Convivi com trabalhadores, cobri greves, choques com a polícia, levantei problemas de bairro, percorria os hospitais, as delegacias, os recolhimentos de menores, as repartições públicas, etc. Fuçava, conversava, entrevistava, lia. Então, percebi que tudo que estava escrevendo devia ter um fim maior. Era preciso retratar a realidade. Denunciar um sistema que oprimia o homem. Defender este homem das injustiças, pedir para ele um mundo melhor. Algo romântico, idealista, mas um objetivo definido que iria se consolidar e ter as arestas aparadas com o tempo.[25]

---

23 *Revista do Livro*, a.a.O., S. 52.
24 João Antônio, *Malhação do Judas carioca*, Rio de Janeiro 1976, S. 143, in: Christiane Trümper, *O Copacabana de João Antônio*, Berlin 1986, S 3.
25 *Viver e escrever*, a.a.O., S. 48.

Von der Prähistorie in die Zukunft. Die Herausforderung gilt

Mit diesem Anspruch geht der Autor zu Werke. Der Stoff erweist sich indes als schwer formbar. Drei Bücher halten seinem strengen Maßstab nicht stand, und er wirft sie fort. Mit dem Erzählband *Depois do sol* (1965) tritt er schließlich an die Öffentlichkeit. Die Probleme, die ihn nicht loslassen und die auch die seiner Zeitgenossen sind, haben literarische Gestalt angenommen. Die erhoffte und verdiente Resonanz stellt sich jedoch nicht ein.

Trotz des Rückschlags ist Loyola von seiner Mission überzeugt. Drei Jahre später erscheint sein erster Roman *Bebel que a cidade comeu*, der später auch verfilmt wird. Dieser Roman verdient besondere Beachtung. In der Phase härtester Repression und erbarmungsloser Zensur wagt es ein junger Schriftsteller, sich über ein eisernes Tabu hinwegzusetzen, über Gewalt, Angst, soziale Kämpfe und Unterentwicklung zu schreiben und die brasilianische Bourgeoisie als Steigbügelhalter der Putschisten zu entlarven. Es erscheint paradox, daß in der Phase schärfster Unterdrückung jedweder Kritik ein solches Buch erscheinen konnte. Das Geheimnis lüftet sich, wenn man weiß, daß die Rezensenten, die das Anliegen sehr wohl verstanden hatten, die aber ihrerseits Repressalien ausgesetzt waren, *Bebel que a cidade comeu* verharmlosten, die Intentionen des Autors verschwiegen und sich an Äußerlichkeiten aufhielten, die keine schlafenden Hunde weckten. Sicher ist, daß das Buch durch fundiertere Besprechungen stärker beachtet und besser verkauft worden wäre. Sicher ist nicht, ob Loyola das überlebt hätte.

Mit *Zero* gelang dem Autor der literarische Durchbruch. Der Roman erschien 1974 in der I-Narratori-Reihe des italienischen Verlagshauses Feltrinelli. Loyola hatte das Manuskript bereits 1969 fertiggestellt, fand aber in Brasilien keinen Verleger, der die Herausgabe eines derart brisanten Textes gewagt hätte. Im Instituto Italo-Latino-Americano in Rom stand *Zero* schon 1976 neben Werken von Vargas Llosa, García Márques, Nicolas Guillén und Jorge Amado auf der Preisvorschlags-Liste.

Seit seiner Veröffentlichung ist das Buch eines der national und international am meisten beachteten, umstrittenen, gepriesenen und verrissenen Werke der Nova Literatura Brasileira, in der es wiederum eine Sonderstellung einnimmt. *Zero* verkörpert ein Stück neuester brasilianischer Literaturgeschichte. Seine Entstehung und sein Weg in die Öffentlichkeit lassen Konturen der Literaturverhältnisse zur Zeit der Militärdiktatur erkennen und markieren Fortschritte und Rückschläge des Abertura-Prozesses. Der brasilianischen Erstveröffentlichung (1975) folgten drei Jahre des Verbots - mit der Begründung, das Buch verstoße gegen die guten Sitten. Gegen diese Anschuldigung der "inimigos da cultura"[26] wandte sich der Autor mit der passenden Antwort:

---

26 Ebd., S. 55.

Seria uma cumplicidade infamante estar ao lado dessa moral, que é imoral, e desses bons costumes, que são maus.[27]

Verbote sind die beste Werbung für ein Buch. Die Zwangsläufigkeit dieses Vorgangs haben die Zensoren in Jahrhunderten nicht beherrschen gelernt, und so wurden sie auch in diesem Fall unfreiwillig zu Propagandisten für *Zero*.

Mesmo sendo um romance marcado pela censura repressora do país, o que, de certa forma, contribui para o aumento da sua popularidade junto ao público e para o despertar de um interesse mais vivo da crítica.[28]

Das mag mit dazu beigetragen haben, daß das Buch in Brasilien sofort nach seiner Veröffentlichung als bestes Buch des Jahres 1975 ausgezeichnet wurde.[29]

Ein anderer wesentlicher Aspekt darf in diesem Zusammenhang nicht übersehen werden. Das Überschwemmen des brasilianischen Buchmarkts mit gekürten Bestsellern ausländischer Provenienz (von der Trivialliteratur ganz zu schweigen) macht es jungen brasilianischen Autoren seit jeher schwer, einen Verleger zu finden. Bei *Zero* erfährt dieser Tatbestand eine absurde Umkehrung.

No momento em que o livro foi lançado lá (na Italia) e a notícia saiu aqui, fui procurado, por carta, por nada menos de seis editoras nacionais, querendo lançar aqui. Uma delas, inclusive, tinha recusado, e se esquecido [...] Isto comprovou: eles querem mesmo é estrangeiros, mesmo que esse estrangeiro seja um brasileiro.[30]

In den Jahren des Verbots zirkulierten die bis dahin verkauften Exemplare, deren Zahl sich durch Kopien und Abschriften weiter erhöhte. Seit 1979 war die Demokratisierung so weit vorangeschritten, daß *Zero* legal gedruckt und vertrieben werden konnte.

Die Bewertung und Einordnung des Romans ist nach wie vor umstritten. Ein Kritiker spricht in seiner Ratlosigkeit davon, daß

---

27 Ebd., S. 55.
28 Janete Gaspar Machado, *Os romances brasileiros nos anos 70*, Florianópolis 1981, S. 146.
29 Die Auszeichnung wurde verliehen von der "Fundação Cultural do Distrito Federal" und der "Associação Paulista de Críticos de Arte".
30 Loyola, "O eixo de Zero está nas casas de auto-peças", in *Escrita*, Ano I, N° 3, 1975, S. 13.

o romance se realizaria melhor fora da forma de livro, como um objeto em espiral [...] Sintetiza tudo, toda a problemática do ser e não-ser, da criação e não-criação, do romance e anti-romance.[31]

Janete Gaspar Machado überbetont den formalen und sprachlichen Aspekt:

A caótica organização estrutural do texto determina o surgimento de uma linguagem que se dispersa ao apresentar a dispersão que caracteriza os conteúdos tematizados. Sendo um elemento estruturador de procedimentos linguísticos, poéticos e temáticos, a presença do caos define e modela a linguagem. E esta passa a ser a principal força motriz, responsabilizando-se por e motivando todos os desvios detectados no texto. *Zero* é, entre todas as possibilidades significativas que dele provém, uma obra cuja preocupação fundamental é a linguagem. Dela partem as demais peculiaridades do romance.[32]

Zutreffender deduziert Salim Miguel die Struktur des Romans aus dem inhaltlichen Anliegen des Autors:

Apelando para o absurdo que está no dia-a-dia, ele traça um painel [...] profundo e por vezes virulento.[33]

Daran anschließend schlußfolgert Malcolm Silverman:

Essa combinação explica a posição singular do autor entre os vários ficcionistas brasileiros, representantes do protesto social urbano, e suas motivações, por outro lado, garantem um estreito envolvimento.[34]

Zero kann nicht losgelöst vom persönlichen und künstlerischen Werdegang Loyolas und außerhalb seines Gesamtwerks gesehen werden, dessen vorläufigen Höhepunkt der Roman zweifellos darstellt. Aus dieser Sicht erscheinen seine frühen Erzählungen und der erste Roman *Bebel que a cidade comeu* wie Studien und Vorarbeiten zu *Zero*, ohne daß damit ihre Originalität und künstlerische Eigenständigkeit in Frage gestellt wird. Andererseits werden in den folgenden Romanen und Erzählungen Teilbereiche brasilianischer Wirklichkeit thematisiert, deren Problematik in *Zero* zwar angedeutet, aber nicht gestaltet werden konnte. So fügen sich Loyolas literarische Schöpfungen zum Ganzen einer "comédie humaine brésilienne" zusammen.

---

31 Ebd., S. 13.
32 J.G. Machado, *Os romances brasileiros*, a.a.O., S. 146.
33 Salim Miguel: "De sol a sol", in: *Jornal do Brasil*, Livro, N° 25 (27 de março de 1977), p. 1.
34 Malcolm Silverman, *Moderna ficção brasileira*, Rio de Janeiro 1978, S. 209.

Mit dem Roman *Dentes ao sol* (1976) führt Loyola den Leser noch einmal in die frustrierende Enge der Provinzstadt Araraquara zurück. Der Protagonist, ein gestaltloser Erzähler, versucht schreibend über seine Ausweglosigkeit und Verzweiflung hinwegzukommen. Das Spannungsfeld zwischen Individuum und Gesellschaft, zwischen dem propagierten Fortschrittsglauben und der Unmöglichkeit individueller Selbstverwirklichung bekommt in São Paulo eine neue Dimension: Fortschritt ohne Entwicklung, ökonomisches Wachstum - euphemistisch mit "milagre brasileiro" umschrieben - gekoppelt mit immer stärkerer Konzentration von Reichtum und Macht für Wenige bei gleichzeitigem Abbau von Sozialleistungen und der Verelendung der Masse der Bevölkerung. Dabei reicht die Skala von hemmungslosen Praktiken frühkapitalistischer Unternehmer bis zum lautlosen perfekten Funktionieren multinationaler Konzerne mit ihrer kafkaesken Anonymität, Undurchschaubarkeit und dadurch hervorgerufenen Bedrohlichkeit für den Einzelnen, wie sie Loyola in *O homem que procurava a máquina*, einer Erzählung aus dem Band *Cadeiras proibidas* (1976), parabolisch überhöht beschreibt.

Mit dem Erzählband *Pega ele, silêncio* (1969) und *Bebel que a cidade comeu* war der Übergang in den Makrokosmos São Paulo vollzogen. Die Auseinandersetzung des Autors mit dem singulären Millionärparadies und dem Masseninferno, dem Moloch, der zuerst die Hoffnung und dann den ganzen Menschen verschlingt, hatte begonnen. In *Zero* steigert sie Loyola ins Extrem und kommt dadurch der Realität auf beklemmende Weise nahe. Dieser "realismo feroz"[35] läßt die Frage nach der Fiktionalität in den Hintergrund treten.

Não vem ao caso questionar a veracidade ou a identidade entre os acontecimentos da narrativa e a realidade.[36]

Max Frisch hat das Dilemma des Schreibens auf eine Formel gebracht:

Unser Anliegen, das eigentliche, läßt sich bestenfalls umschreiben, und das heißt ganz wörtlich: man schreibt darum herum. Man umstellt es. Man gibt Aussagen, die nie unser eigentliches Erlebnis enthalten, das unsagbar bleibt.[37]

Hat Loyola diese Schallmauer durchbrochen? Ist es ihm gelungen, näher an das Unsagbare heranzukommen? Vielleicht liegt darin das Geheimnis der

---

35 Ute Hermanns, *Mythos und Realität im Roman "Zero" von Ignácio de Loyola Brandão*, Berlin 1984, S. 2.
36 J.G. Machado, *Os romances brasileiros*, a.a.O., S. 147.
37 Max Frisch, "Tagebuch 1946-1949", in: *Literaturkalender*, 20. Woche (12.-18.5.86), Berlin 1986.

Wirkung des Romans. Oder ist es doch nur das einmalige Zusammentreffen literarischer und außerliterarischer Faktoren, die präzise Wahl des Zeitpunkts, durch die er so zielsicher das Empfinden und die Stimmung der Brasilianer traf? Wie erklärt sich dann aber der Erfolg im Ausland? Zur schlüssigen Beantwortung dieser Fragen bedarf es eines größeren zeitlichen Abstandes und umfassenderer Bemühungen der Literaturkritiker und -wissenschaftler. Wir können heute nur erste Überlegungen beisteuern, die ihrerseits zur Diskussion und zum Weiterdenken anregen sollen.

Loyola hat in der Schule seines Vaters früh die Kraft des Wortes erkannt, vor der die Mächtigen schon gezittert haben, ehe Gutenberg die Technik ihrer grenzenlosen Vervielfachung erfand. Er hat gelernt, mit dem Wort umzugehen, es als Künstler zu beherrschen, seine Konnotationen zu erweitern, und im Sinne Max Frischs so nahe wie möglich an das Unsagbare heranzukommen. Als Schriftsteller ist es ihm gelungen, den Zeitgeist aufzuspüren, das Allgemeingültige in sich selbst zu entdecken und zu artikulieren.

> Literatura é para resolver meus conflitos interiores. E os meus conflitos, acredito, são os do homem em geral.[38]

Die große Resonanz seiner Bücher kann als Bestätigung dafür gewertet werden, vor Verabsolutierungen sei jedoch gewarnt. Jorge Amado, dessen Erfolge die Loyolas und aller anderen brasilianischen Autoren bei weitem übertreffen, gibt zu bedenken:

> A venda significa o apreço do público, dos leitores, mas não significa que o livro seja bom ou mau. O mesmo pode-se dizer dos livros de pouca venda.[39]

Unabhängig von den Intentionen des Autors, von Verkaufszahlen oder wohlwollenden Interpretationen geht es allein um das Werk und dessen literarische Qualität. Die Kriterien dafür werden allerdings immer strittig und schwer objektivierbar bleiben. Rita Schober, deren Lebenswerk dieser Problematik gewidmet ist, schlägt vor:

> Das höchste Prädikat ästhetischer Bewertung käme dann einem Werk zu, in dem der Künstler das für seine Zeit wesentlichste Thema aufgreift, die für seine Entfaltung optimale künstlerische Idee findet und es ihm zugleich gelingt, diese in der künstlerischen Ausführung voll zu realisieren.[40]

---

38   Roberto Drummond, "Entrevista", in: *O Estado de Minas*, 1° de agosto de 1974.
39   *Viver e escrever*, Volume 2, Porto Alegre 1982, S. 62.
40   Rita Schober, *Abbild, Sinnbild, Wertung*, Berlin/Weimar 1982, S. 56-57.

Zero bietet sich für eine Überprüfung der Tragfähigkeit dieser Kriterien an. Erzählt wird die Geschichte eines jungen Mannes namens José Gonçalves, der nach dem Abbruch seines Jurastudiums mit großen Erwartungen nach São Paulo kommt, keine Arbeit findet und der sich als Rattenvertilger in einem Flohkino und später als Reklametexter für Coca-Cola durchschlägt. In der Zwölf-Millionen-Stadt ist er einsam; die anarchische Zusammenballung so gigantischer Menschenmassen produziert paradoxerweise Isolation und Kommunikationslosigkeit, so daß José seine Frau Rosa nur über den anonymen Weg einer Zeitungsannonce finden kann. Unentrinnbar gerät José in den Strudel des Überlebenskampfes aller gegen alle, dessen inhärente Brutalität sich durch die Praktiken der Militärdiktatur, durch die Willkür von Polizei und Armee und die Mordorgien der Todesschwadron potenziert.

Die Entwicklung des Helden ist in diesem politischen und sozialen Umfeld die Geschichte seiner Brutalisierung, die mit Aggressionen gegen seine Frau beginnt, sich mit Banküberfällen fortsetzt und die schließlich mit sinnlosen unmotivierten Morden an einfachen Straßenpassanten, Männern, Frauen und Kindern endet. Durch diese Morde, die zur weiteren Verunsicherung und damit Schwächung der Herrschaft der Militärs beitragen, wird der von der Polizei gesuchte José auch für die Stadtguerillas interessant. Zwar lehnt er eine organisierte Zusammenarbeit mit den "Comuns" (wie die Kommunisten und linksradikalen Anarchisten hier genannt werden) ab, er erklärt sich aber bereit, in ihrem Auftrag Polizisten, Folterknechte, "[...] um delegado do esquadrão e um cara que chefiava o anticomunismo"[41] umzubringen, für Geld, wie er immer wieder zu seiner Rechtfertigung betont, denn politische Gewalttaten lehnt er ab - mit Ausnahme von Botschafterentführungen, die ein "Regieren hinter den Kulissen"[42] ermöglichen.

So fragwürdig diese Art des politischen Interesses auch sein mag, sie deutet doch einen Sinneswandel des Helden an, der sich später in seiner Annäherung an die "Comuns" und in seiner Teilnahme an ihren Aktionen manifestiert. Auf diese Weise überwindet er zumindest im Ansatz die Sinnlosigkeit seiner Existenz und kann nach seiner Verhaftung eine tröstliche Bilanz ziehen:

O que eu fiz foi para não ficar sufocado, poder gritar.[43]

Zweifel bleiben ihm bis zum Schluß.

---

41 I. de Loyola Brandão, *Zero*, a.a.O., S. 241.
42 Ebd., S. 208.
43 Ebd., S. 242.

Eu queria ter a certeza, que alguém me desse certeza que Gê está certo, o caminho é esse. Deve ser um estágio para se chegar a uma coisa maior.[44]

In der Schlußszene, in der José nach grausamsten Folterungen den Verstand verloren hat, für Augenblicke aber das Bewußtsein noch einmal wiedererlangt, heißt es:

Chaves, acordou, viu o sinal dos Comuns: há sinais para você.[45]

Gê, der Führer der Terroristen im Untergrund, hat den Hauptanteil an dieser Entwicklung. Immer wieder hämmert er José ein:

Adianta. Eles andam intranquilos, não estão sossegados. Com o terror, posso exigir coisas.[46]

Das ist der fatale Trugschluß der Stadtguerillas in Brasilien und Lateinamerika, den Loyola hier nachvollzieht. Der individuelle Terror, den schon Lenin als das "Produkt der intelligenzlerischen Schwäche"[47] verurteilt hat, ist noch nie Auslöser von Revolutionen gewesen und hat noch nie positive gesellschaftliche Veränderungen bewirkt. Im Gegenteil! Er hat immer wieder neue Vorwände geliefert, die Repression zu verstärken und die Gegner der Reaktion gnadenlos zu vernichten. Folgerichtig endet auch der Lebensweg Josés in den Folterkellern der brasilianischen Militärs.

Loyola identifiziert sich insoweit mit seinem Helden, als er seine eigene Position als die eines "Rebellen und Nonkonformisten"[48] definiert. Revolutionär oder Kommunist will er nicht sein.

Com *Zero* quis mostrar que o conformismo, a acomodação são mais destruidores que qualquer outra coisa. Entregar-se é a pior atitude que ocorre a um homem. A entrega deteriora, desgasta, esfacela.[49]

Dieser Nonkonformismus schließt einerseits jedwede Kollaboration mit dem Militärregime aus, impliziert jedoch andererseits Aufbegehren und Sichzurwehrsetzen, selbst wenn es - wie im Falle Josés - anfangs nur ohnmächtige und verzweifelte Gewalttaten sind. Mit der Darstellung eines solchen Prozesses in seiner Widersprüchlichkeit und dialektischen Einheit schafft Loyola ein realistisches Abbild, ein "für die gesellschaftliche Praxis

---

44 Ebd., S. 262.
45 Ebd., S. 290.
46 Ebd., S. 262.
47 Lenin: *Werke*, Band 8, Berlin 1955. S. 278.
48 Curt-Meyer-Clason, "Nachwort", in: *Null*, übersetzt von Curt-Meyer-Clason, Frankfurt/Main 1982, S. 385.
49 Ignácio de Loyola Brandão, in *Veja* 3, out/nov/dez 1982, p. 54.

praktikables, d. h. den historischen Kausalnexus sichtbar machendes "Modell"[50], dessen "Rezeption kein passives Aufnehmen, sondern ein aktives Aneignen"[51] voraussetzt.

Der Abbildbarkeit dieses Entwicklungs- und Entscheidungsprozesses Josés steht die Unabbildbarkeit der Totalität São Paulos gegenüber. Aus der Vielfalt der Existenz menschlicher Beziehungen, Tätigkeiten, Fähigkeiten und Eigenschaften vermag Loyola auch nur wenige auszuwählen: Einsamkeit, Angst, Überlebenswillen, instinktive Auflehnung und vor allem Gewalt.

É preciso romper e violentar o mundo, se a gente quiser começar de novo alguma coisa boa, melhor.[52]

Gewalt, die mit Gewalt beantwortet wird und die ihrerseits wieder neue Gewalt erzeugt, die eskalierende, alles beherrschende, alles lähmende und wiederum alles auslösende Gewalt verselbständigt sich über weite Strecken in diesem Roman, überlagert Figuren, Episoden und Handlungsabläufe, läßt aber die Schuldfrage in keinem Punkt offen: Da wird ein Negerjunge zu Tode gequält, weil er für die Agrarreform geworben hat, da gehen Eltern und Kinder aufeinander los, weil jeder für sich die verdorbenen Essenreste aus dem Abfall beansprucht, da bringt ein Vater seine Söhne durch erzwungenes Langstreckentauchen um, weil wenigstens einer durch einen Tauchrekord das dringend benötigte Geld gewinnen soll.

Gewalt und Brutalitäten werden nicht allein beschrieben. Das Buch selbst ist brutal und soll es sein. Die Sprache ist vulgär, voller Kraftausdrücke, schonungslos naturalistisch. Zusätzlich verwendet Loyola graphische Mittel wie zum Beispiel die Zeichnung des nackten, ausgezehrten, von allen erdenklichen Krankheiten geplagten und durch Arbeitslosigkeit und Unterernährung vorzeitig gealterten Arbeiters Pedro - ein erbarmungswürdiges Skelett von einem Menschen.

Das Abbild von Gewalt, Angst und dumpfem Aufbegehren wird zum Sinnbild für eine vom Imperialismus beherrschte Gesellschaft. Loyola kommt "von einer Reproduktion der vorgegebenen und erlebten Realität, verwandelt sie in eine Neu-Produktion und nimmt dadurch zugleich eine Wertung vor."[53] Diese Wertung ist bei ihm parteilich im progressiven Sinne.

Der Autor reproduziert mit einer Sachkenntnis ohnegleichen. Dabei benutzt er ausgiebig seine Sammlung zahlloser, von der Zensur verbotener Texte und Nachrichten und bringt "erlebte Realität" ein, deren literarische

---

50 R. Schober, *Abbild*, a.a.O., S. 21.
51 Ebd., S. 22.
52 I. de Loyola Brandão, *Zero*, a.a.O., S. 81.
53 R. Schober, *Abbild*, a.a.O., S. 26.

"Neu-Produktion" ein unverwechselbares Kunstwerk entstehen läßt, dessen Erzähltechnik über die häufig anzutreffende Synthese von Fiktion und Dokumentation hinausgeht. Loyola kreiert einen neuen Synkretismus, der Filmschnitt- und Medientechniken ebenso mit einbezieht wie verselbständigte sogenannte freie Assoziationen essayistischer, philosophischer und aphoristischer Natur, die auch drucktechnisch von der laufenden Handlung abgehoben werden, die aber innerhalb des Rezeptionsprozesses integrierbar bleiben. So werden Kenntnisse und Einsichten vermittelt, Abscheu und Empörung erzeugt, Möglichkeiten sinnvollen Widerstandes angedeutet. Die "im Erlebnis nachvollziehbare gestalterische Umsetzung"[54] muß indes fragmentarisch bleiben.

Kriterium für literarische Qualität ist immer auch die Konfrontation mit bestehender künstlerischer Leistung. Im Falle von *Zero* können das nicht die Romane von Jorge Amado sein, die zur gleichen Zeit entstanden, wohl aber Arbeiten von João Antônio, Moacyr Scliar, Antônio Torres, Rubem Fonseca, Márcio Souza, Silviano Santiago, José Louzeiro, Darcy Ribeiro, Nélida Piñon, João Ubaldo Ribeiro, Lygia Fagundes Telles, Oswaldo França Júnior und vielen anderen. Dem Argument, dieser Roman entspreche der Wirklichkeit, die nur so unverfälscht dargestellt werden könne, muß man entgegenhalten, daß in den Werken der antifaschistischen Weltliteratur, inmitten aller Folterqualen, Morde und Massenmorde immer gerettetes Menschsein fortbesteht, und das nicht durch erklärten Neutralismus, sondern mit bewußtem Engagement, in der Überwindung der Einsamkeit und der Angst durch den Anschluß an eine kämpfende Gemeinschaft, durch den Glauben an eine bessere Zukunft, an ein Ideal. Loyola erzeugt diesen Effekt vielleicht dadurch, daß er die Alternative behutsam andeutet, ihre Ausformung dem Leser jedoch bewußt vorenthält. Der "unterentwickelte, elende, kranke, hungernde und dem Mystizismus verfallene"[55] Brasilianer, über den und für den Loyola schreibt, verfügt weder über materielle Mittel noch über die erforderliche Bildung, um sich und seine Probleme in diesem Abbild wiederzuerkennen und sich damit auseinanderzusetzen. Das müssen vorerst andere für ihn tun. Für sie ist das in *Zero* enthaltene Sinnbild entschlüsselbar. Durch die äußerste Annäherung des Romans an die Wirklichkeit werden sie in die Pflicht genommen, nach Lösungen für die Gegenwart und für die Zukunft zu suchen, um neuer Hoffnung und neuen Idealen den Weg zu bahnen. In diesem Sinne

---

54 Ebd., S. 44.
55 Curt-Meyer-Clason, "Nachwort", a.a.O., S. 383.

kann sich *Zero* im "Rezeptionsprozeß vollenden"[56] und im aktiven Aneignen eine "Botschaft"[57] an den Leser vermitteln.

Mit *Não verás país nenhum* (1981) scheint Loyola die Gegenwartsbezogenheit seines Schaffens aufzugeben. São Paulo bleibt zwar "o personagem principal", wird aber aus einer erweiterten Perspektive ins Bild gebracht, aus der Sicht des fernen und zugleich bedrohlich nahen zweiten Jahrtausends. São Paulo ist zum Alptraum eines Super-Makrokosmos entartet. 60 Millionen Menschen haben alles Grün wie Ungeziefer verzehrt, hausen in Betonkästen wie Termiten in ihren Hügeln, schärfstens reglementiert von einer allgewaltigen Regierung, die alles lenkt und überwacht. Wasser ist bis zum letzten Tropfen rationiert. Wer sich nicht fügt, wird ausgestoßen und ist verloren.

Wachstumseuphorie und der fatale Rausch des technisch Machbaren, vor deren Folgen die Wissenschaftler in der zweiten Hälfte des 20. Jahrhunderts vergeblich gewarnt hatten, tragen ihre verheerenden Früchte. Die immergrünen Regenwälder sind vernichtet und bieten keinen Schutz mehr vor der mörderischen Tropensonne, die den Boden ausdörrt und unfruchtbar macht und die Menschen peinigt. Atomkraftwerke und riesige Stauanlagen haben die einst fruchtbaren Küstenregionen unbewohnbar gemacht und den Bevölkerungsdruck im Megalopolis des Schreckens ins Unerträgliche gesteigert. Müllhalden und Leichenberge sind die Auswürfe dieses unregierbaren Ungeheuers, das nur noch durch uneingeschränkte Gewalt und exzessiven Terror notdürftig im Endzustand der Agonie zusammengehalten werden kann.

Hat Loyola sein literarisches Credo verraten und ist zum gewinnorientierten Science-Fiction-Autor geworden? Keineswegs. Der sozialkritische und verantwortungsbewußte Schriftsteller Loyola ist geblieben. Hinzugekommen ist der Warner und Mahner, der seine Zeitgenossen vor dem bewahren will, was sich schon jetzt in bedrohlichem Ausmaß abzuzeichnen beginnt. Der Realitätsbezug zur Gegenwart leitet sich nicht nur aus dem seit Jahren bestehenden 50-Millionen-Super-Stadt-Projekt ab, das für die nächsten Jahrzehnte das Zusammenwachsen von Rio de Janeiro und São Paulo vorsieht. Loyola hat auch die latente Gefährdung des Demokratisierungsprozesses im Visier. Und er warnt vor der Fortsetzung des jahrzehntelangen Ausverkaufs der Reichtümer Brasiliens, der im Roman zu deren totaler Übereignung an multinationale Konzerne führt.

Schauplatz und zeitliche Dimensionierung lassen *Zero* - den prähistorischen Roman - und *Não verás país nenhum* - als Aufzeichnungen aus der Zukunft - zu einer Einheit verschmelzen. Der große epische Atem beider

---

56 R.Schober, *Abbild*, a.a.O., S. 22.
57 Ebd., S. 22.

Werke hat anspruchsvolle Vergleiche evoziert: *Zero* ist "das großstädtische São-Paulo-Gegenstück zum Dorf Macondo in 'Hundert Jahre Einsamkeit' von Gabriel García Márques genannt worden.[58] *Não verás país nenhum* gilt als "um novo 1984" und sein Autor als ein "Orwell contemporâneo."[59]

Die Kontinuität innerhalb Loyolas gesamtem literarischem Schaffen bleibt auch durch die Beibehaltung des gleichen Menschenbildes gewahrt. Souza, der Protagonist, ist wiederum ein Ausgelieferter, ein sensibler Nonkonformist, der sich entgegen strengster Verbote sein Erinnerungsvermögen und seine Empfindsamkeit bewahrt, zum Außenseiter wird und schließlich in die Isolation gerät. Als Intellektueller ist er - im Gegensatz zu José - befähigt, seine Situation zu erfassen und zu analysieren. Sein Opfergang ist bewußter, seine Antihaltung allerdings ebenso einzelgängerisch wie die Josés. In *Não verás país nenhum* vollzieht sich das folgerichtiger, denn während die "Comuns" sich noch organisieren und aus gemeinsamer Aktion Kraft schöpfen konnten, bleibt Souza nur der individuelle Widerstand.

Die Auseinandersetzung mit der jüngsten Vergangenheit und mit allenthalben drohender Restaurationsgefahr wird durch Souzas Erinnerungsvermögen bewirkt.

> Im Laufe der Jahre haben wir uns an alles gewöhnt. Haben etwa die Generationen der sechziger und siebziger Jahre sich nicht auch abgefunden, nachgegeben und sogar einen permanenten Ausnahmezustand gewollt? Wenn ich darüber nachdenke, schließe ich mich nicht aus. Auch ich bin das Volk. Und vielleicht habe ich eine größere Verantwortung. Schließlich bin ich Professor der Geschichte. Ich habe sogar über die Kritik der Wissenschaftler gelacht. Sie sind verrückt, dachte ich. So etwas wird nie eintreten. Oder die Menschheit kann gleich von der Bildfläche verschwinden. Jetzt ist mir das klar ...
> Angst. Ich lebe mit der Angst. Meine Frau wiederholt das ständig. Aber Adelaide ist anders, für sie zählt nur ihre Kirche [...][60]

Warnung nicht nur vor der Zukunft, sondern auch vor den Gefahren der Gegenwart im Sinne Brechts: "Der Schoß ist fruchtbar noch, aus dem dies kroch."[61] Warnung aber auch vor den ökologischen Folgen der anarchischen Industrialisierung und der generalstabsmäßig organisierten Vernichtung der grünen Lunge der Welt.

---

58 Jörg Drews, "Fremder literarischer Kontinent", in: *Die Zeit*, Juni 1982.
59 Geraldo Galvão Ferraz, "A literatura em viagem", in: *ISTO É*, 17/8/83, S. 85.
60 Ignácio de Loyola Brandão, *Kein Land wie dieses* (Deutsch von Ray-Güde Mertin), Frankfurt/Main 1986, S. 33-34.
61 Bertolt Brecht, *Kriegsfibel*, Berlin 1968, S. 69.

Als Loyola nach längerem Berlin-Aufenthalt nach Brasilien zurückkehrte, fand er sich bestätigt:

O choque da volta a um país quase de ficção, pois várias das situações que hoje são manchetes na imprensa foram previstas em seu livro - um país devastado política, econômica e ecologicamente [...].[62]

Der auf den Sprung in fremde Großstadtwirklichkeiten trainierte Loyola erlebte Berlin als Kontrast und Bezugspunkt, als Entfernung und Wiederannäherung an Brasilien und São Paulo. Sarmientos und Euclides da Cunhas lateinamerikanisch-brasilianischer Antagonismus 'civilización y barbarie' wird für Loyola auf neue Art erfahrbar und relativierbar. Gefühle des Bedrohtseins, der Angst und Vereinsamung, des Ausgeschlossenseins und der Kommunikationslosigkeit durch die unüberwindbare Sprachbarriere werfen ihn auf sich selbst zurück. "Na Europa convivi com o medo."[63] Liebe und Partnerschaft werden zu Pfeilern der Selbstbehauptung. Die literarische Frucht dieser Zeit ist *O beijo não vem da boca* (1985), "a radical estória de amor".[64]

Liebesbeziehungen, die für José als Teil des Isolationsprozesses und für Souza als Komponente der Verweigerung und des Rückzugs gewertet werden können, verabsolutieren sich für Breno, den schriftstellernden Ich-Erzähler des Romans, zum 'barco salva-vidas'. Die Geschehnisse um ihn herum dringen nur bruchstückhaft in Brenos Bewußtsein. Seine Außenseiterrolle ist fixiert.

Creio que nunca vou entender a cidade e este povo, é um desafio à minha capacidade, como posso escrever se nem penetro o suficiente no que está à minha volta?[65]

Und Zweifel überkommen ihn:

Ir a Berlin para viver a mesma vida de São Paulo, vale a pena?[66]

Als brasilianischer Schriftsteller auf der Suche nach der eigenen Identität wird Breno durch seine Liebesbeziehungen weitgehend absorbiert. Brasilien und São Paulo bleiben jedoch immer zum Greifen nahe. Von ihnen kann und will er sich nicht losreißen. Mit lebhaftem Interesse verfolgt er die Ereignisse

---

62   G.G. Ferraz, "A literatura em viagem", a.a.O., S. 84.
63   Ebd., S. 84.
64   *A posse da terra*, a.a.O., S. 449.
65   Ignácio de Loyola Brandão, *O beijo não vem da boca*, São Paulo 1985, S. 375.
66   Ebd., S. 79.

in seiner Heimat, seine unmittelbare Umgebung beobachtet er wie mit einer Unterwasser-Kamera.

Nach dem Unterschied zwischen Brasilianern und Deutschen befragt, resümiert Breno seine Erfahrungen am Ende so:

A diferença entre eles e nós, qual é? Têm medo do futuro. Temos medo do presente.[67]

O beijo não vem da boca ist Loyolas 'leisester' Roman, beinahe ein Reisetagebuch über eine fremde verschlossene Welt, durch die die Berliner Spatzen hüpfen.

Ignácio de Loyola Brandão ist inzwischen längst in die Alptraumstadt und Hoffnungsträgerin São Paulo zurückgekehrt, aus der er in Wahrheit nie abgereist war. Sein Berlin-Aufenthalt war ein episodisches Schweben zwischen dem Süden in ihm, dem Westen vor ihm und dem Osten neben ihm. Nun hat ihn die 'medo do presente' der Brasilianer wieder in ihren Fängen. Loyolas Selbstfindung kann - wie die seines Helden Breno - nur in Brasilien gelingen. Mit den Mitteln der Literatur wird er weiter zur Selbstfindung und Entwicklung des Kontinents Brasilien und seiner Menschen beitragen.

---

67   Ebd., S. 428.

Helmut Feldmann

DER INDIANER IM ROMAN VON 1964 BIS 1984

Es sind vor allem zwei Autoren, in deren erzählerischem Werk der Indianer eine herausragende Rolle spielt: Antônio Callado (geb. 1917 in Niterói) und Darcy Ribeiro (geb. 1922 in Montes Claros, Minas Gerais). In Márcio Souzas (geb. 1946 in Manaus) Romanen und Farcen, deren Hauptthema die politischen, wirtschaftlichen und gesellschaftlichen Zustände im Amazonasbecken in Vergangenheit (Kautschukboom) und Gegenwart sind, bleibt der Indianer eine Randerscheinung. Sein Roman *Galvez imperador do Acre* (1976) gibt ihm nur Raum im Rahmen einer Persiflage stereotyper Motive der Amazonas-Reiseliteratur (S. 80 - 82).

Antônio Callado[1] gilt als politischer Schriftsteller linksliberaler Ausrichtung, dessen Romane *Quarup* (1967), *Bar Don Juan* (1971), *Reflexos do baile* (1976), *Sempreviva* (1981) einen deutlichen Bezug zum Zeitgeschehen in den Jahren der Militärdiktatur haben. *Quarup* ist der erste brasilianische Roman, der den Militärputsch von 1964 zu verarbeiten versucht. Zentrales Thema aller Romane Callados ist jedoch die Selbstentfremdung des bürgerlichen Intellektuellen, die Hand in Hand geht mit einer Entfremdung von der gesellschaftlichen Realität. Seine bürgerlichen Protagonisten sind Einzelgänger, die die Probleme ihres Landes zwar sehen, aber keinen Beitrag zu ihrer Bewältigung leisten. Ihre Vorstellungen von dem Weg, auf dem eine Neuordnung Brasiliens erreicht werden soll, bleiben ohne Auswirkungen auf die wirtschaftliche, politische und gesellschaftliche Realität. Es geht ihnen nicht

---

1 Antônio Callado entstammt dem wohlhabenden Bildungsbürgertum. Sein Vater war Arzt. 1937 begann er seine Laufbahn als Journalist bei der Tageszeitung *Correio da Manhã* (Rio de Janeiro), deren Chefredakteur er 1945 wurde. Von 1941 bis 1947 lebte er in London, wo er das brasilianische Programm der BBC mitgestaltete. Zwischenzeitlich - von Dezember 1944 bis Oktober 1945 - arbeitete er in der Brasilienabteilung der Radio Diffusion Française in Paris. Seine wohl einzige Berührung mit den Indianern ermöglichte ihm 1952 eine sechstägige Reise ins Xingu-Gebiet in Mato Grosso.

um Revolution, sondern um Erlösung ihres Volkes im Rahmen eines heilsgeschichtlichen Weltverständnisses, wobei sie selbst die Rolle des Messias übernehmen.

Es überrascht, daß in Callados Romanwerk der Indianer, der für das Kernanliegen einer Neuordnung Brasiliens ohne Belang ist, einen breiten Raum einnimmt. Etwa ein Drittel des Erzählgeschehens von *Quarup* spielt unter Indianern im zentralbrasilianischen Urwald, *A Expedição Montaigne* (1982) erzählt von einer Expedition in den Urwald Mato Grossos, und der Gegenspieler des Protagonisten von *Concerto carioca* (1984) ist ein Indianer. Es sind jedoch nicht so sehr die Probleme einer aussterbenden Minderheit und ihrer Kultur, die das Interesse Callados - und seiner Protagonisten - am Indianer begründen, sondern eine literarische Tradition der Mythisierung des indianischen Gemeinwesens zum irdischen Paradies, die mit Pero Vaz de Camhina einsetzte, von Montaigne und den Utopisten des 16. Jahrhunderts aufgegriffen wurde und bis ins 20. Jahrhundert - zum Beispiel Blaise Cendrars - lebendig blieb. Auch die brasilianische Tradition der literarischen Suche nach der Identität Brasiliens als Kulturnation dürfte für Callados Interesse am Indianer von Gewicht gewesen sein. Beide Traditionen finden Eingang in die Romane, soweit sie Callado helfen, romantisch-eskapistische Neigungen der bürgerlichen Bildungselite im heutigen Brasilien bloßzustellen. Je tiefer die Protagonisten seiner "Indianerromane" in den noch unerschlossenen Urwald Zentralbrasiliens vordringen, um das verlorene Paradies zurückzuerobern, umso deutlicher geben sie sich als quichoteske Außenseiter zu erkennen, die sich jedem rationalen Einsatz für eine gerechtere Wirtschafts- und Gesellschaftsordnung entziehen.

Der Reisebericht *Esqueleto na Lagoa Verde. Um ensaio sobre a vida e o sumiço do Coronel Fawcett* (1953) läßt erkennen, daß auch Callado in den fünfziger Jahren in den Bann der literarisch-utopischen Tradition vom irdischen Paradies im autochthonen Brasilien geraten ist. Gegenstand des Berichts ist eine sechstägige journalistische Expedition (1952) ins Xingu-Gebiet Mato Grossos, an der er selbst teilgenommen hat. Gleich zu Beginn des Reiseberichts zeigt sich Callado fasziniert von der "inocência", der "candura" und "falta de malícia" der nackten Indianer: "O indio é uma criança. Ainda vive aquém do Bem e do Mal" (S. 7). Er übernimmt damit die Sehweise des ersten Chronisten der Entdeckung Brasiliens: Pero Vaz de Caminha. Zwar gibt Callado die Mythisierung der Indianer zu Menschen im Naturzustand, die von der Erbsünde nicht betroffen sind, sogleich als gedankliche Spielerei zu erkennen, aber das Gedankenspiel wird strukturbestimmend für den Reisebericht, den eine tiefgreifende Skepsis gegenüber der weltgeschichtlichen Mission Europas - Callado hatte den Zweiten Weltkrieg in London und Paris (1941 - 1947) miterlebt - durchzieht.

Eines der Verhaltensmuster, das für alle "Indianerromane" Callados gleichermaßen charakteristisch ist, findet sich schon in *Esqueleto na Lagoa Verde*. Callado referiert, daß Graham Greene im Anblick des heiteren und unbeschwerten Lebens von Zentralafrikanern, die von europäischer Zivilisation noch weitgehend unberührt geblieben waren, den Wunsch verspürt habe,

> de descobrir, passando um tempo entre primitivos, em que ponto do nosso desenvolvimento tomáramos o caminho errado. Aqueles pretos estavam ainda num estágio em que estivéramos um dia. Pois, a partir dali, que sinistro atalho haviamos tomado para chegar aos horrores do mundo moderno; [...] Diz Greene: 'Lembro-me de vaguear ao redor da aldeia, escutando o riso e a música entre os pequenos e cintilantes bivaques, e achando que, afinal de contas, toda aquela viagem valera a pena: ela fazia brotar de novo uma certa fé na natureza humana. Se a gente pudesse regressar àquele despojamento, àquela simplicidade, àquela instintiva amabilidade, àquele estado de sentimento e não de pensamento, para então começar outra vez' ... Começar outra vez: isto, naturalmente, é o repúdio a tudo que foi feito, é a condenação formal do passado (S. 47 f).

Rückkehr zu den Anfängen und Neubeginn unter Vermeidung von Irrwegen, das ist das Verhaltensmuster, das sich auch Callado in *Esqueleto na Lagoa Verde* zueigen macht. Er spielt mit dem Gedanken, daß dank der Existenz noch unbefriedeter Naturvölker Brasilien die Möglichkeit habe, die Kolonisation unter Vermeidung der Fehler der europäischen Eroberer neu zu beginnen, und zwar "como quem faz uma nação, como quem arrebanha irmãos" (S. 84).

Der Reisebericht zerfällt dementsprechend in zwei Teile: "o vitoriano e o sonho do novo império", wo Callado in Oberst Fawcett den Typus des britischen Kolonisators der viktorianischen Ära vorstellt, und "o moderno bandeirante (Callado selbst) e o sonho da nação futura". Europäische Kolonisation, die zur weitgehenden Ausrottung der Indianer und zur Zerstörung ihrer Kultur geführt habe, und innerbrasilianische Kolonisation, die bestrebt sei, die Indianer als "Brüder" in die brasilianische Nation zu integrieren, werden einander gegenübergestellt. Diese Opposition ist auch für *Quarup* strukturbestimmend, allerdings mit dem Unterschied, daß die ironische Erzählweise die eskapistischen Beweggründe, die den Protagonisten zum romantischen Glauben an die Möglichkeit einer echten Synthese von indianischer und euopäisch-brasilianischer Kultur geführt haben, aufdeckt. Mit *Quarup* nimmt Callado Abschied von seinen Träumen als "moderner Bandeirante".

Aufschlußreich für das Verständnis von Callados Romanprotagonisten ist der Oberst Fawcett, eine historische Gestalt, die im Reisebericht eine fiktionale Dimension erhält: Fawcett sei von der Idee besessen gewesen, einem weltweiten, prähistorischen Imperium - mit Atlantis als Brücke zwischen Brasilien und Afrika - auf der Spur zu sein, dessen geistiges Zentrum im Urwald Mato Grossos gelegen haben müsse. In einer von Bandeirantes verfaßten *Relação histórica de uma oculta e grande povoação antiquíssima sem moradores, que se descobriu no ano 1753*[2] habe er eine Bestätigung seiner kulturhistorischen Spekulationen gesehen, und in den Jahren 1920 und 1925 habe er auf Expeditionen in den zentralbrasilianischen Urwald die geheimnisvolle Ruinenstadt ausfindig zu machen versucht. Von der zweiten Expedition sei er nicht mehr zurückgekehrt. Callado interpretiert die fixe Idee und die Expeditionen Fawcetts im Sinne Sigmund Freuds: Fawcett habe seine viktorianischen Wertvorstellungen nicht mehr in die Praxis umsetzen können, da er in einer Zeit gelebt habe, in der der Zerfall des britischen Kolonialreiches unübersehbar gewesen sei. Die "Entdeckung" und "Erschließung" des hypothetischen prähistorischen Kulturimperiums sei darum als eine "transferência de objetivos" zu verstehen.

Callados Romanprotagonisten sind das Ergebnis einer Verbindung der Gestalten Fawcetts und des "modernen Bandeirante". Wie Fawcett sehen sie sich an der Verwirklichung vitaler persönlicher oder nationaler Interessen gehindert und weichen in kompensatorische Projekte aus, die durch eine besondere Realitätsferne auffallen. Ihre Ersatzhandlungen - und darin unterscheiden sie sich von denen Fawcetts - gehorchen dem Verhaltensmuster des "regressar para começar outra vez" (Greene/Callado), d. h. sie haben eine zukunftsbezogene, utopische Ausrichtung. Gemeinsam sind Fawcett und den Romangestalten die unerschütterliche Glaubenskraft, der Idealismus - das Geld spielt bei keinem von ihnen eine Rolle -, die heroische Bereitschaft zu höchstem Engagement bei der Verwirklichung des kompensatorischen Projekts. Gemeinsam ist ihnen schließlich, daß sie scheitern müssen, weil sie den Aberwitz ihrer Ersatzhandlungen und die Grenzen ihrer Möglichkeiten nicht sehen wollen.

Das Dilemma der Romanprotagonisten Callados soll am Beispiel des jungen, intelligenten und hochgebildeten Franziskanermönchs Nando (*Quarup*) verdeutlicht werden. Nicht die Revolution im Dienste einer humaneren wirtschaftlichen, politischen und gesellschaftlichen Neuordnung Brasiliens ist sein Anliegen - sie gehört für ihn in die Niederungen der profanen Geschichte und ist in ihren Auswirkungen räumlich und zeitlich begrenzt -, sondern die Erlösung der gesamten Menschheit im Sinne des göttlichen Heilsplans: Gott habe mit dem Indianer einen zweiten, von der Erbschuld unberührten Adam erschaffen und damit der Menschheit die Chance für einen authentischen Neuanfang ihrer Geschichte gegeben. Es gelte nur, die

---

2   Die *Relação* findet sich im Anhang von *Esqueleto na Lagoa Verde*.

Rollen von Kolonisator und Kolonisiertem auszutauschen: das Modell des paradiesischen indianischen Gemeinwesens müsse mit so unwiderstehlicher Überzeugungskraft nach Brasilien und in die übrige Welt ausstrahlen, daß die gesamte Menschheit schließlich die Ideale der Freiheit, Gleichheit und Brüderlichkeit Wirklichkeit werden lasse. Das geistige Zentrum dieses neuen, weltumspannenden Imperiums solle im zentralbrasilianischen Urwald liegen. So wie Fawcett dort die Hauptstadt eines Kulturimperiums aus dunkler Vorzeit gesucht hatte, so begibt sich Nando als Missionar dorthin, um die Fundamente für einen Aufbau dieses Reiches zu legen.

Charakteristisch für Nando, wie auch für alle übrigen Heilsbringer Callados, ist eine besondere Vorliebe für das Theaterspiel. Die Bühnenrolle erleichtert dem Protagonisten die Flucht aus der Realität und das Hinüberwechseln in eine imaginäre Existenz, die so intensiv gelebt wird, daß ihr fiktionaler Charakter weitgehend aus dem Bewußtsein verdrängt werden kann. *Quarup* beginnt mit einer von Nando inszenierten Aufführung eines Mysterienspiels vom Jüngsten Gericht in der Krypta seines Klosters: Vor einem Wandbild mit dem richtenden Christus befindet sich auf einem Altartisch eine Waage. Vor den Stufen des Altares hat Nando zwei Reihen von Skeletten in franziskanischer Ordenskleidung aufgestellt. Erzählt wird in der Form der erlebten Rede aus der Perspektive Nandos: Scheinbar mehr als alle anderen Franziskanermönche von schwerer Schuld beladen, schreitet Nando - einziger Schauspieler und einziger Zuschauer - auf den zum härtesten Verdammungsurteil ansetzenden Christus zu und stellt sich hocherhobenen Hauptes - als Rivale? - neben ihn. Daß Nando gerade das Jüngste Gericht, d. h. die letzte Etappe der christlichen Heilsgeschichte zum Gegenstand seiner szenischen Darstellung macht, wird bei fortschreitender Lektüre des Romans einleuchtend: Da er die Menschheitsgeschichte neu beginnen lassen will, und zwar ohne Sündenfall, wird die Erlösungstat Jesu Christi überflüssig. Nando versteht sich als der Begründer einer nachchristlichen Ära, in der das Böse inexistent ist. Der Roman erzählt in der Tat, wie Nando dieses Rollenverständnis mit letzter Konsequenz zu seinem alleinigen Lebensinhalt macht.

Das wird beispielsweise deutlich am Tage seiner Ankunft bei den Indianern. Eine Missionarstätigkeit muß ihm widersinnig erscheinen, da der Erlösungstod Christi bedeutungslos für den neuen Adam im Naturzustand des Irdischen Paradieses ist. Man könnte erwarten, daß Nando in dem Augenblick, wo er mit dem deprimierenden Anblick eines aussterbenden Indianerstammes konfrontiert wird, sich genötigt sieht, seine heilsgeschichtlichen Höhenflüge aufzugeben und auf den Boden der Realität zurückzufinden. Das ist aber nicht der Fall. Intelligente Freunde, die Nandos Vorstellungen vom neuen Adam kennen, haben für den Tag seiner Ankunft heimlich das "Mysterienspiel" vom Sündenfall Adams und Evas inszenieren lassen, aber mit einschneidenden Änderungen im Sinne Nandos: Beim Verlassen des Flugzeugs sieht er in einem menschenleer scheinenden Dorf ein junges, nacktes Indianerpaar. Die Indianerin bietet ihrem Partner einen Apfel an - man hatte ihn eigens aus Südbrasilien mitbringen lassen -, jedoch er, der neue Adam, lehnt ab. Daraufhin beißt Eva selbst hinein, schreitet verführerisch auf Nando zu, um nun ihm den Apfel anzubieten. Nando, dessen Blut in Wallung geraten ist, will schon zugreifen, als schallendes Gelächter seiner im Verborgenen zuschauenden Freunde ihn noch davon abhalten kann. Das Spiel, das aller konkreten Erfahrung im Umgang mit den Indianern vorausgeht, wird richtungweisend für ihn. Mit der Rolle Adams hat er sich so weitgehend identifizieren können, daß er allem Anschein nach - Callado vermeidet es in entscheidenden Augenblicken, dem Leser Einblick in Nandos Gedanken und Gefühle zu geben - die Idee faßt, selbst als neuer Adam die nachchristliche Ära der Menschheitsgeschichte einzuleiten. Der dritte Teil des Romans, der Nandos ersten kurzen Aufenthalt bei den Indianern zum Erzählgegenstand hat, trägt bezeichnenderweise den Titel: "A maçã". Nando gibt kurzerhand sein Missionsvorhaben auf, tritt aus dem Orden und der Kirchengemeinschaft aus, verzichtet auf alle Bequemlichkeiten der Zivilisation und durchstreift nach dem Vorbild des rousseauschen "bon sauvage" in völliger Einsamkeit sieben Jahre lang, nur mit Pfeil und Bogen ausgestattet, den Urwald.

Der Roman ist weitgehend aus der Perspektive Nandos erzählt. Es versteht sich, daß Callados Ironie allgegenwärtig ist. Ein besonders feiner ironischer Kunstgriff ist ihm mit der Konzeption der Romanstruktur gelungen, die das Selbstverständnis des Protagonisten scheinbar bestätigt: *Quarup* zerfällt in Anlehnung an die Bibel in ein "Altes" und ein "Neues Testament", wobei "Altes Testament" das von Jesus vermittelte Bündnis zwischen Gott und den Menschen meint. Nando kündigt dieses Bündnis auf (Teile 1 - 3). Der Neuanfang der Heilsgeschichte, den Nando unter Vermeidung der Erbsünde als neuer Adam setzt (Teil 4), führt zum "neuen Bund", in dem der Vertragspartner der Menschen nicht mehr Gott-Vater, sondern "Göttin-Mutter" ist (Teile 5 - 7). Der Roman gipfelt in Nandos utopischem Entwurf eines neuen Brasilien - "O mundo de Francisca" -, der in Anlehnung an die sieben Tage der Schöpfungsgeschichte im siebenten und letzten Teil des Romans vor den Augen des Lesers ersteht.

Von zentraler Bedeutung für das Sinngefüge des Romans ist Nandos Liebe zu der jungen Malerin Francisca. Das Zölibat, vertreten durch den Abt Anselmo, dessen patriarchalische Autorität Nando respektiert, im Gegensatz zum häretischen Pater Hosana, seinem geistlichen Bruder und Intimfeind, der das Zölibat nicht beachtet und sich auch in Glaubensfragen gegen den Abt auflehnt, verbietet es Nando zunächst, an die Erfüllung seiner Liebe zu denken. Ein weiteres Hindernis auf dem Wege zu Francisca stellt sich ihm in der

Person des jungen Studenten und charismatischen Revolutionsführers Levindo entgegen, mit dem Francisca verlobt ist. In der tiefenpsychologischen Konzeption des Romans lassen sich der weltliche Revolutionär Levindo und der geistliche Revolutionär Hosana als zwei Erscheinungsweisen von Nandos wahrem Ich verstehen, denn sie handeln genau so, wie er es in seinem tiefsten Inneren auch für sich wünscht, ohne sich dessen klar bewußt zu sein.

Die feindlichen geistlichen Brüder Nando und Hosana sowie ihr geistlicher Vater Anselmo lassen sich in Analogie zu Abel und Kain (S. 61) und ihrem Verhältnis zu Gottvater sehen. Hosana ist Anselmos "schwarzes Schaf". Die Tötung Abels durch Kain ist u. a. verstanden worden als eine Ersatzhandlung, die eigentlich dem - unerreichbaren - Gottvater gegolten habe. In *Quarup* wird nicht mehr Nando, sondern der Abt Anselmo in seiner Eigenschaft als Vertreter Gottes das Opfer der Aggression Hosanas. Das Besondere an der *Quarup*-Variation der Bibelepisode ist darin zu sehen, daß Nando von der Tötungsabsicht seines "alter ego" weiß, es aber unterläßt, den Abt zu warnen, wodurch er sich indirekt zum Mittäter macht (Teile 1 - 3). Nando fällt seinen Entschluß zum Austritt aus der Ordensgemeinschaft und aus der Kirche an dem Tage der Ermordung des Abtes. Da auch Levindo an diesem Tage stirbt - er wird bei Gelegenheit einer gewaltsamen Gutsbesetzung getötet - steht rein äußerlich einer Verbindung Nandos mit Francisca nichts mehr im Wege.

Aber Francisca hat Levindos Ideale so weitgehend verinnerlicht, daß Nando ihre Liebe erst gewinnen kann, wenn auch er sich in der Revolution engagiert. Dazu ist er nicht bereit, obwohl er Francisca gerade deshalb lieben dürfte, weil sie das einzig Richtige von ihm erwartet. Der vieldeutige Romantitel scheint auf diese besondere Problematik in der Liebesbeziehung zwischen Nando und Francisca anzuspielen: *Quarup* nennen die Indianer eine bemalte Holzfigur, die einen Verstorbenen darstellt. Ihre rituelle Funktion besteht darin, die Seele des Verstorbenen in sich aufzunehmen und ihm so das Weiterleben zu ermöglichen. Will Nando Francisca erobern, muß er sich zum *Quarup* des getöteten Levindo machen.

Im siebenten Jahr seines Nomadenlebens als neuer Adam stößt Nando zu einer Expedition ins geographische Zentrum Brasiliens in Mato Grosso, die zugleich das Zentrum des Romans - den vierten von insgesamt sieben Teilen - bildet. Auch Francisca nimmt an der Expedition teil. Für beide führt die Reise aus der historischen Zeit in die mythische des Garten Eden, wo Levindo und die Revolution bedeutungslos werden: Auf einer paradiesischen Orchideeninsel, die so versteckt liegt, daß Nando annehmen kann, niemand außer ihnen habe sie je gesehen und die somit von der profanen Geschichte unberührt geblieben ist, kommt es zur Liebesbegegnung, in der Nando als neuer Adam in Francisca die neue Eva erkennt. In Pernambuco jedoch, wohin beide zurückkehren und wo Francisca in den revolutionären Ligas Camponesas tätig ist, tritt Levindo erneut zwischen die Liebenden. Francisca wechselt von der Rolle der Geliebten in die der Erzieherin und "geistlichen Mutter" über und nimmt damit den vakant gewordenen Platz des geistlichen Vaters Anselmo ein, um so die Wiedergeburt Levindos in Nando zu ermöglichen.

Den Höhepunkt der Entwicklung Nandos bildet die Vision einer geistlichen und politischen Ordnung Brasiliens, die ihm in einer lange Zeit verschütteten und schließlich freigelegten unterirdischen Kapelle des Klosters von Olinda zuteil wird. Sie ist mit Bildern aus dem Leben Marias, der Mutter Jesu, geschmückt und diente im 17. Jahrhundert als Stätte eines häretischen Marienkults (S. 578 - 583). Die Bilder zeigen Maria in sinnlicher Kreatürlichkeit als liebende junge Frau und Mutter unter Mißachtung des Dogmas von der jungfräulichen Empfängnis. Die Bilderfolge gipfelt in einem gigantischen Tryptichon:

> O primeiro era o da Crucifixão. Cristo morto na cruz e a Madalena aos seus pés, chorando entre outras mulheres. Os apóstolos apavorados voltam a cabeça para não verem nem o mestre morto e nem a fenda nas nuvens por onde se debruça Deus. No meio do quadro Maria desgrenhada e convulsa de cólera ameaça Deus com o punho fechado. No quadro central Maria ascende aos céus; Maria nua, subindo das ondas do mar sobre uma concha, cabelos de chamas longas e vivas beijandó-lhe os seios e os flancos como um incêndio submisso, Maria ascendendo sobre o mar coalhado de barcos onde apóstolos, mulheres, soldados romanos acompanham com temor mesclado de esperança sua subida tranquila a um céu entreaberto onde Deus formidável de cenhos cerrados parece aguardar apenas o momento de fulminar em meio vôo Maria assunta. No terceiro quadro Maria na plena glória do céu sentada em sua concha que veio repousar no trono de Deus, mil serafins e querubins esvoaçando em tôrno do seu rosto e dos seus seios, as santas do céu cantando à sua volta. E Deus morto no chão. Um homem morto (S. 582).

Callado vermeidet es, dem Leser einen Einblick in Nandos Gedanken und Gefühle beim Betrachten der Bilder zu geben, die seinen eigenen Werdegang wiederzuspiegeln scheinen: In Gottvater muß er den Abt Anselmo sehen, dessen Tötung nachträglich gerechtfertigt erscheint. Maria-Aphrodite, die den vakanten Thron Gottes besteigt, ist niemand anders als Eva-Francisca, die als geistliche Mutter die Funktion des Abtes Anselmo übernommen hat. Und der tote Jesus Christus macht den Platz frei für Nando, den geistlichen Sohn Franciscas, der als neuer Messias das neue Evangelium vom aphroditisch-marianisch-franziskanischen Matriarchat dem brasilianischen Volk verkünden wird.

Für Nandos utopischen Entwurf eines matriarchalen Brasilien dürfte Callado sich von Oswald de Andrade haben anregen lassen, insbesondere von den Essays *A crise da filosofia messiânica* (1950) und *A marcha das utopias* (posthum 1966). In ersterem geht Andrade von einer kulturhistorischen Spekulation des deutschen Rechtshistorikers und Altertumsforschers Johann Jakob Bachofen (1815 - 1887) und ihrer Rezeption durch Nietzsche und Engels aus. In seinem Buch *Das Mutterrecht. Eine Untersuchung über die Gynäkokratie der Alten Welt und ihrer religiösen und rechtlichen Natur* (1861) unterscheidet Bachofen zwei Kulturepochen der Menschheitsgeschichte: das Matriarchat (Gynäkokratie) und das Patriarchat. Aus indirekten Zeugnissen der Mythen und der frühen Literatur Griechenlands, Indiens, Zentralasiens, Ägyptens glaubt er, eine der Menschheit als Ganzes gemeinsame matriarchale Frühphase der Kultur postulieren und rekonstruieren zu können.

Ein Zusammenleben der Menschen, das nach dem Mutterrecht geordnet ist, hat nach Bachofen für Frauen einen uneingeschränkten Geschlechtsverkehr mit häufig wechselnden Partnern zur Voraussetzung. Die Abstammung habe unter diesen Umständen nur in der weiblichen Linie gerechnet werden können, was den Frauen zu einem hohen Grad von Ansehen verholfen habe. Die Kinder hätten der Stammesgemeinschaft gehört, was den Begriff des vererbbaren Eigentums erst gar nicht habe aufkommen lassen. Die Gynäkokratie sei darum eine egalitäre Gesellschaft gewesen. Weder Arbeit noch Besitz und gesellschaftlicher Einfluß, sondern Spiel und Lust seien ihre Motoren gewesen und hätten jedem Einzelnen ein Höchstmaß an Lebensfreude geboten.

Diese hypothetische Rekonstruktion einer idyllischen kulturellen Frühphase der Menschheitsgeschichte übernimmt Oswald de Andrade, jedoch unter dem Aspekt ihrer Verwertbarkeit für den utopischen Entwurf einer besseren Zukunft der Menschheit. Sein dialektisches Geschichtsverständnis erlaubt es ihm, die patriarchale Revolution, der das Eigentum und die Klassengesellschaft, die Monogamie und die Sklaverei zuzuschreiben seien, als die zwar bedauerliche aber notwendige Antithese zum Matriarchat zu verstehen, die die Zivilisation und ihre Errungenschaften erst ermöglicht habe. Die immer präsenten, subversiven "matriarchalen" Hoffnungen seien in der Vergangenheit von der "messianischen Philosophie" und der Religion auf das Leben nach dem Tode gerichtet und damit neutralisiert worden. Erst die Kenntnis des matriarchalen Gemeinwesens der Indianer habe eine Tradition des utopischen Denkens - *A marcha das utopias* (Morus, Campanella, Bacon, Rousseau u. a.) - ausgelöst, das bewußt oder unbewußt in der Synthese von Matriarchat und Zivilisation das Telos der Geschichte sehe. Die Zeit für ein neues irdisches Paradies sei endlich gekommen, da die "Maschine" - eine Errungenschaft der Zivilisation - menschliche Arbeit mehr und mehr überflüssig mache. Alle Formen der Unterdrückung und Ausbeutung des Menschen durch den Menschen würden damit hinfällig, patriarchale Gesellschafts- und Staatsformen sich von selbst auflösen.

Das utopische Denken von Oswald de Andrade erinnert an Herbert Marcuse, der in *Eros and Civilization: A Philosophical Inquiry to Freud* (1955) zwar nicht die dialektische Wiederkunft eines hypothetischen frühgeschichtlichen Matriarchats prophezeit, aber - im Unterschied zu Freud - eine nicht repressive Gesellschaft und Kultur für möglich hält. Es seien gerade die Errungenschaften der "erdrückenden" Kultur - die fortschreitende Automatisierung im Produktionsprozeß -, die die Voraussetzung für eine "befreite Gesellschaft" und eine ästhetisch-spielerische, von Not und Mangel entlastete Kultur böten. Zweifellos hat Callado für Nandos utopisches Denken Anregungen auch von Marcuse und von den Ideen der von revolutionärer Aufbruchstimmung erfaßten Jugend der sechziger Jahre erhalten.

Der Schluß von *Quarup* wird in der Regel so interpretiert, als ob Nando sich schließlich doch zur aktiven Teilnahme an der Revolution habe entschließen können. In der Tat reitet er in den Sertão, um der Guerilla beizutreten. Diese überraschende "Wende" des ewigen Zauderers wird jedoch durch zahlreiche ironische Signale Callados entwertet. Der Ausritt in den Sertão ist nicht das Ergebnis einer wohlüberlegten Entscheidung, sondern einer Notlage, die Nando zur Flucht zwingt. Wenn er Lederkleidung in der Art der Cangaceiros trägt, so aus purem Zufall: er hatte sich, bevor er sich plötzlich zur Flucht gezwungen sah, der Lederkleidung bedient, um sich als Cangaceiro kostümiert unter das Karneval feiernde Volk zu mischen. Und wenn er sich hoch zu Pferde und in Cangaceiro-Kleidung den Namen Levindo zulegt, dann ist das fiktionale Rollenspiel perfekt. Manuel, dem klugen Revolutionär aus dem Volke, der Nando begleitet, ist nicht wohl bei der Maskerade:

> Com seu perdão, Seu Nando, a roupa preta não fez o Senhor padre. Esse gibão de couro não vai fazer o Senhor cangaceiro não.

Wiederum wird das Rollenspiel richtungsweisend für Nando:

> Sentia que vinha vindo a grande visão. Sua deseducação estava completa. O ar da noite era um escuro éter. A sela do cavalo um alto pico. Da sela Nando abrangia a Mata, o Agreste e sentia na cara o sopro do fim da terra saindo das furnas de rocha quente. E viu: aquele mundo todo com sua cana, suas gentes e seus gados era Francisca molhando os pés na praia e de cabelos ardendo no Sertão (S. 599 f.).

Und auf Manuels Frage, ob er vor der Flucht noch einen Brief von Francisca - sie befindet sich in Europa - vorgefunden habe, antwortet er: "Tinha, Manuel. Mas não é mais preciso. Sabe o que eu descobri? [...] que Francisca é apenas o centro de Francisca" (S. 600). Mit anderen Worten: Francisca ist für ihn eine Allegorie des neuen, matriarchalen Brasilien, des "mundo a vir" (S. 600), wo die reale Francisca als geistige Kraft allgegenwärtig ist.

Levindo hatte das Fehlen eines nationalen Glaubens der Revolutionäre beklagt. "Temos que fabricar mitos" (S. 33) war eine seiner Forderungen an die Intellektuellen. Im Rahmen der hier vorgeschlagenen Lektüre des Romans gehen wir wohl kaum zu weit in der Annahme, daß Nando seine Aufgabe darin sieht, den Guerilleros den lange gesuchten nationalen Glauben zu bringen, die frohe Botschaft von einem "mundo [...] criado e governado pela mulher" (S. 34). Als neuer Messias einer nachchristlichen Ära wird er das brasilianische Volk einladen, als *Quarup* den Geist des aussterbenden indianischen Matriarchats in sich zu neuem Leben zu erwecken, um so die Voraussetzungen für ein matriarchales politisches und soziales Gemeinwesen zu schaffen, das Modellcharakter für den Rest der Welt haben würde. Wie dem auch sei, Nando verharrt auch in dieser Phase der "Entwicklung" seines Selbstverständnisses auf der heilsgeschichtlichen Ebene und ist dem Revolutionär Levindo - und Francisca - kaum nähergekommen. Man kann die Lektüre des Romans in der Gewißheit beenden, daß Nandos Ausritt als revolutionärer Heilsbringer genauso sang- und klanglos enden wird wie sein erster Auszug als Begründer eines weltweiten Gottesstaates.

Die "tragische Farce" um den Journalisten Vicente Beirão, Protagonist des Romans *A Expedição Montaigne*, ist eine säkularisierte Variante des "Mysterienspiels" um Nando: Nicht mehr die Bibel, sondern Michel de Montaignes *Essais* haben Vicente zu seinen Vorstellungen von der paradiesischen Welt der Indianer verholfen. Der zeitgeschichtliche Bezugspunkt des Romans ist die härteste Phase der Repression (1969 - 1974) in den Jahren der Militärdiktatur. Vicente wird von der Militärregierung mit Berufsverbot belegt, weil einige seiner Artikel über Mißstände beim Serviço de Proteção aos Indios (SPI) als subversiv eingestuft wurden. Daraufhin faßte er den aberwitzigen Plan, eine Expedition ins Urwaldgebiet von Mato Grosso zu unternehmen, um die Indianervölker für die Rückeroberung ihres Landes und die Vertreibung der Brasilianer zu gewinnen. Da seiner Meinung nach alles Übel erst mit der europäischen Zivilisation nach Brasilien gelangt ist, sieht er die einzige Möglichkeit für eine Rettung des Landes in der Rückkehr zum Status quo ante.

Die Parallelen im Verhalten Nandos und Vicentes sind offensichtlich: Beide verfolgen realitätsferne Projekte megalomanen Charakters, bei denen es um nichts geringeres geht als um die Erlösung der Menschheit bzw. der

Indianer. Beide täuschen sich nach bestem Können, aber mit nur halbem Erfolg darüber hinweg, daß ihre Aktionen den Charakter eines fiktionalen Rollenspiels haben und keinerlei Einfluß auf den Lauf der Geschichte nehmen werden, ja daß sie nicht einmal die Not eines einzigen Landarbeiters oder Indianers lindern helfen. Vielmehr erniedrigen sie die Mitmenschen zu Statisten, deren einzige Funktion darin besteht, einen eindrucksvollen Rahmen für die narzistische Selbstüberhöhung zu stellen. Die perversen, pseudoaltruistischen Heilsbringerprojekte befähigen beide "Helden" gleichwohl zu erstaunlichen Handlungen. Nur indem sie sich beweisen, daß sie im Dienste ihrer hohen Mission auch zum freiwilligen Opfertod bereit sind, können sie der Fiktion eines herausragenden Heldenlebens einen Anstrich von Realität geben.

Nicht weniger auffällig als die Gemeinsamkeiten sind aber auch die Unterschiede zwischen *Quarup* und *A Expedição Montaigne*: Das Verhaltensmuster des "regressar para recomeçar" (s. o.) wird nur zum Teil von Vicente Beirão übernommen. Er beschränkt sich darauf, die Geschichte bis zum Beginn der Fehlentwicklung, d. i. bis zur Entdeckung Amerikas, rückgängig zu machen. Einen positiven Neuanfang der Kolonialgeschichte, so wie Callado ihn in *Esqueleto na Lagoa Verde* und Nando in *Quarup* für möglich gehalten hatten, zieht Vicente Beirão gar nicht mehr erst in Erwägung, im Gegenteil: letztes Ziel des "desdescobridor do Brasil" ist die Ausradierung Brasiliens von der *mappa mundi*. Die unerschütterliche Konsequenz, mit der er gegen alle Evidenz des Scheiterns die Ziele seiner Expedition verfolgt, läßt erkennen, daß er im Urwald letztlich den Tod sucht, allerdings einen spektakulären, rollengerechten Tod.

In *A Expedição Montaigne* taucht der Indianer erstmals nicht mehr nur schemenhaft am Horizont des Protagonisten auf, sondern übernimmt in der Gestalt des todkranken Ipavu die Rolle des Antagonisten, der das Irdische Paradies in der kapitalistischen Konsumwelt sieht und von einer Rückeroberung Brasiliens nichts wissen will. Es ist symptomatisch für die neue Beachtung, die Callado dem Indianer schenkt, daß er dessen Vorstellungswelt im Medium der "erlebten Rede" gestaltet. Ipavu ist Vicentes einziger Begleiter bei der Expedition. Sie bilden ein Paar in der Nachfolge Don Quijote und Sancho Pansa. Bei aller farcenhaften Komik dominiert in der Konzeption der Gestalt Ipavus, der eigentlich Paiap heißt und mit dem Wechsel des Namens auch seine Identität verloren hat, die tragische Note. Das letzte Kapitel des Romans erzählt in ergreifender Weise seinen tragischen Untergang.

Hinzu kommt, daß die Motive der Vertreibung der Weißen und der Rückkehr zum Status quo ante im Roman eine Verdoppelung durch Jeropé, Medizinmann des aussterbenden Indianervolkes der Camaiurá, erfahren. Er möchte die Geschichte ungeschehen machen, indem er auf magische Weise die erste Begegnung der Vorfahren mit den Weißen - es handelt sich dabei um den deutschen Forscher von den Steinen, den die Indianer Fodestaine nennen - zu wiederholen versucht, dieses Mal aber, um von den Steinen zu töten und damit der Geschichte einen anderen Verlauf zu geben. Die ironische Konzeption des Romans verlangt es, daß beide Heilsbringer einander begegnen: In der Mitte des Indianerdorfes befindet sich ein Käfig mit einem prächtigen Jagdvogel. Auf abenteuerliche Weise gerät der Journalist in trunkenem Zustand und unbemerkt von den Indianern an Stelle des Vogels in den Käfig. Der Medizinmann glaubt, daß sein magisches Ritual den Vogel in Fodestaine verwandelt habe. Mit einem Freudenfest verbrennen die Indianer Vicente Beirão in seinem Käfig auf einem Scheiterhaufen in der Überzeugung, von nun an von den weißen Unglücksbringern verschont zu bleiben.

Der Protagonist von *Concerto carioca*, ein ca. 35- bis 40jähriger bürgerlicher Intellektueller namens Xavier, hat zu Beginn des Romans sechzehn Jahre seines Lebens bei den Indianern in Mato Grosso verbracht. Das Motiv dieses Rückzugs in den Urwald ist jedoch kein heilsgeschichtliches (*Quarup*) oder politisches (*A Expedição Montaigne*), sondern ein privates: In seiner frühen Jugend war Xavier schüchtern, was sich insbesondere in seinem Sexualverhalten zeigte. Als die fünfzehnjährige Solange, die er liebte, seinen Rivalen, den dümmlichen, aber erfolgreichen Schürzenjäger Basílio, heiratete, konzipierte er den Plan, ihre Eroberung ein zweites Mal zu versuchen, jedoch nach langfristiger gründlicher Vorbereitung in der naturgemäßen Liebesschule der Indianer. Er entwickelt sich bei den Indianern nicht nur zu einem Meister der Liebeskunst, sondern zu einem genialen Spielmacher und Strategen, den eine profunde Kenntnis der Verhaltensmuster der menschlichen Psyche befähigt, seine Mitmenschen nach Belieben zu manipulieren. Literarisches Vorbild ist Madame de Merteuil, Protagonistin des Romans *Les liaisons dangereuses* von Choderlos de Laclos, mit der er auch die moralische Indifferenz und Skrupellosigkeit teilt.

Als Pragmatiker lebt Xavier zwar nicht mehr in den Wolken messianischer Pseudoutopien, aber sein Projekt und die Romanstruktur erinnern an die bisher vorgestellten Werke. Auch Xavier entdeckt nach seiner Ankunft in Rio de Janeiro für sich die Chance eines echten Neubeginns, denn Barbara, die inzwischen fünfzehnjährige Tochter von Solange und Basílio, ist ihrer Mutter, wie er sie als Fünfzehnjährige gekannt hat, zum Verwechseln ähnlich. Die Zeit scheint für ihn stehengeblieben zu sein. In der Person Barbaras kann er das Liebeswerben um Solange unter Vermeidung der "Fehler", die zu seiner Abweisung geführt hatten, noch einmal von Anfang an beginnen.

Antagonist Xaviers ist der achtzehnjährige Indianerjunge Jaci, das Urbild paradiesischer Vollkommenheit: die Aufspaltung der Wirklichkeit in Subjekt und Objekt kennt er ebensowenig wie die Trennung der Geschlechter - er ist

Hermaphrodit. Die ironische Konzeption des Romans will es, daß Jaci, den es vom Urwald Zentralbrasiliens nach Rio de Janeiro verschlägt, der Pflegesohn Xaviers und zugleich sein Rivale bei Barbara wird. Barbara gerät, gemeinsam mit ihrem Bruder Naé, so sehr in den Bann Jacis, daß sie für Xavier, auch nachdem er Jaci getötet hat, unerreichbar bleibt. Die Lage Xaviers ist der Nandos vergleichbar: Beide können ihre Geliebte nur dann erobern, wenn sie die Funktion eines *Quarup* übernehmen und den verstorbenen Rivalen in sich auferstehen lassen. Während Nando im Medium des Rollenspiels wenigstens zeitweise sich der Illusion überlassen kann, er sei ein neuer Levindo, muß der immer klarsichtige Xavier sein "Spiel" als verloren ansehen. Konsequenterweise nimmt er sich das Leben.

Zusammenfassend läßt sich sagen, daß Callado mit *Esqueleto na Lagoa Verde* die romantisch-modernistische Tradition der Suche nach der brasilianischen Identität als Kulturnation fortsetzt, wobei auffällt, daß die Afrikaner und andere ethnische Gruppen keine Erwähnung finden. Mit *Quarup* jedoch bricht er mit dieser Tradition, indem er den ideologischen Charakter der Vorstellungen von Brasilien als einer rassendemokratischen und kultursynkretistischen Nation aufdeckt. Nandos Entwurf eines matriarchalen nachchristlichen Brasilien auf der Grundlage indianischer Kultur, das die griechisch-römische Antike (Aphrodite) und das christliche Abendland (Maria) auf seine Weise assimiliert hat, fehlt jeder Realitätsbezug und ist darum "falsches Bewußtsein". Der Glaube an seine Rolle als neuer Adam und als Begründer eines weltumspannenden "paradiesischen" Imperiums, das seine Zugehörigkeit zur sebastianischen Tradition - das Quinto Imperio des Padre Antônio Vieira - nicht leugnet, erlaubt es Nando, der Agrarreform, die Ende der fünfziger Jahre von vielen als die dringendste Aufgabe der Nation erkannt worden war, den Rücken zuzukehren.

Bewundertes Vorbild ist für Callado in jenen Jahren der Jurist und Abgeordnete Francisco Julião, der 1955 die rechtlosen und ausgebeuteten "foreiros" (Pächter) der Zuckerrohrmühle "Galileia" bei Vitória do Santo Antão in Pernambuco angeleitet hatte, eine Gesellschaft zum Selbstschutz zu gründen: die Sociedade Agricola e Pecuária dos Plantadores de Pernambuco. Sie wurde die Keimzelle der sogenannten Ligas Camponesas, die sich schnell über ganz Pernambuco ausbreiteten. In einer Folge von Reportagen in der bürgerlich-konservativen Tageszeitung *Correio da Manhã* (Rio de Janeiro, 10. - 23. Sep. und 29. Nov. - 2. Dez. 1959),[3] mit denen Callado die öffentliche Meinung für eine einschneidende Agrarreform zu mobilisieren versuchte, feiert er das Bündnis des bürgerlichen Intellektuellen Francisco Julião und der "fo-

---

3   Gesammelt erschienen in A. Callado: *Os industriais da seca e os "Galileus" de Pernambuco.*

reiros" als eine Art "revolução francesa" (S. 115), die auf die an Pernambuco angrenzenden Bundesländer übergreifen müsse (S. 40). Im Vorwort zur Buchausgabe der Reportagen heißt es:

> O Nordeste está, finalmente, apto a se redimir [...] Tomara que (as reportagens) passem a pertencer à bela madrugada de justiça e contentamento que vai raiando no Nordeste (S. 2).

Der Militärputsch von 1964 zerstörte die Hoffnungen auf eine baldige Agrarreform. Das Bild des bürgerlichen Intellektuellen, so wie Callado es in den Jahren von 1964 bis 1984 zeichnet, wird von Roman zu Roman düsterer. Bei aller Fragwürdigkeit seines Denkens und Handelns bleibt Nando noch eine sympathische Erscheinung, die man nachsichtig belächeln kann, weil sie niemandem ernsthaft schadet. Mit Xavier, dem Protagonisten seines bisher letzten Romans, wird der bürgerliche Intellektuelle zu einem skrupellosen Zyniker und zu einer Bedrohung für die Mitmenschen. Statt in der Phase der *abertura* am Aufbau eines demokratischen Staates und einer gerechteren Gesellschaft im Rahmen seiner Möglichkeiten mitzuwirken, zieht er es vor, seine intellektuelle Überlegenheit im engen Horizont kleinbürgerlichen Lebens auszukosten. Callado scheint eine seiner Aufgaben als Schriftsteller in den Jahren der Militärdiktatur darin gesehen zu haben, seinen Lesern alle Varianten des Eskapismus und der Selbstentfremdung des bürgerlichen Intellektuellen in der brasilianischen Gesellschaft bewußt zu machen.

Die Unfähigkeit des bürgerlichen Intellektuellen, seinen Fähigkeiten entsprechend in vertretbarer Weise gesamtgesellschaftliche Verantwortung zu übernehmen, ist in der brasilianischen Literatur schon viele Male thematisiert worden. Man denke nur an *Triste fim de Policarpo Quaresma* von Lima Barreto (1915), *Memórias sentimentais de João Miramar* von Oswald de Andrade (1924), *O amanuense Belmiro* von Cyro dos Anjos (1936) oder *O encontro marcado* von Fernando Sabino (1956), um nur einige wenige Beispiele zu nennen. Die Wurzeln des Problems der Ambivalenz im politischen Verhalten der Bildungselite liegen in der kolonialen Vergangenheit; die Jahre der Militärdiktatur waren der Neigung zu Eskapismus und Selbstentfremdung jedoch in besonderem Maße förderlich.

Darcy Ribeiro[4] ist im Unterschied zu Antônio Callado vor allem Ethnologe und Kulturanthropologe. Er gilt international als einer der besten Kenner

---

4   Darcy Ribeiro war von 1947 bis 1956 beim Serviço de Proteção aos Indios (SPI) tätig. Nach eigenen Angaben hat er fünf Jahre bei Indianervölkern in den Bundesstaaten Amazonas, Mato Grosso, Paraná und Santa Catarina gelebt und geforscht. 1953 wurde er zum Leiter der Abteilung "Forschung" des SPI ernannt

der Indianervölker Brasiliens und ihrer besonderen Probleme als einer vom Untergang bedrohten Minderheit. Sein erster Roman, *Maíra*, erschien 1976, als Ribeiro 54 Jahre alt war. Parallel zum Roman arbeitete er an dem wissenschaftlichen Werk *Os índios e a civilização. A integração das populações indígenas no Brasil moderno*, das ein Jahr nach *Maíra* erschien (1977). Die problematische Zwischenstellung des Indianers, der sich seiner eigenen Kultur entfremdet, ohne als "Brasilianer" eine neue Identität zu finden, steht im Mittelpunkt beider Werke. Es versteht sich, daß Ribeiros *Maíra* ungleich reicher an sachkundigen Informationen zur Kultur und zur gegenwärtigen Lage der Indianer im brasilianischen Staat ist als Callados *Quarup*. Als Roman jedoch steht *Maíra* in der Nachfolge von *Quarup*, und wir gehen kaum zu weit, wenn wir annehmen, daß *Maíra* ohne *Quarup* wohl nicht geschrieben worden wäre.[5]

Maíra ist, wie schon *Quarup*, ein messianischer Roman. Das fiktive Volk der Mairun-Indianer erwartet den Messias, der sie vor dem drohenden Untergang bewahren und in eine bessere Zukunft führen soll. Die Heilserwartungen sind so mächtig, daß sie auf die nächstliegenden brasilianischen Dörfer übergreifen. Selbst amerikanische Missionare sehen den "salvador" (S. 346) aus dem Volke der Mairun hervorgehen. Ihr Dorf wird damit als das neue Bethlehem zum Zentrum des Romans, um das sich in zyklischen Kreisen die gesamte Welt anordnet. Nandos abstruse Idee eines weltweiten irdischen Paradieses mit dem Xingu-Gebiet als geistigem Zentrum strukturiert somit den Roman *Maíra*.

Auch charakteristische Verhaltensmuster Nandos lassen sich in *Maíra* auffinden. So wie er die Heilsgeschichte neu beginnen lassen will und dabei selbst die Rollen Adams, Kains und Abels, und des neuen Messias übernimmt, so hoffen auch die Mairun auf ein Zurück zu den mythischen Anfängen ihres Volkes und einen Neubeginn ihrer Geschichte unter besseren Vorzeichen. Wiederum lassen sich die religiösen Heilserwartungen als eine "transferência de objetivos" verstehen, denn es verbleibt den Indianern angesichts eines aussichtslosen Kampfes gegen die Interessen der "Multinationalen" nur die absurde Hoffnung auf Erlösung durch einen Messias.

---

    und entwarf 1954 den Plan des Parque Indígena do Xingu in Zentralbrasilien. 1954 richtete er das Museu do Indio in Rio de Janeiro ein, das er bis 1957 leitete. 1961 bis 1962 war er der Gründungsrektor der Universität Brasília, 1962 Bundesminister für Erziehung und Kultur, 1963 Chefe da Casa Civil des Präsidenten João Goulart. Nach dem Militärputsch von 1964 ging er ins Exil. Von 1983 bis 1987 war er Vizegouverneur von Rio de Janeiro.

5   Zur Abhängigkeit des Romans *Maíra* von *Quarup* siehe auch L. Chiappini Moraes Leite: *Quando a Pátria viaja*, S. 230 - 234.

Der Inhalt des Romans ist folgender: Anaca, der Häuptling der Mairun, ist gestorben. Avá, dem nach Stammesrecht die Nachfolge zufällt, bricht sein Theologiestudium am Priesterseminar in Rom ab und kehrt in sein Heimatdorf zurück, wo man ihn schon als den möglichen neuen Messias erwartet. Sein Taufname Isaias - im *Alten Testament* ermutigt der Prophet Isaia die Bewohner Jerusalems zum Widerstand gegen die die Stadt belagernden Assyrer und kündigt die Geburt eines Kindes an, das die Juden in eine bessere Zukunft führen wird - läßt jedoch erkennen, daß er nur eine Wegbereiterfunktion für den erwarteten Messias hat. Auf der Heimreise lernt er in Brasilia die Psychologiestudentin Alma aus Rio de Janeiro kennen, die sich ebenfalls auf dem Wege zu den Mairun befindet. Wie schon Sônia in *Quarup* oder Jack Fawcett in *Esqueleto na Lagoa Verde*, ist sie der Zivilisation überdrüssig und wechselt über in das naturgemäße Leben der Indianer. Im Dorfe der Mairun übernimmt sie die Rolle einer "mirixorã", einer sakralisierten Liebesdienerin. Francisca/Maria/Aphrodite aus *Quarup* dürfte bei der Konzeption von Alma/Mirixorã Pate gestanden haben, zumal auch sie die Idee des Matriarchats als idealtypischer Gesellschaftsform verkörpert.

Almas Lebensweg wird umrankt von der Erzählung indianischer Schöpfungsmythen. Auf diese Weise wird dem Leser verständlich, daß die Mairun in dem Augenblick, wo Alma männliche Zwillinge zur Welt bringt, in ihr die göttliche Mutter Mosaingar und in den Zwillingen ihre göttlichen Kinder Maíra und Micura sehen können, denen sie ihre Existenz als Volk verdanken. Die Wiedergeburt muß im Sinne der Heilserwartung des Volkes den Neuanfang seiner Geschichte bedeuten, wobei der Kulturgegensatz von Indianern und Weißen von Anfang an - die Zwillinge sind Mischlinge - zu einer Synthese gefunden hat.

Bezeichnend ist, daß im Unterschied zum Roman *Iracema* von José de Alencar (1865) nicht ein Portugiese oder Brasilianer eine junge Indianerin ihrem Volk entführt, sondern daß umgekehrt eine Brasilianerin sich als "mirixorã" in ein indianisches Gemeinwesen integriert. Diese Alternative zur Brasilien-Allegorie - der Name Iracema ist ein Anagramm für Amerika - bedeutet einen Neuanfang der Geschichte Brasiliens, bei der im Sinne Nandos (*Quarup*) die Indianer die Weißen absorbieren und das Patriarchat durch das Matriarchat ersetzt wird.

Es versteht sich, daß die Erwartungen der Mairun enttäuscht werden müssen: Alma wird in den Dünen tot aufgefunden. Die geborenen, aber noch nicht entbundenen Zwillinge sind ebenfalls tot. Die tragische Selbsttäuschung der Mairun erlaubt es Ribeiro, ihren Untergang ergreifender zu gestalten. Er hat den Roman nach der katholischen Messfeier gegliedert. Die Lektüre gestaltet sich damit zur Teilnahme an einem Requiem zum Untergang der Indianer, das der Erzähler zelebriert.

Von dem Roman *Utopia selvagem. Saudades da inocência perdida. Uma fábula* (1982) lassen sich zahlreiche Verbindungslinien zu den Romanen Callados und zu *Maíra* aufzeigen. *Utopia selvagem* ist ein parodistischer Roman. Einer der Gegenstände der Parodie ist *Maíra*, insbesondere die messianische Heilserwartung. Aus Alma/Mirixorã wird die katholische Missionsschwester Tivi, die sich von einer Orgie der Galibi-Indianer mitreissen läßt und in den Armen des Häuptlings Calibã auch die letzte Zurückhaltung aufgibt. Ribeiro steigert die Parodie bis ins Burleske, indem er Tivi als Großmutter des Messias aus der Orgie hervorgehen läßt: "Viu, Tivi? Viu? Você será a avó de Poró, do Deus Poró: Dono do Mundo, Senhor dos Bichos. Você vai parir Deus, Tivi" (S. 175).

Vorherrschende Zielscheibe der Parodie ist jedoch eine literarische und utopische Tradition, die das indianische Brasilien zum irdischen Paradies und zum Eldorado mythisiert. Für die Art und Weise der parodistischen Aneignung[6] einer Fülle von Texten, die von Pero Vaz de Caminha bis zu Rousseau reichen, liefert die rituelle Anthropophagie das Modell. Sie lebt aus dem Glauben, daß Kraft und Mut des Verzehrten in den Esser übergehen. Die Utopien der Renaissance und der Aufklärung sind für den Erzähler von *Utopia selvagem* im übertragenen Sinne Produkte des Kannibalismus, da sie erst durch die für die Indianer tödliche Kolonisierung Amerikas möglich wurden. Unter Bezugnahme auf das *Anthrophagische Manifest* von Oswald de Andrade (1928) will der Erzähler den Rollentausch erreichen: "rir e se armar para caçar e comer quem nos come. Menos para fazer nossa sua carne nojenta do que para preservar nosso próprio sumo" (S. 34). *Utopia selvagem* ist ein "Schmaus", bei dem die Indianer sich an westlicher Zivilisation und ihren Sendboten gütlich tun und der Erzähler genüßlich die europäische Literatur "verzehrt" (Collage, Pastiche, Persiflage).

Für die Parodie ist jedoch überraschenderweise nicht die Perspektive des Ethnologen bestimmend, der weiß, daß der "bon sauvage" der Realität des Indianers nicht entspricht. Vielmehr schafft der Erzähler dank der anthropophagischen Haltung einen brasilianischen Text, der bei aller Heiterkeit und Ausgelassenheit die Gemeinplätze der europäischen Zivilisation bestätigt, d. h. die Idealisierung des Lebens "im Naturzustand" in Opposition zur Zivilisation fortsetzt. Diese erzählerische Haltung erlaubt es Darcy Ribeiro, Mißstände und Gefahren des heutigen Brasilien deutlicher herauszustellen.

---

6   Näheres zur parodistischen "apropriação parafrásica" (S. 54) von Pero Vaz de Caminha, Carvajal, Kolumbus, Américo Vespucci, Pero de Magalhães Gandavo, Hans Staden, Thomas Morus, Montaigne, Shakespeare, Rousseau u. a. siehe Maia: *Carnaval, utopia e paródia*.

Utopia selvagem als brasilianische Summe aller Brasilienmythen europäischer Provenienz macht aber auch bewußt, wie weitgehend eben diese Mythen das brasilianische Selbstverständnis bis auf den heutigen Tag geprägt haben. Der Protagonist des Romans, der schwarze Leutnant Gasparino Carvalhal, nimmt seit vielen Jahren an dem "ständigen Krieg" Brasiliens gegen die Völker nördlich des Amazonasflusses teil, für den das Heer, die Marine und die Luftwaffe mobilisiert worden sind. Der Name Gasparino Carvalhal ist die portugiesische und verbürgerlichte Form des Namens von Frei Gaspar de Carvajal, der sich 1541 an der Seite des spanischen Conquistador Franciso de Orellana befand, als dieser erstmals mit einer kleinen Schar Europäer in einer acht Monate dauernden Reise den Amazonas vom Quellgebiet bis zur Mündung befuhr. Frei Gaspar de Carvajal hat einen Bericht über diese Reise verfaßt, die *Relación del nuevo descubrimiento del famoso rio grande de las Amazonas*, um den es sich offensichtlich bei dem Büchlein handelt, das Gasparino Carvalhal auf einem der Guayana-Feldzüge zufällig in die Hände fällt und dem er entnimmt, daß die brasilianische Armee - und auch er selbst - in der Nachfolge Orellanas dem märchenhaften Reichtum Manoas, der Hauptstadt Eldorados, auf der Spur sind: "Assim se cumpria o destino nacional: desencantar o reino encantado. A riqueza do Eldorado, maior que a confiscada pelos espanhóis na América, é de nunca acabar" (S. 45 f.). Und träumen nicht in der Tat zahllose Brasilianer den Traum von unvorstellbaren Schätzen im unerschlossenen Amazonas-Dschungel, die, sobald sie entdeckt und gehoben sind, Brasilien von aller Not befreien? "Pagaria a dívida externa brasileira, alegrando a banqueirada do mundo inteiro" (S. 46).

Aber nicht nur die Übereinstimmung der Denkweisen des historischen Carvajal und des fiktiven Carvalhal ist eklatant, sondern auch Nando (*Quarup*) und Vicente Beirão (*A Expedição Montaigne*) rückt Carvalhal überraschend nahe, insofern sie in vergleichbarer Weise in ihrem Denken und Handeln von den europäischen Brasilienmythen der Entdeckerzeit geprägt sind. Trotz ihrer unverwechselbaren schriftstellerischen Originalität scheinen sich Callado und Ribeiro gleichermaßen unter anderem das Ziel gesetzt zu haben, Formen der Selbstentfremdung in Brasilien aufzudecken, die in Brasilienmythen einer literarischen und utopischen Überlieferung ihre Wurzeln haben und in der Zeit der Militärdiktatur im besonderen Maße aktuell waren.

Benutzte Primärliteratur

Andrade, Oswald de:
Do Pau-Brasil à Antropofagia e às utopias, (Obras completas, Bd. VI), Rio de Janeiro, Civilização Brasileira, 1978².

Bachofen, Johann Jakob:
Das Mutterrecht. Eine Untersuchung über die Gynäkokratie der Alten Welt und ihrer religiösen und rechtlichen Natur, Basel, Benno Schwabe, 1897.

Callado, Antônio:
Esqueleto na Lagoa Verde. Um ensaio sobre a vida e o sumiço do Coronel Fawcett, Rio de Janeiro, 1953; *Quarup*, Rio de Janeiro, Nova Fronteira, 1984¹²; *A Expedição Montaigne*, Rio de Janeiro, Nova Fronteira, 1982; *Concerto Carioca*, Rio de Janeiro, Nova Fronteira, 1985; *Os industriais da seca e os "Galileus" de Pernambuco (Aspectos da luta pela reforma agrária no Brasil)*, Rio de Janeiro, Civilização Brasileira, 1960.

Ribeiro, Darcy: *Maíra*, Rio de Janeiro, Civilização Brasileira, 1984⁷; *Utopia selvagem. Saudades da inocência perdida. Uma fábula*, Rio de Janeiro, Nova Fronteira, 1982; *Os índios e a civilização. A integração das populações indígenas no Brasil moderno*, Petrópolis, Editora Vozes, 1982.

Souza, Márcio:
Galvez imperador do Acre. Folhetim, Rio de Janeiro, Marco Zero, 1983.

Übersetzungen

Callado, Antônio:
Quarup, übersetzt von Karin von Schweder-Schreiner, Köln, Kiepenheuer & Witsch, 1988.

Lucinda (brasilianischer Titel *Sempreviva*), übersetzt von Karin von Schweder-Schreiner, Köln, Kiepenheuer & Witsch, 1985.

Ribeiro, Darcy:
Maíra, übersetzt von Heidrun Adler, München, Steinhausen-Verlag, 1980.

Souza, Márcio:
Galvez, Kaiser von Amazonien, übersetzt von Ray-Güde Mertin, Köln, Kiepenheuer & Witsch, 1983.

Benutzte Sekundärliteratur

Galvão, Walnice Nogueira:
Indianismo revisitado, in *Gatos de outro saco. Ensaios críticos*, São Paulo, Brasiliense, 1981, S. 171 - 185.

Leite, Lígia Chiappini M.:
Quando a Pátria viaja: uma leitura dos romances de Antônio Callado, in *O Nacional e o Popular na cultura brasileira*, São Paulo, 1982, S. 235 - 267.

Lucas, Fábio:
Vanguarda, história e ideologia da literatura, São Paulo, Icone Editora, 1985.

Maia, João Domingues:
Carnaval, utopia e paródia em "Utopia selvagem", Magisterarbeit, Rio de Janeiro, Departamento de Letras da Pontifícia Universidade Católica do Rio de Janeiro, 1985 (maschinenschriftlich).

Perez, Renard:
Escritores brasileiros contemporâneos, Rio de Janeiro, Civilização Brasileira, 1960 (Kap. "A. Callado", S. 33 - 38).

Ventura, Roberto:
Literature, Anthropology, and Popular Culture in Brazil: From José de Alencar to Darcy Ribeiro, in *Komparatistische Hefte*, Heft 11, 1985, Universität Bayreuth.

Wittschier, Heinz-Willi:
Brasilien und sein Roman im 20. Jahrhundert, Rheinfelden, Schäuble Verlag. 1984 (Kap. "Maíra", S. 23 - 37).

Weitere Sekundärliteratur

Costa, Edison José da:
Quarup: tronco e narrativa, Curitiba, Scientia et Labor, 1988, 197 S. (enthält eine umfangreiche Bibliographie von Untersuchungen zum Werk Callados).

Martins, Wilson:
"Le roman politique d'Antonio Callado", in *Europe*, Nr. 640 - 641, août/septembre 1982, S. 43 - 47.

Wolfgang Roth

DIE AMAZONASTHEMATIK IN DER GEGENWÄRTIGEN BRASILIANISCHEN LITERATUR

Mit den Begriffen Amazonas oder Amazonien soll im folgenden deutlich gemacht werden, daß, geographisch und politisch gesehen, nicht nur der brasilianische Bundesstaat Amazonas mit seiner Landeshauptstadt Manaus gemeint ist. Dieser bildet vielmehr zusammen mit den angrenzenden Staaten und Gebieten, vor allem mit dem ökonomisch und historisch wichtigen benachbarten Pará - flußabwärts - und mit Acre - flußaufwärts - in fast jeder Hinsicht eine Einheit, die der Großregion Norden (*Norte*) zugerechnet wird.[1]

Im nationalen Bewußtsein Brasiliens ist dieser Großraum durch eine mangelnde geschichtliche Kontinuität gekennzeichnet: das Auf und Ab wirtschaftlicher Interessen führte dazu, daß Amazonien bald aufs engste mit der Außenwelt verflochten war, bald in den Zustand einer nur lose mit dem Rest des Landes verbundenen Peripherie verfiel. Hinzu kommt, daß in Zeiten reger wirtschaftlicher Aktivität die Abhängigkeit vom Weltmarkt besonders ausgeprägt war, was wiederum eine starke Einflußnahme des Auslands, oftmals unter Umgehung der südbrasilianischen Zentren, zur Folge hatte. Daß sich unter diesen Umständen sozioökonomisch oder kulturell nur schwer eine Eigendynamik herausbilden konnte, versteht sich. Insofern ist Amazonien mit anderen dem Zentrum fernen Regionen nicht vergleichbar. Es war weder wirtschaftlich eng mit anderen Teilen Brasiliens verbunden, wie etwa Rio Grande do Sul, noch konnte es, wie der Nordosten, auf eine lange kulturelle Tradition zurückblicken.

---

[1] Siehe hierzu Jorge Tufic, "Literatura amazonense", in: Jorge Tufic, *Existe uma literatura amazonense?*, Manaus, UBE, ca. 1985 S. 16 - 17. Vgl. auch das aus der Feder von Peregrino Júnior stammende Kapitel "Ciclo nortista", in: *A literatura no Brasil*, dir. A. Coutinho, vol. 3, Rio de Janeiro: Ed. Sul Americana 1969, S. 224 - 234.

Es ist daher schwierig, eine Amazonasliteratur zu postulieren und ihre Geschichte zu schreiben. Die verschiedenen Versuche verdeutlichen diese Schwierigkeit. So stellt sich u.a. nicht nur die Frage nach der etwaigen amazonischen Herkunft des Autors. Würde man wie im Falle des Nordostens verfahren, d. h. davon ausgehen, daß die Nordostthematik in der Regel von gebürtigen Nordostbrasilianern behandelt wird, ließe sich womöglich keine Geschichte der Amazonasliteratur schreiben. In Ansätzen zu einer Darstellung der amazonischen Literatur findet sich, für den Außenstehenden völlig überraschend, eine Einteilung nach Autoren, welche die Amazonasthematik aufgrund eigener Erfahrung während eines Aufenthaltes am Amazonas behandeln und solchen ohne Landeserfahrung.[2] Eine weitere Frage betrifft den Beginn einer fiktionalen amazonischen Literatur. Schließt man die umfangreiche Chronik- und Expeditionsliteratur von vornherein aus,[3] so gibt es eine amazonische Literatur im eigentlichen Sinne erst, seitdem diese Region zum ersten Mal wirtschaftlich größere Bedeutung gewinnt, d. d. seit der zweiten Hälfte des 19. Jahrhunderts.[4] Daneben fehlt es nicht an Bestrebungen, die Amazonasliteratur zu periodisieren. Bezeichnend ist hier der Versuch, literarische Epochen nach dem Kriterium der sogenannten Wirtschaftszyklen zu unterscheiden.[5]

Aus allem wird deutlich, daß diejenigen, die sich mit dem hier zu behandelnden Gegenstand befaßt haben, eine enge Verbindung zwischen Wirtschaftsgeschichte und Geschichte der Literatur als einem Teil der Kultur gesehen haben.[6] Die Zeit nach dem Machtantritt der Militärs im Jahre 1964 leitet eine neue Phase der Wirtschaftsgeschichte Amazoniens ein, die allerdings nicht mit dem Kautschukboom der Jahrhundertwende zu vergleichen ist, insofern diesmal kein weltwirtschaftlich wichtiges Naturprodukt den Wandel auslöste. Vielmehr waren es vor allem wirtschaftsstrategische und geopolitische Überlegungen, aufgrund deren die maßgeblichen Kräfte unter der Militärdiktatur eine Reihe von Entwicklungsprojekten für das Amazonasgebiet ins Leben riefen. Zugleich ist die Epoche nach dem Staatsstreich

---

2 Vgl. Mário Ypiranga Monteiro, *Fatos da literatura amazonense*, Manaus: Universidade do Amazonas, 1976 (Kap. 2: "Absentismo e vivência").
3 So etwa Anísio Jobim, *A intelectualidade no Extremo Norte. Contribuições para a história da literatura no Amazonas*, Manaus: Livraria Clássica J. J. da Câmara 1934, S. 9.
4 S. Pedro Maligo, *A Amazônia de Alberto Rangel, Gastão Cruls e Peregrino Jr.: O paraíso diabólico da floresta*, Rio de Janeiro: Mestrado/PUC 1985 (maschinenschriftl.), S. 1.
5 S. Monteiro, *Fatos*, a.a.O., S. 23 ff.
6 Monteiro, *Fatos*, a.a.O., S. 38.

vom 31. März 1964 mit einem starken Widerstand gegen die Maßnahmen des neuen Regimes und heftigster Kritik besonders von Seiten vieler Intellektueller gekennzeichnet. Sie erstreckt sich auf die Wirtschaftspläne der Militärs für Amazonien, wie zum Beispiel den Bau der transamazonischen Straße oder die starke Förderung der Freihandelszone von Manaus.

In diesem Kontext ist auch die Amazonasthematik des 1946 in Manaus geborenen Autors Márcio Gonçalves Bento de Souza zu sehen.[7] Es empfiehlt sich, bei diesem Schriftsteller von *Amazonasthematik* zu sprechen. Márcio Souza erfüllt zwar alle Voraussetzungen, die Literaturhistoriographen für die Zugehörigkeit zur amazonischen Literatur postuliert haben. Wie noch zu zeigen sein wird, wäre es jedoch völlig falsch, in diesem Autor einen Regionalisten zu sehen. Amazonien ist vielmehr das von Souza erlebte Exemplum, an dem es die nationale Realität Brasiliens aufzuzeigen gilt.

Die Amazonasthematik ist in der unserem Autor vorangehenden Literatur in vielfacher Weise behandelt worden. Dabei lassen sich bestimmte Konstanten feststellen, deren Erwähnung für die Beurteilung des Werkes Márcio Souzas bedeutsam ist.

Eine dieser Konstanten ist die Darstellung des Mythischen, des Glaubens an das ständige Einwirken übernatürlicher, sagenhafter Kräfte und der Funktion des Mythischen für den Menschen am Amazonas. Nach Peregrino Jr. haben Mythen, Legenden und Aberglauben das Handeln des einfachen Menschen in Amazonien, des Índio und des zugewanderten Nordostbrasilianers ("cearense") entscheidend bestimmt.[8] Wichtiger ist in diesem Zusammenhang der Hinweis, etwa von Tufic, daß die Amazonaslegenden in Darstellungsform und Thematik der Literatur Eingang gefunden haben und diese Tendenz in der Amazonasthematik des Modernismus, bei Raul Bopp und Mário de Andrade, ihren Höhepunkt erreicht.[9]

Im Werk Márcio Souzas sind das Mythische und das Übernatürliche, rational nicht Erfaßbare mithin nicht nur als Einfluß zeitgenössischer Tendenzen der hispanoamerikanischen Literatur anzusehen, sondern durchaus als Rückgriff auf die nationale und regionale literarische Tradition zu verstehen. Hatte Abguar Bastos in *Safra* (1937) die "Mythomanie" der modernistischen

---

7   Eine Übersicht über das Leben und die Arbeiten dieses Autors bis zum Jahre 1981 gibt Antônio Dimas in *Márcio Souza. Seleção de textos, notas, estudos biográfico e crítico e exercícios*, São Paulo: Educação Abril 1982 (Literatura comentada), S. 13 f.

8   João Peregrino Júnior: *Panorama cultural da Amazônia*, Salvador, Imp. Vitória, 1960, S. 13 - 14. Siehe auch Agnelo Bittencourt: *O homem amazonense e o espaço*, Rio de Janeiro: Ed. Fundação Cultural do Amazonas 1969, S. 21 - 39.

9   Vgl. Tufic, *Existe uma literatura amazonense?* a.a.O., S. 51, und Peregrino Jr. in: *A literatura no Brasil*, a.a.O., S. 233 f.

Amazonasthematik karikiert,[10] so unterwirft Souza sie entsprechend seinem gesellschaftskritischen Anliegen jedoch einem bezeichnenden Funktionswandel. Zum einen wird die Amazonaslegende gewissermaßen "entethnographiert" und zum Symbol, das den volkstümlichen Charakter der literarischen Gattung und die kritische Beurteilung der amazonischen Geschichte gleichermaßen unterstreicht, am deutlichsten vielleicht in *A resistível ascensão do Boto Tucuxi*. Hier übernimmt der gemäß der Sage sich in einen Don Juan verwandelnde Flußdelphin[11] die Rolle eines charismatischen populistischen Politikers der letzten Jahre vor der Militärdiktatur. Zum anderen dient das Einflechten von Mythen und Sagen in die Handlung der literarischen Instrumentalisierung des Übernatürlichen. Dies geschieht in der Überzeugung, das nicht rational Erklärbare, das Geheimnisvolle habe eine gesellschaftliche Funktion im Sinne der Herrschenden. Diese Überzeugung vertritt auch Mário Ypiranga Monteiro in seinem Buch über die amazonische Literatur.[12] Irrationalität ist damit Ausdruck sozioökonomischer Rückständigkeit, wie dies in dem genannten Roman zum Ausdruck kommt: "Calamidade pública e crise, o cenário ideal para feitiçarias"[13] oder: "Na crónica da província crónica, só as feiticeiras mostravam alguma vitalidade".[14]

Die ironische Verwendung solcher Vorstellungen für das literarische Geschehen läßt sich vor allem in *A ordem do dia* beobachten, einem Roman, in dem der Autor den lokalen Hintergrund Amazoniens teilweise verläßt. Hier wird ein politisches Phänomen wie das der Landvertreibung durch die Einwirkung überirdischer Wesen "gedeutet" und vom späteren Machtträger des Ortes gegenüber kritischen Nachforschungen geleugnet.[15] Diese Metapher von der Vernebelung des kritischen Verstandes findet im selben Roman ihr Pendant in direkterer Form, wenn aus einer fiktiven Statistik die besondere

---

10 S. Richard Preto-Rodas, "Amazônia in Literature: Themes and Changing Perspectives", in: Charles Wagley (Hg.), *Man in Amazon*, Gainesville: The University Presses of Florida 1974, S. 184.

11 S. Bittencourt, *O homem amazonense*, a.a.O., S. 36 f. Hinweise auf diese Sage finden sich auch in dem Roman selbst, s. Souza, Márcio, *A resistível ascensão do Boto Tucuxi*, Folhetim, Rio de Janeiro: Editora Marco Zero 1982, S. 26 und 32 ff.

12 "A burguesia sedentária e estática pagava e exigia cada vez mais o mistério, a tragédia misturada com o passional ou o político que ela por privação vocacional congênita não podia exercer, afigurar, ativar dinamicamente", Monteiro, *Fatos*, a.a.O, S. 75.

13 *Boto Tucuxi*, a.a.O., S. 39.

14 *Boto Tucuxi*, a.a.O., S. 44.

15 S. Márcio Souza, *A ordem do dia. Folhetim voador não identificado*, Rio de Janeiro: Marco Zero 1983, S. 20 ff. und 30.

Häufigkeit außerirdischer Erscheinungen in sozial benachteiligten Bevölkerungsschichten oder Gebieten mit Massenelend "hervorgeht".[16]

Das Irrationale oder Mystische als Mittel gesellschaftlicher Krisensteuerung findet in *A ordem do dia* wie auch im folgenden Roman *A condolência* in der wiederholten Erwähnung von Sekten seine literarische Gestaltung. So wie in seiner Filmkritik[17] setzt der Autor das Irrationale in den letzten Romanen gezielt als Gegenpol kritischen Denkens und Handelns ein.

Einen Höhepunkt parodistischer Gestaltung erreicht der Autor mit seinem Roman *A resistível ascensão do Boto Tucuxi*: eine Riesenschlange ist in den Gouverneurspalast von Manaus eingedrungen und hat das Buch des Spiritismusgründers Allan Kardec verschlungen. Der in seiner Macht bedrohte Gouverneur ist zutiefst erschrocken, da es heißt, die Schlange verkörpere den Leutnant einer revolutionären Bewegung im Brasilien der 20er Jahre.[18] Hier vermischt sich das verstandesmäßig nicht Erklärbare mit einem anderen, vom Autor umgestalteten Topos der Amazonasliteratur: mit der Vorstellung von der den Menschen bedrohenden Naturgewalt.

Natur und Naturschilderung stellen ebenfalls eine thematische Konstante der fiktionalen Amazonasliteratur dar. Bereits in *O missionário* von Inglês de Sousa (1888) wird der Urwald ausführlich beschrieben.[19] Den entscheidenden Anstoß für die literarische Bearbeitung der Amazonasliteratur der Folgezeit lieferte Euclides da Cunha, der den Primat der Natur gegenüber dem Menschen postuliert hatte. Nach ihm ist Amazonien das letzte Kapitel der Genesis.[20] Diese Landschaft kann den Menschen noch nicht aufnehmen.[21] Die "tellurischen" Ideen von Euclides fanden ihren literarischen Bearbeiter in Alberto Rangel.[22] Viana Moog hebt noch in seiner 1942 erschienenen Interpretation der brasilianischen Literatur das Tellurische als für die Amazonasliteratur kennzeichnend hervor[23] und Peregrino Jr. glaubt feststellen zu kön-

---

16   *A ordem do dia*, a.a.O., S. 120. f.
17   Souza, Márcio, *Operação silêncio*, romance, Rio de Janeiro: Civilização Brasileira 1979, S. 44.
18   *Boto Tucuxi*, a.a.O., S. 45.
19   Preto-Rodas, "Amazônia in Literature" a.a.O., S. 185.
20   Maligo, *A Amazônia ...*, a.a.O., S. 15.
21   Tufic, *Existe uma literatura amazonense?* a.a.O., S. 67; zur euclidianischen Vorstellung vom Menschen als Eindringling in die Amazonaswelt, s. auch Peregrino Jr. in: *A literatura no Brasil*, a.a.O., S. 224 f.
22   S. Jobim, *A intelectualidade ...*, a.a.O., S. 77; Monteiro, *Fatos*, a.a.O., S. 135. Eine ausführliche Würdigung Alberto Rangels findet sich bei Maligo, *A Amazônia ...*, a.a.O., S. 13 - 40.
23   Preto-Rodas, "Amazônia in Literature", a.a.O., S. 181.

nen, daß das Land stets der Protagonist aller Bücher über Amazonien gewesen sei.[24]

Das Werk Márcio Souzas stellt in dieser Hinsicht einen Bruch mit der literarischen Tradition der Amazonasthematik dar. Unter ausdrücklicher Bezugnahme auf zwei Theaterstücke des Autors schreibt Jorge Tufic:

> ... permitimo-nos afirmar que se até ontem a personagem central da Amazônia era a paisagem, hoje essa paisagem está no homem, acompanha-o secretamente através de seus dramas comuns e particulares, vai-se diversificando no espaço geográfico, descobrindo novos filões temáticos e conquistando seus domínios estéticos não só na ficção ou na poesia, mas também no teatro de pesquisa e na música.[25]

Wie unten zu zeigen sein wird, läßt sich bei Souza geradezu von einem Ersatz der Natur durch die Geschichte sprechen. Die Natur übernimmt hier eine Kulissenfunktion. Worauf es dem Autor ankommt, ist darzutun, daß die Gewalt, dem der Mensch in Amazonien in mannigfaltiger Weise ausgeliefert ist, in erster Linie das Ergebnis seiner eigenen Geschichte und weniger die unmittelbare Einwirkung der amazonischen Natur darstellt.

Unter diesem Gesichtspunkt sind auch die anderen Topoi der Amazonasthematik zu sehen, die oftmals in Form von Dichotomien erscheinen und die der Autor einer entsprechenden Revision unterzieht. Wird der Mensch einerseits als der von der Natur gedemütigte, als der unterlegene beschrieben,[26] so fehlt es andererseits nicht an Hinweisen auf seine Mitschuld an diesem Sachverhalt. Dies gilt gleichermaßen für Rangel[27] wie für Ferreira de Castro, in dessen Roman *A selva* die Schilderung der Ausbeutung des Menschen durch den Menschen einen beträchtlichen Raum einnimmt.[28]

In Márcio Souzas Roman *Mad Maria* wird diese Thematik am eingehendsten behandelt. Doch bereits die Wahl des Gegenstandes zeigt die Abwandlung der literarischen Tradition: es geht hier nicht um Expeditionsteilnehmer oder Kautschukzapfer, sondern um den Einbruch der modernen Technik in Amazonien vor dem Hintergrund internationaler Kapitalinteressen und um ein bestimmtes historisches Ereignis mit internationalen Verflechtungen. Das zentrale Geschehen des Romans, der Bau der Madeira-Ma-

---

24 Peregrino Jr., *Panorama*, a.a.O., S. 30.
25 Tufic, *Existe uma literatura amazonense?* a.a.O., S. 56.
26 S. den Artikel "Amazônia", in *Pequeno dicionário da literatura brasileira*, org. e dir. por José Paulo Pães e Massaud Moisés, São Paulo: Editora Cultrix 1967, S. 30.
27 Preto-Rodas, "Amazônia in Literature", a.a.O., S. 188.
28 Ferreira de Castro, *A selva*, zuerst 1930.

moré-Bahn zu Beginn dieses Jahrhunderts, bietet in ganz anderer Weise als die überlieferten Themen die Möglichkeit, den Menschen nicht nur in einer feindlichen Natur zu zeigen, sondern auch deutlich zu machen, daß der zur Verelendung des Menschen führende Zusammenprall mit der Natur eine Folge seines eigenen geschichtlichen Handelns ist. Die negative Amazonasvision, welche die Lektüre von *Mad Maria* hervorruft, knüpft durchaus an eine pessimistische Sicht in der Amazonasliteratur an.[29] Was Euclides da Cunha und Alberto Rangel mit Hilfe von Natur und Naturwissenschaft begründen, wird bei Márcio Souza als Ergebnis der Geschichte angesehen und wirtschaftshistorisch sowie entwicklungssoziologisch gedeutet. Es versteht sich, daß damit auch die teilweise als Dichotomie erscheinenden Metaphern Amazoniens als Paradies oder Hölle für unseren Autor gegenstandslos sind.[30]

Der in der Amazonasliteratur thematisierte Gegensatz zwischen Zivilisation und Wildnis[31] wird demgegenüber von Souza geradezu ins Gegenteil verkehrt. Wenn in *Mad Maria* der leitende Angestellte des Bahnbaus die Verstümmelung des letzten Indios eines ausgerotteten Stammes entgegen der Wahrheit als Folge indianischer Barbarei seinem Vorgesetzten gegenüber erklärt,[32] so entlarvt sich die Zivilisation als Akt der Wildheit gegenüber der Natur und den in ihr lebenden Wesen. Mit der wiederholten Betonung einer eigenständigen, bewahrungswürdigen indianischen Kultur reiht sich Souza in die große Gruppe der Lateinamerikaner ein, die den Indio und seine Kultur als Vorbild für eine menschlichere Gesellschaft ansehen. Auch die frühere Amazonasliteratur hat die Gewalt, die von menschlichen Herrschaftsformen ausgeht, nicht geleugnet. Hinweise auf Mißbrauch in der Politik, auf soziales Elend und maßlosen Reichtum fehlen nicht.[33] Márcio Souza aber macht die Geschichte und damit die sozioökonomischen Gegebenheiten zur Grundlage seiner Amazonasthematik und zur treibenden Kraft des Handlungsverlaufs. Es sind keine Indios, welche die Kautschukzapfer angreifen und töten, wie am Ende von Ferreira de Castros Roman *A selva*, sondern die im Dienst eines internationalen Konzerns Stehenden, die sich umbringen, wie am Ende von *Mad Maria*.[34] Und der Amazonasabenteurer Galvez scheitert nicht an den

---

29   Preto-Rodas, "Amazônia in Literature", a.a.O., S. 182.
30   Hölle und Paradies sind vor allem von Alberto Rangel verwendete Metaphern, s. Maligo, *A Amazônia ...*, a.a.O., S. 7.
31   Maligo, *A Amazônia ...*, a.a.O., S. 50.
32   Souza, Márcio, *Mad Maria*, romance, Rio de Janeiro: Civilização Brasileira 1980, S. 314.
33   Peregrino Jr. in: *A literatura no Brasil*, a.a.O., S. 232; Preto-Rodas, "Amazônia in Literature", a.a.O., S. 187 - 191.
34   *Mad Maria*, a.a.O., S. 322.

Naturgewalten, sondern an den ökonomisch-politischen Machtverhältnissen.[35]

Aber nicht nur die Geschichte wird der Natur entgegengestellt. Auch Zivilisation und Kultur erfahren im Werk unseres Autors ihre literarische Thematisierung. Kulturelle Handlungen begleiten die Abenteuer des späteren Kaisers von Acre und verschmelzen am Ende des ersten Teils zu einem Crescendo, wenn Galvez inmitten einer Opernaufführung fliehen muß und auf diese Weise seine "Amazonasexpedition" antritt.[36] Kultur ist Bestandteil der Wahlkampagne des Gouverneurs von Amazonas: er läßt populäre Massenveranstaltungen in der Oper von Manaus aufführen.[37] Und wenn versucht wird, einen Konzertflügel über reißende Wasserfälle zu befördern, so zeigt dies, daß selbst in der Wildnis des oberen Madeira das Thema Kultur nicht fehlt.[38]

Márcio Souza hat in verschiedenen Arbeiten Betrachtungen über das Problem der Kultur, und speziell die Möglichkeit einer eigenständigen Kultur unter entwicklungssoziologischen Gesichtspunkten angestellt.[39] Man könnte sie unter dem Titel "Kultur und Dependenz" zusammenfassen. Das literarische Werk unseres Autors präsentiert Kultur in Amazonien mehrheitlich in ihren negativen Erscheinungsformen. In *A resistível ascensão do Boto Tucuxi* erscheint Manaus als tiefste, kulturlose Provinz.[40] In *Mad Maria* werden die Vorfahren der weiblichen Hauptfigur als realitätsferne Intellektuelle dargestellt.[41] Die Halbweltdamen in *As folias do látex* sehen Manaus bereits als Zentrum der französischen Kultur.[42] Das Verwaltungsgebäude der Kautschukgesellschaft ist in einer wüsten Mischung aller möglichen hi-

---

35 Souza, Márcio: *Galvez imperador do Acre*. Folhetim, Rio de Janeiro: Civilização Brasileira 1981, 9ª ed.; siehe dazu Carelli, Mário, "Der brasilianische Roman von 1964 bis heute", in: *Brasilianische Literatur*, hg. v. Mechthild Strausfeld, Frankfurt a.M., Suhrkamp, 1984, S. 351 - 363.

36 *Galvez*, a.a.O., S. 54 - 59.

37 Souza, Márcio, *Tem piranha no pirarucu*, in: *As folias do látex e Tem piranha no pirarucu*, Rio de Janeiro: Codecri 1979, S. 81f.

38 *Mad Maria*, a.a.O., S. 14.

39 Besonders in den folgenden Arbeiten: *A expressão amazonense. Do colonialismo ao neocolonialismo*, São Paulo: Ed. Alfa Omega 1978; "Ainda é possível salvar a Amazônia?", in: *Encontros com a civilização brasileira*, vol. 5, Rio de Janeiro: Civilização Brasileira 1978, S. 59 - 78; *O palco verde*, Rio de Janeiro: Marco Zero 1984.

40 *Boto Tucuxi*, a.a.O., S. 18 f.

41 *Mad Maria*, a.a.O., S. 200.

42 *As folias do látex*, a.a.O., S. 23.

storischen Stile erbaut.[43] Doch die beste Illustration dieser negativen Kulturkritik ist das zu Stein gewordene Symbol kultureller Entfremdung in Amazonien: das Teatro Amazonas in Manaus.[44] Inbegriff kultureller Rückständigkeit und Entfremdung im Bereich der Literatur ist für Souza die Schule des Parnaß. Die Kritik an dieser in Brasilien lange vorherrschenden literarischen Strömung bildet das Vorwort von *Galvez imperador do Acre*.[45] Für den Autor ist die Schule des Parnaß eine für die Schilderung der realen Situation Amazoniens völlig ungeeignete ästhetische Richtung. Sie wird wiederholt karikiert.[46]

Kulturkritik erscheint aber auch als Schilderung von Unkultur und Geschmacklosigkeit: in der Zeit des wirtschaftlichen Niedergangs von Manaus hat sich die Kultur in eine Nachtbar zurückgezogen, in der Schlägereien stattfinden.[47] Publikum und Schauspieler eines Hoteltheaters übertreffen sich gegenseitig an Vulgarität.[48] Doch der Gipfel der Geschmacklosigkeit ist erreicht, wenn in *Mad Maria* der verstümmelte Indio "Joe", der letzte Überlebende seines Volkes, vor einem begeisterten Publikum mit den Füßen Klavier spielt.[49]

Die Romane Márcio Souzas, in denen Amazonien nicht mehr der zentrale Schauplatz der Handlung ist, *A ordem do dia* und *A condolência*, illustrieren das, was der Autor selbst als "escapismo irracional da contracultura" bezeichnet hat.[50] Das Geschehen in *A ordem do dia* wird von der Einflußnahme des Überirdischen, jedenfalls in der Phantasie der Personen, entscheidend mitbestimmt. Hier ist die Anlehnung an die nordamerikanische Science-Fiction-Produktion unverkennbar. Noch deutlicher ist die gesellschaftssteuernde Funktion der Sekten in *A condolência*: das demokratische Engagement des Protagonisten dieses Romans, eine deutliche Anspielung auf die sich ankündigende *Nova República*, wird zuerst durch die Militärs vereitelt, später durch die Mitgliedschaft in einer Sekte neutralisiert. In diesen Romanen, in denen der regionale Rahmen zugunsten des nationalen verlassen wird und deren historischer Hintergrund der allmähliche Rückzug der Militärs aus der Politik ist, tritt an die Stelle der Kulturkritik eine allgemeine Ideologiekritik.

---

43 *Mad Maria*, a.a.O., S. 302.
44 *As folias do látex*, a.a.O., S. 39.
45 *Galvez*, a.a.O., S. 15.
46 *Mad Maria*, a.a.O., S. 313 und 334 - 336; *Galvez*, a.a.O., S. 156; *As folias do látex*, a.a.O., S. 47.
47 *Boto Tucuxi*, a.a.O., S. 50.
48 *Galvez*, a.a.O., S. 95 f.
49 *Mad Maria*, a.a.O., S. 313 - 315.
50 *O palco verde*, a.a.O., S. 14.

Das literarische Werk Márcios Souzas läßt sich mithin um bestimmte Anliegen des Autors zentrieren. Diesen ist der Schauplatz der Handlungen untergeordnet. Daß er - mit Ausnahme der letzten Romane - vornehmlich oder ausschließlich Amazonien ist, dürfte nicht nur dem Umstand zuzuschreiben sein, daß der Autor in Manaus geboren ist und die ersten 17 Jahre seines Lebens dort verbracht hat.[51] Sicherlich erklärt sich hieraus sein kulturelles Engagement auf regionaler Ebene und seine Auseinandersetzung mit der regionalen Geschichte und Tradition. Amazonien bot ihm darüber hinaus aufgrund der spezifischen entwicklungsgeschichtlichen Gegebenheiten in exemplarischer Weise die Grundlage für die Darlegung seiner Auffassungen in der Form des Essays und der literarischen Fiktion. Dieser Teil Brasiliens ist für ihn also ein Exemplum, das zu illustrieren die nationale Aufgabe des regionalen Schriftstellers ist. Es kann daher nicht verwundern, wenn die Lehren, die das Exemplum bereithält, mit einer gewissen Insistenz wiederkehren. Erteilt werden sie am Beispiel der amazonischen Geschichte, von der Unterdrückungspolitik der portugiesischen Kolonialmacht bis zum Scheitern des sogenannten *milagre econômico* in der *Zona Franca* von Manaus. Ihre mögliche Wirkung auf das lesende Publikum ist daher weitgehend abhängig von der Themenwahl der literarischen Gestaltung, in der diese Lehren vorgetragen werden.

Der Autor ist bestrebt, die Themen, die der Geschichte Amazoniens entnommen sind, zu variieren: eine bestimmte Epoche, wie die Geschichte des Kautschukbooms (*As folias do látex*) oder die Zeit des Niedergangs in den Jahren vor dem Militärputsch (*A resistível ascensão do Boto Tucuxi*); ein bestimmtes historisches Ereignis in der Zeit des Kautschukbooms (*Mad Maria*); die Paraphrasierung einer Amazonasexpedition mit historischem Hintergrund (*Galvez imperador do Acre*); der Widerstand der Indios gegen die Kolonialpolitik der portugiesischen Krone (*A paixão de Ajuricaba*).

Fragen der literarischen Gestaltung werden im fiktionalen Teil des Souzaschen Werks selbst erörtert:

> Eu estava abandonado na selva e pensava em problemas literários. Problemas que, por sinal, ainda não consegui superar. Sei apenas que a preocupação com a natureza elimina a personagem humana. E a paisagem amazônica é tão complicada em seus detalhes que logo somos induzidos a vitimá-la com alguns adjetivos sonoros, abatendo o real em sua grandeza.[52]

---

51 Márcio Souza. *Seleção de textos* ..., a.a.O., S. 13.
52 *Galvez*, a.a.O., S. 71.

Hier wird nicht nur inadäquate literarische Verarbeitung der Amazonasthematik unter inhaltlichen Gesichtspunkten bemängelt. Die Kritik richtet sich auch auf die ästhetische Gestaltung vorangehender Amazonasliteratur. Nicht nur der Mensch ist in den Mittelpunkt zu rücken und für das verantwortlich zu machen, was der Landschaft angelastet wurde. Auch die literarische Form ist so zu wählen, daß das Engagement des amazonischen Schriftstellers deutlich wird und einen möglichst breiten Leserkreis anspricht.

Dazu gehört die Einfachheit der Erzählform. So heißt es anderswo: "O leitor já deve ter notado que esta é uma história linear".[53] Recht ausführlich wird in *A resistível ascensão do Boto Tucuxi* berichtet, daß der fiktive Verfasser dieser Geschichte unüberwindliche Schwierigkeiten hatte, in der Literaturgeschichte ein Vorbild für die Gestaltung seines Stoffes zu finden. Erst nach fachlicher Beratung entscheidet er sich für die volkstümliche Form des Feuilletonromans "na exata estatura de Manaus",[54] einer Form, in der auch *Galvez imperador do Acre* und *A ordem do dia* verfaßt sind.

Márcio Souzas Werk ist durch das Streben nach größtmöglicher Publikumswirksamkeit gekennzeichnet. Hierzu dienen neben der Anlehnung an populäre literarische Gestaltungen eine recht zwanglose sprachliche Form, die durchaus nicht immer die Normen der konventionellen Grammatik einhält; eine vor allem in den letzten Romanen zu beobachtende Spannung der Handlung und eine typisierende, oftmals ins Groteske gehende Charakterzeichnung der Personen, die an die Grundvorstellungen des Lesers vom schichtenspezifischen und völkerpsychologisch bestimmten Verhalten des Menschen appelliert. Souza hat sich mit den verschiedenen Kulturmedien, wie Film, Theater, Verlagswesen eingehend befaßt. Seine Romane zeigen Techniken des Films.In einigen von ihnen zwingen fortgesetzte Schnitte den Leser, sich ständig neu zu orientieren. Besonders in *A ordem do dia* und in *A condolência* wird mit Überraschungseffekten gearbeitet, die den Kriminalroman kennzeichnen.[55] Andererseits zeigen die Feuilletonromane *Galvez imperador do Acre* und *A resistível ascensão do Boto Tucuxi* Dramencharakter: an die Stelle der Natur und Gegenstandsbeschreibung tritt die amazonische Welt als Kulisse, vor der sich die Personen bewegen. Die Technik des histo-

---

53 *Galvez*, a.a.O., S. 94.
54 *Boto Tucuxi*, a.a.O., S. 20.
55 Souza hat seine Betrachtungen über den Film in dem 1967 erschienenen Band *O mostrador de sombras* (Coleção Sumaúma) herausgebracht. Eine zentrale Rolle spielt der Film in seinem Roman *Operação silêncio* (a.a.O.). Mit dem brasilianischen Verlagswesen, in dem er selbst tätig ist, befaßte er sich in einem auf dem Berliner Horizonte-Festival 1982 gehaltenen Vortrag (abgedruckt in *Folhetim*, Suplemento da *Folha de São Paulo* vom 27. 6. 1982).

rischen Romans erscheint in *A resistível ascensão do Boto Tucuxi*, wo die Handlung an einem Nebenschauplatz, hier eine Nachtbar, beginnt.[56]

Viele Darstellungen tragen parodistische Züge. Das gilt selbst für einen so "ernsten" Roman wie *Mad Maria*. Manche Szenen nehmen hier geradezu Schwankcharakter an, so wenn der leitende Angestellte des Bahnbaus bei der Begrüßung des Magnaten eine Umarmung vermeidet, um seine Brieftasche zu retten.[57] *Galvez* und *Boto Tucuxi* enthalten Elemente des pikaresken Romans.[58] Der Anfang von *Galvez imperador do Acre* zeigt die Charakteristika eines Vaudevilles.[59] Sex durchzieht als Konstante, vor allem als Mittel der Darstellung gesellschaftlicher Heuchelei, die beiden Feuilletonromane mit Amazonien als historischem Hintergrund. Auch auf der Ebene der rhetorischen Ausdrucksmittel hält der Autor ein umfangreiches Inventar bereit. Es reicht von der witzigen Anspielung[60] und dem Wortspiel[61] bis zur geschichtlichen Parodie[62] und der ironischen Verwendung bekannter Zitate.[63]

Auf zwei Besonderheiten der literarischen Gestaltung im Werk Souzas sei hier noch abschließend hingewiesen. Die erste betrifft die Zeichnung der Personen, die in ihrer großen Mehrheit als Typen erscheinen. Dies gilt für Theaterstücke wie *Tem piranha no pirarucu* und *As folias do látex*. Im letztgenannten Stück wird der Lehrcharakter durch das Auftreten der verschiedenen Beteiligten an der Entstehung und dem Niedergang des Kautschukbooms unterstrichen. So gibt es *den* Kautschukbaron, *den* Kautschukzapfer, *den* Parnassien als Vertreter der aufgepfropften Kultur usw. Da Souza mit den Feuilletonromanen ein den Theaterstücken entsprechendes Anliegen verfolgt, erscheinen die Personen in *Galvez imperador do Acre* und *A resistível ascensão do Boto Tucuxi* in ähnlicher Weise als Repräsentanten bestimmter Gruppen und Interessen. *A ordem do dia* und *A condolência* lassen in dieser

---

56 *Boto Tucuxi*, a.a.O., S. 37.
57 *Mad Maria*, a.a.O., S. 302.
58 Vgl. den Hinweis des Autors in *Boto Tucuxi*, S. 13.
59 *Galvez*, a.a.O., besonders etwa S. 18. Eine Definition von Vaudeville gibt Souza in *As folias do látex*, a.a.O., S. 9 f.: "modelo de teatro da irresponsabilidade burguesa".
60 Z. B. Souza: Márcio, *A condolência*, romance, Rio de Janeiro: Marco Zero 1984, S. 30.
61 Vgl. etwa den Untertitel von *Tem piranha no pirarucu*: "Zona Franca, meu amor no my fair Zona Franca", in: *As folias do látex*, a.a.O., S. 66. Oder: "Estava tudo em paz no inferno", in *Mad Maria*, a.a.O., S. 334. Siehe auch Carelli, "Der brasilianische Roman ...", a.a.O., S. 358.
62 Bei der Krönung setzt sich der "Kaiser" von Acre die Krone aus den silbernen Blättern des Kautschukbaumes selbst auf, *Galvez*, a.a.O., S. 151.
63 S. beispielsweise *A ordem do dia*, a.a.O., S. 137.

Hinsicht eine Veränderung erkennen. Besonders *A condolência* entläßt gewissermaßen die zentralen Figuren aus ihrer Exemplumsfunktion, wenngleich diese weiterhin von den an der *Abertura* beteiligten Nebenpersonen und deren Gegenspielern wie von Statisten umgeben sind.[64]

Souzas Abkehr vom Lehrstück und seine Hinwendung zur "action"-Literatur mit nationaler Thematik haben offenbar eine Veränderung in der Personenzeichnung bewirkt. Entsprechendes läßt sich für ein anderes Problem der literarischen Gestaltung feststellen: das der Vermittlung von zeitgenössischen Fakten, die für das Verständnis der Handlung notwendig sind oder doch diese eindringlicher veranschaulichen. Während der Autor seine kritische Geschichtsbetrachtung großenteils mit den genannten literarischen Mitteln anstellt,[65] wird das Hintergrundwissen oftmals als reine Berichterstattung geliefert. In *As folias do látex* etwa erfolgt die Information über die Geschichte Amazoniens oder über zeitgenössische Ereignisse der nationalen und internationalen Geschichte in der Form von Projektionen.[66] In *Tem piranha no pirarucu* stellt der Autor eine Kurzinformation über Amazonasprogramme als Projektion dem Stück voran.[67] In *Galvez imperador do Acre* präsentiert sich die Geschichte des Kautschuks häppchenweise. Demgegenüber werden die Fakten über den Bau und die Einstellung der Madeira-Mamoré-Bahn erst am Schluß von *Mad Maria* als nüchternes Resümee mitgeteilt, dem eine kurze Rezeptionsgeschichte der Bahn in der brasilianischen Literatur in anekdotischer Form beigegeben ist.[68]

Solche literarisch nicht weiter gestalteten realienkundlichen Einlagen haben zum einen die Aufgabe, den unkundigen Leser allgemein zu informieren. Sie sind andererseits ebenfalls im Zusammenhang mit der vorliterarischen Phase der Amazonasliteratur, den Naturbeschreibungen und Expeditionsberichten, zu sehen. Auch in dieser Hinsicht zeigt sich Márcio Souza als Autor, der sich der Überlieferung verbunden fühlt.

Im genannten historischen Abriß der Madeira-Mamoré-Bahn berichtet der Autor auch von den Auseinandersetzungen anläßlich des Ankaufs der

---

64 Zudem schildert Souza für bestimmte Personengruppen charakteristische Sachverhalte, z. B. die Militärkarriere, an die sich eine leitende Stellung in der Privatindustrie anschließt, in *A condolência* a.a.O., S. 174; die wirtschaftliche Lage des Lehrers in *Boto Tucuxi*, a.a.O., S. 21, oder lehnt sich an völkerpsychologische Schablonen an, wie bei der Zeichnung des kauzigen Engländers in *Galvez*, a.a.O., S. 86.
65 Entsprechend seiner Auffassung von Humor als Waffe gegen die Entfremdung, s. A. Dimas in: *Márcio Souza. Seleção de textos* ..., a.a.O., S. 7.
66 S. *As folias do látex*, a.a.O., S. 37 - 39, 51, 54.
67 *Tem piranha no pirarucu*, in: *As folias do látex*, a.a.O., S. 69.
68 *Mad Maria*, a.a.O., S. 339 - 341.

Bahn durch den brasilianischen Staat. Starjuristen wie Clóvis Bevilácqua und Rui Barbosa verfaßten Gutachten zugunsten des internationalen Baukonzerns und gegen die eigene Regierung. Zwar wird ein Kommentar nicht mitgeliefert, der Leser aber zum Nachdenken über das Verhältnis nationaler Koryphäen zum internationalen Kapital gezwungen.

Von diesen Juristen gilt besonders Rui Barbosa aufgrund seiner zahlreichen sprachlichen Verbesserungsvorschläge zum brasilianischen bürgerlichen Gesetzbuch vielen als Meister der portugiesischen Sprache. Die an der genannten Stelle von *Mad Maria* unausgesprochene Kritik findet sich auch als Sprachkritik im Werk Márcio Souzas wieder. So wird von einer Philologin berichtet: "A professora Caridade ... escreveu um livro de 600 páginas sobre as vírgulas de Rui Barbosa."[69]

"Confesso que meu estilo, se é que existe, está cada vez mais distante da ortodoxia de um Camilo ou um Garrett ...".[70] Mit diesen Worten kennzeichnet der Autor seine eigene Sprache. Sofern er nicht aus Gründen der literarischen Gestaltung, etwa in den Feuilletonromanen, eine scherzhaft gestelzte Sprache verwendet, nähert er sich der Umgangssprache,[71] oftmals auch dem Argot, und schreckt keineswegs vor vulgären oder obszönen Ausdrücken zurück.[72] Gelegentlich karikiert er die Sprache einer Gruppe.[73] Dabei nimmt er bewußt Verstöße gegen die normative Grammatik in Kauf.[74] Das klassische Portugiesisch erscheint demgegenüber als hohles Pathos und dient nur dazu, den Gegensatz zwischen dem schönen Schein und der häßlichen Wirklichkeit zu unterstreichen.[75]

Alle literarischen Werke Márcio Souzas haben einen geschichtlichen Hintergrund.[76] Dabei liegt das Schwergewicht auf der Geschichte Brasiliens der letzten hundert Jahre. Diese wird in den Theaterstücken und den meisten

---

69 *Tem piranha no pirarucu*, in: *As folias do látex*, a.a.O., S. 88.
70 *Folha de São Paulo ilustrada* v. 18. 06. 83.
71 Z. B. verwendet Souza vielfach - besonders zahlreich in *Mad Maria*, a.a.O. - das universale Relativpronomen *que* in Konstruktionen wie: "A mulher que ele confiava uma boa parte do bom andamento do plano, ele sabia que não falharia ..." (S. 72).
72 Z. B. *Operação silêncio*, a.a.O., S. 36: *Mad Maria*, a.a.O., S. 319.
73 Z. B. *Operação silêncio*, a.a.O., S. 33 oben.
74 Ein Beispiel: "Acredito que devia ser umas nove horas da manhã, o sol estava forte e o dia muito azul. A pedra que eu havia me deitado não era uma pedra, era uma tartaruga" (*Galvez*, a.a.O., p 66).
75 Vgl. *Mad Maria*, a.a.O., S. 311 - 313. Márcio Souza folgt hier einer alten Tradition: der Auflehnung des Intellektuellen gegen überkommene, oftmals lusitanisierende Sprachnormen.
76 S. Dimas in: *Márcio Souza. Seleção de trechos ...*, a.a.O., S. 11.

Romanen anhand der Amazonasthematik illustriert und in den späteren Romanen *A ordem do dia* und *A condolência* zur nationalen Thematik erweitert. Zusammen mit *A resistível ascensão do Boto Tucuxi* und *Operação silêncio* stellen die letztgenannten Werke zudem eine Auseinandersetzung mit der Entwicklung des Landes von der politischen Phase des sogenannten Populismus bis zur *Nova República* dar. In dieser Hinsicht reihen sie sich in die Literatur ein, welche die jüngste Vergangenheit Brasiliens aufarbeitet und deren vielleicht bekanntester Vertreter Fernando Gabeira ist. Die ausgehende Periode des Populismus, Militärdiktatur und *Abertura* sind zudem die politischen Etappen, die der Autor selbst miterlebt hat. Autobiographische Züge trägt aber lediglich der Roman *Operação silêncio*, vor allem wegen der dort häufig thematisierten Filmkritik. Ansonsten sind die direkten Hinweise auf das eigene Verhalten selten.[77] Der Exemplumcharakter, der die Werke mit Amazonasthematik auszeichnet, verbietet im übrigen direkte autobiographische Anspielungen.

Jedes Werk läßt sich einer bestimmten Epoche zuordnen, wenngleich ein Stück wie *As folias do látex* eher als die Illustration einer politischen Überblicksdarstellung anzusehen ist. Dabei ist der unmittelbare Informationsgehalt in der literarischen Bearbeitung der amazonischen Geschichte höher als in den letzten Romanen, in denen der Verfasser zunehmend von der Amazonasthematik abrückt. Der Grund dürfte nicht zuletzt in der größeren historischen Nähe zu suchen sein: das letzte Vierteljahrhundert der brasilianischen Geschichte kennt der Leser großenteils aus eigener Anschauung, aus der Presse usw. Der Autor begnügt sich hier mit zahlreichen Anspielungen, die sich teils auf das zeitbedingte Verhalten bestimmter Gruppen der Schlußphase der Militärherrschaft,[78] teils auf bestimmte Personen und Zeitereignisse beziehen.[79]

In dieser Hinsicht kann *A resistível ascensão do Boto Tucuxi* als ein Übergangswerk angesehen werden. Die Geschichte des Protagonisten erzählt der Autor mit den Darstellungselementen der Amazonasthematik: der Amazonaslegende vom Flußdelphin, der Metapher von der Mißgeburt des Politi-

---

77 Vgl. etwa seine Bemerkung über seine Distanzierung von Gepflogenheiten der kritischen Linken, in: *A ordem do dia*, a.a.O., S. 11.
78 Besonders in: "Relatório ao Departamento de Operações Centrais", in: *A ordem do dia*, a.a.O., S. 148 ff.
79 Z. B. auf den letzten Präsidenten der Militärherrschaft und dessen Pferdeliebhaberei (*A ordem do dia*, a.a.O., S. 32) oder auf die bevorstehende Aufhebung des Ato Institucional Nr. 5 (*A condolência*, a.a.O., S. 244).

kers,[80] den surrealistisch anmutenden Wahlversprechen,[81] der Schilderung von Wahlmanipulation in der Manier des magischen Realismus.[82] Doch die einleitenden Kapitel betreffen die spätere Epoche. Ihre Darstellung ist mit zeitgeschichtlichen Anspielungen gespickt, die von den Chicagoer Wirtschaftsberatern bis zur *Abertura* reichen. Spätestens die Erwähnung einer imaginären "Gesellschaft transzendentaler Ökologen" führt uns in die 80er Jahre.[83]

"A história da literatura amazonense ainda não foi escrita". Mit diesen Worten faßt Jorge Tufic seinen Überblick über die amazonische Literatur zusammen[84] und beantwortet die als Titel seines Aufsatzbandes formulierte Frage "Existe uma literatura amazonense?", indem er eine andere Stimme zitiert:

> É claro que há uma literatura amazonense, partindo-se do pressuposto de que há escritores voltados para os temas amazônicos, regionalistas, de cunho nitidamente nosso, buscando uma linguagem própria da região em que se situam os fenômenos operadores da transformação e configuração literária.[85]

Wendet man diese Feststellung auf unseren Autor an, so ist auf jeden Fall eine Berichtigung vonnöten: Márcio Souza ist ein der regionalen, nicht jedoch der regionalistischen Thematik zugewandter Schriftsteller. Der Regionalismus, so der Autor, trage konservative Züge, komme nicht über die Schilderung der Erscheinungsformen hinaus und neige zur Mystifikation.[86] Doch nicht nur wegen ihrer mangelnden kritischen Haltung distanziert sich Souza von den Vertretern dieser traditionsreichen literarischen Erscheinung der brasilianischen Literatur. Durch seine thematische Präferenz der amazonischen Geschichte, der Natur und Landschaft untergeordnet sind, unterscheidet sich der Autor von seinen klassischen Vorgängern und bindet zugleich Amazonien an die gesamtnationale Realität. Die exotistische Komponente - und als solche ist die Naturschilderung im Hinblick auf den ausländischen und den südbrasilianischen Leser gleichermaßen anzusehen - ist

---

80 *Boto Tucuxi*, a.a.O., S. 26. Vgl. M. Souzas Bemerkungen über den Populismus in "Ainda é possível salvar a Amazônia?" a.a.O., S. 69 f.
81 *Tem piranha no pirarucu*, in: *As folias do látex*, a.a.O., S. 92.
82 *Boto Tucuxi*, a.a.O., S. 114.
83 *Boto Tucuxi*, a.a.O., S. 13 - 15.
84 Tufic, "Literatura amazonense", in: *Existe uma literatura amazonense?*, a.a.O., S. 11.
85 Tufic, *Existe uma literatura amazonense?*, a.a.O., S. 54.
86 *O palco verde*, a.a.O., S. 29.

nicht mehr Selbstzweck oder indirekte Aufforderung zur wirtschaftlichen Erschließung, sondern in erster Linie literarisches Mittel zur kritischen Reflexion über die nationale Situation. "É que a experiência nos ensinou que o Brasil, com todo o seu território continental, não passa de uma grande Manaus ...".[87] Insofern liegt auch kein Bruch mit dem Werk des Autors vor, wenn die regionale Thematik in den späteren Romanen in eine nationale Thematik einmündet.

Das Werk Márcio Souzas zeigt besonders deutlich das, was Silviano Santiago die Integration des Politischen in den gesamten brasilianischen Kulturprozeß genannt hat.[88] Es ist von sozioökonomischen und politischen Grundvorstellungen durchdrungen, die besonders eingehend in der zweiten Hälfte der 60er Jahre, als der Autor in São Paulo studierte, erörtert wurden. Sein literarisches Schaffen und seine theoretischen Überlegungen weisen Souza als einen Schriftsteller aus, dessen Arbeiten vom Bewußtsein bestimmt sind, Bürger der Dritten Welt zu sein, und das ständige Bestreben verraten, dieses Bewußtsein zu vermitteln.[89] In seinen nicht fiktionalen Werken verband Souza seine entwicklungstheoretischen Gedanken mit Fragen der Kultur und entlehnte hierbei ökonomische Begriffe wie *extrativismo* und *monocultura*, die die Geschlossenheit der verschiedenen Bereiche menschlicher Tätigkeit unterstreichen.

Am eingehendsten behandelt Souza das Problem der Kultur in der Abhängigkeit in seinem Buch *A expressão amazonense*. Auch in kultureller Hinsicht ist Amazonien das Paradebeispiel für eine Entwicklung der Peripherie in der Peripherie im dependenztheoretischen Sinne.

Was Form und Inhalt dieser Betrachtung angeht, so ist *A expressão amazonense* der langen Tradition der brasilianischen Essayistik verbunden, in der nationale Fragen vornehmlich unter kulturgeschichtlichen und völkerpsychologischen Gesichtspunkten angesprochen und gedeutet worden waren. In oftmals aphoristischer Weise postuliert Souza eine authentische Kultur für Amazonien, deren Existenz vornehmlich als Widerstand gegen die Invasion von außen sichtbar wird. Eine Aufdeckung dieser Kultur erfordert u.a. eine Neuinterpretation der Geschichte der Kolonisierung Amazoniens vor und nach der Unabhängigkeit Brasiliens. Souza selbst gibt verschiedene Proben einer interpretierenden Historiographie.[90] Manche aus der vorangehenden Amazonasliteratur stammende Vorstellung erfährt durch ihn eine radikale

---

87 *O palco verde*, a.a.O., S. 10.
88 S. Carelli, "Der brasilianische Roman ...", a.a.O., S. 355.
89 Márcio Souza, in: *Folhetim*, Suplemento da *Folha de São Paulo* vom 27.06.82.
90 Z. B. in *A expressão amazonense*, a.a.O., S. 137.

Neubewertung,[91] so wenn er den absoluten Tiefpunkt der amazonischen Kultur während des Kautschukbooms erreicht sieht.[92] Doch beginnt in dieser Zeit zugleich, wenn auch vereinzelt, eine Neubesinnung. Einer der Vorläufer dieser Bewegung ist der Portugiese Ferreira de Castro, der aufgrund seiner eigenen Erfahrung die Situation des Menschen am Amazonas als Gefangenen einer fehlgeleiteten Entwicklung richtig erfaßt.[93]

Márcio Souza hat die Amazonasthematik in der Literatur modernisiert und sie zur gegenwärtigen brasilianischen Situation in Beziehung gesetzt. Formal und im inhaltlichen Detail ist sein Werk als Reflex auf bestimmte regionale und nationale Traditionen zu sehen. Das Gesamtbild, das er von Geschichte und Kultur Amazoniens entwirft, ist in vieler Hinsicht gegen den Strich gezeichnet. Doch entspringen seine Vorstellungen nicht aus dem Widerspruch um des Widerspruchs willen. Sie gründen sich vielmehr auf bestimmte Überlegungen über das Verhältnis der verschiedenen Lebensbereiche zueinander, Überlegungen, die von einer Generation nachdenkender und nachdenklicher Brasilianer vor dem Hintergrund der jüngsten Geschichte ihres Landes angestellt wurden. Der weltweite Erfolg, den manche literarischen Arbeiten dieser Generation erzielen konnten und zu denen einige unseres Autors zählen, mag die Gewähr für ein differenzierteres Bild von der Realität Brasiliens auch außerhalb dieses Landes bieten.

---

91 So wird etwa die Vorstellung vom "Zivilisierten" als dem Eindringling in die Amazonasnatur als technologisches Scheitern der "weißen" Präsenz neu gedeutet, s. *A expressão amazonense*, a.a.O., S. 34.
92 S. das Kapitel "A vida como um 'vaudeville'", in: *A expressão amazonense*, a.a.O., S. 103 - 116.
93 *A expressão amazonense*, a.a.O., S. 116 und 123 - 127.

Horst Nitschack

DER NEUE REGIONALISMUS:
DER NORDOSTEN

Im Prozeß der Herausbildung der lateinamerikanischen Nationalliteraturen kam dem Regionalismus eine entscheidende Rolle zu. Stand das kulturelle Leben der urbanen Zentren und der jeweiligen mit den Verwaltungsaufgaben betrauten intellektuellen Schicht vor der Unabhängigkeit unter dem direkten Einfluß der Metropolen Spanien und Portugal, so gewann mit der Unabhängigkeit der lateinamerikanischen Staaten und der damit einsetzenden Suche nach einer eigenen Identität das Hinterland, die Region, an politischer und kultureller Bedeutung.[1]

Diese Aufwertung der Region ist von Anfang an nicht ohne Ambivalenz: zwar ist sie Voraussetzung dafür, daß die Eigenständigkeit und Besonderheit des jeweiligen Staates in den Blick rückt, daß seine geographischen, ethni-

---

1 "Le vide politique laissé par le départ des administrateurs espagnols dans les villes n'est pas comblé. Le morcellement du pouvoir se fait automatiquement, par la reconstitution d'un embryon de vie sociale autour de la *hacienda*, qui est la seule réalité socio-économique de la colonie, et par la naissance de *caudillos* locaux qui vont se multiplier et se combattre." (Charles Minguet, "Nationalisme continental et 'patria chica'", in: Ch. Dumas (Hg.), *Nationalisme et littérature en Espagne et en Amérique Latine au XIXe siècle*, Lille 1982, S. 175 - 176). Zum Einfluß des Regionalismus auf die Herausbildung einer nationalen Identität im 20. Jahrhundert cf. Angel Rama, "Ein Volk auf dem Weg", in: *Der lange Kampf Lateinamerikas*, Frankfurt 1982, S. 19. Zur Funktion des Regionalismus im 19. Jahrhundert schreibt Antônio Cândido: "Pouco depois [do Romantismo] surgiu o regionalismo na ficção, assinalando as peculiaridades locais e mostrando cada uma delas como outras tantas maneiras de ser brasileiro. Por estarem organicamente vinculadas à terra, e pressuporem a descrição de um certo isolamento cultural, tais peculiaridades pareciam representar melhor o País do que os costumes e a linguagem das cidades, marcadas pela constante influência estrangeira" ("Os brasileiros e a literatura latino-americana", in: *Novos estudos*, Bd. 1, Nr. 1, Cebrap 1981, S. 4).

schen, sprachlichen Eigenschaften zu konstitutiven Momenten einer Nationalliteratur werden,[2] doch ist der die Region beherrschende *caudilhismo* oder *coronelismo* von jeher Repräsentant einer politischen Reaktion.[3]

Das aber heißt, daß der regionalistische Diskurs sich immer der politischen und kulturellen Widersprüche bewußt sein muß, von denen diese Regionen bestimmt werden,[4] da sich andernfalls ihr historischer und politischer Charakter als Naturkonstante jeglichem kritischen Zugriff entzieht,[5] oder zu einer naiven Verherrlichung im Ton des regionalistischen Manifests von Gilberto Freyre (1926) verleitet.

Die Hinwendung zum Regionalismus, zur regionalen im Gegensatz zur urbanen Kultur, bedeutet immer auch eine Aufwertung der Volkskultur, der

---

2   Und zwar auch dann, wenn sie, wie E. Rodriguez Monegal kritisiert, "eine Wirklichkeit [detailgetreu schilderten], die dem Autor fremd war, und die er für Leser zusammenstellte, denen sie ebenfalls fremd war." ("Graciliano Ramos und der Regionalismus aus dem brasilianischen Nordosten", in: Mechthild Strausfeld, (Hg.), *Brasilianische Literatur*, Frankfurt 1984, S. 211).

3   "L'économie et la politique latino-américaines passent en 20 ans du précapitalisme à une économie de subsistance et à une vie politique patriarcale autour de la *hacienda* et de son caudillo, seules institutions capables de survivre aux destructions de la longue guerre d'Indépendance, et d'assurer un pouvoir en tant que nouveau centre socio-économique. Dans cette optique, on peut sans doute mieux comprendre l'échec de Bolívar, le triomphe du régionalisme et du provincialisme culturels et du fédéralisme politique spontané que le *Liberator* a combattus en vain." Charles Minguet, "Nationalisme continental ...", op. cit., S. 176.

4   Ein Unterschlagen dieser Widersprüche führt zu einer alles andere als naiven politischen Aufwertung des Regionalismus, wie Marta Campos am Beispiel von Gilberto Freyre zeigt: "Sem dúvida, é a crença não ingênua na unidade sob a diversidade a base teórica de interpretação da sociedade brasileira que sustentou a teorização culturológica de Gilberto Freyre e, por extensão, toda a filosofia do regionalismo enquanto movimento o qual, segundo este autor, é, em 1946, ponta de lança de um processo de contracolonização oposto ao de colonização: 'E é como uma contracolonização que o regionalismo nos parece uma tendência sadia que se opõe às que levam ao excessivo nacionalismo ou ao exagerado internacionalismo ou cosmopolitismo'." *Colonialismo cultural interno: o caso Nordeste*, Fortaleza 1987, S. 49.

5   "[...] na medida em que um processo de regionalização é agenciado ideologicamente ele passa a cumprir, entre outras, a função de transferir a natureza das relações sociais (políticas e econômicas) para um ser - a região -, em meio ao qual todos os agentes terminam por se igualar. O discurso ideológico do regionalismo, enfatizando a afirmação de 'solidariedades' fundamentadas em vínculos territoriais e culturais e clamando pela existência de interesses econômicos 'comuns', escamoteia as contradições econômicas, políticas e sociais ao nível empírico das formações sociais, diluindo os conflitos de classe ou de frações de classes" (Roberto Martins, *A ideologia do regionalismo nordestino*, Recife 1979, zitiert nach Marta Campos, "Colonialismo ...", op. cit., S. 50).

oralen Traditionen, sowohl was die Sprache selbst betrifft,[6] als auch Erzählformen und traditionalistische,[7] mitunter mythische Denk- und Erfahrungsweisen.[8] Wenn auch aus diesem Bereich immer wieder fruchtbare Anstöße für die gesamte lateinamerikanische Literatur kamen, so ist doch der Emphase, der wir in Enrique Dussels *Filosofía ética latinoamericana* begegnen, und die die Volkskultur zum Ausgangspunkt einer Identitätsfindung machen will, nicht ohne Reserve zuzustimmen:

> El punto de partida para la reconstrucción de la identidad cultural será la cultura popular del pueblo marginado. Así dice Dussel en la *Etica* que 'en realidad el pueblo tiene una racionalidad *distinta* y *nueva*. Nuestra responsabilidad es la de saber descubrir las categorías que nos permitan esclarecer este proceso'.[9]

Und an anderer Stelle:

> La cultura popular, lejos de ser una cultura menor, es el centro más incontaminado e irradiativo de resistencia del oprimido contra el opresor.[10]

Die entscheidenden innovativen und auch kritischen Anstöße kommen aus der Begegnung, der Konfrontation der urbanen mit der traditionalisti-

---

6   "Sem dúvida que o poeta brasileiro tem de traduzir em sua lingua as idéias, embora rudes e grosseiras, dos índios; mas nessa tradução está a grande dificuldade; é preciso que a língua civilizada se molde quanto possa à singeleza primitiva da língua bárbara; e não represente as imagens e pensamentos indígenas senão por termos e frases que ao leitor pareçam naturais na boca do selvagem" (José de Alencar, "Carta ao Dr. Jaguaribe", *Obra completa* III, Rio de Janeiro 1958, S. 306). "[...] a crescente importância do Brasil regional. As influências geográficas, econômicas, folclóricas, tradicionais, que deixaram traços marcantes e características distintivas na vida, costumes, temperamento, linguagem, expressões artísticas, maneiras de ser e sentir, agir e trabalhar, fizeram-se perceber na vida intelectual brasileira desde que a consciência nacional brotou para a independência política e cultural" (Afrânio Coutinho: "O regionalismo na ficção", in: A. Coutinho, *A literatura no Brasil*, Rio de Janeiro 1969, vol. III, S. 219).

7   Zum Begriff des Traditionalismus cf. Max Weber, *Die protestantische Ethik*, Bd. I, Tübingen 1981, S. 49 ff.

8   Vgl. Ernst Cassirer, *Philosophie der symbolischen Formen*, 2. Teil: 'Das mythische Denken', Darmstadt 1973.

9   Enrique Dussel, *Filosofía ética latino-americana*, México 1977, 6/III, S. 224 - 225.

10 Ebd., S. 222.

schen Welt der Region.[11] José de Alencar schreibt *Iracema* in Rio de Janeiro, nicht in Ceará. Mário de Andrade schreibt als Vertreter des urbanen Modernismus *Macunaíma*. Das Dilemma des lateinamerikanischen Schriftstellers, wie es Silviano Santiago bezüglich einer kosmopolitischen Literatur festhält, gilt in verstärkter Weise für einen dem Regionalismus verpflichteten Autor:

> Se ele (o escritor latino-americano, H. N.) só fala da sua própria experiência de vida, seu texto passa despercebido dos seus contemporâneos. É preciso que aprenda primeiro a falar a língua da metrópole para melhor combatê-la em seguida. Nosso trabalho crítico se definirá antes de tudo pela análise do uso que o escritor fez de um texto ou de uma técnica literária que pertence ao domínio público, do partido que ele tira, e nossa análise se completará pela descrição da técnica que o mesmo escritor cria no seu movimento de agressão contra o modelo original, fazendo ceder as fundações que o propunham como objeto único e de reprodução impossível.[12]

Hier ist der ausschlaggebende Punkt angesprochen: die Weiterverarbeitung und Neuschaffung literarischer Traditionen und Techniken unter Einbeziehung der eigenen ästhetischen, sozialen, politischen Erfahrungen.

Hierin ist auch die oft diskutierte Gemeinsamkeit bzw. Verschiedenheit des Modernismus und des Regionalismus der späten zwanziger und beginnenden dreißiger Jahre in Brasilien zu suchen:[13] sowohl Graciliano Ramos

---

11 Bezüglich der regionalistischen Literatur Argentiniens, der "poesía gauchesca", schreibt Jorge Luis Borges: "Derivar la literatura gauchesca de su materia, el gaucho, es una confusión que desfigura la notoria verdad. No menos necesario para la formación de ese género que la pampa y que las cuchillas fue el carácter urbano de Buenos Aires y de Montevideo" ("La poesía gauchesca", in *Obras completas*, Buenos Aires 1974, S. 179).

12 Silviano Santiago, *Uma literatura nos trópicos*, São Paulo 1978, S. 22.

13 Ronald Daus kritisiert in "Einige Bemerkungen über das Verhältnis des brasilianischen Regionalismus zum Modernismus" (*Staden-Jahrbuch*, Bd. 17, 1969, S. 109) die Ansicht brasilianischer Literaturkritiker, der Regionalismus sei eine Abart des Modernismus gewesen: "Diese Behauptung rührt von dem Alleinvertretungsanspruch der Modernisten für die gesamte zeitgenössische brasilianische Kunst her". Wenn auch, nach R. Daus, der Regionalismus dem Modernismus im Sprachlichen verpflichtet war (cf. S. 115), so sind die beiden Strömungen ideologisch jedoch grundsätzlich unterschieden. Programm des Modernismus war die Nationalisierung der literarischen Themen, des Stils und der Sprache (cf. S. 111), während der Regionalismus dieser Epoche die "tatsächliche gesellschaftliche Wirklichkeit deuten" wollte (S. 113). "Die Euphorie des Modernismus hatte [bei den Regionalisten] Skeptizismus Platz gemacht" (S. 114). Auf eine deutliche Gegenüberstellung von Modernismus und Regionalismus aufgrund ihrer unterschiedlichen klassenabhängigen Zuordnung (Bourgeoisie

als auch Mário und Oswald de Andrade "falam línguas das metrópoles para melhor combatê-las em seguida", ihnen gelingt es, eine an den großen literarischen Traditionen orientierte literarische Ästhetik zu einer typisch brasilianischen zu machen, einmal von der Erfahrung der großen Städte und das andere Mal von der des ländlichen Nordosten ausgehend.[14] Emir Rodríguez Monogals Unterscheidung von 'pittoreskem' und 'essentiellem Regionalismus', wobei der letztere die 'regionalistischen' Autoren der Weltliteratur, wie 'Cervantes, Flaubert, Dostojewski und Kafka' meint,[15] hebt auf das gleiche Kriterium ab: Solange der Regionalismus in der Partikularität des Regionalen befangen bleibt, wird er die Region nicht überschreiten. Erst wenn es ihm gelingt, das Partikulare zum Besonderen werden zu lassen,[16] wird er sie in ein dialektisches Verhältnis zum Gesamten rücken und damit einen 'essentiellen Regionalismus' schaffen.

Jorge Luis Borges, den das Verhältnis von regionalistischer zu nationaler und universaler Literatur beschäftigte, spricht sich für eine kosmopolitische Literatur aus, in der Gewißheit allerdings, daß die nationale und darüber hinaus regionale Bezogenheit ohnehin präsent sind:

> [...] debemos pensar que nuestro patrimonio es el universo; ensayar todos los temas, y no podemos concretarnos a lo argentino para ser argentinos: porque o ser argentino es una fatalidad y en ese caso lo seremos de cualquier modo, o ser argentino es una mera afectación, una máscara. Creo que si nos abandonamos a ese sueño voluntario que se llama la creación artística, seremos argentinos y seremos, también, buenos o tolerables escritores.[17]

---

   für den Modernismus und Kleinbürgertum für den Regionalismus, ein Kleinbürgertum, das eine Bindung mit den fortschrittlichen Intellektuellen und dem Volk eingegangen war) weist auch Erhard Engler in "Der Bahia-Zyklus von Jorge Amado", *Wissenschaftliche Zeitschrift der Universität Rostock*, 14. Jg., 1965, Gesellschafts- und Sprachwissenschaftliche Reihe, Heft 1/2, S. 50, hin. Auf Graciliano Ramos' modernismusfeindliche Einstellung und die implizite Kritik am "Anthropophagismus" in *Caetés* weist E. R. Monegal hin (op. cit., S. 223).

14 Interview mit Graciliano Ramos, zitiert bei E. R. Monegal: "Sie halten sich also nicht für einen Modernisten?" "Gott bewahre! Während die Jungens von 1922 ihre nette, kleine Bewegung vorantrieben, saß ich in Palmeira dos Índios mitten in der Wüste von Alagoas hinterm Ladentisch und verkaufte Kattun".

15 E. R. Monegal, op. cit., S. 209.

16 Zum Verhältnis von Einzelnem, Besonderem und Allgemeinem vgl. Georg Lukács, "Das Besondere als zentrale Kategorie der Ästhetik", in Georg Lukács, *Probleme der Ästhetik*, Werke, Bd. 10, Neuwied/Berlin 1969.

17 Jorge Luis Borges, "El escritor argentino y la tradición", op. cit., S. 273 - 274.

Regionale Literatur geht, wie jede dominierte Literatur, wenn sie gelingt, über die dominierende Literatur hinaus, muß sie übertreffen, wie Silviano Santiago in "Apesar de dependente, universal" hervorhebt.[18] Es ist aber dann Regionalismus nicht als Dekor, als sprachliches oder kostumbritisches Kolorit, sondern begriffen als besondere "conditio humana", in ihrer Spannung und widerspruchsvollen Dialektik zu einer allgemeineren. Dann allerdings ist jeder Autor, der die Bedingungen seines regionalen, sozialen, politischen und ästhetischen Seins reflektiert, was die Einbeziehung des umfassenden sozialen, politischen und ästhetischen Kontextes voraussetzt, Regionalist.

In besonderen Maße gilt dies sicher für den brasilianischen Autor aufgrund der besonderen Entwicklung Brasiliens innerhalb Lateinamerikas. Haben sich die unter der spanischen Krone stehenden Vizekönigtümer im Laufe der Unabhängigkeitsbewegungen in mehrere historisch, politisch und geographisch bedingte, unabhängige Staaten aufgeteilt,[19] so bleibt Brasilien eine Einheit. Die Regionen, wie zum Beispiel Amazonas, der Nordosten, der Süden, kennzeichnet dabei eine kulturelle und ökonomische Selbständigkeit, die zeitweise sogar separatistische Bewegungen provozierte.[20] Die Großräumigkeit des Landes und seine kulturelle Unterschiedlichkeit[21] geben deshalb hier dem Regionalismus ein besonderes Gepräge und rücken ihn in die Nähe von Nationalliteraturen: "[...] as diferenças locais se exprimiram com intensidade no regionalismo, que quem sabe corresponde em parte a literaturas nacionais atrofiadas [...]".[22]

---

18 "Paradoxalmente, o texto descolonizado (frisemos) da cultura dominada acaba por ser o mais rico [...] *por conter em si* uma representação do texto dominante e uma resposta a esta representação no próprio nível da fabulação, resposta essa que passa a ser um padrão de aferição cultural da universalidade, tão eficaz quanto os já conhecidos e catalogados" (Silviano Santiago, *Vale quanto pesa*, Rio de Janeiro 1982, S. 23).

19 Zur Herausbildung der Nationalstaaten siehe: Krebs, Ricardo, "Nationale Staatenbildung und Wandlung des nationalen Bewußtseins in Lateinamerika", in: Schieder, Th. (Hg.), *Staatengründungen und Nationalitätsprinzip*, München/Wien 1974.

20 So beispielsweise die 'Confederação do Equador', 1824, und die 'República Piratinin', 1835 - 1845.

21 Mário de Andrade in "Noturno de Belo Horizonte": "A Espanha estilhaçou-se numa poeira de nações americanas. Mas sobre o tronco sonoro da língua do ão Portugal reuniu 22 orquídeas desiguais" (*Obras Completas* II, São Paulo, o. J., S. 135).

22 Cf. Antônio Cândido, *Formação da literatura brasileira*, Bd. II (1836 - 1880), São Paulo, o. J., S. 298.

Bleiben die regionalistischen Autoren des Nordostens im letzten Drittel des 19. Jahrhunderts, wie Franklin Távora, Domingos Olímpio, Rodolfo Teófilo, noch im Schatten der großen nationalen Literatur, so wird der Regionalismus des *romance de trinta* mit Rachel de Queiroz, José Lins do Rego, Jorge Amado und Graciliano Ramos zu einem literarischen Ereignis, das die moderne brasilianische Literatur maßgeblich beeinflußt hat. Ihren Höhepunkt und ihr vorläufiges Ende findet diese literarische Strömung im Werk von Guimarães Rosa. Die sozialkritischen Tendenzen des *romance de trinta* sind bei ihm einer nahezu mystischen Durchdringung der Welt des Sertão gewichen, deren Medium die Sprache ist. Wenn auch, wie die Romane von Adonias Filho zeigen,[23] diese sozialkritische regionalistische Tradition in den 50er und 60er Jahren nicht verschwindet, so sind es doch andere Namen und andere, der urbanen Welt verpflichtete literarische Strömungen, die tonangebend sind. Erst mit João Ubaldo Ribeiros *Sargento Getúlio* (1971) wird ein regionalistischer Text wieder zu einem nationalen literarischen Ereignis, das, wie die Übersetzungen zeigen,[24] auf Brasilien nicht beschränkt bleibt.

Die Funktion der regionalistischen Bewegung im letzten Jahrhundert, die sich mit dem Namen Franklin Távoras verbindet, und der *romance nordestino* Ende der 20er, Anfang der 30er Jahre war es, 1. die Eigenart und Besonderheit des Nordostens zur Sprache kommen zu lassen, ausgehend von seinen geographischen, sozialen und historischen Besonderheiten, 2. diese Besonderheiten zur Grundlage einer künstlerischen Sprache werden zu lassen und 3. auf diese Weise einen entscheidenden Beitrag zu einer Nationalliteratur zu leisten.

Der Regionalismus richtete sich also seit jeher sowohl gegen eine innere, von den Metropolen des Südostens, wie auch gegen eine äußere, von der europäischen Literatur ausgehende Überfremdung.[25] Mit der qualitativen Veränderung des Verhältnisses zwischen dem Nordosten und den industriellen Zentren des Landes seit den 60er Jahren hat auch der Regionalismus eine neue Qualität angenommen. Der Nordosten war bis in die Mitte dieses Jahrhunderts eine relativ eigenständige Region, mit ihren inneren Widersprüchen und Konflikten (besonders die sozialen Konflikte zwischen dem Großgrund-

---

23   Cf. Béatrice Ziegler, "Adonias Filho", in W. Eitel (Hg.), *Lateinamerikanische Literatur der Gegenwart in Einzeldarstellungen*, Stuttgart 1978, S. 134 - 145.

24   Es erschienen u. a. Übersetzungen ins Amerikanische, ins Französische und ins Deutsche.

25   Franklin Távora begründet die 'preeminência do Norte' als 'mais brasileiro' wie folgt: "onde abundam os elementos para a formação de uma literatura propriamente brasileira, filha da terra. A razão é óbvia: o Norte ainda não foi invadido como está sendo o Sul de dia em dia pelo estrangeiro" (zitiert nach Antônio Cândido, op. cit., S. 299 - 300).

besitz und den besitzlosen Landarbeitern, aber auch das Problem des Niedergangs der traditionellen Landwirtschaft (vgl. *Fogo morto* von José Lins do Rego).[26] Durch das Modernisierungs- und Industrialisierungsprogramm mit Hilfe internationalen Kapitals, wie es besonders seit 1964 durch die Militärregierung vorangetrieben wurde, verlagerten sich die Widersprüche zwischen einer traditionalistischen agrarischen und einer modernen rationalen und technokratischen Gesellschaft zum einen in den Nordosten selbst hinein, zum anderen, aufgrund der hohen Abwanderung, in die industriellen Zentren des Südens. Es fand eine wechselseitige Durchdringung statt, die aufgrund des unausgeglichenen Machtverhältnisses eindeutig zuungunsten des Nordostens ausging. Kulturelle Ausdrucksformen, Lebensgewohnheiten, die Mentalität und Denkweise der ländlichen Bevölkerung werden in dieser Konfrontation in Frage gestellt und zu einer Anpassung und Unterwerfung unter die für den industriellen Fortschritt benötigten Verhaltensstrategien gezwungen. Die daraus entstehenden sozialen und psychischen Konflikte sind eines der wichtigsten Themen des neuen Regionalismus. Mit dem Scheitern des Modernisierungsprogramms der Militärs und der nationalen und internationalen Großindustrie in den 70er Jahren, als auch in den Zentren unübersehbar wird, mit welchem Preis dieser Fortschritt erkauft wurde, als selbst die Lebensbedingungen der Mittelklasse sich verschlechtern, macht auch dort die Fortschrittseuphorie einer tiefen Skepsis und einer Kritik an dieser vehementen Industrialisierung und Modernisierung Platz.[27] Damit aber hat die Problematik des Nordostens keinen bloß regionalen und schon gar nicht einen provinziellen und partikularen Charakter, sondern verweist auf einen der zentralen Widersprüche des gesamten Landes, ja, als "Nord-Süd-Konflikt" benannt, auf einen der großen Widersprüche der gesamten westlichen Welt. Mário de Andrade konnte in seinem Roman *Macunaíma* noch Elemente einer phantastischen Verschmelzung von mythischer und technischer Welt entwerfen und darin einen Zug des brasilianischen Nationalcharakters sehen. Dieser dialektische Aspekt einer emanzipierenden Kraft der Technik ist in den Texten heute nicht mehr zu entdecken.

Die wechselseitige Durchdringung sowohl in den Metropolen des Südens durch die Präsenz der Migranten, als auch im Nordosten durch den Einbruch der modernen technischen Welt, führt nicht zu einer Verschmelzung gegensätzlicher Mentalitäten und Kulturen, sondern zu einer Konfrontation. Der entstandene Zweifel am technischen Fortschritt, die aufkommende Verunsi-

---

26 Diese sozialen Konflikte erscheinen bis dahin auch noch auf traditionelle Weise durch perfektionierte Naturbeherrschung (Bekämpfung der Trockenheit, modernisierte Anbaumethoden) und allgemeine Aufklärung und Bildung bewältigbar.

27 Cf. Ignácio de Loyola Brandão, *Não verás país nenhum*, Rio de Janeiro 1982.

cherung gegenüber der Politik des Militärs - dort, wo ihr nicht von Anfang an mit rückhaltsloser Ablehnung begegnet worden war - lassen dem Nordosten im Prozeß der nationalen Identitätssuche eine neue Rolle zukommen. Gleichzeitig werden die sozialen Widersprüche des Nordostens dort selbst nicht mehr vorwiegend als regionale Probleme gesehen, sonders sie werden in einen nationalen und internationalen Zusammenhang gestellt. Die Gewißheit wiederum, daß die regionalen Konflikte nicht selbstverschuldet sind, daß sie nicht ihren Ursprung in einer 'Unterentwicklung' haben, sondern daß sie - zu beträchtlichem Teil jedenfalls - durch diese Konfrontation, durch den inneren Kolonialismus (u.U. die Verlängerung eines äußeren) provoziert wurden, erhöhte das kulturelle Selbstbewußtsein und das kulturelle Selbstwertgefühl der Region. Analphabetentum wird nicht mehr nur als Defizit verstanden, sondern auch als Bedingung einer oralen Kultur, die durch den Modernisierungsprozeß bedroht ist. Die aus dieser oralen Kultur lebenden Erzähltraditionen werden in den literarischen Diskurs integriert, am konsequentesten in Ariano Suassunas *A Pedra do reino* (1970). Es ist diese Erzählweise, die ein hohes Maß der literarischen Attraktivität des neuen Regionalismus ausmacht. Ihr hervorstechendstes Merkmal ist ein von der technischen-rationalen und damit kapitalistischen Welt unterschiedenes Wirklichkeitsverhältnis. Das Erzählen verweigert die Unterordnung unter die äußere Welt der Fakten und der materiellen Wirklichkeit. Ist es ein Merkmal der Welt des technischen Fortschritts und der Rationalität, die in Descartes ihre erste umfassende philosophische Theorie erhielt, daß die sprachliche Symbolisierung sich durch den Bezug auf eine vorsprachliche Wirklichkeit legitimieren muß,[28] so bedarf die orale Erzähltradition keiner solchen Legitimation. Sprachliche Symbolisierung schafft gesellschaftliche Wirklichkeit und ist ihr nicht nachgeordnet. Das aber gibt der oralen Rede und Erzählung diese Selbstgewißheit, wie sie

---

28 Jürgen Habermas beschreibt diesen Prozeß in seinem frühen Essay *Technik und Wissenschaft als 'Ideologie'*, Frankfurt 1968, S. 48 - 103. Er verweist dabei nochmals auf Max Weber, der mit dem Begriff Rationalisierung "den Versuch gemacht [hat], die Rückwirkung des wissenschaftlich-technischen Fortschritts auf den institutionellen Rahmen von Gesellschaften zu fassen, die in 'Modernisierung' begriffen sind" (S. 60). Gegen M. Weber führt er die "fundamentale Unterscheidung zwischen Arbeit und Interaktion" ein (S. 62). Arbeit ist *zweckrationales Handeln*, das sich technischen Regeln unterwirft und auf empirischem Wissen beruht (loc. cit.). Demgegenüber steht kommunikatives Handeln als symbolisch vermittelte Interaktion, die sich nach obligatorisch geltenden gesellschaftlichen Normen richtet. "Während die Geltung technischer Regeln und Strategien von der Gültigkeit empirisch wahrer oder analytisch richtiger Sätze abhängt, ist die Geltung gesellschaftlicher Normen allein in der Intersubjektivität der Verständigung über Intentionen begründet und durch die allgemeine Anerkennung von Obligationen gesichert" (op. cit., S. 63).

die Forschung aus den Beispielen der Sprüche, Zauberformeln, Beschwörungen kennt.[29]

Der Sprecher/Erzähler fühlt sich allein durch die Sprache als wirklichkeitsmächtig. Die Erzählung fließt aus einem Überfluß, ist unausschöpflich, wie die Welt selbst eine Welt des Überflusses ist: Nicht die Ökonomie der Knappheit, des Mangels bestimmt die Lebensstrategien, sondern eine Ökonomie des Überflusses.[30] Das Paradox ist offensichtlich: Wo es al-

---

29 André Jolles in: *Einfache Formen - Legende, Sage, Mythe, Rätsel, Spruch, Kasus, Memorabile, Märchen, Witz*, Tübingen 1982 (1. Aufl. 1930) führt den Mythos auf die *Frage* zurück: "Es ist etwas vorangegangen, und dieses Etwas war eine Frage, waren viele Fragen" (S. 97). Der Unsicherheit des Seins wird mit der mythischen Erzählung begegnet. "Diese Antwort ist so, daß keine weitere Frage gestellt werden kann" (loc. cit.). Die Ungewißheit weicht der Gewißheit, die sprachlich gesetzt wird.
Zur Bedeutung des sprachlichen Erfassens von Welt, zum Verhältnis von sprachlicher und vorsprachlicher Wirklichkeit cf. Hans Blumenberg: *Die Arbeit am Mythos*, Frankfurt 1979:
Was durch den Namen identifizierbar geworden ist, wird aus seiner Unvertrautheit durch die Metapher herausgehoben, durch das Erzählen von Geschichten erschlossen in dem, was es mit ihm auf sich hat. Panik und Erstarren als die beiden Extreme des Angstverhaltens lösen sich unter dem Schein kalkulierbarer Umgangsgrößen und geregelter Umgangsformen, auch wenn die Resultate der magischen und kultischen 'Gegenleistung' gelegentlich der Tendenz Hohn sprechen, an Gunst für den Menschen bei den Mächten zu gewinnen (S. 12).
Zur Behauptung vor der übermächtigen Wirklichkeit über Jahrtausende hinweg werden sich Geschichten, denen nicht von der Wirklichkeit widersprochen werden konnte, durchgesetzt haben (S. 13).
Dem Absolutismus der Wirklichkeit tritt der Absolutismus der Bilder und Wünsche entgegen" (S. 14). "Was bleibt, ist die Vorrichtung der Bilder gegen die Greuel, die Erhaltung des Subjekts durch seine Imagination gegen das unerschlossene Objekt (S. 16).
Erzählen gegen die Übermacht der Wirklichkeit, Erzählen gegen den Tod. Dazu Michel Foucault, "Das unendliche Sprechen", in *Schriften zur Literatur*, München 1974:
Schreiben, um nicht zu sterben, wie Blanchot sagte, oder vielleicht auch sprechen, um nicht zu sterben, ist wahrscheinlich eine Beschäftigung, die so alt ist wie das Wort. Die todbringendsten Entscheidungen bleiben für die Zeit ihrer Erzählung zwangsläufig in der Schwebe (S. 90).

30 Cf. Georges Bataille, *La part maudite*, précédé de "La notion de dépense", Paris 1967. Dieser Text, der wie ein Skandal wirken muß, wenn man von einem der ärmsten Gebiete der Erde, dem Nordosten, spricht, bewährt sich aber gerade auch in diesem Fall. Gegen die These der 'Knappheit', des 'Mangels' als Voraussetzung der traditionellen bürgerlichen Ökonomie schreibt Bataille:
Je partirai d'un fait élémentaire: l'organisme vivant, dans la situation que déterminent les jeux de l'énergie à la surface du globe, reçoit en principe plus

les gibt, irgendwo jedenfalls, wenn auch nicht gerade hier und jetzt, wo man immer Zeit hat, dort herrscht der reale Mangel, und in der westlichen Welt der Knappheit, besonders der Zeitknappheit, regiert der Überfluß (an dem allerdings nur Teil hat, wer sich dem Gesetz des Mangels unterwirft). Diese Seinsgewißheit ist aus einem Erzählen herauszuhören/herauszulesen, das sich nicht an und in der Wirklichkeit zu legitimieren hat, da diese Wirklichkeit allumfassend, im Überfluß zuhanden, alles möglich sein läßt.

Eine solche Tradition des Erzählens, ist die Voraussetzung für die Texte eines João Ubaldo Ribeiro, eines Antônio Torres, die sich über die neuen kapitalistischen Wirklichkeiten hinwegsetzten oder halsbrecherisch dagegen anschreiben. Was sonst könnte die Grundlage sein, dem objektiven Prozeß von Entwicklung und Fortschritt, der den gesamten Nordosten in seinen Sog gezogen hat, literarisch in der Art zu begegnen wie João Ubaldo Ribeiro: ein von Größenwahn und Brutalität besessener Revolvermann, Leibwächter, Unteroffizier, der sich in einem manischen Monolog gegen den Untergang seiner Welt und seiner Weltvorstellungen zu wehren versucht und der selbst gegen den Tod noch mit letzter Kraft anschreit. Oder in *Vila Real*, wo Argemiro und seine Leute als Repräsentanten einer mystischen Sozialutopie der "caravana misteriosa", diesem kapitalistischen Landnahme- und Ausbeutungsprojekt, und der Aggression der Großgrundbesitzer trotzen. Ähnlich

---

d'énergie qu'il n'est nécessaire au maintien de la vie: l'énergie (la richesse) excédante peut être utilisée à la croissance d'un système (par exemple d'un organisme); si le système ne peut plus croître, ou si l'excédent ne peut en entier être absorbé dans sa croissance, il faut nécessairement le perdre sans profit, le dépenser, volontiers ou non, glorieusement ou sinon de façon catastrophique (S. 60).

Das Problem der menschlichen Gesellschaft und darüber hinaus sämtlicher lebender Systeme, nach bataille, ist also nicht die Knappheit, sondern der Überschuß an Energie. Daraus resultiert das Problem der Verausgabung: "Ce n'est pas la nécessité mais son contraire, le 'luxe', qui pose à la matière vivante et à l'homme leurs problèmes fondamentaux" (im Original kursiv) (S. 52).

[...] La consommation doit être divisée en deux parts distinctes. La première, réductible, est représentée par l'usage du minimum nécessaire, pour les individus d'une société donnée, à la conservation de la vie et à la continuation de l'activité productive: il s'agit donc simplement de la condition fondamentale de cette dernière. La seconde part est représentée par les dépenses dites improductives: le luxe, les deuils, les guerres, les cultes, les constructions de monuments somptuaires, les jeux, les spectacles, les arts, l'activité sexuelle perverse (c'est-à-dire détournée de la finalité génitale) représentant autant d'activités qui, tout au moins dans les conditions primitives, ont leur fin en elles-mêmes (S. 26 - 27).

Wieviele Beispiele sind zur Illustration dieser Aussage gerade aus Brasilien zu zitieren, und zwar aus allen gesellschaftlichen Bereichen, das umfassendste wahrscheinlich der Karneval selbst.

dann auch wieder in *Viva o povo brasileiro*: die Subgeschichte der Unterdrückten, der Schwarzen, Frauen, des afro-brasilianischen Kults wird zur eigentlichen Geschichte des brasilianischen Volkes erhoben.

Auf andere Weise die Geringschätzung des objektiv historischen Prozesses bei Antônio Torres: mit welcher Penetranz werden die Leidensgeschichten einzelner Individuen erzählt, die sicher exemplarischen Charakter haben, die aber doch vom Standpunkt eines das Land überziehenden Fortschritts nur als bedauerliche Unglücksfälle gesehen werden können. Mit welchem Recht werden alle objektiven Ereignisse des kapitalistischen Entwicklungsprozesses den Ängsten, Phantasien, Träumen, Monologen der Protagonisten untergeordnet?

Die erzählerische Tradition, die hier zum Tragen kommt, die sich eben nicht den Fakten und objektiven Ereignissen zu unterwerfen genötigt sieht, sondern die gegen alle Bedrohung ihre eigene Geschichte, ihre eigene Sicht der Welt erzählt, scheint mir die einer traditionalen, oralen Gesellschaft zu sein. Hier spürt der moderne Leser noch etwas von der verbalen Kraft und der Überzeugung des traditionellen Erzählers,[31] auch wenn diese Energie von neuen literarischen Formen aufgesogen wurde. Damit haben wir aber auch den zweiten wichtigen Grund aufgedeckt, weswegen diesem Regionalismus mehr als nur regionale Bedeutung zukommt: Nicht nur, daß die inhaltliche Thematik nicht auf das Regionale beschränkt ist, wenn sie auch von ihm ausgeht, auch das Erzählen selbst kann auf eine Tradition rekurrieren, von der bedeutende Impulse für die gegenwärtige brasilianische Literatur ausgehen.

In seinen Überlegungen zu einer Theorie des Erzählers verweist Walter Benjamin auf die Bedeutung der Erfahrung: "Erfahrung, die von Mund zu

---

31 In seinen Überlegungen zum Erzähler und zur Erzählung situiert Walter Benjamin diese in den "Kreis des Handwerks": "Die Erzählung, wie sie im Kreis des Handwerks - des bäuerlichen, des maritimen und dann des städtischen - lange gedeiht, ist selbst eine gleichsam handwerkliche Form der Mitteilung" (*Gesammelte Schriften*, Bd. II, S. 447). Das traditionelle orale Erzählen, auf das ich mich hier beziehe, wäre dieser Epoche noch vorgelagert. Es folgt nicht der bereits rationalen Logik der handwerklichen Tätigkeit, die sich letztlich der Naturgeschichte unterwirft, sondern es versucht sich gerade vom Bann dieser Naturgeschichte und vom Bann des auf diese antwortenden Mythos zu befreien und rückt damit bereits in die Nähe des Märchenerzählens, wozu wir bei Benjamin folgende Reflexion finden:

    Der erste wahre Erzähler ist und bleibt der von Märchen. [...] Das Märchen gibt uns Kunde von den frühesten Veranstaltungen, die die Menschheit getroffen hat, um den Alp, der den Mythos auf ihre Brust gelegt hatte, abzuschütteln. [...] Das Ratsamste, so hat das Märchen vor Zeiten die Menschheit gelehrt, und so lehrt es noch heute die Kinder, ist, den Gewalten der mythischen Welt mit List und mit Übermut zu begegnen (op. cit., S. 457 - 458).

Mund geht, ist die Quelle, aus der alle Erzähler geschöpft haben."[32] Erfahrung aber, die von einer sinnlichen Erfassung des Wirklichen ihren Ausgang nimmt, ist fragwürdig und trügerisch geworden. Brecht formuliert das einmal zusammenfassend:

> Die Lage wird dadurch so kompliziert, daß weniger denn je eine einfache 'Wiedergabe der Realität' etwas über die Realität aussagt. Eine Photographie der Kruppwerke oder der AEG ergibt beinahe nichts über diese Institute. Die eigentliche Realität ist in die Funktionale gerutscht. Die Verdinglichung der menschlichen Beziehungen, also etwa die Fabrik, gibt die letzteren nicht mehr heraus. [...] Denn auch wer von der Realität nur das von ihr Erlebbare gibt, gibt sie selbst nicht wieder.[33]

Erlebnis und selbst Erfahrung, die auf einer Summe von Erlebnissen und deren intellektueller Bearbeitung beruht, geben keinen verläßlichen Aufschluß über die gesellschaftliche Wirklichkeit, die sie hervorbrachte. Hinzu kommt, daß diese Wirklichkeit in ihrer Übermächtigkeit und Komplexität sich der Erfahrbarkeit des vereinzelten Subjekts entzieht, sich ihm auch deshalb entzieht, weil ihm nicht die Sprache zur Verfügung steht, die die Versprachlichung des Erfahrenen erlaubte. W. Benjamin weist darauf hin und erinnert an die Situation nach dem ersten Weltkrieg:

> Mit dem Weltkrieg begann ein Vorgang offenkundig zu werden, der seither nicht zum Stillstand gekommen ist. Hatte man nicht bei Kriegsende bemerkt, daß die Leute verstummt aus dem Felde kamen? nicht reicher - ärmer an mitteilbarer Erfahrung. [...] Denn nie sind Erfahrungen gründlicher Lügen gestraft worden als die strategischen durch den Stellungskrieg, die wirtschaftlichen durch die Inflation, die körperlichen durch die Materialschlacht, die sittlichen durch die Machthaber.[34]

Die Schlachten, die im Nordosten geschlagen werden, sind keine kriegerischen, dennoch sind ihre Härte und vor allem die Zahl der Opfer vergleichbar. Und vom Verstummen der Betroffenen schreibt bereits Graciliano Ramos.[35] Das Thema gewinnt im neuen Regionalismus noch an Schärfe.

---

32 Op. cit., S. 440.
33 Bertold Brecht: "Der Dreigroschenprozeß", in *Gesammelte Werke*, Bd. 18, S. 161 f.
34 Walter Benjamin, op. cit., S. 439.
35 Cf. Graciliano Ramos: *Vidas Secas*, Rio de Janeiro/São Paulo [45]1980. Besonders das Kapitel "Cadeia": "Ele, Fabiano, um bruto, não contava nada" (S. 34). "Entäo mete-se um homem na cadeia porque ele não sabe falar direito?" (S. 36). "Na beira do rio haviam comido o papagaio, que não sabia falar [...] Fabiano também não sabia falar" (S. 36).

"A", in Antônio Torres' erstem Roman, *Um cão uivando para a lua*, sitzt in Rio de Janeiro in der Psychiatrie ein, weil der Widerspruch zwischen seinen eigenen Erfahrungen in und mit dem Nordosten, und dem, was er als Journalist darüber schreiben darf, jedenfalls dann, wenn er von seiner journalistischen Arbeit leben will, ihn psychisch krank gemacht hat:

> Toda a minha vida foi uma luta idiota pela percepção, apreensão e aceitação da realidade. Ao lutador, seu justo prêmio: uma camisa-de-força.[36]

Er verstummt, ähnlich wie der Junge, den er auf einer Reise entlang der Transamazônica getroffen hatte:

> Perguntei a um menino se ele estava na escola e ele disse que não, mexendo com a cabeça. Perguntei se o pai dele, ou a mãe, estavam ensinando o á-bê-cê para ele e a resposta foi a mesma. Sempre mexendo a cabeça. Nenhuma palavra.[37]

In Antônio Torres' drittem Roman, *Essa terra*, seinem zweiten mit einer explizit regionalistischen Thematik, verstummt der Protagonist, Nelo, gleich zu Beginn, endgültig. Nach 20 Jahren in São Paulo kommt er als gebrochener Mann in sein Heimatdorf, Junco, zurück. Die an ihn gestellten Erwartungen erdrücken ihn, ein intaktes familiäres oder dörfliches soziales Netz, das ihn stützen könnte, existiert nicht. So findet man ihn erhängt. In *Carta ao bispo*, Antonio Torres' viertem Roman (allerdings erst nach *Adeus, velho* veröffentlicht), schreibt 'Gil' einen Abschiedsbrief an seinen Freund, den Bischof, bevor er zum Giftbecher greift, und Virinha in *Adeus, velho* führt einen verzweifelten Kampf gegen Verleumdung und Rufmord. An ihrer wahren Geschichte aber zeigt sich niemand interessiert. Die Arbeit des Autors in allen vier Fällen ist es, die Gründe für dieses Verstummen, für die Sprachlosigkeit oder für die Entstellung des Vorgefallenen (im Falle Virinhas) in einem langwierigen literarischen Prozeß, in einer archäologischen Freilegung der verschiedenen Schichten, aufzudecken. Der Prozeß folgt dabei tatsächlich dem Modell des archäologischen Verfahrens: Jedes einzelne der zutage geförderten Bruchstücke wäre banal, bedeutungslos, wüßten wir nicht schon aus den ersten Seiten der Romane, daß sie Voraussetzung für das fatale Ende sind. Ihre Signifikanz erhalten sie durch das, worauf sie hinauslaufen, Psychiatrie, Selbstmord, Gefängnis bzw. Rufmord. Die Erfahrungen zu versprachlichen, die unzugänglichen Versprachlichungen durch die literarische Konstruktion zu interpretieren, in den richtigen Zusammenhang zu setzen,

---

36 Antônio Torres: *Um cão uivando para a lua*, São Paulo [3]1982, S. 15.
37 Op. cit., S. 42.

daran arbeitet A. Torres. Immer wieder Sequenzen von Sprachfetzen, von Aneinanderreihungen verbloser Substantive, die auf die Sprachnot der Protagonisten verweisen, eine Sprachnot, die einem Erfahrungsnotstand entspricht:

> Viagem, viagens./ Eta, mundo, eta, chão. Chão de asfalto, cascalho, pedra, pau, poeira e lama. Arranca-toco. Chão dos pés, dos meus e dos teus pés [...].[38]

Auch bei João Ubaldo Ribeiro ist die Sprachnot, das drohende Verstummen, ein immer wieder aufgegriffenes Motiv. Von *Sargento Getúlio* war bereits die Rede: Die Kugeln der Regierungstruppen bringen am Ende seinen Redestrom, dieses wahnsinnige Aufbegehren, zum Verstummen. In *Vila Real* fehlen Argemiro die Worte, um sein Recht und das seiner Leute gegen die Eindringlinge zu verteidigen, die sie von ihrem Land vertreiben:

> Argemiro logo chegou a imaginar que poderia também ele conversar com os homens da Caravana Misteriosa, mas achou que, se o padre, cujo conhecimento ia além do de todos os homens, não pudera convencê-los, muito menos faria ele, que não sabia muito das palavras de que iria necessitar, palavras que eram névoas e caroços por dentro do que via.[39]

Oder:

> Argemiro achou-se tonto mais uma vez e de novo teve vergonha de si mesmo, porque não sabia como chamar o homem de mentiroso e se via na falta das palavras.

Daß ihm das Reden dennoch gelingt, liegt daran, daß er von der Situation und den realen Umständen abstrahiert und sich in seiner Vorstellung in eine vertraute Situation versetzt:

> Olhando para cima e respirando fundo, no entanto, pôde falar como se tivesse decorado alguma coisa remota ensinada, uma voz de flauta lhe assoprando nos ouvidos, faces de amigos e parentes, sorrisos no passado [...].[40]

Aber die drastischste Szene findet sich wohl in *Viva o povo brasileiro*; die Ursache des Verstummens ist eine Verstümmelung und ihr Grund die Wahrung der Macht:

---

38   Antônio Torres: *Carta ao bispo*, São Paulo ²1983, S. 74.
39   João Ubaldo Ribeiro: *Vila Real*, Rio de Janeiro 1979, S. 29.
40   Op. cit., S. 36.

Fiz-lhe cortar a língua, simplesmente o suficiente para que possa continuar a comer a comida que não merece que lhe dê e para que não se entendam as patranhas que, tenho certeza, ainda contaria se pudesse.[41]

Perilo Ambrósio, der zum Barão von Pirapuama für seine Heldentaten im Unabhängigkeitskrieg geadelt worden war (S. 31), hat seinem Sklaven Feliciano ein Stück der Zunge abschneiden bzw., wie wir an anderer Stelle erfahren, die Zunge ganz herausschneiden lassen, um zu verhindern, daß er erzähle, wie es um seine Heldentaten wirklich bestellt sei. Die wahre Rede wird unterdrückt, zum Verstummen gebracht, wird von der Rede verdrängt, die die Wahrheit verdeckt und verschweigt. Das jedenfalls gilt, wenn es sich um das Verhältnis von Beherrschenden und Beherrschten, von Herr und Sklave handelt. Vevés Vergewaltigung geschieht in Perilo Ambrósios Imagination ohne ein Wort: "E finalmente pegando a negrinha Vevé e sem dizer uma palavra, atirá-la à cama [...]".[42] Aber auch die geheimnisvolle "Irmandade", Rächerin der Unterdrückten, diese geheimnisvolle unfaßbare Organisation, handelt ohne zu sprechen:

> [...] essa Irmandade talvez esteja se fundando, talvez não esteja, talvez tenha sido fundada para sempre e para sempre persista, talvez seja tudo mentira, talvez seja a verdade mais patente e por isso mesmo invisível, porém não se sabendo, porque essa Irmandade, se bem que mate e morra, não fala.[43]

Wahres Sprechen ist nur zwischen gleichen möglich unter der Bedingung der wechselseitigen Anerkennung. Solange diese Bedingung nicht erfüllt ist, muß wahre Rede verstummen. Das literarische Paradox, dem sich alle hier erwähnten Texte stellen, ist, von diesem Verstummen zu erzählen. Dahinter steht das kulturelle und soziologische Paradox, daß die Erzählleidenschaft einer traditionellen Gesellschaft und ihre aus der oralen Überlieferung stammende Lust des Erzählens mit einer neuen sozialen Wirklichkeit konfrontiert ist, die auf vielfache Weise Erzählen unmöglich macht, da die in ihr gemachten Erfahrungen in den überlieferten Formen, in der überlieferten Sprache keinen oder nur einen unzureichenden Ausdruck finden. Gerade dieser Konflikt aber ist zu einem der produktivsten und fruchtbarsten Themen des neuen Regionalismus geworden.

Hierin auch liegen seine Chancen: Bei aller Realistik und mimetischen Anstrengungen zeichnet ihn eine Hinwendung zur Sprache aus, denn:

---

41 João Ubaldo Ribeiro: *Viva o povo brasileiro*, Rio de Janeiro 1984, S. 113, cf. S. 157.
42 Op. cit., S. 91.
43 Op. cit., S. 212.

Das besondere Merkmal für Dichtung - lesen wir bei Roman Jakobson - liegt in der Tatsache, daß ein Wort als Wort wahrgenommen wird und nicht bloß als Stellvertreter für ein bezeichnetes Objekt oder für einen Gefühlsausbruch, daß Worte und ihre Anordnung, ihre Bedeutung, ihre äußere und innere Form eigenes Gewicht und eigenen Wert erlangen.[44]

Die Lust an der Sprache, die Lust an den Worten ist aus allen Texten herauszulesen: die Kraft und literarische Unverbrauchtheit regionaler Namen, Ausdrücke und Sprachbilder, die gelegentliche Aufnahme gesprochener Sprache, und ihrer phonetischen Eigenheiten, die gleichsam als sprachliches Dokument wirken, das sich Unterwerfen unter subjektive Assoziationen und Gedankensprünge.

Dennoch sind es keine gesprochenen und keine erzählten Texte. Sprechsprache, Bruchstücke aus Erzähltexten, innere Monologe, Erinnerungen nehmen dokumentarischen Charakter an. Sie heben nicht die Künstlichkeit im Sinne des Artefakts des Romans auf, sie sind vielmehr integriert in die literarische Konstruktion. Die Vertrautheit des traditionellen Erzählers mit der Welt teilen diese Texte nicht. Ganz im Gegenteil: Sie zeigen immer wieder, wie wenig Sprechen und Erzählen diese Welt noch begreifen kann. Auch darauf hat bereits W. Benjamin hingewiesen, wie wenig der Roman aufgrund seines besonderen Weltverhältnisses mit der mündlichen Tradition zu tun hat, wenngleich er Elemente aus ihr einbezieht.[45] Wie sehr der Roman jedoch gleichzeitig die wirkliche Sprache nötig hat, davon wußte der ebenfalls von Benjamin zitierte Alfred Döblin zu berichten: "Das Buch ist der Tod der wirklichen Sprachen. Dem Epiker, der nur schreibt, entgehen die wichtigsten formbildenden Kräfte der Sprache."[46] Es ist diese Verbindung von sozialem Bewußtsein und sprachlicher Ausdruckskraft und Kreativität, die den neuen Regionalismus, vor allem bei den beiden Autoren Antônio Torres und João Ubaldo Ribeiro, zu einer der bedeutendsten literarischen Strömungen in der brasilianischen Literatur nach 1964 werden ließ.

Ist Sprache selbst eines der hervortretenden Themen der hier untersuchten Texte, so ist das andere, mit dem ersten vielfach verschränkt und verwoben,

---

44 Roman Jakobson, zitiert nach Victor Erlich: *Russischer Formalismus*, Frankfurt 1973, S. 202.

45 "Das mündlich Tradierbare, das Gut der Epik, ist von anderer Beschaffenheit als das, was den Bestand des Romans ausmacht. Es hebt den Roman gegen alle übrigen Formen der Prosa - Märchen, Sage, Sprichwort, Schwank - ab, daß er aus mündlicher Tradition weder kommt noch in sie eingeht. Vor allem aber gegen das Erzählen, das in der Prosa das epische Wesen am reinsten darstellt" (Walter Benjamin: *Gesammelte Schriften*, Bd. II, S. 231).

46 Loc. cit.

das von Sexualität und Tod. Tod als das äußerliche Extrem von Unterdrückung und Entfremdung, als letztes Resultat von Herrschaft. Selten ist das wohl anschaulicher beschrieben worden als im Schicksal Inocêncios, dem Sklavengefährten von Feliciano, der sein Wissen um die Wahrheit mit seiner Zunge bezahlte. Die Wahrheit nämlich, daß das Blut der heldenhaften Verwundung Perilo Ambrósios nicht dessen eigenes war, sondern daß er es seinem Sklaven Inocêncio abgezapft hatte, der diese 'Heldentat' mit seinem Leben bezahlte. Eine sinnfälligere Episode, wie das Blut der Unterdrückten die Herrschaft ihrer Peiniger erhält und festigt, ist wohl schwerlich zu erfinden. So sind gleich zu Beginn des Aufstiegs von Perilo Anbrósio die beiden Instanzen bezeichnet, auf deren Unterdrückung Herrschaft sich gründet: das Symbolische und das Imaginäre,[47] die Sprache und das Blut.

Ist der Tod, die Vernichtung des anderen in seiner Selbständigkeit, das (unausgesprochene) Ziel von Herrschaft, so ist die Energie, die immer aber auch gegen sie aufbegehrt, die Libido, die libidinöse Sexualität. Unterdrückung, Vernichtung, Pervertierung von Sexualität ist deshalb das Ziel und die Voraussetzung jeglicher Herrschaft. Die Dialektik von Herrschaft und Knechtschaft hat ihren Umschlagpunkt in der Liebe und, da diese spätestens mit Freud nicht mehr von Sexualität zu trennen ist, in der Sexualität, dem Grund allen Begehrens und Aufbegehrens. Diese Thematik in den literarischen Diskurs aufzunehmen, ist wohl die entscheidendste Erweiterung des 'neuen Regionalismus' gegenüber dem Regionalismus des *romance de trinta*. Alle hier näher in Betracht gezogenen Texte kreisen um den Tod, haben den Tod als Anfangs- und/oder Endpunkt,[48] wie auch sämtliche Texte die Sexualität als dessen Gegenpol markieren.[49]

---

47   Perilo Ambrósio nimmt in seinem Bericht an den Leutnant der brasilianischen Truppen eine willkürliche "Verschiebung" vor, indem er behauptet, anstatt im Schatten gelegen, an einem Kampf teilgenommen zu haben (S. 25). Gleichzeitig 'verdichtet' er seine Erzählung durch den 'Beweis' seiner Verwundung, den blutdurchtränkten Verband am Arm. Somit werden von ihm scheinbar beide Ebenen beherrscht, die sprachliche und die imaginäre, obwohl er in beiden Fällen, wie der Text belegt, unmittelbar von seinen Sklaven abhängig ist: Die Sklaven haben die besseren Augen, um die Heranrückenden zu identifizieren (S. 23), und Inocêncio muß mit seinem Blut für den Wahrheitsbeweis sorgen. Zu den von Jacques Lacan eingeführten Begriffen des "Symbolischen" und des "Imaginären" siehe: J. Laplanche/U.-B. Pontalis: *Das Vokabular der Psychoanalyse*, Frankfurt 1973, und Samuel M. Weber: "Das Subjekt als 'fader': Zum Imaginären und Symbolischen", in: *Rückkehr zu Freud*, Frankfurt/Berlin/Wien 1978.

48   Noch am wenigsten ausgeprägt ist das in A. Torres' *Um cão uivando para a lua*, in dem der Protagonist 'A.' "nur" in einer Psychiatrie einsitzt, allerdings damit auch distanziert von seinem normalen Leben, gewissermaßen "tot" für die ande-

Sargento Getúlios Monolog setzt ein mit seiner Angst vor Sexualität:

> A gota serena é assim, não é fixe (sic!). Deixar, se transforma-se (sic!) em gancho e se degenera em outras mazelas, de sorte que é se precatar contra mulheres de viagem.[50]

Repräsentant der Sexualität ist die Frau und sie bedroht den Macho, sie nimmt ihm seine Stärke, sie macht ihn schwach, krank, bringt sein phallisches 'Ich' in Gefahr:

> Getulio Santos Bezerra eu me chamo [...] Corro, berro, atiro melhor e bato melhor e tenho catorze balas no corpo e corto cabeça e mato qualquer coisa e ninguém me mata. E não tenho medo de alma, não tenho medo de papafigo, não tenho medo de lobisomem, não tenho medo de escuridão, não tenho medo de inferno, não tenho medo de zorra de peste nenhuma.[51]

Diese Stärke und Furchtlosigkeit verschwinden vor der Frau und weicht einer Sentimentalität und Gefühlsintensität, besonders noch, wenn sie für den Mann nicht nur Repräsentantin des unmittelbaren Sexus, sondern des Lebens selbst wird:

> Ela estava de barriga na ocasião. Eu alisava a barriga quando tinha tempo, quando vinha um sossego, quando quentava, quando deitava, quando estava neblina, quando aquietava [...] O barrigão me trazia satisfação [...].[52]

---

ren. *Essa terra* und *Carta ao bispo* nehmen ihren Ausgang von einem Selbstmord bzw. einem Selbstmordversuch, und der Tod des alten Vaters in *Adeus, velho* ist das Resultat der mit den Ereignissen um seine Tochter verknüpften Aufregung. Die Phantasien Sargento Getúlios im gleichnamigen Roman kreisen beständig um Tod, Töten, Getötetwerden: "A coisa que mais tem é morte, e o mais certo que tem. Desde que nasce começa a morrer" (S. 37). Und Argemiros mystisches Weltbild erfüllt sich in einer "Leben-Tod-Dialektik": "E sei que levo este povo à morte, como sabem todos, mas somente levando à morte poderei levar à vida" (S. 166). In *Viva o povo brasileiro* sind die Sterbeszenen von einer auffälligen Ausführlichkeit und Eindringlichkeit und markieren gleichzeitig wie in *Vila Real* den Umschlag zu neuem Leben: Der Tod Perilo Ambrósios (S. 200), der Tod Leléus (S. 369 ff.), der Tod Patrício Marcários (S. 654 ff.).

49 "Das Ziel des ersten (Eros) ist, immer größere Einheiten herauszustellen und so zu erhalten, also Bindung, das Ziel des anderen im Gegenteil, Zusammenhänge aufzulösen und so die Dinge zu zerstören. Beim Destruktionstrieb können wir daran denken, daß als sein letztes Zeil erscheint, das Lebende in den anorganischen Zustand zu überführen. Wir heißen ihn darum auch *Todestrieb*." Sigmund Freud: "Abriß der Psychoanalyse", in *Gesammelte Werke*, Bd. 17, S. 71.

50 J.U. Ribeiro, *Sargento Getúlio*, S. 9.
51 Op. cit., S. 85.
52 Op. cit., S. 38.

Diese Schwäche zu bekämpfen, findet oder erfindet Getúlio einen Vorwand, tatsächliche oder eingebildete Untreue der Frau, um damit die Vernichtung dieser anderen, ihm gefährlichen Realität, die Ermordung der Frau, zu rechtfertigen.

> A dor de corno, uma dor funda na caixa, uma coisa tirando a força de dentro. Nem sei. Uma mulher não é como um homen. O homen vai lá e se despeja. A mulher recebe o caldo de outro. Que fica lá dentro, se mistura com ela. Então não é a mesma mulher. E também tem que se abrir. E quando se abre assim, se escanchela e mostra tudo, qual é o segredo que tem?[53]

Diese Vermischung,[54] die die Aufgabe des eigenen festumgrenzten Ichs bedeutet, kann Getúlio nur für Augenblicke zulassen, in den Augenblicken, da ihn das sexuelle Verlangen überkommt: Doch im gleichen Moment produziert die Angst vor der eigenen Auflösung, vor dem Verlust der phallischen Unabhängigkeit sadistische Aggressionen, die die Frau zerstört und die eigenen Ichgrenzen wieder herstellt:

> Os olhos me perturba, isso é verdade, porque é uns olhos lustrosos e grandes e uns olhos muito devagar, que me olha fundo. Ou me passeia em cima, quase engordurando, dá para sentir. Na hora mesmo não porque na hora dá vontade de lascar, [...] tenho vontade de dar umas porradas e perguntando a ela você quer umas porradas minha filha e ela dizendo bate nela, bata nela que ela é sua. Me mate, ela dizendo.[55]

Die bedrohte Männlichkeit rächt sich durch den realen oder imaginierten Tod der Frau und stellt damit ihre Unversehrtheit wieder her:

> [...] não disse nada e, na hora que enfiei o ferro, fechei os olhos. Nem gemeu. Caiu lá, com a mão na barriga [...] Fico assim no mundo. A mulher do homen é ele mesmo, tirante as de quando em vez, uma coisa ou outra, somente para aliviar, uma descarga havendo precisão. Minha mulher sou eu e meu filho sou eu e eu sou eu.[56]

---

53   Op. cit., S. 38.
54   Zu Vermischung cf. Klaus Theweleit: *Männerphantasien*, Bd. 1, "Der Körper als Schmutz", Frankfurt 1977, S. 521 - 547.
55   Op. cit., S. 109. Auf die gleichzeitig thematisierte Identifikation der Frau mit dem Aggressor soll hier nicht eingegangen werden. Sie ist die einzige Möglichkeit einer imaginierten Teilhabe an der Macht.
56   Op. cit., S. 39.

Die gleiche Verstrickung von sexuellem Begehren, Angst vor der weiblichen, verzehrenden Sinnlichkeit und dem daraus resultierenden Umschlag in sadistische Aggressionen kennzeichnet Perilo Ambrósio:

> [...] depois de penetrá-la até encostar os ossos dela em suas banhas, [...] como quem trespassa, como quem empala, como quem gostaria de que a mulher fosse inteiramente atravessada e morresse com as vísceras destroçadas, morresse bem no instante em que, quase sem precisar fazer mais um gesto sequer, gozasse dentro dela, senhor completo, senhor completo [...].[57]

Die Herrschaft und die Männlichkeit können nur durch den symbolischen Tod der Sklaven und Frau erhalten werden. Sexualität ist zur physischen Entladung pervertiert, die in keinem Augenblick den anderen meint, sondern nur die eigene Omnipotenz beweisen soll:

> Sopesou os ovos, esboçou um meio sorriso e, fazendo uma expressão que sabia que jamais faria diante de qualquer pessoa, nem mesmo diante do espelho, começou a masturbar-se à janela, mal podendo conter a vontade de gritar e urrar, pois que se masturbava por tudo aquilo que era infinitamente seu, os negros, as negras, as outras pessoas, o mundo, o navio a vapor, as árvores, a escuridão, os animais e o próprio chão da fazenda.[58]

Diese Vernichtung des anderen, dieser reine Selbstbezug aber ist der Tod:

> [...] Perilo Ambrósio mergulhava a cabeça na escuridão de fora e, sem nada que lhe ocupasse a mente, tinha no rosto tanta maldade indiferente, tanta crueza e tanta ausência de bom sentimento que sua baba, se caísse, poderia matar as plantas rasteiras e sua vontade era apenas a vontade de que tudo existisse para si, a vontade que não se pode bem distinguir da morte.[59]

Dieser männlichen Sexualität der Unterdrückung und Herrschaft steht in *Viva o povo brasileiro* die weibliche Sexualität des Aufbegehrens und der Fruchtbarkeit gegenüber. Ihre Tradition setzt ein mit Vu, der Urmutter aller revoltierenden Frauengestalten, geht über Dadinha zu Vevé und weiter zu Dafé, beziehungsweise in der anderen Linie über Inácia zu Rufina und Rita Popó. Vu, Tochter des menschenfleischverzehrenden 'caboco' Capiroba, der, aller Versuche der Christianisierung und Zivilisierung sich widersetzend, im 17. Jahrhundert in die unwegsamen Sümpfe Itaparicas geflohen war und sich

---

57 J. U. Ribeiro: *Viva o povo brasileiro*, S. 91.
58 Op. cit., S. 90.
59 Op. cit., S. 92.

dort eine Herde weißer holländischer Gefangener zulegte, von deren Verzehr er und seine Angehörigen lebten, Vu also verführt/vergewaltigt einen dieser holländischen Gefangenen. Sexualität wird hier - obwohl auch wieder sehr einseitig, gewissermaßen genau das andere Extrem zur männlichen, zur Lust, die sich auch auf den anderen bezieht:

> [...] os lábios trêmulos, as mãos vibrando, o fôlego convulso, o sangue incandescente, o coração turbulento, quase sai voando por a princípio não saber como levar seu corpo todo, que partes dele levar, que parte dela encostar e apertar no holandês deitado e nu que ela agora mirava outra vez com um prazer quase insuportável [...].[60]

Hier trifft den anderen ein Blick, der nicht töten will, sondern der ihn, zumindest als Objekt der Lust, akzeptiert. Anstelle der wortlosen, gewalttätigen Unterwerfung eine die Körperlichkeit und die Sprache einbeziehende Begegnung:

> Passou então a volta-e-meia entrar no cercado, virar o holandês de barriga para cima e sentar nele com muitos sinais de felicidade, às vezes demorando-se de olhos fechados e oscilando levemente o tronco e os quadris, às vezes quase saltando como quem monta a galope, às vezes simplesmente enfiada e instalada, cuidando de um afazer ou outro e conversando.[61]

Das Aufbegehren der Töchter, Enkelinnen und Urenkelinnen Vus ist jeweils nur mit grausamster Gewalt zu brechen, bis in der Ururenkelin Dafé, Maria da Fé, die mythische weibliche Revolutionärin geboren wird, deren Freiheitswille und revolutionärer Geist nicht mehr zu unterdrücken ist. Und auch Dafé wird ihren Sohn, Lourenço, nach der Art von Noas Töchtern ohne Wissen des Vaters, Patrício Marcários, empfangen und zur Welt bringen.[62]

Grund für die historische Zuversicht João Ubaldo Ribeiros, die sich bereits in *Vila Real* abzeichnet und in *Viva o povo brasileiro* die bestimmende Tendenz des Buches ist, ist zum einen die konsequent entfaltete Dialektik von Herrschaft und Knechtschaft: Aus der größten Unterdrückung und Demütigung entspringt die revolutionärste Leidenschaft, aus Vevés Vergewalti-

---

60 Op. cit., S. 53.
61 Loc. cit.
62 Gleichzeitig kommt hier noch ein weiteres Motiv ins Spiel, auf dessen Bedeutung für die moderne brasilianische Literatur Silviano Santiago hinweist: die Negation des Vaters, "como transmissor da cultura, e da Família, como determinação da situação sócio-política do indivíduo". (*Vale quanto pesa*, Rio de Janeiro 1982, S. 32). Ein Motiv, das ebenso für Perilo Ambrósio gilt, der ja ebenfalls von seinem Vater verstoßen wurde (*Viva o povo brasileiro*, S. 23).

gung durch den Barão Perilo Ambrósio wird Dafé geboren, und der grausame Mord an der Mutter macht sie zur Revolutionärin. Die Dialektik des historischen Prozesses ist auf Seiten der Unterdrückten, so lange jedenfalls, wie sie Teil einer Gemeinschaft sind, die aufgrund einer mythisch-religiösen Einbindung aus sich die Kraft findet, gegen die sie entfremdende Unterdrückung und Herrschaft zu bestehen. Das ist in *Vila real* eine dialektische Naturmystik[63] und in *Viva o povo brasileiro* die Welt der afrikanischen Götter und Mysterien. Von hier aus erhellt sich auch im Nachhinein das fatale Schicksal Getúlios, der als 'Sargento' bereits an der Herrschaft teil hat, wenn auch nur auf der untersten Stufe, und somit aus jeder sozialen Geborgenheit entlassen ist.

Ob die dem sozialen Wandel und dem Modernisierungsprozeß unterworfene Region des Nordosten noch intakte Gemeinschaften kennt, die den historischen Optimismus João Ubaldo Ribeiros rechtfertigen, oder ob sie nicht vielmehr Opfer eines Entfremdungsprozesses geworden ist, der alle traditionellen Gemeinschaftsbezüge zerschlagen hat oder im Begriff ist zu zerschlagen, das ist eine Frage, die die Literaturwissenschaft nicht zu klären hat. Die Texte Antônio Torres', der hier als zweiter exemplarischer Autor des neuen Regionalismus angeführt ist, teilen diese Zuversicht nicht. Demnach kommt dort auch Sexualität eine andere Rolle zu als in den Romanen João Ubaldo Ribeiros. Sie wird zum Fluchtpunkt, zur letzten Instanz, in der das Individuum sein in Frage gestelltes Selbstbewußtsein wiederherzustellen sucht, zur Instanz aber auch, in der es endgültig und fatal zu treffen, zu zerstören ist. Als 'A' in *Um cão uivando para a lua* seiner Freundin Lila erzählt, unter welch ärmlichen und elenden Verhältnissen er seine Jugend verlebte, heißt es: "[...] ela se ajoelhou a meus pés e beijou meu pau. Foi uma dose forte demais."[64]

In den Schaltstellen der Geschichte kommt die Sexualität ins Spiel. So werden in *Essa terra* die Rückständigkeit und soziale Verelendung der Bevölkerung des Landesinneren immer auch durch ihre sexuelle Not, nie allein durch die materiellen Entbehrungen, charakterisiert. Die sexuelle Hilflosigkeit des Vaters zu Beginn der Ehe,[65] Ausgeliefertsein und Unterworfensein

---

63 "[...] que chegou aqui um homem, quando não havia tantos homens, e então olhou para o rio e o rio, sorrindo, lhe disse: eu me chamo Jupiau e reboou esse som pelas suas águas folgadas e agitou seus peixes de armadura pela superfície, os quais falaram: e nós somos os seus peixes" (S. 123). "O inimigo vai trazer uma porção de canhões roucos e trazer metralhadoras, mas temos que ser as formigas e as abelhas, nós temos que plantar as sementes de nós mesmos" (S. 138).

64 Antônio Torres: *Um cão uivando para a lua*, S. 42.

65 Antônio Torres: *Essa terra*, S. 54.

der Sexualität gegenüber, wie im Falle des verrückten Alcino, der seine Zuflucht in der Sodomie nimmt und gleichzeitig das Opfer des Spotts des gesamten Dorfes wird,[66] ähnlich wie der Fall des Homosexuellen, der das Objekt des dörflichen Sadismus wird.[67]

Das gleiche gilt für die Romane *Carta ao bispo* und *Adeus, velho*: Virinhas Emanzipationskampf ist unmittelbar mit direkter und indirekter sexueller Unterdrückung verbunden. Ihre erste, mißglückte Flucht aus dem heimatlichen Dorf, die sie mit ihrer sexuellen Gefügigkeit dem Lastwagenfahrer gegenüber bezahlen wollte, ihre Inhaftierung, die sie aufgrund eines ihr zugemuteten sexuellen Gewaltverbrechens (Mord und Kastration) über sich ergehen lassen muß. Sexuelle Gewalt ist auf solche unlösbare Weise mit der allgemeinen sozialen Verelendung verbunden, daß sie selbst dort noch gesehen wird, wo es sich um sie gar nicht handelt, wie es in *Adeus, velho* gleich zweimal geschieht: einmal die Verdächtigung gegen Virinha, die zu ihrer Inhaftierung führen und dann die Erinnerung des Barbesitzers aus ihrem Dorf: Auf einer Fahrt mit seiner epileptischen Tochter zu einem Arzt bekam diese einen Anfall. Als sie sie am Straßenrand niederlegten und sich fürsorglich über sie beugten, interpretierten Fahrer und Beifahrer eines vorbeikommenden Lastwagens diese Szene als Vergewaltigung und bedrohten die Helfer mit Pistolen.[68]

Die Tiefpunkte, Zusammenbrüche im Leben des Protagonisten von *Carta ao bispo*, Gil, versucht er selbst durch seine Besuche in Bordells und den Rückzug auf die unmittelbare Sexualität aufzufangen.[69] Daß dies keine Lösung ist, beweist die Konstruktion des Romans, ohne daß die Szenen noch moralisch vom Autor interpretiert zu werden brauchen. Die Einbeziehung der Sexualität als einem, wenn nicht dem zentralen Thema der 'conditio humana' in den literarischen Diskurs - auch hier die Anstrengung der Versprachlichung des Unaussprechlichen, oder der nur im zotenhaften Witz und moralischer Verurteilung angesprochenen Wirklichkeit - ist hier nochmals ein Beleg für die Kompromißlosigkeit und Radikalität der gegenwärtigen regionalistischen Literatur.

Vielleicht aber beweist diese Literatur auch etwas ganz anderes, und damit nehmen wir eine Reflexion vom Anfang über die Entwicklung des Regionalismus wieder auf: Daß nämlich die Trennung von Metropole und Region, von Zentrum und Peripherie in einer hoch technologisierten Gesellschaft immer obsoleter wird, ja daß dieser Trennung von jeher die Haltung

---

66 Op. cit., S. 28.
67 Op. cit., S. 38.
68 Antônio Torres: *Adeus velho*, S. 27.
69 Vgl. u. a. Antônio Torres: *Carta ao bispo*, S. 62 f., S. 95 f.

des Kulturzentrismus anhaftete und deshalb zum Diskurs der Macht gehört. Gleichzeitig aber belegt diese Literatur und insistiert darauf, daß trotz aller 'galaktischer Dorfverhältnisse' die einzelnen Regionen ihre Eigenart wahren und damit mit ihrer Literatur an einem universalen literarischen Diskurs teilhaben wollen/können/müssen.

Horst Nitschack

DER NEUE REGIONALISMUS: DER SÜDEN

Regionalismus als literarische Kategorie ist nicht als Qualitätsmerkmal zu verstehen oder mit Provinzialismus zu verwechseln. Als Beweis läßt sich auf das Beispiel der beiden brasilianischen Autoren hinweisen, die in der Vergangenheit die größte internationale Anerkennung gefunden haben und von denen jeder tief in seiner Region verwurzelt ist: Jorge Amado (geb. 1912) im Nordosten (Bahia) und Erico Veríssimo (1905 - 1976) im äußersten Süden, dem Land der Gaúchos,[1] dem Schauplatz eines internationalen Krieges und mehrerer Bürgerkriege[2] und dem Haupteinwanderungsgebiet europäischer Immigranten im letzten Drittel des 19. und zu Beginn des 20. Jahrhunderts.[3]

---

1 Zur Gestalt des "Gaúcho" und zur "Gaúcho-Literatur" in Brasilien Lothar F. Hessel: "Aspectos sociais e literários do gaúcho", in: *V Colóquio internacional de estudos luso-brasileiros*, Coimbra 1963; Actas, Vol. IV, Coimbra 1966, S. 9 - 35; Ligia C. Moares: *Regionalismo e modernismo*, São Paulo 1978; D. Toledo: "Regionalisme brésilien et littérature gauchesca", in: *Langues Néo-Lat.* 78, 2 (1984) S. 47 - 68.
Der Gaucho nimmt jedoch im kulturellen Identifikationsprozeß Brasiliens eine vergleichsweise unbedeutende Rolle ein, ganz anders als in Argentinien die Figuren eines Martin Fierro (José Hernandez) oder Don Segundo Sombra (Ricardo Güiraldes)

2 Krieg der Farrapos und Gründung der Republik Piratini unter Bento Gonçalves (1835 - 1844/45); der Paraguay-Krieg 1865 - 70; die "Revolução Federalista" 1893 - 95; Aufstände der Militärs in den Jahren 1924/25 und Teilnahme von Kontingenten aus dem Süden an der "Coluna Prestes"; die Bewegung der "Legalidade" 1961 unter dem damaligen Gouverneur von Rio Grande do Sul, Leonel Brizola.

3 Seit 1850 hatten sich etwa 1,5 Millionen Italiener und bis zum Ausbruch des Ersten Weltkrieges ca. 200.000 Deutsche im Süden Brasiliens niedergelassen. Cf. J. J. van den Besselaar: *Brasilien, Anspruch und Wirklichkeit*. Wiesbaden 1973, S. 158 und S. 162.

Als grundlegendes Kriterium für den Regionalismus mag gelten, daß in ihm die historische, soziale und kulturelle Entwicklung oder Situation der betreffenden Region thematisiert ist. Allerdings nicht nur als illustrative Kulisse, vor der sich dann ein allgemein menschliches Drama oder eine wie auch immer konstruierte Geschichte abspielt, sondern die regionalen Umstände müssen für die literarische Handlung selbst konstitutiv sein. Welche Alternativen und welche Vielfalt sich dabei ergeben, soll anhand von vier Autoren exemplarisch dargestellt werden: Josué Guimarães, Luiz Antônio de Assis Brasil, Moacyr Scliar und Antônio Carlos Resende.[4]

Auf zwei grundsätzliche Möglichkeiten des Umgangs mit regionalistischem Stoff treffen wir bei Josué Guimarães: In seiner nicht vollendeten Trilogie *A ferro e fogo* (Band 1: *Tempo de solidão*, 1972; Band 2: *Tempo de guerra*, 1973) beschreibt Josué Guimarães das Schicksal deutscher Einwanderer im 19. Jahrhundert bis zum Ende des Paraguay-Krieges (1864 - 1870). Das Romangeschehen folgt in einem linearen Nacheinander der Chronologie der Ereignisse, wobei sich gelegentlich unterschiedliche Schauplätze vermischen, d. h. gleichzeitig Geschehendes auch gleichzeitig erzählt wird und dem Leser die Aufgabe zufällt, die unterschiedlichen Handlungsstränge zu trennen.[5] Fiktion und objektive Fakten gehen ineinander über. Unter den deutschen Einwanderern finden sich die gegensätzlichsten Typen wie ein Herr Gründling, ein charakterloser Geschäftemacher, dann die Hauptgestalt, Frau Catarina Schneider, die den Mut und die Ausdauer dieser Emigranten verkörpert und der idealistische Major Heise. Die Ereignisse in dem Roman

---

In den drei südlichen Staaten Brasiliens, Paraná, Santa Catarina und Rio Grande do Sul sind etwa 10 bis 15 Prozent der Bevölkerung deutschstämmig. Cf. Käte Harms-Baltzer, *Die Nationalisierung der deutschen Einwanderer und ihrer Nachkommen in Brasilien als Problem der deutsch-brasilianischen Beziehungen 1930 - 1938*, Berlin 1970.

4   Die Autoren werden hier nicht mit ihrem Gesamtwerk vorgestellt, sondern mit den für diese Thematik repräsentativen Titeln. Luiz Antônio de Assis Brasil (geb. 1945): *Um quarto de légua em quadro*, Porto Alegre 1976; *A prole do corvo*, Porto Alegre 1978; *A bacia das almas*, Porto Alegre 1981. José Guimarães (1921 - 1986): *A ferro e fogo* (Romantrilogie, unvollendet) Bd. 1: *Tempo de solidão*, Rio de Janeiro 1972, Bd. 2: *Tempo de guerra*, Rio de Janeiro 1973; *Camilo Mortágua*, Porto Alegre 1980.
Antônio Carlos Resende (geb. 1929), *Pedro e Lia*, Porto Alegre 1981. Moacyr Scliar (geb. 1937): *O exército de um homem só*, Rio de Janeiro 1973; *O ciclo das águas*, Porto Alegre 1977, *Mês de cães danados*, Porto Alegre 1977; *Os voluntários*, Rio de Janeiro 1979; *O Centauro no Jardim*, Rio de Janeiro 1980; *A estranha nação de Rafael Mendes*, Porto Alegre 1983.

5   Cf. *Tempo de guerra*, S. 93 - 98: Die Geburt von Frau Catarinas jüngstem Sohn Jacob und die Teilnahme ihres ältesten Sohnes Philipp am Farrapo-Krieg unter dem Major Heise.

folgen schnell aufeinander, Schauplätze wechseln unaufhörlich, der Text selbst erzählt nicht in epischer Breite, sondern strahlt etwas von der Ruhelosigkeit und Ungewißheit dieser Epoche aus. Ein Ereignis löst das nächste ab, und die Einwanderer kämpfen mehr mit der Geschichte, die über sie hinwegrollt als mit den Widerwärtigkeiten der Natur. Wie in anderen Texten der Gegenwart[6] deckt hier Josué Guimarães ein Stück brasilianischer Subgeschichte auf, der Geschichte, die immer wieder von der offiziellen Geschichtsschreibung vergessen und verdrängt wird. Frau Catarina Schneider steht stellvertretend für viele Einwanderer, die die Kolonisierung und die Entwicklung des Landes vorangetrieben haben, ohne daß sie im teuto-integralistischen Ton der 30er Jahre zu einem Vorbild für die Nation stilisiert würde. Hier ist sicher auch ein großes Verdienst dieses Romans zu suchen: das Bild der deutschen Einwanderer von dem Negativ-Klischee, zu dem sie durch ihre integralistische Begeisterung in den 30er Jahren selbst beigetragen haben,[7] zu befreien.

Genauso im Süden angesiedelt, doch mit anderer historischer Perspektive und literarischer Technik, ist der Roman *Camilo Mortágua*. Es ist die Geschichte vom Verfall und Untergang der reichen Viehzüchterfamilie Mortágua, totes Wasser. Camilo Mortágua, völlig verarmt und vereinsamt, in einer heruntergekommenen Pension Porto Alegres lebend, geht in den Film 'Cäsar und Kleopatra'. Doch der reale Film ist von einem imaginären überblendet, und für Camilo läuft die Geschichte seiner Familie und seine eigene ab, bis zu dem Augenblick, da er sich - wie in einer endlosen Spiegelung - im Kino und seinen eigenen Film sehen sieht. In diesem Moment trifft ihn die verirrte Kugel einer zufällig zwischen einem Besucherpaar sich zutragenden Eifersuchtsszene und bereitet seinem Leben ein Ende, ohne daß sich die im Film abzeichnende Wende seines Schicksals tatsächlich noch realisieren könnte.

Der Abstieg dieser Viehzüchterfamilie, der über lange Zeit erfolgreiche Versuch Camilo Mortáguas, - er hatte die Zeichen der Zeit erkannt -, mit einer Baumaterialfirma den finanziellen und sozialen Standard der Familie zu halten und die dann doch über ihn hereinbrechende Deklassierung werden von dem Endpunkt her beschrieben. Der Leser weiß, Camilo ist vereinsamt und verarmt und die Spannung kann nur daher rühren zu erfahren, wie sich

---

6 Cf. Fernando Gabeira: *O que é isso, companheiro?* (1979); Alfredo Sirkis: *Os Carbonários* (1980); João Ubaldo Ribeiro: *Viva o povo brasileiro.* (1983), um nur einige, sehr unterschiedliche, dieser Texte zu nennen.

7 Vergleiche hierzu das Bild der deutschen Integralisten in *A bacia das almas* von Luiz Antônio de Assis Brasil. Allgemein zum Bild der Deutschen in der brasilianischen Literatur: Wolfgang Bader, "Entre a metafísica e o trabalho. Os alemães na literatura brasileira", in: *Humboldt*, Nr. 52, 1986, S. 49 - 59.

alles zugetragen hat. Wir treffen hier wieder auf eine literarische Technik, auf die wir bereits im Zusammenhang mit den Romanen von Antônio Torres hingewiesen haben und die wir noch mehrmals vorfinden werden: Von einem Punkt der Gegenwart, der gleichzeitig Endpunkt der Geschichte ist, wird die Vergangenheit aufgedeckt, freigelegt, die diesen Endpunkt zum Resultat hat.

Auch Luiz Antônio de Assis Brasil wählt in *Bacia das almas* diese Technik. Der Roman ist der letzte Band einer Trilogie über die Besiedelung des brasilianischen Südens: Band 1: *Um quarto de légua em quadro* und Band 2: *A prole do corvo*. Coronel Trajano, der unumschränkte und willkürliche Herrscher über Aguaclar, liegt im ersten Teil des Romans im Sterben. Diese Situation ist der Anlaß, um signifikante Ereignisse aus dem Leben der drei Söhne, die zur Beerdigung des Vaters heranreisen, bzw. der beiden Töchter, die den Todkranken pflegen, zu erzählen. Durch eine Reihe von 'flash-backs', die allerdings nicht durch die Erinnerung des sterbenden Coronels organisiert werden, sondern die sich aus der Erzähllogik begründen und aus der Absicht des Autors, die Geschichte dieser Familie zu erzählen, wird dann die Vergangenheit erhellt. Der Coronel Trajano erweist sich dabei als ebenso grausamer wie perverser Tyrann, der als einzigen Ratgeber den zwergwüchsigen Ribas akzeptiert und sich als großer Positivist und Comte-Verehrer aufspielt. Seine Söhne leiden jeder auf seine Art unter der väterlichen Unterdrückung: Luiz, der sich in der Wahl seiner Ehefrau gegen den Willen des Vaters aufgelehnt hat, bleibt dafür in dessen Herrschafts- und Amtsbereich impotent, eine Impotenz, die ihn nur im Hotel in Porto Alegre verläßt; Sergio ist homosexuell, sadistisch und pyroman veranlagt, und der dritte Bruder Gonçalo, ein lächerlicher und unbedeutender, aber dafür um so eifernderer Anhänger des "Integralismo". Wie zu erwarten, ist auch keine der beiden Töchter, Márcia und Laura, fähig, eine 'normale' Beziehung zu einem Mann einzugehen. Als im 2. Teil des Romans, nach dem Tod des Tyrannen, das Erbe verteilt werden soll, Anlaß, um in gleicher literarischer Technik wie im 1. Teil die Geschichten der Besitzungen und Ländereien zu erzählen, stellt sich heraus, daß keines der Kinder seinen Erbteil antreten will.

In dem Roman mischen sich historische Fakten (Ende des Ersten Weltkriegs, der integralistische Putschversuch in Rio, 1938) und ein phantastischer Realismus, der sich in seiner Kritik gegen das Willkürsystem des "Coronelismo" richtet, das bis heute nicht vollständig überwunden ist. Doch auch hier ist der Blick des Autors in die Vergangenheit gerichtet; was aus den Erben wird, nachdem auf der letzten Seite die Estância in Flammen aufgeht, aus diesen Erben, die eine Erbschaft nicht antreten wollen, die ihnen doch schon längst unauslöschbar auf den Leib gebrannt ist, läßt der Text gänzlich offen.

Mit Moacyr Jaime Scliar (geb. 1937), dem produktivsten der hier vorgestellten Autoren, begeben wir uns nach Porto Alegre. Porto Alegre selbst wird Handlungsort, nicht nur geographischer Hintergrund, wie in *Camilo Mortágua*. Porto Alegre und seine jüdischen Einwanderer, die Krämer, Händler, Geschäftsleute, Finanziers und Spekulanten. Es ist die 'conditio judaica', die seine Romane und Erzählungen immer wieder zum Gegenstand haben, von der Erzählung *O exército de um homem só* (1972) bis zu dem letzten hier berücksichtigten Roman, *A estranha nação de Rafael Mendes* (1983). Die Protagonisten sind in der Regel Söhne der unteren Mittelschicht, von jüdischen Einwanderern, die noch eine lebendige Erinnerung an ihr europäisches Herkunftsland haben und die der jüdischen Tradition noch ganz verbunden sind. Für die Jüngeren ist diese Vergangenheit nur noch in Geschichten und Anekdoten präsent, sie wird verkörpert durch ihre Eltern und deren mühseliges Leben in Enge und Bescheidenheit. Sie wollen von dieser Vergangenheit fliehen und werden doch alle wieder ganz unverhofft von ihr eingeholt: Mayer Guinzburg in *O exército de um homem só* gründet mit jugendlichen Altersgenossen eine sozialistische Kommune, Karl Marx und Rosa Luxemburg zitierend, die sich nach der ersten Nacht wieder auflöst, später verläßt er Frau und Kind, um seine Vorstellungen und Träume einer besseren und gerechteren Welt zusammen mit den "Genossen" Schwein und Huhn zu verwirklichen, bricht auch diesen Versuch ab und wendet sich der Geschäftswelt zu, gründet kapitalistische Firmen im sozialistischen Geist und hat damit Erfolg. Doch eine Auseinandersetzung mit seinem Geschäftspartner wirft ihn auch aus dieser Bahn, und unterdessen gealtert, wird er in einem Altersheim untergebracht, wo er seine Mitbewohner zu seiner letzten Revolte anstiftet.

So phantastisch diese Geschichte im Ganzen ist, so realistisch ist sie in vielen Details. Mayer Guinzburg kann sich nie mit dem Bestehenden und den gesetzten Grenzen abfinden, ob er im Elternhaus darauf besteht, Schweinefleisch zu essen oder ob er - und damit sind wir bei der Anfangsszene des Buches - als Toter mit seiner Bahre sich selbständig macht und auf den Fluten des Guaíba davonschwimmt. So sehr Mayer Guinzburg sich auch gegen sein Elternhaus wehrt, ein Jude bleibt er doch sein ganzes Leben lang. "A condição judaica. Você não se livra dela. Começa que está estampada na carne: a marca da circuncisão. Somos *diferentes*. Nem melhores, nem piores: diferentes. Muitas vezes amaldiçoei o destino que me fez judeu", sagt Moacyr Scliar in einem Gespräch mit Edla van Steen.[8] Ob hiervon eine Befreiung möglich oder nötig ist im Sinne des Marxschen Diktums, daß die

---

8   Edla van Steen (Hg.): *Viver e escrever*, Porto Alegre 1981, S. 171.

"Emanzipation der Juden" nur als "Emanzipation vom Judentum"[9] denkbar ist, oder ob nicht vielmehr diese Emanzipation unmöglich ist, da Juden, auch dort, wo sie ihre Abstammung vergessen wollen, gerade von ihren Mitbürgern immer wieder daran erinnert werden, bleibt bei Scliar offen.

Jedoch läßt sich von *O exército de um homem só* über *Os voluntários*, *O ciclo das águas*, *O centauro no jardim* zu *A estranha nação de Rafael Mendes* eine Entwicklung zeigen: Das Einverständnis mit dem Anderssein wird immer geringer, und immer größer der Wunsch der Protagonisten zur Normalität. Ist er in *O exército de um homem só* und *Os voluntários* darauf gerichtet, diese Gesellschaft hinter sich zu lassen, so strebt Guedali danach, seine Zentauren-Gestalt, die ihn zum Anderen macht, zu verlieren, sie wegoperieren zu lassen, um wie alle anderen zu sein. Rafael Mendes ist bereits einer wie alle anderen - Geschäftsmann, wenn auch gerade vor einem Konkurs stehend, Familienvater und Ehemann, wenn auch in dieser Rolle nicht sehr glücklich, eben wie einer wie alle anderen - als er durch die anonym ihm zugesandten (fiktiven) Tagebücher seines Vaters und die Genealogie seiner Familie daran erinnert wird, wer er ist, ein Rafael Mendes, ein Jude. Ironisch jedoch wird hier die Geschichte von Moacyr Scliar verkehrt. Hatte sonst die Welt die Juden zu Aufrührern und Parias gemacht, so macht jetzt der phantastisch in allen Generationen wiederkehrende Rafael Mendes alle Aufrührer und Parias zu Juden, Beckmann,[10] diesen frühen Rebellen in Maranhão (cf. S. 148) ebenso wie den brasilianischen Märtyrer der Unabhängigkeit, Tiradentes, der zu Rafael Mendes sagt:

> Estou com a nação, sim. E em minha família até diziam que somos cristãos-novos. Judeus convertidos à força pela Inquisição [...] Não sei [...] Até que ponto será verdade? Bom, não importa. Se não sou da nação, é como se fosse. É como se fosse, Rafael Mendes! - Subitamente exaltado: - Pela humilhação, pelo achincalhe! Nos tratam como cães, os da metrópole! Levam nosso ouro, nossa prata, nossas pedras preciosas!" (S. 166 - 167)

Doch nicht nur, daß Rafael Mendes zum Juden gemacht wird, in ihm ist auch die Bereitschaft vorhanden, sich dazu machen zu lassen. Denn warum läßt er sich diese phantastische Genealogie unterschieben, liest sie mit größter Spannung und Identifikationsbereitschaft und ist am Ende sogar bereit, 10.000 Dollar für diese offensichtlich erfundene Geschichte zu bezahlen?

---

9 Cf. Karl Marx: "Zur Judenfrage" in: Marx/Engels, *Werke*, Bd. 1, S. 37.
10 Beckmann, Manuel (1630 - 1985), 'O Bequimão', Anführer einer Revolte gegen die Krone in Maranhão.

Das Aufbegehren gegen die Gegenwart in *O exército de um homem só* (1972) und *Os voluntários*, der wenn auch phantastische, in messianischen Erwartungen begründete revolutionäre Geist, ist es, der am ehesten auf ihre Entstehungszeit, die Epoche der Militärdiktatur nach 1964 hinweist. Selbstverständlich mußte dieses Aufbegehren, wollte es nicht der Zensur zum Opfer fallen, in diese phantastische und vergangene Welt verlegt werden. Für die Romane Josué Guimarães und Luiz Antônio de Assis Brasil gilt dies auf andere Weise: Ihre Sympathien für die revolutionäre Subgeschichte, für die Auflehnung der deutschen Einwanderer gegen die Krone, und damit die Sympathien für einen staatlichen Partikularismus und groteske Denunzierung des tyrannischen Coronel Trajano müssen ebenfalls vor dem Hintergrund der Militärdiktatur gelesen werden und setzen sich in Beziehung zu ihr.

Der Zusammenhang stellt sich aber auch auf einer inhaltlich-ideologischen Ebene her: das Verwurzeltsein der deutschen Immigranten in ihrer kulturellen Eigenständigkeit (die an keiner Stelle der Romane kritisch in Frage gestellt wird), ihre Bereitschaft, sich zwar am Krieg gegen Paraguay als Angehörige der Nation zu beteiligen, sich aber doch dabei immer noch als ethnische Besonderheit zu empfinden, ist im "objektiv-historischen Entwicklungsprozeß" ebenso ein retardierendes Moment, ein "konservatives" Verhalten, wie auf der anderen Seite Coronel Trajano als glühender Anhänger Auguste Comtes Vertreter des Fortschritts ist, der die positivistische Devise "Ordem e Progresso" bei jeder möglichen Gelegenheit zitiert, ähnlich wie die Militärs die brasilianische Nationalfahne mit eben dieser Devise bei jeder Gelegenheit hissen. Fortschritt ist eben nicht mehr mit Humanität zu identifizieren, und das scheinbar konservative Verhalten der Emigranten steht für mehr Humanität als das macht- und herrschaftsorientierte Eingreifen der Krone im Krieg der Farrapos (1835 - 1845). Der Militärputsch von 1964 verstand sich als nationale Revolution und war objektiv ein konsequenter Schritt im nationalen Modernisierungsprozeß, ein Modernisierungsprozeß, der von Coronel Trajano vertreten wird, von dem sich in *A Ferro e fogo* die deutschen Einwanderer ausschließen und von dem letztlich Camilo Mortágua überrollt wird.

Daß sich die Vorzeichen verkehrten, daß Fortschritt, Modernisierung, zu Synonymen für Entdemokratisierung und Beraubung von Menschenrechten werden sollten, zeichnete sich bereits in der Bewegung der "Legalidade" 1961 in Rio Grande do Sul unter dem damaligen Gouverneur Leonel Brizola ab.[11] Legalität wird zur Parole gegen den ersten Versuch des Militärs, die

---

11   Moacyr Scliar zur "Legalidade": "Pressenti que este movimento tinha dois componentes: um popular, progressista; outro representando o estertor do latifúndio gaúcho." Zitat nach Edla van Steen, *Viver e escrever*, S. 175.

demokratischen Regierung zu ersetzen und die Amtsübernahme João Goularts zu verhindern. Antônio Carlos Resende greift diesen historischen Augenblick in seiner 'novela' *Pedro e Lia* (1981) auf, und es ist für die hier vorgetragene Argumentation signifikant, daß in dieser Verschränkung einer leidenschaftlichen Liebesgeschichte mit politischer Zeitgeschichte Lia zu einer glühenden Mystikerin, ihr Bruder Marco zum Liebhaber klassischer Musik, zum Homosexuellen und Kommunisten, ihre Eltern zu Einwanderern, der Vater mit jüdisch-deutscher, die Mutter mit russischer Abstammung stilisiert werden, die Familie also mit nahezu sämtlichen Attributen einer Nichtangepaßtheit an die moderne leistungs- und technikorientierte Gesellschaft versehen wird. Und es ist konsequent, Lia nach einem heroischen Einsatz für die 'Legalidade' im zartesten Alter - die initiierende Liebesbegegnung mit Pedro wird ihr noch vergönnt - an Blutkrebs sterben zu lassen. Der "natürliche" Tod erspart es dem Autor, sie einige Jahre später in den Untergrund gehen zu lassen, um dann von den Folterern der Militärdiktatur gequält zu werden. Die Militärdiktatur wird sich als Revolution maskieren und bei der Modernisierung des Landes keine Opfer scheuen. Jeder Text, der zur Distanz bezüglich einer blinden, geradezu als Naturnotwendigkeit ausgegenen Modernisierung beiträgt, hatte deshalb in jener Epoche (*Pedro e Lia* zeigt gerade in der Übertreibung den Zusammenhang von Legalität und Antimodernität in den 60er und 70er Jahren) auch eine ideologisch kritische Funktion. Einem gewissen "saudismo" des Gaúcho-Regionalismus, auf den auch Nelson Werneck Sodré in seiner *História da literatura brasileira* hinweist,[12] kommt in diesem politischen Kontext die gleiche Bedeutung zu.

Die Hinwendung dieser Texte zur Geschichte hängt mit der Rolle zusammen, die der Süden für Brasilien in der Vergangenheit spielte:

> [...] ao contrário da prosa nordestina, que enfatiza questões relativas ao espaço e ao clima, sendo seu grande tema a irracionalidade do estatuto da

---

In *Mês de cães danados* läßt Moacyr Scliar den heruntergekommenen Fazendeiro-Sohn Mário in einem impulsiven Monolog von diesen Tagen erzählen. Dabei wird vorwiegend der Konflikt zwischen den traditionellen Wertvorstellungen und Verhaltensweisen der Gaúcho-Fazendeiros und der sozialen und politischen Realität Porto Alegres thematisiert.

12 "O regionalismo gaúcho salvou-se, posteriormente, dos embaraços do artifício verbal, despojou-se bastante da carga de linguajar, mas trazia um mal de origem, que atingiu os que vieram depois e se enquistou em quase todos eles, tão profundas as suas raízes. Era, no fundo, saudosista e apegava-se ao passado morto com tanto maior esforço quanto mais distante fosse aquele passado, quanto mais o condenasse a realidade do presente." (Nelson Werneck Sodré: *História da literatura brasileira*, Rio de Janeiro 1960, S. 378).

terra, no Rio Grande do Sul, são o eixo cronológico e a história que sustentam a expressão narrativa.[13]

Der Süden hat im Laufe des 19. und 20. Jahrhunderts auf eine in sich widersprüchliche Art zur politischen Geschichte Brasiliens beigetragen: revolutionärer Geist gegen eine Vorherrschaft des Südostens (São Paulo und Rio de Janeiro) und die konservative Haltung der Viehzüchter und Großgrundbesitzer, der Gaúcho-Oligarchie, gehen von Bento Gonçalves über Getúlio Vargas[14] bis zu Leonel Brizola[15] ebenso unterschiedliche wie auch gegensätzliche Verbindungen ein.

Nach dem Ersten Weltkrieg wird die regionale politische und wirtschaftliche Macht der Großgrundbesitzer zunehmend durch den (international abhängigen und orientierten) Industrialisierungsprozeß - vorwiegend auf São Paulo konzentriert - zurückgedrängt. Die Regierung Getúlio Vargas, die versuchte, eine nationale brasilianische Politik zu betreiben und zwischen den Extremen regionaler und internationaler Abhängigkeiten zu lavieren, konnte nicht verhindern, daß der Großgrundbesitz seine dominierende nationale Bedeutung verlor. Sein Niedergang wird in *Bacia das almas* (L. A. de Assis Brasil) und in *Camilo Mortágua* (J. Guimarães) gleichermaßen thematisiert. Das Leben des alten Quirino Berba Martágua ist frei von Selbstzweifeln, doch charakterisiert ihn nicht das phantastische, übersteigerte Selbstbewußtsein eines Coronel Trajano, der überzeugt ist, eine Ausnahme der Naturgesetze zu sein und niemals sterben zu müssen. Aber unter seiner Ägide verfällt die Estáncia, auf die sich die ökonomische Macht der in Stadtnähe (Porto Alegre) residierenden Familie stützt: Dem Sohn, Camilo Martágua, gelingt die Weiterführung des aufwendigen Lebensstils der Familie nur durch den wirtschaftlichen Einstieg ins Baugewerbe mit Hilfe eines Geschäfts-

---

13 Regina Zilbermann: "Vorwort" zu Luiz Antônio de Assis Brasil, *Bacia das almas*, op. cit., S. 7.

14 "Vargas era uma curiosa mistura de atributos positivistas e caudilhistas." (Robert M. Levine, *O regime de Vargas, 1934 - 1938. Os anos críticos*, Rio de Janeiro 1980, S. 67). Diese Widersprüchlichkeit gilt auch für die Revolution von 1930 selbst:
A Revolução de 1930 seria assim 'largo estuário em que desaguaram componentes e afluentes diversos: se, antes, fora muito difícil assegurar um mínimo de unidade da ampla frente que lutava pela derrocada da situação vigente, agora, depois do triunfo, as dificuldades cresceriam extraordinariamente'" (Nelson Werneck Sodré: *História militar do Brasil*, Zit. nach João Cruz Costa, *Pequena história da República*, Rio de Janeiro 1972, S. 94).
Vargas' Leistung war es dann, während seiner Regierungszeit diese Widersprüche auszubalancieren.

15 Cf. Anm. 11

bündnisses mit dem Mittelstand in Gestalt des alten Buchhalters Edmundo. Seu Edmundo steuert die praktischen Kenntnisse, Camilo Mortágua das Kapital bei. Dieses Bündnis zwischen absteigender Oligarchie und am sozialen Aufstieg orientierter Mittelklasse ist allerdings nicht konfliktfrei. Seine Repräsentation findet der Konflikt in Mocinha, der Tochter Seu Edmundos. Der Alte will mit ihrer Hilfe seinen sozialen Aufstieg sichern, oder doch zumindest durch sein Bündnis den künftigen Aufstieg der Tochter gewährleisten. Camilo und Mocinha tragen das ihre dazu bei, die Hoffnungen des Alten zu nähren, der seiner Tochter in diesem Umgang alle Freiheiten einräumt. Nachdem sich diese Beziehung jedoch für Camilo erotisch erschöpft hat, gilt seine Aufmerksamkeit wieder mehr seinem Geschäftsinteressen als seiner Geliebten, und die Heiratspläne zerschlagen sich. Anders allerdings als vor ca. 200 Jahren in Lessings *Emilia Galotti*, entschließt sich der Alte nicht, die eigene, entehrte Tochter zu töten, sondern führt mit Hilfe seiner Kenntnisse der Buchführungskunst den Ruin des Geschäftspartners herbei. Daß er damit nicht froh werden soll, da die anhaltende, uneigennützige Liebe Mocinhas zu Camilo die Rache nicht in dem geplanten Umfang verwirklichen läßt, verweist einerseits auf die moralische Integrität dieser Frau - eine Integrität, die nur von einer Frau repräsentiert werden kann -, allerdings aber auch auf die reale Situation einer Mittelklasse, deren ökonomischer und sozialer Aufstieg in den Wechselfällen der nationalen Entwicklung noch nicht an der Zeit ist.

Radikaler noch als im finanziell-ökonomischen Bereich drückt sich die Dekadenz der Großgrundbesitzerkaste in der eigenen Familiengeschichte aus: Das tyrannische Wesen des Coronel Trajano trägt, wie oben schon erwähnt, Schuld an der Deformation seiner sämtlichen Kinder, besonders aber seiner Söhne. In der Familie Mortágua, deren realistische Darstellung im Gegensatz zu der karikierenden des Coronel Trajano steht, bringt nicht die Perversion der Macht den Verfall, sondern die Unerbittlichkeit eines fatalen Schicksal. Der Roman wird zu einer Aufzählung von Unglücks- und Sterbefällen, von denen diese Familie getroffen wird: Auf den frühen Tod des Töchterchens Maria Eudóxia (S. 72) folgt der tödliche Unfall des Schwagers Deolindo (S. 77). Zwar findet zwischen beiden Todesfällen die Hochzeit des Sohnes Vinícius (S. 73) statt, aber dessen von der ganzen Familie vergötterte Frau muß schon nach wenigen Seiten an Lungentuberkulose sterben (S. 91). Vinícius erträgt den Verlust nicht und erschießt sich fünf Seiten später. Ihm folgt nach kurzer Pause eine weitere Tochter, Esmeralda, die ebenfalls den Tod ihres Mannes, Deolindo, nicht verwinden konnte (S. 122). Jeziel, ein weiterer Sohn, wird durch einen Unfall gelähmt und an den Rollstuhl gebunden (S. 127). Der Vater, Quirino Berba Mortágua, stirbt eines natürlichen Todes (S. 131), dafür bringt ein weiterer Sohn, Francisco, seine ebenfalls nicht ganz zurechnungsfähige Frau im Wahnsinn um (S. 171) und endet später völlig umnachtet in einer Anstalt (S. 238). Nachdem dann der gelähmte Jeziel zu Grabe getragen ist (S. 263), säuft sich Aníbal, ein weiterer Bruder, zu Tode (S. 277) und stirbt gleichzeitig mit der alten Mutter, Dona Eudóxia (S. 278). Nur den beiden Brüdern Plínio und Camilo gelingt es, einen der Familie angemessenen Lebenswandel zu führen, jedoch haben auch sie mit ihren Nachfahren kein Glück: Die Ehe Plínios bleibt kinderlos, und von Camilos drei Kindern kommt Virgílio bei einer Schießerei um (S. 388), João wird wegen eines Bankbetrugs polizeilich gesucht, und Patrícia brennt mit einem verheirateten Arzt durch, der eine Frau und drei Kinder zurückläßt. In der Generation der Enkel ist die Pracht der Mortáguas zu Nichts zerronen.

An dieser Familiengeschichte läßt sich der ökonomische Aufstieg Brasiliens in diesem Jahrhundert sicher nicht ablesen, genausowenig wie an Thomas Manns *Buddenbrooks* der Aufstieg Deutschlands zur Weltmacht, aber sie zeigt drastisch, drastischer gewiß als es in Wirklichkeit der Fall ist, den Abstieg einer sozialen Klasse. Daß dieser Abstieg so schicksalsbedingt inszeniert werden muß, liegt sicherlich zum erheblichen Teil daran, daß kein historisches Subjekt in Sicht ist, das diesen Fall provozieren würde. Die nationale Wirklichkeit ist eine andere: wenn sich auch die Machtverhältnisse durch den Modernisierungsprozeß zugunsten von Industrie und Großfinanz verschoben haben, so ist doch die traditionelle Großgrundbesitzerschicht nicht so vom fatalen Schicksal gezeichnet, wie es diese Romane gerne sähen.

Diesen Texten zum Zerfall der traditionellen Machtverhältnisse und zum Abstieg einer sozialen Führungsschicht stehen, besonders im Werk Moacyr Scliars, andere gegenüber, die von sozialen Aufstiegen erzählen. Der Abstiegsbewegung der Alteingesessenen steht die tendenzielle Aufstiegsbewegung der Eingewanderten gegenüber. Wenn auch oft nicht in der ersten Generation - obgleich auch Frau Catarina Schneider am Ende des zweiten Bandes von *A ferro e fogo* sich ein auf ehrliche Weise verdientes, stattliches Haus bauen lassen kann, Herr Gründling hat es natürlich zu wesentlich mehr gebracht - so doch in der nachfolgenden. Der Aufstieg allerdings ist mit Integration, d. h. Anpassung und Identitätsverlust zu bezahlen. Dem sozialen Erfolg Guedalis in São Paulo geht die Operation seines Zentauren-Leibes voran. Wie wenig ihn das gesellschaftlich angepaßte Leben befriedigt, zeigt sich daran, daß er sich nach wenigen Jahren wieder in einen Zentauren zurückverwandeln lassen will, eine Rückverwandlung, die nur aufgrund einer Eifersuchtsgeschichte zwischen ihm und dem Operateur wegen einer Löwen-Frau (Sphinx) nicht zustande kommt. So arrangiert sich Guedali schließlich mit seiner bürgerlichen Existenz, versöhnt sich wieder mit seiner Frau, deren Untreue mit einem jungen Zentauren (sie war übrigens ebenfalls von Geburt an Zentaurin) seine Existenzkrise zur Folge gehabt hatte und führt ein angepaßtes Leben, in dem nur hin und wieder die Sehnsucht nach früheren Zeiten aufblitzt, wie zum Beispiel in der Churrascaria, als er an der Halskette seiner Tischnachbarin einen Zentaurenanhänger entdeckt. Das ist aber zugleich Anfangs- und Schlußpunkt des Romans.

Den Aufstieg in die Mittelklasse und gleichzeitig Distanzierung von der jüdischen Tradition charakterisiert auch Marcos in *O ciclo das águas*. Seine Mutter, Esther, war als junges Mädchen von Mädchenhändlern aus Russland nach Argentinien gelockt und dort in ein Bordell gesteckt worden. Von dort aus wird sie weiter nach Porto Alegre geschafft, wo es ihr nach einiger Zeit gelingt, ein eigenes Etablissement zu eröffnen. Ihr einziges wirkliches Interesse aber gilt ihrem Sohn und dessen Fortkommen. Während die Mutter in Machtkämpfen um Spekulationsobjekte unterliegt und allmählich verkommt, integriert sich der Sohn in der Mittelschicht. Zur Frau nimmt er eine "gói", eine Nichtjüdin, und damit ist die jüdische Tradition mit ihm erloschen.[16]

Gemeinsam haben die Romane/Texte von sozialem Ab- und Aufstieg, daß in beiden Fällen die Familie als eine Sozialisationsinstanz, die die gesellschaftliche Integration ihrer Kinder vorbereitet und gewährleistet, ihre Bedeutung verloren hat. Unter der Wucht des sozialen Wandels wird sie in ihre Bestandteile, Vater - Mutter - Kinder, aufgelöst.

Besonders drastisch ist dieser Funktionsverlust, sowohl in der Ober- wie auch in der Mittelschicht, bei den Vätern. Die Beispiele des Coronel Trajano und des Patriarchen Quirino Berba Mortágua sind bereits genannt, die Liste aber ist durch weitere Fälle aus beinahe sämtlichen hier erwähnten Texten zu ergänzen: Frau Catarina Schneider trägt die Familie, der Vater, Daniel Abrahão, will für den Rest seines Lebens das Brunnenloch, das ihm einmal als Versteck dienen mußte, nicht mehr verlassen, vergräbt sich in die Bibel und verfällt immer mehr dem Wahnsinn.

Wenn wir die Texte von Moacyr Scliar durchgehen, werden wir keinen einzigen starken Vater finden.[17] Mayer Guinzburgs Vater wäre gerne Rabbiner geworden (S. 21), er führt eine bescheidene Krämerexistenz; sein Traum ist, daß wenigstens der Sohn dieses Ziel erreiche (S. 23), doch dieser lehnt vehement die jüdische Tradition der Eltern ab. Später, selbst Vater, interessiert ihn das Schicksal seiner Kinder wenig, und er lebt ausschließlich nach seinen versponnen sozialistischen Ideen. Rafael, der Vater von Marcus, in *O ciclo das águas*, hat am sozialen Aufstieg des Sohnes, den er nicht einmal kennt, von dessen Existenz er gerade weiß, keinerlei Anteil.

---

16 Über die Zugehörigkeit zum Judentum entscheidet nach dem jüdischen Selbstverständnis allein die Religionszugehörigkeit der Mutter.

17 Bei der Problematisierung der Vaterfigur wird deutlich, wie die regionalistische in eine allgemeine Thematik umschlägt.

Der neue Regionalismus: Der Süden

In *Os voluntários* lebt Benjamin mit der fixen Idee, seine Eltern zu verlassen, um nach Jerusalem zurückzukehren. Drei Versuche unternimmt er im Laufe seines Lebens, den letzten als Todkranker. Wie wenig Anziehung das Leben seines Vaters für ihn haben konnte, beweist dessen Portrait:

> O pai de Benjamin tinha uma lojinha de confecções na Voluntários, quase em frente ao nosso bar. A família viera da Polônia pouco antes da guerra. O pai, Seu Arão, era um homem pequeno, de nariz protuberante e ar assustado. A ele competia ficar na porta da loja, chamando os fregueses. Aqui! - gritava, num tom que era um misto de entusiasmo e desespero. *Aqui!* - a dura luta pela vida, ali na Voluntários, onde havia dezenas de lojas iguais às suas, todas vendendo as mesmas camisas listradas e floreadas, os mesmos carins, as mesmas ceroulas, as mesmas calças de zuarte. *Aqui!* - grito de náufrago, estertor de moribundo, berro de fera acuada. [...] Sofria de bronquite, tinha acesso de tosse. E o cômico sotaque (S. 31 - 32).

Keine Vater-imago also, die den Sohn hätte in den Bann schlagen können.

Die Liebe der jüdischen Väter zu ihren Söhnen ist groß, so auch im Falle Guedalis, in *O centauro no jardim*, aber der Vater hat nicht die Möglichkeit und den Mut, sich gegen seine Umwelt durchzusetzen und hält den mißgebildeten Sohn im eigenen Haus vor den Blicken der Nachbarn und Freunde versteckt. Ein Zustand, dem Guedali nur durch seine Flucht aus dem Elternhaus entgehen kann.

In *A estranha nação de Rafael Mendes* eine neue Variante des Motivs: Rafael Mendes (der letzte aus der nicht enden wollenden Reihe) ist ohne Vater aufgewachsen. Dieser war, auf den Spuren einer anderen Frau, vor seiner eigenen in den spanischen Bürgerkrieg geflohen, auf der Überfahrt allerdings erkrankt und gestorben. Er selbst, der letzte Mendes, wird von seiner Tochter verlassen, die mit seinem bankrotten Geschäftspartner aus dem Land flieht.

Dieser Suche nach dem Vater (*A estranha nação de Rafael Mendes*), dem Leiden unter dem Vater (*Bacia das almas*), dem schwachen und erfolglosen Vater (*Camilo Mortágua, Os voluntários, O exército de um homem só, A ferro e fogo*), dem abwesenden Vater (*O ciclo das águas*) steht in einigen Fällen eine starke Muttergestalt gegenüber, die den Funktionsverfall der Väter kompensiert: Dona Eudóxia (*Camilo Mortágua*), Frau Catarina Schneider (*A ferro e fogo*), Esther (*O ciclo das águas*) und in gewissem Maße auch Alzira (*A estranha nação de Rafael Mendes*) ersetzen und vertreten die fehlenden Väter.

Wir haben mit diesem Motiv einen Punkt angegeben, an dem literarischer Regionalismus in nationale, ja allgemeinmenschliche Thematik umschlägt. Die genannten Väter und Mütter sind als deutsche und/oder jüdische Einwanderer und als Großgrundbesitzer unmittelbar mit dem Süden, mit seiner Entwicklung und seinen Widersprüchen verbunden. Sie nehmen daraus ihre Anschaulichkeit, ihre (phantastische) Realistik als literarische Figuren. In ihnen kristallisiert sich der historische Umbruch, der für diese Region kennzeichnend ist. Gleichzeitig steht dieses Motiv der abwesenden oder schwachen guten und der übermächtigen bösen Väter in doppelter Hinsicht für eine allgemeinere nationale Erfahrung: Es ist zum einen wiederum eine Kritik einer brasilianischen Tradition, die in der Militärdiktatur erneut die Macht ergriffen hat. Zum anderen spiegelt sich in diesem Vater-Sohn-Konflikt das Problem der kulturellen Identitätsfindung, mit dem die brasilianische Intelligenz seit Mitte des vergangenen Jahrhunderts zu ringen hat. Das Verhältnis zum Vater wird dabei zum Symbol für die Negation, beziehungsweise Affirmation der kulturellen Tradition. Der Intellektuelle steht in dem Konflikt zwischen der "negação do Pai como transmissor da cultura, e da Família, como determinação da situação sócio-política do indivíduo" und dem "retorno do filho à casa do Pai, para que possa assumir, depois da insubordinação, o seu lugar, e a volta ao seio da Família".[18]

Zuletzt ist in noch umfassenderer Weise mit dem Funktionsverlust in der Familie und ihrer Auflösung ein Thema angegeben, das mit dem rasanten Industrialisierungs- und Modernisierungsprozeß, von dem die Welt überzogen wurde und bei dem eine Generation nicht mehr auf den Erfahrungen und Wertvorstellungen der vorhergehenden aufbauen kann, in engstem Zusammenhang steht. Antônio Cândido sagte einmal von der brasilianischen Gegenwartsliteratur, "daß wir es mit einer Gegenliteratur zu tun haben, mit einer Literatur *gegen* das nationale Stilideal der Eleganz und der Makellosigkeit; *gegen* die sich auf die Wahrscheinlichkeit stützende konventionelle Auffassung von Realismus und die ihr zugrunde liegende, konventionelle Auswahl von Wirklichkeitsausschnitten; *gegen* die herkömmliche Logik des Erzählens, d. h. die wohlkonstruierte Abfolge von Anfang, Mitte, Schluß mittels einer souveränen Technik der 'Dosierung' der Effekte; und schließlich *gegen* die gesellschaftliche Ordnung, ohne daß die Texte damit einen bestimmten politischen Standpunkt bezögen (auch wenn der Autor einen solchen vielleicht hat). Eben dies ließe sich als ein weiteres Merkmal der neuesten brasi-

---

18   Silviano Santiago: *Vale quanto pesa*, S. 32.

lianischen Literatur bezeichnen: die implizite Verweigerung ohne explizite Übernahme einer Ideologie."[19]

Jedes dieser aufgeführten Merkmale trifft für die hier vorgestellten Texte, besonders aber für die Moacyr Scliars zu. Am auffälligsten mag vielleicht die Tatsache sein, daß es in der Welt Scliars keinen Fixpunkt gibt, von dem aus Urteile gefällt, Zensuren vergeben, moralische Verdikte gesprochen würden. Der fließende Übergang von Realem zu Phantastischem, von Fakten zu Erfindungen, die oftmals beliebig anmutenden Sprünge in Zeit und Raum, der gelegentlich nicht zu definierende Erzählerstandpunkt (Wer erzählt?), alles dies dient letztlich einem Ziel: der Aufdeckung und der Sezierung menschlicher und gesellschaftlicher Wünsche, Träume, Ängste, Affekte. Vielleicht macht sich hierbei sein bürgerlicher Beruf - er ist Arzt - bemerkbar. Je mehr dieser den Menschen liebt, desto entschiedener sieht er sich veranlaßt, seine Schwächen und Mängel aufzudecken. Aber noch auf eine andere Art zeigt sich der Mediziner und Naturwissenschaftler: alles ist in Handlung, Bewegung, Gegenständliches aufgelöst, Innerlichkeit in Äußerlichkeit, psychische Innenräume in reale, materielle Außenräume verwandelt.

Dies allerdings, und damit wenden wir uns wieder von der Spekulation über den Anteil der Medizin an dieser literarischen Technik ab, gilt für alle erwähnten Texte: in bald akzellerierendem, bald retardierendem Rhythmus werden Szenen aneinandergeschnitten, die sich ergänzen, widersprechen, gegenseitig beleuchten und in Kontrast stehen. Der Vergleich mit der Montage-Technik des Film drängt sich nicht nur auf, sondern ist offensichtlich. Das Innenleben der Protagonisten wird nicht in psychologischen Betrachtungen, evtl. Selbstbetrachtungen enthüllt. Es "veräußert" sich in Gesten, Reaktionen, Handlungen, Dialogen. Selbst ein Roman wie *A ferro e fogo*, der von seiner Thematik her am ehesten epische Breite erwarten lassen könnte, ist aus unzähligen kurzen Einzelszenen, die selten länger als drei Seiten sind, zusammengesetzt. Das verleiht diesen Texten eine große Unruhe, sie lassen keine beschaulich-besinnliche Lesehaltung aufkommen. Der Leser wird nicht behutsam durch eine fiktive Welt geführt, er wird mit immer neuen "Einstellungen" konfrontiert. Er muß die zeitlichen und räumlichen Sprünge mitvollziehen, Zusammenhänge herstellen oder unsichtbare Übergänge von einer Person zur anderen, von einem Schauplatz zum anderen für sich markieren. Natürlich schlägt dabei auch, neben dem gewichtigen Einfluß der gegenwärtigen Medienrealität, die Tradition des Modernismus zu Buche. An die Romane Oswald de Andrades, *Memórias sentimentais de João Miramar* und *Se-*

---

19 Antônio Cândido: "Die Stellung Brasiliens in der neuen Erzählliteratur Lateinamerikas", in: Mechthild Straußfeld (Hg.), *Brasilianische Literatur*, Frankfurt 1984, S. 39 - 40.

rafim Ponte Grande, kann man bei einer solchen Beschreibung denken, wenn auch deren literarische Radikalität nicht erreicht wird, sicher auch nicht erreicht werden will.[20]

Eine Erzähltechnik wiederholt sich bei dem hier zugrundegelegten Textkorpus in auffallender Weise: das Einsetzen des Erzählens mit dem Schluß, bzw. wenige Augenblicke vor dem endgültigen Schluß. Beispiele hierfür sind *Camilo Mortágua, A bacia das almas, O ciclo das águas, O exército de um homem só, Os voluntários, O centauro no jardim, Mês de cães danados, A estranha nação de Rafael Mendes.* Vom Ende, das vielfach auch der Tod des Protagonisten ist (*Camilo Mortágua, A bacia das almas, O ciclo das águas,* (der nahe Tod Esthers), *O exército de um homem só, Os voluntários*) werden die Ereignisse aufgerollt, von diesem - oftmals fatalen - Ende her werden sie interpretiert. Die literarische Form, von der diese Technik abgeleitet ist, dürfte der autobiographische Diskurs sein. Der Autobiograph erzählt von einem Lebenseinschnitt oder vom Ende seines Lebens her seine Geschichte. Silviano Santiago hat darauf hingewiesen, in welchem Maße diese Erzählperspektive Einfluß auf die gesamte brasilianische Literatur nimmt und zu einem "memorialistischen" Diskurs als literarische Form wird:

> A postura memorialista do texto de ficção pode ser comprovada concretamente e sem truques, no exame da obra completa de dois representantes de grupos literários diferentes: Oswald de Andrade e Lins do Rego. Ambos, depois de publicarem no início da carreira romances memorialistas, como *Memórias sentimentais de João Miramar* e *Menino de engenho*, por exemplo e respectivamente, sentem a necessidade, já na velhice, de reescrever o mesmo livro, o mesmo livro dado de presente pelo texto da lembrança, só que agora sem a moldura conivente de 'romance': *Um homem sem profissão* e *Meus verdes anos.* Essa coincidência é tanto mais significativa porque nos mostra como são frágeis as distinções de escolas literárias [...] e como são fluidas e pouco pertinentes as fronteiras entre

---

20 Eine Ausnahme von dieser Erzähltechnik ist *Mês de cães danados* (Moacyr Scliar). Hier erzählt der heruntergekommene Fazendeiro-Sohn dem nur zuhörenden, aber für die Erzählung bezahlendem Paulista seine autobiographische Geschichte. Scliar wählt eine durch die Ereignisse des August 1961 gebrochene und immer wieder die Gegenwart reflektierende Form, die an Guimarães Rosas *Grande sertão, veredas* erinnert. Cf. Silviano Santiago, *Vale quanto pesa*, S. 34 - 35.

discurso ficcional memorialista e discurso autobiográfico no contexto brasileiro.[21]

Vom memorialistischen Diskurs ist in diesen Romanen der Blick in die Vergangenheit übernommen. Ein kritischer, ironischer, stellenweise auch satirischer Blick, der sich diese Haltung erlauben kann, da es sich ja nicht um die eigene, individuelle, Vergangenheit handelt, höchstens um die Vergangenheit der eigenen sozialen Schicht oder Klasse. Der Standpunkt, von dem erzählt wird - auch hierin unterscheiden sich diese Texte von traditionellen memorialistischen Diskurs - ist nicht der eines im Großen und Ganzen erfüllten Lebens, sondern des Scheiterns: 'no future'. Damit aber ist genau die Situation des größten Teils der brasilianischen Intelligenz angegeben, die sich mit dem unter militärischer Schirmherrschaft durchgeführten Modernisierungsprozeß des Landes nicht identifizieren kann und die sich deshalb lieber mit der Vergangenheit als mit der Zukunft beschäftigt:

> Esse seu engajamento com o espelho retrovisor num carro que avança blindado e calhambeque por estrada asfaltada, cuja sinalização obviamente é pouco democrática. Já vemos que pouco adianta falar da intensidade dos faróis, ou do pedaço futuro de estrada que iluminam, já que os olhos do romancista e da classe média se concentram no espelho retrovisor.[22]

Diese Interpretation darf jedoch keinesfalls zu dem Trugschluß verleiten, es handele sich hier um resignative Texte. Bei Moacyr Scliar wird jegliche aufkommende Resignation durch die Phantastik, bei Luiz Antônio de Assis Brasil durch das Groteske verdrängt. Hinzu kommt, daß das vorweggenommene Ende den Roman entlastet. Die Ereignisse laufen nicht auf ein fatales Ende zu, das fatale Ende wird dem Leser gleich zu Beginn als Schock verabreicht,[23] und er kann sich nach dem ersten Schrecken entspannt den Episoden, Szenen, Ereignissen zuwenden, aus denen die Gesamtheit des Textes konstruiert ist. Wie in den Telenovelas umfaßt der Spannungsbogen nicht den gesamten Roman bzw. Text oder Film, der Leser wird nicht durch eine Er-

---

21 Op. cit., S. 33. Auch Philippe Lejeune weist in seiner letzten Studie, *Moi aussi*, Paris 1986, auf den fließenden Übergang und die wechselseitige Beeinflussung von Romanform und Autobiographie hin. Cf. S. 39 - 40 und passim.
22 Silviano Santiago, op. cit., S. 28.
23 Zur Idee des Schocks in der brasilianischen Literatur cf. Antônio Cândido: "Die Stellung Brasiliens ..." (Anm. 19), S. 42.
In diesem Zusammenhang ebenfalls die Reflexion Walter Benjamins zu "Chock" und Modernität, besonders in "Über einige Motive bei Baudelaire", in: *Gesammelte Schriften*, Bd. I, 2, Frankfurt 1974, S. 605 - 653.

zählweise in Spannung gehalten, deren ganze Bedeutung er erst am Ende des Romans ermessen kann, sondern die einzelnen Szenen, Ereignisse, haben in sich ihren eigenen Spannungsbogen. Damit kommen diese Romane einem "zerstreuten Leser"[24] entgegen - ähnlich wie übrigens auch viele Trivialromane. Mehr noch in ihrer Schreibweise als in ihren Themen setzen sich die Texte über strenge Ordnungsprinzipien, über Gebote eines rational-logischen Aufbaus, über traditionelle Stilprinzipien hinweg. Sie sind ein einziges Aufbegehren, sie wollen unbeherrscht, frei von Herrschaft, frei auch von restriktiven ästhetischen Normen sein. Das gilt besonders für die hier erwähnten Texte von Luiz Antônio de Assis Brasil und Moacyr Scliar, der Leser soll (innerlich) lachen über den grotesken Coronel Trajano, über den verrückten Idealisten Mayer Guinzburg, über den religiösen Schwärmer Benjamin in *Os voluntários*, über alle diese komischen Typen, ja selbst ihr Tod wird am Ende noch komisch, nicht tragisch. Hier liegt die heimliche, aber umfassende Auflehnung dieser Texte verborgen. Nicht nur in der Verletzung thematischer Tabus - besonders das Tabu der Sexualität wird mit schon fast kindlichem Vergnügen in drastischen Schilderungen und Beschreibungen durchbrochen -, sondern in ihrer gesamten literarischen Konstruktion gehört diese Literatur in eine, wie Michael Bachtin es nennt,[25] karnevalistische Tradition: "Das Lachen verfügt keine Verbote und Einschränkungen. Macht, Gewalt, Autorität sprechen niemals die Sprache des Lachens."[26]

Vom Blick der Intelligenz in den (historischen) Rückspiegel war die Rede, von der Unmöglichkeit oder dem Unwillen, sich mit einem technischen Fortschritt zu identifizieren, der kein sozialer, d. h. allgemeiner und humaner ist, von der - vor allem ästhetischen - Verweigerung, sich strengen Form- und Stilgesetzen zu unterwerfen, vom karnevalistischen Zug dieser Texte. Das karnevalistische Lachen richtet sich jedoch nicht nur gegen den Vertreter von Herrschaft und Gewalt, sondern auch gegen den Spötter selbst. Er muß sich mit einschließen in die allgemeine Erheiterung. Er darf sich auch selbst nicht ernst nehmen und tut es in der Regel nicht. Das hat eine Leichtigkeit, eine produktive Unbedenklichkeit im Schreiben zur Folge, die allerdings in ihrer manchmal wild wachsenden Kreativität hin und wieder fragwürdig wird.

---

24 Zur Bedeutung der Zerstreuung für die Moderne Walter Benjamin: "Das Kunstwerk im Zeitalter seiner technischen Reproduzierbarkeit", in: *Gesammelte Schriften*, Bd. I, 2, bes. S. 504 - 505.
25 Michail Bachtin: *Literatur und Karneval. Zur Romantheorie und Lachkultur*, München 1969.
26 Op. cit., S. 35.

Wenn dabei vielleicht auch nicht die zukünftigen großen Werke der Weltliteratur entstehen, so kann man doch mit Gewißheit sagen, daß diese ohne eine solche vielfältige, die unterschiedlichsten Techniken und Konstruktionen erprobende Schreiblust - sicher nie entstehen würden.

Im Süden, so läßt sich diese Untersuchung zusammenfassen, existiert, ähnlich wie im Nordosten, eine regionalistische Literatur, die von den Besonderheiten der Region ausgeht (europäische Einwanderung; soziale Umstrukturierung als Folge des Modernisierungsprozesses; Niedergang der Estância) und diese sowohl thematisch wie auch in der literarischen Technik auf eine Weise behandelt, die sie in einen nationalen und darüber hinaus allgemeinen Zusammenhang stellt. Damit nehmen die Texte an einem umfassenden literarischen Diskurs teil und zirkulieren zwischen den Extremen, die mit Herder und Goethe als nationale Literatur und Weltliteratur benannt werden können.[27]

---

27 Cf. Johann Wolfgang Goethe: *Gespräche mit Eckermann, 31. Januar 1827*; und Johann Gottfried Herder: *Über die neuere deutsche Literatur*, Riga 1766 - 67.

Winfried Kreutzer

DIE PHANTASTISCHE ERZÄHLUNG

Es kann als Topos gelten, daß die brasilianische Literatur, anders als dies im hispanoamerikanischen Raum schon vor Jorge Luis Borges der Fall war, bis in die allerjüngste Vergangenheit keine Gattungstradition des phantastischen Erzählens im weitesten Sinn des Wortes entwickelt hat.[1] In einer literarischen Erzähltradition, die nur die Kategorien des "Regionalen" und des "Universalen" zu kennen schien,[2] fehlte die phantastische Erzählung als eingeführte Gattung. Der Versuch, Belege für phantastisches Erzählen in der brasilianischen Literatur aufzuspüren, führt in der Regel zur Nennung der einzelnen Autoren oder Werke, die im Hinblick auf ihre Phantastik in keinem Struktur- oder Traditionszusammenhang stehen. Genannt werden als Bei-

---

1 Vgl. Antônio Cândido: "Die Stellung Brasiliens in der neuen Erzählliteratur Lateinamerikas", in: Mechthild Strausfeld (Hg.), *Brasilianische Literatur*, Frankfurt: Suhrkamp 1984, S. 33; Almeida Fischer: "O mundo fantástico de Murilo Rubião", in: *O áspero ofício*, III, Rio de Janeiro: Livraria Editora Cátedra, 1977, S. 77 f.; P. C. L. Fonseca: "O fantástico no conto brasileiro contemporâneo (I)", in: *Minas Gerais/Supl.lit.* 14, n. 763 (16. 5. 1961), S. 6; Davi Arrigucci Júnior: "O mágico desencantado ou as metamorfoses de Murilo", in: Murilo Rubião, *O pirotécnico Zacarias*, São Paulo: Ática ⁵1979, S. 7.
   Es sei in diesem Rahmen darauf verzichtet, in die allgemeine und grundsätzliche Diskussion um das Phantastische, wie sie spätestens seit T. Todorovs *Introduction à la littérature fantastique* (1970) mit einer gewissen Kohärenz geführt wird, einzutreten. Der in der brasilianischen Kritik häufig verwendete Begriff des "Außerordentlichen" ("o insólito") markiert in seiner Unschärfe das Widerstreben der Kritik gegenüber deduktiven a-priori-Kategorien. Vgl. Antônio Cândido, op. cit., S. 33, und die Bemerkung von Berthold Zilly, ebd., S. 46. In diesem Sinne sei auch unsere Formulierung eines "phantastischen Erzählens im weitesten Sinne des Wortes" verstanden.

2 Temístocles Linhares: *22 Diálogos sobre o conto brasileiro atual*, Rio de Janeiro: Olympio 1973, S. 19.

spiele für das 19. Jahrhundert etwa das Absurde in den Dezimen des Schusters Silva und die "Pantagruelische Poesie" einiger Vertreter der romantischen Bohème,[3] Machado de Assis' *Memórias póstumas de Brás Cubas* (1981),[4] die der Erzähler in der Ich-Form nach seinem Tode erzählt, Aluísio Azevedos Erzählungen *Demônios* (1893) und Afonso Arinos' "Assombramento" aus *Pelo sertão* (1898),[5] das Kapitel über die "vagalumes" in Graça Aranhas *Canaã* (1902), in dem Anklänge an ein "supra-real" gesehen werden.[6] Genannt werden, wenn auch in sehr spezifischem Sinne als "phantastisch" verstanden, *Macunaíma* (1928)[7] und Anibal Machados lyrische Erzählung *O iniciado do vento*.[8] Erwähnt sei auch Cornélio Penna. In *A menina morta* (1954) entsteht durch das formale Verfahren der unzureichenden Information, das nicht nur den Leser, sondern in ebenfalls undurchschaubarer Abstufung fast alle Figuren des Kosmos der Fazenda O Grotão trifft, auf der Basis des psychologischen Diskurses über eine zwar ungewöhnliche, aber prinzipiell wohl 'natürlich erklärbare' Situation eine Atmosphäre bedrückender Geheimnishaftigkeit, die jederzeit ins Grauen der phantastischen Halluzinationen umzuschlagen droht, wie es etwa in der Erzählung der alten *vovó* Dadade von der *mucama* ohne Gesicht geschieht, die fast exemplarisch der Todorovschen Bestimmung des Phantastischen zu entsprechen scheint ("Celestina lembrou-se então das terríveis lendas que cercavam a fazenda da serra, as histórias contadas sobre a crueldade dos antigos senhores [...]").[9]

Daneben bemächtigt sich die Literatur in doch bemerkenswert extensivem Maße der reichen Phantastik der Folklore und der populären Mythologie des Spukhaften und Schauerlichen der brasilianischen Regionen, wie es sich um Gestalten wie die *iara*, die *mãe-d'água*, den *curupira*, den *boto*, den *sac*i und den *lobisomem* konkretisiert. Bekannte Beispiele dafür sind etwa die Curupira-Erzählung in *Canaa*, Monteiro Lobatos *O Sac*i (1921), Raul Bopps *Cobra Norato* (1930) und schließlich, in neuester Zeit, Herberto Sales' *O lobisomen e outros contos folclóricos* (1975), literarische Verarbeitungen von Volkserzählungen aus dem Raum Bahia bzw. in den dort üblichen Varianten.

---

3 Antônio Cândido, op. cit., S. 33.
4 Vgl. Jorge Schwartz: *Murilo Rubião, a poética do uroboro*, São Paulo: Ática 1981, p.64.
5 Arrigucci Júnior, op.cit., S. 7.
6 Almeida Fischer, op. cit., S. 77 f.
7 Arrigucci Júnior, op. cit., S. 7.
8 Antônio Cândido, op.cit., S. 33.
9 Cornélio Penna: *Romances completos* [...]. Introdução geral por Adonias Filho, Rio de Janeiro: Aguilar 1958, S. 886.

Diese Verarbeitung des Phantastischen ist infolge der starken regionalistischen Tendenz in der brasilianischen Literatur sehr häufig, bleibt aber, abgesehen von der Herkunft des Ausgangsmaterials, "weltsemantisch" (J. S. Petöfi) durchaus heterogen, variierend vom eher didaktisch-illustrativen Charakter der Erzählung, die für Protagonist und Leser die Volksmentalität kennzeichnen soll, bis zur wirklichen Nachschaffung des Mythos.

Das Erscheinen der phantastischen Erzählung als Gattung in der brasilianischen Literatur, das nach einhelliger Meinung mit Murilo Rubiãos *O exmágico* (1947) gegeben ist, geschieht von vornherein in der Variante des Absurden, jedenfalls aber als "literatura fantástica modernamente entendida como tal".[10]

Kafka war gerade in Europa bekannt geworden; freilich erklären sich sowohl Murilo Rubião wie José J. Veiga, der 1959 mit *Os cavalinhos de Platiplanto* debütiert, als nicht von ihm beeinflußt.[11] Die Rezeption dieser frühen Werke zeigt allerdings auch, daß die zunächst noch herrschende Tradition des "sozialen Realismus"[12] die neue Phantastik noch nicht wirklich ins Bewußtsein der literarischen Öffentlichkeit treten ließ. Für beide Autoren erfolgte der Durchbruch in der Tat erst in den 60er Jahren mit *Os dragões e outros contos* (1965) bzw. *A hora dos ruminantes* (1966). Zugute kam ihnen dabei wohl nicht zuletzt die Grundwelle des hispanoamerikanischen "magischen Realismus", die zunehmende Berühmtheit Jorge L. Borges' und Julio Cortázars und der weltweite Erfolg von García Márquez' *Cien años de soledad* (1967).[13] Günstig wirkte weiterhin der sich in diesen Jahren vollziehende Rückzug des realistischen Paradigmas, das gerade in der brasilianischen Erzählliteratur mit seltener Ausschließlichkeit seit mehr als einem Jahrhundert bestimmmend gewesen war, und die gerade in den 60er und 70er Jahren um sich greifende radikale sprachliche und erzähltechnische Experimentierfreudigkeit.[14] Kaum eindeutig konkret belegbar, aber naheliegend ist auch

---

10 Almeida Fischer, op. cit., S. 77 f.
11 Vgl. Murilo Rubião im Gespräch mit J. A. de Granville Ponce, in: *O pirotécnico Zacarias*, São Paulo: Ática ⁵1979, Nosso Tempo, S. 4, und Carlos Rangel: "José J. Veiga, escritor brasileiro", in: *Escrita* 1, São Paulo: Vertente Editora 1975, S. 7.
12 Antônio Cândido, op. cit., S. 33.
13 Die Frage, ob der "magische Realismus" nicht vielleicht zunächst die Rezeption der beiden brasilianischen Autoren be- oder verhindert haben könnte, darf wohl mit einem Hinweis auf die geringe Verbreitung der Ausgabe des *Ex-mágico* von 1947 bzw. die schlichtweg unglückliche Lancierung der *Cavalinhos de platiplanto* 1958/59 (Vgl. Carlos Rangel: "José J. Veiga, escritor brasileiro", op. cit., S. 6) verneint werden.
14 Antônio Cândido, op. cit., S. 38; 35.

die Vermutung, daß die Zeitumstände um und nach dem Umsturz von 1964 einen für die neue Gattung günstigen Erfahrungshintergrund bzw. Erwartungshorizont bildeten.

Daß sich nach Murilo Rubião und José J. Veiga die Gattung etabliert hat, zeigt die Zahl der Autoren, die sich seit den 70er Jahren in diesem Genre versucht haben, wie Sérgio Albuquerque, Luiz Bertrão, Fausto Cunha, Josué Guimarães, Vilma Guimarães Rosa, Moacyr Scliar,[15] Samuel Rawet, Rubem Fonseca, Luís Vilela[16] und Orígenes Lessa. Selbst ein so konsequent einem traditionellen Realismus verpflichteter Autor wie Josué Montello zollt dieser neuen Phantastik diskret, aber deutlich in der Figur seines Major Taborda (*Largo do Desterro*, 1981) seinen Tribut.

Murilo Rubião, dessen bürgerliche Karriere ihn im Laufe der Jahre in höchste Positionen der Kulturadministration seines Heimatstaates Minas Gerais geführt hat, hat sein literarisches Werk mit absoluter Konsequenz dem Phantastischen gewidmet.[17] Bemerkenswert an diesem Werk ist darüberhinaus zunächst die Tendenz zum ständigen Umschreiben und zur Neufassung von Texten eines relativ engen Corpus. Entscheidende Veränderungen scheinen sich im Laufe der Ausweitung dieses Werkes nicht vollzogen zu haben.

Drei formal-thematische Aspekte des Werkes werden schon bei relativ kursorischer Lektüre deutlich: da ist zunächst der absurde, willkürlich anmutende Charakter eines weiten Bereichs Rubiãoscher Phantastik. Das Phantastische erscheint unerwartet und unmotiviert, seine Manifestationen sind brüsken Änderungen unterworfen, der Handlung scheint die kohärente Anlage traditionellen phantastischen Erzählens, wie sie sich im Wirken von Kausalität und Analogie manifestiert, zu fehlen. In "Os comensais" (*C*) etwa fühlt sich der Protagonist Jadon zunächst durch die Teilnahmslosigkeit seiner Mitgäste im Speisesaal des Restaurants befremdet; seine Versuche, Gesprä-

---

15 Vgl. zu diesen Autoren auch die Besprechungen von Almeida Fischer: "A nova literatura fantástica", in: *O áspero ofício*, III, op. cit., 53 f.

16 Ohne nähere Spezifizierungen erwähnt bei Temístocles Linhares, op. cit., S. 21; 22.

17 Geboren 1916 im heutigen Carmo de Minas (*MG*). Wichtigste Werke: *O exmágico* (1947); *A estrela vermelha* (1953); *Os dragões e outros contos* (1965); *O pirotécnico Zacarias* (1974); *O convidado* (1974); *A casa do girassol vermelho* (1978); Anthologie aus diesen Bänden *Murilo Rubião* (São Paulo: Abril 1982).
Im weiteren Text figurieren die ab 1974 erschienenen Bände unter den Abkürzungen *PZ, C, CGV.* - In deutscher Übersetzung von Ray-Güde Mertin liegt ein Teil des Werks unter dem Titel *Der Feuerwerker Zacarias*, Frankfurt: Suhrkamp 1981, vor.

che anzuknüpfen oder ihre Aufmerksamkeit zu erregen bleiben ohne Wirkung. Manchmal entdeckt er neue Gesichter, ohne daß alte zu fehlen scheinen; als seine Jugendliebe Hebe unerwartet auftaucht, gelingt es ihm doch nicht, wieder in Kontakt mit ihr zu treten. Als er schließlich aus dem Restaurant fliehen will, findet er es allseitig verschlossen. Er bricht auf einem Korridor zusammen, kommt wieder zu sich und darf vor einem Spiegel feststellen, daß er offenbar wieder jung ist. Beschwingt begibt er sich in den Speisesaal und nimmt Platz; seine Arme sinken herab, sein Blick verliert sich ins Leere, er ist allein in dem riesenhaften Saal. - In "A lua" (*CGV*) verfolgt der Erzähler nachts einen gewissen Cris auf dessen nicht näher motivierten Gängen durch die Stadt; dabei bleibt der Beobachter u. a. auch einmal vor einem Schaufenster stehen, in dem eine armselige Puppe ausgestellt ist. Eines Nachts, in einem günstig scheinenden Augenblick, sticht der Erzähler Cris nieder. Aus dem niedergesunkenen Körper steigt der Mond auf. Eine Prostituierte faßt nach diesem und bricht in Tränen aus. Der Blick des Erzählers fällt auf Cris, der nun der Puppe ähnlich sieht. - In "O homem do boné cinzento" (*CGV*) verbringt Arturo seine Zeit mit der obsessiven Beobachtung des Nachbarn, eines gewissen Anatólio, der sich schließlich unter merkwürdigen Umständen in einer Art Verbrennungsprozeß auflöst, wonach Arturo selbst zu schrumpfen beginnt und schließlich zu einem schwarzen Kügelchen wird.

Der gelegentlich onirisch anmutenden Arbitrarietät steht ein eher an Angstträumen erinnerndes, ihr augenscheinlich entgegengesetztes Prinzip zur Seite: das Auftreten von Vorgängen, die sich in linearer Konsequenz in Wiederholung und Steigerung mit offensichtlicher Zwanghaftigkeit entwickeln, ein an Kafka erinnerndes Erzählmuster. Ein typisches Beispiel dafür ist "O edifício" (*PZ*): Ein Ingenieur erhält den Auftrag, einen Wolkenkratzer zu bauen. Nach Überwindung eines Hindernisses, das nach alter Voraussage den Bau hätte zum Stillstand bringen sollen, ist dessen Fortgang nicht mehr aufzuhalten. Das auftraggebende Gremium ist gestorben, als der Ingenieur schließlich selbst den Bau einstellen möchte, arbeiten die Arbeiter von sich aus weiter und das Gebäude wächst ins Endlose. - Einem ähnlichen Strukturprinzip folgen Erzählungen wie "A cidade" (*PZ*) oder "Botão-de-Rosa" (*C*). Bemerkenswert ist, daß in einigen dieser Erzählungen - wie in "O edifício" - der Schluß offen bleibt, das Geschehen als sich endlos fortsetzend suggeriert wird. Bemerkenswert ist weiterhin, daß der zwanghafte Charakter des Geschehens durch das Mitwirken des Protagonisten angeregt, zumindest aber ermöglicht wird: Jadons Versuche, mit seinen desinteressierten Tischgenossen, koste es was es wolle, ins Gespräch zu kommen, scheinen erst die Katastrophe zu provozieren ("Os comensais"); der Ehemann der unersättlich fordernden Bárbara ist dadurch, daß er alle ihre Wünsche erfüllt, am Entstehen immer neuer Forderungen indirekt mitbeteiligt ("Bárbara", *PZ*).

Die beiden als Gegensätze erscheinenden Strukturen der Arbitrarietät und der zwanghaften Linearität sind insofern Varianten eines einzigen Prinzips, als sie diametral konträre Abweichungen von einem Welt- und Verhaltensmodell darstellen, das, einem Stimulus-Response-Schema folgend, ein generell dialektisches und von jedem Terminus aus steuerbares Verhältnis zwischen Mensch und Welt bzw. sozialem Kontext postuliert und das in der Regel als "normal" empfunden wird.

Gestört ist jedoch nicht nur die "Normalität" des innertextlichen Kosmos, d. h. auf textsyntaktischer Ebene; auch der Erzähler bzw. Leser ist gehalten, die phantastischsten und absonderlichsten Vorfälle offenbar fraglos und selbstverständlich hinzunehmen. Lediglich in einer einzigen Erzählung, bezeichnenderweise der ersten und Titelgeschichte des 1974 erschienenen *O pirotécnico Zacarias*, der in gewissem Sinne als erneuter Durchbruchsversuch eines bis dahin wenig bekannten Werkes von Autor und Verlag angelegt war, wird das Erstaunen angesichts der neuen "Weltsemantik" thematisiert. Der Feuerwerker Zacarias wird von einem Auto voll angetrunkener junger Leute überfahren und getötet. In die Beratung der jungen Leute, was zu tun sei, mischt sich die Leiche ein. Einer der Beteiligten fällt daraufhin in Ohnmacht und wird dann auch zurückgelassen, da er der Situation nicht mit Würde begegnet sei, während die anderen samt Leiche Zacarias die Tour fortsetzen. Der Ich-Erzähler Zacarias weist explizit immer wieder auf die Schwierigkeit hin, seine Umgebung davon zu überzeugen, daß er derselbe Zacarias wie der einst lebendige, nur eben tot, sei, und versichert dem Leser, daß es damit auch seine Richtigkeit habe. Die Erzählung hat offensichtlich die Funktion, zu Beginn des Werkes Rubiãos den Leser auf die spezifische Weltsemantik dieses Erzählens einzustimmen.

Die einleuchtendste Situierung und Erklärung der Modernität Rubiãoscher Phantastik liefert der Kritiker Jorge Schwartz.[18] Der phantastische Text des 19. Jahrhunderts war in Anlage und Rezeption auf die Frage nach der "Wahrheit", mithin dem ontischen Status des erzählten Geschehens ("natürlich"/"übernatürlich"/"nicht zu klären") zentriert. Diese eine bestimmte Beziehung Text/Leser definierende Haltung des Zweifels scheint freilich keine conditio sine qua non des Phantastischen zu sein (sie ist vielleicht nur einem Phantastischen spezifisch, das sich vor dem Hintergrund eines stark mimetisch geprägten Literaturverständnisses entfaltet). Die Spezifizität des modernen Phantastischen, wie es im wesentlichen seit Kafka existiert, liegt eben darin, daß der Zweifel nicht mehr entsteht, weil reale und ir-

---

18 Op. cit., S. 58 - 68.

reale fiktionale Elemente in einem Maße verbunden bzw. als ontisch gleichberechtigt erscheinen, daß im Rahmen der auf Fiktion abgestellten Rezeptionshaltung des Lesers Zweifel nicht mehr 'zulässig' erscheinen.

Wenn nun freilich das 'Interesse' des Textes nicht mehr auf den ontologischen Zweifel gerichtet ist, worauf dann? Die Erzählungen Kafkas zeigen in Anlage und Rezeption die neue Aussageintention: Sie stellen Parabeln der Existenz des Menschen in seiner problematisch gewordenen Relation zu Gesellschaft, Natur und Geschichte dar. Dieser parabelhaften oder in weitestem Sinne allegorischen Anlage und Deutbarkeit folgt die sich in Kafkas Nachfolge formierende neue phantastische Literatur, auch die Murilo Rubiãos.[19] Die problematische Relation Mensch/Welt findet ihren Ausdruck in der Mehrdeutigkeit der Aussage, die bei Kafka exemplarisch in der Deutung der Türhüterfabel durch den Geistlichen thematisiert wird, und die sich aus bewußt zurückgehaltener Information, (scheinbaren) logischen Widersprüchen im Text und erzählerischer Neutralität ergibt. Beispielen für diese Mehrdeutigkeit, die von der Kritik bisher für Rubião kaum problematisiert wurde, aber beim Vergleich einzelner Deutungen offensichtlich wird, begegnet man auf Schritt und Tritt: So kann etwa die Aussage zur Beziehung Mensch/Umwelt durchaus ambivalent sein. Die naheliegende Deutung für "Os comensais" wäre etwa die, daß der Einzelne keine Korrespondenz bei der ihn umgebenden und teilnahmslosen Gesellschaft findet und schließlich wie sie wird - der Text freilich suggeriert auch die Möglichkeit, daß dies Jadon gerade deshalb geschieht, weil er so verzweifelt und fordernd den Kontakt sucht. Was wäre geschehen, wenn Jadon seine kontaktunwilligen Mitgäste nicht beachtet hätte?

Was, wenn João Gaspar ("O edifício") den Bau schließlich einfach verlassen hätte? Was, wenn der Kafkasche Josef K. sich nicht um das "Gericht" gekümmert hätte? "Das Gericht will nichts von dir. Es nimmt dich auf, wenn du kommst, und es entläßt dich, wenn du gehst", sagt der Geistliche.[20] - Ist die Nicht-Integrierbarkeit der Drachen ("Os dragões", *PZ*) Hinweis auf den verderbten Charakter der Gesellschaft, die Negativität der Welt als solcher - oder sollte sie einfach als in der Natur der Sache liegend gesehen werden? Drachen sind Drachen (was offenbar nur die Kinder bemerken) und scheinen sich unintegriert durchaus wohlzufühlen. - Zeigen die verzweifelten Verwandlungsversuche des Kaninchens Teleco, das schließlich als toter Säugling

---

19 Vgl. Malcolm Silverman: "O absurdo no universo de Murilo Rubião", in: *Moderna ficção brasileira*, Bd. 2, Rio de Janeiro: Civilização Brasileira 1981, S. 201; P. L. Fonseca, op. cit., S. 8, u. a.

20 Franz Kafka: *Der Prozeß*. Roman, Berlin 1951, in: Max Brod (Hg.), *Gesammelte Werke*, S. 265.

endet, daß es zwecklos ist, Mensch werden zu wollen, oder daß es nicht der Mühe wert ist, oder soll der Egoismus und das Unverständnis der Umwelt für ein an sich positives Unterfangen aufgezeigt werden ("Teleco, o coelhinho", *PZ*)?[21]

Inwieweit ist es möglich, im Gesamtwerk Rubiãos eine Aussage zu erkennen? Abgesehen davon, daß in einigen der Erzählungen die intendierte Aussage relativ eindeutig scheint (z. B. "Don José não era", *CGV*), werden auch in den oben angeführten mehrdeutigen Erzählungen immerhin Thematisierungen bestimmter gedanklicher Komplexe sichtbar, die sich damit als Präsenzen im Denken des Autors offenbaren. Murilo Rubião selbst sieht den Schriftsteller als modernen Propheten, mithin also als Verkünder eines "message".[22] Anderseits wird durch das Obengesagte einsichtig, daß diese eventuellen Aussagen nur auf relativ allgemeine Begriffe gebracht werden können. Zu eng gegriffen ist zweifellos die Bestimmung der Zentralaussage als Darstellung des Gegensatzes von Konvention und Natürlichkeit, wie sie Pedro Carlos L. Fonseca vornimmt.[23] Jorge Schwartz erkennt im Diskurs Murilo Rubiãos drei "textos": einen christlichen, der sich in Zitierungen, und Anspielungen auf biblische Texte und Motivübereinstimmung äußert (die Zitate der "epígrafes"; "A lua" und "Botão-de-Rosa" als Jesus-Parabeln; "O edifício" als offensichtliche Replik des Turmbaus zu Babel); einen sozialkritischen, der den von der Gesellschaft verfolgten oder administrativ unterdrückten Einzelnen zeigt, und einen "existentiellen", der den "homem no recinto" thematisiert.[24] Eliane Zagury sieht die Thematik des Absurden in den drei Themenkreisen Leben/Tod, Individuum/Gesellschaft und Liebe/Inkommunikabilität konkretisiert.[25]

In der Tat bietet die Thematik Individuum/Gesellschaft den weitesten und in sich nuancenreichsten Aussagekomplex bei Murilo Rubião. Die Integration des Einzelnen in die Gesellschaft führt stets in die Aporie. Zweifellos leidet der Einzelne unter der Einsamkeit und dem Ausgeschlossensein ("Alfredo", *CGV*; "O convidado", *C*). Anderseits zeitigt die zum Wert an sich erhobene Integration fragwürdige Ergebnisse ("Os dragões"). Problematisch ist das Zusammentreffen mit der Gesellschaft für den Einzelnen jedoch nicht nur im Rahmen autoritärer, totalitärer oder polizeistaatlicher Organisationsformen: selbst die auf optimal erscheinenden Voraussetzungen (Geduld und To-

---

21 So P. C. L. Fonseca, op. cit., S. 7.
22 Arrigucci Júnior, op. cit., S. 5.
23 Op. cit., S. 6.
24 Jorge Schwartz, op.cit., S. 75 - 81.
25 "Murilo Rubião, o contista do absurdo", in: *A palavra e os ecos*, Rio de Janeiro: Vozes 1971, S. 29.

leranz, weitestgehend emanzipatorischer Charakter einer Verbindung) beruhende Integration bietet keine Garantie gegen Erniedrigung und Verdinglichung des Individuums ("Bárbara"; "Aglaia", *C*). Als thematischer Schwerpunkt erscheint in diesem Rahmen die Beziehung zwischen Mann und Frau, die fast immer scheitert; meist ist die Frau schlichtweg negativ gezeichnet, der Mann eher als schwach und substanzlos.[26]

Die Erreichung eines höheren Grades des Menschseins nach dem Tod ("O pirotécnico Zacarias"), die Erfahrung der Vergeblichkeit des gelungenen Befreiungsschlags in "A casa do girassol vermelho" (*CGV*) u. a. m. deuten auf eine der Existenz selbst inhärente Negativität, die nur in einigen wenigen Erzählungen eine einigermaßen positive Lösung im Tod zu finden scheint ("O pirotécnico Zacarias"; "A lua"), meistenteils hingegen sich in einer Art Verurteilung zum Weiterleben fortsetzt. Murilo Rubiãos Kosmos kennt, wie richtig bemerkt wurde, nicht die Angst angesichts der verfließenden Zeit, die einer der wesentlichen Träger der Erfahrung des Absurden ist.[27] Eher das Gegenteil ist der Fall. Schwartz sieht als Grundthema Rubiãos die Erfahrung einer ewigen und unentrinnbaren Zirkularität, des "Uroboros". Die schicksalsnotwendige Unfruchtbarkeit menschlichen Tuns stellt die Beziehung zur Welt unter das Zeichen der "estranheza". Es bleiben dem Menschen nur identifikatorische Formen, eben die sich wiederholenden Akte, die, da sie nichts außer sich selbst bedeuten, eine unentrinnbare Perpetuität etablieren. Die Natur, besonders in Gestalt der Pflanze, ist eine der Chiffren der Zirkularität (vgl. "Petúnia", *C*). Ausbruchsversuche wie Magie und Metamorphose automatisieren sich zwanghaft ("O ex-mágico da taberna minhota", *ZP*; "Teleco, o coelhinho") und münden wieder in die Zirkularität ein.[28] Das Erkennen dieser Situation führt nicht zur Überlegenheit und zum Glück des Camusschen Sisyphe, sondern zum Leiden an der Sinnlosigkeit, zum in neuer Erstarrung endenden Ausbruchsversuch ("Os comensais").

Als zweiter bedeutender Vertreter des phantastischen Erzählens in der neuesten brasilianischen Literatur gilt José J. Veiga.[29] Während sich nun aber

---

26 Malcolm Silvermans Hinweis auf den Ausdruck der "clássica discriminação latina" der Frau (op. cit., S. 197) deutet auf eine kulturspezifische Fundierung des Frauenbildes bzw. der Sicht der Geschlechterrelationen in diesem Rahmen hin.

27 Nelly Novães Coelho: "Os dragões e outros contos", in: *O ensino da literatura*, São Paulo: F. T. D. 1966, S. 529.

28 Jorge Schwartz, op. cit., S. 9 f.; 50 f.

29 Geb. 1915 in Corumbá (Goiás); offensichtlich starke Prägung durch Kindheitserfahrungen und die Welt des Sertão. Juristisches Studium; Radiosprecher bei BBC in London; Redakteur; Vizedirektor der Publikationsabteilung der Fundação Getúlio Vargas. Wichtigste Werke: *Os cavalinhos de Platiplanto* (Erzählungen, 1959; Abk. im Text *CP*); *A hora dos ruminantes*

das Werk Rubiãos so gut wie gänzlich dem Phantastischen zuordnen läßt, liegt - auch bei weitgefaßter Definition - ein Teil des Werks Veigas außerhalb dieser Kategorie. Es handelt sich dabei um Studien von Charakteren, deren Problematik oder Scheitern sich aus einer ihrem sozialen oder situationellen Kontext, aber auch dem Radius menschlicher Realisierungsmöglichkeiten unangemessenen Welthaltung ergibt, die nicht korrigierbar ist und sie zu Opfern, Tätern oder beidem werden läßt, was sie wiederum nicht immer als Tragik wahrzunehmen scheinen. Wo wirklich Phantastisches auftritt, wird es nicht, wie bei Murilo Rubião, als Absurdes dem Leser durch den sprachlichen Duktus textlicher Assertivität aufoktroyiert, sondern es entwickelt sich in der Regel durch zunächst kaum merkliche Verschiebungen bzw. Manipulationen von Informationen aus einen Kontext heraus, der sich als durchaus realistisch darstellt und vom Leser nicht zuletzt infolge seiner offensichtlichen Anknüpfung an die regionalistische Tradition des literarischen *sertanismo*[30] auch so verstanden wird. Schlichtweg Absurdes im Rubiãoschen Sinne erscheint selten, etwa im rätselhaften Verschwinden des Professors Pulquério ("Professor Pulquério", *CP*), der onirisch anmutenden Geschehnisflut in "Os do outro lado" (*EME*) oder dem phantastischen Riesenhahn in "O galo impertinente" (*EME*). Anders als bei Rubião wird dabei die 'präkafkaianische Frage' nach dem ontischen Status des dargestellten phantastischen Geschehens zum zwar nicht zentralen, aber doch gelegentlich deutlich semantisierten und auch thematisierten Element. Phantastisches Geschehen erscheint explizit oder ohne weiteres extrapolierbar als Traum, Halluzination, Wunschvorstellung usw. auf der Basis einer kindlichen oder jedenfalls infantil reagierenden Psyche ("Os cavalinhos de Platiplanto", *CP*; "A espingarda do rei da Síria", *CP*). Thematisiert wird die ontische Frage in den Erzählungen absurder Anlage etwa in expliziten Erklärungen des Erzählers, sich nur auf die Darstellung der Tatsachen beschränken zu wollen und die Interpretation anderen zu überlassen, oder sogar im Gespräch zwischen den Figuren, wie dies etwa in *Sombras de reis barbudos* im Hinblick auf die auftauchenden fliegenden Menschen geschieht. Erzählungen wie "Onde andam os didangos?" (*EME*) thematisierten schließlich die Harmlosigkeit bzw. Inexistenz phantastischer Bedrohlichkeit angesichts der Brutalität 'natürlich' ablaufender Vorgänge.

(Novelle, 1966); *A estranha máquina extraviada* (Erzählungen, 1967; Abk. im Text *EME*); *Sombras de reis barbudos* (Novelle, 1972); *Os pecados da tribo* (Novelle, 1976); *De jogos e festas* (Novellen, 1980; Abk. im Text *JF*); *Aquele mundo de Vasabarros* (Novelle, 1982).

30 Vgl. Temístocles Linhares, op. cit., S. 95.

Ein für Veiga sehr charakteristischer Erzähltypus stellt eine Phantastik im Sinne des 19. Jahrhunderts, d. h. in der von Todorov postulierten Ambiguität, vor, wobei aber, anders als dort, nicht die ontische Frage, sondern der Parabelcharakter der Geschehens das semantische Zentrum bildet. Diesen Erzählungstypus realisieren vor allen jene Texte, die den brutalen und rätselhaften Einbruch unverstandener fremder Ordnungen in die gewohnten Daseinsformen ("A usina atrás do morro", *CP*; "A máquina extraviada", *EME*; *A hora dos ruminantes*) erzählen, die alptraumhafte Folgerichtigkeit von Entwicklungen, die unaufhaltsam und zum Teil unter Mitwirkung des Betroffenen in die Katastrophe steuern, wie die an Kafkas *Prozeß* erinnernde Erzählung "Era só brincadeira" (*CP*) oder "Acidente em Sumaúma" (*EME*). In "O largo do Mestrevinte" (*EME*) verbindet sich das Motiv des erfolglos bleibenden Suchens mit dem einer Bedrohung von unerwarteter Seite, nämlich durch Kinder. Eine Reihe von Erzählungen dieses Typus profitieren im mehrfacher Hinsicht durch die Situierung ihres Geschehens im brasilianischen Interior. So entsteht der Eindruck des Realen und Vertrauten in der literarischen Tradition des *sertanismo* in der Zeichnung der kleinen Städte und Fazendas, ihrer offenen und versteckten Dramen, spezifischer sozialer und Charaktertypen und ihrer Verhaltensformen, der Alltagsphilosophie und des Aberglaubens, ja schließlich, besonders durch den häufigen Ich-Erzähler in den Erzähldiskurs einfließend, der Sprache des Interior mit ihren typischen Eigenheiten. Gleichzeitig konnotiert eben diese Welt durch ihre Kulturtradition und die Tradition ihrer literarischen Darstellung Offenheit gegenüber dem Irrationalen, wie sie von Euclides da Cunha bis Guimarães Rosa greifbar wird. Schließlich und endlich aber scheint dieses unterschwellig konnotierte Irrationale nicht zuletzt durch die historische Realität seine Bestätigung zu erfahren: Seit den 20er und 30er Jahren erlebt der Sertão das Eindringen der Industriewelt in Form brasilianischer und ausländischer Großunternehmen, die neue Arbeitsformen, komplizierte Maschinen und neue bürokratische Formen der Organisation und Betriebslenkung mitbrachten. Der Staat tritt mit administrativ dekretierten Erschließungsmaßnahmen und Prestigeprojekten auf den Plan.[31] Die Darstellung des Einbruchs dieser neuen Lebens- und Organisationsformen in den Sertão und ihres Zusammentreffens mit den traditionellen Lebensformen unter dem Aspekt der ihr impliziten Phantastik dürfte die originellste künstlerische Leistung Veigas darstellen. Erzählungen wie "A usina atrás do morro" und, von ähnlicher Thematik, *A hora dos ruminantes* schildern das Auftauchen von Fremden, von denen niemand weiß, wer

---

31 Samira Youssef Campedelli: "Sertão, sertões", in: *José J. Veiga*. Biografia por Moacir Amâncio, Seleção de textos, notas, estudos histórico e crítico ... por Samira Youssef Campedelli, São Paulo: Abril Educação 1982, S. 94 f.; 97.

sie sind und was sie wollen. Sie leben abgeschirmt außerhalb der Stadt in abgesicherten Gebieten, begegnen der Bevölkerung mit Gleichgültigkeit, auch Brutalität, und bedienen sich gelegentlich einzelner Einheimischer zu Dienstleistungen. In "A usina atrás do morro" werden die Fremden zu einer derart bedrohlichen Macht, die es offenbar darauf anlegt, die Bewohner zum Verlassen der Gegend zu zwingen, daß der Erzähler und dessen Familie dies schließlich auch tun. In *A hora dos ruminantes* besteht, bei gleicher Ausgangssituation, der Terror darin, daß die Stadt zunächst von Hunden überschwemmt wird, dann - was nicht explizit mit den Fremden in Zusammenhang gebracht wird, aber wohl von ihnen in irgendeiner Form veranlaßt ist - von Rindern, die die Stadt derart überfüllen, daß jedes Leben darin unmöglich wird. Schließlich verschwinden die Rinder und die Fremden auf ebenso unerklärliche Weise, wie sie erschienen waren. Einen Schwerpunkt der Darstellung bildet das Verhalten der Einheimischen, ihre Hoffnungen, ihr vorsichtiges Abwarten, ihre Unsicherheit, Neugier, Angst, Hilflosigkeit, ihr Opportunismus und, selten, aber vorhanden, ihre trutzige Ablehnung. Vor dem Hintergrund des Wertesystems der Einheimischen, das sich auf durchaus menschliche Affekte wie Freundlichkeit, Antipathie und offensichtliche Nützlichkeitserwägungen stützt und auf ständiges Miteinander abgestimmt ist, wirkt das auf kurzfristige Nützlichkeits- und Geschäftsinteressen abgestellte Gebaren der Fremden willkürlich, rätselhaft.

Eine extreme Weiterentwicklung dieser Thematik und zugleich ihren Übergang in ein neues Genre stellt der Roman *Sombras de reis barbudos* (1972) dar. Aus der Perspektive eines Kindes geschrieben, das dem Zentrum der Ereignisse nahesteht, aber sie nur ungenügend durchschaut, stellt die Erzählung ein *flash back* dar, dessen Erzählgegenwart der Moment des Umkippens der Geschehnisse, des Erscheinens des Phantastischen ist. Lange wird die Stadt Taitara von der "Companhia" beherrscht, einer anonym geleiteten, in ihren Maßnahmen und ihrer Strategie nicht durchschaubar agierenden Organisation, die sich zunächst ähnlich wie ihre oben erwähnten Pendants verhält und ähnliche Reaktionen unter der Bevölkerung hervorruft, die aber sehr bald unter Integrierung eines beträchtlichen Teils der Bevölkerung, der die übrigen zu kontrollieren und niederzuhalten hat, totalitäre Züge entwickelt und offensichtlich dazu übergeht, die Macht um ihrer selbst willen unter grotesken administrativen Manifestationen zu kultivieren, bis sie ihr schließlich durch das Auftreten eines von ihr selbst nicht mehr zu steuernden Phänomens entgleitet, dem Erscheinen fliegender Menschen und der unter dem Eindruck dieser Erscheinung - Realität oder Kollektivhysterie? - um sich greifenden Verweigerungshaltung der Bevölkerung, die die Stadt zu verlassen beginnt.

Die phantastische Erzählung

Der Mensch angesichts eines von ihm als fremd und bedrohlich empfundenem politisch-geistigen Systems, dessen Fremdheit vor allem daraus resultiert, daß es weitgehend jeden Zweckbezug, jedenfalls aber moralische Zielsetzung und rationale Legitimation verloren zu haben scheint und nur noch um seiner selbst willen besteht, ist Gegenstand der Utopien *Os pecados da tribo* und *Aquele mundo de Vasabarris* sowie der Erzählung "Quando a terra era redonda" (*JF*).

Die Phantastik in *Os pecados da tribo* beruht auf der sukzessiven Präsentierung eines dem Leser als utopisch erkennbaren Weltkontextes von Institutionen, Praktiken, und Bezügen, die sich zunächst durch eine Vielzahl ungewohnter und unverständlicher Bezeichnungen als fremd profilieren, angefangen von der "casa do couro", dem Tagungsgebäude des Rates, bis zu den allgegenwärtigen *turunxas*, die Polizeifunktion ausüben. Da diese Begriffe nie explizit erklärt werden und sich in ihrer Bedeutung zum Teil erst im Verlaufe längerer Lektüre näher präzisieren, befindet sich der Leser fast ständig in einem Zustand leichter Desorientiertheit. Auch Beispiele einer neuen Sprache, nicht unähnlich der in Orwells *1984* projektierten, die die Semantik neu ordnet, werden erkennbar; so bezeichnet die offenbar zum Normalwortschatz gehörende Vokabel *evaporar* die übliche Form der Beseitigung eines auf natürliche Weise gestorbenen Toten, aber auch die Tötung Lebender, eine semantische Einebnung, die nicht ohne Signifikanz ist.

In Parodierung des Science-fiction-Romans liegt auch diese Welt in der Zukunft, befindet sich aber in bezug auf ihre materielle, geistige und politische Kultur auf einem nach unseren Begriffen tieferen Stand als die Gegenwart, was freilich nur einige leicht außenseiterhaft anmutende Figuren zu ahnen scheinen. Das politische System zeigt totalitäre Züge, was unerwartete und undurchsichtige Machtwechsel an der Staatsspitze nicht ausschließt, die ihrerseits jedoch das System nicht verändern, was umso naheliegender ist als es trotz eines hochorganisierten Polizeiapparates abgesehen von einer generellen Staatsvergötterung keine klaren oder allgemein bekannten Kompetenz- oder Rechtsfestlegungen zu geben scheint. So ist Willkür eine der Manifestationen des staatlichen Zugriffs; eine andere ist das ständige Fordern des Staates nach Loyalität und Gehorsam, auch wenn deren konkrete Inhalte offensichtlich sinnlos oder für den Untertan in ihrem Umfang nicht abschätzbar sind. Widerstand gegen das System formiert sich, wie man am Ich-Erzähler beobachten kann, nicht in bewußter Opposition, sondern eher in Nicht-Konformität, die sich in der vorsichtigen Pflege elementarer menschlicher Gefühle und Bedürfnisse und einer ästhetisch oder rein instinktiv motivierten Distanzhaltung gegenüber der Macht ausdrückt. Insofern als solche Haltungen bereits subversiv sind, stellt das Schlußergebnis, ein spontan entstehender fröhlicher Massenausflug mit Lichterschwimmen auf einem See, bereits die Ankündigung von etwas Neuem dar.

Die in vielem ähnlich strukturierte, zum Zeitpunkt des Erzählens freilich schon verschwundene Welt von Vasabarros zeigt ein System, das von rigiden Konventionen beherrscht wird, aber bereits deutliche Zeichen des Verfalls erkennen läßt. Die Mächtigen erscheinen als Gefangene des Systems, persönlich zum Teil nicht unsympathisch, wie der verantwortungsvolle und gutwillige *senesca* Zinibaldo, zum Teil freilich auch unreflektiert brutal oder mit skurrilen Gebresten und Gewohnheiten behaftet. Das System zerbröckelt, weil im Grunde niemand unter den Herrschenden mehr wirklich an den positiven Charakter und die unumgängliche Notwendigkeit der bestehenden Ordnung glaubt. Wenig Großes ist allerdings auch von den Revolutionären zu erwarten, noch weniger von denen, die die ganze Grausamkeit des Systems erfahren haben und, errettet, rehabilitiert und zu Einfluß gekommen, sich als bösartige Schufte erweisen. Auch der neue junge *simpatia*, das Staatsoberhaupt, der positiv beginnt, endet in völliger Pervertierung. Der scheinbar hoffnungsträchtige Ausgang der Erzählung muß freilich in Beziehung zur Erzählgegenwart gesetzt werden, in der Vasabarros nicht mehr existiert.

Daß Vasabarros trotz der kafkaesk-piranesihaften Anlage seiner Lokalitäten, der Erstarrung und Öde seiner offiziellen Daseinsform und einer Justiz, die die kleinste Gefährdung der vorgeblichen Harmonie des Staatswesens grausam ahndet, doch weniger bedrückend wirkt als die Welt von *Os pecados da tribo*, liegt nicht nur an der grundsätzlich ironisch-satirischen Perspektive des Erzählers, sondern auch daran, daß deutlich sichtbar die Starre von Tradition und Gesetz allerorten durch Menschliches aufgebrochen wird.

In Veigas utopischen Analysen politischer Macht spielt die Herrschaft über das Denken eine zentrale Rolle. Die gezielte Manipulation der Vergangenheit, nicht zuletzt in der "Löschung" von Sachverhalten, die zu unerwünschten Schlußfolgerungen führen könnten, ist eine bekannte Verfahrensweise totalitärer Macht. In *Os pecados da tribo* betreibt das herrschende System die systematische Vernichtung oder Okkultierung materieller Relikte der Vergangenheit. Die verblüffendste Thematisierung erfährt dieser Komplex allerdings im dem kleinen satirischen Meisterwerk "Quando a terra era redonda" (*JF*). In einer utopischen Epoche situiert, in der die Erde und alle Objekte auf ihr als flach, d. h. zweidimensional gelten, werden anhand fiktiver Buchbesprechungen Thesen dargestellt, die sich auf die vergangene, vorgebliche oder tatsächliche Rundheit der Erde beziehen, sei es, daß sie und folglich (!) auch die Objekte auf ihr tatsächlich einmal "rund" waren (der Erzähler verwendet den Begriff "redondo" auch im Sinne von "dreidimensional"!), sei es, daß sie es noch immer sind, aber aufgrund physischer und psychischer Konditionierung als flach wahrgenommen werden und daß alle Welt nur vorgibt, an die allgemeine Plattheit ("chatice geral") zu glauben, weil es eben so dekretiert ist. Versuche, das Gesamtwerk eines Autors auf eine zentrale Aussage hin zu deuten bzw. zu reduzieren, sind in der Regel problematisch. Dies gilt auch für Veiga, es sei denn man sähe diese Aussage formuliert im Rahmen der bereits angesprochenen Struktur eines Spannungsverhältnisses zwischen dem Weltkontext und einem ihm nicht adäquaten Bewußtsein. Dieses Spannungsverhältnis findet sich generell in seinen nichtphantastischen Erzählungen, es bildet jedoch auch tendenziell die Matrix seiner phantastischen Weltsicht, die konnotativ auf die Unangemessenheit der zugrundeliegenden Situation verweist. Ob das Phantastische, das sich bei Veiga in der Regel unmerklich aus der vertrauten Realität herausentwickelt bzw. mit ihr eng verbunden bleibt, deswegen als bloßes Mittel zur Hervorhebung dieser Realität gedeutet werden sollte, scheint fraglich.[32] Originär scheint es eher Element einer Weltsicht zu sein, die insgesamt von der skeptischen Annahme einer fragwürdigen Seinsstruktur geprägt ist, aus der auch das undenkbar Erscheinende letztlich nicht ausgeschlossen werden kann. Die scheinbar nicht primäre Position des Phantastischen, seine Einbettung in eine durchaus solide gezeichnete Wirklichkeit erhöhen dabei eher seine 'Verbindlichkeit'. Dazu wertet der erkennbare parabolische Charakter dieses Erzählens die Phantastik insofern auf, als er ihr den Ernst eines für die Aussage funktional notwendigen Elementes verleiht und sie nicht in die Arbitrarietät und gelegentlich so erscheinende Gratuität abgleiten läßt, die den Metamorphosen bei Murilo Rubião zu eigen ist. Die grundsätzliche Skepsis des Veigaschen Menschenbildes verhindert nicht das deutliche Durchscheinen von Sympathie für die Benachteiligten, sie erscheint aber u. a. in der Tatsache, daß Konflikte fast nie eine gewaltsame Austragung und damit ein eindeutiges Ergebnis erfahren: Die andrängende Gewalt bzw. die Verletzung des Ausgangszustandes wird entweder geduldig ertragen oder durch schließliche Gewöhnung neutralisiert, oder sie verschwindet ebenso unerklärlich wie sie aufgetreten war (was natürlich erzählstrategisch die Möglichkeit eines Wiedererscheinens suggeriert), oder aber man erlebt - besonders in den letzten Werken - die langsame Abnutzung künstlich aufgebauter und aufrechterhaltener Machtstrukturen durch die sich immer wieder einen Weg bahnende 'menschliche Natur', die insgesamt mit distanzierter Sympathie beurteilt wird. Wenn man, wie die Kritik dies gelegentlich tut, vom "brasileirismo" Veigas spricht,[33] dann könnte man durch-

---

32 Samira Youssef Campedelli, "Uma estranha realidade", in: *José J. Veiga*, op. cit., S. 101.
33 Temístocles Linhares, op. cit., S. 95.

aus die Tendenz, Problemlösungen nicht nur von moralistisch zugespitzten Entscheidungen zu erwarten, sondern sie dem natürlichen Lauf der Dinge zu überlassen, dazu rechnen.

Inwieweit kann im Hinblick auf die Phantastik Murilo Rubiãos und José J. Veigas von "magischem Realismus" im Sinne des bekannten hispanoamerikanischen Stils gesprochen werden, wie dies in der Kritik, besonders im Hinblick auf Veiga, gelegentlich geschieht?[34] Bemerkenswert ist immerhin ihr annähernd synchrones Auftreten. Eine wenig spezifizierte Distanzerklärung Veigas sollte im Prinzip nicht überbewertet werden.[35] Was eine Zuordnung hingegen wirklich problematisch macht, ist nach unserer Auffassung ein Unterschied in der fundamentalen Aussagehaltung. Bei aller Bandbreite, die man dem magischen Realismus im obengenannten Sinne zugestehen muß, erscheint sein Diskurs doch grundsätzlich als Ausdruck einer Orientiertheit, nämlich der eines Bewußtseins bzw. seiner Inhalte, die sich als magisch aufgrund eines "fundamental erfahrenen Zusammenhangs von Naturbestimmungen und Naturwirkungen" darstellen und sich als solche im Gegensatz zu einer "sekundären, technisch begründeten Lebens- und Bedeutungswelt" definieren.[36] Demgegenüber erscheint uns die Phantastik Rubiãos und Veigas - pointiert gesprochen - eher als Ausdruck einer Desorientiertheit angesichts einer unüberschaubar und undurchschaubar gewordenen Welt, dergegenüber als positiver Richtungsweiser nicht magische Naturerfahrung, sondern - wenn überhaupt - naive Kreatürlichkeit bestehen kann, während die Magie viel eher als Qualität eben dieser beunruhigenden Welt erscheint und jedenfalls nicht dem Menschen zu Gebote steht. Unter dieser Perspektive könnte man wohl noch eher *Macunaíma* (mutatis mutandis, weil parodierend) in die Nähe des magischen Realismus rücken als Rubião und Veiga, deren Wirklichkeitsproblematisierung eher 'europäischen' Entwicklungen, wie sie sich im Werk Kafkas und in dessen Nachfolge kristallisiert haben, entspricht.

1986

---

34 Almeida Fischer: "Recursos acumulativos na criação ficcional", in: op. cit., S. 73; auch id.: "A magia e o absurdo na ficção", in: op. cit., S. 69; Jorge Schwartz, op. cit., S. 69, zitiert Murilo Rubião zs. mit Autoren des "magischen Realismus".
35 Carlos Rangel, op. cit., S. 7.
36 Dieter Janik: *Magische Wirklichkeitsauffassung und hispanoamerikanischer Roman des 20. Jahrhunderts*, Tübingen: Niemeyer 1976, S. 19/20.

Ingrid Schwamborn

FRAUENLITERATUR IN BRASILIEN

Vor etwa zwanzig Jahren waren - außer der Lyrikerin Cecília Meireles und der Literaturwissenschaftlerin Lúcia Miguel Pereira - nur drei Schriftstellerinnen in Brasilien bekannt: Rachel de Queiroz, Dinah Silveira de Queiroz und Clarice Lispector. Rachel de Queiroz (geb. 1910) lebt und schreibt auch heute noch, von allen verehrt und hoch angesehen. Dinah Silveira de Queiroz (gest. 1982) wurde nach Rachel de Queiroz als zweite Frau in die Academia Brasileira de Letras gewählt (1980), doch ist sie als Schriftstellerin fast in Vergessenheit geraten, während Clarice Lispector (1926 - 1977) in meiner Umfrage bei den u. e. jüngeren Schriftstellerinnen stets als bedeutendste Autorin Brasiliens aufgeführt wurde. In Europa hat Clarice Lispector Aufnahme in die Editions des Femmes (Paris, seit 1978), in den Frauenbuchverlag (Berlin) und in den als frauenfreundlich bekannten Suhrkamp Verlag (Frankfurt) gefunden. Die französische Hochschullehrerin, Schriftstellerin und Feministin Hélène Cixous (geb. 1938 in Algerien) hat sie 1978 für sich entdeckt und sie ausdrücklich zur Leitfigur ihres dichterisch-philosophischen Schreibens erkoren. Was für Clarice Lispector *A maçã no escuro* (1961; dt. *Der Apfel im Dunkeln*, 1964) war, ist für Hélène Cixous zu *Vivre l'orange* (dt. *Die Orange leben*)[1] geworden. Hélène Cixous u. a. treten vehement für eine *écriture féminine* ein, die sich gegen eine vom männlichen Prinzip beherrschte Sprache und Grammatik auflehnt.[2]

Neu an den verschiedenen Aktionen der Feministinnen ist, daß sie überhaupt an die Öffentlichkeit treten und somit gegen ein jahrhundertelang still-

---

1   Hélène Cixous: "Die Orange leben", in: *Weiblichkeit in der Schrift*. Aus dem Französischen übersetzt von Eva Duffner, Berlin 1980, S. 108 - 128.
2   Cf. Margret Brügmann: "Weiblichkeit im Spiel der Sprache. Über das Verhältnis von Psychoanalyse und 'écriture féminine'", in: Hiltrud Gnüg/Renate Mörmann (Hg.), *Frauen Literatur Geschichte. Schreibende Frauen von Mittelalter bis zur Gegenwart*, Stuttgart 1985, S. 395 - 415.

schweigend akzeptiertes Gesetz verstoßen: *mulier taceat in ecclesia*. "Lugar de mulher é em casa", sagt auch eine männliche Romanfigur Edla van Steens (*Até sempre*, S. 140) stellvertretend für die männliche Sicht einer weltweiten Ordnung. Doch diese Ordnung gerät zunehmend in Unordnung, denn die feminine Revolution ist dabei, die gesellschaftlichen Traditionen (nicht Systeme) allmählich und von "unten" her zu verändern. Was die Französische Revolution nicht schaffte - die Menschen- und Bürgerrechte sollten "nur auf eine kleine männliche Minderheit angewendet werden", man sprach auch nur von "Brüderlichkeit"[3] -, dies haben zunehmende Berufstätigkeit und die Pille erreicht: die Unabhängigkeit der Frauen von Heim und Herd, d. h. von den "naturgewollten" Rollen als "Mütter, Musen und Mätressen".[4] Nach der juristischen Gleichstellung von Mann und Frau in den meisten europäischen und amerikanischen Ländern, die im Laufe der letzten Jahrzehnte erreicht wurde, kämpfen nun Feministinnen und Politikerinnen für die effektive Gleichstellung auch in der Arbeitswelt. "Trabalhar fora" ist auch das neue Motto der brasilianischen Frauen. Seit 1970 hat sich die Zahl der berufstätigen Brasilianerinnen verdreifacht: 1970, 6,1 Mio.; 1980, 11,8 Mio.; 1984, 17,3 Mio. Inwieweit die Hausangestellten, die die Berufstätigkeit vieler Mütter in Brasilien erst möglich machen, in diesen Zahlen berücksichtigt wurden, geht aus dem *Anuário estatístico do Brasil* (1985)[5] nicht hervor.

Mit dem Willen zur ökonomischen Unabhängigkeit vom Mann (Vater oder Ehemann) geht auch der Wunsch nach eigenen Lebens- und Ausdrucksformen einher: immer mehr Frauen leben allein - und immer mehr Frauen schreiben. Dies gilt allerdings vorwiegend für die hochindustrialisierten Zentren Rio de Janeiro und São Paulo (zusammen ca. 20 Mio. Einwohner), wo zur gleichen Zeit wie in Europa und in den USA mit dem neuen Bewußtsein eine neue Frauenliteratur entstand. "Shakespeares Schwestern" (Virginia Woolf, *A Room of One's Own*, S. 46 ff.) räkelten sich aus dem jahrhundertenlangen Dornröschenschlaf und lehnten sich gegen die alten "phallokratischen" Ordnungen auf:

Doris Lessing (England):
The Golden Notebook (1962/1972) (Dt. *Das goldene Notizbuch*, 1978/1982)

---

3 Bettina Gräfin von Galen: "Protest aus Frankreich", in: *Frauen Literatur Geschichte*, op. cit., S. 212.

4 Cf. Eva Hesse: "Das Männersystem: Mütter, Musen und Mätressen", in: Manfred Pfister, *Michael Knight, Der Aufstand der Musen*, Passau 1984, S. 9 - 51.

5 Cf. *Veja*, 16. Juli 1986, "O retrato da mudança": "O anuário do IBGE mostra que o país envelhece, o consumo aumenta e mais mulheres trabalham", S. 44 - 45.

Monique Wittig (Frankreich):
Les guérillères (1969; dt. 1980)

Sônia Coutinho (Brasilien):
Nascimento de uma mulher (1971)

Sibilla Aleramo (Italien):
Una donna (1906, 1973 in Italien wiederentdeckt, dt. *Una donna*, 1977)

Maria Isabel Barreno/Maria Teresa Horta/Maria Velho da Costa
("As 3 Marias", Portugal):
Novas cartas portuguesas (1972) (dt. *Neue portugiesische Briefe*, 1976)

Verena Stefan (BRD):
Häutungen (1975)

Marilyn French (USA):
Women's Room (1977; dt. *Frauen*, 1978)

Marie Cardinal (Frankreich):
Une vie pour deux (1978, dt. *Die Irlandreise. Roman einer Ehe*, 1981)

Miriama Bâ (Senegal):
Une si longue lettre (1979, dt. *Ein so langer Brief*, 1983)

Joyce Cavalcanti (Brasilien):
A costela de Eva (1980)

Judith Jannberg (Pseud.)/Elisabeth Dessai (BRD):
Ich bin froh (1980)

Svende Merian (1980):
Der Tod des Märchenprinzen (1980)

Alice Walker (USA):
The Color Purple (1983, dt. *Die Farbe lila*, 1984)

Erzählungen aus der Sowjetunion:
Die süße Frau (1973 - 1979, dt. 1982)

Montserrat Ruig (Spanien):
La hora violecta (1981/1986)

    Diese Liste ließe sich durch die neuesten Erfolge der Frauenbuchreihe einiger großer Verlage mit zahlreichen Beispielen ergänzen (z. B. Eva Heller: *Beim nächsten Mann wird alles anders*, 1987).

    Wie in den übrigen Ländern, so gehören auch in Brasilien die schreibenden Frauen dem "Bildungsbürgertum an (Ausnahme: die Favela-Bewohnerin Francisca Souza da Silva). Ihre Schriften sind zum größten Teil in der Grundtendenz unpolitisch; sie klagen kein politisches System an und wollen auch keines verändern, im Gegensatz zu einigen spanischsprachigen Autorinnen wie Mercedes Cabello de Carbonera (Peru), Rosaria Castellanos (Mexiko) und Elena Garro (Mexiko), die sich dem Genre des sogenannten "Diktatorenromans" angeschlossen haben. Auch Isabel Allendes Familienchronik *La casa de los espíritus* (1982, dt. *Das Geisterhaus*, 1984), mehrere Jahre auf der *Spiegel*-Bestsellerliste, ist ein Ausdruck des "Schreibens als Lebensversuch lateinamerikanischer Autorinnen angesichts von Gewalt und Diktatur"[6] und hat in Brasilien kein Pendant; ebenso ist die in anderen lateinamerikanischen Ländern anscheinend immer wichtiger werdende "Testimonialliteratur" von "Frauen aus der Unterschicht und aus dem politischen Untergrund",[7] zum Beispiel Augenzeugenberichte von Guerillakämpferinnen, in Brasilien unbekannt. Das Hauptthema der brasilianischen Schriftstellerinnen ist die Suche nach einer eigenen Identität in einer eigenen Sprache und in eigenen Ausdrucksformen. Clarice Lispector hat dies in der Zeit der härtesten Militärdiktatur vorgelebt und vorgeschrieben. Sie legte ihre ganze zerrissene Persönlichkeit in ihr Schreiben und brach damit zugleich die Form der portugiesisch-brasilianischen Sprache auf.

Einige der Frauen hielten sich an die Erzählform der Autobiographie (Sônia Coutinho, *O jogo de Ifá*, 1980, Rachel Jardim, *Inventário das cinzas*, 1980), oder der Familienchronik (Lya Luft, *As parceiras*, 1980; Nélida Piñon, *A república dos sonhos*, 1984; Rachel Jardim, *O penhoar chinês*, 1985) und des Mädchenromans (Lygia Fagundes Telles, *As meninas*, 1973; dt. *Mädchen am blauen Fenster*, 1984), hinzu kommt eine Art neuer Bildungsromans mit stark autobiographischer Tendenz (Sônia Coutinho, *Nascimento de uma mulher*, 1971; Joyce Cavalcanti, *A costela de Eva*, 1980; Lya Luft, *A asa esquerda do anjo*, 1981).

Die Liebe ist nach wie vor das wichtigste Thema (Marina Colasanti, *E por falar em amor*, 1984), doch nicht mehr etwa unter dem Motto "Wie angle ich einen Millionär", sondern eher - so traurig dies erscheinen mag - mit der ehefeindlichen Einstellung der "Happy End: Scheidung" (Sônia Coutinho, *Cordélia, a caçadora*, 1978; Rachel Jardim, *Inventário das cinzas*,

---

6 Gabriele Küppers: "Wir sammeln die stummen Worte und die zornigen Stimmen. Schreiben als Lebensversuch lateinamerikanischer Autorinnen angesichts von Gewalt und Diktatur", in: *Frauen Literatur Geschichte*, op. cit., S. 455.

7 Gabriele Küppers, a.a.O., S. 453.
   Isabel Allende betonte in einem Vortrag in München 1984 weniger den politischen Aspekt ihres Schreibens, sondern den schöpferisch-individuellen: "Ich schreibe aus einem Impuls heraus, weil es mir Vergnügen bereitet, und es ist das einzige, was ich tun kann. Ich empfinde es nicht als Arbeit, sondern wie ein unendliches Spiel." ("Die Frau und die Kreativität in Lateinamerika", in: Marco Alcântara (Hg.) *Frauen in Lateinamerika 2, Erzählungen und Berichte*, München 1986, S. 220).

O penhoar chinês; Helena Parente Cunha, *A mulher no espelho*, 1983; dt. *Ich und die Frau, die mich schreibt*, 1986), verbunden mit dem Wunsch, frei zu sein, nicht unbedingt für einen neuen Mann, sondern vor allem für sich selbst. Die alleinstehende Frau ist auch in Brasilien (in den Industriezentren) kein tragischer Fall mehr, sondern oft Ergebnis bewußter Entscheidungen von Seiten der Frauen. Die Zeitschrift *Nova* (Abkürzung von "a nova mulher"), die brasilianische Variante von *Cosmopolitan*, hat unter der Mitarbeit von Marina Colasanti und zeitweise auch von Márcia Denser viel dazu beigetragen, das Selbstbewußtsein der Brasilianerinnen als Partnerinnen des Mannes zu stärken, indem sie sich ihrer einstigen Rolle als Objekt wenigstens bewußt werden und sogar versuchen (wollen), die traditionellen Rollen umzukehren. Zielgruppe der Zeitschrift *Nova* ist die berufstätige, selbstbewußte Frau jeglichen Alters. "Eu tenho absoluta certeza que não saí da costela de Adão", sagt eine Figur Rachel Jardims (*Inventário das cinzas*, S. 66), und *A costela de Eva* lautet der aufmüpfige Titel des Romans, mit dem die junge, geschiedene Joyce Cavalcanti aus Fortaleza in São Paulo debütierte.

Selbstbewußt und ökonomisch unabhängig durch eigene Arbeit sind fast alle brasilianischen Schriftstellerinnen von heute: eine große Anzahl verdient ihren Lebensunterhalt als Journalistin (Sônia Coutinho, Márcia Denser, Marina Colasanti, Joyce Cavalcanti, Nélida Pnñon) oder als *free-lance* (Lya Luft, Lygia Fagundes Telles, Anna Maria Martins); Helena Parente Cunha ist Hochschullehrerin und Rachel Jardim war Leiterin des Amtes für Denkmalschutz in Rio de Janeiro. Von ihrem literarischen Schreiben leben können allerdings m. W. nur Lygia Fagundes Telles und Marina Colasanti. Alle haben eine Universität - mit oder ohne Abschluß - besucht.

Keine von ihnen hatte mit einem Erstlingswerk durchschlagenden Erfolg, meist schrieben sie sich erst mit Erzählungen Mut zu, bevor sie sich an einen größeren Themenbereich heranwagten. Helena Parente Cunha und Lya Luft kamen von der Lyrik zur Prosa. Den Schritt an die Öffentlichkeit über das Theater hat bisher Edla van Steen gewagt, die Aufführung ihres Stückes *Acerto de contas* steht allerdings noch aus.

Im folgenden sollen einige charakteristische Formen und Themen herausgegriffen werden, mit denen sich die brasilianischen Autorinnen auseinandersetzten.

Ingrid Schwamborn

Gruppenroman

In Edla van Steens *Corações mordidos* (1983) wird das Leben einer größeren Gruppe von Menschen synchron und in Nélida Piñons *A república dos sonhos* (1984) diachron beschrieben. Charakteristisch für die *group novel* (cf. *Menschen im Hotel* von Vicky Baum, 1929, Neuauflage 1988) ist der wechselnde Erzählerstandpunkt. Wenn man drei bereits als eine Gruppe bezeichnen will, dann zählt auch Lygia Fagundes Telles' meistgelesener Roman, *As meninas* (1973), dazu, in dem aus wechselnder Perspektive drei Jungmädchenschicksale in einem katholischen Pensionat in São Paulo dramatisch miteinander verknüpft werden (Guerilla, Sehnsucht nach dem Macho, Drogentod). Auch Lya Luft kommt dieser Form in ihrem Roman *O quarto fechado* (1984) nahe.

In *Corações mordidos* wird der Verfall einer Siedlung geschildert, die mit dem romantischen Anspruch eines "Dorfes im Grünen" außerhalb von São Paulo von einer profitgierigen Baugesellschaft mit dem Namen "Fortuna" errichtet und dann sich selbst überlassen worden war. Die Bewohner sind trotz aller Solidarität und Freundschaft damit überfordert, selbst für den Unterhalt der Straße, für die Kanalisation, die Wasser- und Stromversorgung aufzukommen und fliehen schließlich "zerrissenen Herzens" vor dem Chaos. Bitteres Fazit einer der Romanfiguren: "imagine se a Aldeia se desenvolvesse e fosse realmente um modelo. No Brasil? Hahahaha. Não permitem." (S. 254)

Brasilien war für den Galizier Madrugo *A república dos sonhos*, in die er 1913 kam, wo er sein Glück als Unternehmer suchte und fand, eine Familie gründete und mehr als ein halbes Jahrhundert brasilianischer Geschichte miterlebte. Beachtlich ist, daß in diesem Roman nach langen Jahren der Zensur brasilianische Geschichte und unmittelbare Vergangenheit (Militärdiktatur) in ihrer Wirkung auf die Generationen einer Familie dargestellt werden.

Lygia Fagundes Telles hatte schon 1973 die aktuelle Terrorszene in das Mädchenpensionat miteinbezogen; wie Antônio Callado mit *Bar Don Juan* (1972) erhielt sie für *As meninas* "Narrenfreiheit", während andere Bücher mit ähnlich zeitgeschichtlicher Thematik, wie zum Beispiel Ignácio de Loyola Brandãos *Zero* und Ivan Angelos *A festa* zunächst verboten wurden und erst 1975 bzw. 1978 in Brasilien erscheinen konnten.

Vor allem den beiden Romanen *Corações mordidos* und *A república dos sonhos*, aber auch *As meninas*, kann man den Einwand der zeitweiligen Langatmigkeit nicht ersparen; bis dahin bevorzugten diese Autorinnen die Form der Kurzgeschichte oder Novelle. Besonders Lygia Fagundes Telles ist eine Meisterin der Form der kurzen Erzählung; sie hat mehr als fünfzig "contos" veröffentlicht und wahrscheinlich als Vorbild für manch andere Schriftstellerin gewirkt. Den größten Anklang finden, wenn man die Neuauflagen als Indiz hierfür nimmt, ihre "contos fantásticos", von denen die beeindruckendsten, wie "A caçada", "Seminário dos ratos", "Tigrela", u. a. in dem Band *Mistérios* (1981, dt. *Die Struktur der Seifenblase*, 1983) zusammengefaßt sind.

Erotische Erzählungen

Fausto Cunha bemerkte zu Maria Amélia Mellos' kurzen Texten *Às oito em ponto* (1984), ihrem Erstlingswerk auf diesem Gebiet, daß heute der "conto" die frühere Rolle des Sonetts als modische Kurzform übernommen habe. Den früheren Sonettsammlungen entsprächen demnach die Sammlungen von Erzählungen, mit denen die brasilianischen Frauen als schreibende Gruppe an die Öffentlichkeit traten.

Edla van Steen machte den Anfang mit *O conto da mulher brasileira* (1978), doch zur Sensation wurde erst die von Márcia Denser herausgegebene Sammlung *Muito prazer* (1980), der 1984 der Band *O prazer é todo meu* folgte. Es handelt sich hierbei um die bewußt provokative Aneignung des seit Boccaccio als besonders männlich geltenden Genres der erotischen Erzählung. (Eine Auswahl aus diesen beiden Bänden wurde von Ray-Güde Mertin herausgegeben: *Tigerin und Leopard. Erotische Erzählungen brasilianischer Autorinnen*, 1988) Auf diesem Gebiet scheint ein Nachholbedarf der schreibenden Frauen zu liegen, wie der etwa zur selben Zeit erschiene Erzählband *Mein erotisches Lesebuch*, herausgegeben von Barbara Bronnen (1983) zeigt, in dem eine internationale Gruppe von Schriftstellerinnen mit ihren bisher wenig beachteten erotischen Erzählungen in ein neues Licht gerückt wird, zum Beispiel Nadine Gordimer, Ilse Aichinger, Colette, Virgina Woolf, die drei Marias aus Portugal und als einzige Lateinamerikanerin Clarice Lispector mit "Träumerei und Trunkenheit einer jungen Frau."[8]

In *O conto da mulher brasileira* war Márcia Densers "Relatório final" aufgefallen: in ungewöhnlich agressiver, fast atemberaubender, trunkener Sprache wird von der Begegnung einer Journalistin aus São Paulo mit einem gesichtslosen, anonymen Geschäftsmann aus der Provinz berichtet, den sie, nachdem er ihr nicht "genüge" tun konnte, am selben Tag "sitzen" ließ, an

---

8   Clarice Lispector: "Träumerei und Trunkenheit einer jungen Frau", in: Barbara Bronnen (Hg.), *Mein erotisches Lesebuch*, München 1983 (^{3}1986), S. 13 - 20.

dem sie ihn kennengelernt hatte (S. 139 - 148). Aufsehen hatte ebenfalls Sônia Coutinho mit *Cordélia, a caçadora* wegen ihrer harten, provokativen Sprache erregt; auch hier werden die üblichen Rollen vertauscht: Cordélia, die Dulderin und Gejagte, wird zur Jägerin in der Wildnis von Copacabana (S. 201 - 211).

Diese zunächst noch vereinzelt auftretende Tendenz zur "subversiven" Erotik wurde in den Sammelbänden *Muito prazer* und *O prazer é todo meu* kollektiv weitergeführt. Im ersten Band fehlten noch die bekannten Namen, doch im zweiten folgten auch die "reiferen", bereits etablierten Autorinnen Edla van Steen, Rachel Jardim, Lygia Fagundes Telles und Nélida Piñon der jüngsten brasilianischen Schriftstellerin dieser Gruppe, Márcia Denser. Gemeinsam ist diesen Erzählungen die "ótica feminina", auch wenn in einem Fall der Erzähler ein (kindisch werdender) Mann sein soll (Cecilia Prado, *Sílvia*) oder der liebende Blick von einem Ziegenbock herrührt (Olga Savary, *O olhar dourado do abismo*). Gemeinsam ist den meisten Texten auch die Blickrichtung, die nicht mehr aufschauend zum höhergestellten Mann geht, vielmehr wird eher ironisch auf den Partner herabgeblickt (Márcia Denser, Sônia Coutinho, Renata Pallotini). Auf gleicher Höhe finden sich nur die Blicke von Frau zu Frau (Márcia Denser, Edla van Steen, Myriam Campello). Das Ergebnis der Begegnungen oder Beziehungen ist in den meisten Fällen nicht Erfüllung, sondern Einsamkeit (Cecília Prado, Cristina de Queiroz, Renata Pallotini, Sônia Nolasco Ferreira, Sônia Coutinho). Die Arbeitswelt und das Geld spielen so gut wie keine Rolle, was wohl an der privaten Sphäre des Themas "Liebe" liegt.

In der Flüchtigkeit der erotischen Begegnungen (oder der Erinnerung daran) kann man einen Grund für die Form der kurzen, intensiven Erzählung sehen. Länger anhaltende Beziehungen verlangen einen größer gespannten Bogen, was nur der Roman leisten kann, der zur beliebtesten Ausdrucksform der schreibenden Brasilianerinnen gehört. Bisher überwiegen auch hier die privaten, familiären Themen.

Tochter-Mutter- und Tochter-Vater-Verhältnis

Um die Befreiung der Tochter vom Druck der Mutter geht es in der Romanen *Dôra, Doralina* (1975) von Rachel de Queiroz und *O penhoar chinês* (1985) von Rachel Jardim. Erstere war 65, letztere ca. 55 Jahre alt, als sie zu diesem Thema fanden. In einem Land, in dem die Mutter immer noch hochverehrt und als Inbegriff alles Guten angesehen wird, wagten die beiden

Frauen erst im Großmutteralter, an dieser Institution zu rühren. Auch wenn *Dôra, Doralina* schon allein vom Szenario her (Ceará - Rio de Janeiro) autobiographische Züge hat, so ist dies doch ein vorwiegend fiktionaler Roman,[9] während in *O penhoar chinês* zweifellos die Erinnerung der Autorin an ihre wohlsituierten Eltern und ihr eigener Werdegang (Heirat, Scheidung, Berufstätigkeit, Erfolg als Schriftstellerin) verarbeitet und nur leicht (z. B. durch Namenänderung: Palma, d. h. Juiz de Fora) verfremdet werden. In Rachel de Queiroz' Roman wird das Bild von der Mutter, die nur das Beste für ihre Kinder will, zerstört. Der erste der drei Teile trägt den Titel "O livro de Senhora". Mit "Senhora" redet die aufsässige Tochter Dôra traditionsgemäß ihre Mutter an; diese Höflichkeitsform entspricht dem heutigen "Sie", bedeutet aber auch "Herrin". Die Senhora, eine Witwe, unterdrückt ihre Tochter, wo immer sie kann, besonders im Hinblick auf das ihr zustehende Erbe, vermittelt ihr sogar den Ehemann, der als Landvermesser auf die Fazenda im Inneren von Ceará gekommen war. Nach der Heirat kommt der Schock: Dôra entdeckt, daß ihr Mann der Geliebte ihrer Mutter ist und von ihr ausgehalten wird. Sie läßt ihn durch einen Getreuen töten, schließt sich einer Wanderbühne an und kehrt erst nach dem Tod ihrer Mutter auf die Fazenda zurück, deren Herrin, "Senhora", sie nun selbst ist.

Dôra geht es um die Befreiung von der Bevormundung durch die allmächtige Mutter und um ihre Stellung in der "Gesellschaft"; die Rolle der Ehefrau an sich wird nicht in Frage gestellt. *Dôra, Doralina* ist daher eher ein "Künstlerroman", während *O penhoar chinês* im neuen Sinne ein echter "Frauenroman" ist. Im Bilde ihrer Mutter spiegelt sich die Erzählerin und erkennt, wie weit sie sich von diesem "Vorbild" bereits entfernt hat. Auch sie ist zu Beginn der Erzählung allein und zeichnet die Zeit ihrer Kindheit und Reifung zur selbständigen Frau nach. Leben und Eheleben ihrer Eltern werden dabei zum Paradigma der verlorenen Zeit des brasilianischen "Frühkapitalismus" in der ersten Hälfte dieses Jahrhunderts und der damals noch klar definierten Rollen von Mann und Frau: der Vater als Symbol der "virilidade", aktiv, finanziell erfolgreich, im öffentlichen Leben stehend und nach den ersten Ehejahren eine zweite Frau mit Kindern unterhaltend; die Mutter als Symbol der "feminidade", schön, sanft, stets weiß gekleidet, wohlhabend, zieht sich schweigend in einen eigenen Flügel des für sie gebauten Hauses zurück und befolgt den weisen Spruch des alten Dienstmädchens: "A mulher deve fingir que não sabe" (S. 27). Die Erzählerin, die, wie schon ihre Mutter, Elise heißt, wundert sich, daß beide Frauen diese Rollen akzeptieren, die Rol-

---

9 Cf. Ingrid Schwamborn: "Anotações a *Dôra, Doralina* de Rachel de Queiroz", in: Helmut Feldmann/Teoberto Landim (Hg.), *Literatura sem fronteiras*, Fortaleza 1990, S. 91 - 114.

le der legitimen und die der illegitimen Frau. Heute wäre die eine, so vermutet sie, gemäß ihrem schlummernden Talent vielleicht Schriftstellerin (wie sie selbst) geworden, statt nur zu lesen, Süßigkeiten für Familienfeste zuzubereiten und den Haushalt zu überwachen; die andere wäre wahrscheinlich selbständige Unternehmerin oder Abteilungsleiterin und nicht die "ausgehaltene" Geliebte eines reichen Unternehmers (S. 195 ff.). Die Zeiten, in denen sich Frauen mit der Rolle, die "andere" zu sein, abgefunden hätten, seien endgültig vorbei, allerdings auch die Zeiten der beschaulichen Handarbeiten - "tarefas femininas não existem mais" -, Tiefkühlkost und Textilindustrie hätten die Frauen freigemacht für andere Arbeiten. Doch die Erzählerin, die zu Beginn des Romans in die Villa ihrer verstorbenen Mutter nach Minas Gerais zurückkehrt, beendet schließlich die Stickerei an einem chinesischen Morgenmantel, die sie zusammen mit ihrer Mutter vor längerer Zeit begonnen hatte. Indem sie die Fäden der vergangenen Zeit filigranartig zusammenfügt, erkennt sie, daß sie, die alternde Schriftstellerin, das Schicksal der verlassenen Frauen der Generation ihrer Mutter teilt: Einsamkeit.

Rachel Jardim schildert in diesem Roman, wie sie die politisch, künstlerische und sexuelle Freiheit der frühen 60er Jahre erlebt hat, in denen die Südstadt Rio de Janeiros, v.a. Copacabana, zum Zentrum der brasilianischen Künstlerbohème geworden war. Diese Verhältnisse änderten sich mit der Repression im Zuge des Militärputsches (1964), die die jungen Leute zu Widerstandskämpfern machte. Doch die Erzählerin, die bereits älter war, kämpfte einen anderen Kampf: auf ihren besonderen Wunsch hin mußte ihr Mann das Haus verlassen (S. 57); danach sorgte sie selbst für ihren Unterhalt und den ihrer beiden Kinder und übernahm damit Vater- und Mutterrolle zugleich - der Preis für die Unabhängigkeit. Für die stark autobiographische Seite ihres Werkes gab Rachel Jardim der Interviewerin Sônia Coutinho die Erklärung, daß sich Frauen im allgemeinen stärker verausgaben würden, wenn sie schrieben: "Clarice Lispector, por exemplo, joga-se inteira em sua obra" (*O Globo*, 29.6.1985). Was Rachel Jardims Romane von der reinen Memoiren- und Bekenntnisliteratur unterscheidet, ist der zum Poetischen und Imaginären tendierende Stil:

> São nove horas e termino o jantar. A casa se expande, fazendo-me sinais, emitindo os ruídos que eu, em criança, apreendia. Dentro da caixa de relógio de Herr Rommel, o tempo aprisionado movimenta-se. Como numa fração de segundos, eu passara a ser a dona, a herdeira dos mortos. Não sei mais neste momento o que está visível ou invisível (S. 200).

Auch Sônia Coutinho (geb. 1940) hat nicht nur wegen der Thematik ihres Schreibens, sondern vor allem aufgrund ihrer ungewöhnlichen Sprache Aufsehen erregt und sich als eine der kreativsten und agressivsten brasilianischen

Schriftstellerinnen durchgesetzt. Wie Rachel Jardim und Rachel de Queiroz kam sie aus der "Provinz" (Bahia) und ging wie diese in den "Süden" (Rio de Janeiro), um sich vom Druck der Familie und den provinziellen Konventionen zu befreien.

In ihrer längeren Erzählung, *O jogo de Ifá* (1980) - Ifá ist eine afrikanische Gottheit, die aus großen Muscheln die Zukunft vorhersagen kann -, kehrt die androgyne Gestalt Renato/Renata (in ausdrücklicher Anspielung auf Virgina Woolfs *Orlando*, S. 24) in die "Stadt" (Salvador) zurück, um Eltern und Freunde zu besuchen, d. h. Vergangenes präsent zu machen und über sich selbst Klarheit zu gewinnen, wobei ein Blick in die Zukunft hilfreich sein soll. Trotz aller literarischer Verfremdungstechniken und der Ausfächerung des Themas der Selbstfindung in beide Geschlechter und trotz des Lokalkolorits von Bahia sticht als Hauptmotiv dieser Erzählung die Rebellion der erwachsenen Tochter gegen die Mutter und ihre "insinuações matrimoniais" (S. 36) hervor. Sie verläßt das elterliche Haus ("saiu batendo a porta"), denn sie wollte verhindern, genau so zu werden wie ihre Mutter:

> Pois sua mãe nem imaginaria como se sustentar sozinha, não tinha terminado sequer o curso primário. Tampouco conseguiria viver fora dos códigos vigentes, segundo os quais uma desquitada era uma 'marginal'. - Tornar-se uma mulher desquitada seria a ruína para sua mãe, ela poderia muito bem, ahn, cair nas mãos de 'pessoas inescrupulosas'. E, certamentu, a maioria de suas antigas amigas não se lembraria mais dela para nada, deixaria de receber quaisquer convites. Então, sua mãe não largou o seu pai e viveram os dois juntos e se odiando para sempre (S.54).

Durch die sarkastische Ablehnung dieser Ehefrauen- und Mutterrolle wird gleichzeitig auch der Vater oder mögliche Ehemann in seiner Rolle als "Haupt der Familie", als Herr und Gebieter über Frau und Kinder, angezweifelt. Für ihre Geschwister in der Provinz läßt die Erzählerin das alte Modell, "os códigos sociais", noch gelten, für sich selbst hat sie - wie die Autorin - die Konsequenz gezogen: sie lebt allein in einem kleinen Apartement in Rio de Janeiro, verdient selbst ihren Lebensunterhalt und ist "dona do seu nariz" (ihr eigener Herr!) (*Os venenos de Lucrécia*, S. 48).

In Helena Parente Cunhas Erzählung *O pai* (dt. *Der Vater*)[10] übt der Vater ständigen Druck auf seine erst kleine, dann halbwüchsige Tochter aus, um sie zu einem "richtigen" Mädchen zu formen und - wie die Erzählerin insi-

---

10 Helena Parente Cunha: "Der Vater", in: Kay-Michael Schreiner (Hg.), *Zitronengras. Neue brasilianische Erzähler*, Köln 1982, S. 210 - 213. Bras.: "O pai", in: *Os provisórios*, Rio de Janeiro 1980, S. 1 - 4.

nuiert - um sie daran zu hindern, die "Mauer" (zu den Jungen und zum Wissen) zu überspringen.

Loslösung aus der Ehe

Um dieses Problem oder gesellschaftliche Phänomen geht es in Helena Parente Cunhas erstem Roman, *A mulher no espelho* (1983). Es handelt sich hierbei nicht um eine Autobiographie, denn Helena Parente Cunha (geb. 1929) ist als einzige der hier vorgestellten Autorinnen seit dreißig Jahren mit demselben Mann verheiratet.

Eine Frau, die lebt, und eine, die dieses Leben "schreibt", werden sich im Verlauf der Erzählung im Präsens (mit einigen Rückblenden) klar, daß ihr Familienleben praktisch zu Ende ist: ihr Mann ging immer häufiger mit billigen Eroberungen aus (S. 65), bis er nach einem Karnevalsdienstag nicht mehr zurückkam. Der älteste der drei erwachsenen Söhne ist drogenabhängig, der mittlere homosexuell, der jüngste ständig betrunken - sie selbst immer häufiger allein zu Hause. Vor dem Spiegel macht sie sich selbst Mut (S. 82) und faßt einen Entschluß:

> Eu vou virar a mesa. De agora por diante estou livre de todo e qualquer preconceito. Necessito de gozar a vida da qual fui banida. Continuarei a criar a minha realidade de independência da mesma forma que inventei a minha submissão (S. 84 f.).

Tatsächlich kommt ein Freund des Hauses mit einer Lebensversicherung und verführt sie, wie gewünscht. Danach ist sie auf der Suche nach neuen Erfahrungen; die Männer werden immer jünger, u. a. wird sie besonders von einem Candomblé-Tänzer mit glänzend schwarzer Haut angezogen; er wird ihr Geliebter, den einer ihrer Söhne erschießen will, wobei er selbst erschossen wird. Ihre schwarze Amme hatte ihr schon als kleines Mädchen gesagt: "menina branca não deve se misturar com menino preto" (S. 12).

"Sie" ist eine mehrfach "reflektierte", aber nicht gebrochene Frau in reiferen Jahren, die sich meist sehr poetisch ausdrückt, besonders wenn sie Angst hat:

> Sim, eu sou eu, diante dos meus espelhos que me somam e me superpõem. Mas não me fundem. A mulher que me escreve arrasta-se na máquina e olha os pés. Roídos. Ela escarnecia dos meus ratos e agora eles

estão aí, os meus ratos, a lhe roerem os pés. Ela tem medo, muito medo. Eu sorria e lhe aceno, apontando o sótão. Ela conhecera as paredes sem espelhos, as paredes cegas, as paredes paredes (S. 83).

Sie hat Angst vor der Einsamkeit, dem Tod oder auch zunächst vor dem Schritt in die Selbständigkeit (der allmächtige, strafende Vater und die Mauer tauchen wieder auf; u. a. S. 73, 79).

Helena Parente Cunha ist in erster Linie Lyrikerin, sie horcht die Wörter auf ihre subtilen Klänge ab und verfaßt auch diesen Roman in einer rhythmisierten, lyrischen Prosa, die voller Abwechslung ist: variierter Monolog, fiktiver Dialog mit dem anderen Ich oder der Autorin, gelegentlich dichte Metaphernsprache oder zerbrochene Satzkonstruktion. Man hat es hier in erster Linie mit "Literatur" und nicht mit "Inventur" der Gefühle zu tun. Daher kann man den Eindruck gewinnen, die Befreiungsaktion ihrer Romanheldin sei ein vor allem theoretisches und ästhetisches, vielleicht sogar preziöses Erlebnis.[11]

Dagegen ist man geneigt, die Erzählerin in Rachel Jardims *Inventário das cinzas* (1980) mit der Autorin zu identifizieren, wobei sie nur die literarische Sprache und die rebellische Tendenz vor einer allzu deutlichen Zurschaustellung der eigenen Person bewahren. Der Roman war für sie ein Weg "schreibend das Leben zu bewältigen" (Irma Hildebrandt)[12] und anderen Mut zu machen, ebenfalls den Weg der Selbstfindung zu gehen. Der erste Schritt in Richtung zu ihrem "ser real" (S. 48) bestand für die Ich-Erzählerin im Austritt aus der Ehe, in der Absage an die Ehe als Institution. Dabei ging es ihr nicht um Abgrenzung gegen einen karrieresüchtigen Mann, wie in *Ich bin ich*, sondern um Loslösung aus einer konventionellen Bindung, in der ihr Mann nur eine Schattenrolle spielte. Trotzdem gleichen sich die Erfahrungen der Frauen beim Schritt in die neue Freiheit: "Para mim, romper o casamento significou precipitar-me de cabeça no vazio" (S. 57).

Die Mißachtung der Freunde und der Familie machte sie psychosomatisch krank (Asthma), sie erholte sich jedoch schnell durch Berufstätigkeit und die neu gewonnene Sicherheit, sich selbst und ihre beiden Kinder ernähren zu können, ohne Unterstützung des recht wohlhabenden Familienclans

---

11 Die *preciosité* der französischen *dames de lettres* des 17. Jahrhunderts war der erste Versuch der Frauen, als "Gruppe" in Gesellschaft, Kunst und Wissenschaft die gleichen Möglichkeiten und Rechte zu erlangen, wie sie für Männer seit Jahrhunderten üblich waren. Cf. Renate Baader: "*Dames de lettres*. Autorinnen der preziösen, hocharistokratischen und 'modernen' Salons (1649 - 1698)", in: *Romanistische Abhandlungen* 5, Stuttgart 1986.

12 Irma Hildebrandt: *Vom Eintritt der Frau in die Literatur. Schreibend das Leben bewältigen*, München 1983.

und ohne in einer neuen konventionellen Verbindung Schutz zu suchen, wie sie es früher getan hätte. Ihr neuer Partner bleibt jahrelang ihr Freund, ohne ihr "Herr und Gebieter" zu sein - bis er sie wegen einer Jüngeren verläßt. Sie ist inzwischen fünfzig Jahre alt und überdenkt ihre neue Situation als alleingelassene, alleinstehende Frau mit zwei erwachsenen Kindern.

Die alleinstehende Frau

Rachel Jardims *Inventário das cinzas* beginnt mit dem pathetisch klingenden Satz: "Nasci sob o signo da solidão" (S. 11). Hierdurch wird den bisherigen Konventionen entsprechend Mitleid erregt. Als die fünfzigjährige Protagonisten von ihrem langjährigen Freund verlassen wird, will sie zunächst - wie auch Helena Parente Cunhas gleichaltrige "Frau im Spiegel" - Selbstmord begehen, doch dann findet sie allmählich zu sich selbst, sieht das Alleinsein als ihr eigentliches, positives Schicksal an - und aus dem Haufen Asche, inventário das cinzas, entsteht "die neue Frau", die - wie die Autorin - im Beruf und als Schriftstellerin erfolgreich ist.

Rachel Jardim verausgabt sich ganz in ihrer literarischen Produktion, wie sie in dem o.e. Interview mit Sônia Coutinho bezeugte; dies sei ein allgemeiner Zug der heutigen Frauenliteratur: "A escritora joga consigo mesma, empenha-se tão profundamente no que faz a ponto de se desmascarar e de sangrar" (*O Globo*, 29. 6. 1985). Dagegen versteht es Sônia Coutinho, die Journalistin, als Autorin verschiedene Masken aufzusetzen und hinter einem oft spielerisch-surrealistischem Umgang mit der brasilianischen Sprache ihre Verzweiflung, Aggression oder "reformatorische" Absicht zu verbergen.

So kann es sich auch nur um ein Mißverständnis handeln, wenn *Cordélia, a caçadora* (1978) von der (Porno-)Zeitschrift *Status* als beste "erotische Erzählung" prämiert wird. Sônia Coutinho wurde damit zwar (relativ) berühmt und berüchtigt (wie nach ihr Márcia Denser), aber gründlich mißverstanden, was die anschließend veröffentlichen Erzählungen, *Os venenos de Lucrécia* (1978) bestätigen: in allen Kurzgeschichten versprüht Lucrécia/Cordélia/Sônia ihr Gift gegen das elterlich-männliche Establishment.

Cordélia, eine Frau mittleren Alters mit rotgefärbten Haaren und reichlichen Erfahrungen in der Vorstadt, begegnet endlich dem Mann, der sie heiraten will; er wird Papa genannt. Sie zieht zu ihm in das elegante Strandviertel Leblon, spielt die Rolle der Ehefrau; sie ist eine echte "Madame" geworden und glaubt nun, "Feliz e Protegida" (*Os venenos de Lucrécia*, S. 26) zu sein, da sie einen "homem que cuida de tudo e paga" (S. 22) gefunden hat.

Doch Papa nörgelt immer mehr an ihr herum und holt eines Tages die Lederpeitsche aus dem Schrank. Sie erträgt eine Weile "humilde" seinen Sadomasochismus, weil sie glaubt, das sei der Preis für die Ehe. Doch sie erkennt schnell den "mito dourado" (S. 27) vom Glück in der Ehe als Trugbild, zieht in ein eigenes, kleines Appartement in der belebten Avenida Nossa Senhora de Copacabana, geht zum Strand und "angelt" sich zum ersten Mal einen 19jährigen Beachboy. Am nächsten Abend, wieder selbstsicherer geworden, geht sie erneut "auf Jagd". Von der anfänglichen "vítima dos homens" ist sie zu "Cordélia, a caçadora", von der Gejagten zur Jägerin geworden. Die Behandlung durch den eigenartigen Ehemann wird ausführlich und ironisch (Großschreibung der Denk-Clichés) dargestellt, die Wandlung findet innerhalb weniger Sätze gegen Ende der Erzählung statt. Bis zur Trennung von Papa redet die Erzählerin ihre Protagonistin mit "você" an, nach der Rebellion gegen die Opferhaltung sagt sie "nós". Beides wirkt etwas artifiziell, trägt jedoch zur Verfremdung des Textes bei; es ist allerdings nicht sicher, ob Cordélia und die Erzählerin zuletzt "eins" geworden sind - oder ob sie zu zweit auf Jagd nach namenlosen jungen Männern gehen.

Für Sônia Coutinho ist Cordélia typisch für Copacabana, wie sie in einem Interview (*O Globo*, 4. 11. 1985) sagte: "A mulher de Copacabana é de classe média baixa, que pinta o cabelo de acaju, passeia com seu cãozinho pequinês e é desquitada". Wie man seit *Cordélia, a caçadora* weiß, ist sie dabei stets auf der Suche nach einem neuen Mann und dem Traum vom undefinierten, großen Glück.

Mit der überzeichneten Figur der Cordélia wird sich die Autorin kaum identifizieren, doch den langen inneren Monolog "Doce e cinzenta Copacabana" aus demselben Erzählband scheint sie sich von der Seele geschrieben zu haben: alle Motive ihres eigenen Werdegangs (von der Provinz in die Großstadt, Selbständigkeit als *free-lance*, Ablehnung der Ehe etc.) klingen an diesem grauen Morgen an, an dem die Erzählerin in ihrem winzigen Apartement aufsteht, in der Confeitaria Colombo allein frühstückt, an ihren augenblicklichen Freund, "o sujeito casado", und an die "prósperas famílias da Zona Sul, que tédio!" denkt (S. 41), in ihre graue Unordnung zurückkehrt und mit dem Gedanken an Selbstmord spielt. In *O último verão de Copacabana* (1985), Sônia Coutinhos bisher letztem Erzählband, vertauschen jedoch diese alleinstehenden, teils lebenslustigen, teils verzweifelten Frauen reiferen Alters - wie Caio Fernando Abreu sagte (*Veja*, 18. 12. 1985) - stets den geplanten Selbstmord mit zwei Metern Platz am Strand, wo sie ihr Handtuch ausbreiten, um sich zu sonnen und "wiederaufzubereiten". Oder sie gehen zum Psychoanalytiker "Dr. Klaus", der durch seine nichtssagenden Reden besticht.

In der letzten Geschichte dieses Erzählbandes, "A liberdade secreta", berichtet eine Ich-Erzählerin von der Begegnung mit ihrer besten Freundin von früher. Ohne lange erzählerische Umwege entstehen zwei scharfe Kontrastbilder: hier die glücklich Verheiratete, die von ihrem Mann und den Kindern nie allein gelassen wird, die sorgende und umsorgte Ehefrau, die allerdings die Erlaubnis ihres Mannes benötigte, um allein - was sollen die Nachbarn denken? - verreisen und die Freundin in Copacabana besuchen zu können. Auf der anderen Seite die in einem schummrigen Zimmer allein lebende Ich-Erzählerin, die ihr gemeinsames Gelübde, "o Voto" (auch hier wieder Ironie und Großschreibung), etwas Großes zu vollbringen, wenigstens durch die Flucht aus den bürgerlichen Konventionen und mit kreativem Kunsthandwerk gehalten hat. Die Freundin aus der Provinzstadt berichtet, daß es alle Freunde zu etwas gebracht hätten; auch sie trägt erlesene Kleidung, während sie sich über die selbstgemachte Bluse, die vielen Ketten und das zigeunerhaft-lässige Äußere der Anderen wundert, sie aber mit leichtem Neid nach ihren vermutlich aufregenden Erfahrungen mit vielen Männern befragt. Als die gepflegte Ehefrau der Alleinstehenden anbietet, gemeinsam einkaufen zu gehen, ihr Mann habe ihr das nötige Geld dafür mitgegeben, erfindet sie eine Ausrede und verabschiedet sich für immer von dieser Jugendfreundin, wobei sie sich die "geheime Freiheit" nimmt, wenig ladylike diese Erzählung und den gesamten Band mit einem Fluch zu beenden: "Merda, ela trouxe milhões só para gastar em roupas!" (S. 132).

Dieses ausdrückliche Bekenntnis zum Alleinsein und Alleinbleiben findet man bei Anna Maria Martins nicht. Trotzdem hat auch sie eine kurze Erzählung in ihrem Band *Katmandu* (1983) veröffentlicht, die einen Aspekt des tatsächlichen Lebens einer alleinstehenden Frau schildert: die Gewalt, die in diesem Fall frei von Vergewaltigung ist, und die Angst davor. - In "O contra-ataque" eignet sich die alleinstehende Frau aus einem Buch Guerillakampfmethoden zur Verteidigung an, nachdem sie schon zweimal in ihrer Wohnung überfallen und ausgeraubt worden war. Doch bei einem Banküberfall wird sie als Kundin zufällig erschossen. - Eine beinahe alltägliche Geschichte aus São Paulo.

Einen lebensechten Bericht liefert auch Francisca Souza da Silva mit *Ai de vós* (1983; dt. *Tagebuch eines brasilianischen Dienstmädchens*, 1986). Auch diese Farbige lebt allein, jedoch unter ganz anderen sozialen Bedingungen als die bisher erwähnten Autorinnen, die zum gehobenen Mittelstand und zum "Bildungsbürgertum" gehören. Allerdings hat sie ihren Lebensbericht nicht aus eigenem Antrieb, sondern - gemäß dem Vorwort - auf Anraten von Ivra Mendes de Moraes Duvivier aufgeschrieben, die daraus ein maschinenschriftliches Manuskript anfertigte, das auf Umwegen in die Hände des inzwischen verstorbenen Arztes und Schriftstellers Pedro Nava gelangte, der die Veröffentlichung veranlaßt haben dürfte. Ihr erschütternder Bericht wurde vorübergehend zum Bestseller in Brasilien.

Bis die Erzählerin zur Zeit der Niederschrift des "Tagebuchs" Großmutter wurde, hatte sie im brutalen Überlebenskampf nur ihre "nackte Haut" und ihr gutes Herz gerettet; mehr als Dienstmädchen oder Zugehfrau konnte sie nicht werden, anders hat sie es auch gar nicht erwartet. Ihren jeweiligen Männern läuft sie weg, sobald sie zu sehr geschlagen oder mit anderen Frauen betrogen wird, doch ihre Kinder behält sie und tut alles, um ihr Überleben zu sichern - allein. Sie wechselt häufig Jobs, Freunde, Männer, Unterkünfte - Stabilität in diesen Dingen ist Luxus einer anderen Bevölkerungsschicht, die in ihrem Bericht nur gelegentlich als "Dienstherr" oder "Dienstherrin" von weitem auftaucht. Pedro Nava sagt dazu in einer Art Vorwort, sie schildere das Leben eines großen Teils der brasilianischen Gesellschaft, "der verschlossener als eine Muschel ist" (S. 6). Der bekannte Memoirenschreiber übersieht in seiner ansonsten sehr umsichtigen Bewertung dieser Autobiographie, daß sie das Leben in der Unterschicht aus der Perspektive einer Frau schildert, was doppelte Unterdrückung bedeutet: einmal durch die ökonomische und kulturell höher stehende Schicht, zum anderen durch fast jeden Mann. Ein Mann beansprucht auch in der untersten Schicht, in der baufälligsten Hütte, die Macht über die Frau, wie man hier wieder erfährt. Mit den Kindern läßt er sie dann allein. "Franciscas Los ist das von Millionen Franciscas" (Pedro Nava).

Doch Francisca weint und jammert nicht, sie schlägt zurück, wenn sie geschlagen wird, zunächst mit Händen und Füßen, zuletzt mit diesem "Tagebuch", das jedoch mit einem versöhnlichen Lächeln endet. Vielleicht wurde es daher als eine Art Schelmenroman zum Bestseller, der nichts verändert. (Die für die Testimonialliteratur typische soziale Anklage geht hier im Pittoresken unter).

Als Francisca die Geschichte ihres Lebens veröffentlichen ließ, war sie vierzig Jahre alt und hatte schon drei Enkel. Sie sei "zwar nicht glücklich, aber auch nicht unglücklich" (S. 190), sagt sie abschließend. Das vierzigste Jahr selbst war ihr keinen einzigen Satz wert.

Das vierzigste, das fünfzigste Jahr

Dagegen ist - wie man aus *O último verão de Copacabana* schließen kann - für Sônia Coutinho das vierzigste und für Rachel Jardim das fünfzigste Jahr zur Obsession geworden. In "O dia em que Mary Betson fez 40 anos" schildert Sônia Coutinho einen Tag im Leben einer alleinstehenden, berufstätigen Frau - es ist ihr 40. Geburtstag, ein Tag so bitter-süß wie in "Doce e cinzenta Copacabana". Die Erzählerin versetzt sich in die Rolle der erwachsen gewordenen Mary Betson, des kleinen Mädchens aus den amerikanischen Comics, das nur "Shazan" (Abrakadabra) zu sagen brauchte, und schon geschahen die tollsten Dinge, zum Beispiel konnte sie fliegen, sie war Mary Marvel. Die vierzigjährige Mary Betson erkennt nach zwei gescheiterten Ehen, daß sie keine Wunder mehr zu erwarten habe, die Zeit des "amour fou" sei vorbei (S. 69), und so reich werde sie wohl auch nicht mehr werden, daß sie sich ein Penthouse in Leblon, eine schwarze Limousine und teure Kleider würde leisten können. Ein Ex-Freund hilft ihr am nächsten Abend bei einem Essen im Restaurant mit brüderlichem Verhalten über ihre Einsamkeit hinweg. (Dazu gehört das unausgesprochene Kontrastbild: die wahrscheinlich pompöse Geburtstagsparty ihrer verheirateten, wohlsituierten und "behüteten" Jugendfreundin). Obwohl Mary Betson einen Kloß im Hals spürt, scheint sie doch stolz auf ihre Selbständigkeit zu sein und keine grundlegende Änderung dieser Situation, die durch kein Kind kompliziert wird, herbeizuwünschen.

Sônia Coutinhos alleinstehende Frauen brauchen auf Dauer weder Hilfe noch Mitleid, auch wenn sie momentane Schwächeanfälle zeigen, und auch nachdem sie das vierzigste Jahr überschritten haben und "mittleren Alters" sind. Doch Vorsicht: "cuidado com o ridículo na meia-idade" (S. 57), sagte Helenas Ex-Ehemann in der Titelgeschichte "O último verão de Copacabana" zu ihr. Bisher wurde in der Literatur viel über die "erste Nacht" einer Frau (und eines Mannes) geschrieben. Helena denkt über die mögliche letzte dieser Art nach, "uma noite de amor, quem sabe a última" (S. 60).

Diese Erfahrung hat die fünfzigjährige Erzählerin von Rachel Jardims *Inventário das cinzas* gerade hinter sich; ihr langjähriger Freund hat sie wegen einer Jüngeren verlassen, und sie will sich das Leben nehmen. War der 40. Geburtstag im Leben der Mary Betson ein mehr mathematisches Datum, so zeigt das 50. Jahr bei Rachel Jardims Erzählerin spürbare Veränderungen: sie befindet sich in der Menopause, die ihr Schwierigkeiten bereitet, sie fühlt sich "mais frágil, mais humilhada, mais a mercê de forças que não conseguia controlar" (S. 33). Auf ihr bisheriges Leben zurückblickend ist sie dabei, ihre neue innere und äußere Situation, d. h. Unfruchtbarkeit und Alleinsein, zu verarbeiten. Ein weiterer Schock: "Sempre tão 'feminista' e ultimamente a sensação de não ter sexo definido!" (S. 83).

Einerseits rebelliert sie mit gelegentlich zu auffälliger Kleidung gegen die harte Realität des Älterwerdens, andererseits steht sie voll zum Altwerden und lehnt es ab, die Haare zu färben oder sich liften zu lassen wie andere, "tudo isso para agradar aos homens" (S. 66). In einem Land, wo so viel Wert auf Äußerlichkeiten bei Männern und Frauen gelegt wird wie in Brasilien und daher Schönheitsoperationen zum Alltäglichen gehören, kommt Rachel Jardims Plädoyer für ihre Falten um die Augen einem Aufstand gegen "um bando de mulheres" (S. 123) gleich. Sie hat ihr neues Stadium akzeptiert und will nun in Ruhe alt werden, d. h. sie allein will sich dabei beobachten:

> A minha forma de opor resistência à velhice é prestar-lhe plena atenção. Conheço todas as suas marcas em mim, as externas e as internas. Seu apossar-se é subterrâneo e surdo, mas percebo as suas pegadas como os índios, que põem o ouvido no chão para descobrir passos longínquos. Não resisto à velhice, mas também não me abandono a ela (S. 146).

Einsamkeit und Tod erkennt sie als das eigentliche Ziel ihres Lebens, zu dem die Liebe nur eine illusionäre Brücke (Kapitelüberschrift "A ponte") gebildet hatte. - Die Kinder werden nur beiläufig erwähnt, sie scheinen keine "Stütze des Alters" mehr zu sein. (Auch in Brasilien steigt jedes Jahr die Lebenserwartung, wie im *Anuário estatístico do Brasil* festzustellen ist).

Krankheit und Tod

Lya Luft (geb. 1938) hatte 1977 einen schweren Autounfall, nach dem sie mehr als ein Jahr lang ans Bett gefesselt war. Vorher hatte sie zwei Gedichtbände (1962, 1972) veröffentlicht, eine wöchentliche Kolumne in einer Zeitung in Porto Alegre übernommen und Übersetzungen aus dem Deutschen und Englischen angefertigt; darüber hinaus war sie elf Jahre lang Hochschullehrerin für Linguistik. Sie war mit Celso Pedro Luft, u. a. Verfasser des *Dicionário de literatura portuguesa e brasileira* (Porto Alegre, [1]1969), verheiratet und hat drei Kinder. Von 1985 bis 1988 lebte sie mit Hélio Pellegrino in Rio de Janeiro. Ihr Gedichtband, in dem sie den Tod ihres Geliebten beklagt, *O lado fatal* (1989), stand monatelang auf den Bestsellerlisten.

1980 erschien Lya Lufts erster Roman, *As parceiras*, mit dem sie über Porto Alegre hinaus bekannt wurde. Seitdem hat sie drei weitere Romane veröffentlicht, *A asa esquerda do anjo* (1981), *Reunião de família* (1982), *O quarto fechado* (1983); 1984 folgte ein Lyrikband, *Mulher no palco*. Der umfangreichste dieser "Romane" umfaßt 140 Seiten; Lya Luft selbst nennt *As parceiras* "uma novela", *A asa esquerda do anjo*, "um romance" (*O Estado de São Paulo*, 21. 6. 1981).

In ihren Romanen hat Lya Luft eine Verdichtung der Thematik, der Atmosphäre, der Sprache erreicht, wie man sie nur in der Lyrik findet. Jedes Wort hat sein spezifisches Gewicht, das man erst am Ende der Erzählung ermessen kann; danach muß man zum Anfang zurückkehren, denn der erste Eindruck ist verwirrend, wie beim Eintritt in eine neue Gemeinschaft oder ein neues Haus. Alles ist neu an Lya Lufts ersten beiden Romanen, einmal das in Brasiliens Literatur lange Zeit tabuisierte Thema Krankheit und Tod, zum anderen ihre Sprache. Im dritten und vierten Roman wird die Thematik in "abartige" Formen der Liebe innerhalb einer Familie erweitert, doch auch hier ist das Zentrum der Ereignisse der Unfall mit Todesfolgen eines Familienmitglieds.

Die Form der vier Romane ist stets geschlossen: 1. eine Woche in einem Strandhaus, Sonntag bis Samstag, jeder Tag ein Kapitel; 2. drei Tage im Haus des Vaters; 3. ein Wochenende im Haus des Vaters; 4. eine Nacht am Sarg des toten Sohnes/Bruders/Enkels. Ausgehend von dieser "tatsächlichen" Situation wird durch Erinnerungen, Träume, Ängste, Phantasien diese augenblickliche Wirklichkeit zunächst vaporisiert, um dann zuletzt wie mit einem Schlag komprimiert zu werden. Gesehen, gehört, erlebt, berichtet werden diese Schicksalsschläge in den ersten drei Romanen von einer weiblichen Person, im letzten wechselt die Perspektive zu mehreren Familienmitgliedern, was der Natürlichkeit der Erzählung etwas abträglich ist.

In *As parceiras* hat sich Anelise in das verfallene Strandhaus ihrer Familie zurückgezogen, um mit sich ins Reine zu kommen. Nach und nach wird in ihren Erinnerungen ein Teil ihrer Familiengeschichte aufgerollt. Die Geschichte beginnt und endet mit ihrer Großmutter, Catharina von Sassen, die mit vierzehn Jahren von ihrer Mutter an einen brutalen, wohlhabenden, älteren Mann verheiratet worden war, und die sich durch Flucht in ein Zimmer im Dachgeschoß vor ihm versteckte. Er suchte sie dort gelegentlich auf, woraufhin sie vier Töchter gebar, die, wie auch das Haus, von einem alten deutschen "Fräulein" versorgt wurden. Das Unglück zieht in vielfältiger Weise in dieses Haus ein: zunächst springt Anelises Freundin Alice von einem Felsen, ihre Eltern kommen bei einem Flugzeugunglück ums Leben, und ihre Schwester muß ihrem Mann vor der Ehe versprechen, keine Kinder haben zu wollen, da die Großmutter verrückt war und die Tante eine Zwergin ist. Anelise heiratet Tiago, will unbedingt Kinder, erlebt vier Fehlgeburten, und als endlich ein Kind zur Welt kommt, hat es einen Hirnschaden und lebt nur zwei Jahre. Nach seinem Tod geht Anelise ins Strandhaus, um sich von ihren Mann zu trennen.

Auf dem Hügel oberhalb des Hauses war während dieser Woche eine mysteriöse Frau aufgetaucht. Zuletzt geht die Erzählerin hinauf, sie hat sie nun erkannt. Der letzte Satz, "descemos de mãos dadas", sagt nichts darüber, mit wem und wohin sie hinuntergeht. Doch kurz zuvor hatte sie daran gedacht, wie ihre deutsche Großmutter mit 46 Jahren die Balkontür aufgemacht hatte und mit ihrem wehenden weißen Kleid drei Stockwerke tief gesprungen war.

(Man hatte sie zuvor ertappt, wie sie die junge Krankenschwester umarmte.) Nun sind sie Partnerinnen, "parceiras".

Eine Familiengeschichte, die in einem Haus voller Frauen spielt, in das Männer nur vorübergehend eintreten. Sie alle sind Partnerinnen im Unglück bis ins dritte und vierte Glied, an dessen Ursprung das Unverständnis oder die Unverträglichkeit zweier Partner (Großmutter und Großvater) stand.

In *A asa esquerda do anjo* ist ein "parto" das zentrale äußere Ereignis. "Parto" kann hier nicht einfach mit "Geburt", sondern muß eher mit "Loslösung", "Erlösung" übersetzt werden. - Innerhalb von drei Tagen (als kursiv gedruckte Parallelen zu den sechs Kapiteln) wächst etwas in der Protagonistin heran, das sie endlich wie einen riesigen Bandwurm unter Schmerzen gebiert: ein formloses Wesen, ohne Identität, mit dem sie sich eins fühlt. - Lya Luft gibt in einem Interview (*O Estado de São Paulo*, 21.6.1981) selbst einen Hinweis auf die Deutung dieser eigenartigen Geburt: "A mulher, socialmente está descobrindo a si mesma, realizando o que faz a personagem central do meu livro, parindo a si mesma, com agonia e sofrimento." Parallel zu dieser schweren Geburt erinnert sich die Erzählerin an ihr Leben vom siebten Jahr an im Kreise ihrer Familie, die von der strengen "Frau Wolf", Giselas Großmutter, mit den Ritualen der Deutschstämmigen in Südbrasilien zusammengehalten wird: es darf im Hause nur deutsch gesprochen werden, die Kinder müssen die "gotische" Schrift lernen, Weihnachten wird mit deutschen Liedern gefeiert und geheiratet werden darf auch nur unter Deutschstämmigen. Die erste Ausnahme hierzu: Giselas Mutter, die fast wie eine Ausländerin aus einer sonnigen, nördlichen Provinz in diesen südlichen, europäisch-kühlen Teil Brasiliens gekommen war. - Ihre Tochter Gisela, die Erzählerin, fühlt sich unter den Augen der mißbilligenden Großmutter wie eine Mestizin. Sie hat Identitätsprobleme: ist sie nun Deutsche oder Brasilianerin? In der Schule wird sie während des Krieges (des zweiten Weltkrieges) wegen ihres Deutschtums von den "Brasilianern" gehänselt. Sie hat weitere Schwierigkeiten, sich anzupassen und ihren Platz in der Familie und der Gesellschaft zu finden, zum Beispiel ist sie Linkshänderin und wird gezwungen, mit der rechten Hand zu schreiben. Sie wird zu strikter Sauberkeit erzogen, muß aber erkennen, daß die Welt der Erwachsenen voller ekelhafter Geheimnisse steckt. Bei einer ersten Lektüre könnte man wie der Rezensent Wilson Chagas (*O Estado de São Paulo*, 21. 6. 1981) den Eindruck gewinnen, daß die Erzählerin es ablehne, erwachsen zu werden, und daß sie über den Untergang ihrer Familie durch Krankheit und Tod nachdenke, doch es bleibt eine "Verwirrung der Gefühle" zurück, die erst beim zweiten aufmerksamen Lesen geklärt wird: die Geisteskrankheit der Tante, ihr Tod, der Tod der Mutter, der Kusine, der Großmutter, des Verlobten, das sind schwere Schicksalsschläge für die Erzählerin, doch sie stehen in einem weiteren Gefühlszusammenhang, nämlich der Ablehnung, den Verlobten als Mann zu akzeptieren und ihn zu heiraten. Die Familiendramen vertuschen nur das innere Drama der Erzählerin, das von der ersten Seite an subtil aufgebaut wird: von Kindheit an liebt sie Anemarie, ihre blonde, perfekte Kusine mit den blauen Augen und dem wohlklingenden Cello. Anemarie fasziniert mit ihrer Musik alle, brennt aber mit dem jungen Mann ihrer Tante Marta, mit "tio Stefan", durch - die größte Enttäuschung in Giselas Leben:

> Estamos na sala de música. Anemarie toca: Frau Wolf contempla a neta com uma expressão branda que jamais dirige a mim. - No sofá, meus pais talvez pensem no filho que morreu. Tia Marta faz tricô junto à janela, as agulhas apostam corrida com o tique-taque dos relógios, tio Stefan está presente, entretido com o cachimbo [...] o violoncelo chora mansamente, num amor sem violência, sem penetração. - Presença de Anemarie: roupas um pouco fora de moda, cabelos como nunca vi iguais; música lembrando o Anjo de bronze, nossos olhares pousados nela sem a perturbarem, como se estivéssemos fora da sua redoma [...]. Mais tarde eu compreenderia que nesse olhar [de Stefan] ardia a mais cega paixão, e o último reduto dos meus sonhos estaria desmoronado (S. 70 f.).

Zehn Jahre später kehrt Anemarie todkrank (Gebärmutterkrebs) zur Familie zurück, stirbt zwei Tage später, "Frau Wolf" spuckt auf ihren Sarg. Gisela, die ewig Verlobte, träumt weiter von Anemarie, während sie alles ablehnt, was in sie eindringen könnte, sie "unrein" oder auch nur zu einer "guten" Hausfrau machen könnte: "Eu - continuo virgem: dona do meu corpo e da minha tranqüilidade" (S. 123).

Auch der beunruhigende Bronzeengel, der am Eingang zum Mausoleum der Familie Wolf steht, erhält in diesem Zusammenhang sein besonderes Gewicht: er ist einerseits Todesengel, andererseits verkörpert er mit seinen unbestimmten Formen (Junge oder Mädchen) das "reine", also unfruchtbare androgyne Wesen, zu dem sich die Erzählerin schon als Kind hingezogen fühlte. Sein linker Flügel hat einen Riß, die Linkshänderin bekennt sich zu ihrem Anderssein, sie bleibt bewußt unverheiratet und allein. Krankheit und Tod der Anderen sind die "Geburtshelfer" dieser Erkenntnis.

Lya Luft, geborene Fett, kommt aus einer deutschstämmigen Familie, der Bronzeengel zierte das Grab einer befreundeten Familie in Santa Cruz do Sul, ihrem Geburtsort, doch nichts an diesem vielschichtigen Roman sei autobiographisch, betonte die Autorin in dem oben erwähnten Interview. Es gehe vielmehr um die "análise de estados psicológicos, uma solidão humana, pressões e repressões que sofrem as pessoas, e que são comuns aos homens e mulheres", so die Interviewerin Fátima Regina Torre. Sie fügt jedoch hinzu:

"Mas Lya Luft acredita que somente a mulher escritora consegue transmitir a alma feminina com tanta intensidade" (*O Estado de São Paulo*, 21. 6. 1981). Zweifellos werden in Lya Lufts Roman eigene Erfahrungen verarbeitet, trotzdem handelt es sich stets um literarische Fiktion: in jedem Roman spielen eine "reunião de família" und ein "quarto fechado", in dem eine Kranke haust, eine große Rolle. Die verschiedenen Krankheits-, Unfall-, Todes- und Liebesarten dieser Familien bis hin zur Geschwisterliebe in *O quarto fechado* verbreiten eine ungewohnt morbide und dekadente Atmosphäre, in der sich zuletzt die Konturen der Personen vermischen und auch die "Frauenprobleme" ihre Schärfe und Dringlichkeit in der allgemeinen Düsternis verlieren - Krankheit und Tod betreffen Männer und Frauen gleichermaßen.

Erstaunlich ist die große Zahl schreibender Frauen in Brasilien, deren Werke auch veröffentlicht werden. Sie leben meist in Rio de Janeiro oder São Paulo, dem Sitz der großen Verlage, nur Adélia Prado ist bisher dem Sog der beiden kulturellen Zentren ausgewichen, obwohl ihre Bücher in Rio de Janeiro erscheinen.[13] Sie lebt als Lehrerin und Mutter von fünf Kindern in Divinópolis, einer Kleinstadt in der Nähe von Belo Horizonte. In ihren rustikalen Gedichten (*A bagagem*, 1976) und Kurztexten (u. a. *Solte os cachorros*, 1979, *Os componentes da banda*, 1984) findet man nicht die oft sehr direkte Absage an das Patriarchat und die Institutionen der Ehe wie bei den o.e. Autorinnen; Adélia Prado vertritt (mit einer gewissen poetischen Ironie) das bodenständige Brasilien, in dem jeder seinen Platz kennt, auch den in der Kirche.

Mit zunehmender Industrialisierung und "Entwicklung" nimmt auch die Zahl der lesenden und schreibenden Frauen (und Männer) in den Großstädten zu, wobei zugleich die Zahl der Alleinstehenden oder Alleinlebenden steigt, und die Zahl der Kinder in dieser Schicht sinkt (1988 insgesamt ca. 140 Mio., Prognose für 2020: 232 Mio.). Die Mehrheit scheint sich allerdings nach wie vor weniger mit "Frauenproblemen" als mit dem ewig neuen Thema "Liebe" zu beschäftigen, denn außer Francisca da Souza Silvas "Tagebuch" hat es allein Maria Colasantis kultivierte Plauderei mit guten Ratschlägen *E por falar em amor* in kurzer Zeit zum Bestseller gebracht (^{1}1984, ^{10}1986).

Der große Durchbruch, wie ihn "Die drei Marias" mit ihren *Novas cartas portuguesas* erlebten, oder wie ihn Marylin French mit *Women's Room* oder die Ex-Politikerfrau Judith Jannberg (Pseudonym) mit ihrem auch politisch relevant-pikantem Buch *Ich bin ich* (Taschenbuchauflage 1988 über 500.000)

---

[13] Autorinnen, die in der "Provinz" in kleinen, meist privaten Druckereien ihre Werke veröffentlichen, wurden nicht berücksichtigt, da diese oft nur im Freundeskreis oder innerhalb der jeweiligen Stadt bekannt sind.

oder gar Eva Heller mit *Beim nächsten Mann wird alles anders* (Auflage 1989 über eine Million) erzielten, steht für die brasilianische Frauenliteratur noch aus.

Autorinnen und Werke,
auf die in diesem Überblick näher eingegangen wurde

Cavalcanti, Joyce:
: *A costela de Eva*, 1980.

Colasanti, Marina:
: *A nova mulher*, 1980; *Mulher daqui pra frente*, 1981; *E por falar em amor*, 1984; *Contos de amor rasgados*, 1986; *Intimidade pública*, 1990.

Coutinho, Sônia:
: *Nascimento de uma mulher*, 1971 (contos); *Os venenos de Lucrécia*, 1978 (contos); *O jogo de Ifá*, 1980 (romance); *O último verão de Copacabana*, 1985 (contos); *Atire em Sofia*, 1989.

Cunha, Helena Parente:
: *Os provisórios*, 1980 (contos curtos); *Mulher no espelho*, 1983 (dt. *Ich und die Frau, die mich schreibt*, 1986).

Denser, Márcia (Hg.):
: *Muito prazer*, 1980 (contos eróticos); *O prazer é todo meu*, 1984.

Jardim, Rachel:
: *Inventário das cinzas*, 1980; *O penhoar chinês*, 1985.

Luft, Lya:
: *As parceiras*, 1980; *A asa esquerda do anjo*, 1981; *Reunião de família*, 1982; *O quarto fechado*, 1984; *Mulher no palco*, 1984 (poemas); *O lado fatal*, 1989.

Martins, Anna Maria:
: *Katmandu*, 1983 (contos).

Mertin, Ray-Güde (Hg.):
: *Tigerin und Leopard. Erotische Erzählungen brasilianischer Autorinnen*, 1988.

Piñon, Nélida:
A casa da paixão, 1972; *A república dos sonhos*, 1984.

Prado, Adélia:
Bagagem, 1976 (poemas); *Solte os cachorros*, 1979 (contos curtos); *Cacos para um vitral*, 1980; *Os componentes da banda*, 1984; *O pelicano*, 1988.

Queiroz, Rachel:
Dôra, Doralina, 1975; *A menina moura*, 1991.

Silva, Francisca Souza da:
Ai de vós! 1983 (dt. *Tagebuch eines brasilianischen Dienstmädchens*, 1986).

Steen, Edla van (Hg.):
O conto da mulher brasileira, 1978; *Memórias do medo*, 1981; *Corações mordidos*, 1983; *Até sempre*, 1985.

Telles, Lygia Fagundes:
As meninas, 1973 (dt. *Mädchen am blauen Fenster*, 1984); *Mistérios*, 1981 (dt. *Die Struktur der Seifenblase*, 1983) (contos).

Henry Thorau

THEATER IM WIDERSTAND

Um die Entwicklung des brasilianischen Theaters nach 1964 darstellen zu können, muß man bis in die 50er Jahre zurückgehen, bei der Gründung des Teatro de Arena (1954) und des Teatro Oficina (1958) in São Paulo ansetzen, denn diese beiden Ensembles haben das Theater des zu behandelnden Zeitraums bestimmt und auf eine ganze Generation von Theaterautoren, Regisseuren und Schauspielern prägenden Einfluß ausgeübt. Der Überblick über das Theater dieses Zeitraums muß sich auf wenige herausragende Gruppen und Autoren beschränken, deren Inszenierungen und Stücke als exemplarisch für die Zeit zwischen 1964 und 1984 gelten können. Aus den gleichen Gründen muß die Untersuchung sich auch auf die Metropolen São Paulo und Rio de Janeiro beschränken und kann das Theater in den Regionen nicht würdigen, zum Beispiel Hermilo Borba Filho und das Teatro Popular do Nordeste, Recife, oder Márcio Souza und das TESC (Teatro Experimental do SESC - Serviço Social do Comércio), Manaus, die beide in den 70er Jahren einen wesentlichen Beitrag zur Aufwertung authentischer Regionalkultur leisteten. Und das auch in Brasilien so reiche Kindertheater kann hier nicht ausreichend gewürdigt werden.

15 Jahre Diktatur, das ist die Hölle. Das prägt einen. Du bist in einer Diktatur aufgewachsen. Gut. Das ist klar. Aber jetzt hör mal auf und denk mal nach. Die Zeiten haben sich geändert. Hab doch mehr Mut.

Das sagt der in der Gewerkschaft aktive, erfahrene Metallarbeiter Otávio zu seinem Sohn Tião, ebenfalls Metallarbeiter, für den das private Glück vor der Streikmoral kommt, in einer Schlüsselszene von Leon Hirszmans Film *Eles não usam black-tie* ... Daß die Zeiten sich geändert haben, läßt sich erkennen, wenn man den Film von 1981 mit Gianfrancesco Guarnieris gleichnamigem Bühnenstück aus dem Jahr 1958 vergleicht. Der Film wurde am 14. März 1986 im ARD-Nachtstudio unter dem Titel *Ohne Schlips und Kragen* ausgestrahlt. Die deutschen Zuschauer erfuhren allerdings weder im Vor-

noch im Nachspann, daß es sich um die Adaption eines Klassikers des modernen brasilianischen Theaters handelte. Sie erfuhren auch nicht, daß der Autor ("Idee und Buch") Gianfrancesco Guarnieri selbst in der Rolle des Vaters sein Wort an die junge Generation in Brasilien richtete. In der Uraufführung am 22. Februar 1958 im Teatro de Arena, São Paulo, hatte er noch den jungen Streikbrecher gespielt, der sein privates Glück sucht. Damals hatte Maria, die von ihm ein Kind erwartet, ihm weinend mit auf den Weg gegeben: "Eu fico. Eu fico com Otavinho ... Crescendo aqui ele não vai tê medo ... E quando tu acreditá na gente ... por favor ... volta!"[1]

Aus der passiven, naiven Maria von einst, die, vom Verlobten verlassen, Zuflucht im Schoß der proletarischen Urzelle findet, ist im Film, 23 Jahre später, eine kämpferische, klassenbewußte junge Frau geworden, die über Abtreibung nachdenkt und die Maßnahme ergreift, den Ehemann dem Kollektiv zu opfern. Auch der Vater Otávio, der im Stück darauf vertraute, daß der verlorene Sohn in die intakte Familie zurückfindet - "Enxergando melhó a vida, ele volta."[2] -, verfolgt im Film eine härtere Gangart: "Dies Haus ist nicht mehr deins!"

Zugleich zeigt der Film Bilder einer immer brutaler werdenden brasilianischen Realität der 80er Jahre, für die ein Filmemacher wie Leon Hirszman, Mitbegründer der Centros Populares de Cultura in Rio de Janeiro, 1960, Ko-Autor der filmischen Favela-Milieu-Studien *Cinco vezes Favela* und Vertreter des Cinema Novo, besonders sensibel war: Polizisten erschießen einen minderjährigen *assaltante* auf der Flucht, ein armer alter Alkoholiker, Tiãos zukünftiger Schwiegervater, wird von einem *assaltante* erschossen. Bieder und prüde mutet die Textfassung von 1958 im Vergleich zu dem an freizügigen Szenen nicht sparenden Drehbuch von 1981 an. (Solche Szenen dürfen anscheinend in keinem modernen brasilianischen Film fehlen.) Die politisch eindeutigen Akzentuierungen hätte der deutsche Synchronübersetzer beim Heranziehen der deutschen Übersetzung *Sie tragen keinen Smokingschlips*, (Ost-)Berlin 1962, noch vergeblich gesucht.

Ist die neue, schärfere Zeichnung der Figuren Ausdruck eines neuen politischen Pragmatismus? Auch der politische Hintergrund der großen Massenstreiks von 1978 kommt in Hirszmans Film ins Bild (von ihm stammt auch der Film *O ABC da greve*, 1980), während in Guarnieris Stück Auseinandersetzungen der Arbeiter mit der Arbeitgeberseite und Verhaftungen nur kurz vom Farbigen Bráulio referiert werden. Diese Nebenrolle des Bráulio von

---

[1] Gianfrancesco Guarnieri: *Eles não usam black-tie*, in: Fernando Peixoto (Hg.), *Teatro de Gianfrancesco Guarnieri* I, Rio de Janeiro: Civilização Brasileira 1978, S. 104.
[2] Ebd., S. 105.

1958 hat Guarnieri im Film von 1981 zu einer zentralen, im Sinne des klassischen Dramas Mitleid erregenden Figur ausgebaut. Der gute Farbige, der den Streit zwischen rivalisierenden Arbeiter-Fraktionen schlichten will - "unsere Feinde sind doch diejenigen, die uns ausbeuten. Unser Feind ist die Unterdrückung" -, stürzt, von einem Scharfschützen der Polizei getroffen, tot auf der Straße zusammen und wird von den Arbeitskollegen in einem *velório* beweint, der in seiner melodramatischen Ausmalung die Totenwachen Nélson Rodrigues' übertrifft. Die Leichenprozession wird zu einer großen Demonstration gegen Unterdrückung und für die Freiheit. Hat Autor Guarnieri nach 28 Jahren so auf die Kritik reagiert, die ihm nach der Premiere des Stückes, bei aller Bewunderung, eine allzu romantisch-idealistische Weltsicht vorwarf?[3]

Dieser Vergleich von Stück und Film wurde so breit ausgeführt, weil die Unterschiede symptomatisch sind für die Entwicklung, die das moderne brasilianische Theater in diesem Zeitraum erfahren hat.

1958 aber war *Eles não usam black-tie*, wie der Theaterkritiker Sábato Magaldi rückblickend schreibt, das aktuellste Stück auf brasilianischen Bühnen.[4] Nie zuvor, darin waren sich alle Kritiker einig, sei das Thema Stadt, Industrialisierung und Ausbeutung so genau gezeichnet worden wie in diesem Stück, dem ersten aus der Welt der Arbeit. Es war, mehr noch, eines der Stücke, das dem europäisierenden Illusions- und Ausstattungstheater des 1948 vom Industriellen Franco Zampari gegründeten Teatro Brasiliero de Comédia, TBC, das damals in Brasilien eine kulturelle Vormachtstellung einnahm, erstmals "brasilianisches Theater" entgegenhielt.

In Auftrag gegeben und aufgeführt wurde *Eles não usam black-tie* vom Teatro de Arena, gegründet von ehemaligen Schülern der Escola de Arte Dramática de São Paulo, aus der das TBC seinen Schauspielernachwuchs rekrutierte. Der in der Studentenbewegung der frühen 50er Jahre aktive Guarnieri - er selbst war Mitglied des politischen Studententheaters TPE, Teatro Paulista do Estudante, das später mit dem Arena verschmolz - lieferte dem Teatro de Arena das erste Stück, das den brasilianischen Zuschauer mit der Realität des Proletariats konfrontierte. *Eles não usam black-tie* blieb ein Jahr auf dem Spielplan.

Der Erfolg von Stück und Aufführung veranlaßte Augusto Boal, der 1956, nach zweijährigem Regie- und Playwriting-Studium an der New

---

3   Oduvaldo Vianna Filho: "Quatro instantes do teatro no Brasil", in: Fernando Peixoto (Hg.), *Vianinha. Teatro. Televisão Política*, São Paulo: Editora Brasiliense ²1983, S. 51.

4   Sábato Magaldi: *Um palco brasileiro. O Arena de São Paulo*. São Paulo: Editora Brasiliense 1984, S. 28.

Yorker Columbia-University, als Regisseur zum Teatro de Arena gestoßen war, im April 1958 das Seminário de Dramaturgia zu initiieren. Die Abwendung vom ausländischen Theater wurde zum Programm erhoben. Es galt, brasilianische Autoren zu finden und zu fördern.

Foi um longo período em que o Arena fechou suas portas à dramaturgia estrangeira, independentemente de sua excelência, abrindo-as a quem quisesse falar do Brasil às platéias brasileiras.[5]

Im Seminário sollten Stücke entwickelt werden, die brasilianische Alltagswirklichkeit behandelten.

Hatte es solche Stücke bis dahin nicht gegeben? Hatte nicht Nélson Rodrigues in seinen *Tragédias Cariocas* das soziale und psychische Elend der Vorstadt Rio de Janeiros dargestellt, etwa in *A Falecida* (1953), wo Zulmira sich ein schönes Begräbnis erträumt als Entschädigung für ein entsagungsreiches Leben an der Seite des arbeitslosen Tuninho, der in die Scheinglückseligkeit des Fußballs flüchtet? Entsprach ein solches Stück etwa nicht der Forderung des Teatro de Arena, das Vianna Filho in seinem Aufsatz "A questão do autor nacional" als "teatro engajado" bezeichnete?[6] Daß hierbei auch ideologische Gründe ausschlaggebend waren, wird in einem anderen Aufsatz Vianna Filhos jener Zeit deutlich, in dem er betont:

> O Arena de São Paulo sustenta sua programação no autor brasileiro. Não qualquer brasileiro; o autor que falasse dos problemas sociais; não todos os problemas sociais, os problemas sociais das classes trabalhadoras. A qualidade artística era importante; mas a temática, a posição, a postura talvez fossem decisivas.[7]

Zugleich galt es, einen eigenen, dieser Realität adäquaten Stil, auch Aufführungsstil zu entwickeln. Damit übernahm das Teatro de Arena prägende Funktion hinsichtlich Dramaturgie und Aufführungsästhetik des gesamten brasilianischen Theaters der 60er Jahre.

Als erstes Stück des "nacionalismo crítico", wie Mariângela Alves de Lima diese Phase des Teatro de Arena nennt,[8] ging unmittelbar aus dem Seminário de Dramaturgia *Chapetuba Futebol Clube* des damals dreiundzwan-

---

5   Augusto Boal: *Teatro do oprimido e outras poéticas políticas*. Rio de Janeiro: Civilização Brasileira ²1977, S. 179.
6   Vianna Filho: "A questão do autor nacional", in: *Vianinha ...*, S. 116.
7   Vianna Filho: "Um pouco de pessedismo não faz mal a ninguém", in: *Vianinha ...*, S. 123.
8   Zit. nach Lúcia Maria Mac Dowell Soares: "O teatro político do Arena e de Guarnieri" in: *Monografias 1980*, Rio de Janeiro: Instituto Nacional de Artes Cênicas 1983, S. 24.

zigjährigen Oduvaldo Vianna Filho hervor. Schon im Titel ist das Thema Fußball angeschlagen. Die Ausführungen des Regisseurs Augusto Boal und die des Autors im Programmheft der Uraufführung machen deutlich, daß sie den brasilianischen Nationalsport Fußball nicht in schematisierender Schwarzweißmalerei als Opium fürs Volk sahen, als Instrument der Mächtigen, die von politischen und wirtschaftlichen Problemen ablenken wollten. Im Fußball würden die Aggressionen eines unterdrückten Volkes auf dem Nebenschauplatz Sport ausgetragen, er sei Abbild der Gesellschaft, in ihm würden sich die Machtkämpfe der Politik wiederholen. Nicht um "fotorealistische" Abbildung ging es dem Autor. Oduvaldo Vianna Filho, Vianinha, wie er von seinen Freunden genannt wurde, schrieb im Programmheft:

> *Chapetuba F. C.* encara o futebol ligado a todo um processo humano e social de hoje: é a história do futebol - suas cores, sua dança, os gritos, a ciranda enorme ao lado do comércio puro e simples, da barganha, do interesse pequeno, do suborno negado e difuso. Esta coexistência que mente a pureza do futebol na vida de um punhado de homens. Onze. De um lado - Durval, Maranhão, Pascoal, Benigno, céticos, deturpados, comidos por suas próprias vidas. Gente que aceita o estabelecido, que admite o antecipado. Luta, se revolta, mas partiu, iniciou aceitando. Deste outro lado - Cafuné, Zito, Fina, Bila, pesados de sonhos começando hoje, que puros, simples, não sabem ver. Desesperam, procuram e choram. [...] Gostaria de transmitir com esta peça exatamente o transitório, o eterno para a frente, o condicionamento destas vidas a todo um processo da realidade de hoje. Pretendi que fossem os personagens de *Chapetuba F. C.* os sem-caminho.[9]

Auch sprachlich ging Vianna Filho noch weiter als vor ihm Guarnieri. Im Gegensatz zu der diskriminierenden *comicidade* der herkömmlichen *chanchadas* gewinnt die von den Figuren gesprochene Umgangssprache eigene dramatische Kraft, wird als Theatersprache aufgewertet. *Chapetuba ...* war Oduvaldo Vianna Filhos zweites Stück. Er hatte sich dem Teatro de Arena 1956 als Schauspieler angeschlossen und war bereits mit Darstellerpreisen ausgezeichnet worden. Für die Schauspieler des Teatro de Arena, das sich als "teatro de equipe" verstand, als erstes kollektiv arbeitendes Theater Brasiliens ohne Impresario, bedeutete die Tatsache, ein Stück zu schreiben nicht, den Beruf des Schauspielers aufzugeben. Vianna Filho selbst spielte in der Uraufführung von *Chapetuba ...* den jungen Paulinho. Das Teatro de Arena

---

[9] Oduvaldo Vianna Filho: *Chapetuba Futebol Clube*, in: Yan Michalski (Hg.), *1 Teatro*, Rio de Janeiro: Edições Muro 1981, S. 82 f.

hatte versucht, sowohl in den Arbeitsprozessen - die endgültige Fassung des Stückes wurde während der Proben selbst entwickelt - als auch in der Organisationsstruktur die hierarchische Ordnung abzuschaffen. Die produktive Euphorie am Teatro de Arena führte zur festen Einrichtung des "Teatro das Segundas-Feiras", ein Tag in der Woche, der der Präsentation neuer Stücke vorbehalten war. Die Werke, die während jener Phase entstanden, sind nicht zu trennen von dem, was Sábato Magaldi "interpretação brasileira" nennt.[10]

In dem 1956 von Augusto Boal, noch vor dem Seminário de Dramaturgia, eingerichteten "Curso Prático de Teatro" und dem späteren "Laborátorio de Interpretação" wurden für die Stücke des Seminário adäquate Darstellungsmittel entwickelt und erprobt. Sie gingen hervor aus der Verbindung von Stanislawskis Methoden (Boal hatte in den USA auch Strasbergs *acting method* studiert), Empathie, Identifikation, Brechts Verfremdungseffekten sowie aus dem Zirkustheater gewonnenen Stilmitteln. Der Schauspieler Nélson Xavier, der in der Uraufführung von *Chapetuba* ... den Maranhão gespielt hatte, schrieb dazu:

> Então, ensaiando *Chapetuba*, eu comecei, pela primeira vez como ator, a vivenciar plenamente minhas - eu vou chamar assim - emoções brasileiras: maneiras de sentir e de ser como só nós brasileiros somos e sentimos. Porque, o que havia antes? Na E. A. D. (Escola de Arte Dramática) eu tinha estudado com Tchecov e Maeterlinck, Goldoni ou Shakespeare, e no teatro que se fazia em São Paulo, naquela quadra, os modelos eram europeus. Mesmo textos estrangeiros eram representados como estrangeiros. [...] Ora, foi um deslumbramento poder viver personagens nossas como nós. O prazer de viver a si mesmo; o prazer de se permitir uma fala do jeito que se fala nos subúrbios, debaixo das pontes, diante das máquinas nas fábricas, nas ruas; o prazer de soltar meu corpo do jeito dele, sem ter de aparentar um barão russo ou um juiz alemão.[11]

Was die inhaltlich-ideologische Ausrichtung betraf, so vertraten die Mitglieder des Teatro de Arena die Überzeugung, daß der Zuschauer wie ein Schüler belehrt werden müsse. Die Kritik wies schon damals auf die Gefahr der Schematisierung hin.[12] Boal, der sich als Regisseur einen Namen gemacht hatte, trat 1960 erstmals mit einem Stück an die Öffentlichkeit, das ihn in die vorderste Reihe der brasilianischen Dramatiker aufrücken ließ. *Revolução na América do Sul* wurde am 15. September 1960 in der Regie von José Renato uraufgeführt. Im Mittelpunkt dieses Stationendramas steht ein

---

10 Magaldi: *Um palco* ..., S. 36.
11 Vianna Filho: *Chapetuba* ..., S. 81 f.
12 Vgl. Fernando Peixoto: "Nota IV", in: *Vianinha* ..., S. 43.

arbeitsloser José Ninguém, José da Silva, der Mann aus dem Volk, auf der Suche nicht nach Arbeit, sondern schlicht nach Essen. In einem Nachtclub trifft José auf Revolutionäre, für die, in Umkehrung von Brechts Satz, die Moral vor dem Fressen kommt:

> Revolucionário: Você parece que não entende as coisas? Então sabe o que significa uma reforma moral?
> José: Desculpe. Eu estou com fome. Eu faço qualquer revolução que vocês quiserem, mas de barriga cheia.[13]

Der in barocker Auto-Sacramental-Manier den armen kleinen Jedermann begleitende *anjo da guarda* offenbart mit seinem amerikanischen Akzent sein wahres Gesicht als imperialistischer großer Bruder aus dem Norden - wir befinden uns ein Jahr nach der Kubakrise mitten im brasilianischen Populismo. Er hält José vom Selbstmord ab, allein durch die Erinnerung an die Abgabe der Royalties. Einem gescheiterten Macunaíma gleich zieht José sich in den Wald zurück, legt sein Haupt auf einen Stein, um zu sterben. Und, ebenfalls Macunaíma gleich, wird er noch einmal gerettet, um dann endgültig zu sterben. Am Schluß wird ihm das Grab des Unbekannten Arbeiters ("túmulo do operário desconhecido")[14] errichtet. In diesem Stück wird keine einlineare Geschichte mehr als naturalistisches Abbild brasilianischer Wirklichkeit erzählt, obwohl Boal *Revolução* ... noch zur Phase *A Fotografia* rechnet.[15]

Von heute aus gewinnt man den Eindruck, als habe Augusto Boal die politischen Ereignisse, die Verschärfung des politischen Klimas der 60er und 70er Jahre antizipiert. Der Erzähler gab dem Leser/Zuschauer in der letzten Szene die Botschaft: "Podeis esquecer a peça/Deveis apenas lembrar/Que se teatro é brincadeira/Lá fora [...] é pra valer."[16]

Im gleichen Jahr 1960 verließ Oduvaldo Vianna Filho, der als Schauspieler in *Revolução* ... mitgewirkt hatte, das Teatro de Arena:

> O Arena contentou-se com a produção de cultura popular, não colocou diante de si a responsabilidade de divulgação e massificação. [...] O

---

13 Augusto Boal: *Revolução na América do Sul*, in: Adalgisa Pereira da Silva/Fernando Peixoto (Hg.), *Teatro de Augusto Boal 1*, São Paulo: Editora Hucitec 1986, S. 57.
14 Boal: *Revolução* ..., S. 115.
15 Boal: *Teatro do oprimido* ..., S. 179.
16 Boal: *Revolução* ..., S. 117.

Arena, sem contato com as camadas revolucionárias da nossa sociedade, não chegou a armar um teatro de ação, armou um teatro inconformado.[17]

Die Kritik Vianna Filhos erscheint insofern polemisch, als das Teatro de Arena wiederholt Tourneen ins Landesinnere unternahm. (Aus dem Vorhaben, das Theater in die Vorstädte zu tragen, erwuchs schließlich auch das Theater der Unterdrückten.) *Eles não usam black-tie,* das insgesamt 512 Aufführungen durch das Teatro de Arena erlebte, wurde vor Metallarbeitern in São Paulo, auf öffentlichen Plätzen, im Landesinneren, einmal sogar vor 5.000 Zuschauern gespielt.

Oduvaldo Vianna Filho schloß sich in Rio de Janeiro einer Studentengruppe des ISEB (Instituto Superior De Estudos Brasileiros) um den Soziologen Carlos Estevam Martins an. Aus der Zusammenarbeit mit Martins, der Vianna Filho die Hintergrundinformationen über die brasilianische Wirtschaftspolitik für *A mais-valia vai acabar* geliefert hatte, entstand im Dezember 1960, nach der Erstaufführung des Stücks durch Studenten im Hof der Faculdade de Arquitetura, das erste CPC (Centro Popular de Cultura).

Der Dichter, Journalist, Essayist und Theaterautor Ferreira Gullar, der zwei Jahre CPC-Präsident war - er lebte später mehrere Jahre im argentinischen Exil - umriß in einem Interview von 1980 Entstehung und Ziele der Centros Populares de Cultura:

> Era um grupo de intelectuais jovens, de estudantes, que decidiram, em face de sua experiência, de sua visão com respeito ao problema da cultura e das relações desta com o problema social, criar um organismo capaz de atuar no meio cultural do país, com o propósito de mudar um pouco as relações entre a cultura e a grande massa da população. Colocando-se contra a cultura de elite ... interessava ao CPC, através de formas de expressão mais simples, mais diretas, mais próximas do grande público, fazer da cultura veículo de conscientização social, pregando ao mesmo tempo uma tomada de posição a favor das reformas de base, contra o imperialismo.[18]

Anfangs wurden Themen der brasilianischen Wirtschafts- und Kulturpolitik noch in Komödien, Farcen, Satiren abgehandelt, die auf Uni-Vollversammlungen oder Gewerkschaftsabenden aufgeführt wurden. In dem Maße jedoch, wie die Centros Populares de Cultura ihr Theater auf die Straße trugen, gewann es - auch formal - an Radikalität, wobei sich der Schwerpunkt immer stärker auf politische Agitation verlagerte. Das Theater wurde zu

---

17   Vianna Filho: "Do Arena ao CPC", in: *Vianinha ...,* S. 93.
18   Ferreira Gullar: "O CPC está solto ...", in: Yan Michalski (Hg.), *Ensaio 3 Praia do Flamengo* 132, Rio de Janeiro: Edições Muro 1980, S. 45.

einem Instrument der politischen Aufklärung und Agitation der Massen, theatergeschichtlich in der Nachfolge des europäischen Agitprop der 20er Jahre (etwa Béla Balázs und Asja Lacis). Und es wurde auch in dem Maße aggressiver, als es in seiner Einflußnahme an seine Grenzen stieß.[19]

Die euphorisch naive Vorstellung, daß vor allem mit Hilfe der kulturellen und politischen Basisarbeit der CPC das Volk in kürzester Zeit die Macht ergreifen würde ("as classes populares vão chegar ao poder logo, logo ... Tudo só dependeria do esforço que empregássemos para multiplicar essas forças em ascensão"[20]), diese romantische Utopie zerbrach 1964 mit dem Verbot der CPCs, die sich in den knapp vier Jahren ihres Bestehens über ganz Brasilien verbreitet hatten. Die Zahl der CPCs war ständig gewachsen, Schüler und Studenten in ganz Brasilien engagierten sich in der Alphabetisierungsbewegung nach den Methoden der Pädagogik der Unterdrückten Paulo Freires. Und schon damals gab es erste Ansätze, den Bewohnern von *favelas* und *subúrbios* Mittel und Wege zu zeigen, damit sie ihr eigenes Theater machen konnten. Gullar:

> Uma outra etapa deste projeto consistia em estimular os sindicatos, as organizações de bairro e os moradores das favelas a criar grupos teatrais, clubes de atividades culturais, com o fim de incentivar o surgimento de sua própria expressão, posto que a nós não interessava somente levar a nossa cultura, a nossa forma de ver a realidade para essa massa. O lema era: "Arte para o povo e com o povo".[21]

Hier waren die Fundamente gelegt für das Theater der Unterdrückten, dessen Theorie und Praxis Augusto Boal im lateinamerikanischen und europäischen Exil entwickelte. Im Rückblick aus den 80er Jahren stellen ehemalige Kombattanten der CPCs fest, daß die Volkskultur-Bewegung mehr Bedeutung für die künstlerische und politische Bewußtwerdung und das Selbstwertgefühl der Künstler denn für die Zielgruppe *povo* gehabt habe.

---

19 João das Neves:
   Privilegiávamos as formas teatrais populares mais diretas porque nosso teatro era feito nas ruas, praças, sacadas de faculdades, nos subúrbios, nas roças ou em caminhão volante para montagens mais ambiciosas; fazíamos teatro em qualquer lugar. Usávamos a forma de representar dos palhaços, dos bobos, o reizado, bumba-meu-boi, a *commedia dell'arte*, o mamulengo, etc. Os fatos aconteciam, imediatamente estabelecíamos um roteiro crítico e íamos pra rua. As montagens eram muito rápidas, tipo teatro de guerrilha, no sentido de transmitir nossa mensagem.
   In: *Ensaio 3* ..., S. 43.
20 H. C. E. Martins: "História do CPC", in: *Arte em revista* 2 (3), 1979, S. 81.
21 Gullar: *Ensaio 3* ..., a.a.O.

Das Teatro de Arena hatte sich damals der *nacionalização dos clássicos* zugewandt, in ästhetischer wie politisch-inhaltlicher Abgrenzung zum TBC als auch zu den CPCs, zu der, wie Mostaço es nennt "idealística globalização que permeava os heróis dos espetáculos cepecistas: ou inteiramente alienados ou inteiramente conscientizados".[22] Von Brechts Poetik ausgehend und vermutlich beeinflußt von Roger Planchons Théâtre National Populaire in Villeurbanne, versuchte das Arena nun, größere gesellschaftliche und historische Zusammenhänge herauszuarbeiten. (Boal spricht auch von "nacional e popular".)[23] Den Rückgriff auf die Klassiker erklärte Boal später auch als Schutzmaßnahme gegen die Zensur. Über historische Verfremdung, über Parabeln, sollte die Intelligenz und Sensibilität des Zuschauers aus dem Volk - hier wird der Einfluß von Bert Brechts Vorstellung vom "kritischen Zuschauer" besonders deutlich - angesprochen werden. Mit dem neuen Zielpublikum - die Klassiker wurden viel auf Tourneen durch den Nordosten gespielt - hatten sich auch die Stückinhalte verlagert, vom Kampf des Proletariers in der Millionenstadt São Paulo zu dem der Tagelöhner und Bauern, zum Thema Landreform und Inbesitznahme des Bodens.

Aus den im Umgang mit den Klassikern gemachten Erfahrungen, zum Beispiel Machiavellis *Mandragola* oder Lope de Vegas *El Mejor Alcalde El Rey*, in die auch inszenatorisch viele Elemente des barocken italienischen und spanischen Theaters einflossen, schrieb Guarnieri *O Filho do Cão*, uraufgeführt am 21. Januar 1964, in dem *retirantes nordestinos* mit guten und bösen Mächten um ihr Land ringen. Von der Kritik wurde das Stück abgelehnt, der Autor sei, so Sábato Magaldi, viel eher in der "vida urbana, nas lutas de classes" zuhause.[24]

Den Schlußpunkt unter die "Klassikerphase" setzte Molières *Tartuffe*, eine Inszenierung Boals, die am 2. September 1964 im Teatro de Arena Premiere hatte. In für alle durchschaubarer doch verdeckter Form wurde opportunistisches Verhalten unter dem Deckmantel von Religiosität angeprangert. Gemeint waren die *Liga das Senhoras Católicas* und Leonor Mendes de Barros, die Gattin des Gouverneurs von São Paulo, die unter dem Leitspruch *Ordem e Progresso* eine *Marcha com Deus, pela Família e a Liberdade* gegen die "rote Gefahr" organisiert hatten.

Im gleichen Jahr inszenierte Augusto Boal im Ableger des Teatro de Arena in Rio de Janeiro die in Zusammenarbeit mit Oduvaldo Vianna Filho, Armando Costa und Paulo Pontes (alle Mitglieder der geraden geschlossenen

---

22 Edélcio Mostaço: *Teatro e política, Arena, Oficina e Opinião, uma interpretação da cultura de esquerda*, São Paulo: Proposta editorial 1982, S. 65.
23 Ebd., S. 79.
24 Magaldi: *Um palco ...*, S. 59.

CPCs) geschriebene Show *Opinião*. Die Premiere im Dezember 1964 ist zugleich die Geburtsstunde des Theaters Grupo Opinião am gleichen Ort. Im Grupo Opinião fanden sich viele der ehemaligen Mitglieder der CPCs wieder, die nun mit den Erfahrungen - an der sogenannten Basis - ihre Theaterarbeit im Theater fortsetzen wollten. Die *Show-Verdade*, wie Fernando Peixoto *Opinião* in Anspielung auf das *cinema-verdade* des Cinema Novo nannte,[25] war eine Collage aus dokumentarischem Material, Konsum- und Elendsstatistiken. Vertreter verschiedener sozialer Schichten, keine Theaterfiguren, stellten sich in "personality-shows" selbst dar: der Schwarze João do Valle, die sogenannte Stimme des Nordostens Zé Keti als *homem do morro* und, in Jeans und T-Shirt, die Bossa Nova-Sängerin Nara Leão als Verkörperung von *Praia e Sol de Copacabana*. Die Show *Opinião* verstand sich als direkte Antwort auf die Ereignisse von 1964, sie wurde zum Symbol, zum Modell für Kunst im Widerstand, für Partizipations- und Protestkunst.

Wenn Nara Leão - innerhalb der Show - auf die Frage, ob sie den Erlös ihrer Schallplatten unter die Armen verteilen würde, gereizt antwortete: "Não. Música é pra cantar.", und darauf Vinícius de Moraes' und Carlos Liras *Marcha da quarta-feira de cinzas* sang: "e no entanto é preciso cantar/É preciso cantar e alegrar a cidade/A tristeza que a gente tem/Qualquer dia vai-se acabar",[26] so reflektiert sie auch über die Wirkungsmöglichkeiten und Grenzen der Kunst. *Opinião* erscheint sowohl als Zeichen der Protesthaltung, als Bestehen auf dem Recht freier Meinungsäußerung ("... se não tem água eu furo um poço, mas eu não mudo de opinião", so Nara Leão[27]), aber auch als selbstkritisches Eingeständnis der Stagnation. Als zweite Produktion realisierte Grupo Opinião, wieder in Ko-Produktion mit dem Teatro de Arena von São Paulo, die Show *Liberdade, Liberdade* von Millôr Fernandes, dem Dichter, Cartoonisten, Übersetzer und Dramatiker, und Flávio Rangel, dem Regisseur, der die Aufführung auch inszenierte. Die Show, die am 21. April 1965 uraufgeführt wurde und an der Paulo Autran, Tereza Raquel, Oduvaldo Vianna Filho, Nara Leão und andere mitwirkten, präsentierte sich als eine Collage aus Text und Musik (u. a. Szenenausschnitte aus Büchners *Dantons Tod* und Brechts *Furcht und Elend des Dritten Reiches* sowie bekannten Freiheitsliedern), die die Geschichte der Menschheit als Geschichte der Unterdrückung und des Widerstands Revue passieren ließ unter dem gemeinsamen abstrakten Nenner "liberdade". "Liberdade, Liberdade pretende

---

25 Peixoto: "Nota XI", in: *Vianinha* ..., S. 105.
26 Heloísa Buarque de Hollanda: *Impressões de viagem. CPC, vanguarda e desbunde: 1960/1970*, São Paulo: Editora Brasiliense 1980, S. 34.
27 Mostaço: *Teatro e política* ..., S. 77.

relamar, denunciar, protestar - mas sobretudo alertar",[28] verkündete Flávio Rangel, und jedesmal endete der Abend mit dem von Paulo Autran auf leerer Bühne in einem Spot geprochenen Prometheus-Wort: "Resisto".[29]

Einigen Kritikern galt *Liberdade, Liberdade* als Ausdruck der sogenannten *esquerda festiva*: "Auge da chamada esquerda festiva, o ritual teatral encarnava com brilho esta efusão cívica e ideológica, perpetrando o(s) mito(s) maior(es) que engendrara: de que, a partir de uma *opinião*, o regime cairia."[30]

Heloísa Buarque de Hollanda sieht in der "esquerda festiva" oder "geração Paissandu"[31] eine Antwort auf den politischen Diskurs der vorangegangenen orthodoxen linken Generation und Bewegung, und dies, obwohl Autoren und Mitwirkende von *Opinião* und *Liberdade, Liberdade* dieser Generation angehörten. Die Theaterarbeit jener Jahre erscheint als mutiger Akt der Selbstbehauptung und der Neudefinierung in einer Zeit wachsenden politischen Druckes, sie war aber auch kritische Auseinandersetzung mit den Ambitionen vorangegangener Zeiten, wobei ein leicht ironischer Ton der Selbstkritik, auch des Selbstmitleids, nicht fehlte. Die Aufführung blieb über ein Jahr auf dem Spielplan und ging auf Tournee durch ganz Brasilien. In São Paulo wurde sie von der Zensurbehörde erst nach 25 Kürzungen freigegeben.

Am 1. Mai 1965 hatte im Teatro de Arena in São Paulo *Arena conta Zumbi* von Gianfrancesco Guarnieri und Augusto Boal Premiere, das erste brasilianische Musical, wie Mariângela Alves de Lima betont,[32] inhaltlich unter Rückgriff auf die brasilianische Geschichte - der Bilderbogen spannt sich von der Gründung bis zur Vernichtung der freien Negerrepublik Palmares im 17. Jahrhundert -, formal unter Assimilierung von aus den USA und Europa bekannten Musicalelementen, die mit Brechts Techniken des Epischen Theaters sowie originär afro-brasilianischer Musik (sie stammte von Edu Lobo, einzelne Songs von Ruy Guerra und Vinícius de Moraes) aufgebrochen wurden. Durch Montage und Einarbeitung von authentischem Material der brasilianischen Geschichte des 20. Jahrhunderts, wie zum Beispiel einer kaum verfremdeten Rede des Präsidenten Castelo Branco, sollte die Analogie zur Gegenwart hergestellt werden.

---

28 Flávio Rangel e Millôr Fernandes: *Liberdade, Liberdade*, in: *Coleção Teatro de Millôr Fernandes 2*, Porto Alegre: L & PM Editores ³1977, S. 15.
29 Ebd., S. 127.
30 Mostaço: *Teatro e Política* ..., S. 81.
31 Heloísa Buarque de Hollanda: *Impressões* ..., S. 33.
32 Mariângela Alves de Lima: "História das Idéias", in: Serviço Nacional de Teatro (Hg.), *Dionysos* 24. Especial: *Teatro de Arena*, Rio de Janeiro 1978, S. 57.

Boal wollte dem Zuschauer die Welt als veränderbar darstellen, ihm bewußt machen, wie sehr er, der Zuschauer, selbst in den Ablauf der Geschichte involviert ist. Dies und die dramaturgische Notwendigkeit, einen großen historischen Stoff auf der kleinen Spielfläche des Teatro de Arena darzustellen, führte zur Erarbeitung des *Sistema Coringa*.[33] Aufgabe des *Coringa*, einer Art Brechtscher Erzähler mit erweiterten Funktionen, war, das Mitgefühl des Zuschauers für die Unterdrückten, die *heróis humildes*[34] zu wecken, den kollektiven Wunsch nach Veränderung und den Glauben an die Möglichkeit zu nähren, daß der Verlauf der Geschichte von unten geändert werden könne.

Arena conta Zumbi gilt als ästhetischer Höhepunkt in der Geschichte des Teatro de Arena. Das Stück wurde jedoch schon damals kontrovers diskutiert und die Polemiken dauern bis heute an.[35]

---

33 Dies bedeutete die Gleichberechtigung aller Schauspieler (sie traten in Einheitskostümen auf), die Abschaffung von Haupt- und Nebenrollen, fortwährenden Rollentausch (acht Schauspieler spielten fast hundert Rollen), Einheitsbühnenbild für rund 30 Schauplätze, Ablehnung eines starren Stilprinzips.
34 Alves de Lima, a.a.O.
35 Sábato Magaldi in: *Um palco brasileiro ...*, S. M., S. 67 f.:
"Impressionou-me a violência da montagem. Nada houve entre nós, até aquele momento, que significasse uma condenação tão radical da ditadura instalada pelos militares. Todos os aspectos do golpe são analisados, sem que se proponha um. Política exterior, subserviência aos Estados Unidos, as "marchadeiras", a aliança Estado-Exército-Religião, o moralismo pequeno-burguês, a aliança com a corrupção (o ex-governador Ademar de Barros) para combate ao comunismo - tudo é meticulosamente composto, a fim de estimular o espectador no propósito de protesto.
Ganz anders Roberto Schwarz. Er schreibt 1970 in dem Aufsatz "Cultura e política, 1964 - 1969", enthalten in seinem Essayband *O Pai de Família e outros estudos* (Paz e Terra, Rio de Janeiro, 1978):
Zumbi repetia a tautologia de *Opinião*: a esquerda derrotada triunfava sem crítica, numa sala repleta, como se a derrota não fosse um defeito. *Opinião* produzira a unanimidade da platéia através da aliança simbólica entre música e povo, contra o regime. *Zumbi* tinha esquema análogo, embora mais complexo. À oposição entre escravos e senhores portugueses, exposta em cena, correspondia outra, constantemente aludida, entre o povo brasileiro e a ditadura pró-imperialista. [...] Em consequência apagam-se as distinções históricas - as quais não tinham importância se o escravo é artifício, mas têm agora, se ele é origem - e valoriza-se a inevitável banalidade do lugar-comum: o direito dos oprimidos, a crueldade dos opressores; depois de 64, como ao tempo de Zumbi (sec. XVII), busca-se no Brasil a liberdade. Ora, o vago de tal perspectiva pesa sobre a linguagem, cênica e verbal, que resulta sem nervo político, orientada pela reação imediata e humanitária (não-política portanto) diante do sofrimento. Onde Boal brinca de esconde-esconde, há política; onde

"Não permitirei a apresentação de peças anti-revolucionárias, como *Opinião* ou *Liberdade, Liberdade*. Não tolerarei propaganda subversiva ou comunista em espetáculos."[36] Mit diesen Worten übernahm Jônatas Cárdia im Februar 1965 die Leitung der Zensurabteilung im Justizministerium Rio de Janeiro. Es ist der Beginn einer Reihe von Verboten, die brasilianische aber auch ausländische Stücke von den Bühnen verbannte. Der Kritiker Yan Michalski führt in seinem Buch *O palco amordaçado* aus:

> Praticamente toda a leva de autores que a partir da década de 40 e até 1964 firmou as características nacionais da nossa literatura dramática e impôs-se por um padrão definido de talento e domínio do ofício afastou-se ou foi afastada dos palcos, a não ser através de esporádicas remontagens de suas obras antigas e um ou outro lançamento novo.[37]

Doch das betraf nicht nur Stücke, sondern auch Aufführungen, beschränkte sich nicht auf explizit politische Inhalte, sondern wurde ausgesprochen, wann immer die Behörde eine Infragestellung oder Gefährdung der nationalen Sicherheit oder der christlichen Kultur sah. Dabei berief sie sich auf ein Dekret aus dem Jahre 1946, das jede subjektive Interpretation seitens der Zensurbeamten zuließ, und das in den achtzehn Jahren von 1946 bis 1964

---

faz política, há exortação. O resultado artístico do primeiro movimento é bom, do segundo é ruim. (S. 83)

1985 wurde *Zumbi* (Premiere am 9. Februar 1985) am Schauspielhaus Graz in der Regie von Augusto Boal und Cecília Thumim aufgeführt. Auch hier löste das Stück heftige Kontroversen aus, doch wurde dabei weniger der Vorwurf des Folkloristisch-Exotischen und der Nichtübertragbarkeit von Form und Inhalt diskutiert, sondern gegen die Ideologie des Stückes polemisiert. Wolfgang Arnold schrieb in seiner Kritik zur deutschen Erstauffführung: "Böse Weiße - liebe Schwarze" (erschienen in der *Tagespresse* vom 12. 2. 1985):

> Aber hier im Theater ist die Welt noch in Ordnung. Da sind nur die Weißen brutal und korrupt, und sie besiegen schließlich Palmares, weil es, das ist brav marxistisch gedacht, das Wirtschaftsgefüge der portugiesischen Kolonie zu zerstören droht. Die Schwarzen kämpfen edel bis zum letzten Mann. [...] Und man mag's den Ergriffenen kaum vorwerfen, merken sie nicht, daß es Rassismus widerlichster Art ist, wenn alle Weißen Schweine sind und nur die Schwarzen Menschen, daß die Forderung, Menschen müßten vernichtet werden, genauso terroristisch ist, wenn sie Weiße als wenn sie Juden betrifft, und genauso weit führen wird. Soll man gegen das Stück noch anführen, daß Brasilien keine Rassentrennung kannte, daß die wüstesten Sklavenhändler nicht Weiße, sondern Farbige waren und die brutalsten Prügler nicht die weißen Herren, sondern die farbigen Aufseher?

36 Zit. nach Tânia Pacheco: "O Teatro e o Poder" in: *Anos 70*, 3 - Teatro, Rio de Janeiro: Europa, 1970 - 1980, S. 76 f.

37 Yan Michalski: *O palco amordaçado*, Rio de Janeiro: Avenir Editora Limitada 1979, S. 45 [Coleção Depoimentos 13].

kaum Anwendung gefunden hatte. Im Decreto No. 20.493 vom
24. Januar 1946 heißt es:

> Será negada autorização sempre que o texto: a) contiver qualquer ofensa
> ao decoro público; b) contiver cenas de ferocidade ou for capaz de sugerir
> a prática de crimes; c) divulgar ou induzir aos maus costumes; d) for ca-
> paz de provocar incitamento contra o regime vigente, a ordem pública, as
> autoridades constituídas e seus agentes; e) puder prejudicar a cordialidade
> das relações com outros povos; f) for ofensivo às coletividades ou às re-
> ligiões; g) ferir, por qualquer forma, a dignidade ou o interesse nacionais;
> h) induzir ao desprestígio das forças armadas.[38]

Selbst Autoren, die inzwischen als moderne Klassiker galten, blieben von der Zensur nicht verschont. Der Titel von Nélson Rodrigues' Stück *Toda nudez será castigada*, am 21. Juni 1965 im Teatro Serrador, Rio de Janeiro, in der Regie Ziembinskis uraufgeführt, nach weiteren Inszenierungen in Rio de Janeiro, São Paulo und Rio Grande do Sul für ganz Brasilien verboten, bekommt Symbolcharakter für den Umgang mit der dramatischen Literatur des ganzen folgenden Jahrzehnts.[39] Autoren, Regisseure, Bühnenbildner, Schauspieler gerieten in eine kafkaeske Situation. Das Theater wurde zum "Staatsfeind Nr. 1" erklärt, die Bedrohung durch die Zensur nahm im Laufe der Jahre immer drastischere Formen an. General Juvêncio Façanha erklärte Film- und Theaterleuten 1967 öffentlich: "ou vocês mudam, ou acabam."[40] In einem Gespräch mit dem Autor dieses Aufsatzes sagte 1984, rückblickend, der Dramatiker Plínio Marcos: "Nenhuma arte foi tão massacrada como o teatro". Die Theater waren sowohl einer Vorzensur (*censura prévia*) der Stücktexte wie einer Aufführungszensur unterworfen. Stück und Aufführung konnten für befristete oder unbefristete Zeit für eine Stadt, einen Bundesstaat oder für ganz Brasilien ("todo o território nacional")[41] verboten werden, wobei die Generalproben von Lokalbehörden abgenommen wurden, während die Begutachtung der Stücke nach 1964 zentral in Brasília erfolgte. Das konnte bedeuten, daß eine Aufführung kurz vor der Premiere, also nach monatelanger Probenarbeit, verboten wurde. Bekanntes Beispiel ist *Calabar* von Chico Buarque de Holanda und Ruy Guerra, Regie Fernando Peixoto, 1973. Mariângela Alves de Lima erklärt die Tatsache, daß etliche Freie Gruppen,

---

38   Ebd., S. 25 f.
39   Nélson Rodrigues: "O Departamento Cultural achava que eu, lá fora, seria uma humilhação para a nossa cultura." (N. R., *O Reacionário*, Rio de Janeiro: Edições Record 1977, S. 363).
40   Zit. nach Michalski: *O palco amordaçado*, S. 24.
41   Pacheco in: *Anos 70 - 3*, S. 87.

besonders nach 68 und in den 70er Jahren, weniger Stücke und mehr *criações coletivas* entwickelten auch mit den durch die Zensur auferlegten Arbeitsbedingungen.[42]

"O que você pensa do Brasil de hoje?" Diese Frage sollten brasilianische Autoren 1967 mit je einem kurzen Stück beantworten.[43] Das Ergebnis dieser theatralisierten Meinungsumfrage sollte in einer Aufführung vorgestellt werden, der *Feira paulista de opinião*,[44] einer Abfolge von sechs inhaltlich und formal unterschiedlichen Kurzdramen und vier musikalischen Beiträgen.

Lauro César Muniz behandelte in seinem Stück *O líder*, ausgehend von einer in der *Folha de São Paulo* vom 24. April 1964 veröffentlichten Zeitungsreportage sowie Dokumenten und Zeugenberichten, in einer Art tragikomischem Dokumentartheaterstück den Fall des Campesino Romão, der, weil er als einziger im Dorf lesen und schreiben konnte, von Vertretern der SUPRA (Superintendência da Reforma Agrária) zum Sprecher der Dorfgemeinschaft ernannt und aus dem gleichen Grund später von Beamten der neuen Regierung als subversives Element verhaftet wird ("Eu vou ser preso porque sei escrever?").[45]

Jorge Andrade schrieb für die *Feira* den dramatischen Kurztext *A receita*, der das Scheitern eines engagierten jungen Arztes an der Dorfwirklichkeit beschreibt. Da die Landarbeiterfamilie weder Medikamente noch einen Krankenhausaufenthalt bezahlen kann, will Marcelo das von Wundbrand befallene Bein des jungen Devair amputieren. Doch Jovina, dessen Mutter,

---

42   Mariângela Alves de Lima: "Quem faz o Teatro" in: *Anos 70* - 3, S. 68.

43   Ausgegangen war diese Frage, laut Fernando Peixoto (*Teatro Oficina (1958 - 1982). Trajetória de uma rebeldia cultural*, São Paulo: Editora Brasiliense 1982, S. 59) ursprünglich von Mitgliedern des Teatro Oficina, wurde dann aber verworfen und schließlich von Augusto Boal aufgegriffen. Sábato Magaldi hingegen erinnert sich (*Um palco ...*, S. 86), die Idee stamme von Lauro César Muniz, der sie in der Nacht des 30. Oktober 1967, auf einem gemeinsamen Nachhauseweg mit Jorge Andrade, Augusto Boal und Sábato Magaldi formulierte. Interessant ist in diesem Zusammenhang, daß laut Peixoto das Teatro Oficina auch die Autoren Dias Gomes, Millôr Fernandes, Francisco Pereira da Silva und Nélson Rodrigues ansprechen wollte, Autoren, die in dem von Augusto Boal durchgeführten Projekt nicht mehr auftauchten. Waren sie nicht gefragt worden oder wollten sie keinen Beitrag leisten? Im Falle von Nélson Rodrigues mag dies im Zusammenhang mit seinen Angriffen auf das Teatro de Arena stehen.

44   Michalski (*O palco amordaçado*, S. 38) spricht von *Primeira Feira Paulista de Opinião*, Magaldi (*Um palco ...*, S. 86) ebenfalls.

45   Lauro César Muniz: *O líder* in: *O que você pensa do Brasil de hoje?* Typoskript aus dem Archiv des inzwischen aufgelösten Institut TOLA, Theater of Latin American, New York o. J., S. 16.

Witwe mit neun Kindern, verbietet es dem Arzt, weil sie auf Devairs Arbeitskraft angewiesen ist. Mit den Worten: "Ser médico pra quê?"[46] flieht Marcelo vom Hof.

Augusto Boal hatte aus den Texten Fidel Castros und Che Guevaras eine Collage über die letzten Tage Che Guevaras im bolivianischen Urwald geschrieben. *A lua muito pequena e caminhada perigosa* gilt Edélcio Mostaço, wie schon *Arena conta Tiradentes*, als Aufruf zum bewaffneten Kampf in Brasilien.[47] Es ist tatsächlich eine affirmative Positionsbeschreibung, wenn der *Coringa* am Ende des Stücks an die Zuschauer appelliert: "Se quisermos expressar como desejamos que sejam nossos companheiros, devemos dizer: sejam como ele [...]".[48]

Boal hat seine Haltung später relativiert:

> Das Stück ähnelte einem Guerilla-Aufruf. Es endete damit, daß das Ensemble mit erhobener Faust und mit Gewehren, die aus dem Theaterfundus stammten, über die Bühne zog. Wir riefen von der Bühne hinunter, was draußen verändert werden müsse. [...] Auf der Bühne waren wir nicht zu schlagen: wir hatten die Wahrheit für uns gepachtet.[49]

Plínio Marcos, der sich als drastischer Schilderer des Daseins gesellschaftlicher Randgruppen einen Namen gemacht hatte und als solcher von der Zensur hart verfolgt wurde, schrieb für die *Feira* ein Stück, das formal und inhaltlich in seinem Theaterschaffen vereinzelt dasteht. *Verde que te quero verde* nennt sich diese im Titel einen Lorca-Vers zitierende Satire auf die brasilianische Zensur. Die Satire wurde Wirklichkeit. Nach wochenlangem Warten und wiederholter Verschiebung des Premierentermins erhielten die Mitwirkenden an dem für die Uraufführung vorgesehenen Tag aus Brasília eine stark zensierte Textvorlage zurück. Bereits vor dem erwarteten Bescheid hatten die Theaterschaffenden Vollversammlungen abgehalten, um über das weitere Vorgehen zu beraten. Am Abend des 5. Juni trat die berühmte Schauspielerin Cacilda Becker, damals Präsidentin der *Commissão Estadual de Teatro*, begleitet von Maria Della Costa und Ruth Escobar, in deren Theater gleichen Namens die Uraufführung stattfinden sollte, an die Rampe und sprach:

---

46 Jorge Andrade: *A receita in: O que você pensa ...*, S. 50.
47 Mostaço, *Teatro e Política ...*, S. 112.
48 Augusto Boal: "A lua pequena e caminhada perigosa", in: *O que você pensa ...*, S. 59.
49 Augusto Boal: *Theater der Unterdrückten*, Frankfurt/Main: Suhrkamp 1979, S. 5.

A representação na íntegra da Primeira Feira Paulista de Opinião é um ato de rebeldia e de desobediência civil. Trata-se de um protesto definitivo dos homens livres de teatro contra a censura de Brasília, que fez 71 cortes nas seis peças. Não aceitamos mais a censura centralizada, que tolhe nossas ações e impede nosso trabalho. [...] Não aceitando mais o adiamento governamental, arcaremos com a responsabilidade deste ato, que é legítimo e honroso. O espetáculo vai começar.[50]

Tage darauf wurden Text und Aufführung mit Weisung aus Brasília verboten, ein Staatsanwalt mit großem Polizeiaufgebot ließ die Kassen des Teatro Ruth Escobar schließen.

In *Animália*, Gianfrancesco Guarnieris Beitrag zur *Feira*, macht eine Dame einen Soldaten auf einen Hippie aufmerksam, aber er winkt ab: "Esse aí? ... Esse não faz mal à ninguém [...] Ele lamenta o caos ... e canta ...".[51] Der Soldat drückt nicht die Meinung der Zensurbehörde aus, für die bereits ein Wort wie *happening* als subversiv, als "palavra esquerdista"[52] galt, sondern die Irritation der orthodoxen Linken über die brasilianische Jugend, deren kämpferische Kraft sich in der Blumenrevolution erschöpfe, in der Tropicalismo-Bewegung neutralisiert werde, was der Militärregierung nur gelegen komme. Besonders deutlich wird dies im Dialog zwischen einem *Moço* und einem *Hippie*, der in gegenseitiges Beschimpfen mündet:

> Moço: E você, bom moço. Que é que tem pra propor? Hippie: Nada. Tenho só pra despropor, por que não? Por que não? Moço: Individualista! Hippie: Quadrado! Moço: Reacionário! Hippie: Gorila de esquerda! Moço: Impotente. Castrado! Hippie: Viseira de mula! Moço: Pacifista decadente![53]

In die gleiche Richtung zielt Augusto Boals vehemente Polemik des der Textsammlung als Vorwort vorangestellten Aufsatzes "Que pensa você da arte de esquerda", in dem er den Auftrag des Theaters zur Diskussion stellt.

Nachdem er die rühmliche kulturelle Basisarbeit der CPCs und auch das Teatro de Arena evoziert hat, unterscheidet Boal drei Tendenzen des Theaters nach 1964, die auch eine Spaltung der Linken kennzeichnen. Gemeint sind der "Neo-Realismo", der die Realität zeige, wie sie ist, und dessen Hauptvertreter in der Nachfolge Guarnieris, Vianna Filhos und Jorge Andrades Plínio Marcos sei. Doch berge dieser Neo-Realismus, so verdienstvoll er sei, die

---

50 Zit. nach Michalski: *O palco amordaçado*, S. 38.
51 Gianfrancesco Guarnieri: "Animália", in: *O que você pensa ...*, S. 34.
52 Pacheco in: *Anos 70 - 3*, S. 75.
53 Guarnieri: "Animália", a.a.O., S. 37.

Gefahr, sich im Abbilden der brasilianischen Realität zu erschöpfen und damit unwirksam zu bleiben.

Die zweite Tendenz, vertreten durch Stücke des Genres *Arena conta* ... des Teatro de Arena, bezeichnet Boal als "tendência exortativa". Doch auch sie habe wenig bewirkt, da sie sich als Zielpublikum den linksintellektuellen Mittelstand gesucht habe, anstatt sich an die richtige Adresse, das Volk auf der Straße zu wenden. Mit großer Heftigkeit greift Boal die dritte Tendenz, die er ausmacht, den "Tropicalismo", an:

1. O tropicalismo é neo-romântico 2. o tropicalismo é homeopático 3. o tropicalismo é inarticulado 4. o tropicalismo é tímido e gentil - pretende "épater" mas consegue apenas "enchanter les bourgeois" 5. o tropicalismo é importado [...] Estas são as características do tropicalismo - de todas, a pior, é a ausência de lucidez.[54]

Heloísa Buarque de Hollanda definiert den Tropicalismo so:

Recusando o discurso populista, desconfiando dos projetos de tomada do poder, valorizando a ocupação dos canais de massa, a construção literária das letras, a técnica, o fragmentário, o alegórico, o moderno e a crítica de comportamento, o Tropicalismo é a expressão de uma crise. Ao contrário do discurso das esquerdas, para ele "não há proposta, nem promessa, nem proveta, nem procela".[55]

In dem berühmten Lied *Alegria, Alegria*, das 1967 auf dem III. Festival da Música Popular von Caetano Veloso, einem der Hauptvertreter der von den "jovens baianos" getragenen Bewegung gesungen wurde, und das zum Symbol für eine ganze junge Generation wurde, heißt es: "Sem lenço, sem documento/nada no bolso ou nas mãos/eu quero seguir vivendo/amor."[56]

Es stimmt nachdenklich, daß die Linke in ihrer Kritik an dem Lebens- und Erfahrungshunger der jungen Generation, an deren Faszination durch die Aufbruchssignale jener Zeit, von den Filmen Godards, der Musik der Beatles und Rolling Stones, den Büchern Jack Kerouacs, der Antipsychiatrie eines Ronald D. Laing bis hin zu bewußtseinserweiternden Drogen, sich letztlich genauso prüde erwies wie die Vertreter von *Tradição, Família e Propriedade*. Doch galt Boals Angriff vor allem dem Theater und hier vor allem dem Teatro Oficina.

Der Regisseur José Celso Martinez Correa, meist José Celso genannt, der den Stil des Teatro Oficina prägte und mit dessen Namen dieses Theater auch

---

54 Boal, Vorwort zu *O que você pensa* ..., S. 5 ff
55 Buarque de Hollanda: *Impressões* ..., S. 55.
56 Ebd., a.a.O.

immer identifiziert wird, hat seinerseits in einer heftigen Polemik Kritik am brasilianischen Theater jener Zeit geübt. Er nahm sich selbst nicht aus, Zielscheibe der Angriffe war aber vor allem das Teatro de Arena:

> [...] hoje, com o fim dos mitos das burguesias progressistas e das alianças mágicas e invisíveis entre operários e burgueses [...] nós não podemos ter um teatro na base dos compensados do TBC, nem da frescura da *Commedia Dell'Arte* de interpretação, nem do russismo socialista dos dramas piegas do operariado, nem muito menos do joanadarquismo dos *shows* festivos de protesto.[57]

Das Teatro Oficina hatte als Studentenbühne begonnen. "O Oficina deu seus primeiros passos praticamente dentro do Arena", so Fernando Peixoto, Schauspieler, Regisseur und als Dramaturg mehrere Jahre führender Theoretiker des Teatro Oficina, in seinem Buch *Teatro Oficina (1958 - 1982). Trajetória de uma rebeldia cultural*.[58] Für ihn bildeten beide Theater eine Einheit, zwei Seiten einer Medaille. Gerade in dieser dialektischen Spannung und Auseinandersetzung hätten sie, so Peixoto, eine Avantgardefunktion in der künstlerischen Entwicklung des brasilianischen Theaters eingenommen. Das Teatro Oficina hatte kaum brasilianische Stücke gespielt. Nach einer existentialistischen Phase wandte es sich zunächst der nordamerikanischen, dann der russischen Dramatik zu, um die brasilianische Realität zu diskutieren. Dabei ging es dem Teatro Oficina um Sezierung des, seinem Publikum wohlvertrauten, zerfallenden Bürgertums. Als das Teatro Oficina mit José Celsos Inszenierung von Oswald de Andrades *O rei da vela* am 29. September 1967 das nach einem Brand wiederaufgebaute Haus eröffnet, beginnt das, was Kritiker und Theaterwissenschaftler aus heutiger Sicht als die eigentliche historische Leistung dieses Theaters ansehen. Lag die Bedeutung des Teatro de Arena in der Begründung einer neuen brasilianischen Dramatik, so wurde und wird dem Teatro Oficina die Revolutionierung der szenischen Sprache zugeschrieben. *O rei da vela* war der erste wirklich brasilianische Text, den das Teatro Oficina aufführte, und erst mit dieser Uraufführung, 30 Jahre nach der Publizierung des Stückes, wurde auch die Bedeutung Oswald de Andrades als Dramatiker erkannt. Hatte das Teatro Oficina das Stück früher als antiquiert abgelehnt, gewann es nach den Ereignissen von 1964 neue Aktualität. Mário da Silva Brito skizziert die Thematik treffend:

---

57 zit. nach José Arrabal: "Anos 70: momentos decisivos da arrancada", in: *Anos 70 - 3*, S. 21.
58 Peixoto: *Teatro Oficina ...*, S. 12.

A peça focaliza a decadência da economia cafeeira, os dramas da incipiente indústria nacional sem mercado interno, a luta de classes e dentro das próprias classes no poder: a burguesia industrial vinda da agiotagem que se deixa envolver e absorver pelo imperialismo norte-americano para conseguir sobreviver. Entre a usura e as traficâncias do amor burguês e da própria sociedade capitalista.[59]

O rei da vela erfüllte die Intentionen des Teatro Oficina auf politisch-ideologischer wie auf theatralischer Ebene. Die Aufführung hinterfragte das Wesen politischer Prozesse sowohl der Rechten wie der Linken, zielte zugleich darauf ab, die Rolle des passiven Zuschauers, im Theater wie im Leben, sowie die Funktion des Theaters generell zur Diskussion zu stellen.

Im Gegensatz zum poetischen Illusionstheater wie zum Aufführungsstil anderer Theater hatte das Teatro Oficina sich Zirkus, Brechtsche Techniken, Show, Oper, Tragödie, Komödie, Revuetheater, Stierkampf, *chanchada* "einverleibt", im Sinne von Oswald de Andrades *antropofagismo*, und dabei ein geniales Gesamtkunstwerk geschaffen. Die Gláuber Rocha gewidmete Aufführung endete als große tragikomische Oper des Untergangs zur Musik von Carlos Gomes.

Was auf den ersten Blick chaotisch gewirkt haben mag, war in Wirklichkeit eine disziplinierte, theatralisch genau durchdachte De-Collage, eine Demontage brasilianischer Mythen, was sich auch in der Erarbeitung der Rollen durch die Schauspieler ausdrückte. So wie Peter Zadeks Shakespeare-Darsteller sich aus dem Fundus des Lebens und des Theaters "ihre" Figur erfanden, erarbeiteten sich die Schauspieler des Teatro Oficina ihre Rollen. In der Figur des machthungrigen Abelardo II vereinigte Fernando Peixoto Symbole wie das rote Halstuch Getúlio Vargas' mit dem Hinken João Goularts und verwandelte sich am Schluß in einen Stierkämpfer, während Renato Borghi als Abelardo I, der gestürzt wird, Züge eines anderen bekannten Politikers mit denen des alten Zirkusclowns Chacrinha mischte.

O rei da vela stellte, so Anatol Rosenfeld in seinem Artikel "O Teatro da Agressão", einen intellektuellen, formalen und sexuellen Angriff auf das Publikum dar.[60] Die einzige Reaktion der Zensur auf diese Aufführung war zunächst, daß Polizeibeamte einen riesigen hölzernen Phallus entfernten, der Kerze, Tod, Macht, den Machismo der brasilianischen Gesellschaft symbolisierte. Am 15. Juli wurde die Aufführung selbst verboten, doch hatte sie bereits in ganz Brasilien Aufsehen erregt. Sie war auch zum 1er Festival Inter-

---

59 Mário da Silva Brito, zit. nach Maria Augusta Fonseca: *Oswald de Andrade*, São Paulo: Editora Brasiliense ²1982, S. 70.

60 In: Armando Sérgio da Silva: *Oficina: do teatro ao te-ato*, São Paulo: Editora Perspectiva 1981, S. 154.

national des Jeunes Compagnies 1968 in Nancy eingeladen, wo sie mit großer Begeisterung aufgenommen wurde. In Paris wurde sie anschließend unter dem Titel *Vida, paixão e morte da burguesia latino-americana* angekündigt.

Roda viva hieß die nächste Inszenierung José Celsos mit einer Gruppe junger Schauspieler, die im Januar 1968 im Teatro Princesa Isabel, Rio de Janeiro, produziert von Orlando Miranda, Premiere hatte. Die "Comédia Musical em dois atos" von Chico Buarque de Holanda erzählt von Aufstieg und Fall des Sängers Ben Silva, genannt "Rei da Voz", vermutlich in Anspielung auf Oswald de Andrades Stück *O rei da vela*. Wenn der Vertreter der öffentlichen linken Meinung, Capeta, behauptet, "Benedito Lampião trai seu povo! Depois de pregar a reforma agrária, vai receber dólares dos americanos!", Silvas Geliebte Juliana dagegen sein Verhalten entschuldigt, "Ele não quis ser um herói/só cantor, só cantor",[61] so bestimmt der linke Barde Chico Buarque wohl auch seinen eigenen Standort zwischen Selbstvermarktung als Protestsänger und politischer Verantwortung. Er nimmt auch das Verhalten von Künstlern der 70er Jahre vorweg, als nicht nur mehr Werke, Aufführungen und Lieder zensiert, sondern die Künstler selbst verfolgt wurden. Doch nicht das Stück, sondern die Aufführung wurde zu dem Ereignis des brasilianischen Theaters vor 1968.

Roda viva endete mit den *Flower-Power*-Statements der Hippie-Bewegung im Chor: "Para nós, no Universo/Só existe paz e amores/Nós só cantamos um verso/Que fala em flores, flores, flores".[62] Die Inszenierung José Celsos trug die nervöse Angst und Verzweiflung der Künstler hinunter ins Parkett, ließ das Publikum die Bedrohung spüren, der sie sich selbst ausgesetzt sahen. Der Regisseur José Celso sagte:

> *Roda viva* instaurava uma nova relação com o público. Uma relação de quebrar as máscaras, de quebrar a careta, na violência do nascimento. Fez o público experimentar um estado forte do teatro. Um teatro que era o prolongamento do que se fazia nas ruas, naquele tempo. A força das passeatas, a força de *Roda viva*.[63]

Diese Ästhetik der Provokation war keine singuläre brasilianische Erscheinung. Sie hatte ihre Pendants in den USA und in Europa, in den Aufführungen des Living Theatre, in Peter Handkes *Publikumsbeschimpfung* (1966), im Musical *Hair*, in Fernando Arrabals Inszenierungen seiner eigenen

---

61 Chico Barque de Holanda: *Roda vida*, Rio de Janeiro: Editora Sabiá 1968, S. 71 f.
62 Ebd., S. 74.
63 zit. nach José Arrabal: "Anos 70 ..." in: *Anos 70 - 3*, S. 22.

Stücke. Doch muß diese brasilianische Aufführung, so wie sie beschrieben ist, weit über die schüchternen Kontaktversuche mit dem europäischen Zuschauer hinausgegangen sein. Vielleicht war José Celso der erste Regisseur überhaupt, der Antonin Artauds *Théâtre de la Cruauté* wörtlich zu nehmen wagte, ein Theater, in dem die Bühnenhandlung, so forderte es Artaud, einer religiösen Beschwörung gleichen, in dem es keinen unbeteiligten Zuschauer geben solle.

Wenn Benedito Silva in einer Prozession zur Kreuzigung getragen wurde, bei sakraler Musik und afrikanischen Rhythmen, verschlangen die Fans des Musikidols rohe Leber und bespritzten das Publikum mit Blut. Unter brasilianischen Verhältnissen war dies mehr als eine noch so radikal sich gebende Theatergeste in Europa, etwa Nitschs Blutbad-Aktionen in Wien. José Celso sprach wörtlich von einem Theater der Grausamkeit, doch wird deutlich, daß damit auch die Grausamkeit brasilianischer Zustände gemeint war:

> A única possibilidade é o teatro da crueldade brasileira - do absurdo brasileiro - teatro anárquico, cruel, grosso como a grossura da apatia em que vivemos [...] A eficácia deve ser medida pelo nível de agressividade.[64]

Nachdem Mitglieder der paramilitärischen Organisation CCC (Comando de Caça aos Comunistas) das Teatro Ruth Escobar in São Paulo, wo *Roda viva* gastierte, gestürmt, die Dekorationen zertrümmert, Schauspieler geschlagen, später, bei einem Gastspiel der Aufführung in Porto Alegre, sogar Mitwirkende verschleppt hatten, wurde die Aufführung aus Gründen der Sicherheit nicht nur in einzelnen Bundesstaaten, sondern landesweit für ganz Brasilien verboten. In José Celsos nächster Inszenierung, Bert Brechts *Leben des Galilei*, schien die "rebeldia anárquica"[65] einem Gefühl der Depression gewichen zu sein. Die Generalprobe fand am 13. Dezember 1968 statt, am Tag der Verkündung des AI-5. Die Aufführung begann mit dem aus dem Off eingespielten Mitschnitt von Brechts Aussage vor dem Committee of Unamerican Activities. Auf der Bühne, die vom Zuschauerraum durch ein riesiges Gitter getrennt war, stimmten die Schauspieler, in grauen Anstaltskitteln, leise murmelnd in Brechts Geständnis ein, das das Geständnis Galileis war. Im Halbschatten des Bühnenhintergrunds wurden Folterszenen dargestellt. In Brechts *Im Dickicht der Städte*, Premiere 1. September 1969, bekamen die Zuschauer mit dem Programmheft eine Tüte Müll ausgehändigt, die Dekoration der der Stadt São Paulo gewidmeten Aufführung war ebenfalls aus Müll gebaut. Und so wie Jimmy Hendrix nach jedem Konzert seine Gitarre zerschlug, zerstörten die Schauspieler zum Zeichen des Protests ge-

---

64 Silva, *Oficina: do teatro ao te-ato*, S. 153.
65 Ebd., S. 192.

gen die Zerstörung der Lebensbedingungen, des Lebens, nach jeder Aufführung das gesamte Bühnenbild. Durch diese Aktionen nahmen sie die Zerstörung durch die Staatsgewalt in einem symbolischen Akt der Selbstzerstörung vorweg.

José Celso:

O meu espetáculo é catastrófico, apocalíptico, a antecipação do dilúvio. 'Destas cidades só vai restar o vento que passa por elas', eis uma fala que dá bem o sentido do nosso trabalho.[66]

Für Fernando Peixoto war dies kein gangbarer Weg mehr. Eine Gefahr sah er auch in den internen Auseinandersetzungen der Gruppe, die er nicht nur mehr als Generationskonflikt sah. José Celso hatte sich auf die Seite der jüngeren Kräfte geschlagen. Eine Kommune wurde gegründet. Leben und Kunst sollten nicht länger getrennt sein: "nós não representamos, nós somos."[67] Bestätigt und bestärkt wurde die Kommune Oficina in ihrer neuen Arbeits- und Lebensform durch das Living Theatre, das 1970 auf der Suche nach neuen Impulsen Brasilien bereiste und zeitweise mit dem Oficinamitgliedern gemeinsam lebte und arbeitete. Diese Entwicklung stieß bei erfahrenen professionellen Schauspielern und Theatertheoretikern zunehmend auf Kritik und Mißtrauen.

Oficina Brasil, wie die Gruppe sich jetzt nannte - nie war der Werkstatt-Charakter des Wortes *Oficina* deutlicher als jetzt -, begann wieder am "Punkt Null", "Marco Zero", in Anspielung auf Oswald de Andrades Romantitel, unter dem Zeichen von "re-volição": "Enfrentamos ao que já era para sermos, pois nesse momento todo nosso projeto é um só: re-volição. Voltar a querer, voltar a acreditar."[68]

Wie einst Mário de Andrade in den 20er Jahren startete die Gruppe eine ethnologische Reise zu den Ursprüngen, ins Amazonasgebiet, in den Nordosten: "utopia" ("utopia dos trópicos").[69] Die brasilianische Realität sollte unmittelbar erfahren werden. Und da Kunst und Leben als Einheit begriffen wurden, bedeutete dies, daß einerseits Leben der Kunst anverwandelt wurde, andererseits, daß der Amazonas-Realität die Kunst, die Lebens-Kunst der Gruppe Oficina entgegengestellt wurde, was bei der Bevölkerung wie bei der Staatsautorität nicht selten auf heftigen Widerstand stieß. Zum Schlüsselbegriff wurde nun *te-ato*: "... nome com múltiplas significações que vão desde 'te uno a mim', até ... 'te obrigo a unir-se a mim'", schreibt Armando Sérgio da

---

66   Ebd., S. 183.
67   Ebd., S. 200.
68   zit. nach Peixoto: *Teatro Oficina* ..., S. 93.
69   Ebd., a.a.O.

Silva.[70] Aber auch "atuar" im Sinne vom Handeln in der Realität und nicht im Theater birgt dieser Begriff, die Schauspieler wurden von "atores" zu "atuadores".[71] Auch José Celso wurde zum "atuador" - vielleicht war Julien Beck, der Leiter des Living Theatre ihm hier ein Vorbild -, beschmierte sich das Gesicht mit dem Lehm von Brasília und pflanzte auf dem Campus der Universität, neben dem Rektorat, einen symbolischen Baum, reichte Landarbeitern die Hand zu einem Schweigemarsch, schleppte symbolisch Steine, schrie, sang und tanzte. Straßentheater, Teach-ins, Sit-ins, Encounter, dem Zeitgeist der 60er Jahre entsprungene Happenings, die die Trennung zwischen Schauspielern und Zuschauern aufzuheben vorgaben - im Brasilien der 70er Jahre gewannen solche Aktionen der Suche nach Kontakt zur sozialen und politischen Realität des Volkes gefährliche Brisanz.

Oficinas Weg führte zurück ins Theater. *Gracias Señor* hieß die Summe aller Erfahrungen, die Oficina Brasil gemacht hatte. "O novo analfabeto", "Aula de esquizofrenia", "A ressurreição" lauteten - die Analogien zu *Paradise Now* des Living Theatre sind deutlich - einzelne Sequenzen der Aufführung, in denen Schauspieler-Lehrer den Zuschauern-Schülern den Verlauf der brasilianischen Geschichte als Unterwerfung der Indios, Ausbeutung der Schwarzen, Knechtung des Proletariats vor Augen führten. Am Ende belehrte Antônio Conselheiro, unter Verwendung eines Zitats aus Brechts *Die Horatier und die Kuriatier*: "Há muitos objetos num só objeto, mas o objetivo é um: destruir o inimigo."[72] Im März 1972 fand die Premiere von *Gracias Señor* statt, im Juni des gleichen Jahres wurde die Aufführung für ganz Brasilien verboten. Zu dem Zeitpunkt lebte Augusto Boal bereits ein Jahr im argentinischen Exil, in Buenos Aires. "Grupo Oficina Brasil em Re-Volição", wie sich die Gruppe um José Celso 1972 nannte, verwandelte das Theater in der Rua Jaceguaí in ein Kommunikationszentrum, *Casa de Transas*: "Eu gosto, você gosta, de dançar, cantar, pintar, fotografar. Qualquer pessoa é capaz de fazer qualquer coisa e a Casa de Transas está aí para isso."[73] 1974 ging auch José Celso ins frei gewählte Exil. Damit war eine der fruchtbarsten Epochen des lateinamerikanischen Theaters zu Ende.

---

70 Silva, *Oficina: Do Teatro ao Te-ato*, S. 203.
71 Peixoto, *Teatro Oficina* ..., S. 100.
72 Ebd., S. 102.
73 Ebd., S. 103.

Eu sou um daqueles que não se foram embora. Bom, não estou criticando os que se mandaram [...] Nestes dez anos, sabe quantos artigos meus foram censurados? Todos. Mas eu sentava e escrevia, todos os dias.[74]

Wie dem Journalisten Carlos in Millôr Fernandes' Stück *Os órfãos de Jânio*, 1979, erging es auch den Theaterautoren, die im Lande blieben und den Mut hatten weiterzuschreiben, mit ihren Stücken an die Öffentlichkeit zu treten, auch wenn sie Metaphern und Symbole benutzten, die Handlung allegorisch verfremdeten, in ein anderes Land und in eine andere Zeit verlegten. Vianna Filhos *Papa Highirte*, das im Exil-Palast eines gestürzten Generalissimo in einem lateinamerikanischen Phantasieland spielt und die brasilianischen Machtkämpfe jenes Jahrzehnts thematisiert, gewann zwar 1968 den Concurso de Peças des dem Ministério de Educação unterstellten Serviço Nacional de Teatro (SNT), wurde aber sofort verboten. Dies führte zur Aussetzung des Preises für sechs Jahre, bis 1974, als Orlando Miranda die Leitung des SNT übernahm. Das erste 1975 prämierte Stück, *Rasga coração*, stammte ebenfalls von Oduvaldo Vianna Filho und wurde ebenfalls sofort verboten.

Die Ermordung des Journalisten Vladimir Herzog bildete den Ausgangspunkt für Gianfrancesco Guarnieris Parabel *Ponto de partida*, in der er Bauern des Mittelalters die Stimme seiner Anklage lieh. Das Stück konnte am 23. September 1976 in der Regie von Fernando Peixoto am TAIB (Teatro da Associação Israelita Brasileira) in São Paulo aufgeführt werden, mit Guarnieri in der Hauptrolle des *camponês* Dodo. Der Fall Herzog war auch Thema von João Ribeiro Chaves Netos Stück *Patética*, dessen Handlung auf mehreren ineinander verschränkten Realitätsebenen spielt. *Patética* gewann 1977 den ersten Preis des Concurso Nacional de Dramaturgia, doch konnte der Preis nicht offiziell verkündet werden, da Zensurbeamte den chiffrierten Umschlag aus dem Serviço Nacional de Teatro entwendet hatten. Erst 1980 konnte *Patética* in der Regie von Celso Nunes aufgeführt werden.

Am Vorabend der Uraufführung, im Mai 1975, wurde *O abajur lilás* von Plínio Marcos verboten, ein Stück, das im Bordell spielt, in der Sprache der Ausgestoßenen geschrieben. Die Auflehnung der Prostituierten gegen ihren Zuhälter, ihre Folterung durch dessen Leibwächter und ihre schließliche Unterwerfung stand für vergeblichen Widerstand gegen den Staat. Damit wurde Plínio Marcos' achtzehntes Stück verboten. Aus Solidarität setzten viele Theater in São Paulo für einen Abend ihre Aufführungen ab. Auch *O abajur*

---

74 Millôr Fernandes: *Os órfãos de Jânio*, Porto Alegre: L & PM Editores 1979, S. 25 und 32.

lilás konnte erst am 25. Juni 1980 in der Regie von Fauzi Arap uraufgeführt werden.

Als exemplarisch für den "grito autobiográfico de insatisfação com o estado de coisas existentes no país"[75] einer jüngeren aufstrebenden Generation von Theaterautoren, für die Sábato Magaldi die Bezeichnung *Nova Dramaturgia* prägte[76] und zu der er u. a. Leilah Assunção, José Vicente, Antônio Bivar, Consuelo de Castro und Isabel Câmara zählt, kann Roberto Athaydes Monodrama *Apareceu a Margarida* angesehen werden. Die Unterrichtsmethoden der Lehrerin Margarida ähneln Gehirnwäschepraktiken in Folterkellern, die in den Kindern erzeugte Schulneurose entspricht dem Diktaturtrauma eines ganzen Volkes. 1973 mußte *Apareceu a Margarida* in Rio de Janeiro vom Spielplan abgesetzt werden und konnte erst nach zahlreichen Kürzungen wieder aufgenommen werden.

Se oceis pensa / Que nois fumos embora / Nois enganemos oceis / Nois fingimos / Que fumos e vortemos / Ó nois aqui traveis! / Nois tava indo tava quase lá / A ressovermo e vortemo pra cá ...,

heißt es in einem 1984 von der Gruppe "Tá na Rua" herausgegebenen Programmheft. Die Gruppe existiert unter diesem Namen erst seit Ende der 70er, Anfang der 80er Jahre, ihre Geschichte reicht jedoch über ihren Gründer und Leiter Amir Haddad bis zu den Straßentheateraktionen des Teatro Oficina zurück. "Tá na Rua" spielt vor Passanten auf Straßen und Plätzen wahre Geschichten, wie in *A bandida* den Fall der aus Not zur Diebin gewordenen schwarzen Hausangestellten, und versucht mit theatralischen Mitteln die Zuschauer in einem "Forum" zu einer öffentlichen Diskussion über Recht und Unrecht zu bewegen.

Selbst in den Jahren der Diktatur waren neue Gruppen entstanden wie das aus dem Centro Acadêmico XI de Agosto hervorgegangene Amateurtheater, das sich seit 1973 Teatro União o Olho Vivo (TUOV) nennt: "É preciso ver em volta, ver, entende? Não apenas olhar, compreende, irmão? É preciso ver em volta",[77] heißt es fast programmatisch im ersten Stück der Gruppe, *Rei momo*, das wie alle anderen in einer Mischung aus Samba-, Karneval-, Fußball- und *telenovela*-Elementen brasilianische Geschichte von unten erzählt. Trotz der Einschüchterungsversuche durch die Behörden - von der Beschlagnahmung von Dokumentationsmaterial bis zur Verhaftung einzelner Gruppenmitglieder - setzte die Gruppe um César Vieira, die ideologisch und inhaltlich an die Basiskulturarbeit der Centros Populares de Cultura, des Teatro

---

75 Silva, *Oficina: do teatro ao te-ato*, S. 181.
76 Ebd., S. 181.
77 César Vieira: *Em busca de um teatro popular*, Confenata, Santos, ³1981, S. 59.

de Arena wie des kubanischen Teatro Escambray anknüpft, ihr Theater in den Stadtrandgebieten beharrlich fort, bis heute. In der Zona Sul Rio de Janeiros, am Rande des offiziellen Theatersystems, entstand 1974 die Freie Gruppe "Asdrúbal Trouxe o Trombone", die in ihren *criações coletivas*, besonders *Trate-me leão*, 1977, die Probleme einer frustierten Großstadtjugend der Nach-64er Generation aufgriff.

Vordergründig als Generationskonflikt erscheint Oduvaldo Vianna Filhos letztes Stück *Rasga coração*, das er 1974, kurz vor seinem Tod im Alter von 38 Jahren schrieb. Die Handlung selbst spielt im Jahre 1972. Medizin studieren will der junge Luca, um in der Provinz als Arzt zu arbeiten, während sein Vater, Manguari Pistolão, ein alter Kommunist, ihm mit Hilfe seiner alten Genossen eine mit modernsten Apparaturen ausgestattete Großstadtpraxis einrichten will:

É só isso que eu quero aprender, não tenho nada pra aprender nas universidades de vocês, nada! [...] quero que a vida aconteça em mim ... não é revolução política, é revolução de tudo, é outro ser!

entgegnet der junge Mann dem Vater, der für sich das revolutionäre Engagement in Anspruch nimmt: "revolução sou eu!"[78] Der Autor dieser in vielen Rückblenden erzählten "linken Geschichte" aus vier Jahrzehnten empfand sein Stück als "uma homenagem ao lutador anônimo político, aos campeões das lutas populares; preito de gratidão à "Velha Guarda", à geração que me antecedeu, que foi a que politizou em profundidade a consciência do país."[79]

Erst 1979, fünf Jahre nach Oduvaldo Vianna Filhos Tod, in der *abertura*, konnte das Stück uraufgeführt werden. Die Premiere von José Renatos Inszenierung, am 21. September 1979 im Teatro Guaíra, Curitiba, wurde zum Fanal für die wiedergewonnene Freiheit und Redemokratisierung, ähnlich wie ein Jahr zuvor Augusto Boals im Exil geschriebenes, am 4. Oktober 1978 in der Regie Paulo Josés am Teatro TAIB in São Paulo uraufgeführtes Exilstück *Murro em ponta de faca*. Diese Stücke machten den Weg frei für eine Reihe von "Bewältigungsstücken" wie zum Beispiel Mário Pratas *Fábrica de chocolate*, das die Verhörmethoden der Militärdiktatur anprangerte. Das Stück wurde am 7. Dezember 1979 im Teatro Ruth Escobar, in der Regie von Ruy Guerra uraufgeführt und endete mit einer *standing ovation* für die aus dem Exil zurückgekehrten Luís Carlos Prestes und Augusto Boal. Andere Autoren versuchten, jüngste brasilianische Geschichte exemplarisch aufzuarbeiten.

---

78 Oduvaldo Vianna Filho: *Rasga coração*, Rio de Janeiro: Serviço Nacional de Teatro 1980, S. 74 f.
79 Ebd., S. 13.

Campeões do mundo von Dias Gomes, uraufgeführt am 4. November 1980 im Teatro Villa-Lobos, in der Regie von Antônio Mercado, analysiert so Methoden, Ziel und Wirkung des bewaffneten Widerstandes.

Noch ist der Abstand zu kurz, um über den jüngsten Geschichtsverlauf von 1964 bis 1984, also auch über das Theater dieses Zeitraums, endgültige Aussagen zu treffen. Im Augenblick, so scheint es, sind Tendenzen am Werk, die das historische Bewußtsein der jüngsten Vergangenheit eher verdrängen, wie die Gesellschaftssatiren des *Besteirol* in Rio de Janeiro, oder in der Rückbesinnung auf geistesgeschichtliche Traditionen zu relativieren versuchen und danach trachten, das Theater vor allem unter ästhetischem Gesichtspunkt zu erneuern. Für diese Tendenz steht Antunes Filhos Grupo Macunaíma und sein Versuch, nach der Dramatisierung von Mário de Andrades Roman *Macunaíma*, das Theater Nélson Rodrigues' zu rehabilitieren. Unter dem Blickwinkel von Mircea Eliades Theorie des "éternel retour" sollte das Werk des *Reacionário*, wie Nélson Rodrigues sich selbstironisch nannte, ein dramatisches Werk, das am Beginn des modernen brasilianischen Theaters steht, dem öffentlichen Bewußtsein neu erschlossen werden. Ausdruck fand dies Unterfangen in der Aufführung *Nélson Rodrigues - o eterno retorno*, Premiere 1981, einer Aufeinanderfolge von vier, später zwei Stücken dieses Autors.

Unterdessen hatte sich der 1978 aus vierjährigem portugiesischem Exil zurückgekehrte José Celso im verwaisten Teatro Oficina, Rua Jaceguai, der Fertigstellung seines 1971 begonnenen Films *O rei da vela* gewidmet. Es wurde nicht die filmische Aufzeichnung einer Theateraufführung, sondern, durch eingearbeitetes dokumentarisches Material, ein Zeitdokument von unschätzbarem Wert, das die letzten zwanzig Jahre brasilianischer Geschichte und Theatergeschichte zusammenfaßt. Die Aufführungen und Stücke Anfang der 80er Jahre wie zum Beispiel Naum Alves de Souzas *No Natal a gente vem te buscar* (1983) und *A aurora da minha vida* (1986), Maria Adelaide Amarals *De braços abertos* (1985) lassen hoffen, daß eine "Aurora" des brasilianischen Theaters anbricht.

Berlin, Juli 1986

Moema Parente Augel

LEID, PROTEST UND SUCHE NACH IDENTITÄT.
POESIA NEGRA -
DIE DICHTUNG DER SCHWARZEN
IN BRASILIEN

Als afrikanische, antillische und afroamerikanische Intellektuelle die Bezeichnung *Literatura Negra* zu benutzen begannen, geschah dies in der Absicht, Vorurteilen und Diskriminierungen dadurch zu begegnen, daß sie selbst das auffallendste äußere Merkmal der Lebenswelt des Schwarzen auf ihre Fahnen schrieben. Die Betonung der schwarzen Hautfarbe und der Gebrauch des Wortes, das die mit Hautfarbe und Rasse verbundenen negativen Konnotationen am stärksten auf sich vereint, wurden als Kampfansage an rassische Diskriminierung und Selbstverachtung verstanden.

Die Literatur der Schwarzen erlebte ihren Höhepunkt in der *Négritude*, einer Bewegung, die jahrzehntelang die schwarzen Intellektuellen vor allem außerhalb Afrikas prägte.[1] Der Ausdruck *Négritude* wurde gebraucht, um

---

1   Der Begriff der *Négritude* wurde zuerst von dem Martinikaner Aimé Césaire (geb. 1913) Ende der 30er Jahre benutzt. Die wichtigsten Vertreter dieser literarisch-kulturellen Erneuerungsbewegung sind außer ihm Léopold Senghor (geb. 1906 im Senegal) und Léon Damas (aus Französisch-Guayana, 1912 - 1978). Seit den 60er Jahren wurde die Doktrin der *Négritude* zunehmend in Frage gestellt, vgl. Stanislas Adotévi: *Négritude et négrologues*, Paris: Union Générale d'Editions 1972; René Depestre: *Bonjour et adieu à la négritude*, Paris: Robert Laffont 1980; René Ménil: *Tracées. Identité, négritude, esthétique aux Antilles*, Paris: Robert Laffont 1981; gute literaturhistorische Überblicke bieten Lilyan Kesteloot: *Les écrivains noirs de langue française: naissance d'une littérature*, Bruxelles: ULB 1963, [8]1983; Janheinz Jahn: *Geschichte der neoafrikanischen Literatur. Eine Einführung*, Düsseldorf/Köln: E. Diederichs 1966; Jacques Chevrier: *Littérature nègre*, Paris: Armand Colin 1984; zu den Beziehungen zwischen der *Négritude* und der brasilianischen *Literatura Negra* vgl. Roger Bastide: "Variations sur la Négritude", in: *Présence africaine* 36, 1961,

eine abwertende Bezeichnung für den Schwarzen, nämlich sein "Negersein", als Provokation aufzunehmen und ins Positive zu kehren. Auch die schwarzen Dichter in Brasilien nennen sich *Poetas Negros* oder *Poetas Afrobrasileiros* und ihr Werk *Poesia negra*. Diese Bezeichnungen sind Ausdruck ihres Identitätsbewußtseins, und ich werde sie hier in diesem Sinne verwenden. Der Dichter Cuti geht soweit zu behaupten, daß es den schwarzen Schriftstellern gelang, "die Semantik des Wortes Neger von Grund auf zu ändern".[2]

Die brasilianische Literaturgeschichtsschreibung zählt üblicherweise zur *Poesia Negra* alle Werke, in denen die Schwarzen als Motiv oder Thema behandelt werden, und zwar unabhängig davon, ob die Werke von Weißen oder Schwarzen geschrieben wurden.[3] Sie rechnet zum Beispiel Raul Bopp mit

---

S. 7 - 14, und Zilá Bernd: *Négritude e literatura na América Latina*, Porto Alegre: Mercado Aberto 1987; Benedita Gouveia Damasceno: *Poesia Negra no Modernismo brasileiro*, Campinas, SP: Pontes Editores 1988.

2   Cuti (Pseudonym für Luiz Silva), in: *Cadernos negros*, Nr. 8, 1985. Cuti, geb. 1951 in Ourinhos, Bundesstaat São Paulo, lebt heute in dessen Hauptstadt als Gymnasiallehrer und Angestellter der Stadtverwaltung. Er ist der aktivste und kämpferischste der jungen *Poetas Negros*. Veröffentlichungen: *Poemas da carapinha* (Gedichte), São Paulo: Selbstverlag 1978; *Batuque de tocaia* (Gedichte), São Paulo: Selbstverlag 1982; *Suspensão* (Theater), São Paulo: Selbstverlag 1983; *Flash crioulo sobre o sangue e o sonho* (Gedichte), Belo Horizonte: Mazza Edições 1987; *Quizila* (Erzählungen), São Paulo: Selbstverlag 1987; *A pelada peluda no largo da bola* (eine Kindergeschichte), São Paulo: Editora do Brasil 1988; zusammen mit Arnaldo Xavier und Miriam Alves: *Terramara* (Theater), São Paulo: Selbstverlag 1988 weitere Veröffentlichungen in allen Nummern der *Cadernos Negros* und in verschiedenen Anthologien. u. a. in *Axé. Antologia contemporânea da poesia negra brasileira*, hg. von Paulo Colina, São Paulo: Global Editora 1982; in *A razão da chama. Antologia de poetas negros brasileiros*, hg. von Oswaldo de Camargo, São Paulo: Edições GRD 1986; verschiedene Essays, u. a. in: *Reflexões sobre a literatura afrobrasileira*, São Paulo: Conselho de Participação e Desenvolvimento da Comunidade Negra 1985; *Criação crioula, nu elefante branco*, São Paulo: IMESP 1987; zusammen mit Miriam Alves und Arnaldo Xavier: *Terramara* (Theater), São Paulo: Selbstverlag 1988. Weitere Veröffentlichungen in *Cadernos negros* und in den Anthologien *Axé. Antologia contemporânea da poesia negra brasileira*, hg. von Paulo Colina, São Paulo: Global Editora 1982, und *A razão da chama. Antologia de poetas negros brasileiros*, hg. von Oswaldo de Camargo, São Paulo: Edições GRD 1986.

3   Zur Behandlung des Schwarzen in der brasilianischen Literatur s. u. a. Raymond Sayers: *The Negro in Brazilian Literature*, New York: The Hispanic Inst. 1956; bras. Ausg.: *O negro na literatura brasileira*, Rio de Janeiro Ed. O. Cruzeiro 1956; Gregory Rabassa: *O negro na ficção brasileira. Meio século de história literária*, Rio de Janeiro: Ed. Tempo Brasileiro 1965; Roger Bastide: *Estudos afro-brasileiros*, São Paulo: Ed. Perspectiva 1973; David Brookshaw: *Raça & cor na literatura brasileira*, Porto Alegre: Ed. Mercado Aberto 1983;

Leid, Protest und Suche nach Identität.
Poesia Negra - Die Dichtung der Schwarzen in Brasilien

Urucungo und Jorge de Lima mit *Xangô* in der Regel zur *Poesia Negra* oder *Poesia Afrobrasileira*. Beide modernistischen Autoren weißer Hautfarbe bemühen sich zwar, den Afrobrasilianer als Subjekt mit einer eigenen Sehweise und Erlebniswelt zu thematisieren, es gelingt ihnen aber nicht, sich von den üblichen Stereotypen freizumachen. Die genannten Beispiele von *Poesia Negra* entsprechen vielmehr dem gängigen Schema kolonialer Situation, in dem der "Weiße" sich des "Anderen" bedient, ihn zu seinem Objekt macht. "Colonisation est chosification" - die Feststellung Aimé Césaires trifft für diesen Bereich der *Poesia Negra* durchaus zu.[4]

Der Gegenstand der folgenden Ausführungen unterscheidet sich grundlegend von einer solchen "Verdinglichung" des brasilianischen Schwarzen und ihres dichterischen Ausdrucks. Wenn ich Leid, Protest und Suche nach Identität in der heutigen brasilianischen *Poesia Negra* behandele, lasse ich nur solche *Poetas Negros* zu Wort kommen, die aus eigener Erfahrung sprechen, wenn sie in ihrer Dichtung dem kollektiven Schmerz eines bedeutenden Segments der brasilianischen Bevölkerung Ausdruck verleihen.

Eine weitere Differenzierung und Eingrenzung des Themas ist notwendig. Wenn Domingos Caldas Barbosa seine *Lundus* und *Modinhas* beim Klang der "Viola de Lereno" singt und den Unterschied zwischen "Caldas aus Silber" und "Caldas aus Kupfer" beschwört; wenn Luiz Gama sich in der *Bodarrada* sarkastisch fragt: "Wer bin ich?" und zu dem Schluß kommt, "ob ich Neger bin oder Ziegenbock, bleibt sich gleich", denn "Böcke gibt es von allen Sorten", "schwarze Böcke und weiße Böcke"; wenn João da Cruz e Sousa sich als "eingemauert" betrachtet, wenn er "leichte, weiße, helle Formen des Leuchtens, der Schneehöhen, der Nebel" sucht und den "grausamen Nächten" abschwört; wenn Solano Trindade seine afrikanische Nostalgie mit marxistischen Pinselstrichen belebt und seine "Flagge mit der Farbe der Revolution" zu *Olorum Ekê* aufschwingt; oder wenn Cuti mahnt, "das Wort Neger hat Wunden, hat Wände", und daß alle "vor der Rache des Schwarzen Angst haben, selbst der Schwarze" - wenn wir solche Äußerungen schwarzer Dichter verschiedener Epochen nebeneinander stellen, so ist offensichtlich, daß darin sehr unterschiedliche Sehweisen von Welt zum Ausdruck kommen; jedoch haben diese fünf Dichter als verbindendes Element gemeinsam, daß sie im multirassischen Brasilien geboren sind und daß die Pigmentierung ihrer Haut

---

Zila Bernd: op. cit.; dies.: *Introdução à literatura negra*, São Paulo: Editora Brasiliense 1988; Oswaldo de Camargo: *O negro escrito*, São Paulo: Secretaria de Cultura do Estado 1987.

4 Vgl. "Césaire", in: César F. Moreno (Hg.), *América Latina en su literatura*, México: Siglo XXI/Paris: UNESCO 1972, S. 63.

einen starken und unverwechselbaren Einfluß auf ihre literarische Produktion ausübt.[5]

Es ist eine geläufige Vorstellung, daß im Gegensatz zu den Vereinigten Staaten in Brasilien die Trennungslinie zwischen Menschen verschiedener Hautfarbe unbestimmt und durchlässig sei. Die Geschichte des Glaubens an die "brasilianische Rassendemokratie", in der Weiße, Mischlinge, Schwarze und Indianer harmonisch zusammenleben, ist wechselhaft und widersprüchlich und kann nicht losgelöst von der fast allgegenwärtigen Vorstellung von der "Weißwerdung" und den damit einhergehenden Bemühungen um die Definition des brasilianischen Nationalcharakters gesehen werden. Seit *Casa Grande e Senzala* (1933) von Gilberto Freyre akzeptieren die brasilianischen Intellektuellen zwar, daß die Rassenmischung einen positiven Einfluß auf die Bildung des Nationalcharakters ausgeübt habe und sogar die Voraussetzung für das Gedeihen der brasilianischen Zivilisation sei - seine optimistische Botschaft von der Einzigartigkeit der mehrrassischen *cultura lusotropical* wurde mit großer Begeisterung aufgenommen[6] - nichtsdestoweniger aber ist insbesondere in der gesellschaftlichen Elite der Stolz auf das europäische Blut und die helle Hautfarbe weiterhin lebendig. Dieser scheinbare Widerspruch führt nach David T. Haberly zu einer pessimistischen Sicht des Lan-

---

5   Domingos Caldas Barbosa (1738 - 1800) war Mulatte; seine Gedichte wurden in dem Sammelband *Viola de Lereno*, Lissabon 1798, veröffentlicht; Luiz Gama (1830 - 1882), Mulatte und einer der heftigsten Streiter gegen die Sklaverei, hinterließ zwei Bände satirischer Gedichte; João da Cruz e Sousa (1861 - 1898), der am meisten gefeierte brasilianische Negerdichter, Symbolist, veröffentlichte u. a. *Broquéis* (1893), *Missal* (1893) und *Evocações* (1898); Solano Trindade (1908 - 1974) war in den 40er Jahren sehr bekannt und ist der Vorläufer der *Poesia Negra*. Er veröffentlichte u. a. *Poemas de uma vida simples* (1944), *Cantares ao meu povo* (1963); vgl. Anm. 12.

6   Zur Kritik an Freyres Thesen s. u. a. Darcy Ribeiro: *Unterentwicklung, Kultur und Zivilisation. Ungewöhnliche Versuche*, Frankfurt: Suhrkamp 1979; vor G. Freyre hatte schon Sílvio Romero (1851 - 1914) in seiner *História da literatura brasileira*, [1]1888, auf die Bedeutung der Rassenmischung für das Werden der brasilianischen Nation hingewiesen. Erste wissenschaftliche Untersuchungen wurden an der medizinischen Fakultät von Bahia von R. Nina Rodrigues (1862 - 1906) und seinem Nachfolger und Schüler Artur Ramos (1903 - 1949) durchgeführt. Beide sind Autoren heute noch teilweise gültiger anthropologischer und historischer Studien zu afrobrasilianischen Themen und Vorläufer einer bedeutenden Forschungstradition. Für eine diachronische Analyse der Ideen von Rasse und Nationalcharakter s. Thomas E. Skidmore: *Black into White. Race and Nationality in Brazilian Thought*, Oxford: Oxford University Press 1974; bras. Ausg.: *Preto no branco. Raça e nacionalidade no pensamento brasileiro*, Rio de Janeiro: Paz e Terra 1976.

des durch die weiße Führungsschicht, die die Masse des Volkes notwendigerweise für minderwertig hält.[7]

Auf dem Weg zum Selbstbewußtsein

Seit den dreißiger Jahren werden vor allem in São Paulo und Rio de Janeiro die Schwarzen verstärkt in den Prozeß der Industrialisierung und Proletarisierung einbezogen. In einer Situation, die zunehmend von der Ideologie der Weißwerdung und von der Übernahme vieler diskriminierender Stereotypen durch die Schwarzen selbst gekennzeichnet ist, wird 1931 die *Frente Negra Brasileira* gegründet, der wichtigste Versuch zur Heranbildung eines positiven Selbstverständnisses der brasilianischen Schwarzen. Ihr Ziel war die Schaffung eins "neuen Negers", der aktive Kampf gegen Rassenvorurteile durch Aufklärung und für den Zugang der Schwarzen zu höheren gesellschaftlichen Positionen durch Erziehung und Ausbildung. Sie forderte und förderte auch die Solidarität zwischen Schwarzen und Mischlingen. Wegen ihrer wachsenden Popularität unter der schwarzen Bevölkerung und des Versuchs, als Partei registriert zu werden, wurde die *Frente Negra Brasileira* 1937 vom *Estado Novo*, der faschistoiden Diktatur Getúlio Vargas', aufgelöst. Wenn auch später neue Kulturvereinigungen der Schwarzen entstanden, so erreichte die Negerbewegung eine ähnliche Einheit und Begeisterung erst wieder Ende der siebziger Jahre mit der Gründung des *Movimento Negro Unificado*.[8]

In Brasilien besteht seit 1915 eine Presse von und für Schwarze. Ihre Funktion ist widersprüchlich und reicht von der Absicht, die Afrobrasilianer zu sozialisieren, zu integrieren und zu kontrollieren, bis hin zur Anklage und zum Aufruf zum aktiven Widerstand gegen Diskriminierung. Bis 1963 zählte man allein in São Paulo vierzig Zeitungen, die als Interessenvertreter

---

7   Vgl. David T. Haberly, *Three Sad Races. Racial Identity and National Consciousness in Brazilian Literature*, Cambridge/London/New York etc.: Cambridge University Press 1983, S. 6. Interessante Vergleiche zur nordamerikanischen Situation bringt Skidmore, op. cit.

8   Zur *Frente Negra Brasileira*, die bis zu 200.000 Mitgliedern zählte, sowie zu anderen Negerbewegungen s. z. B. Lélia Gonzalez/Carlos Hasenbalg, *Lugar de negro*, Rio de Janeiro: Marco Zero 1982; D. Brookshaw, op. cit., S. 174 ff.; *IKA. Zeitschrift für Kulturaustausch und internationale Solidarität* 25 (1984).

afrobrasilianischer Vereinigungen gelten können, von denen viele jedoch nach kurzer Zeit ihr Erscheinen einstellen mußten.[9]

1944 gründete Abdias do Nascimento in Rio de Janeiro das *Teatro Experimental do Negro* mit dem Ziel, Theaterstücke zu inszenieren, in denen der Neger würdige und nicht stereotype Rollen einnahm. Es gelang ihm, hierfür auch Brasilianer unterer sozialer Schichten zu gewinnen. Er führte Schauspielkurse durch und widmete sich der Alphabetisierung sowie der allgemeinen Bildung und Information der Schauspielschüler. Das *Teatro Experimental do Negro* bestand vor allem in São Paulo etwa zwanzig Jahre lang und stellte das ehrgeizigste Projekt schwarzer Intellektueller in der Nachkriegszeit dar.[10]

Neben dem Theater war auch die Dichtung eine der wichtigsten Ausdrucksformen der intellektuellen Elite der Schwarzen. Auf dem dornigen Weg der Suche nach Identität wuchsen nicht nur Revolte und Protest. Die Forderung, dem herrschenden Bürgertum nachzueifern und sich seine Wertvorstellungen zu eigen zu machen, wird vor allem von dem Dichter Lino Guedes (1906 - 1951) vertreten. In mehreren Gedichtbänden äußert er die Überzeugung, daß sich die Schwarzen nur dann Respekt und gesellschaftlichen Aufstieg erkämpfen können, wenn sie "eines Tages Menschen werden", indem sie Wertvorstellungen wie Aufrichtigkeit, Bescheidenheit und Verantwortlichkeit zu verwirklichen suchen.[11]

Solano Trindade (1908 - 1974) ist sowohl der große Vorläufer einer Bewußtseinsbildung des Negers durch die Dichtung als auch einer Identifi-

---

9   Vgl. Roger Bastide: "A imprensa negra no Estado de São Paulo", in: *Estudos afro-brasileiros*, São Paulo: Perspectiva 1973; Miriam Nicolau Ferrara: *A imprensa negra paulista* (1915 - 1963), São Paulo: FFLCH/USP 1986. Heute sind die Zeitungen *Maioria Falante* aus Rio de Janeiro und *Movimento Negro Unificado* (früher *Nego*) aus Salvador wichtige Beispiele der engagierten *Imprensa negra*.

10 Zum *Teatro Experimental do Negro* s. Abdias do Nascimento (Hg.): *O negro revoltado*, op. cit.; ders.: *Dramas para negros e prólogo para brancos. Antologia de teatro negro-brasileiro*, Rio de Janeiro: Teatro Experimental do Negro 1961; ders.: *O genocídio do negro brasileiro*, Rio de Janeiro: Paz e Terra 1978; ders.: *O quilombismo. Documentos de uma militância pan-africanista*, Petrópolis: Vozes 1980; Lélia Gonzalez, in: Gonzalez/Hasenbalg, op. cit., S. 24, wo die Autorin daran erinnert, daß seit dieser Zeit auch Weiße sich zunehmend für die Negerbewegung interessieren und sich mit ihr solidarisieren.

11 Vgl. R. Bastide, op. cit., S. 148 ff., und D. Brookshaw, op. cit., S. 111 ff.; Lino Guedes kann einer Tendenz zugeordnet werden, die Jahn (op. cit., S. 252 ff.) als "Zöglingsliteratur" bezeichnen würde, "die im Stil europäischen Vorbildern folgt und im Inhalt für die Ideologie und die Gesellschaftsformen des Kolonialismus eintritt".

zierung des Schriftstellers mit den diskriminierten Farbigen in der Anklage sozialer Ungerechtigkeit und der Suche nach ihren afrikanischen Ursprüngen. Ähnlich wie der Cubaner Nicolas Guillén ist Solano Trindade von großem Engagement und festem Glauben an die Zukunft seines Landes beseelt.[12]

Die fünfziger Jahre waren auch die Zeit der kurzen, aber stürmischen Tätigkeit der *Associação Cultural do Negro* in São Paulo, die eine Zeitschrift herausgab, die Bibliothek der ehemaligen *Frente Negra Brasileira* wieder zugänglich machte, Kulturveranstaltungen, Vorträge und Diskussionen zu Themen des brasilianischen Negers organisierte und auch die Initiative zur Veröffentlichung literarischer Werke ergriff. Zum Ende der fünfziger Jahre begeisterte ein junger Schwarzer, Carlos Assumpção, das Auditorium der *Associação Cultural do Negro* in São Paulo mit einem langen Gedicht, "Protesto", das explosiv wirkte, zum Beispiel mit Erklärungen wie dieser:

Mesmo que me voltem as costas   *O sangue de meus avós*
às minhas palavras de fogo   *que corre nas minhas veias*
não pararei de gritar.   *são gritos de rebeldia.*

Carlos Assumpção und sein Gedicht "Protesto", das erst 1978 in einem Buch veröffentlicht wurde, können als Beginn der modernen brasilianischen *Poesia Negra* verstanden werden.[13]

Die politischen Ereignisse von 1964 bedeuteten einen schweren Schlag für die brasilianische Intelligenz und für die Negerbewegung. Die siebziger Jahre brachten die Unabhängigkeit der afrikanischen Länder portugiesischer Sprache und einen Aufschwung der Bürgerrechtsbewegung in den Vereinigten Staaten, die einen großen Einfluß auf die brasilianische Negerbewegung ausübten. Insbesondere in Rio de Janeiro und São Paulo, aber auch in Bahia, in Rio Grande do Sul und Pernambuco entstanden neue kulturelle Bewegungen, bei denen teilweise die Mitarbeit und Unterstützung seitens der Universitäten ein neues, wichtiges Element darstellten. In Rio de Janeiro ermöglichte das *Instituto de Pesquisa das Culturas Negras* den Schwarzen den Zugang zu seinem Versammlungszentrum, wo Vorträge und Seminare zu Problemen der Schwarzen stattfanden. In São Paulo war es das *Centro de Cul-*

---

12 Zu Solano Trindade s. u. a. R. Bastide: *A poesia negra*, op. cit., S. 183 ff.; Zelberg L. Moore: "Solano Trindade Remembered, 1908 - 1974", in: *Luso-Brazilian Review*, Bd. 16 (2) (Winter 1979), S. 233 - 338; Moema Parente Augel: "Ein Vorläufer der brasilianischen Negerbewegung: Solano Trindade (1908 - 1974)", in: *IKA*, op. cit., S. 18 - 19.

13 Aussage des ältesten und erfahrensten der jüngeren Generation der *Poetas Negros*, Oswaldo de Camargo, der zu derselben Zeit seine ersten literarischen Versuche unternahm. Carlos Assumpção, geb. 1927, veröffentlichte lediglich einen Band, *Protesto*, 1982; cf. Camargo: *O negro escrito*, op. cit., S. 91.

tura e Arte Negra, das die Veröffentlichung von Arbeiten von Schwarzen zur Negerproblematik förderte. In Bahia diente das *Centro de Estudos Afro-Orientais* als Katalysator vielfältiger akademischer und nichtakademischer Interessen an afrobrasilianischen Themen, insbesondere im Bereich der Religionsanthropologie, und leitete einen intensiven Austausch mit der Universität von Ifé (Nigeria) und mit anderen afrikanischen Hochschulen ein.[14]

Als einen Höhepunkt ihrer Tätigkeit veranstalteten einige der vorgenannten Institutionen in mehreren Städten Brasiliens vom 30. Mai bis zum 23. Juni 1974 afro-brasilianische Wochen mit Vorträgen, Diskussionen, Ausstellungen afrobrasilianischer Kunst, Darbietungen sakraler und profaner afrobrasilianischer Musik, ritueller Tänze, Filme u. a. m. Allein in Rio de Janeiro nahmen mehr als sechstausend Personen an den Veranstaltungen teil. Sie stellten für viele örtliche Negerbewegungen einen wichtigen Impuls dar und führten zur Gründung weiterer Zentren. Die Bedeutung dieser Wochen kann angesichts des damals herrschenden Klimas von Repression und Furcht gar nicht hoch genug eingeschätzt werden.[15] Da das Regime politische und ideologische Willensbildung als gefährlich oder zumindest verdächtig ansah, dienten Freizeitgestaltung und kulturelle Tätigkeiten als Ventil, aber auch als Möglichkeit zur Neuorganisation. In diese Zeit fällt eine Bewegung junger Farbiger der *Zona Norte* von Rio de Janeiro, die sich zu Tanzvergnügungen trafen und die musikalische Welle des *Soul* (auch *Black Rio* genannt) begründeten. Sie breitete sich bald auch in São Paulo und anderen Städten aus und stellte einen wesentlichen Faktor des Zusammenschlusses vor allem von Mitgliedern der Arbeiterschicht dar. Für sie wie für viele Schüler und Studenten war die Soulwelle eine wichtige Ausdrucksmöglichkeit angesichts der sozialen und politischen Spannungen dieser Zeit.[16]

---

14 Zur Entstehung und Entwicklung solcher Gruppen vgl. Gonzalez/Hasenbalg, op. cit.; A. do Nascimento: *O quilombismo*, op. cit.
    In den 60er Jahren wurden die bedeutendsten soziologischen Studien über die Stellung der Schwarzen in der brasilianischen Gesellschaft u. a. von F. Fernandes, F.H. Cardoso, O. Ianni, T. de Azevedo und Ausländern wie R. Bastide, D. Pierson, P. Verger durchgeführt. In den 70er Jahren kamen dazu farbige Wissenschaftler wie Guerreiro Ramos, Clóvis Moura, Ironides Rodrigues, Haroldo de Campos, João A. Goulart, Abdias do Nascimento, Muniz Sodré.

15 In dieser Zeit machte man den 20. November - symbolträchtiger Todestag des letzten Führers der entflohenen Sklaven des *Quilombo dos Palmares*, Zumbi - zum *Dia da Consciência Negra*, in Opposition zum 13. Mai, dem Tag des "Goldenen Gesetzes" der formellen Sklavenbefreiung.

16 Vgl. L. Gonzalez, op. cit., S. 31 ff.

Leid, Protest und Suche nach Identität.
Poesia Negra - Die Dichtung der Schwarzen in Brasilien

Die heutige *Poesia negra*

1976 wurde in São Paulo die *Coletânea de poesia negra* in hektographierter Form mit Texten brasilianischer, afrikanischer und lateinamerikanischer schwarzer Dichter veröffentlicht. 1977 erschien eine zweite Anthologie, die von Hamilton Cardoso herausgegeben wurde und ebenfalls nur vervielfältigt war. Aus Anlaß der Neunzigjahrfeier der Abschaffung der Sklaverei und ein Jahr vor der Amnestie, die eine schrittweise politische Öffnung des Regimes vorbereitete,[17] veröffentlichte 1978 die Zeitung *Versus* einen Sonderteil unter dem Titel *Afro-Latino-América* mit Beiträgen der neuen Negerelite. In demselben Jahr kam es gleichsam als Krönung vielfältiger lokaler und regionaler Bemühungen zur Gründung des *Movimento Negro Unificado contra a Discriminação Racial* (heute *Movimento Negro Unificado* - MNU genannt) im Rahmen einer öffentlichen Veranstaltung vor dem *Teatro Municipal de São Paulo*.

Ebenfalls 1978 gründete eine Gruppe Schriftsteller in São Paulo eine Art Genossenschaft schwarzer Dichter, die angesichts des schwierigen Zugangs schwarzer Schriftsteller zum etablierten Verlagswesen die Veröffentlichung eigener Texte ermöglichen sollte: Autoren aus ganz Brasilien fanden sich zusammen mit ihren Texten, ihrer konkreten Mitarbeit bis hin zur Selbstfinanzierung, und im November erschien die erste Nummer der *Cadernos negros*, einer Broschüre mit Beiträgen von acht Dichtern in einer Auflage von tausend Exemplaren. Initiatoren waren u. a. Cuti (Luiz Silva) und Oswaldo de Camargo. Vorgesehen war die Veröffentlichung eines Sammelbandes pro Jahr, und zwar abwechselnd Gedichte und Kurzgeschichten. Die Reihe, in der 1990 Heft 13 (Gedichte) erschien, erwies sich als das wohl dynamischste Vorbereitungsorgan für Afrobrasilianische Literatur und veröffentlichte vor allem Autoren aus São Paulo, Rio de Janeiro, Rio Grande do Sul und Bahia.[18]

Interne Meinungsverschiedenheiten über die inhaltliche Gestaltung der *Cadernos negros* führten 1980 zur Bildung einer neuen Gruppierung, die sich *Quilombhoje* nannte und anfangs Cuti, Oswaldo de Camargo, Abelardo Rodrigues, Paulo Colina und Mário Jorge Lescano umfaßte. Bis 1983 stießen viele neue Mitarbeiter zu *Quilombhoje*, während von der Gründergruppe nur Cuti blieb, der die Zusammenarbeit zwischen *Quilombhoje* und den *Cadernos negros* aufnahm und eine wichtige Rolle im Kampf um öffentliches Ge-

---

17 Ebd.
18 Vgl. "Um pouco de história", in: *Cadernos negros* 8, São Paulo: Ed. dos Autores 1985, S. 105 - 106, Camargo 1987, op. cit.

hör und gegen Gleichgültigkeit und Boykott spielt. Die *Cadernos negros* bedeuten einen Meilenstein in den Bemühungen um Ausdruck und Verbreitung der Gefühle, Aspirationen und Sorgen der brasilianischen Schwarzen bzw. ihrer intellektuellen Wortführer.[19] Das von der Herausgebergruppe im ersten Heft veröffentlichte Manifest läßt keine Zweifel an den Absichten der Gruppe:

> Wir stehen an der Schwelle einer neuen Zeit, der Zeit Afrikas, eines neuen, gerechteren und freieren Lebens. Von ihr beflügelt, werden wir neu geboren, reißen die weißen Masken ab und bereiten der Nachahmung ein Ende. Wir entdeckten die Gehirnwäsche, die uns beschmutzte, und stehen zu unserem schönen und starken Negersein. Wir machen uns geistig frei von den Ideen, die uns schwächten und die nur denen dienen, die uns beherrschen und ausbeuten wollen.

Nach dem Vorbild São Paulos entstanden in vielen anderen Städten des Landes mehr oder weniger bedeutende Bewegungen mit ähnlichen Zielsetzungen, die jedoch nicht mit den Absichten der MNU identisch sind. In Rio de Janeiro wird 1983 die von Éle Semog geleitete Gruppe *Negrícia* gegründet, in Bahia eine Gruppe um José Carlos Limeira und Jônatas C. da Silva und eine andere um das Zentrum für Afroasiatische Studien (CEAO).[20] In Rio Grande do Sul organisierte sich die Gruppe *Palmares*. In weniger als einem Jahrzehnt entwickelte sich eine blühende, vorher nicht für möglich gehaltene und vielversprechende Literatur der Schwarzen. Unübersehbar groß ist die Zahl der Gedichtbände geworden, die allerdings meist im Selbstverlag der Autoren und mit kleinen Auflagen erscheinen.

Die gesamte brasilianische *Literatura Negra* ist inhaltlich vom ehemaligen Sklaventum überschattet. Als historischer Hintergrund und als thematische Konstanten sind die Verschleppung aus Afrika, das Sklavendasein der Vorfahren, die selbst- oder fremdbestimmten Versuche der Integration in die nationale Gesellschaft und die Erfahrung der Ausgrenzung in der afrobrasilianischen Lyrik allgegenwärtig.

---

19 *Quilombhoje* und die von ihr angeregten Gruppen organisierten mehrere Treffen schwarzer Schriftsteller auf lokaler und nationaler Ebene. Zwei Bücher mit Ergebnissen der Diskussionen dieser Tagungen sind bis jetzt erschienen: *Reflexões sobre literatura afro-brasileira*, São Paulo: Conselho de Participação e Desenvolvimento da Comunidade Negra 1985, und *Criação crioula, nu elefante branco*, São Paulo 1987.

20 In Bahia erschienen einige Sammelbände einheimischer Dichter auf Initiative des CEAO, u. a. *Capoeirando*, hg. von Edu Omo Oguiam (1982), *Poetas baianos da negritude*, hg. von Hamilton de Jesus Vieira (1982), *Para rasgar um silêncio*, hg. von Nivalda Costa (1990).

Leid, Protest und Suche nach Identität.
Poesia Negra - Die Dichtung der Schwarzen in Brasilien

Die afrobrasilianische Literatur erweist ihre Kraft und ihre Qualität in der Suche des Schwarzen nach seiner Identität und deren Ausdruck. Ich verstehe hier Identität als einen Bewußtseinsprozeß: Jeder präsentiert sich anderen und sieht sich im Spiegel ihrer Urteile. Was jeder von sich selbst denkt, ist nicht Produkt eines individuellen, sondern eines gesellschaftlichen Prozesses. Die Persönlichkeit des Individuums wird unter dem Einfluß des Eindrucks geformt, den jeder von sich selbst hat, unter dem des Bildes, das sich die Gesellschaft von ihm macht.[21] Es geht den Autoren der *Poesia Negra* bei ihrer Identitätssuche nicht in erster Linie um Aufdeckung ihrer afrikanischen Wurzeln, obwohl dies auch eine wesentliche Rolle spielt, sondern vielmehr um ihre Verankerung im brasilianischen Volk und in seiner vielrassischen Kultur. Weiterhin verstehen sie ihre Dichtung als Ausdruck der Sehnsucht, der Hoffnung und des Protestes der unterprivilegierten Schichten der brasilianischen Gesellschaft. Die brasilianische *Literatura Negra* ist ein Werkzeug im Kampf farbiger Intellektueller für die Emanzipation von Schwarzen und Mischlingen und gegen soziale Ungerechtigkeit und jede Art von Diskriminierung. Sie ist gleichzeitig Teil und Instrument eines Bewußtseinsprozesses.

Die Vielzahl von Dichtern und Werken und die große Spannweite der Themen der *Poesia Negra* können im folgenden nur angedeutet und anhand weniger Beispiele exemplarisch behandelt werden.[22] Dabei konzentriere ich mich auf einige Hauptaspekte.

---

21 Zum Problem der Identität vgl. u. a. Anselm L. Strauss: *Spiegel und Masken. Die Suche nach Identität*, Frankfurt/M.: Suhrkamp, 1968; Lothar Krappmann: *Soziologische Dimensionen der Identität*, Stuttgart, ³1973.

22 Die erste Veröffentlichung über *Poesia Negra* in Brasilien war die von R. Bastide: *A poesia afro-brasileira*, São Paulo: Martins 1943. Bastide veröffentlichte auch viele Zeitschriftenaufsätze zum Thema. Vgl. auch Luiz Santa Cruz: "A poesia negra no Brasil", in: *Cadernos brasileiros*, Ano IV, Nr. 4 (1966), Rio de Janeiro (mit einigen Textbeispielen); Richard A. Preto-Rodas: *Negritude as a Theme in the Poetry of the Portuguese Speaking World*, Gainesville: University of Florida Press 1970; Jane M. Mc. Divitt: *From Anguish to Affirmation. A Study of Afrobrazilian Poetry*, Havard: Havard University Press 1976; D. Brookshaw: "Quatro poetas negros", in: *Estudos afro-asiáticos*, Ano I, Nr. 2 (1978), Rio de Janeiro; ders.: 1983, op. cit.; Raymond S. Sayers: *Onze estudos de literatura brasileira*, Rio de Janeiro: Civilização Brasileira/Brasília: INL, 1983. Vgl. auch Z. Bernd: op., cit.; O. de Camargo: op. cit.; B. Damasceno, op. cit.
In deutscher Sprache vgl. Moema Parente Augel (Hg.): *Schwarze Poesie - Poesia Negra. Afrobrasilianische Dichtung der Gegenwart*. Portugiesisch-Deutsch. Aus dem brasilianischen Portugiesisch von Johannes Augel, Köln/St. Gallen: Edition diá 1988. Die Übersetzung der in diesem Aufsatz zitierten Gedichte ist ebenfalls von Johannes Augel.

Hautfarbe als Stigma

Der Prozeß der individuellen Bewußtwerdung ist in soziale Bezüge eingebettet. Wie Silviano Santiago feststellt, ist die Hautfarbe ein persönliches und unabänderliches Merkmal, das jedoch gleichzeitig kollektiven und historischen Charakter hat.[23] Im Vergleich mit anderen lernt das Individuum sich selbst kennen und grenzt sich gegen sie ab. Dabei sind Selbstwahrnehmung und Fremdwahrnehmung eng miteinander verbunden. Die erfahrene Ausgrenzung vermittelt dem Dichter das Gefühl, "von außen determiniert zu sein", wie Frantz Fanon sich ausdrückte, und führt zu einem zwiespältigen Verhältnis der eigenen Körperlichkeit gegenüber.[24] Der Farbige macht in der sozialen Interaktion die ständige Erfahrung, daß seine Hautfarbe ein lebenslanges Mal bedeutet.

Para um negro
a cor da pele
é uma sombra
muitas vezes mais forte
que um soco.

Para um negro
a cor da pele
é uma faca
que atinge
muito mais em cheio
o coração.

(A. Ventura, "Para um negro")[25]

Das "Getto" seiner Haut zieht in aus dem Verkehr. Sie ist wie der "Schatten langer Mauern", die er mit sich schleppt und "die zu verhindern suchen, daß meine Füße das Ende der Wege erreichen" (Adão Ventura, "Em negro").

Adão Ventura entwickelt dieses Thema in mehreren Gedichten seines Buches *A cor da pele*. Die Hautfarbe als Stigma, die Hautfarbe als nicht zu überschreitende Grenzziehung in der gesellschaftlichen Rangordnung. Er stellt fest, daß seine inneren Werte, seine Persönlichkeit nicht zählen.

---

23 Vgl. S. Santiago, in: A. Ventura, op. cit., o. S.
24 Vgl. Frantz Fanon: *Peau noire, masques blancs*, Paris: Ed. du Seuil 1952, S. 113.
25 Adão Ventura, geb. 1946 in Serro, Minas Gerais, studierte Jura und lebt als Journalist in Belo Horizonte. Er lehrte 1973 brasilianische Literatur an der University of New Mexico, USA. Veröffentlichungen: *Abrir-se um abutre* (Gedichte), Belo Horizonte: Ed. Oficina 1970; *As musculaturas do Arco do Triunfo* (Gedichte), Belo Horizonte: Ed. Comunicação 1976; *A cor da pele*, Belo Horizonte: Ed. do Autor [1]1980, [5]1988 (mit drei kurzen Studien von Rui Mourão, Fábio Lucas und Silviano Santiago). Weitere Veröffentlichungen in *Axé*, op. cit., *A razão da chama*, op. cit.

Leid, Protest und Suche nach Identität.
Poesia Negra - Die Dichtung der Schwarzen in Brasilien

Faça sol ou faça tempestade
meu corpo é fechado
por estes muros altos
- currais onde ainda se coagula
o sangue dos escravos.

Faça sol
ou faça tempestade,
meu corpo é fechado
por esta pele negra.

(A. Ventura, "Faça sol ou faça tempestade")

Die "etablierte Gesellschaft" akzeptiert den Neger nicht. Die vermeintliche Rassendemokratie hält ihn an dem Platz fest, der einst den Sklaven zugewiesen war. José Carlos Limeira fragt sich, ob diese "Rassendemokratie" nicht eher eine "Sozialhypokrisie"[26] sei, und Cuti stellt verbittert fest:

Primeiro o ferro marca
a violência nas costas.

Depois o ferro alisa
a vergonha nos cabelos.

(Cuti, "Ferro")

Die Hautfarbe ist Begrenzung, Abgrenzung, *Getto, Wand, Schatten, Kette, Nacht*. Die Hautfarbe ist Quelle des Leids, *Wunde, Narbe, Messer* und *Blut*.

A cor da pele
saqueada e vendida
chicoteada e cuspida

camuflada e despida
vomitada e engolida
esfolada em banho-maria

(A. Ventura, "A cor da pele")

Die Enttäuschung darüber, daß die Abschaffung der Sklaverei am 13. Mai 1888 keine tatsächliche Befreiung bedeutete und eher eine Lüge, eine politische Farce war, ist häufiges Thema der *Poesia Negra*. Abelardo Rodrigues[27] ruft seine Mitmenschen auf: "Plündern wir den Wonnemonat"; "wir wollen nicht das Maigekotze", denn:

---

26 José Carlos Limeira, geb. 1951 in Bahia. Veröffentlichte u. a. zwei Gedichtbände zusammen mit Éle Semog: *O arco-íris negro*, Rio de Janeiro: Selbstverlag 1979; *Atabaques*, Rio de Janeiro: Selbstverlag 1984; weitere Veröffentlichungen in *Axé*, op. cit., in *A razão da chama* und in den *Cadernos negros*.

27 Abelardo Rodrigues, geb. 1952 in Monte Azul Paulista, São Paulo, lebt in São Paulo als Angestellter, veröffentlichte *Memória da noite* (Gedichte), São Paulo: Selbstverlag 1978, sowie in den *Cadernos negros*, in *Axé*, op. cit., in *A razão da chama*, op. cit.

*Em maio sopram ventos desatados
por mãos de mando, turvam o sentido
do que sonhamos.*

(O. de Camargo, "Em maio")[28]

Oliveira Silveira faßt diese Enttäuschung wie folgt zusammen:

*Treze de maio traição
liberdade sem asas
e fome sem pão*

(O. Silveira, "Treze de maio")[29]

Und Adão Ventura klagt:

Minha carta de alforria	*Minha carta de alforria*
não me deu fazendas,	*costurou meus passos*
nem dinheiro no banco,	*aos corredores da noite*
nem bigodes retorcidos.	*de minha pele.*

(A. Ventura, "Negro forro"),

während die weiße Gesellschaft sich weiterhin wie die Sklavenbesitzer gebärdet, wenn auch in etwas abgemilderten Tönen. Adão Ventura spottet hierüber in vielen Versen, bis hin zu bitterem Sarkasmus, wie in "Como levar um negro ao tronco":

Levar um negro ao tronco	*e sarrafiar-lhe a mulher [...]*
e cuspir-lhe na cara [...]	*e arrebentar-lhe os culhões [...]*
e fazê-lo comer bosta [...]	*e currá-lo no lixo.*

---

[28] Oswaldo de Camargo, geb. 1936 in Bragança Paulista, São Paulo, Revisor und Journalist in São Paulo. Ratgeber und Förderer vieler junger Dichter in São Paulo. Veröffentlichungen: *Um homem tenta ser anjo* (Gedichte, 1959); *15 poemas negros* (Gedichte, 1961, mit einem Vorwort von Florestan Fernandes); *O carro do êxito* (Erzählungen, 1972); *A descoberta do frio* (Novelle, 1979); *O estranho* (Gedichte, 1984); *O negro escrito*, op. cit.; Mitarbeit bei verschiedenen Anthologien: *Cadernos negros, Axé*, op. cit.; *Nouvelle somme de la poésie du monde noir*, hg. v. Léon Damas, Paris 1967. Hg. von *A razão da chama*, op. cit.

[29] Oliveira Ferreira da Silveira, geb. 1941 in Rosário do Sul, Rio Grande do Sul, ist Sekundarschullehrer in Porto Alegre. Gründer und Förderer der Zeitung *Tição*. Er veröffentlichte eine Reihe Gedichtbändchen im Selbstverlag: *Germinou* (1962), *Poemas regionais* (1968), *Banzo, saudade negra* (1970), *Décima do negro peão* (1974), *Praça da palavra* (1976), *Pelo escuro* (1977), *Roteiro dos tantãs* (1981), *Poema sobre Palmares* (1987), ebenso Gedichte in den *Cadernos negros* und *Axé*, op. cit., *A razão da chama*, op. cit.

Leid, Protest und Suche nach Identität.
Poesia Negra - Die Dichtung der Schwarzen in Brasilien

Er zeichnet ironisch für den Gebrauch des 20. Jahrhunderts ein Bild des Negersklaven: "o negro escravo e seus punhos ocos e seus dentes cariados" ("O negro-escravo").

Abelardo Rodrigues spürt, wie seine "Farbe schreit und zittert" ("Estas coisas"). Es wundert deshalb nicht, daß der Schwarze versucht, sich anzupassen, die Linie der Rassentrennung zu überschreiten. José Alberto de Oliveira Souza nennt fünf Stufen zum Ersteigen der "Lebensleiter":[30]

Conseguindo o primeirinho,　　　　*O quarto é triste [...]*
bem de levinho,　　　　　　　　　　*e o sistema te chama de moreno*
te chamam de neguinho [...]　　　　*O quinto é o mais difícil*
Atinge o segundo　　　　　　　　　*porém encanta*
e ouve-se crioulo [...]　　　　　　　*condecorando-se*
　　　　　　　　　　　　　　　　　　preto de alma branca.

(José Alberto, "Escada da vida")

Über diesen "Schwarzen mit weißer Seele", den charakterlosen Verräter an der schwarzen Rasse, ergießt Adão Ventura seinen ganzen Haß:

Preto de alma branca　　　　　　　*e o seu sujar na entrada*
e o seu saco de capacho　　　　　　*e o seu cagar na saída*
e a sua cor de camaleão　　　　　　*e o seu sangue de barata.*

(A. Ventura, "Preto de alma branca")

In "E pensar" drückt Cuti seine Wut auf die Gehirnwäsche der Assimilation wie folgt aus:

E pensar que tínhamos vergonha de ser negros,
e densos pesadelos sob a pele!...
E pensar que nós vínhamos fugindo de nós [...]
E pensar que ríamos até
quando chamados de nego neguinho negão
do jeito folclorizado
de preconceito enraizado em latrinas sentimentais!...
E pensar que acreditávamos
na cultura do opressor como a suprema glória [...]

30　Vgl. *Cadernos negros* Nr. 5, S. 35. José Alberto de Oliveira de Souza lebt in São Paulo, veröffentlichte Gedichte in den ersten *Cadernos negros*.

In "Muralhas" ist die Hautfarbe für Éle Semog[31] eine Barriere, derer sich die Mitmenschen und die Gesellschaft bedienen, um ihn auszugrenzen:

*Muralhas
Intransponíveis.
Pessoas.*

Sehnsucht nach dem Ursprung

Der brasilianische Schwarze kann sich jedoch nicht voll mit dem "Afrikaner" identifizieren. Der historische Prozeß prägte die Nachfahren der Menschen, die als Sklaven nach Amerika verschleppt worden waren. Sie konnten sich der Sprache, dem Glauben, den Kulturwerten der weißen Oberschicht nicht entziehen. Der nach Brasilien geholte Afrikaner wurde seiner Kultur gewaltsam entfremdet und zur Akkulturation gezwungen; heute ist er zweifellos vor allem Brasilianer, von dem Cuti stellvertretend sagt:

*Amo esta minha terra
do café da cana do ouro
do sangue do sangue do sangue
do meu sangue.
Esta terra Brasil [...]
do suor do suor do suor
do meu suor.*

(Cuti, "Amor")

Afrika wird zu einem undifferenzierten, monolithischen Symbol, einem Konstrukt schöpferischer Phantasie oder auch, wie Roger Bastide bemerkt, einem Bild "poetisch-ethnographischer Natur".[32] Im Bewußtsein, daß die

---

[31] Éle Semog (Pseudonym von Luiz Carlos Amaral Gomes) wurde 1952 in Nova Iguaçu, Rio de Janeiro, geboren und lebt als Angestellter in Rio de Janeiro, wo er die zentrale Figur der *Poesia Negra* ist. Veröffentlichungen zusammen mit José Carlos Limeira: *O arco-íris negro*, op. cit.; *Atabaques*, op. cit.; *Curetagem*, Rio de Janeiro: Selbstverlag 1987; weitere Veröffentlichungen: *Cadernos negros; Axé*, op. cit., *A razão da chama*, op. cit.

[32] Vgl. Roger Bastide: "Variations sur la négritude", in: *Présence africaine*, Nr. 36 (1961), S. 16.

kollektive Biographie der Nachfahren der Sklaven vom afrikanischen Ursprung gekennzeichnet ist, bemüht sich der Dichter, dieser Verbindung lyrischen Ausdruck zu verleihen: "Afrika in mir, das bin ich, wiedergeboren", sagt zum Beispiel Márcio Barbosa ("A África em mim").[33] Afrika wird zum Inbegriff positiver Elemente, religiöser Gefühle und der Stärke des Glaubens, der Freude und Geborgenheit:

Vem da África [...]   *Vem*
vem de lá [...]   *vem do calor uterino da terra.*
esse vento de fé.
(Cuti, "Vento")

Afrika ist ein mystischer und mythischer Ausgangspunkt, "savana mitificada" (Márcio Barbosa), Ursprung einer schmerzlichen Geschichte, aber auch Sinnbild einer besseren Welt, Ziel vager Sehnsüchte, Symbol der liebenden und nährenden Mutter:

Aqui meu umbigo túmido   *E a África lá está*
receptor da seiva   *na outra extremidade do cordão.*
neste lado do mar
nesta longe placenta.
(O. Silveira, "Elo")

Überleben und wenigstens teilweise seine menschliche Würde bewahren konnte der Sklave durch seine Treue zur Religion seiner Vorfahren. Durch sein Religionsverständnis erfährt die Weltanschauung des afrikanischen Schwarzen eine sakrale Dimension, die den einzelnen in allen seinen Handlungen und Haltungen bestimmt. Die Religion war ein entscheidender Faktor des Widerstandes gegen die kolonialistische Integration und ein Katalysator für die in der amerikanischen Diaspora entstehenden neuen gesellschaftlichen Gruppierungen der Afrikaner und ihrer Nachkommen, die ihren Ausdruck vor allem in der Gründung religiöser Gemeinschaften fanden. Bei allen Zugeständnissen an die äußere Form des Katholizismus und trotz des tatsächlichen oder vermeintlichen Synkretismus stellen die afrikanischen Religionen ein Element der Verbindung zwischen diesseits und jenseits des Ozeans dar und sind auch heute noch der zentrale Faktor des zivilisatorischen Prozesses der brasilianischen Schwarzen.[34] Während sie in der Vergangenheit heftig

---

33 Márcio José Barbosa lebt in São Paulo, ist Mitglied der Gruppe *Quilombhoje*, mit Veröffentlichungen in den *Cadernos negros; Paixões crioulas* (Erzählung), São Paulo 1987.
34 Zur Frage der afrikanischen Religionen und des Synkretismus in Brasilien vgl. u. a. Juana Elbein dos Santos: "O ethos negro no contexto brasileiro", in: *Revista de cultura* 9 (1977), Petrópolis: Ed. Vozes; dies.: *Os Nagô e a morte*, Petró-

bekämpft wurden, genießen die afrikanischen Religionen heute in Brasilien zunehmendes Ansehen. Sogar viele Weiße "fallen uns im Candomblé zu Füßen, tanzen im Rhythmus unserer Trommeln", wie Oliveira Silveira ("Eles") feststellt.

Die *Poetas negros* gebrauchen in ihren Gedichten häufig religiöse Bezeichnungen afrikanischen Ursprungs, insbesondere, wenn sie sich auf die wichtigsten Götter der Yoruba-Kosmogonie beziehen. Die symbolische Bedeutung solcher Identifizierungen ist besonders auffällig in einigen Titeln von Gedichtbänden: *Roteiro dos tantãs* (Oliveira Silveira), *Batuque de tocaia* (Cuti), *Atabaques* (Éle Semog und José Carlos Limeira) sowie in der von Paulo Colina herausgegebenen Anthologie *Axé* und im Gedichtband von Abdias do Nascimento *Axés do sangue e da esperança*, in dem verschiedene afrobrasilianische Gebete (Orikis) mit einer Vielzahl sakraler, nur für Eingeweihte verständlicher Ausdrücke zu finden sind.[35]

Der aus São Paulo stammende Cuti verfaßte ein "Freqüência" genanntes Gedicht von großer klanglicher Ausdruckskraft, bei dem der anaphorische Gebrauch des Wortes "Som" (Ton, Klang, Laut) und die synästhetischen Kombinationen die Bedeutung der rituellen Musik und des Rhythmus' für das emotionelle Gleichgewicht des Dichters hervorheben, denn "der Klang, der uns verbindet, die Trommel, die uns beschützt", sind wie eine "Wache unserer Vorväter, die unsere Tage bestimmt". Der Klang der Trommeln ist mehr als Musik; er ist "Geschenk der Sympathie" und hat die Kraft, ihn vor den "schrillen Tönen des Lebens" zu beschützen und sogar "die Sonne im Herzen zu entzünden", ein Klang, der den Göttern Omulu, Oxum, Ogum, Oxumaré, Xangô und Olorum eigen ist, der den Ursprüngen entströmt, Klang, "der in unserem Blut wohnt, das in den Adern der Wurzeln pulsiert". Und Cuti schließt mit der Feststellung, daß die Musik der Trommeln gleichzeitig ein Instrument zur Handlung und ein Symbol innerer Befriedigung ist:

---

polis: Vozes 1976; Pierre Verger, *Orixás. Deuses Iorubás na África e no Novo Mundo*, Salvador: Ed. Corrupio 1981; vgl. auch J. Jahn, *Muntu. Umrisse der neoafrikanischen Kultur*, Düsseldorf/Köln: E. Diederichs 1958.

35 Abdias do Nascimento ist die bedeutendste Führerpersönlichkeit der heutigen brasilianischen Negerbewegung. Er war Gründer und Leiter des *Teatro Experimental do Negro* (1944 - 1968), schrieb teils polemische Essays und Reportagen zur gesellschaftlichen Stellung des brasilianischen Negers, veröffentlichte Gedichte und Theaterstücke. Während der Militärdiktatur emigrierte er in die Vereinigten Staaten und lehrte an der New York State University Afrikanische Kultur in der Neuen Welt. Nach der Amnestie von 1979 kehrte er nach Brasilien zurück, gründete eine "Quilombismo" genannte, kämpferische Negerbewegung und wurde Abgeordneter für Rio de Janeiro im Parlament in Brasília. Vgl. Anm. 10.

Leid, Protest und Suche nach Identität.
Poesia Negra - Die Dichtung der Schwarzen in Brasilien

Tambor tão bom teu som
tam-tam batuque afã
o teu doce poema
é toque é canto é dança
(Cuti, "Freqüência")

é lança é luta é gol
é chuva de esperança [...]
a noite palpitando
mil sóis dentro de mim.

Protest und Anklage

Die Flucht in den "Schoß der Mutter Afrika", die Option für einen schweigenden Rückzug auf Gefühle, Wünsche und Träume, ist nur eine der möglichen Haltungen des Dichters. Aber selbst in der Verinnerlichung ist stets auch die Seite des Schmerzes vorhanden, deutlich spürbar, auch wenn sie sich nicht in Auflehnung und Haß äußert. Die Aneinanderreihung von rauhen und klangvollen Signifikanten in dem folgenden Gedicht zeigt die Kraft, die in solchen Gefühlen steckt:

Ouça bem o que parece silêncio
e sinta a unha o punho
o porrete
o corte a forca o soco
na nossa vida vibrando há séculos aqui [...]
Ouça bem o que parece silêncio
e sinta a dor o frio
o penetrante gemido
que nos picota as entranhas

(Cuti, "Convite")

"Die Feststellung der Plage der Sklaverei trägt an sich wenig zum Prozeß der Bewußtseinsbildung bei und endet in der Zustimmung zum Paternalismus", sagt Cuti.[36] Ein Hauptthema der *Poesia Negra* ist der Protest. Protest gegen das kollektive Schicksal der Rasse, sozialer Protest.

---

36 Vgl. Cuti, *Cadernos negros* Nr. 8, 1985, S. 21.

Quem disse já não sermos   *é fardo na garupa*
aqui burros cargueiros?   *ser negro e proletário*
Em pastos brasileiros   *é levar carga dupla.*
ser negro e proprietário
(O. Silveira, "Quem disse?")

Der brasilianische Neger muß sich notwendigerweise gegen diejenigen auflehnen, die ihn jahrhundertelang unterdrückten und in die Marginalität zwangen.

Mas eu só digo: ao diabo!   *O perdão é grandioso*
eu sou é um negro ressentido,   *(tão nobre)*
brabo e vingativo,   *mas doce é a vingança.*
ao diabo!
(O. Silveira, "Eles")

In vielen Gedichten überwiegt die Bedeutung der Aussage gegenüber formalen und ästhetischen Gesichtspunkten. Die Versuche, dem Protest, der persönlichen Betroffenheit und dem Aufschrei einen lyrischen und dramatischen Ausdruck zu verleihen, bleiben oft hinter dem dramatischen Sachverhalt, auf den sie sich beziehen, und hinter der Gewalt der Auflehnung, der Anklage und des Hasses weit zurück.

Die Vergangenheit der Sklaverei lastet schwer auf dem Selbstverständnis des Afrobrasilianers und wirft seine Schatten auf sein Selbstwertgefühl. Ein Ausweg bietet sich auch in der Heroisierung der Vorfahren. Insbesondere der Widerstand der Sklaven gegen ihre Herren, die Bildung von Fluchtburgen und Wehrdörfern (Quilombos) im brasilianischen Landesinneren der Kolonialzeit und die heldenhaften Führer bieten Möglichkeiten der Identifikation, der Aufwertung der Rasse und der Überwindung der erlittenen Schmach. Nicht mit der in der Familie ihres Herrn dienenden "schwarzen Mutter" noch mit der Figur des gutmütigen, in die Kolonialgesellschaft integrierten "Väterchen Johann" will sich der selbstbewußte Neger identifizieren, sondern mit den Helden einer glorreichen Vergangenheit:

Eu quero o passado bom
do quilombo dos negros
livres no mato e de lança na mão.
Da guerra na Bahia - da negrada
transbordando das casas
derramando-se na rua
com pistola e facão!

(O. Silveira, "Quero o passado bom")

Leid, Protest und Suche nach Identität.
Poesia Negra - Die Dichtung der Schwarzen in Brasilien

Der Verklärung entspricht als Gegenstück die Sicht einer "infamen Vergangenheit", die nicht verschwiegen wird:

Passado infame,
vou te charquear o lombo a laço [...]
vou te sujar a cara a cuspe [...]
vou te moer o corpo a ferro.
Mas te quero bem vivo
para renovar meu ódio justo
e manter alto o meu orgulho.

(O. Silveira, "Passado infame")

Das Vorbild der Helden ruft zur Nachahmung auf. Auch der Dichter hat eine beschützende, eine wehrhafte und heldenmütige Rolle angesichts heutiger Gefahren zu übernehmen:

Eu,   *fecho corpo de escravo fugido*
pássaro-preto,   *e monto guarda*
cicatrizo   *na porta dos quilombos.*
queimaduras de ferro em brasa

(A. Ventura, "Eu, pássaro preto")

"Denn wer hat gesagt, daß die Stimme der Vorfahren zum Schweigen gebracht werden muß ?" (Cuti, "Resposta"). Die äußeren Umstände mögen sich geändert haben, die Methoden der Unterdrückung sind geblieben:

Hoje é amanhã e ontem [...]
sangue que se transfusa não é água não é pinga
lágrimas choradas brotam fontes na terra que perfuram o asfalto feito
capim revoltado
chicotes modernos não só relembram são chicotes
que batem que rendem mais aos fundos senhoriais.

(Cuti, "Resposta")

Für Oliveira Silveira weckt die Verbitterung Härte und Rache, die er sarkastisch ausdrückt:

Sou duro, sou duro,   *Há muito tenho os meus porquês*
no fundo eu sou é duro   *de ser duro, sou duro,*
mas serei piedoso: *mas serei bom e dócil:*
bendito o leão   *benditos [...] o saque, o fogaréu*
que comeu o missionário ...   *e os raios afiados de Xangô*
bendito o canibal   *para os que me fizeram*
que devorou a expedição   *(sou duro, eu sou é duro)*
Eu tenho meus motivos,   *ter estas razões.*
por isso é que sou duro [...]
(O. Silveira, "Sou duro")

Der Dichter aber senkt als Sprecher seiner Rasse nicht mehr den Kopf, er fühlt sich stark und sicher im Umgang mit seiner Waffe, dem Wort. Auch wenn er meint, daß

a gente cala por enquanto
porque precisa
(Cuti, "Nascente"),

ist seine Hoffnung so stark wie seine Entschlossenheit:

O broto brota sob a bota   *e nova rota*
que pisa.   *grita*
O broto brotalvorada
(ebd.)

Selbstfindung und Abgrenzung

Die Selbstfindung ist das Bekenntnis zum Neger-Sein in deutlicher und oft widersprüchlicher Abgrenzung sowohl gegen die "infame Vergangenheit" als auch gegen die Gefahr der Vereinnahmung durch die herrschende, weiße Gesellschaft. Die vergangene und gegenwärtige geschichtliche Realität dient als Gegenpol zur eigenen Position und zur Stärkung im Kampf gegen das, was als Fortsetzung der Sklaverei empfunden wird.

A favela não tem olho azul
nem cabelo escorrido e loiro cheirando a cuidados [...]
Mas tem
a raiz no peito da senzala
um cabelo enroladinho de revolta e de carinho

Leid, Protest und Suche nach Identität.
Poesia Negra - Die Dichtung der Schwarzen in Brasilien

uma dor lá dentro
do olho preto.

(Cuti, "Favela")

Die Rückkehr zu den Ursprüngen bedeutet nicht nur eine Abgrenzung gegenüber der Vergangenheit und den Bedrängnissen der Umwelt, sie bietet auch die Möglichkeit zur Bestimmung des eigenen Ichs, zeigt einen Weg der Versöhnung mit den Bedingungen des eigenen Daseins:

Encontrei minhas origens
em velhos arquivos
livros
encontrei
em malditos objetos
troncos e grilhetas
encontrei minhas origens
no leste
no mar
em imundos tumbeiros
encontrei
em doces palavras
cantos

em furiosos tambores
ritos
encontrei minhas origens
na cor de minha pele
nos lanhos de minha alma
em mim
em minha gente escura
em meus heróis altivos
encontrei
encontrei-as enfim
me encontrei.

(O. Silveira, "Encontrei minhas origens")

Der Dichter versteht sich als Stellvertreter bei der Suche nach dieser Selbstfindung und als Werkzeug einer Bewußtseinsbildung. Cuti glaubt fest an den Einfluß und an die Überzeugungskraft des Dichters, an seine Rolle, andere zu wecken, sie wie einen Vulkan anzuzünden:

Leva
a lava leve de meu vulcão
pra casa
e coloca na boca do teu
se dentro do peito
afogado estiver de mágoa.

O fogo de outrora
do centro da terra
virá sem demora.
Porque não há
por completo
vulcão extinto no peito.

(Cuti, "Oferenda")

Mehr als jeder andere *Poeta Negro* trägt Oswaldo de Camargo die Last einer guten, aber eben "weißen" Bildung, von der er sich nicht befreien kann und zu einem guten Teil wohl auch nicht befreien will. Überzeugter, aktiver und zu seinem Neger-Sein sich fest bekennender Neger, plagt ihn doch ständig der Widerspruch der Fronten, zwischen denen er sich befindet. Die Qual der Abgrenzung, der Ausgrenzung, der Zugehörigkeit, der Solidarität, der eigenen und der kollektiven Identität ist bei niemandem so tief wie bei ihm.

Die Unmöglichkeit der persönlichen Verwirklichung in einer Welt, die von Weißen für Weiße gemacht ist, verfolgt ihn und zwingt ihn zu einem ständigen Dialog mit denen, die ihm den Zugang verwehren: "wir [...] stehen vor Euch und beweinen unser Nichtssein" ("A modo de súplica").

Immer wieder enthalten seine Gedichte beschwörende Vokative der "anderen Seite" gegenüber: meine Herren, Herr, Herrin, Ihr, Euch, Sie. Er bezieht sich ständig auf das Bild, das sich die Weißen vom Neger machen, und er beurteilt sich selbst nach den Werturteilen und Erwartungen, wie er sie von den Weißen an ihn und seine Mitbrüder herangetragen glaubt.[37] Da er sich an den Erwartungen der anderen mißt, muß er erkennen, einen unrealistischen Traum geträumt und zu hoch hinaus gewollt zu haben, als er den gängigen Reden von der Gleichheit aller glaubte. Er findet die Türen verschlossen, versteht die Gründe, ohne sie zu verstehen, denn in seinem Innersten glaubt er sich wenigstens zum Teil weiß: "mein Weißsein existiert, aber existiert nicht" ("Um homem tenta ser anjo").

Die Erkenntnis, "weiß" zu sein - und bei den zeitgenössischen *Poetas Negros* ist dies das einzige mir bekannte Beispiel - ist der Schlüssel zu Camargos Drama: Der Dichter, der bewußt Neger ist und sein Neger-Sein rational zu akzeptieren beschließt, befreit sich nicht von dem, was an Weißem in ihm ist, das aber von niemandem sonst gesehen noch akzeptiert wird, ein Weißsein, das nur als subjektiver Bewußtseinszustand bei ihm besteht, wie Florestan Fernandes sich ausdrückte.[38]

Camargo weiß, daß der Platz, den er in der Welt der Weißen einnehmen kann, subaltern ist, daß er nicht jemand von ihnen sein kann. Der Monolog des Zózimo ist hierfür ein Beispiel. Er träumte davon, "seinen weiten Flug zu fliegen", wollte "ein integerer Bürger sein" und erreichte tatsächlich die Zustimmung der anderen: "Seht, wie er uns gleicht!" Zózimo wollte sich selbst übertreffen, wollte "aus seinem Leben machen, was ihm gerade durch den Kopf ging". Die "anderen" aber "verstießen mich vom Bürgersteig". Er scheiterte an ihrem Widerstand ebenso wie an seinem eigenen Kleinmut, so daß ihm nur die Erniedrigung blieb:

Curvar-me até a poeira,
curvei.
Voar meu vôo largo ... Nem ousei!

("Monólogo de Zózimo")

Der Dichter ist sich bewußt, ein Fremder zu sein, nicht erkannt und nicht verstanden zu werden. "Ihr Herren, Ihr wißt nicht, wer ich bin"

---

37 Vgl. F. Fernandes, "Vorwort" zu *15 poemas negros*, op. cit.
38 Ebd.

Leid, Protest und Suche nach Identität.
Poesia Negra - Die Dichtung der Schwarzen in Brasilien

("O estranho"). Das psychologische und moralische Drama des Negers ist in dem Gedicht "O estranho" in komprimierter Form enthalten. Der Gebrauch der zweiten Person Plural gibt dem Gedicht eine beschwörende Form. Es beginnt mit einem Bezug auf den widersprüchlichen Schuldkomplex des Afrobrasilianers, der um Verzeihung darum bittet, daß er ein "Kupfergesicht" hat. Die Antithesen zeigen die innere Zerrissenheit des Fremden auf, er stellt seine "fahle Haut" der "geschätzten Helle" eines imaginären Gesprächspartners gegenüber, "den Abschaum so vieler Ängste" dessen "lilienfarbener Stirn", und er sieht sich gezwungen, sein wahres Ich hinter einer Mauer des Lachens zu verbergen. Die Kluft zwischen den beiden Gesprächspartnern wird auch dadurch deutlich, daß die Verzweiflungsschreie des einen von dem anderen als etwas Normales hingenommen werden: "Es sind Klagen, nur Klagen, Nachhall des Ackers, Stöhnen der Scholle [...]". Bis zum Ende dieses Gedichts bleibt das innere Drama des "Nichtweißen" von den Weißen unverstanden:

Senhores, vós não sabeis... quem sou.

("*O estranho*")

Schlußbetrachtung

Schließlich noch ein letzter Aspekt, der mir wichtig erscheint: die Darstellung der Großstadt und ihrer Probleme in der brasilianischen *Poesia Negra*, die vor allem eine urbane Dichtung ist. Ihre Vertreter kennen und erleiden die schwierigen Lebensbedingungen der Metropolen. Paulo Colina[39] lebt in São Paulo und empfindet die Stadt als "gleichgültig", "unerbittlich", indem die Gebäude "der schwermütigen Verschlossenheit der Wörter fremd" bleiben und "nicht einmal mit einem Muskel zucken" ("Solidão"). São Paulo ist das Stadt-Ungeheuer, ein

---

39 Paulo Colina, geb. 1950 in Colina, Bundesstaat São Paulo, von wo er den Künstlernamen annahm; bürgerlicher Name Paulo Eduardo Oliveira; lebt als Außenhandelsangestellter in São Paulo. Veröffentlichungen: *Fogo cruzado* (Erzählungen), São Paulo: Ed. Populares 1980; *Plano de vôo* (Gedichte), São Paulo: Roswitha Kempf Ed. 1984; *A noite não pede licença*, São Paulo: Roswitha Kempf Ed. 1987 (Gedichte); *Todo o fogo da luta*, São Paulo: João Scortecci Editora 1989. Herausgeber des bedeutenden Sammelwerkes *Axé*, op. cit.

Torre de guerra,
epicentro emotivo: a cidade
Do ventre das ruas
o cheiro suado de poeira, o latido
de buzinas e o miado de apitos.

(P. Colina, "Uma agonia")

Diese schwindelerregende, lärmende Stadt, in der kein Friede möglich ist, wird mit erschreckenden Farben vom Dichter gemalt:

Maremoto sonoro   *ao cãos de teclas e telefones,*
que escala dezessete andares   *ao matraquear de dúvidas*
e vem se misturar   *seculares*
aqui dentro   *nas janelas do meu eu.*

(P. Colina, ebd.)

Auch die sozialen Probleme in der Großstadt spiegeln sich in der Dichtung wider. José Carlos Limeira aus Bahia solidarisiert sich mit den

Ecos dos milhões de   *Enforcados*
desesperados   *no colorido*
que se penduram no bonde   *de suas gravatas.*
rumo ao centro da cidade.

("Assembléia de deuses")

Paulo Colina zeigt sich gegenüber den verwahrlosten Straßenkindern, die den ehrenwerten Bürger angreifen und berauben, voller Anteilnahme:

Eram três e era noite.   *Três pivetes,*
Eram três e me cercaram.   *meninos sem nome.*
Era noite   *Três afluentes do meu sangue.*
e seca a lâmina fina.

(P. Colina, "Sentinela")

Derselbe Dichter zeichnet in realistischen Zügen eine alltägliche Szene des Elends:

[...] os garotos escondidos   *entre camas de caixas*
ao pé da porta cerrada   *rompidas de papelão*
do Banco Nacional   *e trapos de sono e sonho...*

(P. Colina, "Agosto")

Und wenn frühmorgens neues Leben erwacht, sind die Straßenkinder schon lange unterwegs "mit ihren leeren Mägen, polieren die Chromlederschuhe und waschen die Windschutzscheiben mürrischer Wagen" (ebd.). "Und was ihnen zustände", man ihnen jedoch nicht gibt, das besorgen sich die Kinder auf ihre Weise: "Hände blitzschnell in die Taschen, und Hals über Kopf davonrennen" (ebd.). Und die "ewig schlaflose Stadt", den Menschen so fremd wie "ihre Statuen", sieht ungerührt zu, "wie wir vom gierigen Strom ihrer Straßen ergriffen und mitgerissen werden" ("Solidão").

Cuti, ebenfalls aus São Paulo, bemüht sich sehr, "diese Stadt zu lieben, die nicht liebt", mit der der Autor sich jedoch so sehr identifiziert, daß "es scheint, als ob der Glanz der Automobile meinen Augen entrissen" sei. "In den verschmutzten Flüssen fließt das Blut meiner Venen, [...] und die Pfeiler der Viadukte sind meine Knochen" ("Impressão"). Und es scheint ihm, "die Glocken und die Sirenen um sechs Uhr abends [...] haben etwas von meinem Schrei" (ebd.).

Éle Semog, der führende *Poeta Negro* in Rio de Janeiro, beschäftigt sich in vielen Gedichten mit den brisanten Fragen der armen Bevölkerung seines Landes zum Beispiel wie folgt:

Um exército de homens famintos   *... mas a fome ainda*
está se amotinando   *não é maior que a moral.*
diante do supermercado
(E. Semog, "Uma questão de ordem")

Jean-Paul Sartre sagte in einem berühmt gewordenen Vorwort mit dem Titel *Orphée Noir* zu einer Anthologie der Dichter der *Négritude*, daß die Gedichte nicht für die Weißen geschrieben seien. "Die Schwarzen richten sich an die Schwarzen, um ihnen von Schwarzen zu sprechen". Nach Sartre ist die *Poésie Nègre* vor allem eine "Bewußtwerdung" der Schwarzen selbst. Und er stellt in demselben Vorwort auch die Frage, was die weißen Herren erwarteten, als die Knebel aus dem Mund der Sklaven entfernt wurden, doch wohl nicht, daß die Befreiten ein Loblied auf ihre ehemaligen Besitzer anstimmten.[40]

Das potentielle Leserpublikum der *Literatura Negra* ist vor allem die Neger- und Mischlingsbevölkerung. Es ist beeindruckend zu sehen, daß die brasilianischen schwarzen Autoren von ihren "Blutsbrüdern" aller sozialen Schichten in den Städten gelesen werden, und dieses Publikum könnte noch größer sein, wenn angemessene Kanäle für die Verbreitung dieser Autoren bestünden. Jedenfalls scheint die Rezeption der *Literatura Negra* sehr viel größer zu sein, als die geringen Auflagen vermuten lassen, und sie regt eine unübersehbare Schar schwarzer Gelegenheits- und Alltagsdichter an.

Ähnlich wie es in den letzten Jahren auch in Brasilien zu einem Boom von Frauenliteratur kam, besteht hier die Chance, durch das Aufgreifen all-

---

40   Vgl. J. P. Sartre, *Orphée noir*, Vorwort in L. S. Senghor, *Anthologie de la nouvelle poésie nègre et malgache*, Paris: Presses Universitaires de France 1972.

gemeinerer gesellschaftlicher Probleme ein größeres Publikum zu erreichen und den engen Kreis der Literatur "von Schwarzen für Schwarze" zu durchbrechen.

Damit kommt dieser Literatur auch eine didaktische Funktion zu. Léopold Senghor hoffte, daß die schwarzen Intellektuellen "für die Bewegung eintreten, indem sie sich bewegen".[41] Schwarze Dichter bezeugen ihre Kunst durch ihr Werk und regen damit zu neuem Schaffen an. Das schöpferische Bemühen des Werks wirbt und überzeugt, wirkt als Vorbild und Anregung, wenn es sich in Übereinstimmung mit den Gefühlen und Aspirationen der Zielgruppe befindet.

In Brasilien und auch über Brasilien hinaus beschränken sich allerdings die schwarzen Schriftsteller nicht darauf, rassische Diskriminierung anzuprangern. Dichter wie Paulo Colina, Abelardo Rodrigues, Lourdes Teodoro und Miriam Alves[42] beschäftigen sich wenig mit der Rassenproblematik und lassen den im engeren Sinne thematischen Kreis des Schwarzen hinter sich. Colina geht so weit, daß er sich in einem Gedicht als "all dieser Motive müde" bekennt, die ihn "zum Kampf zwingen" ("Exílio"). Und Miriam Alves möchte oft viel lieber "die Ohren schärfen" oder sogar "schweigen", denn "niemand schreit die ganze Zeit" ("Ouvidos aguçados").

Universelle Themen wie Liebe und Einsamkeit sind in den mir bekannten Gedichtausgaben der *Poesia Negra* in großer Vielzahl vertreten. Dabei tritt der Aspekt der Hautfarbe oft vollständig in den Hintergrund. Die Beschränkung auf durch rassische Probleme vorgegebene Themenbereiche war schon einer der Hauptkritikpunkte an dem Programm der *Négritude* gewesen, der man vorwarf, durch die Unterscheidung weißer und schwarzer Zuständigkeiten das Spiel der Weißen zu betreiben. Wenn einerseits die Suche nach dem Nationalcharakter und der Protest gegen soziale Ungerechtigkeit und Ausbeutung durch ausländisches Kapital Konstanten und Stärken der antilli-

---

41 L. S. Senghor in Bernard Mouralis, *Littérature et développement*, Paris: Ed. Silex 1984, S. 188.

42 Miriam Alves, geb. 1952 in São Paulo, wo sie als Sozialarbeiterin tätig ist. Veröffentlichungen: *Momentos de busca*, São Paulo: Selbstverlag 1983; *Estrelas no dedo*, São Paulo: Selbstverlag 1985; Gedichte in *Axé*, op. cit., *A razão da chama*, op. cit. und in den *Cadernos negros*. Lourdes Teodoro lebt in Brasília, wo sie brasilianische Literatur in der Universität unterrichtet. Sie promovierte 1984 in Paris mit einer Dissertation zur kulturellen Identität in den Antillen und in Brasilien und veröffentlichte u. a. *Água marinha ou tempo sem palavra*, Brasília: Selbstverlag 1978 (Gedichte), und zahlreiche Essays über Fragen der kulturellen Identität und zeitgenössische brasilianische Literatur.

schen Poesie waren, so stellt dies für René Depestre auch einen Anlaß dar, sie kritisch als "ohne Auflehnung noch Zorn" zu kennzeichnen.[43]

Die Hervorhebung rassischer Merkmale läuft Gefahr, daß der Schwarze den Exotismus und damit die Diskriminierung durch den Weißen verinnerlicht. René Ménil hat diesen Vorgang am Beispiel der antillischen Dichtung dargestellt: "Ich bin für mich selbst exotisch, weil meine Sicht meiner selbst die Sicht des Weißen ist, die zu meiner wurde nach drei Jahrhunderten kolonialer Selbstentfremdung". Diese Art Exotismus sei Ausdruck von Persönlichkeitsspaltung und Teil der Psychopathologie des Kolonialisierten. Die Aufgabe sei deshalb, Exotismus und Pittoreske als ästhetische Entsprechung zur Entpersönlichung zu überwinden und zu sich selbst zu finden.[44]

Die unterdrückten Schwarzen und vor allem die schwarzen Intellektuellen wissen, daß nicht nur die politische und wirtschaftliche Emanzipation das Ziel ist, sondern daß es um die viel schwerere und vielschichtige Aufgabe der Wiedergewinnung des durch jahrhundertealte Sklaverei verletzten Selbstwertgefühls geht, um die Neubestimmung des eigenen Seins. Folgerichtig plädiert René Depestre für die *Déracialisation* des literarischen Werks und lehnt die Begriffe afro-amerikanisch, indo-amerikanisch, hispano-amerikanisch und sogar den Begriff des "Negers" ab, da all diese Bezeichnung der "somatischen Semiologie" des Kolonialismus entsprechen.[45] Auch in der brasilianischen *Poesia Negra* mehren sich die Ansätze zu einer Neuorientierung in dieser Richtung.

Abgeschlossen 1986; Aktualisierung
der bibliographischen Angaben 1990

---

43 Vgl. René Ménil, op. cit., S. 19 f.

44 Vgl. René Depestre, op, cit., S. 41; Neusa S. Souza: *Tornar-se negro*, Rio de Janeiro: Ed. Graal 1983.

45 Ebd., vgl. J. Jahn, op. cit., S. 13 ff. Jahn schlägt die ptolemäische Bezeichnung Agysimba bzw. agysimbisch vor. Siehe auch Hamilton G. Russel, *Voices from an Empire. A History of Afro-Portuguese Literature*, Minneapolis: University of Minnesota Press, 1975; port. Ausg.: *Literatura africana. Literatura necessária*, Lisboa: Edições 70, 1981.

Thomas Sträter

TENDENZEN DER *CRÔNICA* IN DER ZEIT DER MILITÄRDIKTATUR

Novaes über Veríssimo:

Desaparecendo o Humor, o que fariam os humoristas para sobreviver? [...] Veríssimo estava em dúvida: não sabia se abria um restaurante ou tornava-se pregador evangélico. ("Todo poder aos humoristas", in: *DV*, S. 126)

Veríssimo über Novaes:

E nunca houve uma geração de cronistas e humoristas como aquela. Paulo Sabino, Campos Mendes, o velho Blota [...] - Rubem Blota, o curió da crônica. E os humoristas? Sérgio Ponte Preta, João Carlos Novaes, José Bonifácio ... ("A posteridade", in: *RR*, S. 126).[1]

Unter befreundeten brasilianischen Autoren ist es gewiß nichts Außergewöhnliches, wenn man übereinander schreibt, um der gegenseitigen Wertschätzung öffentlichen Ausdruck zu verleihen. Die beiden Chronisten

---

1   Zitiert werden folgende Ausgaben von Carlos E. Novaes: *Os mistérios do aquém* (*MA*), [3]1978, 1976; *O quiabo comunista* (*QC*), [10]1983, (1977); *O chá das duas* (*CD*, 1980, [5]1980, (1978); *O balé quebra-nós* (*BQN*); [1]1979; *A cadeira do dragão* (*CDR*), [2]1980, (1980); *Democracia à vista!* (*DV*), [2]1981, (1981); *Deus é brasileiro?* (*DB*), [1]1984. Alle Bände erschienen bei Editorial Nórdica, Rio de Janeiro.
    Zitiert werden folgende Ausgaben von Luís Fernando Veríssimo: *O Popular* (*P*), [3]1984, (1973); *Ed Mort e outras histórias* (*EM*), [5]1983, (1979); *Sexo na cabeça* (*SC*), [1]1980; *O analista de Bagé* (*AB*), [73]1983, (1981); *Outras do analista de Bagé* (*OAB*), [40]1984, (1982); *A velhinha de Taubaté* (*VT*), [1]1983; *A mulher do Silva* (*MS*), [1]1984. Alle Bände erschienen bei L & PM Editores, Porto Alegre. Bei Editora Globo, Rio de Janeiro, erschienen außerdem noch zwei weitere Bände: *A mesa voadora* (*MV*), [2]1982, (1978); *O rei do rock* (*RR*), [1]1984.

Thomas Sträter

Luís Fernando Veríssimo und Carlos Eduardo Novaes erweisen sich als exzellente Vertreter ihrer Zunft, indem sie bei ihrem Austausch kleiner Hommagen auch den einen oder anderen ironischen Seitenhieb austeilen. Was würde Veríssimo tun, fragt sich Novaes, wenn der Humor, die Seele seiner Chroniken, eines Tages nicht mehr gefragt wäre? Würde sein Kollege, der renommierte Gourmet, ein Restaurant eröffnen oder lieber Prediger werden? Veríssimo seinerseits spekuliert über das Nachleben sowohl der Altmeister der Chronik als auch der Generation der "Humoristen", zu denen er Novaes und sich rechnet: Wird man sich ihrer später noch erinnern? Wenn ja, dann sei anzunehmen, daß es dabei zu grotesken Namensverwechslungen, wie im obigen Zitat, kommen könnte, die nicht einmal vor dem modernen Klassiker der *crônica*, Rubem Braga, und schon gar nicht vor Carlos Eduardo Novaes haltmachen.

Bemerkenswert an den beiden Textstellen ist die offensichtlich synonyme Verwendung der Begriffe *humorista* und *cronista* als Bezeichnung für den Chronisten, die eine erste wichtige Feststellung zu aktuellen Tendenzen der modernen Chronik erlaubt: Satire in Form von Humor und Ironie sind in den letzten Jahren so stilprägend wie nie zuvor in der Geschichte dieses so wandlungsfähigen und sich den verschiedensten Intentionen seiner Autoren anpassenden Genres geworden.

Unter dem Begriff *crônica* wird eine bestimmte Form der erzählenden Literatur verstanden, die zum festen Bestandteil des Feuilletons in Brasilien gehört. Sie nimmt den Raum ein, der im Feuilletonteil deutscher Zeitungen etwa der Glosse, der Rezension, dem Essay oder der Kurzgeschichte zur Verfügung steht. Eine Verwandtschaft mit der ehemaligen Kalendergeschichte ist nicht von der Hand zu weisen. Praktisch gibt es keinen Gegenstandsbereich, der nicht Eingang in die Chronik findet: kleine Vorfälle aller Art, den *faits divers* der Tagespresse entnommen oder auch vom Chronisten selbst erlebt, politische Ereignisse, Kunstbetrachtungen, moralphilosophische Meditationen, Reiseschilderungen etc.; selbst Reflexionen über die Lohnschreiberei des Chronisten dürfen nicht fehlen. Immer aber gibt sich der Chronist mit seiner ganz persönlichen Sicht der Dinge, einer wohltuend unprätentiös wirkenden Subjektivität, als vertrauenswürdiger Gewährsmann des Lesers.

In Anlehnung an eine noch übliche Dichotomie der Literaturwissenschaft könnte auf den ersten Blick der Eindruck entstehen, die *crônica* sei der "niederen" Literatur im Gegensatz zur Kurzgeschichte als Gattung der "hohen" Literatur zuzuordnen, zumal sie grundsätzlich zuerst in Zeitungen oder Magazinen publiziert wird, ihr also der Makel des Journalismus anhaftet. Bei näherer Prüfung aber läßt sich diese Abwertung der Gattung kaum vertreten. Denn es gibt seit José de Alencar praktisch keinen brasilianischen

Autor von Rang, der nicht auch Chroniken geschrieben hätte. Machado de Assis formulierte sein feuilletonistisches Credo wie folgt:

> O folhetinista é a fusão admirável do útil e do fútil, o parto curioso e singular do sério, consorciado com o frívolo. Esses dois elementos, arregados como pólos, heterogêneos como água e fogo, casam-se perfeitamente na organização do novo animal. [...] O folhetinista, na sociedade, ocupa o lugar do colibri na esfera vegetal; salta, esvoaça, brinca, tremula, paira e espaneja-se sobre todos os caules suculentos, sobre todas as seivas vigorosas. Todo o mundo lhe pertence; até mesmo a política.[2]

Klassiker der Moderne wie Carlos Drummond de Andrade, Graciliano Ramos oder Clarice Lispector haben sich der "leichten Muse" der Chronik gewidmet. Sicher geschah dies nicht zuletzt aus finanziellen Gründen, denn die regelmäßige Mitarbeit bei einer Zeitung konnte zumindest das Existenzminimum sichern. Der ökonomische Zwang zum Broterwerb hat den Texten der genannten Autoren jedoch keinen Abbruch hinsichtlich ihrer literarischen Qualität getan, wie oft voreilig angenommen wird. Untersucht man ihre *crónicas* einmal genauer, was nebenbei bemerkt nur in Ansätzen geschehen ist, so entdeckt man, daß sie weder das literarische Talent noch die stilistische Meisterschaft ihrer Erzeuger verleugnen können.

Gemessen an anderen literarischen Formen ist die Chronik ein relativ junges Genre, das seinen Ursprung in der europäischen Feuilletonkultur der "Moralischen Wochenschriften" des 18. Jahrhunderts hat (Addison, Steele u. a.). Im Portugiesischen setzt sich das Wort *crónica* als Bezeichnung für eine bestimmte Art von Kurzprosa zur Mitte des 19. Jahrhunderts durch. In Portugal sind es die Autoren der "Generation von 1870", insbesondere Eça de Queiroz (*Cartas de Paris e Londres, As farpas*) und Ramalho Ortigão (*As farpas*), die der neuen Gattung zu Ansehen und Beliebtheit verholfen haben. Bis in die 60er Jahre hinein neigen die brasilianischen Chronisten häufig zur moralisierenden Zeitanalyse. Wichtigster Vertreter dieser Richtung ist Rubem Braga, der auch als einflußreichster Neuerer der modernen Chronik gilt. Sein literarischer Ruhm gründet allein auf seinem chronistischen Oeuvre, das durchgängig von der Opposition Stadt-Land - *A cidade e a roça* - strukturiert wird. Unaufhaltsame Verstädterung und überstürzte Industrialisierung des einstigen Agrarlandes Brasilien finden in ihm schon sehr früh einen vor den Folgen warnenden Kritiker. So modern die Themen des engagierten Autors auch sein mögen, seine knappe und geschmeidige Prosa vermeidet allzu gewagte stilistische Neuerungen, die wohl auch beim breiten Leserpublikum

---

[2] Zit. nach Machado de Assis, *Crônicas*, hg. von Eugênio Gomes, Rio de Janeiro: Agir Editora, [2]1972, S. 8.

auf Unverständnis gestoßen wären. In der konventionellen Sprache äußert sich Bragas Anspruch, nicht nur für eine intellektuelle Elite zu schreiben.

Ikonoklastische Avantgardeströmungen wie "poesia concreta" in den 50er und 60er Jahren oder "Tropicalismo" ab 1968 haben die kulturelle und damit literarische Landschaft Brasiliens verändert.

Das Ergebnis sind Texte, die sich nicht mehr einordnen lassen, Romane, die sich eher lesen wie Reportagen; Erzählungen, die sich von Gedichten oder Chroniken nicht mehr unterscheiden."[3] Und mit Blick auf die *crônica* heißt es: "Ein anderes Merkmal der jüngsten Literatur ist die Fiktionalisierung nicht-fiktionaler Gattungen (*crônica*, Autobiographie).[4]

Die ehemals gattungsspezifischen Grenzen verschwinden, und die Chronik, ohnehin ein nach vielen Seiten hin "offenes" Genre, ist von der fiktionalen Erzählliteratur nicht mehr zu trennen. Innerhalb dieses Prozesses, der seinen Ursprung nicht zufällig in der immer repressiver werdenden Militärdiktatur Ende der 60er, Anfang der 70er Jahre hat, entsteht auch das Werk von Carlos Eduardo Novaes, geboren 1940, und Luís Fernando Veríssimo, geboren 1936, die stellvertretend für eine beträchtliche Anzahl hervorragender Chronisten in Brasilien untersucht werden sollen: Ausschlaggebend für die Wahl war ihre Rolle als exemplarische Vertreter zweier unterschiedlicher Arten von Chroniken, die sich vorzugsweise im letzten Jahrzehnt herausgebildet haben. Was sie vereint, ist die engagierte Parteinahme gegen die Militärdiktatur, ein Zusammengehörigkeitsgefühl, das gleichsam eine literarische Schule bildet. Zu dieser Gruppe von brasilianischen Chronisten/Humoristen gehören außerdem Jaguar, Millôr Fernandes, Henfil, Aldir Blanc und andere. In der Bundesrepublik Deutschland ist diese Gruppe etwa mit den Autoren der satirischen Zeitschrift *Titanic* vergleichbar, die häufig auch als "Die neue Frankfurter (Komik-)Schule" bezeichnet werden. Auch wenn Novaes und Veríssimo auf die Verwendung des chronistischen Ich, das Rubem Braga und Carlos Drummond de Andrade zur Bekräftigung der Wahrhaftigkeit ihrer Aussagen einsetzten, verzichten und sich einig wissen in der Ablehnung einer zwischen autobiographischer Erinnerung und Reflexion pendelnden Erzähltechnik zugunsten einer Durchleuchtung der unmittelbaren Gegenwart, so fallen ihre Chroniken doch ganz verschieden aus. An den Ti-

---

3 Antônio Cândido: "Die Stellung Brasiliens in der neuen Erzählliteratur Lateinamerikas", in: Mechthild Straußfeld (Hg.), *Brasilianische Literatur*, Frankfurt: Suhrkamp 1984, S. 36. Dieser Aufsatz ist die Übersetzung des Vortrags *O papel do Brasil na nova narrativa*, den Cândido 1979 im Woodrow Wilson Center for Scholars in Washington hielt.

4 Ebd., S. 37.

telchroniken ihrer Sammelbände und an weiteren ausgewählten Chroniken sollen die Besonderheiten beider Autoren aufgezeigt werden.

Die wohl größte Ambition eines Chronisten, die Publikation seiner Chroniken in Buchform, erfüllt sich für Veríssimo mit *O Popular* (1973) und für Novaes mit *O caos nosso de cada dia* (1974). Seit diesen ersten Buchveröffentlichungen, die die beiden Autoren schlagartig in den Mittelpunkt des Interesses eines breitgefächerten Publikums versetzen, hat jeder mehr als ein Dutzend Bücher - etwa 300 Chroniken - veröffentlicht. Carlos Eduardo Novaes hat darüberhinaus den Roman *Cândido Urbano Urubu*, die Erzählungen *O estripador de Laranjeiras* (1983), Theaterstücke sowie Drehbücher für *telenovelas* geschrieben; und er war Regisseur der beiden sozial-engagierten Kurzfilme *Boom* und *Os Emaús*. Luís Fernando Veríssimo hingegen, Sohn des Romanciers Erico Veríssimo aus Rio Grande de Sul, hat sich, ähnlich wie Rubem Braga, ausschließlich auf das Genre der *crônica* spezialisert. Das Spektrum ihrer Publikationsorgane reicht von Tageszeitungen wie dem *Jornal do Brasil* über die satirische Wochenzeitung *O Pasquim* bis hin zum brasilianischen *Playboy* und dem Wochenmagazin *Veja*. Die Namen der beiden Starautoren sind ein Garant für hohe Auflagen. Veríssimos Bestseller von 1981, *O analista de Bagé*, erreichte bereits nach drei Jahren die 82. Auflage; innerhalb der ersten sechs Monate wurden von diesem Buch über 140.000 Exemplare verkauft. Ein sensationeller Erfolg. Mit seinem ersten Sammelband, *O caos nosso*, hat Novaes nach nur acht Auflagen schon 100.000 Exemplare gedruckt und verkauft. Sein *O quiabo comunista* wurde 1977 gar zum meistverkauften Buch Brasiliens. Superlative, wohin man schaut.

Warum sind diese Autoren in ihrer Heimat so erfolgreich, im Ausland dagegen so gut wie unbekannt? Ganz im Gegensatz etwa zu Romanschriftstellern wie Márcio Souza oder João Ubaldo Ribeiro, deren Bekanntheitsgrad in den USA und Europa möglicherweise höher ist als in Brasilien. Daß keine Übersetzungen vorliegen, kann nicht als Ursache, vielmehr als Bestätigung des generellen Desinteresses angesehen werden. Einer der Gründe dürfte in einem "Zuviel" an brasilianischem "Lokalkolorit" zu sehen sein, das dem mit brasilianischen Verhältnissen weniger vertrauten Leser unverständlich bleiben muß.

Bereits in den beiden ersten Chronikbänden von Novaes und Veríssimo sind programmatisch für das spätere Werk die Themen und ihre stilistische Ausführung enthalten. Mit *O caos nosso* beginnt Novaes die Reihe der sogenannten *Histórias dos nossos (nossos?) dias*, einer bis heute noch nicht abgeschlossenen Chronik der laufenden Ereignisse. Veríssimos *O Popular*, was mit "der Mann auf der Strasse" übersetzt werden könnte, ist der Prototyp eines "Helden", der in den folgenden Jahren die verschiedensten Ausformungen erhalten sollte: "O Popular é uma figura típicamente urbana. Não tem domicílio certo. Seu habitat natural é à margem dos acontecimentos" ("O Popular", *P*, S. 13). Das Charakteristische des "Popular" ist die Passivität, seine Scheu vor einer aktiven Mitgestaltung des öffentlichen Lebens, was sich als Reaktion auf die politischen Gegebenheiten zur Zeit der Militärdiktatur verstehen läßt. Hinter seiner Gestalt verbirgt sich aber nicht nur der *carioca* im allgemeinen, sondern auch der Chronist selbst, der in der Rolle des Beobachters seinen Mitbürgern mit seinen Chroniken einen satirischen Spiegel vorhält.

Bei Novaes steht die brasilianische Politik im Vordergrund des Interesses. In der Titelchronik von *Os mistérios do aquém* (1976) geben schwarze Magie, Hexenprozesse sowie ein Hexenkongreß in La Paz, die nur scheinbar den Inhalt bilden, den Blick des Lesers immer wieder frei für die eigentliche Zielscheibe der Satire: die Hexenjagd auf unliebsame Gegner des Regimes, die politische Gesinnungsschnüffelei und das Denunziantentum. Vor der *abertura* wußte die Zensur unverschleierte Regimekritik stets zu verhindern.

> Diante da ameaça de virar galeto as bruxas recuaram os harfes e passaram à clandestinidade, até que por volta dos anos 50 - lembro-me de meu pai dizendo - um tal de McCarthy andava caçando bruxas nos Estados Unidos. "Será que nós voltamos à Idade Média?", perguntei. "Eu nem sei se nós já saímos" respondeu ele. ("Os mistérios do aquém", in: *MA*, S. 10).

Schon die Titelchronik des folgenden Bandes, *O quiabo comunista* (1977), ist unverblümter in der Kritik und lastet parodistisch einem "kommunistischen Gemüse" die Schuld an der nicht enden wollenden Inflationsspirale an. Seit dem *Estado Novo* mit seiner Ideologie des Antikommunismus ist man in Brasilien - und nicht nur dort - oft allzugern bereit, dem Kommunismus die Schuld an allem zu geben, was einem nicht zupaß kommt. Die Titelchronik von *O chá das duas* (1978) endlich nimmt keinerlei Rücksichten mehr auf die Zensur. Man kann bei einem Teekränzchen der beiden alten Damen Dona Subversão und Dona Corrupção wohl nicht mehr von einer verschlüsselten oder nur angedeuteten Regimekritik sprechen. Der satirische Gipfel scheint vorerst erreicht, wenn Novaes in den Titelchroniken von *O balé quebra-nós* (1979) und *A cadeira do dragão* (1980) die drakonischen Maßnahmen der Polizei gegen Demonstranten anprangert und sich des Tabuthemas Folterung annimmt:

> "Mas o Tenório foi torturado. Isso o senhor não pode negar. Várias pessoas assistiram às sessões de tortura. Por que o senhor fez isso?" "Bem, pensei que fosse minha obrigação. Fiz isso por um elevado sentimento de solidariedade humana. Tenório, talvez você não saiba, era um sadomaso-

quista. Adorava ser torturado. Não tinha um dia, que não viesse a mim, babando, pedir uma torturazinha. Mas eu fazia aquilo tudo com o coração partido. Acredite, meu bom rapaz, eu não sou um torturador." Nesse momento seu neto que havia saído da sala voltou, e pediu ao avô para ir ao parque com a vovó. "Claro, meu netinho. Vá com a vovó. Aliás, você já deveria ter ido. Quer dinheiro? Então por que ainda não foi?" "Porque o senhor esqueceu a vovó amarrada na cadeira-do-dragão." ("A cadeira do dragão", in: *CDR*, S. 77)

Hier trägt die unter den Präsidenten Geisel und Figueiredo einsetzende Liberalisierung ihre ersten Früchte. Am Horizont erscheint der verheißungsvolle Silberstreif der anbrechenden Demokratie. Der Titel des Bandes *Democracia à vista* (1981) - eine Titelchronik gibt es diesmal nicht - drückt die Hoffnung auf mehr demokratische Freiheit aus. Es folgt 1982 die *Crônica de uma brisa eleitoral*, die die ersten freien Wahlen in den Bundesstaaten zum Thema hat. Und schließlich 1984 - die Militärdiktatur hat die längste Zeit ihr Unwesen getrieben - meint man schon fast unpolitisch-versöhnliche Töne zu hören, wenn der vorerst letzte Band *Deus é brasileiro?* heißt. Allerdings entlarvt das Fragezeichen diese so gern im Munde geführte Redensart als falsch. Denn wie sollte Gott ein Brasilianer sein, wenn das Land unter einer dreistelligen Inflationsrate und einem Schuldenberg in Milliardenhöhe ächzt? Wenn Gott schon eine Nationalität haben sollte, so suggeriert die gleichnamige Titelchronik, dann muß er Japaner sein; den Brasilianern bleibt als Schutzpatron im Himmel nur ihr São Bras, der - nebenbei bemerkt - verdächtig dem "Popular" Veríssimos ähnelt. Und natürlich gelingt es dem guten São Bras keineswegs, die Geschicke Brasiliens in günstige Bahnen zu lenken. Wenn er als Schutzheiliger an den Schalthebeln waltet, verursacht er bei seinen Schutzbefohlenen immer wieder ein Chaos.

Geradezu unpolitisch, ja privat muten dagegen die Chroniken Veríssimos auf den ersten Blick an. Die Titelchronik *O Popular* handelt vom einfachen Mann auf der Straße, der zwar immer den Ereignissen beiwohnt, aber nie darin involviert ist. Die aktuellen Bezüge zur Politik fehlen jedoch nicht:

Nas nossas incomodações políticas, no tempo em que ainda havia política no Brasil, o Popular não perdia uma. Os jornais mostravam tanques na Cinelândia protegidos por soldados de baioneta calada e lá estava o Popular, com um embrulho embaixo do braço, examinando as correias de um dos tanques. Pancada na Avenida? Corria polícia, corria manifestante, corria todo mundo, menos o Popular. O Popular *assistia*. ("O Popular", *P*, S. 11 sp.) [Hervorhebung von mir].

Der "Popular" war noch ein gesichts- und namenloser Jedermann ohne Eigenschaften. Schärfer gezeichnete, individuelle Züge erhält ein naher Verwandter von ihm: Ed Mort, eine Parodie der stereotypen Figur des Privatdetektivs, wie man sie aus Roman und Film kennt. In *Ed Mort e outras histórias* (1979) wird der Leser Zeuge der alles andere als im herkömmlichen Sinne spannenden Geschichten um den Privatdetektiv Ed Mort, der sich in seiner typischen und einzigartigen Weise folgendermaßen vorstellt:

> Mort. Ed Mort. Detetive Particular. É o que está escrito na plaqueta nova que mandei botar na minha porta. Roubaram a outra. Ocupo uma espécie de armário numa galeria de Copacabana, junto com um telefone mudo, 17 baratas e um ratão albino. Entre uma escola de cabeleireiros e uma loja de carimbos. A loja de carimbos, antes, era uma pastelaria. A pastelaria fechou depois de um desentendimento com a Prefeitura sobre a natureza de alguns ingredientes no recheio. Azeitonas pretas ou cocô de rato? Sei não. Foi depois que a pastelaria fechou que o ratão albino apareceu no meu escritório, e tinha um ar culpado. Eu o chamo de Voltaire, porque ele às vezes desaparece, mas sempre volta. Tenho leitura. Ed Mort. Está na plaqueta. ("Ed Mort e os nobres selvagens", *EM*, S. 41)

Als ob Ed Mort ein Philip Marlowe wäre, so sind seine Kunden in der Regel verführerische junge Frauen, denen etwas abhanden gekommen ist, vorzugsweise der Ehemann.

Die Detektivgeschichten um Ed Mort finden ihre Fortsetzung in *Sexo na cabeça* (1980). Hier ist Ed Mort bereits zu einem Serienhelden gereift. Mit *O analista de Bagé* (1981) stellt ihm Veríssimo noch einen zweiten Serienhelden zur Seite, den Macho-Psychoanalytiker aus der Provinzstadt Bagé im Bundesstaat Rio Grande do Sul, der Heimat Veríssimos. Dieser orthodoxe Freudianer hat eine Kundschaft aus Megalomanen, Paranoikern und anderen Neurotikern, die er zur Analyse auf seinen Divan bittet. Besonders schwere Fälle heilt er mit seiner weithin berühmten Therapie eines gezielten Trittes mit dem Knie in die Weichteile des Patienten. Auch wenn dies mit Psychotherapie wenig gemein hat, die offensichtlichen Heilerfolge dieser brachialen Gewalt scheinen ihm recht zu geben: die Patienten wagen schon aus Angst vor einem neuen Tritt nicht aufzubegehren. Der Analytiker von Bagé wird zu einem der größten literarischen Erfolge in Brasilien. Bereits 1982 folgt ein zweiter Band: *Outras do analista de Bagé*; der Analytiker ist schon eine legendäre Gestalt, er erscheint in Comic-Strips und wird von dem Gesangs-Duo Kleiton und Kledir besungen.

Noch in *A velhinha de Taubaté* (1983) taucht der Analytiker von Bagé verschiedentlich auf; neue Serienheldin aber wird die Alte aus Taubaté "[...] [sentada] numa cadeira de balanço *assistindo* ao Brasil pela televisão"

[Hervorhebung von mir]. Ebenso wie der namenlose "Popular" vertritt sie als gesichtslose Gestalt die breite Masse, die teilnahms- und tatenlos, dafür aber immer neugierig, dem Weltgeschehen beiwohnt. Im gleichen Jahr erscheint noch *A mesa voadora* (1982), eine gastronomische Reisechronik durch Feinschmeckerrestaurants der Alten und der Neuen Welt. In den vorerst letzten Bänden *O rei do rock* und *A mulher do Silva* (beide 1984) variieren die Titelchroniken bekannte Themen: In "O rei do rock" geht es um den Generationenkonflikt einmal andersherum: Der Familienvater, ein Mann mit geregeltem Einkommen, beschließt an seinem vierzigsten Geburtstag "auszusteigen"; er wird zum "König des Rock". Nur haben seine krampfhaften Bemühungen, jugendlicher zu erscheinen als er in Wahrheit ist, einen komischen Nebeneffekt: Genauso antiquiert wie seine langen Haare, ist auch sein aus der Mode gekommener Wortschatz, sind seine *gírias* aus den 60er Jahren.

Die thematischen Unterschiede zwischen Novaes und Veríssimo sind evident: Novaes ist bis auf wenige Ausnahmen, wie zum Beispiel in dem autobiographischen Kapitel "Reflexos pessoais" aus dem Band *Democracia à vista* mit Skizzen aus dem Ehealltag, der erklärte Chronist des öffentlichen Lebens, der sein Augenmerk vor allem auf die brasilianische Innen- und Außenpolitik lenkt. Veríssimo dagegen ist eher der Chronist des Privaten. Damit ist nicht Autobiographisches gemeint, sondern die Privatsphäre seiner Protagonisten. Im Mittelpunkt stehen meist Bürger der städtischen Mittelklasse mit ihren typischen Problemen aus Familienleben oder Ehealltag. Ebenso werden Freundschaften, erotische Abenteuer, Arbeitswelt und Freizeit geschildert. Veríssimos Interesse gilt dem Menschlich-Allzumenschlichen, der ewigen *comédie humaine*.

Damit ist nur eine Tendenz angedeutet. Viele Texte sind im Grenzland zwischen öffentlichem Leben und Privatsphäre angesiedelt. Zu dieser Gruppe gehören Filmkritiken aus *O Popular* wie "Realmente, Realmente", "Mailer e Marilyn I & II", "Fellini I & II", oder auch Persiflagen des anglo-amerikanischen Detektivromans à la Raymond Chandler oder Dashiell Hammett in der Figur des Ed Mort; selbst Kafkas Erzählung "Die Verwandlung" bleibt nicht von einer Parodie verschont: "Uma barata acordou um dia e viu que tinha se transformado num ser humano". ("A metamorfose", in: *EM*, S. 91). Aber auch sprachkritische Texte, die sich mit den Besonderheiten des gesprochenen brasilianischen Portugiesisch auseinandersetzen, gehören dazu: "ABC" (*MS*), "Gramática" (*OP*) und "Pá, pá, pá," (*VT*). Dennoch treten diese Chroniken quantitativ in den Hintergrund angesichts der unermüdlichen Beschäftigung Veríssimos mit seinen Lieblingsthemen Erotik und Sexualität: "Eros e civilização" (*OP*), "Sexo na cabeça" (*SC*), "Manual sexual" (*AB*), "Manifesto sexual" (*MS*), "Contos eróticos" (*RR*) wie "Poder gay" (*RR*). Politik und Sexualität sind eng verquickt. Da wird ein Homosexueller Präsident der USA, und seine erste Amtshandlung ist nicht etwa ein Gespräch mit seinem Amtskollegen aus der Sowjetunion mittels des vielzitierten Roten Telefons. Nein, die direkte Leitung nach Moskau soll zwar weiterbestehen, aber das häßliche Rote Telefon gegen ein schickeres schwarzes und vergoldetes ausgetauscht werden. Und in der Außenpolitik treten ab sofort zwei wichtige Doktrinen für Lateinamerika in Kraft: und zwar die von Truman und Monroe; gemeint sind natürlich nicht die Doktrinen der ehemaligen Präsidenten, sondern Truman Capote und Marilyn Monroe.

Trotz aller Unterschiede suchen Veríssimo und Novaes letztlich gleichermaßen nach einer Antwort auf die Frage nach der "brasilidade", der brasilianischen Realität in all ihren öffentlichen und privaten Aspekten, und überschreiten damit den flüchtigen Aktualitätsbezug der einzelnen Chronik. Als Beispiele für Veríssimos Interpretationsversuche der eigenen Nationalität und Identität seien "Br" (*SC*), "Copacabana e Ipanema" (*OP*), "Americanos imaginários" (*P*), "O verdadeiro José" (*OAB*) und "Eleitos" (*RR*) genannt. Bei Novaes kommt die ständige Suche nach der "brasilidade" in Chroniken wie "Que país é este?", "O Brasil é feito por nós" (beide *CD*) oder "Apenas um povo diferente" und dem schon erwähnten "Deus é brasileiro?" (beide *DP*) zum Ausdruck. Beide Autoren werden nicht müde, dieses facettenreiche Problem - wer sind die Brasilianer? - aus den verschiedensten Perspektiven zu beleuchten. Thesenhaft hat Veríssimo seine Auffassung in einem frühem essayistischen Text mit dem bezeichnenden Titel "Americanos imaginários" (*OP*) formuliert:

> Você e eu somos americanos imaginários. Nossa experiência do Novo Mundo se deu, até agora, vicariamente, no escuro e seguro recesso das salas de cinema. Não vivemos nossa história; nós a *assistimos* ("Americanos imaginários", in: *P*, S. 70) [Hervorhebung von mir].

In einer zweiten Chronik mit demselben Titel zieht er einen Vergleich zwischen den Eroberungen des brasilianischen und des nordamerikanischen Territoriums:

> Claro que o 'western' clássico não representou para a imaginação norte-americana o mesmo que representou para a nossa. Lá a trajetória glorificada do herói desbravador codificava, ao mesmo tempo que absolvia, a violência da conquista. Primeiro na literatura popular e depois no cinema, o 'western' elevado à categoria de mito consagrou-se como a alegoria oficial para a grande e brutal aventura americana. [...] É a nossa vez de subir ao palco e fazer história. O Novo Mundo está conquistado. Falta *ajustá-lo*. ("Americanos imaginários", in: *P*, S. 73 f.) [Hervorhebung von mir].

Zwei Schlüsselwörter dieser Texte über die "imaginären Amerikaner" können uns einen Einblick in die Gedankenwelt Veríssimos geben: "assistir" und "ajustar". Von den Protagonisten aus *O Popular* und *A velhina de Taubaté* kennt man die Haltung des "*assistir* ao Brasil pela televisão" schon. Das Wort "ajustar" deutet bereits auf die "Reparaturbetriebe" der Gesellschaft hin, die Veríssimo in den folgenden Jahren mit dem Privatdetektiv Ed Mort und dem Psychoanalytiker von Bagé kreiert hat. Ihnen kommt, wie das schon im klassischen Kriminalroman der Schwarzen Serie der Fall war, die Aufgabe zu, die Widersprüche und Ungereimtheiten psychologischer und sozialer Strukturen einer kapitalistischen Gesellschaft bloßzulegen. Daß dies dem Detektiv und dem Psychoanalytiker trotz mehr als dürftiger Fähigkeiten in ihrem Beruf, dafür aber mit einer gehörigen Portion Zufall, gelingt, ist Ausdruck der skeptisch-satirischen Weltanschauung Veríssimos. Neben den Zufallserfolgen können sie nämlich nur Pseudoaufklärungen von Verbrechen und Pseudoheilungen von Neurosen verbuchen. Denn sie beseitigen bzw. unterdrücken zwar kurzfristig die Krankheitssymptome der Gesellschaft, die Krankheit selbst aber ist nicht kuriert.

Novacs ist bei seiner Analyse der brasilianischen Gesellschaft vom politischen Gefüge ausgegangen. Daher ergänzen sich beide Werke vorzüglich und fügen sich zu einem schlüssigen Gesamtbild Brasiliens. Das ausgesprochen Neue an Novaes' Interpretation der gesellschaftlichen Realität Brasiliens ist die Innenperspektive. Im Gegensatz dazu haben Chronisten der vorangegangenen Generation wie Rubem Braga oder Fernando Sabino versucht, mit einem "teleskopischen" Blick, vom Ausland auf die Heimat gerichtet, durch den Vergleich zwischen Brasilien und Europa/USA zu einer, zu ihrer Definition der "brasilidade" zu gelangen. Für Novaes ist die Literatur das Mikroskop, das Unsichtbares sichtbar werden läßt. Literatur als Teleskop verwendet, das Undeutliches deutlich macht, hat für ihn nur mehr eine periphere Bedeutung. Während der Chronist alten Schlages versuchte, die Realität objektiv zu reflektieren, karikiert sie der moderne Chronist bis ins Groteske. So wird Braziville als Karikatur Brasiliens bei Novaes zum neuen "Wilden Westen" des amerikanischen Kontinents mit Bap Figuerey (Präsident Figueiredo) als Sheriff und Tancrew Snows (Tancredo Neves) und Brian Zola (Brizola) als Revolverhelden.

Beide Chronisten verdrängen das kontemplativ-essayistische und narrativ-intimistische Moment der Chroniken Rubem Bragas oder Carlos Drummond de Andrades zugunsten einer szenisch-dramatischen Konzeption. Dialogische Passagen, in früheren Zeiten eher geschmäht, stehen nun gleichberechtigt neben narrativen, wenn sie nicht - und dies ist ein Merkmal der modernen Chronik, das immer deutlicher hervortritt - sogar den Text bestimmen. Insbesondere Veríssimo verwendet diesen Kunstgriff und verzichtet auf alle begleitenden Autorkommentare. In solch komprimierter, auf schmückendes Beiwerk nicht angewiesener Prosa gelingt es ihm, das menschliche Leben in einem Dialog von knapp zwei Seiten Revue passieren zu lassen: "Rápido", (*MS*). Das Leben der modernen Industriegesellschaft, oft mit Gemeinplätzen, deshalb aber nicht weniger treffend, als Wegwerf-, Massen-, Konsumgesellschaft charakterisiert, findet in diesem Schreibstil seine Entsprechung. Was die Form angeht, scheint Novaes im Vergleich zu Veríssimo eher traditionsgebunden und weniger experimentierfreudig zu sein. In seinen Chroniken ist stets der Essayist dominierend, was mit seinem "trockenen" Gegenstandsbereich - brasilianische Politik - und der damit verbundenen argumentativen Schreibweise zusammenhängen mag. Er hat, um aus diesem Dilemma herauszukommen, eine wahre Meisterschaft der allegorischen Personifikation abstrakter Begriffe und Sachverhalte entwickelt, wofür ihm der Chronist Machado de Assis als Vorbild gedient haben muß.[5] Ein Erzählbeginn wie folgender ist typisch für Novaes: "Faz 20 anos, a caravela Brasil zarpou mais uma vez do porto de Subdesenvolvimento em busca do caminho marítimo que a levaria às terras de Fortuna." ("A nau dos insensatos", in: *DeB*, S. 134) Es treten auf Dona Revolução, "a de 64 ... lembra-se? " mit ihren Freundinnen: "parece que a Dona Corrupção continua trabalhando no INAMPS. Dona Subversão está por aí, livre como uma cacatua na gaiola, está convalescendo ainda dos hematomas e das fraturas." ("Dona Revolução", *CDr*, S. 13) Die Demokratie wird zu einer Ladenbesitzerin, die Zensur verkörpert ein leibhaftiger, natürlich in Scheren vernarrter Zensor. Sogar die Währung *Cruzeiro*, zwischenzeitlich in *Cruzado* umbenannt, erfährt ein menschliches Schicksal: "Como toda moeda fraca morria de medo do Dólar. [...] O Cruzeiro está passando pela crise dos 40." ("A outra face da moeda", in: *DB*, S. 10 f.).

Die verschiedenen, immer wieder neu anberaumten Moratorien des Internationalen Währungsfonds geraten bei Novaes zum vergnüglichen Leseabenteuer, wenn Jane Moratória ihren João Brazil (in der Zeichnung des Buchillustrators Vilmar Rodriguez ist João Brazil als der frühere Präsident João Figueiredo erkennbar) ehelichen will. Alle diese Personifikationen durchziehen das Werk leitmotivisch und bilden das chaotische Panoptikum Novaesscher Prägung, mit dem der brasilianische Leser mittlerweile auf vertrautem Fuß lebt. Der didaktische Aspekt ist dabei nicht zu vernachlässigen. Die undurchsichtigen, selbst für Spezialisten schwer durchschaubaren politi-

---

5 Vgl.: "Que boas que são as semanas pobres. As semanas ricas são ruidosas e enfeitadas, aborrecíveis, em suma. Uma semana pobre chega à porta do gabinete, humilde e medrosa", in: Machado de Assis, *Obra completa*, hg. von Afrânio Coutinho, Bd. III, Rio de Janeiro: Aguilar 1962, S. 622.

schen Schachzüge des Militärregimes werden dem Leser auf eine sinnfällige und unterhaltsame Weise dargeboten, in der das zweifellos Tragische in sein Gegenteil, ins Komische verkehrt wird.

Berühmt-berüchtigt ist eine Äußerung, die sich de Gaulle bei Gelegenheit eines Staatsbesuches in Brasilien erlaubt haben soll, und die jeder Brasilianer in Form einer Anekdote kennt: Zuerst habe man den Staatsgast an einem Fußballspiel im Maracana-Stadion teilnehmen lassen. Am nächsten Tag habe man ihm eine *escola de samba* vorgeführt, und der Höhepunkt des Staatsbesuches sei dann die Teilnahme an einem Macumbaritual gewesen. Darauf habe de Gaulle, der vergeblich auf konkrete Ergebnisse seines Besuches wartete, völlig entnervt ausgerufen: "Dies ist kein ernstzunehmendes Land!" Novaes fragt sich nun: "De Gaulle tinha razão?" ("De Gaulle tinha razão?", in: *BQN*, S. 88) und stellt fest:

> O de Gaulle tinha razão, o Brasil realmente não é um país sério. Acho bom que não seja: se além de tudo mais que nos sufoca ainda fôssemos manter, digamos, uma seriedade noruegessa, este país ficaria com cara de velório". ("Emmanuelle no Congresso", in: *CD*, S. 122)

Dieses de Gaulle zugeschriebene Urteil, das jeden Versuch, es sogenannten seriösen Ländern gleichzutun, von vornherein abqualifiziert, scheint dem Chronisten ein steter Ansporn zu sein, sich mit der brasilianischen Realität auseinanderzusetzen. Man ist inzwischen soweit, daß man sich nach außen hin der Unernsthaftigkeit wenigstens nicht mehr schämt, sondern sogar ein bißchen stolz auf sie ist. Brasilianer zu sein, definiert sich demnach so: "Nem melhor, nem pior. Apenas um povo diferente." ("Apenas um povo diferente", in: *BB*, S. 52) Auch wenn sich unserem brasilianischen Jedermann, dem "Popular", diese tägliche Realität als ein "caos dos nossos dias" präsentiert, gelingt es dem Chronisten, seine Leser selbst über die schwärzeste Vergangenheit der jüngsten brasilianischen Geschichte zum Lachen zu bringen; auch wenn es nur ein Topos der Bescheidenheit sein sollte, Novaes und Veríssimo verstehen sich ihrer eigenen Einschätzung nach in erster Linie als Humoristen.

Henri Bergson definiert in *Le rire* (1900) das Komische als Ergebnis mangelnder Anpassung des Einzelnen an die Gesellschaft und betont die soziale Funktion des Lachens:

> Le rire est, avant tout, une connection. Fait pour humilier, il doit donner à la personne qui en est l'objet une impression pénible. La societé se venge

par lui des libertés qu'on a prises avec elle. Il n'atteindrait pas son but s'il portait la marque de la sympathie et de la bonté.[6]

Bergsons Theorie des Komischen liest sich stellenweise wie eine Poetik der modernen Chronik. Hier sei noch einmal an die beiden eingangs stehenden Zitate und die Gleichsetzung von Chronist und Humorist erinnert. Für Bergson in der philosophischen Theorie und für Novaes und Veríssimo in der literarischen Praxis sind Humor und Ironie der Vorder- und Rückseite der Münze Satire, mit der man es den Mächtigen heimzahlen will.

L'humoriste est ici un moraliste qui se déguise en savant, quelque chose comme un anatomiste qui ne ferait de la dissection que pour nous dégouter; et l'humeur, au sens restreint où nous prenons le mot, est bien une transposition du moral en scientifique.[7]

Im Sinne Bergsons sind Novaes und Veríssimo also Moralisten, die sich mit der Narrenkappe des Humoristen tarnen. Die sprachliche Systematik, um nicht mit Bergson von Wissenschaftlichkeit zu reden, mit der sie bei der Sezierung der Realität vorgehen, zielt eindeutig in die von Bergson vorgegebene Richtung. Mit der Chronik rächen sich Novaes und Veríssimo für die an der brasilianischen Gesellschaft begangenen Untaten der Militärregierung.

Zweifellos tendiert Novaes mit seiner Konzentration auf politische Themen und auf die Darstellung abstrakter Sachverhalte in der entsprechenden Fachterminologie mehr zur wissenschaftlichen Form der Satire - nach Bergson der Humor -, die das Schlechte wie Folter, Zensur, Repression etc. darstellt, um uns davor lachend zurückschrecken zu lassen. Der Satiriker Veríssimo hingegen geht aufgrund seiner thematischen Bevorzugung des Privaten wie der Sexualität, Neurosen etc. weniger wissenschaftlich-analytisch vor. Seine Chroniken zeichnen sich in stärkerem Maße durch eine kunstvolle Beredsamkeit aus, die der Beschwörung einer besseren Welt dient. Von der alten und noch gegenwärtigen heißt es: "Falta ajustá-lo". Nach Bergson wäre Veríssimo der ironische und Novaes der humoristische Satiriker.

Will man sich näher über die brasilianische Geschichte der letzten Jahrzehnte informieren, kann man das mit Hilfe einiger hervorragender Werke zu diesem Thema tun. Will man aber erfahren, was denn nun die brasilianische Bevölkerung in dieser Zeit bewegt, was ihre Ängste, Alltagssorgen, große wie kleine, Hoffnungen und Glücksmomente waren und sind, dann gibt es sicher keine Quelle, die uns darüber besser Aufschluß geben könnte als die *crônica*. Sowohl für den Feldforschung treibenden Soziologen, den am ge-

---

6 Hernri Bergson: *Le Rire. Essai sur la signification du comique*, Paris: Presses Universitaires de France, [33]1975, ([1]1900), S. 150.
7 Ebd., S. 98.

schichtlichen Alltag interessierten Historiker als auch für den Literaturwissenschaftler oder einfach nur den neugierigen Leser sind die *crônicas* eine wahre Fundgrube. In ihnen wird das Auf und Ab der Zeitabläufe widergespiegelt, ja sogar oft erst verständlich. Die Chroniken helfen mit, das Selbstverständnis der Brasilianer immer wieder neu zu definieren.

Schon oft totgesagt, von dem übermächtig werdenden Fernsehen Ende der 60er Jahre schier erdrückt, hat die *crônica* sich offensichtlich wieder erholt und erlebt seit geraumer Zeit eine neue Blüte. Die Faszination, die von ihrer Lektüre ausgeht, steckt auch in der Herausforderung, eine immer komplexer werdende Welt, das mittlerweile schon vielzitierte *caos nosso*, in eine komprimierte Form zu fassen. Daß dies geleistet werden kann, nicht nur in den anerkannten literarischen Genres Roman und Kurzgeschichte, dafür ist die *crônica* der stets aufs neue erbrachte Beweis. Vielleicht gehört ihr sogar einmal die Zukunft. Aus ihrer Ansammlung, dem Netzwerk vieler untereinander verknüpfter Miniaturgeschichten, einem *work in progress*, erwächst ein sprachliches Kunstwerk, ein kohärent strukturiertes Universum. Ein garantiertes Lesevergnügen sind die *crônicas* allemal.

1986

Marta Campos Hein

O ENSAÍSMO LITERÁRIO NO BRASIL

Em balanço de 1972 sobre a produção literária brasileira, louvava Antônio Cândido o que chamou de "notório refinamento e progresso na crítica literária em geral", entendendo aqui como crítica literária tanto o ensaio acadêmico erudito como os artigos de suplementos literários e a chamada "crítica de rodapé", a que ainda restava nos jornais.[1] Mais recentemente, em artigos polêmicos ou ensaios eruditos, Luiz Costa Lima tornava claro como a prática da reflexão teórica ainda era vista, mesmo nos meios acadêmicos, como perniciosa ao bom-mocismo das "belas-letras" e como a teorização sobre o objeto literário estaria longe de se tornar comum aos estudiosos da literatura. Hoje mesmo, não seria exagero afirmar que fora do eixo Rio-São Paulo poucos são os ensaístas de literatura que não se arrepiam à idéia de encarar seu objeto de estudo como ciência e estejam aptos a dar alguma contribuição ao avanço da discussão sobre ele, sem ao mesmo tempo sofrerem com a idéia de que o estão matando, à medida que o tomam como matéria de reflexão científica. Eis aí a pasmaceira com que se desenvolvem os estudos interpretativos e históricos de literatura no Brasil, resultado de carência teórica e metodológica dificilmente ocultável. Tome-se, à guisa de exemplo, a predominância, nas histórias literárias, dos chamados métodos positivistas de classificação de obras e períodos, ou, nos estudos interpretativos, dos estruturalismos dos mais variados matizes, que escorregam da psicanálise à antropologia com a mesma desenvoltura de quem passeia pelos boulevards de Paris, em busca de estar em dia com a última moda. Para não falar na escassez de estudos teóricos propriamente ditos, só não relegados ao total descaso graças aos esforços de uns poucos, entre os quais os dois supra-citados teóricos.

Sem nos atermos às razões desta apatia em relação à prática da reflexão teórica, que certamente remontam às nossas raízes coloniais, lembraremos

---

1   Cândido, Antônio: "A literatura brasileira em 1972", in: *Revista Iberoamericana*, janeiro - junho, Pittsburg 1972, p. 5.

apenas que vinte anos de regime ditatorial foram mais que suficientes para fortalecer entre nós doenças teríveis como a indiferença e a falta de curiosidade intelectuais e o dogmatismo. Orgulhamo-nos de ter sido o caso brasileiro diferente do de outros países da América Latina, como a Argentina e o Chile, onde o regime vigente realmente privou gerações inteiras de qualquer questionamento, conseguindo manter também a Universidade sob o domínio do autoritarismo, do medo e da paralisia mental. No Brasil, por sua vez, as contradições vigentes dentro do sistema foram tais a permitir que entre suas brechas houvesse espaço para reações críticas, como a criação dos cursos de pós-graduação, na década de 70, e do Centro Brasileiro de Pesquisas (CEBRAP), por um grupo de professores da USP que havia sido banido das salas de aula. Sem falar na realização anual das reuniões da Sociedade Brasileira para o Progresso da Ciência (SBPC), revestidas sempre de forte caráter político e, por isso mesmo, mais que uma vez reprimidas pelas forças autoritárias do regime. Ora, também no Brasil a Universidade não ficou de todo imune ao clima de medo reinante na sociedade: tome-se como um bom motivo para isso pelo menos a infiltração de agentes do governo no meio universitário e a delação de estudantes e professores por tais elementos. Em ambiente tão distante daquilo que se costuma entender por Universidade, fica claro que a prática do debate e do livre questionamento fica impedida. Ruim para a ciência, pior para a comunidade intelectual. Se, durante esse período, o sistema intelectual brasileiro não deixou de ser deficiente, pelo contrário, tornou-se mais, formaram-se à sombra de velhos mestres, em escolas tradicionais do país ou no exterior, figuras individuais que vão aos poucos mudando a face de nossa cena cultural. A reflexão teórica e a crítica vão perdendo o caráter herético que possuíam, passando a ser o instrumento da própria prática intelectual. É possível acrescentar alguns nomes àqueles que em 1972 foram citados por Antônio Cândido e ter esperança de que o trabalho destes e de seus epígonos seja a tessitura onde o pensamento se mova com a dinâmica que lhe é própria. O balanço que procuraremos fazer não será menos superficial e incompleto do que todos os balanços.

Antônio Cândido e a sociologia da literatura

Creio ser unânime entre os estudiosos da literatura no Brasil apontar Antônio Cândido como o "mestre" que passou e vem passando às gerações posteriores o esteio de uma reflexão literária baseada numa compreensão ao mesmo tempo social e interna do fenômeno literário. Suas obras revelam uma coerência, uma maturidade e um profundo entendimento das ligações entre o objeto artístico e literário e a vida social, ao mesmo tempo em que o compreendem em toda a sua complexa autonomia. Em torno de Antônio Cândido formaram-se, tanto na Universidade de São Paulo como em Universidades do Rio de Janeiro, herdeiros e seguidores do seu pensamento que têm, através de uma produção contínua, reconhecido ao objeto literário seu estatuto de ciência. Desde o seu *Introdução ao método crítico de Sílvio Romero* (1945), passando por *Brigada ligeira* (1945) e *Ficção e confissão* (1956), Antônio Cândido tem evoluído de uma visão da literatura como dependente da organização social para um entendimento mais amplo da dialética que liga literatura e sociedade, compreendendo aquela em sua natureza própria e na relação de seus elementos.

As incursões deste autor vão da análise interpretativa de obras nacionais ou não à historiografia literária. Neste último campo são, por assim dizer, "clássicos" os seus dois volumes de *Formação da literatura brasileira* (1959), sendo deles não menos famoso o prefácio, onde o autor deixa nítida a noção de literatura como sistema, idéia básica sobre a qual também se assentará mais tarde a chamada "estética de recepção". O esteio de suas idéias se encontra, porém, em *Literatura e sociedade* (1972), onde expõe uma concepção de literatura como organismo sobre o qual incidem diferentes fatores, que o motivam e condicionam, sem que, no entanto, se possa determinar a priori a primazia de nenhum deles.

Afrânio Coutinho e o New Criticism

A importância de Afrânio Coutinho situa-se menos na área do ensaísmo que na de historiografia literária, tendo em vista que muito teorizou sobre a crítica mas pouco ou nada a exerceu, não se conhecendo, de sua vasta obra, exemplos de análises interpretativas. O que o distingue sobretudo, no panorama das nossas letras, é ter introduzido entre nós, na década de 50, os princípios do "new criticism" americano (a "nova crítica"), que se encontra em *Da crítica e da nova crítica* (1957).

São inúmeras e importantíssimas as obras que dirigiu e organizou. A principal delas, *A literatura no Brasil* (1955), é uma obra conjunta em vários volumes que encarna uma moderna concepção de história literária. Como ensaísta, exerce uma crítica cujos pressupostos teóricos se baseiam na noção aristotélica do Belo como essência e da literatura como fenômeno produtor de "literariedade", qualidade esta tembém de conteúdo imanentista e por isso de definição sempre fugidia, dependente do "bom-gosto" do crítico ou do leitor. No final das contas, a tarefa crítica adquire, segundo tais pressupostos, um caráter de autoritarismo, passando o crítico a ser o juiz que decide o que é ou não literário, o que é bom e onde está a Verdade.

Antônio Cândido e Afrânio Coutinho pertencem assim a uma primeira geração de ensaístas que iniciou os estudos críticos de literatura no Brasil. Aquele se pôs à frente do grupo da Universidade de São Paulo, tendo orçanizado também o Curso de Letras da Universidade de Campinas, enquanto este se mantém na direção dos estudos literários na Universidade Federal do Rio de Janeiro. Um e outro representam linhas de pensamento diferentes, das quais resultaram orientações teóricas inteiramente distintas nas duas Universidades, a primeira seguindo uma linha mais sociológica, de raízes francesas, e a segunda, uma linha liberal, de origem americana. O trabalho dos dois ensaístas tem continuidade a partir da geração seguinte, formada por críticos nascidos mais ou menos na década de 30, que, por sua vez, já têm discípulos entre a geração de críticos mais jovens.

Luiz Costa Lima e a reflexão sobre o ficcional

Creio poder afirmar, sem vacilações, ser a obra de Luiz Costa Lima ocupante de um lugar ímpar na ensaística brasileira. Nada melhor para definir a trajetória de seu pensamento do que o próprio prefácio do autor a *O controle do imaginário* (1984), onde traça um perfil da evolução de seu diálogo com sua própria produção, desde *Estruturalismo e teoria da literatura* (1973) até aquela obra.

A fascinação do analista foi, desde sempre, basicamente o estatuto do objeto literário, ou seja, a busca de resposta a uma questão: o que é a literatura? Como lembrávamos acima, o prefácio a *O controle do imaginário* é esclarecedor. Nele seu autor afirma haver uma certa continuidade, feita de mudanças nem sempre pequenas, em meio á reflexão desenvolvida de 1973 até hoje e exposta em diversos volumes. O início da trajetória é marcado por *Estruturalismo e teoria da literatura*, tese de doutoramento orientada pelo Prof. Antônio Cândido. Aí Costa Lima, segundo ele próprio, partia da idéia de que a mímesis era uma miragem e as tentativas dos críticos em analisá-la diziam menos dela do que das próprias crenças e valores desses críticos. Ao mesmo tempo que existiria a "literariedade", só seria possível chegar a ela através de uma total sublimação, por parte do analista, de seu universo de valores individual, o que seria tarefa impossível, como compreenderia Costa

Lima mais tarde, a não ser que aquele fosse investido de onisciência divina. Não se mostrando ele, pois, livre dos determinismos indesejáveis, a crença no super-poder não só da crítica como do crítico resultaria no fracasso de sua própria tarefa.

Mímesis e modernidade e *Dispersa demanda*, ambos publicados em 1981, revelam a superação da contradição anterior e um passo adiante no entendimento do problema. Já não seria necessário nem fecundo negar ao crítico sua subjetividade. Possível seria apenas mantê-la sob vigilância, tendo ao mesmo tempo consciência da impossibilidade de um total desligamento do eu no processo de conhecimento do objeto. O salto teórico do analista tem algo de curioso: anteriormente há um sujeito sem subjetividade ou que se quer sem ela - o que é paradoxal - em busca de uma essência inalcançável, ao passo que num segundo momento o que há é um sujeito humanamente limitado que, através do reconhecimento de suas próprias determinações, reconhece também como historicamente determinado um fenômeno mais que humano: a ficção. Assinale-se nesse momento o encontro de Luiz Costa Lima com o grupo alemão da Escola de Constança, sobretudo Jauss, Iser e Gumbrecht, com os quais compartilhou dos mais frutíferos debates sobre a então nova "estética da recepção", fruto das recentes pesquisas principalmente de Robert Jauss e do grupo reunido em torno da brilhante publicação científica anual sobre literatura na Alemanha, denominada *Poetik und Hermeneutik*. Some-se a essa vivência a importância do pensamento de dois outros teóricos para o desenvolvimento das idéias de Costa Lima sobre o ficcional: Alfred Schütz e Edwin Goffman. Nesse segundo momento, além de reconhecer o analista como sujeito, Costa Lima passa a compreender a *mímesis*, e dentro dela a ficção, como um fenômeno histórico dependente, por sua vez, de seu reconhecimento como ficção pelo público. Estando este sempre sujeito a um determinado "horizonte de expectativa" (Gumbrecht), deixa o conceito de ficção de ser definível a priori por estar sempre ligado ao horizonte de expectativa vigente em cada época.

Poderíamos dizer que *O controle do imaginário* (1984) e *Sociedade e discurso ficcional* (1986) continuam esta linha de reflexão, o último especificando melhor as linhas gerais definidas no primeiro. A indagação central contida naquele é se os horizontes de expectativa, que poderíamos aproximar da noção de "frames" (Goffman) utilizada por Costa Lima, poderiam ser "ao menos parcialmente superpostos, de maneira que se captasse uma concepção meta-historica de ficção". Ou: "seria possível definir a *mímesis* em termos transtemporais?" (p. 8 - 9). O reconhecimento do caráter histórico da *mímesis*, levando o analista à impossibilidade de defini-la através de constantes essenciais, impulsiona-o a buscar um conceito trans-histórico do fenômeno, que abrigaria a seguinte hipótese: a cultura ocidental desenvolveu-se sob um veto imposto desde a baixa Idade Média, veto ao próprio ficcional, desde que a racionalidade básica estabeleceu uma diferenciação entre verdade e ficção, remetendo a última para o terreno do pernicioso e do falso. Tal veto, complementa Luiz Costa Lima em sociedade e disarso ficcional, se estende até os nossos dias, sendo praticado sobretudo pela estética naturalista, que se baseia no primado do documento e de uma concepção previamente estabelecida de realidade, sendo a imaginação deixada nas sombras do esquecimento.

Silviano Santiago e os ensaios sobre dependência cultural

Ao lado de uma produção de poeta e romancista, Silviano Santiago é também uma das vozes mais fecundas do nosso ensaísmo, cultural. Em suas obras ensaísticas mais importantes, *Uma literatura nos trópicos* (1978), *Vale quanto pesa* (1981) e *Nas malhas da letra* (1989), figuram análises de temas político-culturais fundamentais para a compreensão do lugar ocupado pelo intelectual latino-americano e sua literatura no contexto ocidental.

Mesmo as análises propriamente literárias do autor partem de uma visão "não-inocente" do intelectual e das relações mantidas por ele em seu contexto sócio-político-cultural. Uma mesma linha de pensamento o liga à estética da antropofagia oswaldeandradiana e o aproximam de Gláuber Rocha e a estética da fome. O que há de comum entre os três é principalmente uma determinada postura política e, a partir dela, a tentativa de compreender o lugar ocupado pelas culturas colonizadas em sua relação com as metrópoles.

Poderíamos tentar definir as preocupações essenciais que aparecem na obra do ensaísta relacionando-as ao problema básico de identidade cultural que leva os intelectuais das chamadas culturas dependentes a tais questionamentos: quem somos? qual o estatuto de nosso discurso? qual a nossa origem? qual a nossa contribuição para a cultura ocidental?

Santiago parte do pressuposto de que toda cultura colonizada deve aceitar de saída a "mancha" original imposta pelo colonizador para poder, em seguida, dar a volta por cima. Nossa cultura original, portanto, não existe, porque foi destruída. O problema das relações culturais entre Europa e América Latina não se resolve, porém, na aceitação passiva das influências exercidas por aquela, senão num salto em que o colonizado, aceitando, sim, as influências, não o faz passivamente, pois as modifica e as devolve ao colonizador com a marca de sua contribuição. Esta atitude canibal não se faz, porém, harmonicamente, até porque o colonizador prefere continuar o jogo de poder exercido sobre o que considera mais "fraco" a ver nele um igual, capaz de provocar influências. Ela é necessariamente agressiva, não subserviente, não colonizada, forçando entre as partes um tipo de relação contributiva mútua, um jogo de trocas e influências recíprocas através das brechas que acabem por favorecer à cultura dependente um "entre-lugar": nem o isolamento cultural, nem a simples aceitação dos valores impostos. Parafraseando o próprio Santiago, apesar de dependente, a cultura latino-americana também se quer universal.

Nos ensaios sobre dependência cultural, o analista trabalha com diversas categorias tomadas de empréstimo ou à antropologia, como a noção de "etnocentrismo", ou à sociologia econômica, como as de "dependência" e "colonialismo". Não raro, como o faz Derrida, utiliza ele o processo de interpretação de metáforas, a fim de encontrar o sentido encoberto pela linguagem. Ou, ao contrário, utiliza-se delas para fundir um sentido mais amplo aos enunciados. Perpassam por toda a sua obra as noções descontínuas de história e de progesso, lições de Lévy-Strauss. Esteado na idéia de interdependência é que Santiago tem estimulado no Brasil os estudos de literatura comparada, área onde se encontra também parte de sua arguta produção teórica.

Roberto Schwarz e a crítica à importação de idéias

Roberto Schwarz faz parte do grupo formado pela Universidade de São Paulo e sob a herança de Antônio Cândido. Segue a linha de análise sociológica deste, e o que fundamenta suas idéias a respeito do fenômeno literário é o pressuposto de que "formas (literárias) são o abstrato de relações sociais determinadas".[2] Seus ensaios estão reunidos em *A sereia e o desconfiado* (1965), *O pai de família e outros estudos* (1978), *Ao vencedor as batatas* (1981) e *Que horas são* (1987). Mencionemos aqui apenas a importância de seus textos sobre o problema brasileiro da importação de idéias no século XIX, que exemplificou com bastante contundência em estudos comparativos sobre José de Alencar e Machado de Assis.

Segundo ele, a ideologia liberal européia foi transportada de seu solo natural e adotada com orgulho pelos intelectuais brasileiros do século passado, em sua ânsia de modernizar-se e ficar em dia com as idéias da metrópole. Ora, sendo realidade de nossa organização social, à época, de um lado o escravismo e de outro a ideologia do favor, através da qual ficavam encobertas as relações de exploração e desigualdade entre o "homem livre" e seu

---

2 Schwarz, Roberto: *Ao vencedor as batatas*, São Paulo: Duas Cidades, 1981.

protetor (fazendeiro, comerciante etc.), resultava a transplantação das idéias liberais em ideologização de uma ideologia ou, para repetir expressão criada pelo analista, tais idéias resultavam em "ideologia de segundo grau".

A análise sociológica do século XIX se desdobra, porém, a partir da análise literária dos romances alencarinos e machadianos. A transposição por Alencar do modelo do romance realista europeu, sobretudo o de Balzac, e sua junção à matéria local resultariam para o crítico em graves incongruências e defeitos formais na obra do romancista urbano. Tais defeitos, embora refletindo um vício histórico da vida pensante brasileira, resultariam em fraqueza literária que seria corrigida mais adiante pela ficção de Machado, que inverterá criticamente a função e o peso que matéria e personagens locais obtinham no romance alencarino, pondo-as em primeiro plano em relação ao enredo realista importado.

A leitura dos ensaios de Roberto Schwarz sobre este tema é tão capital para o entendimento, do "chão social" de nossas letras como a de *Raízes do Brasil* para se compreender a formação social e histórica da cultura brasileira. O ensaio intitulado "As idéias fora do lugar" foi mais tarde complementado por Maria Sylvia de Carvalho Franco em contundente entrevista, na qual a socióloga considera indispensável não só apontar o fato de que a ideologia liberal não nasceu entre nós nem resultou da crítica revolucionária aos valores do antigo regime, mas também verificar que papel desempenhou no funcionamento de nossa vida social, ao ser transplantada para nosso solo.[3]

Walnice Nogueira Galvão e a crítica polêmica

O peso maior de Walnice Nogueira Galvão, também professora da Universidade de São Paulo, não consiste apenas em seus estudos sobre a obra de Guimarães Rosa e a guerra de Canudos, mas também na originalidade dos ensaios críticos reunidos em *Saco de gatos* (1976) e *Gatos de outro saco* (1981), em que seu olho crítico e a fina ironia de sua linguagem percorrem objetos tão diferentes quanto a nova MPB, as histórias em quadrinhos, Jorge Amado, o ensino universitário brasileiro e o indianismo.

Felizmente não se pode enquadrar Walnice nem numa escola crítica, através de cujos postulados fosse possível "defini-la", nem ligá-la a determinado grupo, cujo pensamento se refletisse através dela. Walnice Nogueira

---

3 Franco, Maria Sylvia de Carvalho "Cultura e dependência", Jornal *Movimento*, 29. 12. 1975.

Galvão é dona de uma voz crítica singular que, por falta de atributos mais determinantes, chamamos de "polêmica", por provocativa e sincera. Sua linguagem desdiz o enfado e o autoritarismo escondido de muitas análises "acadêmicas". Ela parece rir-se dessa crítica nas alturas, à medida que faz algo mais verdadeiro: faz crítica por dentro, de dentro do objeto. O que significa: nem toda análise sisuda é séria e a crítica mais aguda não precisa se vestir de bicho-papão.

Affonso Romano de Sant'Anna, o estruturalismo e a psicanálise

Ao lado de uma significativa produção poética e da veia de cronista, Affonso Sant'Anna é também o ensaísta que, nos anos 60/70, começou a mexer com as idéias estruturalistas e mais tarde soube acolher aquilo que de bom a psicanálise tinha para oferecer à literatura. Data também dos anos 70/80 seu aproveitamento, para interpretação de aspectos da cultura brasileira, dos estudos de Bakunin sobre carnavalização. O resultado de tão diversas leituras, uma reflexão quase sempre de cunho intertextual, está presente sobretudo em *Análise estrutural de romances brasileiros* (1974), *Por um novo conceito de literatura brasileira* (1977) e *O canibalismo amoroso. O desejo e a interdição em nossa cultura através da poesia* (1985). Este último livro, resultado de dez anos de pesquisa, demonstra bem a interdisciplinariedade do método de análise praticado por Affonso Sant'Anna, que utiliza categorias e procedimentos tanto psicanalíticos como antropológicos, históricos e sociais. A partir deste ponto de vista o autor demonstra aí a visão feminina dos poetas brasileiros, passando por todo o século XIX até metade do século XX e tomando o texto como "manifestação onírica social", ou seja, como forma de expressão do imaginário não só individual como do imaginário coletivo vigente em cada época.

José Guilherme Merquior e a crítica de idéias

Pela vasta e sólida formação humanística, José Guilherme Merquior, recentemente falecido, é, mais que um crítico literário, um erudito e fino analista das idéias de seu tempo. Sua obra é extensa e tem o mesmo caráter universalizante com que o escritor trata a matéria brasileira, ampliando o seu contexto e fazendo-a assumir uma significação mais plena e ampla. Não raro lhe tem sido imposto o selo de "elitista" ou "conservador", antes pelo fato de se opor abertamente às posturas irracionalistas dos sociologismos de algibeira, traduzidos em linguagem clicherizada e medíocre, do que por razões de causa. Porém, conservador ou não, deve-se atribuir importância a sua obra, que passa em análise tanto a moderna cultura ocidental como submete a literatura brasileira a um jogo de relações tanto mais original quanto mais revelador de seus aspectos universais. Destacam-se como suas obras mais expressivas: *A astúcia da mímese* (1972), *Saudades do carnaval: introdução à crise da cultura* (1972), *Formalismo e tradição moderna. O problema da arte na crise da cultura* (1974), *O fantasma romântico e outros ensaios* (1980) e *As idéias e as formas* (1984).

Benedito Nunes, crítica literária e filosofia

A tônica da pequena mas significativa obra de Benedito Nunes está em que estabelece, devido talvez à sua formação basicamente filosófica, constantes ligações entre filosofia e análise literária, algo quase que inteiramente incomum em nossas letras. Destaque-se de sua obra *O dorso do tigre* (1969), em que aos ensaios puramente filosóficos se acrescentam pertinentes análises também de problemas filosóficos na obra de Clarice Lispector, Guimarães Rosa, Fernando Pessoa e João Cabral de Melo Neto.

A crítica emergente: Flora Sussekind e outros

Espanta como, sendo tão jovem, Flora Sussekind já tenha conseguido ou venha conseguindo marcar um lugar de relevo na crítica brasileira. Parece que nela reuniram-se de uma só vez as boas qualidades de todos os que teve como mestres e dos quais certamente não só recebeu influências como soube tornar nítidas as diferenças, numa prova de maturidade e desenvolvimento intelectual próprio desejáveis. Basta ler a prosa de Flora Sussekind para se ter a ceteza de que se está à frente de um talento crítico que não dispensa o bom-humor e que é capaz de confrontar-se, com o mesmo preparo e a mesma inteligência, com objetos da mais diversa natureza, desde o teatro, passando pela música, até a literatura.

Sua importância cresce na mesma proporção de sua obra e por este motivo achamos por bem destacá-la do conjunto de novos críticos que têm surgido nos últimos anos. Entre seus livros, publicados a partir de 1982, *O negro como Arlequim* (1982), sobre os personagens negros na literatura brasileira da segunda metade do século XIX, *O sapateiro Silva* (1983), em colaboração com Raquel Valença, sobre a poesia brasileira do século XVIII; *Cultura e sociedade em Manoel Bonfim* (1984), em colaboração com Roberto Ventura, sobre o uso de metáforas em um texto de ciências sociais, salientamos os dois mais recentes, *Tal Brasil, qual romance?* (1984), tese de mestrado orientada por Silviano Santiago, e *Literatura e vida literária* (1985). Trata-se aquele de um estudo sobre a estética naturalista e sua recorrência na literatura brasileira, reflexão que se aproxima e se completa com a de Luiz Costa Lima sobre o veto ao ficcional nela predominante. Do mesmo modo fecundo, embora sintético, é o balanço que faz da literatura brasileira dos últimos vinte anos em *Literatura e vida literária*. Aqui, Flora Sussekind aponta com acuidade traços e linhas gerais dominantes na literatura desse período, fazendo entre eles e a situação política e social do país lúcidas aproximações. O opúsculo, que se queria crer superficial, não é de maneira alguma descartável, além de fornecer, como de resto toda a prosa da autora, agradibilíssima leitura.

No final deste balanço, incompleto e de peso desigual, em que a impossibilidade de deter-me com igual profundidade sobre todos os autores é um risco de torná-lo injusto, resta-me mencionar outros nomes e obras que num ensaio de natureza mais ampla não poderiam deixar de constar, como é o caso de Eduardo Portella, sobretudo com os seus *Dimensões (I, II e III)* (1959) e *Fundamentos de investigação literária* (1974). Wilson Martins, com a enciclopédica *História da inteligência brasileira*, 7 volumes (1977 a 1979), e seu rodapé diário no "Jornal do Brasil"; João Luiz Lafetá, sobretudo com *1930: A crítica e o modernismo* (1974), Heloísa Buarque de Hollanda, com *Patrulhas ideológicas* (1980) e *Impressões de viagem* (1980), Leyla Perrone-Moisés, com *Texto, crítica, escritura* (1978) e outros mais jovens espalhados pelo Brasil, como Roberto Ventura e Davi Arrigucci junior, no Rio de Janeiro; Jorge Schwarz e Nicolau Sevecenko, em São Paulo; Eneida Maria de Sousa e Letícia Malard, em Minas Gerais; Raul Antello, em Santa Catarina; Flávio Kothe, Regina Silbermann e Tania Carvalhal, no Rio Grande do Sul; David Salles, recentemente falecido, na Bahia, Neuma Fecchine, na Paraíba e outros. Devemos citar também as revistas literárias mais importantes, cuja pesquisa é fundamental para conhecimento mais completo dos autores citados neste ensaio: *Tempo brasileiro, Novos estudos (CEBRAP), Revista de civilzação brasileira* e *Cadernos de opinião*.

A partir deste quadro geral de linhas de reflexão e preocupações tão diversificadas, nada mais tentador que concluir, com o mesmo otimismo de

Antônio Cândido em 1972, que, quando nada, a crítica brasileira vai bem. Tal conclusão, porém, só seria ilusória, em se lançando um olhar geral à cena cultural brasileira, onde ainda domina um clima de igrejinha, o debate é tomado como intriga, a carência de recursos, o atraso inevitável em relação às discussões internacionais, o difícil acesso às fontes de pesquisa, enfim, as péssimas condições de trabalho do intelectual só desestimulam o exercício crítico. Ao invés de se louvar o atual sistema intelectual brasileiro, é preciso antes contribuir para que ele venha a ser, como afirmou Luiz Costa Lima, "menos chegado ao fácil e ao fóssil. Ou que, pelo menos, saiba dar lugar aos inventores".[4]

---

4   Lima, Luiz Costa: prefácio a Flora Sussekind, *Tal Brasil, qual romance?* Rio de Janeiro: Achiamé, 1984.

Dietrich Briesemeister

DIE REZEPTION BRASILIANISCHER LITERATUR
IM DEUTSCHEN SPRACHRAUM
(1964 - 1988)

In der Widmung seiner 1863 auf französisch erschienenen Literaturgeschichte Brasiliens drückte Ferdinand Wolf, Bibliothekar an der Kaiserlichen Bibliothek zu Wien und einer der großen Vertreter der Romanischen Philologie seiner Zeit, Kaiser Pedro II. gegenüber den Wunsch aus "de faire apprécier en Europe la belle littérature du Brésil". Zugleich beklagte er, daß das große Land allen Forschungsreisen und wissenschaftlichen Bemühungen zum Trotz bislang "une terre inconnue des Européens" geblieben sei, was die Literatur des Landes - die "littérature indigène et nationale", wie er sie nennt - betrifft und daß man sie allenfalls als "winzig kleinen Wurmfortsatz" (wörtlich "appendice exigu") der europäisch-portugiesischen Literatur wahrzunehmen beliebe, wo doch nun mit vollem Recht von einer brasilianischen Literatur gesprochen werden müsse.[1] Hundert Jahre später sieht es in Deutschland noch immer nicht wesentlich besser aus, obwohl Stefan Zweig 1941, gerade in die Neue Welt geflüchtet, Brasilien als ein "Land der Zukunft" entdeckt und fasziniert festgestellt hatte, mit der ganzen Ungeduld, wie sie nur lange zurückgehaltene Nationen haben, dringe die brasilianische Literatur in die Weltliteratur vor.[2] Zwar hatte Wilhelm Sievers in einem Buch mit dem bezeichnenden Titel *Südamerika und die deutschen Interessen*[3] Brasilien schon zu Beginn dieses Jahrhunderts als das wichtigste Land für Deutschland in Südamerika bezeichnet. Auch bald nach dem Zusammenbruch des Deutschen Reiches gründeten Großunternehmen wie VW,

---

1   Ferdinand Wolf, *Le Brésil littéraire. Histoire de la littérature brésilienne*, Berlin 1863, S. VI - VII.
2   Stefan Zweig, *Brasilien. Ein Land der Zukunft*, Frankfurt 1981, S. 162.
3   Wilhelm Sievers, *Südamerika und die deutschen Interessen*, Stuttgart 1903, S. 67.

Mercedes Benz, Bosch und BASF Tochterfirmen in Brasilien, das 1965 57 Prozent aller deutschen Lateinamerika-Investitionen erhielt und gerade in den siebziger Jahren unter der Militärherrschaft als Wirtschaftspartner der Bundesrepublik außerordentlich an Bedeutung gewinnen sollte. Doch die Entdeckung der kulturellen Vielfalt und des literarischen Reichtums hält damit keineswegs Schritt. Die Bundesrepublik wird zwar zu einem der wichtigsten Abnehmer brasilianischer Erzeugnisse, allerdings entspricht die Rezeption brasilianischer Literatur und Kunst hierzulande nicht der Ausweitung von Handel und Wirtschaft im Zeichen eines sogenannten Wirtschaftswunders. Erst 1969 wird ein Abkommen über kulturelle und wissenschaftliche Zusammenarbeit unterzeichnet, ausgerechnet, nachdem im Dezember 1968 der berüchtigte *Ato Institucional* Nº 5 die radikalste Phase der Militärdiktatur eingeleitet hatte, ein Ermächtigungsgesetz, durch das über 500 Filme, 400 Theaterstücke, 200 Bücher und mehr als 1000 Lieder verboten und Intellektuelle, Schriftsteller, Künstler verhaftet, getötet oder ins Exil getrieben worden sind.

Betrachtet man Staatsbesuche als Gradmesser für den Stand der Beziehungen zwischen beiden Ländern, dann gibt es kaum ein beredteres Zeugnis für die Verlegenheit Brasilien gegenüber als die Tatsache, daß im Mai 1964 der damalige Bundespräsident Lübke - zwei Monate nach dem Umsturz, der die Militärs an die Herrschaft brachte, vier Wochen nach der Einführung von Marschall Castelo Branco in das Amt des Staatspräsidenten - als erstes deutsches Staatsoberhaupt Brasilien einen offiziellen Besuch abstattete. Es war dies überhaupt der erste Besuch eines Bundespräsidenten in Lateinamerika fünfzehn Jahre nach Gründung der Bundesrepublik Deutschland. Den Gegenbesuch stattete General Geisel 1978 ab im Zeichen der Politik der *abertura*. Zum ersten Mal seit Kaiser Pedro II. (1877) kam damit ein brasilianisches Staatsoberhaupt nach Deutschland!

Als erster deutscher Regierungschef bereiste Bundeskanzler Helmut Schmidt 1979 mehrere lateinamerikanische Länder, darunter auch Brasilien. 1982 kam der Generalpräsident Figueiredo schließlich zu Besuch nach Deutschland. Die Eckdaten dieser offiziellen Besuche umspannen bezeichnenderweise ziemlich genau Glanz und Elend deutsch-brasilianischer Literaturbeziehungen. Die massierte Übersetzung brasilianischer Literatur in Deutschland findet in diesem Zeitraum statt und wird auch von den bewegten Umständen dieser Jahre geprägt. Die Entdeckung der brasilianischen Literatur fällt zusammen mit schweren politischen Erschütterungen und Krisen in anderen lateinamerikanischen Ländern. Bislang war sie allenfalls eine Randerscheinung geblieben, was sich an der Entwicklung der Brasilkunde, wie sie nach 1918 an der Universität Hamburg begründet und betrieben wurde, oder an der Tätigkeit des Instituts für Portugal und Brasilien an der

Berliner Universität während der Hitlerzeit unschwer erkennen läßt. Erst 1938 wurden nämlich zwei Dissertationen über Themen aus der brasilianischen Literatur - über Gonçalves Dias und den Integralismo - an einer deutschen Universität vorgelegt.

Amateuren und Journalisten blieb es überlassen, im Blick auf Brasiliens literarische Kultur festzustellen: "Eine Literatur erringt Weltgeltung",[4] eine Feststellung, die sinngemäß an Stefan Zweigs dreißig Jahre zuvor getroffene Feststellung anknüpft. *Der Dialog mit Lateinamerika* - so der programmatische Titel eines Buches von Günter W. Lorenz 1970 - wird in der Tat mit erheblicher Verzögerung eröffnet. Dem kulturkritischen und kulturmüden Lebensgefühl nach 1968 eröffnet sich das belebende, exotische "Panorama einer Literatur der Zukunft" von unbekümmerter Fabulierkunst und Virtuosität. In den sechziger Jahren hatte die Entdeckung Lateinamerikas für den literarischen Markt und die Lesergunst in Deutschland eingesetzt. Damit entstand ein "Boom" eigener Art und Dynamik, dem 1967 die Verleihung des Nobelpreises an Miguel Angel Asturias die bestätigende Rechtfertigung lieferte. Lateinamerika wurde zunächst als ein einziger geschlossener Block verstanden, aus dem Brasilien ebenso wenig hervortritt wie die Vielstimmigkeit des gesamten Subkontinents, von den Sprachverschiedenheiten ganz zu schweigen. Portugiesisch sei, so lautete ein geflügeltes Wort, ohnehin das Chinesisch Europas! Aus der Peripherie und vermeintlichen Abhängigkeit rücken die südamerikanischen Literaturen unvermittelt in das Zentrum der Aufmerksamkeit als belebendes Element mit origineller und faszinierender Kraft.

In Deutschland fallen der Blick über die Grenzen hinaus und die Einordnung in vertraute Wertgefüge unter den (fragwürdig gewordenen) Begriff "Weltliteratur" schwer. Ein verbreitetes Handbuch mit dem Titel *Weltliteratur im 20. Jahrhundert*[5] behandelt noch 1981 ohne Bedenken die lateinamerikanische Literatur (!) mit einem einzigen Gesamtbeitrag neben "baltische Literatur*en*" (im gleichen Umfang), "jugoslawische Literatur*en*" (ebenfalls in gleicher Länge) oder "Literatur der USA". Brasilianische Literatur gewinnt nur langsam Beachtung und wird ausgerechnet mit der Kategorie der Weltliteratur gerade in jenem Augenblick erfaßt, da sich nicht nur der Literaturbegriff, das literaturwissenschaftliche Instrumentarium stark veränderten, sondern auch Methoden und Theorien in Bewegung, ja in Krise gerieten. Man begann zu ahnen, daß aus der sogenannten Dritten Welt "erstklassige" Literatur herüberkommt. Die Umbrüche in der literarischen Wertung und im Verhältnis zum eigenen bislang europäisch zentrierten und gesicherten Lite-

---

4 Gustav Faber, *Brasilien als Weltmacht von morgen*, Tübingen 1970, S. 391.
5 Manfred Brauneck (Hg.), *Weltliteratur im 20. Jahrhundert*. Essays, Reinbek 1981.

raturbegriff blieben nicht ohne Folgen für "die späte deutsche Liebe zur Literatur Lateinamerikas" (Curt Meyer-Clason).

Dagegen steht allerdings das Brasilienbild, wie es die landeskundliche Buntschriftstellerei längst festgeschrieben hatte.[6] Es würde sich lohnen, diese journalistischen Erzeugnisse einmal zu untersuchen in ihrem Zwiespalt zwischen Wirklichkeit und Fiktion (auch der literarisch gestalteten brasilianischen Wirklichkeit), zwischen überlieferten Vorstellungen und neuem Erklärungsanspruch angesichts der bestürzenden Flut von Nachrichten über die Vorgänge und Zustände in Brasilien. Es überrascht nicht, daß beispielsweise die Ingelheimer Internationalen Tage, die 1970 Brasilien gewidmet waren, das Programm auf die Kultur der Indianer und auf den Carneval do Rio ausrichteten. Die Aufmerksamkeit für brasilianische Literatur, deren Übersetzung und Verständnis wird vorbelastet durch heftige Auseinandersetzungen in Presse und Öffentlichkeit über die Verhältnisse in Brasilien. Man denke nur an Stichworte wie Atomvertrag, Ausrottung der Indianer, Umweltzerstörung im Amazonas, deutsche Investitionen und Großindustrieanlagen, Entführung des Botschafters von Holleben 1970, Stadtguerilla, Landfrage, Menschenrechte, Folterungen, Todesschwadrone, Engagement der Kirchen und Wirkung von Dom Hélder Câmara mit dem Aufruf zur "Gewalt der Friedfertigen" bei seinen Reisen in die Bundesrepublik. Zahlreiche Solidaritätsgruppen und Arbeitskreise bringen eine kaum noch überschaubare Fülle von Veröffentlichungen über Brasilien heraus. Bezeichnend für die neue Aufgeschlossenheit und die kritische Bewußtseinsbildung Brasilien gegenüber ist die Gründung des Instituts für Brasilienkunde der Franziskaner in Mettingen 1969, eines wichtigen Informations- und Dokumentationszentrums. Es ist in diesem Zusammenhang auch beachtlich, wieviele nichtliterarische Werke brasilianischer Autoren in deutscher Fassung auf den Markt kamen und in die Diskussion hineinwirkten. Das breite, oft widersprüchliche Spektrum dieser "Sachbücher" reicht von Carlos Marighelas *Manual do guerrilheiro urbano* (1969, übersetzt 1970) bis zu den Schriften des Erzbischofs Hélder Câmara, vom Befreiungstheologen Leonardo Boff, dem Pädagogen Paulo Freire und Frei Betto (*Brasilianische Passion*, 1973!) hin zum Zeugnis der Carolina Maria de Jesus aus der Favela und dem *Tagebuch eines brasilianischen Dienstmädchens* (Francisca Souza da Silva, 1986). Zu den Erinnerungen des Fußballstars Pele gesellt sich die Lebensgeschichte des Amazonas-Indianers Sebastião Bastos, der einst der Schulkamerad von Antoine de Saint-Exupéry gewesen war. Bei den kultur- und sozialgeschichtlichen Analysen stehen sich so verschiedene Ansätze und Deutungen gegenüber wie die von Gilberto

---

6   Thomas Hax, "Über das Brasilienbild in deutschen Zeitungen", in: *IKA* 25 (1984), 37 - 39.

Freyre, der 1968 den Ehrendoktortitel der Universität Münster erhielt, und Darcy Ribeiro. Freyres berühmtes Werk *Casa grande & senzala* (1933) erschien erst 1965 in deutscher Übersetzung und vermittelt ein Bild der brasilianischen Gesellschaft zu einer Zeit, da nicht einmal eine zuverlässige, aktuelle Geschichte Brasiliens auf dem deutschen Buchmarkt greifbar war. Ribeiros politisch engagierte Analyse der ungleichen Entwicklung der amerikanischen Völker (*Amerika und die Zivilisation*) von 1967 erschien erst 1985 auf deutsch ohne Berücksichtigung der inzwischen weitergeführten Forschungen und Diskussionen. Neben einer Reihe anderer Schriften Ribeiros liegen auch Werke von Celso Furtado, Florestan Fernandes und Josué de Castros *Geopolitik des Hungers* vor (Neuauflage 1973). Es ist freilich bedenklich, daß die umfangreichste Darstellung zur brasilianischen Geschichte von Heinrich Handelmann, die derzeit im Handel verfügbar ist (1.000 Seiten!), erstmals 1860 erschien und auch nur den Zeitraum bis 1841 erfaßt.[7]

In einer traumatischen Periode der politischen, gesellschaftlichen und wirtschaftlichen Entwicklung Brasiliens setzt in Deutschland mit unterschiedlichen Akzenten sowohl in der Bundesrepublik als auch in der DDR die Rezeption der brasilianischen Literatur der Gegenwart ein. Der lateinamerikanische Boom traf den deutschen Leser unvermittelt. "Die Deutschen sind die letzten Entdecker Amerikas", spottete Hans Magnus Enzensberger bereits 1960 in seinem *Museum der modernen Poesie*. Rudolf Grossmanns erste umfassende deutsche Darstellung *Geschichte und Probleme der lateinamerikanischen Literatur* (1969) berücksichtigte die Entwicklung in Brasilien allenfalls bis 1964. Einen Überblick über die Entwicklung von Roman und Kurzgeschichte zwischen 1964 und 1980 bietet erst Mechtild Strausfeld in dem Taschenbuch-Reader *Brasilianische Literatur* (1984). Es ist bezeichnend, daß nur ein Beitrag darin aus der Feder eines Deutschen stammt. In die von den Literaturwissenschaftlern gelassene Lücke war zunächst Günter W. Lorenz gesprungen (*Die zeitgenössische Literatur in Lateinamerika*, Tübingen 1971), der Brasilien das Schlußkapitel widmete ("Die Ermöglichung des Unmöglichen"). Dieses Buch entstand aus einer Sendereihe des Süddeutschen Rundfunks, die auch von anderen Radiostationen übernommen

---

7 So steht in *Grundzüge der Geschichte Brasiliens* von Ernst Gerhard Jacob 1974 unverhohlen die Rechtfertigung der Militärherrschaft zu lesen: Brasilien füge sich mit Würde und Souveränität in den Rahmen der die Freiheit verteidigenden Mächte der westlichen Welt ein, und die Revolutionsregierung müsse mit Fehlern der Vergangenheit fertig werden, daher bedürfe es der Zeit und Erziehung durch ein vorübergehend autoritäres Regime (248), um "Ordnung und Fortschritt" zu schaffen.

wurde. Es beansprucht nicht, eine Gesamtdarstellung der lateinamerikanischen Literaturen zu geben, sondern will sie überhaupt dem breiteren Publikum vorstellen und verständlich machen. Erste Gelegenheit zur persönlichen Begegnung bot das deutsch-lateinamerikanische Schriftstellertreffen 1962 in Berlin, das unter dem Thema "Der Schriftsteller in der heutigen Gesellschaft" stand. Unter den brasilianischen Teilnehmern befanden sich Guimarães Rosa, Magalhães Jr. und Rubem Braga. Ein weiterer Kongreß folgte 1964 im gleichen Jahr, als die Militärs die Herrschaft übernahmen und in Rio die Associação Brasil-Alemanha gegründet wurde. Begegnungen mit brasilianischen Autoren gab es dann erst wieder 1970 und 1974. Die Frankfurter Buchmesse 1976 war Lateinamerika gewidmet. 1982 fand im Zeichen der politischen Öffnung des Regimes beim zweiten Festival der Weltkulturen in Berlin erneut ein Treffen mit brasilianischen Schriftstellern und Dichtern statt, u. a. Jorge Amado, I. Loyola Brandão, Ferreira Gullar, Darcy Ribeiro, João Ubaldo Ribeiro, Márcio Souza. Neben Musikveranstaltungen, Theateraufführungen, Filmretrospektiven wurden die brasilianische Literatur vom Modernismo bis heute, Probleme der Übersetzung und die Lage der Schriftsteller behandelt. Nie zuvor gab es so konzentriert und häufig Begegnungen mit brasilianischen Autoren "zum Anfassen". Verleger, Kritiker, Übersetzer, Fachleute von den Universitäten und interessierte Leser kamen miteinander ins Gespräch.[8] Seither haben sich die Kontakte und der Austausch erstaunlich verstärkt, als wären Lücken, Versäumnisse einfach mit einem Sprung aufzuholen. Zahlreiche Lesungen brasilianischer Schriftsteller in Städten der Bundesrepublik, Gesprächsrunden in Universitäten und Kulturzentren haben inzwischen eine lebendige Vorstellung vom literarischen Schaffen der Gegenwart in Brasilien geweckt. An den Hamburger Kulturwochen Iberoamericana (1986) nahmen wie schon 1984 im Rahmen der Reihe "Gesichter Lateinamerikas" (Köln-Bonn-Bielefeld) u. a. Ivan Ângelo, João Ubaldo Ribeiro und Lygia Fagundes Telles teil. In einer weiteren Veranstaltungsfolge 1988 in Köln, Münster und Bielefeld traten u. a. Antônio Callado, Oswaldo França Júnior, Geni Guimarães, João Cabral de Melo Neto, Marly de Oliveira, Marcos Rey und João Ubaldo Ribeiro auf. Im Programm des bislang umfangreichsten Kultur-Projekts "Begegnung mit Brasilien" (Kassel-Nürnberg 1988) kommt allerdings die Literatur im Vergleich zu Kunst, Film, Musik, Tanz und sozialen Fragen eher zu kurz.

Zur Verbreitung moderner brasilianischer Literatur in Deutschland wurde 1982 der Goethe-Preis gestiftet (Goethe-Institut, DAAD und Lufthansa fanden dabei zusammen), den bisher Antônio Callado, Autran Dourado und

---

8 Sibylle Wirsing, "Die Fremden aus der Nähe betrachtet", in: *Frankfurter Allgemeine Zeitung*, 14. Juni 1982, S. 21.

Rubem Fonseca erhielten.[9] Der Deutsche Akademische Austauschdienst konnte im Rahmen des Künstlerprogramms wiederholt Autoren nach Berlin einladen (Ignácio de Loyola Brandão, João Ubaldo, João Antônio, Rubem Fonseca). Verlage wie Edition diá (jetzt in Berlin) und Klaus D. Vervuert, Frankfurt, nehmen sich der brasilianischen Literatur gezielt an gegenüber der führenden Stellung des Suhrkamp Verlages. Wichtig sind schließlich die Initiativen des Europäischen Übersetzerkollegs in Straelen und des Hauses der Kulturen der Welt in Berlin, die mehrere Treffen für Übersetzer aus dem Portugiesischen und Brasilianischen ausgerichtet haben. Die literarische Übersetzung erfährt dadurch eine wichtige Unterstützung und Aufwertung.

Zeitungen und Zeitschriften berichten inzwischen häufiger über Neuerscheinungen. Im Unterschied zu den späten sechziger Jahren verfügen sie heute auch über eine Reihe kenntnisreicher Mitarbeiter und Rezensenten (Hugo Loetscher in der *Neuen Zürcher Zeitung*, Albert von Brun in *Orientierung*, Jörg Drews in der *Süddeutschen Zeitung*, Hans P. Bode und Ute Stempel in der *Frankfurter Allgemeinen*). Mehrfach haben Zeitschriften Brasilien-Sondernummern herausgebracht (z. B. *L'80*, Nr. 22, 1982; Nr. 31, 1984; *IKA* Nr. 25, 1984, *Die Horen*).

Seit G. W. Lorenz 1970 einen Anfang machte mit dem *Dialog mit Lateinamerika*, verbesserte sich die Situation bei den verfügbaren Informationsmitteln merklich.

Wenden wir uns nun vor dem Hintergrund dieser Instanzen der Vermittlung dem je nach Gattungen unterschiedlichen Rezeptionsvorgang zu. Für die Verbreitung brasilianischer Literatur ist die Form der Anthologie in zweierlei Hinsicht wichtig geworden. Zum einen kommen Anthologien dem Bedürfnis nach handlicher Darbietung der "schönsten Stücke" entgegen. Sie lassen sich leichter vermarkten als unbekannte Autoren einer fremden Literatur. Damit erhalten sie zugleich auch eine nicht zu unterschätzende propädeutische Funktion. Sie bauen Brücken der Annäherung in ein literarisch noch zu entdeckendes Land und werfen gleichsam einen Köder für die Leser aus. Freilich besteht bei der Auswahl stets die Gefahr der vereinfachenden Verkürzung. Es wäre ein Trugschluß, die Anthologie als Ersatz für eine Bibliothek im Taschenformat gebrauchen zu können. Aber Lesebücher wie die von Carl Heupel, *Moderne brasilianische Erzähler* (1968), und Curt Meyer-Clason, *Die Reiher und andere brasilianische Erzählungen* (1967) sind mit ihren sachkundigen Einführungen Wegbereiter für das Verständnis der neuen brasilianischen Literatur geworden. Meyer-Clason war es auch, der mit Bei-

---

9   Friedrich Kassebeer, "Die Kraft des Unzivilisierten", in: *Süddeutsche Zeitung*, 1. Oktober 1982, S. 12.

spielen aus Dichtung, Prosa und Essayistik in *Unsere Freunde die Diktatoren* (1980) auf die schwierige Situation der lateinamerikanischen Schriftsteller unter Zensur und Repression hinwies. Für Brasilien sprechen hier eindrucksvoll Osman Lins, Luiz Costa Lima, Affonso Ávila. Zum anderen eignet sich die Form der Anthologie hervorragend, um die Gattung der in Brasilien heute so reich entwickelten Kurzgeschichte vorzustellen, wie es zuerst Kay-Michael Schreiner mit dem Lesebuch *Zitronengras* (1982) tat. In diesem Zusammenhang sind einige der bekanntesten Kurzgeschichtenerzähler ins Deutsche übersetzt worden, so Murilo Rubião, Dalton Trevisan, Lygia Fagundes Telles und João Antônio. Nicht selten werden in Anthologien allerdings lateinamerikanische Autoren vorgestellt, als gehörten sie einer einzigen Gemeinschaft an. So wichtig diese kontinentalen Anthologien für die Erkundung literarischen Neulandes auch sein mögen, es wird dadurch weder das Verständnis für die sprachlich-kulturelle Verschiedenheit des riesigen Raumes noch für die Eigenständigkeit der brasilianischen Literatur gefördert. So ist beispielsweise Brasilien in der Sammlung *Der Frauenheld. Geschichten der Liebe aus Lateinamerika* (1986) unter 33 Autoren nur mit vier Namen vertreten.

Von der Zahl der übersetzten Titel und im deutschen Sprachraum verkauften Exemplare her gesehen, hält Jorge Amado unerreicht die Spitze unter allen brasilianischen Autoren. Ähnlich wie Pablo Neruda wurde er zunächst seit 1950 in der DDR verlegt, in der Bundesrepublik aber während der frühen Jahre der Adenauer-Zeit und ihrer betont antikommunistischen Ausrichtung "gemieden".[10] Amados Werk ließ sich zunächst mit kulturpolitischen Direktiven und Zielen der SED in Einklang bringen, Literatur sollte zugleich parteilich und volkstümlich sein, die Lage der Arbeiter und Bauern sowie die gesellschaftlichen Umbrüche widerspiegeln, Vorgaben und Erwartungen, die der Bahianer mit seinem Frühwerk jedenfalls exemplarisch erfüllte. In der Bundesrepublik dagegen erscheint Amado erst seit Beginn der sechziger Jahre in Übersetzungen von Curt Meyer-Clason auf dem Buchmarkt, nachdem sich sein schriftstellerisches Selbstverständnis mit dem Rückzug aus parteipolitischen Aktivitäten völlig verändert hatte. Bezeichnend ist die gleichzeitige Veröffentlichung derselben Übersetzung von *Gabriela, cravo e canela* (dem ersten Werk der nachmarxistischen Schaffenszeit) 1963 in Ost- und Westdeutschland. Fortan kehrt sich das Verhältnis zwischen Ost und West um. Amados neuere Romane erscheinen, übersetzt von Meyer-Clason, zuerst in der Bundesrepublik und werden dann in kurzem Abstand entweder in Lizenz vom DDR-Verlag Volk und Welt übernommen oder neu übersetzt

---

10   Yolanda Julia Broyles, *The German Response to Latin American Literature and the Reception of Jorge Luis Borges and Pablo Neruda*, Heidelberg 1981.

und mit anderem Titel versehen. Bemerkenswert erscheint es, daß sich Amado auch nach seinem Ausschluß aus der Kommunistischen Partei und nach seiner ideologischen Wende in der Gunst der Verlage in der DDR behaupten konnte, die erst 1973 diplomatische Beziehungen zu Brasilien aufnahm. Dahinter stehen eher verlagsrechtliche und finanzielle Gründe denn (kultur-)politische Erwägungen. Amado weiß aus den Gesetzen des internationalen Buchmarktes geschickt Gewinn zu ziehen. Gerade in den ersten Jahren der Militärdiktatur hat der erdrückende Verkaufserfolg von Amados Romanen eine nicht unbedenkliche narkotisierende Wirkung im Hinblick auf die Bestätigung bestimmter Klischeevorstellungen über Brasilien gehabt, die ein rein exotisches Evasions- und Unterhaltungsbedürfnis beim heimischen Leserpublikum befriedigen. Der Blick für die Gefahren der politischen Entwicklung und sozialen Spannungen wird jedenfalls dadurch eher abgelenkt, ja verharmlost angesichts der immer noch verbreiteten Unkenntnis über Brasilien. Die dickleibigen Romane *Teresa Batista cansada de guerra* (1972, deutsch unter dem Titel *Viva Teresa*, 1975) und *Tocaia Grande* erschienen nur in der Bundesrepublik (1987). *Tieta do Agreste* (1977, deutsch 1979) kam neben anderen Werken auch 1981 in der DDR heraus. Daß *Dona Flor e seus dois maridos* 1968 in der westdeutschen Fassung ohne einen Hinweis des Verlages und ohne Einverständnis des Übersetzers Meyer-Clason um ein Fünftel gekürzt herauskam, ohne daß es die Kritik vermerkt hätte, sei nur am Rande zur Charakterisierung verlegerischer Vermarktungsstrategie erwähnt. Die Zahl der deutschen Übersetzungen von Amados Romanen und ihre auflagenstarke Verbreitung sowohl in Taschenbuchausgaben als auch über Buchgemeinschaften entspricht im Vergleich zu den übrigen auf deutsch vorliegenden Werken anderer brasilianischer Schriftsteller keineswegs der heutigen Bedeutung Amados. Der Eifer, mit dem sein riesiges Werk als Lesefutter verkauft wird, kann leicht eine verzerrte Vorstellung vom brasilianischen Romanschaffen der Gegenwart in seiner Vielfalt und Erzähltechnik vermitteln.

João Guimarães Rosa (1908 - 1987) stellt einen weiteren Sonderfall in der Aufnahme brasilianischer Literatur im deutschen Sprachgebiet dar. Sein Erfolg fällt in das erste Jahrzehnt der Militärdiktatur. Die Voraussetzung für den Erfolg liegt zum einen beim Schriftsteller selbst, der als Kind deutsch gelernt hatte, 1938 bis 1942 in Hamburg als Vizekonsul lebte und stets eine persönliche Affinität zu Deutschland bewahrte. Es war sein ausdrücklicher Wunsch, daß seine Bücher ins Deutsche übersetzt würden. Ja, mehr noch:

"Ich fand immer", sagt er im Gespräch mit seinem Verleger Joseph Witsch, "daß sie in erster Linie Lektüre für Deutsche sein müßten - mithin für Menschen mit einem entschiedenen, leidenschaftlichen Gefühl für die Natur, für Menschen, die sich alle Augenblicke auf unabdingbare Weise metaphysisch absichern müssen. In träumerischen Stunden kam mir sogar der Gedanke, diese so brasilianischen, ja minensischen Bücher würden so lange gewissermaßen jungfräulich und arm an Bedeutung bleiben, bis sie nicht die Sanktion und Segnung der deutschen Leser empfangen hätten, von Lesern nämlich, die in der Tat die befähigtsten wären, alles in ihnen zu sehen."[11]

Dieser zweifellos überhöhten und beschönigenden Wunschvorstellung entspricht Rosas Kanon deutscher Lieblingsschriftsteller: Goethe, Thomas Mann, Robert Musil, Kafka, Rilke. Mit Brecht oder noch Jüngeren wußte er nichts anzufangen, als er zwanzig Jahre nach seiner Abberufung aus Hamburg wieder nach Deutschland kam. In Curt Meyer-Clason hat Guimarães Rosa einen ebenso geschickten wie geduldigen Übersetzer für seine schwierige Sondersprache und eigenwillige Syntax gefunden. Zwischen dem Brasilianer und seinem deutsch-brasilianischen Übersetzer entwickelte sich ein fruchtbares Zwiegespräch. In dem für die Verbreitung brasilianischer Literatur günstigsten Jahrzehnt 1960 bis 1970, in dem ungefähr vierzig Titel übersetzt wurden gegenüber nur etwa der Hälfte im vorausgehenden Jahrzehnt, erzielte Guimarães Rosa spektakuläre Auflagenhöhen. So kam *Grande Sertão* bis 1970 bereits auf eine Gesamtauflage von 28.000 Exemplaren und war 1969 auch in der DDR mit einem Vorwort von Anna Seghers erschienen, die in den frühen fünfziger Jahren Brasilien bereist hatte. Ob allerdings der Erfolg des komplizierten Kunstwerkes tatsächlich auf verständnisvollen Lesererlebnissen beruht, läßt sich nicht nachweisen. Die Kritik feierte die Übersetzung als meisterhaft. Sie diente sogar als Vorlage für weitere Versionen in ost- und nordeuropäischen Sprachen. Unter den nicht wenigen Übertragungen aus den Jahren 1960 bis 1970 bildet *Grande Sertão* zweifellos den Glanzpunkt. Ihr folgen weitere deutsche Übersetzungen aus der Feder von Meyer-Clason. *Sagarana*, der frühe Erzählzyklus von 1946, erschien jedoch erst 1982 auf deutsch (1984 auch in Ostberlin). Wie so oft beim kommerziellen Vermittlungsverlauf erfolgreicher Autoren und ihrer sukzessiven Vereinnahmung wird damit die chronologische Werkfolge umgekehrt, was dem Verständnis für literarische Entwicklung kaum dienlich ist. Zu sehr haben sich der thematische Horizont und die Erzähltechnik nach dem literarischen Erstling von Guimarães Rosa verändert.

---

11   Curt Meyer-Clason, "João Guimarães Rosa. Briefe an seinen deutschen Übersetzer", in: *Poetica* 3 (1970), S. 250 - 283, hier: S. 273; A. Rosenfeld, "Guimarães Rosa und die deutsche Kultur", in: *Staden-Jahrbuch* 21/22 (1973/1974, S. 21 - 33.

Die Rezeption brasilianischer Literatur im deutschen Sprachraum

Bei stärker diversifizierten Verlagsaktivitäten sind neben den beiden alles überragenden Gestalten in den sechziger Jahren einige wichtige Entdeckungen zu verzeichnen, die durchaus treffend die literarische Weiterentwicklung in Brasilien repräsentieren mit einer zwar nur geringen, aber eben im Blick auf die inzwischen etablierte Militärherrschaft dennoch bedeutsamen Zeitverschiebung. Hier sind Autoren wie Adonias Filho, Clarice Lispector (die später unter 'feministischen' Aspekten wieder lanciert wird) und Autran Dourado zu nennen. Erst nachdem Dourado, früherer Pressesprecher des Präsidenten Kubitschek, 1982 den Goethe-Preis erhalten hatte, wurde sein großer, polyphoner Roman *Ópera dos mortos* (1967) mit zwanzigjähriger Verspätung 1986 auf deutsch zugänglich. Die *Brandung* (*A barca dos homens*) war schon 1964 bald nach der brasilianischen Erstveröffentlichung übersetzt worden.

Überblickt man die Rezeption brasilianischer Romanliteratur in Deutschland während der Jahre der Militärherrschaft, so lassen sich bei der Auswahl der übersetzten Autoren sehr unterschiedliche Gesichtspunkte ausmachen. Zum einen ist das Bemühen deutlich, frühere Lücken aufzufüllen und in der Gegenwart nicht die geschichtliche Dimension der literarischen Gesamtentwicklung aus dem Auge zu verlieren. Hier sind es die "Klassiker", die immer Konjunktur haben. Machado de Assis, der hervorragende Vertreter brasilianischer Prosa im späten 19. Jahrhundert, fand erst um 1950 Beachtung. Der Germanist Wolfgang Kayser, der während des Krieges in Portugal lebte, brachte siebzig Jahre nach der Erstveröffentlichung *Die nachträglichen Memoiren des Brás Cubas* 1950 auf deutsch heraus in der "Manesse Bibliothek der Weltliteratur", eine späte Wiedergutmachung an dem vergessenen Machado de Assis und zugleich Ausdruck einer Ahnung, daß in Lateinamerika Weltliteratur geschrieben wird. Stefan Zweig hatte noch kurz vor seinem Tod festgestellt, daß Brasilien mit Assis und Euclides da Cunha "in die Aula der Weltliteratur" eingetreten sei; *Os Sertões* von da Cunha wartet freilich bis heute auf eine gedruckte Übersetzung, während *La guerra del fin del mundo* von Mario Vargas Llosa schon 1982 auf deutsch erschienen ist.

Den zweiten Abschnitt der Bemühung um einen deutschen Machado de Assis eröffnete Curt Meyer-Clason wiederum im brasilianischen Schicksalsjahr 1964 mit einer Auswahl der *Meistererzählungen* in einer Auflage von 15.000 Exemplaren. Wenig später erschien in der DDR nicht nur eine zweite *Dom Casmurro*-Übersetzung, sondern eine weitere Fassung des *Brás Cubas* von dem an der Humboldt-Universität lehrenden Erhard Engler, der 1975 in Rostock über Euclides da Cunha promoviert hatte. Diese beiden Versionen wurden wiederum mit zwölf bis vierzehn Jahren "Verspätung" in Lizenz vom Suhrkamp Verlag im Westen herausgebracht. Zuletzt übertrug Georg Rudolf Lind, Romanist an der Grazer Universität, *Quincas Borba* (1982) ins Deutsche. Daß Machado de Assis im deutschen Sprachraum zwar spät, aber doch so nachhaltig Fuß fassen konnte, ist dem Einsatz sachkundiger, wissenschaftlicher Übersetzer zu danken, die miteinander wetteiferten. Dieter Wolls Untersuchung über die Entwicklung des erzählerischen Werkes von Machado de Assis ist die erste Habilitationsschrift über ein Thema brasilianischer Literatur in der Bundesrepublik (1971!). Der Film *O alienista* von Nélson Pereira dos Santos (nach der gleichnamigen Erzählung von Machado de Assis gedreht) stand schon 1971 auf dem Programm des Deutschen Fernsehens. Über Filmfassungen läuft übrigens nach den Erfolgen von *Orfeu negro* und *O cangaceiro* seit den späten sechziger Jahren eine nicht uninteressante Vermittlungslinie. Es ist bemerkenswert, wie sich neue brasilianische Filmemacher immer wieder mit literarischen Werken ihres Landes auseinandersetzen. Allerdings läßt sich nicht erkennen, ob und wie diese Literaturverfilmungen tatsächlich im deutschsprachigen Publikum auch eine Hinwendung zu den literarischen Vorlagen angeregt und gefördert haben, zumal zwischen Film und Veröffentlichung der Übersetzung zuweilen beträchtliche Zeitspannen liegen bzw. überhaupt keine deutschen Fassungen vorhanden sind.

Curt Meyer-Clason versuchte 1982, das schwierige modernistische Sprach-Kunstwerk *Macunaíma* (1928!) von Mário de Andrade zu verdeutschen. Der Film von Joaquim Pedro de Andrade entstand jedoch schon 1969 und wurde in der Bundesrepublik vor dem Erscheinen der Romanvorlage gezeigt. Die brasilianische Theatertruppe "Macunaíma" hatte bei mehreren Tourneen in der Bundesrepublik mit einer Bühnenbearbeitung dieses Romans großen Erfolg. Das Kulturreferat der Stadt München erwog daraufhin sogar, eine Partnerschaft mit São Paulo einzurichten.

Bei den von Nélson Pereira dos Santos produzierten Filmen *Vidas secas* (1963) und *Tenda dos milagres* (1977) liegen die Übersetzungen der Romane von Graciliano Ramos (*Nach Eden ist es weit* (1966), Nachauflage unter dem Titel *Karges Leben*, 1981) und Jorge Amado (*Die Geheimnisse des Mulatten Pedro*, 1978 in der Bundesrepublik, *Werkstatt der Wunder*, 1972 in der DDR) zeitlich davor. Auch der Film *São Bernardo* von Leon Hirszman (1972) nach Graciliano Ramos' Roman lief in der Bundesrepublik an, als bereits die Übersetzung vorlag (1960), aber die *Memórias do cárcere* (posthum 1953) als Vorlage für den gleichnamigen Film von Pereira dos Santos (1984) wurde nicht übersetzt. Außerdem sind C. Lispectors *Sternstunden* sowohl übersetzt als auch verfilmt worden (Suzana Amaral, 1983). Es ist übrigens bemerkenswert, daß brasilianische Gegenwartsliteratur in den vergangenen Jahren mehrfach zusammen mit Film-Beiprogrammen präsentiert wurde. Der mit dem Cinema Novo begründete Ruhm des brasilianischen Kinos stützt den der Literatur ab.

Eine beachtliche literarische Entwicklung ist auf dem Gebiet des Hörspiels zu verzeichnen, dessen Pflege sich der Westdeutsche Rundfunk seit fünfzehn Jahren in Zusammenarbeit mit dem Goethe-Institut und der Konrad-Adenauer-Stiftung angenommen hat. Der Sender veranstaltet seit 1976 regelmäßig Hörspielseminare und Wettbewerbe, die wichtige Anstöße für die Entwicklung der Gattung gegeben haben. Die Werke der Preisträger werden in der Sendereihe "Lateinamerika. Mythos und Realität" produziert. Insgesamt standen bis 1987 dreizehn Hörspiele brasilianischer Autoren auf dem Programm. Es handelt sich zum Teil um Funkbearbeitungen von Prosawerken wie Guimarães Rosas dramatischem Dialog *Mein Onkel der Jaguar*. Zu den hervorragenden Produktionen der Reihe zählen Antônio Callados *Pedro Mico* (von 1957, 1985 gesendet mit dem Titel *Kletterpedro*), ein Beispiel für das *teatro negro* der fünfziger und sechziger Jahre, und Luiz Gutenberg mit seinem Spiel über Zé Crispin (1973). Weitere Autoren sind u. a. Marcos Marques, Ricardo Meirelles, João das Neves, Luiz Carlos Sarold, Márcio Souza, Heloísa H. Bauab und João Ribeiro.[12]

Die Begegnung mit der zeitgenössischen brasilianischen Literatur wurde für die deutschen Leser gleichzeitig zur Konfrontation mit der jüngsten Geschichte und der Suche nach dem Selbstverständnis der Brasilianer. Was in den frühen Jahren der Militärdiktatur von 1967 bis 1973 an brasilianischer Literatur nach Deutschland herüberkommt, vermittelt von diesen Schwierigkeiten kaum einen Eindruck. Erst als gegen Ende der siebziger Jahre unter der sogenannten Abertura eine gewisse Demokratisierung einsetzt, findet die kritische Aufarbeitung der Vergangenheit allmählich auch ihren Niederschlag in den übersetzten Werken. Hier bietet sich ein ganz anderes Bild vom literarischen Schaffen in Brasilien, das Ausdruck der Betroffenheit, der Ratlosigkeit, der Suche, des Widerstands, des Aufbegehrens ist. Was vom politischen Roman bekannt wurde, mußte rätselhaft, "unglaublich" erscheinen. Ignácio de Loyola Brandãos *Zero*, im wesentlichen 1967 bis 1969 geschrieben, 1971 beendet, 1976 preisgekrönt und zugleich bis 1979 in Brasilien verboten, erschien auf deutsch 1979. "*Zero* ist ein Roman", erklärt der Autor in einem Interview, "doch alles, was in diesem Roman geschieht, ist absolut wahr".[13] Aber wie soll es dem Leser in Mitteleuropa gelingen, in dieser brasilianischen Apokalypse die Brücke von der Fiktion zur Wirklichkeit zu schlagen, Reportage und Dokumentation von der literarischen Hülle zu un-

---

12 Johann M. Kamps (Hg.), *Lateinamerika. Mythos und Realität. Eine Hörspielsendereihe des Westdeutschen Rundfunks Köln 1975 - 1987*, Köln 1987.
13 Rosemarie Bollinger, "Schreiben gegen die Angst", in: *Deutsches Allgemeines Sonntagsblatt*, 10. Oktober 1982, S. 28.

terscheiden? Eine schreckliche, ironische Umkehrung des berühmten Slogan 'Brasilien, Land der Zukunft' bietet Brandão mit seinen "Aufzeichnungen aus der Zukunft" aus einem Brasilien, das der ökologischen Katastrophe - *Kein Land wie dieses* (deutsch 1984) - anheimgefallen ist. Gerade dieses Buch trifft ein hierzulande in seinem Umweltbewußtsein empfindlich gewordenes Publikum, aber eben nicht eigentlich als Werk der brasilianischen Literatur.

Fernando Gabeiras Bericht *Die Guerilleros sind müde* (1982) ist die Anfrage des ehemaligen Stadtguerillero an sich selbst unter dem Motto "Erzählen heißt Widerstand leisten" (Guimarães Rosa), eine autobiographische Revue, deren schonungslose Abrechnung die Kehrtwendungen des Aktivisten beschreibt, der zum Verteidiger unterdrückter Minderheiten und Anwalt des Umweltschutzes wurde.

Antônio Callado, der 1981 den Preis der Goethe-Institute für seinen Roman *Sempre viva* (deutsch *Lucinda*, 1985) empfing, ist mit seinem großen Roman *Quarup* (1967) dem deutschen Leser erst 1988 zugänglich geworden. *Lucinda* schildert Schicksal und Tod eines jungen, aus dem Exil heimgekehrten Brasilianers: eine Denunzierung der im Lande herrschenden Gewalt, die alles verdorben hat, ein fataler Spiegel der Geschehnisse in den vorausgehenden Jahren. *Quarup* ist die erste literarische Auseinandersetzung mit der Militärherrschaft und den utopischen Brasilien-Entwürfen der Jahre nach dem Vargas-Regime.

In die Welt des Amazonas entführt Márcio Souza seine Leser mit *Galvez. Kaiser von Amazonien* (1983, Original 1977) und *Mad Maria* (1984, Original 1981), Romane, deren Erfolg auf dem exotisch-historisch-abenteuerlichen Reiz des Themas Kautschukboom beruht. Möglicherweise hat der Film *Fitzcarraldo* von Werner Herzog Schützenhilfe geleistet.

João Ubaldo Ribeiro hatte schon 1971 mit *Sargento Ubaldo* den Durchbruch erzielt - aber das preisgekrönte, mehrfach übersetzte und auch verfilmte Buch erschien erst 1984 auf deutsch. "Das, was im Buch ist, war meine Heimat, mein Land, war, was geschah, was existierte, es war die Art, die Welt zu sehen, die dem Volk entsprach", schrieb der als "Rabelais der Tropen" apostrophierte Verfasser an seinen Übersetzer Meyer-Clason. Es ist der Versuch einer epischen Gestaltung des brasilianischen Nordostens mit eigenwilligen sprachlichen Mitteln. Unter dem Titel *Brasilien, Brasilien* erschien die deutsche Übersetzung von *Viva o povo brasileiro* (1985) 1988. Der Roman konfrontiert den deutschen Leser mit dem historischen Prozeß der Entstehung einer brasilianischen Identität aus dem Zusammenstoß von Rassen, Religionen, Kulturen und Sprachen - ein Problem, das Darcy Ribeiro sowohl in seinen theoretischen Abhandlungen als auch im Roman *Maíra* (deutsch 1980) beschäftigt.[14]

Eine ganz andere Vision des brasilianischen Nordostens entwickelt dagegen Ariano Suassuna mit dem ersten Teil einer geplanten Riesentrilogie *Der Stein des Reiches*, ein "heraldischer Volksroman" (1979, Original 1971). "Hypertrophe Wunderexplosion im Sertão" nennt der Übersetzer Georg Rudolf Lind diese phantastisch-schelmische Brasiliade.

In der zweiten Hälfte der achtziger Jahre flaut das literarische Angebot spürbar ab. 1985 sollte nach 21 Jahren Militärherrschaft mit Tancredo Neves die Neue Republik beginnen, doch sein Tod machte viele Erwartungen jäh zunichte. Sarney, der ihm im Amt des Präsidenten folgte, hatte als Mitglied der brasilianischen Akademie für Literatur in dieser Wende einen Schriftstellerkongreß in São Paulo zum Thema "Der Schriftsteller und die nationale Wirklichkeit" eröffnet, der zumindest im Rückblick die wichtige Rolle der Literatur in den vergangenen beiden Jahrzehnten würdigte. Daß seine eigenen Erzählungen (*Die Söhne des alten Antão*, 1987) als "entscheidende Dokumente der brasilianischen Identitätssuche" eilfertig in deutscher Übersetzung herausgebracht wurden, ist gewiß nicht deren Bedeutung für die brasilianische Literatur nach 1985 zu verdanken. Eine wichtigere Entdeckung dieser Jahre dürfte hingegen Moacyr Scliar sein (*Der Zentaur im Garten*, 1985; *Das seltsame Volk des Rafael Mendes*, 1989). Neben eher belanglosen Verlegenheitsübersetzungen wie den *Memoiren eines Gigolo* von Marcos Rey (1987) und *Bufo & Spallanzani* von Rubem Fonseca aus dem gleichen Jahr kommt es auch zu Rückgriffen auf frühere Jahre: Maria Alice Barrosos *Sag mir seinen Namen und ich töte ihn* (1989) eine "brasilianische Saga" aus dem gleichen Jahr wie Callados *Quarup* (1967), Lygia Fagundes Telles' *Das Mädchen am blauen Fenster*, 1984 in der DDR herausgebracht, eine verschlüsselte Auseinandersetzung mit der Herrschaft der Militärs, Clarice Lispector sowie - endlich - ein Werk von Raduan Nassar (*Ein Glas Wut*, sein zweiter Roman nach *Lavoura arcaica*, 1975).

Nur sporadisch wird brasilianisches Theater im deutschen Sprachraum zur Kenntnis genommen. Es ist bemerkenswert, daß ein Film, *Orfeu negro*, die Bearbeitung des Versdramas *Orfeu da Conceição* von Vinícius de Moraes, 1958 den frühen Durchbruch markiert. Einen weiteren Erfolg erzielte kurz darauf Ariano Suassuna mit dem *Auto da Compadecida*, einem Volksstück aus dem brasilianischen Nordosten, das anläßlich des ersten lateiname-

---

14 Nikolaus Werz, "Zivilisation, Entwicklung und Abhängigkeit im Werk Darcy Ribeiros", in: *Ibero-Amerikanisches Archiv* 12 (1986), S. 397 - 420.

rikanischen Schriftstellertreffens in Berlin 1962 gespielt wurde (*Das Testament des Hundes oder Das Spiel von Unserer Lieben Frau der Mitleidvollen*, erneut 1986 aufgelegt und auch in Ostberlin aufgeführt).

Der Erfolg João Bethencourts mit der unbedeutenden Boulevard-Komödie *Der Tag, an dem der Papst gekidnappt wurde* (*O dia em que raptaram o Papa*, 1972) an Bühnen in Berlin, Stuttgart, Frankfurt, Mannheim und Zürich (1974) kann nicht darüber hinwegtäuschen, daß brasilianisches Theater hierzulande nicht rezipiert wurde. Gewisses Aufsehen erregte nach *Morte e vida Severina* von João Cabral de Melo Neto (*Tod und Leben des Severino*, deutsch 1975, Original 1956!), das auch 1967 als Hörspiel gesendet wurde, erst wieder Augusto Boal, der mit Workshops und improvisierten Gruppenaktionen wiederholt in der Bundesrepublik auftrat und dessen theoretische Schriften über das "Theater der Unterdrückten" 1979 in Übersetzung erschienen. Außerdem liegt sein "dramatischer Bericht" *Torquemada* (1971) in einer deutschen Fassung vor (1975).[15] Das im Lissaboner Exil entstandene Stück *Murro em ponta de faca* (*Mit der Faust ins offene Messer*, 1978) inszenierte der Autor selbst für die deutsche Erstaufführung in Graz 1982, der eine weitere Inszenierung in Lübeck folgte. Die Uraufführung des Stückes in São Paulo 1978 kündigte erste Liberalisierungstendenzen unter der Militärherrschaft an.

Im Rahmen des zweiten Festivals der Weltkulturen fand der Auftritt der Gruppe "Macunaíma" in Berlin 1982 starke Beachtung. Unter der Regie von Antunes Filho wurde eine szenische Fassung von Mário de Andrades Roman *Macunaíma* sowie *O eterno retorno* von Nélson Rodrigues († 1980) in der Originalsprache aufgeführt.[16] Beim Festival "Theater der Welt" 1987 trat

---

15 Ein frühes farcenartiges Stationendrama *Revolução na América do Sul* (1960) wurde 1981 in Düsseldorf aufgeführt (*Revolution auf südamerikanisch*); vgl. Henry Thorau, *Augusto Boals Theater der Unterdrückten in Theorie und Praxis*, Rheinfelden 1982. Seine Berliner Habilitationsschrift 1991 stellt *Politisches Theater am Beispiel Brasilien* dar.
Ferner Sabine Möller-Zeidler, *Sozialkritisches Volkstheater in Brasilien in den siebziger Jahren*, Diss. Freie Universität Berlin, 1986.

16 Von Nélson Rodrigues liegen inzwischen sieben Stücke in deutscher Übersetzung vor. *Der Kuß im Rinnstein* (*Beijo no asfalto*, 1960) und *Der Mann mit dem goldenen Gebiß* (*Boca de ouro*, 1959) wurden 1988 in Köln aufgeführt. Zu Nélson Rodrigues schrieb Marina Spinu ihre Dissertation (*Das dramatische Werk des Brasilianers Nélson Rodrigues*, Frankfurt 1986). Von Plínio Marcos wurde das Stück *Zwei Verlorene in einer schmutzigen Nacht* (*Dois perdidos numa noite suja*, 1965) 1990 ebenfalls in Köln inszeniert. Obwohl Roberto Athaydes *Apareceu a Margarida* (1973) (*Auftritt Dona Margarida*) im Vergleich zu Peter Handkes *Publikumsbeschimpfung* nur eine Teekränzchenlektüre sei, wie ein

Brasiliens bekannteste Schauspielgruppe auf mit einer szenischen Adaptation von Guimarães Rosas *Grande Sertão: Die große Stunde des Augusto Matraga*. Das Aufsehen, das die *Nachtgespräche mit Fidel* des brasilianischen Dominikanerpaters Frei Betto in Ostberlin 1988 erregten, liegt weniger in den dramatischen Qualitäten der szenischen Fassung (bzw. Lesung) begründet als vielmehr in der Bedeutung der in diesem Frage- und Antwortspiel ausgetauschten Argumente für die Glasnost-Diskussion in der DDR.

In der DDR[17] kam es bereits 1958 zur erfolgreichen Inszenierung eines brasilianischen Theaterstücks von Guilherme de Figueiredo, *Der Fuchs und die Trauben* (*A raposa e as uvas*, 1950), ohne daß die Fabel - Aesop geht lieber in den Tod als daß er es erträgt, in Gefangenschaft zu leben - in Beziehung gesetzt worden wäre zu den politischen Verhältnissen in der DDR. 1961 wurde eine Fernsehfassung des in Brasilien seinerzeit beachteten sozialkritischen Stückes *Eles não usam black-tie* (*Sie tragen keinen Smokingschlips*, 1958) von dem Arena-Schauspieler Gianfrancesco Guarnieri ausgestrahlt. Ungewöhnlich war 1967 der Erfolg des Kindertheaters der Maria Clara Machado als Möglichkeit, der offiziellen politischen Didaktik auszuweichen. Die 1971 in Ostberlin von Andreas Klotsch besorgte Sammelausgabe *Brasilianische Dramen* enthält außer Suassunas *Testament des Hundes* eine Reihe sozialkritischer Stücke, vor allem Francisco Pereira da Silvas *Chapéu de sebo* (*Speckhut*, 1974 aufgeführt) und Alfredo Dias Gomes' *Invasion*. Gastspiele lateinamerikanischer Gruppen konnten nicht stattfinden. Erstaunlich ist die späte Rezeption Boals auf der DDR-Bühne, trotz der ideologisch naheliegenden Verwendungsmöglichkeit für das "Theater der Unterdrückten" und obwohl mit *Torquemada* im Henschel-Verlag die erste deutsche Übersetzung eines Bühnentextes von Boal erschien (1975). Dieser "dramatische Bericht" erfuhr lediglich eine Hörspielbearbeitung.

Wie Stefan Zweig bereits vor fünfzig Jahren mit erstaunlicher Klarsicht erkannte, erwächst dem Theater in Brasilien durch die Breitenwirkung und die künstlerische Qualität des Films eine beachtliche Konkurrenz. Auf mehreren umfassenden Retrospektiven und Filmfestspielen bot sich in Deutschland die faszinierende Produktion des Cinema Novo und seiner Weiterentwicklung dar, beispielsweise sämtliche Filme von Gláuber Rocha. Wichtig wurde dabei die Begegnung mit dem politischen und experimentellen Film

---

Kritiker schrieb, war dem brasilianischen Erfolgsstück bei der Aufführung in Deutschland kaum ein Echo beschieden.

17 Wolfgang Schuch, "Brasilianische Dramatik in Deutschland. Im Osten", in: Frank Heibert (Hg.), *Theater-Paradies. Deutsch-Brasilianisches Theater Colloquium*, Berlin 1990, S. 73.

der Brasilianer (etwa *Sie tragen keinen Frack*, 1981, nach dem Theaterstück von Gianfrancesco Guarnieri, *Der König der Kerzen* von José Martínez Correia und Nílton Nunes in der phantastischen Adaptation des gleichnamigen Stückes von Oswald de Andrade sowie Nélson Rodrigues mit der unzensierten Fassung von *Alle Nacktheit wird bestraft*).

Auf das Musik-Tanz-Theater im Stil von "Viva Brasil" mit Samba und Bossa Nova oder die zugkräftigen exotischen Karnevalsrevuen kann hier ebenso wenig eingegangen werden wie auf die Telenovela, die auch im deutschen Fernsehen u. a. mit *A escrava Isaura* Einzug hielt.

Die Lyrikübersetzung gilt als besondere Herausforderung bei der Aneignung der "brasilianischen Kultur des Verses", die schon Stefan Zweig intuitiv-enthusiastisch gepriesen hatte. Willy Keller, ein deutscher Emigrant und Übersetzer, legte Bertolt Brecht bei einem Treffen in Berlin 1958 seine offenbar ungedruckt gebliebene *Anthologie des Zufalls* vor, die etwa fünfzig zeitgenössische brasilianische Gedichte enthielt. Das war geradezu eine symbolische Ouvertüre für das mit Beginn der sechziger Jahre in der Bundesrepublik festzustellende Interesse an brasilianischer Lyrik. Die von Albert Theile geleitete Zeitschrift *Humboldt* stellte seit ihrer Gründung 1961 über viele Jahre hinweg regelmäßig "brasilianische Lyrik von heute" vor. Wenn auch die Verbreitung beim einheimischen Leserpublikum gering gewesen sein dürfte, so bot sie dennoch Übersetzern ein wichtiges Experimentierforum, bevor sich Verlage an die Herausgabe von Anthologien oder Auswahlübersetzungen wagten. Besondere Beachtung fand zunächst die Konkrete Poesie. In St. Gallen lancierte Décio Pignatari zusammen mit Augusto und Haroldo de Campos 1966 den avantgardistischen Pilotplan für konkrete Dichtung in der Reihe *serielle manifeste*. Um den Philosophen Max Bense, der zunächst an der Ulmer Hochschule für Gestaltung lehrte und mehrere Reisen nach Brasilien unternahm (u. a. *Brasilianische Intelligenz*, 1965), hatte sich die sogenannte "Stuttgarter Schule" gebildet, deren kunsttheoretische Gedanken in einer Reihe von Ausstellungen und typographisch auffällig gestalteten Drucken bis in die frühen siebziger Jahre Niederschlag fanden.

Den Gegenpol zur esoterischen, sinnfreien Kommunikation mittels solcher abstrakter "Sehtexte" bildet die seit Ende der sechziger Jahre immer stärker werdende internationale Bewegung des politisch engagierten und sozialkritischen Liedes. Schallplatten, Kassetten und Veranstaltungen unterstützen dessen Breitenwirkung. Als Misereor, das Hilfswerk der Katholischen Kirche Deutschland für die Dritte Welt, 1979 Brasilien in den Mittelpunkt einer großen Informationskampagne stellte, wurde zur Werbung dafür eigens eine Langspielplatte hergestellt mit dem Titel "Lieder wie Weiden in der Luft. Brasilianische Visionen - brasilianische Wirklichkeit". Es sind bekannte Lieder, u. a. von Chico Buarque und Dorival Caymi, mit deutscher Übertragung, die sowohl die gesellschaftliche Funktion als auch die ästhetische Qualität der neuen brasilianischen Liedkunst eindrucksvoll vorführen. Erstmalig hatte Stefan Baciu zusammen mit dem Berner Dichter-Pfarrer Kurt Marti 1969 in der Anthologie *Der du bist im Exil* auf die lateinamerikanische Dichtung der Gegenwart "Zwischen Revolution und Christentum" mit Beispielen aus Brasilien hingewiesen. Erst verhältnismäßig spät erschienen jedoch in Auswahl Lieder von Vinícius de Moraes und Gedichtbände von Thiago de Melo (*Gesang der bewaffneten Liebe*, 1976, mehrmals neu aufgelegt, sowie *Die Statuten der Menschen*, 1988). Im Zusammenhang mit dem Interesse für die sozialkritischen Texte brasilianischer Liedermacher ist auch erste Auswahl afrobrasilianischer Dichtung von Moema Parente Angel (1988) hervorzuheben, die eine wichtige Ergänzung bietet zu den Beispielen oraler traditioneller Literatur in der Anthologie *Mythen, Märchen, Moritaten* (1983).

Die Bemühungen um die bedeutende brasilianische Lyrik der Moderne setzen ein mit Meyer-Clasons zweisprachiger Auswahl aus Gedichten von Drummond de Andrade (zuerst 1965, erweitert 1982) und João Cabral de Melo Neto (*Ausgewählte Gedichte*, 1969, überarbeitet und ergänzt unter dem Titel *Erziehung durch den Stein*, 1988). Netos Gedichte erschienen als einziges Beispiel moderner brasilianischer Lyrik 1975 in der DDR. Erst nach einer längeren Pause kamen in den letzten Jahren wieder einige hervorragende Gedichtausgaben auf den Markt, zunächst von Manuel Bandeira und von Ferreira Gullar *Schmutziges Gras* (1975 im Exil entstanden, 1985), eine lyrische Autobiographie, die eindrucksvoll die schmerzlichen Erfahrungen der brasilianischen Wirklichkeit aufarbeitet. Hinzu kommt die ebenfalls zweisprachige Anthologie *Faule Bananen* (1986).

In den hundert Jahren, seit brasilianische Literatur in Deutschland überhaupt wahrgenommen worden ist, ist nie so intensiv übersetzt worden wie im Zeitraum nach 1960. Dies ist trotz der für Brasilien so düsteren Phase die Folge einer glücklichen Verbindung verschiedener Umstände. Die Kennerschaft der Vermittler und die Qualität der Übersetzer - zunächst Curt Meyer-Clason, dann seit den siebziger Jahren Ray-Güde Mertin, Erhard Engler, Karin von Schweder-Schreiner, G. R. Lind - haben daran ebenso Anteil wie die Verlagsförderung, wenngleich die Zahl der aus dem brasilianischen Portugiesisch übersetzten Werke, gemessen an der Menge der Übersetzungen aus dem Englischen oder selbst dem Spanischen, verschwindend gering bleibt.

Daß viele gewichtige Bücher nicht in deutscher Fassung vorliegen, hängt natürlich mit anderen Gesetzen des Marktes zusammen. Unter diesen Umständen sind die Möglichkeiten, Zeugnisse der brasilianischen Gegenwartsliteratur im deutschen Sprachraum zu verbreiten, begrenzt. Das 1969 geschlossene Abkommen über kulturelle und wissenschaftliche Zusammenarbeit zwischen Brasilien und der Bundesrepublik Deutschland hat auf die günstige Entwicklung sicherlich keinen Einfluß genommen. In einer gemeinsamen Erklärung von Bundeskanzler Helmut Schmidt und General Geisel im März 1978, die sich auf die traditionelle Freundschaft zwischen beiden Ländern beruft, heißt es:

> Beide Seiten unterstreichen die Bedeutung, die sie der Erweiterung und Vertiefung der wirtschaftlichen, industriellen, wissenschaftlichen und technologischen Zusammenarbeit beimessen, die einer der Grundpfeiler der Beziehungen zwischen der Bundesrepublik Deutschland und Brasilien ist.

An späterer Stelle ist von den "Bereichen Kultur, Bildung und Wissenschaft" die Rede, doch Literatur wird nicht eigens erwähnt. Wenngleich kein ursächlicher Zusammenhang zwischen der wachsenden Zahl von Übersetzungen brasilianischer Literatur und der wissenschaftlichen Beschäftigung mit dieser besteht, so fällt dennoch ein Aufschwung der Brasilianistik an einigen Universitäten (etwa in Köln) in den gleichen Zeitabschnitt. "C'est à bon droit qu'on peut parler maintenant d'une littérature brésilienne", hatte Ferdinand Wolf 1963 in *Le Brésil littéraire* geurteilt. Es hat lange gedauert, bis sich diese Einsicht allgemein verbreitete, doch gerade die Fülle und der Rang der in den vergangenen 25 Jahren ins Deutsche übertragenen Werke bestätigen den mühsamen Weg zu dieser Erkenntnis mit einer großartigen Erweiterung der literarischen Horizonte.

Literatur

Augel, Johannes:
"Die deutsche Brasilienforschung 1979 - 1981", in: *Anuário. Jahrbuch für Bildung, Gesellschaft und Politik in Lateinamerika* 7 (1981), 331 - 402.

Begegnung mit Brasilien.
Ein Kultur-Projekt der Städte Kassel und Nürnberg 1988. Kassel (Kulturamt der Stadt Kassel) 1988.

Briesemeister, Dietrich:
"Die Rezeption der brasilianischen Literatur in den deutschsprachigen Ländern", in: José Manuel López de Abiada/Titus Heydenreich (Hg.), *Iberoamérica. Historia - sociedad - literatura.* Homenaje a Gustav Siebenmann, Bd. 1, München 1983, 165 - 192.

Gesichter Lateinamerikas.
Zeitgenössische Literatur aus Argentinien, Brasilien, Chile, Kolumbien, Kuba, Mexiko, Peru, Puerto Rico. Köln (Kulturamt der Stadt Köln) 1984.

Iberoamericana. Literatur Spaniens, Portugals und Lateinamerikas.
Redaktion: Klaus Meyer-Minnemann, Hamburg 1986, 47 - 71 (Brasilien).

Kamps, Johannes M. (Hg.):
Lateinamerika. Mythos und Realität. Eine Hörspielsendereihe des Westdeutschen Rundfunks Köln 1975 - 1987, Köln 1987.

Mettmann, Walter:
"A literatura brasileira na Alemanha", in: *Segundo Colóquio de estudos teuto-brasileiros*, Recife 1974, 283 - 296.

Meyer-Clason, Curt:
"Schwierigkeiten mit der lateinamerikanischen Literatur", in: *Jahrbuch der Deutschen Akademie für Sprache und Dichtung* 1977, 123 - 131.

"Sturz ins Unerforschte. Die späte deutsche Liebe zur Literatur Lateinamerikas", in: *Süddeutsche Zeitung* Nr. 122 (1982), S. 100.

Meyer-Clason, Curt (Hg.):
Unsere Freunde die Diktatoren. Lateinamerikanische Schriftsteller heute. Prosa, Essays, Poesie, München 1980.

Meyer-Minnemann, Klaus/Schmolling, Regine:
"100 Jahre Literatur in Lateinamerika. Spanisch-amerikanische und brasilianische Belletristik in deutscher Übersetzung", in: *Buch und Bibliothek* 35 (1983), 860 - 879.

Pfeiffer, Wolfgang:
Brasilien. Völker und Kulturen zwischen Amazonas und Atlantik, Köln 1987.

Sangmeister, Hartmut:
"Brasilien: Wirtschaftsinteressen und wirtschaftswissenschaftliche Forschung in der Bundesrepublik Deutschland. Eine kritische Bestandsaufnahme", in: *Anuário. Jahrbuch für Bildung, Gesellschaft und Politik in Lateinamerika* 10 (1983), 71 - 91.

Siebenmann, Gustav:
Ensayos de literatura hispano-americana, Madrid 1988, 11 - 43.

Siebenmann, Gustav/Casetti, Donatella:
Bibliographie der aus dem Spanischen, Portugiesischen und Katalanischen ins Deutsche übersetzten Literatur 1945 - 1983, Tübingen 1985.

Strausfeld, Michi:
"Lateinamerikanische Literatur in Deutschland. Schwierigkeiten und Kriterien für ihre Vermittlung und Veröffentlichung", in: *Iberoamérica. História - sociedad - literatura. Homenaje a Gustav Siebenmann*, Bd. 2, München 1983, 927 - 939.

DIE VERFASSER

AUGEL, Moema Parente:

Geb. in Ilhéus/Brasilien, seit 1986 Lehrbeauftragte für Portugiesisch an der Universität Bielefeld.

Publikationen (Auswahl):

Transatlantik. Begegnung zwischen Afrika und Brasilien, Informationszentrum Afrika (IZA), Bremen 1991 [Afrika-Hefte 5].

Schwarze Poesie. Poesia Negra. Afrobrasilianische Dichtung der Gegenwart, Portugiesisch-Deutsch, aus dem bras. Portugiesisch von Johannes Augel, St. Gallen/Köln: Edition día ²1988.

A visita de Maximiliano da Áustria a Ilhéus, Cadernos do Centro de Estudos Baianos 94, Salvador: Universidade Federal da Bahia 1981.

Visitantes estrangeiros na Bahia oitocentista, São Paulo: Cultrix 1980.

Ludwig Riedel, viajante alemão no Brasil, Salvador: Fundação Cultural do Estado da Bahia 1979.

"Angústia, revolta, agressão e denúncia: A poesia negra de Oswaldo de Camargo e de Cuti", in: Thomas Bremer e Julio Penate Rivero (Hg.), *Literaturas más allá de la marginalidad*, Giessen/Neuchâtel: Associación de Estudios de Literaturas y Sociedades de América Latina 1988, S. 130 - 148.

"Mein Vers spricht vom Schrei. Ein Portrait der afrobrasilianischen Dichter Oswaldo de Camargo und Cuti", in: *IKA. Zeitschrift für Kulturaustausch* 35, Wiesbaden-Bierstadt 1988, S. 5 - 8.

"Infame Vergangenheit - Stolze Helden. Ein Aspekt der afrobrasilianischen Dichtung", in: *Brasilien Nachrichten* 98, Osnabrück 1988, S. 12 - 18.

"Izabel versus Zumbi: Der 13. Mai aus der Sicht afrobrasilianischer Dichter", in: *Literaturnachrichten Afrika - Asien- Lateinamerika* 18, 1988, S. 25 - 27.

"O conto negro brasileiro contemporâneo entre a ficção e a realidade. O exemplo de Oswaldo de Camargo", in: *Wissenschaftliche Zeitschrift der Humboldt-Universität zu Berlin*, Jg. 39 (5), 1990, S. 421 - 428 [Reihe Gesellschaftswissenschaften].

Die Verfasser

BAHRO, Horst:

Geb. 1930, Dr. jur, Professor für Politikwissenschaft an der Erziehungswissenschaftlichen Fakultät der Universität zu Köln; 1966 - 1979 Referent im Innenministerium des Landes Nordrhein-Westfalen; 1970 - 1971 Referent des Planungsreferats im Bundeskanzleramt; 1971 - 1977 Gruppenleiter für Hochschulplanung im Ministerium für Wissenschaft und Forschung des Landes Nordrhein-Westfalen.

Publikationen (Auswahl):
(mit Willi Becker) *Educação, pesquisa e desenvolvimento. O sistema de ensino, ciência e pesquisa na República Federal da Alemanha*, Brasília: D. F. 1979, 349 S.

"Die subversiven Tätigkeiten des Deutschen Reiches in Portugal im Ersten Weltkrieg. Ein Beitrag zur Geschichte der deutsch-portugiesischen Beziehungen", in: *Ibero-Amerikanisches Archiv*, N. F., Jg. 14, H. 33, 1988, S. 263 - 305.

BRIESEMEISTER, Dietrich:

Geb. 1934, Studium der Romanischen und Mittellateinischen Philologie sowie der Philosophie 1952 bis 1959 in Tübingen, Rennes und München. Bibliothekarische Tätigkeit an der Bayerischen Staatsbibliothek 1959 bis 1971. Professor für Romanistik an der Universität Mainz 1971 bis 1987 (Direktor des Instituts für spanische und portugiesische Sprache und Kultur am Fachbereich Angewandte Sprachwissenschaft). Seit 1987 Direktor des Ibero-Amerikanischen Instituts Preußischer Kulturbesitz in Berlin und Professor für Iberoromanische Philologie an der Freien Universität Berlin. Zahlreiche Veröffentlichungen zur portugiesischen, brasilianischen, spanischen und neulateinischen Literatur. Mitherausgeber u. a. der Zeitschrift *Iberoromania*, der *Portugiesischen Forschungen* und der *Bibliotheca Ibero-Americana*.

Publikationen (Auswahl):
"Europäischer Realismus", in: *Neues Handbuch der Literaturwissenschaft*, Bd. 17 (Portugal, Brasilien), Wiesbaden: Athenaion 1980, S. 415 - 423; 445 - 466.

"Die Rezeption der brasilianischen Literatur in den deutschsprachigen Ländern", in: *Iberoamérica. Historia, sociedad, literatura. Homenaje a Gustav Siebenmann*, München: W. Fink 1983, S. 165 - 192.

"Stefan Zweig e o Brasil", in: *O Estado de São Paulo*, supl. literário, 28. November 1981, erweitert in *Humboldt* (portug. Ausgabe) 45, 1982, S. 56 - 60.

"Das jesuitische Schuldrama und die portugiesischen Entdeckungen. La Tragicomedia del Rey Dom Manoell (1619)", in: Christoph Strosetzki/Manfred Tietz (Hg.), *Einheit und Vielfalt der Iberoromania. Geschichte und Gegenwart*, Hamburg: Buske 1989, S. 309 - 324.

"Im Zeichen des Kreuzes: Landnahme und Mission. Literatur in Brasilien - brasilianische Literatur", in: Josef Stumpf/Ulrich Knefelkamp (Hg.), *Brasiliana. Vom Amazonenland zum Kaiserreich. Katalog zur Ausstellung mit Beständen der Robert Bosch GmbH*, Heidelberg: Universitätsbibliothek 1989, 45 - 54; 116 - 130.

"Der scheiternde Held als Leser. Lima Barretos *Triste fim de Policarpo Quaresma* und seine Fiktionen von Brasilien als Land der Zukunft", in: *Canticum Ibericum. Georg Rudolf Lind zum Gedenken*, Frankfurt/Main: Vervuert 1991, S. 215 - 228.

"Comedias españolas del Siglo de Oro en el Brasil colonial", in: François Lopez (Hg.), *Hommage à Maxime Chevalier*, Bordeaux: Bière 1991, S. 101 - 109.

CAMPOS HEIN, Marta:

Geb. 1957, Dr. phil., Dozentin für brasilianische Literatur an der Universidade Estadual do Ceará in Fortaleza; Magister Artium im Fach "Brasilianische Literatur" an der Pontifícia Universidade Católica von Rio de Janeiro (1982), Studium der Romanistik und Germanistik (1984 - 1989) und Promotion in Romanischer Philologie (1989) an der Universität zu Köln (Dissertation über Pedro Nava). Seit 1992 abgeordnet an das "Zentrum Portugiesischsprachige Welt - Institut an der Universität zu Köln".

Publikationen (Auswahl):

Colonialismo Cultural interno: o caso Nordeste, Fortaleza: Banco do Nordeste do Brasil 1983.

O desejo e a morte nas "Memórias" de Pedro Nava, Fortaleza, Imprensa da Universidade Federal do Ceará (im Druck) [Kölner Schriften zur Literatur und Gesellschaft der portugiesischsprachigen Länder, Bd. 7].

"Questionamento sobre a crítica estética", in: *Revista de Comunicação Social*, Fortaleza, Vol. 10 (1/2), 1980.

"A Marquesa de O...: o paradoxo da comunicacão", in: *Revista de Letras*, Fortaleza, Vol. 11, Nº 2, jul./dez. 1986.

Aufsätze zur brasilianischen Literatur in Fachzeitschriften.

ENGLER, Erhard:

Geb. 1938, Dr. phil., Hochschuldozent für portugiesische Sprache und Brasilianistik an der Humboldt-Universität zu Berlin; Studium der Romanistik und Lateinamerikanistik in Rostock, 1975 Promotion an der Universität Rostock mit einer Dissertation über Euclides da Cunha, 1990 Vortragsreise durch Brasilien.

Publikationen (Auswahl):
"Der Bahia-Zyklus von Jorge Amado", in: *Wissenschaftliche Zeitschrift der Universität Rostock*, 14. Jg., 1965, S. 49 - 80 [Gesellschafts- und Sprachwissenschaftliche Reihe].

"Euclides da Cunha. Ein geistiger Vorkämpfer für die nationale Unabhängigkeit Brasiliens", in: *Lateinamerika*, Semesterbericht der Sektion Lateinamerikawissenschaften der Universität Rostock, Frühjahrssemester 1974, S. 23 - 37.

"Jorge Amados *Tieta do Agreste*. Anspruch und Wirklichkeit", in: *Berichte der Humboldt-Universität zu Berlin*, H. 2, 1987.

"O romance *Zero* de Ignácio de Loyola Brandão", in: *Associação Internacional de Lusitanistas*, Poitiers 1988, S. 459 - 465.

"Jorge Amado, *Tocaia Grande*", in: *Weimarer Beiträge* 9, 1988, S. 1528 - 1537.

"Jorge Amado. Chronist, Erzähler, Unterhalter", in: *Romankunst in Lateinamerika*, Berlin 1989, S. 200 - 218.

"Nationale Relevanz und Realitätsbeziehungen in der brasilianischen Literatur um die Jahrhundertwende", in: *Wissenschaftliche Zeitschrift der Humboldt-Universität zu Berlin*, H. 5, 1990, S. 451 - 453.

"A literatura brasileira como pioneira da emancipação dos escravos e da República", in: *Da Monarquia escravocrata à República paulista*, Rostock 1990, S. 36/37.

FELDMANN, Helmut:

Geb. 1934, Dr. phil, Professor für Romanische Philologie an der Universität zu Köln; 1962 - 1963 DAAD-Lektor für deutsche Sprache und Literatur an der Universidade Federal do Ceará in Fortaleza, 1969 Habilitation für Romanische Philologie in Köln; Publikationen zur portugiesischen, brasilianischen, italienischen, französischen und deutschen Literatur; Gastprofessuren an der Universidade de São Paulo, an den Bundesuniversitäten von Rio de Janeiro, Fortaleza, João Pessoa, an der Universidade de Lisboa und der Universidade da Ásia Oriental in Macau; Vorstandsmitglied der Gesellschaft für Wissenschaft, Kulturen und Wirtschaft der Länder portugiesischer Sprache e. V. (Köln); Mitherausgeber der *Kölner Schriften zur Literatur und Gesellschaft der portugiesischsprachigen Länder*, Senatsbeauftragter der Universität zu Köln für die Durchführung des Partnerschaftsabkommens mit der Bundesuniversität von Ceará in Fortaleza, Direktor des 1992 gegründeten "Zentrum Portugiesischsprachige Welt - Institut an der Universität zu Köln".

Publikationen (Auswahl):
Graciliano Ramos. Eine Untersuchung zur Selbstdarstellung in seinem epischen Werk, Genf: Droz 1965 [Kölner Romanistische Arbeiten, NF, H. 32].

Wenceslau de Moraes (1954 - 1929) und Japan, Münster: Aschendorffsche Verlagsbuchhandlung 1987 [Portugiesische Forschungen der Görresgesellschaft, 2. Reihe, Bd. VI].

"O caráter mítico da autobiografia de José Lins do Rego", in: *Miscelânea de estudos literários*, Festschrift für Afrânio Coutinho, Rio de Janeiro: Pallas 1984.

"Der Typus des 'schlichten Herzens' bei Autran Dourado, *Uma vida em Segredo* (1964) und Clarice Lispector, *A Hora da Estrela* (1977)", in: *Homenagem a Joseph M. Piel por ocasião do seu 85. aniversário*, Tübingen: Niemeyer 1988.

"Rollenspiel und Selbstentfremdung des bürgerlichen Intellektuellen in den Romanen Antonio Callados", in: *Wissenschaftliche Zeitschrift der Humboldt-Universität zu Berlin*, 39. Jg., H. 5, 1990 [Reihe Gesellschaftswissenschaften].

"A utopia de um Brasil matriarcal em *Quarup* de Antonio Callado", in: H. Feldmann/T. Landim (Hg.), *Literatura sem fronteiras*, Fortaleza: Imprensa da Universidade Federal do Ceará, Casa José de Alencar 1990.

KREUTZER, Winfried:
Geb. 1940, Dr. phil., Professor für Romanische Philologie an der Universität Würzburg.

Publikationen (Auswahl):
Stile der portugiesischen Lyrik im 20. Jahrhundert, Münster 1980.
Estrutura e significação de Os Tambores de São Luís de Josué Montello, Köln: GKV-Verlag 1991 [Kölner Schriften zur Literatur und Gesellschaft der portugiesischsprachigen Länder, Bd 3].
Aufsätze über Jorge de Sena, Camões, Pessoa.

Die Verfasser

MERTIN, Ray-Güde:

Geb. 1943, Dr. phil., Studium der Romanistik und Germanistik an der Freien Universität Berlin. Staatsexamen. 1969 - 1977 als Lektorin des DAAD Dozentin für Deutsche Sprache und Literatur in São Paulo und Campinas, Brasilien. 1978 Promotion in Romanischer Philologie an der Universität zu Köln. 1977 - 1982 freie Übersetzertätigkeit in New York. Seit 1982 Literaturagentin für Autorinnen portugiesischer und spanischer Sprache. Übersetzerin und Herausgeberin moderner brasilianischer und portugiesischer Literatur. Zweite Vorsitzende der Gesellschaft zur Förderung der Literatur aus Afrika, Asien und Lateinamerika. Lehrbeauftragte für brasilianische Literatur an der Universität Frankfurt.

Publikationen (Auswahl):
Übersetzungen von Werken von Ariano Suassuna, Clarice Lispector, Márcio Souza, Ignácio de Loyola Brandão, Antônio Torres, Osman Lins, Nélida Pinón, Moacyr Scliar, Lygia Fagundes Telles, João Urban, Murilo Rubião, João das Neves, João Ubaldo Ribeiro, Raduan Nassar, Ivan Angelo, Agustina Bessa-Luís, António Lobo Antunes u. a.

Ariano Suassuna: "Romance d'A Pedra do Reino". Zur Verarbeitung von Volks- und Hochliteratur im Zitat, Genf: Droz 1979 [Kölner Romanistische Arbeiten, N. F., H. 54].

"Deutschsprachige Exilschriftsteller in Brasilien nach 1933", in: *Língua e Literatura,* Bd. 5, São Paulo: Universidade de São Paulo 1976, S. 353 - 371.

"Republik der Träume - die erträumte Republik? Anmerkungen zur brasilianischen Prosa des vergangenen Jahrzehnts", in: *Brasilien Nachrichten* 91, 1986, S. 2 - 6.

"Tupi or not tupi. Literarische Streiflichter", in: Wolfgang Pfeifer (Hg.), *DuMont Kunstreiseführer Brasilien,* Köln: DuMont 1987, S. 344 - 360.

"Brasilien: Kein Land wie dieses. Einblicke in brasilianische Literatur", in: *MERIAN Brasilien,* November 1988, S. 120 - 122.

"Desbrozando el camino a la literatura latinoamericana en Alemania. La labor de una agente literaria", in: *Humboldt* 97, 1989, S. 38 - 45.

"Traurige Tropen? Alltagsgesichter in der brasilianischen Literatur der Gegenwart", in: *Der Deutschunterricht,* Jg. 44, H. 1, 1992, S. 38 - 51.

"Das Fräulein und die intransitive Liebe: (fest)geschriebene Bilder von deutscher und brasilianischer Art", in: *Brasiliana. Studien zu Literatur und Sprache Brasiliens,* Bd. 7, Frankfurt: Teo Ferrer de Mesquita 1991, S. 99 - 115.

"José Saramago, *A Jangada de Pedra*", in: *Iberoamericana* 31/32, 1988, S. 95 - 97.

"Häkelspitzen und Aquarium. Anmerkungen zu einigen Bilderreihen im Roman *Os cus de Judas* von Antônio Lobo Antunes", in: Rainer Hess (Hg.), *Portugiesische Romane der Gegenwart*, Frankfurt/Main: Vervuert 1992.

Zahlreiche Nachworte und Kommentare zu eigenen Übersetzungen von Werken brasilianischer Erzähler.

Mitarbeit bei *Kindlers Neues Literaturlexikon* und Harenbergs *Lexikon der Weltliteratur* mit Artikeln über brasilianische und portugiesische Autoren.

NITSCHACK, Horst:

Geb. 1947, Dr. phil., Studium der Germanistik und Romanistik, Promotion in Germanistik. 1978 - 1984 DAAD-Lektor für deutsche Sprache und Literatur an der Universidade Federal do Ceará in Fortaleza und Leiter der Casa de Cultura Alemã dieser Universität. 1984 - 1986 Lehrbeauftragter für brasilianische Literatur am Portugiesisch-Brasilianischen Institut der Universität zu Köln. Durchführung einer wissenschaftlichen Exkursion mit Studenten des Portugiesisch-Brasilianischen Instituts in den Nordosten Brasiliens. Zur Zeit DAAD-Lektor in Peru.

Publikationen (Auswahl):
Kritik der ästhetischen Wirklichkeitskonstitution, Frankfurt/Main: Verlag Roter Stern 1976.

"Der Prozeß der Entmythologisierung am Beispiel des Stiermotivs in der Cordel-Literatur", in: *Realität und Mythos in der lateinamerikanischen Literatur*, Köln/Wien: Böhlau 1989, S. 93 - 108 [Forum Ibero-Americanum, Bd. 2].

"A grande mosca na ficção de Moreira Campos", in: H. Feldmann/T. Landim (Hg.), *Literatura sem fronteiras*, Fortaleza: Imprensa da Universidade Federal do Ceará, Casa José de Alencar 1990, S. 77 - 90.

"Literatura Urbana: Lima, la ciudad de los Reyes", in: Ronald Daus (Hg.), *Großstadtliteratur*, Frankfurt/Main: Vervuert (im Druck).

ROTH, Wolfgang:

Geb. 1934, Dr. phil., apl. Professor für Romanische Philologie an der Universität Osnabrück. 1967 - 1968 Lehrauftrag für Romanische Philologie an der Universität Brasilia. 1972 - 1974 Akademischer Rat und Lektor am Lateinamerika-Institut der Freien Universität Berlin. Seit 1974 Studienprofessor am Romanischen Seminar der Ruhr-Universität in Bochum; mehrere Vortragsreisen in Brasilien. Seit 1979 Durchführung von Postgraduiertenkursen an der Bundesuniversität von Paraíba. 1989/90 Seminare an der Universidad Mayor de San Andrés in la Paz.

Publikationen (Auswahl):
"Portugiesisch oder Brasilianisch? Zur Sprache Brasiliens als sprach- und literaturwissenschaftlichem Problem", in: *Iberoamericana* 6, Frankfurt/Main 1979, S. 16 - 41.

"Sprache und Bildung. Zur Darstellung sozial bedingter Differenzierung in der portugiesischen Literatur", in: *Bildung und Ausbildung in der Romania*, Bd. III: *Iberische Halbinsel und Lateinamerika*, München 1979, S. 411 - 425.

"Zum Verhältnis von Kulturideologie und Literaturwissenschaft in Brasilien", in: *Iberoromania*, NF, 12, Tübingen 1980, S. 130 - 144.

"Gesprochene und literarische Sprache im Werk von Graciliano Ramos", in: *Aufsätze zur portugiesischen Kulturgeschichte*, Bd. 18, 1983, Münster 1985, S. 174 - 189.

Zahlreiche Aufsätze zur portugiesisch-brasilianischen, spanisch-hispanoamerikanischen und vergleichenden Sprachwissenschaft und Stilistik.

SANTIAGO, Silviano:

Geb. 1935, Dr., Professor für brasilianische Literatur an der Universidade Federal Fluminense in Niterói. Studium der Romanistik an der Bundesuniversität von Minas Gerais. 1968 Promotion in Paris (Sorbonne), Lehrtätigkeit in brasilianischer und französischer Literaturwissenschaft an mehreren Universitäten in Mexiko, den USA und Kanada. Nach seiner Rückkehr nach Brasilien 1974 Professor für brasilianische Literatur und Literaturtheorie an der Pontifícia Universidade Católica do Rio de Janeiro. Zur Zeit Koordinator der geisteswissenschaftlichen Postgraduiertenkurse an der Universidade Federal Fluminense. Präsident der Associação Brasileira de Literatura Comparada.

Publikationen (Auswahl):
Uma literatura nos trópicos, São Paulo: Perspectiva 1978.
Vale quanto pesa, Rio de Janeiro: Paz e Terra 1982.
Nas malhas da letra, São Paulo: Editora Schwarcz 1989.

Außerdem mehrere Lyrikbände und Romane, darunter ein fiktionales Tagebuch von Graciliano Ramos: *Em Liberdade*, Rio de Janeiro: Paz e Terra 1981.

Die Verfasser

SCHEERER, Thomas M.:

Geb. 1949, Dr. phil., Professor für Romanische Literaturwissenschaft unter besonderer Berücksichtigung Lateinamerikas an der Universität Augsburg; Mitglied des dortigen Instituts für Spanien- und Lateinamerikastudien (ISLA). Promotion in Bonn 1973, Habilitation in Bonn 1981, 1981 - 1948 Lehrstuhlvertretungen in Heidelberg, Duisburg und Saarbrücken, seit 1984 in Augsburg. Zahlreiche Veröffentlichungen zur spanischen und lateinamerikanischen Literatur in Fachzeitschriften und Sammelbänden.

SCHWAMBORN, Ingrid:

Geb. 1940, Dr. phil, Studium der Anglistik und Romanistik in Tübingen und Bonn, 1968 Magister Artium in Bonn. 1968 - 1978 Aufenthalt in Brasilien (DAAD). 1984 - 1988 Wissenschaftliche Mitarbeiterin am Romanischen Seminar der Universität zu Köln. 1986 Promotion in Bonn. Lebt seit 1989 in Rio de Janeiro.

Publikationen (Auswahl):
Die brasilianischen Indianerromane "O Guarani", "Iracema", "Ubirajara" von José de Alencar, Frankfurt: Peter Lang 1987 [Bonner Romanistische Arbeiten 22].

A recepção dos romances indianistas de José de Alencar, Fortaleza: Edições Universidade Federal de Ceará 1990.

"Schachmatt im brasilianischen Paradies: die Entstehungsgeschichte von Stefan Zweigs Schachnovelle", in: *Germanisch-Romanische Monatsschrift*, NF, Bd. 34, 1984, S. 404 - 430.

Brasilien. Land der Extreme, Auswahl und Übersetzung von Texten brasilianischer Autoren mit einem Aufsatz "Brasilien - 500 Jahre Geschichte und Kultur", Photographien von Achim Sperber und Werner Schleicher, Dortmund 1990 [Harenbergs Bibliophile Taschenbücher 595].

Übersetzungen aus dem Brasilianischen, u. a. *Das Jahr 15* von Rachel de Queiroz, Frankfurt 1978.

Mitarbeit bei *Kindlers Neues Literaturlexikon* und Harenbergs *Lexikon der Weltliteratur* (Artikel über brasilianische Autoren).

STRÄTER, Thomas:

Geb. 1956, Dr. phil., Studium der Romanistik und Theaterwissenschaft in Köln, Lissabon und Madrid. 1982 Magister in Romanischer Philologie in Köln. 1982/83 und 1987 Studienaufenthalte und Dozent für Deutsch an der Bundesuniversität von Ceará in Fortaleza (Brasilien). 1990 Promotion in

Romanischer Philologie in Köln. Seit 1984 Journalist beim Rundfunk mit Schwerpunkt Kultur der iberischen Halbinsel und Südamerika.

Publikationen:
Die brasilianische Chronik (1936 - 1984). Untersuchungen zu moderner Kurzprosa, Fortaleza: Imprensa da Universidade Federal do Ceará 1992 [Kölner Schriften zur Literatur und Gesellschaft der portugiesischsprachigen Länder, Bd. 5].

"Uma rede de crônicas: Milton Dias, um cronista do Nordeste", in: H. Feldmann/T. Landim (Hg.), *Literatura sem fronteiras*, Fortaleza: Imprensa da Universidade Federal do Ceará, Casa José de Alencar 1990, S. 129 - 146.

THORAU, Henry:

Geb. 1952, Dr. phil., Priv.-Doz. für Theaterwissenschaft an der Freien Universität Berlin, Studium der Romanistik, Germanistik und Theaterwissenschaft in Tübingen, Hamburg und Coimbra. 1981 Promotion. 1979 - 1980 Redakteur der Zeitschrift *Theater Heute*. 1980 - 1983 Dramaturg an der Freien Volksbühne Berlin. Seit 1983 Lehrtätigkeit am Institut für Theaterwissenschaft der Freien Universität Berlin. Mehrere Forschungsaufenthalte in Brasilien. 1991 Habilitation in Theaterwissenschaft an der Freien Universität Berlin.

Publikationen (Auswahl):
Augusto Boals Theater der Unterdrückten in Theorie und Praxis, Rheinfelden 1982.

Zahlreiche Aufsätze zu Theater und Literatur der portugiesischsprachigen Länder.

VENTURA, Roberto:

Geb. 1957, Dr. phil., Professor für Literaturtheorie und Komparatistik an der Universität São Paulo. Magister Artium in brasilianischer Literatur an der Pontifícia Universidade Católica in Rio de Janeiro, Promotion an der Ruhr-Universität in Bochum und an der Universidade de São Paulo.

Publikationen (Auswahl):
(mit Flora Süssekind) *História e dependência: cultura e sociedade em Manoel Bomfim*, São Paulo: Moderna 1984.

Estilo tropical. História cultural e polêmicas literárias no Brasil, São Paulo: Companhia das Letras 1991.

Die Verfasser

Mehrere Artikel in *Folha de São Paulo, Ciência hoje, Revista Universidade de São Paulo* und *Ideologies & Literature*.

ZEPP, Jürgen:
Geb. 1940, Dr. phil., Dipl.-Kaufmann. Studium der Betriebswirtschaft, Wirtschafts- und Sozialgeographie, Politikwissenschaft an den Universitäten Köln, Münster und Lissabon. Seit 1980 regelmäßige Forschungsaufenthalte in Portugal. März/April 1983 Gastdozentur an der Universidade Federal do Ceará. Wissenschaftlicher Assistent und seit 1986 Lehrbeauftragter der Abteilung Politikwissenschaft des Seminars für Sozialwissenschaften der Erziehungswissenschaftlichen Fakultät der Universität zu Köln sowie freiberuflicher Sozialwissenschaftler.

Publikationen (Auswahl):
(mit Paulo Paes de Andrade und Cynthia Rayol de Andrade, UFPe) "A Health Education Approach to Fight Endemic Tropical Diseases: The Example of Chagas Desease", in: *Health for All. Meeting the Challenge Proceedings of the 12th World Conference on Health Education*, 1 - 6, September 1985, Bd. 1, Dublin 1987, S. 60 - 73.

"Flucht und Aufnahme der Retornados in Portugal", in: *Tranvia. Revue der iberischen Halbinsel*, Nr. 8, Berlin, März 1988, S. 22 - 24.

"Der Exodus der Portugiesen aus den fünf Staaten: Probleme der Retornados und der jungen Republiken", in: Manfred Kuder (Hg.), *DASP-Jahrbuch 1988* Bonn: Deutsche Gesellschaft für die afrikanischen Staaten portugiesischer Sprache 1988, S. 122 - 138.